KB108000

한국 여성 근대화의 역사적 맥락

박 용 옥

지식산업사

한국 여성 근대화의 역사적 맥락

초판 1쇄 인쇄 2001. 9. 20
초판 1쇄 발행 2001. 9. 25

지은이   박용옥
펴낸이   김경희
펴낸곳   (주)지식산업사
　　　　서울시 종로구 통의동 35-18
　　　　전화 (02)734-1978(대)   팩스 (02)720-7900
　　　　홈페이지 www.jisik.co.kr
　　　　e-mail   jsp@jisik.co.kr
　　　　　　　　 jisikco@chollian.net

등록번호 1-363
등록날짜 1969. 5. 8

책값   28,000원

ISBN 89-423-3804-6   93900

＊이 책을 읽고 지은이에게 문의하고자 하는 이는
　지식산업사 편집부나 e-mail로 연락 바랍니다.

책을 내면서

나의 중·고등학교 시절인 1950년대의 여성에 대한 인식은 여자의
팔자가 오직 남편에 달렸다 하여 남편과 시집을 위해 자신을 희생
하는 교육이 가정과 학교에서 행해졌다. 여학생들도 그것이 당연한
여성의 운명이라고 생각하여 그네들의 장래희망은 99퍼센트가 현모
양처였다. 서울의 괜찮은 여학교에서의 대학 진학 희망자는 졸업생
의 절반쯤이었고, 진학한 친구들도 학업에 뜻이 있기보다는 혼수용
학벌을 위한 것이어서 결혼 상대가 나타나면 아무 미련 없이 학교
를 떠나는 것이 보통이었다. 혼수용 학벌로서 가장 인기 있는 모 여
자대학의 경우에는 정원의 두세 배에 달하는 입학생을 뽑았다. 왜
냐하면 입학하는 그때부터 결혼으로 자퇴하는 수가 늘어나 4년 뒤
에는 정원에도 못 미칠 정도의 졸업생만이 배출되기 때문이었다.

나는 비교적 개화한 가정에서 태어나 성장했다. 그리고 내 어머
니께서는 아버지와의 결혼으로 미국 유학의 기회를 포기했던 젊은
날의 일을 평생 한하셨던 까닭에, 여자가 능력만 있으면 시집을 가
지 않고 스스로 자기 길을 개척하면서 무엇인가 사회에 기여하는
인물이 되는 것이 값있다고 말씀하시는 분이었다. 그럼에도 어머니

4

의 실제 삶에서는 외아들인 오라버니와 딸들을 거의 관이(冠履)만큼 구별하셨다. 오라버니와 생각이 다를 때 내 생각을 피력하면 '계집아이의 말대꾸'가 되어 꾸중을 들었다. 그럴 때면 나는 마음속으로 왜 나는 계집아이인가, 어떻게 이것을 극복할 수 있겠는가 하는 등의 생각을 하게 되었다. 다행히 내 어머니께서는 공부를 열심히 하고 잘하는 것에서만은 성의 차별을 두지 않으셨다. 그래서 나는 읽고 쓰고 외우는 일들을 열심히 하여 어머니의 인정을 받아 그 '계집아이'의 한계를 넘어서려고 애썼던 것으로 생각된다. 아울러 그것이 나로 하여금 평생 공부하고 가르치는 직업을 갖게 한 하나의 요인이기도 했다.

1959년 대학을 졸업하고 중·고등학교 교과서 전체를 다루는 큰 규모의 회사에 편집사원으로 첫 취업을 했다. 내 실력이 꽤 인정되어 교과서의 오케이(OK) 교정은 거의 도맡아서 하다시피 했다. 기대했던 첫 월급날 아침에 편집과장이 나를 불렀다. 그리고는 사회생활에서 여자가 불리한 경우가 참으로 많다는 내용을 꽤 장황하게 말씀하고는 내 월급에 대해 언급했다. 경력자에 대한 급여 우대는 인정할 수 있겠지만, 똑같이 치열한 경쟁을 통해 입사한 대졸 사원간에 급여에서 성차별을 받아야 한다니, 심장이 갑자기 멈추는 것 같아 하늘을 향해 큰소리를 지르고 싶은 심정이었다. 나는 그때 그 과장에게 "괜찮습니다. 앞으로 내가 사장이 되어 능력 있는 여자에게는 높은 월급을 주겠습니다" 하고 대답했다. 지금 생각하면 참으로 저항적인 답변이었다. 나의 이 답변은 온 회사 안의 화제가 되었다.

그날 집에 들어서면서 첫 월급봉투를 마루에 내동댕이치고는 대성통곡을 했다. 월급날이 가장 싫고 슬펐던 나는 월급이 적더라도 여자가 차별받지 않는 직장으로 가겠다는 생각을 줄곧 하게 되었다. 그 기회를 위해 나는 더 공부하고자 대학원에 진학했고, 이어 국사편찬위원회에 취업을 하게 되었다. 가난한 공무원 생활이었으나, 참으로 신나고 즐거웠다. 고락을 함께 했던 그때의 동료들은 그 뒤 각 대학 사학과로 진출해 연구와 후진 양성에 진력한 국사학계의 중진 학자들이 되었다. 국사편찬위원회에 재직한 10년은 사학도로서의 내 삶의 기초를 닦고 평생을 사학자로서 연구하고 후진을 양성하는 삶을 살게 하는 기회를 주었다.

내가 아직 30대의 초학자이던 시절, 스승께서는 큰 주제를 가지고 연구하면서 해마다 논문을 한 편씩만 써도 10년 뒤면 그것들을 한 권의 책으로 엮을 수 있다고 말씀하셨다. 지금 생각하면 이왕 공부하는 길로 나섰으니 적어도 10년마다 책 한 권씩은 내야 한다는 당부의 말씀이셨다고 생각된다. 학부 시절 내가 평생토록 연구할 큰 주제를 잡고자 적지 않은 고심을 했다. 지구를 덮은 바다보다도 더 넓은 역사의 바다에서 내가 평생 관심을 가지고 공부할 주제를 찾는다는 것은 쉬운 일이 아니었다. 학부 시절, 김철준 교수님의 한국중세사 강의에 매료되어 고려 무신집권 아래에서 문신들이 어떻게 재집권을 하게 되었는가에 대해 연구한 적이 있었다. 그 뒤 대학원에 들어가서는 조청교섭사에 관심을 가지고 몇 편의 논문을 발표했고, 석사논문도 이에 관한 것을 썼다. 그때까지만 해도 나는 여성에 대해 역사적으로 연구할 수 있을 만큼 자료가 있을까 하는 생각을 하고 있었다. 지금 생각하면 이는 내가 여성이라는 정체성도 주체성도 갖지 못한 채 남성중심문화에 얼마나 종속되어 있었는가를 말해주는 것이다. 그러면서도 마음속으로는 여성사를 왜 연구하지 못하는가에 대한 아쉬움을 지워버릴 수 없어 늘 사료를 탐독하는 가운데 여성의 문제들을 눈여겨보곤 했다.

나는 〈병자란 피로인 쇄속환고〉를 쓰면서, 피로인이 되어 만주로 끌려갔다가 가족들에 의해 속환된 양반부인들이 청군에 끌려가 살아 있다는 것 자체를 실절(失節)한 것이라고 해서 결국 이혼하려는 사례를 적지 않게 발견했다. 나라와 백성을 지키는 일은 남자들의 몫임에도 그 몫을 제대로 못해 나라꼴이 엉망이 되고 죄 없는 부녀들이 포로가 된 것인데, 자신들의 불충함은 생각하지 않고 부녀의 실절만을 호되게 꾸짖어 처벌하려는 것은 인간적인 측면에서 볼 때 너무도 잔인한 것이었다. 나는 역사에서 여성들이 어떻게 억울하게 살았는가가 밝혀져야 한다고 생각했다.

국사편찬위원회 재직 당시 나는 일제 치하에서는 물론 광복 뒤로도 처음 있는 방대한 근현대사, 특히 독립운동사·고종시대사·대한민국사 등의 편찬 사업과 승정원일기 등의 중요 사료에 대한 간행 사업을 하고 있었다. 이들 사업을 위해 규장각을 비롯하여 고려대·연세대 등 귀중 자료를 소장하고 있는 도서관을 비교적 편안하게 이용했다. 그때 나는 고종시대사 편찬을 담당하고 있어서, 《대한매일신보》·《황성신문》·《제국신문》 등과 아울러 대한제국 말기 사회를 알려주는 여러 자료들을 가지고 편찬·집필을 했다. 그 과정에서 국채보상운동을 통한 부녀들의 활동이 대단했음을 알게 되었고, 그들이 구국을 위한 행동에 참여한 것과 더불어 남녀평등권을 찾겠다는 강렬한 의지를 가지고 있었음을 발견했다. 이에 1968년에는 〈국채보상운동에의 여성참여〉를 발표했고, 그 뒤로 우리 여성사 연구에 진력하게 되었다.

그때까지만 해도 대개 전통시대의 여성들이란 남자의 노예나 마찬가지의 처지였는데 기독교의 전래를 통해 처음으로 깨어나기 시작했다고 인식하고 있었다. 나는 이것이 참으로 잘못된 인식임을 드러내기 위해 한국 근대화의 여명기라고 할 실학시대 여성들의 의욕적이고도 진취적인 여러 방면의 삶들을 밝히고자 노력했다. 특히 19세기 중반 동학의 창도는 여성을 평등한 인간으로 대해야 함을 주장·실천했는데, 이는 한국 여성 근대화의 내재적 역량의 발로였다. 동학은 당시 대중사회에 널리 신앙되었으며, 인간 평등 실현을 강력하게 주장했다. 여성 근대화의 내재적 역량을 이처럼 역사적으로 밝힐 수 있었던 것은 내 한국여성사 연구에서의 보람이었다.

우리 민족의 최대의 수난이었던 일제 하에서 얼마나 많은 여성들이 항일구국운동을 했으며 한국사회를 근대화시키는 일에 앞장

서서 일했는가는 이제 남성중심의 역사 속에 깊이 파묻어버리려
해도 할 수 없는 것이 되었다. 나의 한국여성사 연구는 아직도 시
작일 뿐이다. 지금까지의 내 연구는 나보다 능력 있는 후학들이 더
많은 연구를 할 수 있도록 하는 데 한 힘을 보태고자 하는 노력일
뿐이었다.

그 동안 한국여성사를 연구하면서 몇 권의 책을 이미 출간한 바
있다. 그 책들을 통해 다루지 못한 연구물들과 그 뒤로 연구하고
발표했던 결과물들이 족히 한 권의 책으로 엮을 만해서, 그 내용들
을 다시 다듬고 문장을 손보아 《한국 여성 근대화의 역사적 맥락》
이라는 제목으로 출간하게 되었다. 이 책은 전체 5부 15장으로 구
성되어 있는데, 차례에서도 알 수 있듯이 앞으로의 계획인 통사적
한국여성사를 집필하기 위한 기초 작업이기도 하다. 나는 정년의
의미에 대해, 자기 평생의 작업을 끝마친다는 뜻이 아니라 물러나
는 그 나이에 머물러 더 이상 나이 들지 말고 일하라는 뜻이라고
정년 퇴임자들에게 말해왔다. 나의 이 말이 허실되지 않도록 남은
삶의 시간 동안 건강하게 집필 활동을 계속할 수 있기를 기원한다.

이 책을 출간하는 데 은혜를 입은 여러분들이 계신다. 먼저 출판
을 맡아주신 지식산업사의 김경희 사장님께 깊이 감사를 드린다.
또한 흠이 많은 내 원고를 격조 있게 만져주신 이경희 선생께도
감사를 드린다. 아울러 원고를 수합하고 정리하는 데 많은 수고를
한 배숙희 선생과 대학원생 류승현·권태연·이경선·윤지선 양 등에
게도 감사의 마음을 전한다.

2001년 9월
잠원동 서실에서 저자

차례

제2부 동학의 근대지향적 여성관

제3부 여성 근대화의 논리와 실제

제5부 광복 후 여성운동과 여성의 삶

제1부 페미니즘 시각으로 본 전통적 여성관

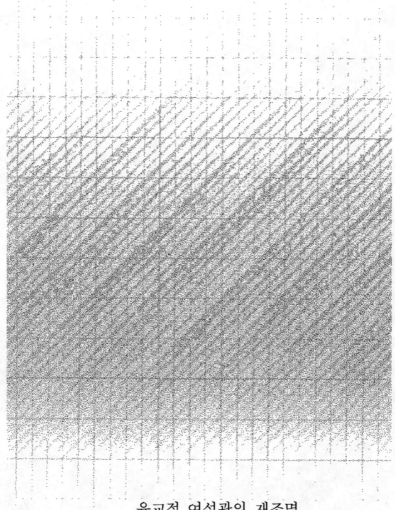

유교적 여성관의 재조명
삼국사의 여성 기사(記事) 사론 분석
조선 태종조 처첩분변의 성격

제1장 유교적 여성관의 재조명

1. 여는 글

유교적 여성관이란 유교적 사회체제를 성립하고 유지·발전시키는 데 합당한 여성의 자세와 도리를 의미하는 것으로, 남성은 지배·강건·존귀로서 규정하고 이해하는 데 반해 여성은 복종·유순·비천의 대칭형으로 규정하고 이해하는 것이다. 유교적 여성관은, 수천 년 동안 종교적 성격을 지닌 철학사상인 유교 이론에 따라, 남성과는 다른 차별적 여성생활과 문화를 지키게 하고 여성으로 하여금 그 유교사회를 떠받치는 정초가 되기를 강하게 요구한다. 건물의 생명은 정초에 있다. 그러나 웅장하고 화려한 건물이 완성되고나면 땅속에 묻혀 있는 초석의 중요성은 별로 인식되지도 않고 또 각광받지 못하는 것과 마찬가지이다.

동서양을 막론하고 역사시대 이후 인류 역사의 주된 지위는 남자가 점유했고 여성에게는 늘 초석이기를 희망하되 종적(從的) 지위만을 지키도록 요구되었다. 인류 역사는 수천 년 동안 가부장적 사회체제의 당위성을 옹호·합리화하여 성(姓), 재산, 친족집단의 소속 등 혈연 관계에 의해 취득되는 모든 권리와 이익을 부계(아버지로부터 아들에게)로만 계승하게 함으로써 남자의 의미를 높였다. 종교·철학·학문 등이 주로 남자에 의하여 발전하고 체계화되면서 역사적으로 볼 때, 남자는 덕과 교양에 찬 인격을 갖춘 고귀한 인간상으로 표현되고 여자는 남자들이 그 인격을 갖추도록 조력하는 충실한 조력자의 역할을 맡는 것이 바른 도리라고 규정해왔다.

이러한 차별적 인관간으로서의 여성관을 더욱 고정화시킨 것은 인간의 삶에 절대적 영향을 미치는 종교였다. 유교·불교·기독교·이슬람교 등 종교의 교리에서는 한결같이 하늘의 의지에 따라 그 태초부터 남녀는 차별되었다고 하여, 이것의 운명적 처지를 거역하지 못하게 했다. 무릇 고등종교는 부가장 사회체제가 성립·발전되는 과정에서 생성·발전했으므로, 부가장 체제의 당위성을 강하게 옹호할 수밖에 없다. 그리고 그것이 초인의 의지일 뿐이라고 해답이 정해져 있을 때, 종교적 영향력이 강한 사회에서는 누구도 감히 이를 거역하지 못하고 순응하게 된다.

유교 신봉 사회에서 남녀차별 문화가 유교 경전에 의거했음은 말할 나위도 없다. 오늘날 유교의 중요 경전으로는 '사서오경'을 꼽는다. 사서는 송나라 주자(朱子)가 하나의 학문적 체계 밑에서 정리한 유교의 필수 도서로서 《논어(論語)》·《맹자(孟子)》·《중용(中庸)》·《대학(大學)》을 일컫는 것이며, 오경은 《시경(詩經)》·《서경(書經)》·《주역(周易)》·《예기(禮記)》·《춘추(春秋)》를 일컫는 것이다. 그런데 중국 상고시대에는 사정이 이와 달랐다. 6경을 6예(시[詩]·서[書]·예[禮]·악[樂]·역[易]·춘추[春秋])라 하여 중요시하고, 《논어》·《맹자》는 한(漢)대 초기까지도 2, 3급의 책에 지나지 않았다. 《논어》·《맹자》의 연구가 성행하고 존중된 것은 육조(六朝)·수(隋)·당(唐) 때에 이르러서였다. 또 사서의 《대학》과 《중용》은 송(宋)대의 유가들이 《예기》 가운데서 뽑아내어 《논어》와 《맹자》와 더불어 각기 독립된 경서로 삼은 것이다. 명(明)·청(淸)대에 과거시험에서

'사서' 출제를 많이 하자 이에 대한 학습과 연구가 성행하게 되어 '6예'를 능가하게 되었고 드디어 유교권 사회의 윤리 형성에 기초가 되었다.

우리 나라에서 유교를 받아들여 우리 토양에서 싹틔우고 키워가꾼 지는 상당히 오래되었다. 유교적 여성관은 부가장제 사회를 부추기는 데 더없는 조건의 부도(婦道)이다. 소박한 원시 사회의 생활방법 및 의식 등과 결별하고 새로이 고대 국가를 이룩하는 과정에서 우리도 필연적으로 부가장제 사회를 성장시키게 되었고, 아울러 여성에게는 유교적 여성관을 강하게 요구했다. 유교적 여성관을 단적으로 표현하는 '삼종지도(三從之道)'론이 《삼국사기(三國史記)》의 〈김유신열전〉에 나타난다. 김유신의 처 지소부인(智炤夫人)이 임금과 아비의 뜻을 저버린 아들 원술(元述)을 받아들일 수 없음을 말할 때 삼종론을 들고 있다.[1] 《삼국사기》가 고려 중엽 유교 신봉자들의 집필이었으므로 지소부인의 태도를 사가들이 유교적 부도에 맞추어 그렇게 표현한 것인지는 모르겠으나, 어쨌든 삼국 통일기 역사 속에 삼종론이 보이는 것은 우리의 주의를 환기시키지 않을 수 없다. 유교적 여성관은 오랜 세월에 걸쳐 다듬어지면서 우리 전통의 중요한 부분을 차지하게 된 것이 사실이다. 특히 조선 왕조 500년 동안 유교적 여성관은 동양 어느 사회보다 더 철저하게 우리 역사에서 큰 터를 잡고 있었다.

유교적 여성관을 정립하기 위한 여성교육은 오랫동안 주로 유교 경전들에서 가려낸 부도 관련 기록과 역사에 나타난 규범적 부도 실천자의 경험 등을 모아 편찬한 어록적(語錄的)·수신적(修身的) 내용의 여성용 교훈서들에 의거했다. 중국에는 한대 이래 찬집된

---

1) 이에 관해서는, 《三國史記》 卷43, 列傳 3, 金庾信 下에 다음과 같이 기록되어 있다. '…… 元述慙懼 不敢見父 隱遁於田園 至父薨後 求見母氏 母氏曰 婦人有三從之義 今旣寡矣 宜從於子 若元述者 旣不得爲子於先君 吾焉得爲其母乎 遂不見之……'

《여사서(女四書)》·《여논어(女論語)》·《여효경(女孝經)》 등이 있었으
며, 우리 나라에서도 이 같은 여훈서(女訓書)에 의거하여 여성교육
을 행했다. 그러나 조선왕조에 들어오면서 소혜왕후(昭惠王后)의
《내훈(內訓)》을 비롯하여 집집마다 또 시대마다 그에 맞는 여성교
육용 저술들이 찬집되었다. 이러한 여성교육용 저술들이 유교적 여
성관을 정립해가는 데는 적지 않은 공헌을 했다. 그러나 이 같은
교육용 저술은 주로 실천성을 강조하는 실용적 내용이 주축을 이
룬다. 왜 여자는 인내·복종·유순해야만 하는가의 역사적 해답은 결
여되어 있다고 해도 과언이 아니다.

유교적 여성관의 성립과 그 정신이 원래 무엇이었는가를 제대로
이해하지 않고서는 역사적 변천 속에서 유교적 부도가 정치적·사
회적 목적에 적합하도록 어떻게 윤색되고 각색되었는가를 파악할
수 없다. 아울러 여성의 인간적 권리를 확보하려는 오늘의 여성 문
제가 무엇이며 또 미래 사회에서 여성이 딛고 설 자리를 어디에
세워야 할 것인가를 바로 제시할 수 없다. 그러므로 이 장에서는
유교적 여성관의 역사적 확립 과정을 밝히는 일단으로서 먼저 유
교사회 성립의 보전(寶典)이라고 일컬어지는 유교 경전에서 여성을
어떻게 보고 무엇을 요구하고 있는지, 또 유교적 여성관 정립을 위
해 그것이 어떻게 작용했는지를 주로 살피려고 한다.

유교 경전들 가운데 특히 《서경》·《시경》·《주역》·《논어》·《맹자》·
《예기》로 논의를 한정한 것은 다음과 같은 이유 때문이다. 유학의
역사적 발전을 볼 때 유학은 크게 고전유학과 송대의 의리적 유학
을 의미하는 신유학으로 구분되는데, 오늘날 우리가 흔히 알고 있
는 '사서오경'의 경전 체제는 신유학에서 이루어진 것이다. 그러나
그 '사서오경' 체제의 근본은 저 상대(上代)의 '6경(6예)'이 바탕이
되어 있다. 사서의 《대학》·《중용》은 주자가 그의 선배 정호(程顥)·
정이(程頤) 형제의 뜻을 받아 《예기》에서 뽑아 독립시켜 사서라고
했다. 《대학》과 《중용》은 실은 《예기》의 일부로서, 그 내용은 주

로 철리적(哲理的)인 심오함을 내포하고 있다. 그런데 이를 다루는 것은 필자의 역량을 벗어나는 일이므로 이에 대한 접근은 하지 않았다. 또한 정명주의(正名主義)에 입각한 동방 최초의 역사서라고 할 《춘추》도 따로 역사적 접근의 연구가 시도되어야 하므로 포함시키지 않았다.

이 글은 성차별적 문화가 역사적으로 어떻게 성립되었는가에 중점을 둔 것이기보다는 동양에서 성차별 문화의 성립 근원이 무엇이었는가를 유교 경전에 나타난 여성상 내지 여성관을 통해 다시 살펴보려는 것이다. 이러한 작업은 자연히 페미니즘 시각을 통하게 되므로 유교 경전을 지나치게 여성사 내지 여성학적 시각으로 비판한 부분도 없지 않을 것이다. 그런 점이 있다면 그것은 필자의 역부족에서 오는 것이므로 이에 대한 비판은 언제라도 받아들이려 한다.

2. 《서경》과 《시경》에 나타난 여성상

《서경》과 《시경》은 유교 경전 가운데 가장 오래된 것이다. 《서경》은 우(虞)·하(夏)·상(商)·주(周) 4대를 통한 정치로서 동방의 인류가 생긴 뒤 모든 위정자들은 이 경전을 금과옥조로 신봉했다. 남송(南宋)의 학자로 주자의 유일한 제자이자 사위인 무이(武夷)의 채침(蔡沈)이 쓴 《서집전(書集傳)》의 서(序)에서 《서경》의 가치를 다음과 같이 논하고 있는 것으로 보아 이 경전이 얼마나 중요한 정치서였는가를 알수 있다.

2제와 3왕의 정치는 도(道)에 근본했고 2제와 3왕의 도는 마음에 근본한 것이다. 그러므로 그 마음을 바로 가지면 도와 정치는 진실로 올바로 말할 수가 있다. 어째서인가. 정일(精一)과 집중(執中)은 요·

순·우가 서로 주고받은 마음 갖는 법이며, 건중(建中)과 건극(建極)은 상탕(商湯)과 주무(周武)가 서로 전한 마음 갖는 법이기 때문이다. 덕(德)·인(仁)·경(敬)·성(誠)이라고 하는 것은 말만 다를 뿐 이치는 하나이다. 그것은 이 마음의 묘한 바탕을 밝히지 않는 것이 없다. 하늘을 말함에 이르러서는 그 마음에 나오게 된 바를 공경하는 것이고 백성을 말함에는 그 마음을 베풀 바를 삼가는 것이다. 예악(禮樂)과 교화(敎化)는 마음의 발로이며 전장(典章)과 문물(文物)은 마음의 나타남이다. 한집을 가지런히 하고 나라를 다스리고 천하를 평정하는 것은 모두 마음을 미루어나가는 것이니 마음의 덕이 크도다. 2제 3왕은 이 마음을 가진자요, 하걸 상수(夏桀 商受)는 이 마음을 버린 자이며, 태갑 성왕(太甲 成王)은 애써 이 마음을 가진 자이다. 이 마음을 가지면 나라가 다스려지고 이 마음을 버리면 어지러워진다. 나라가 다스려지고 어지러워지는 차이는 이 마음을 갖느냐 그렇지 않느냐에 있다. 후세의 임금된 이들이 2제 3왕의 나라 다스린 일에 뜻을 두려면 그 도를 구하지 않을 수 없고, 또 2제 3왕의 도에 뜻을 두려면 그 마음을 구하지 않을 수 없다. 그 마음을 구하는 요령은 이 책을 내놓고서 어디서 찾으랴.

즉, 《서경》은 2제 3왕의 바르게 정치하는 마음을 본받을 것을 보여주는 정치인을 위한 경전인 만큼 이미 가부장 체제의 사회질서를 유지·발전시키는 여성상을 보여줄 것임은 너무도 당연하다.

중국 신화시대의 문명 창조자는 모두 남자로 등장하고 있다. 이미 중국의 개국신화 속에는 부가장적 가족제도의 경향이 뚜렷하게 나타난다. 요(堯)임금 때 22년에 걸친 대홍수시대가 지속되어 백성들은 굶주려 죽거나 산에 올라가 동굴에 살고 나무 위에 새처럼 깃을 틀고 살아야 했다. 요임금은 그의 아들 곤(鯀)에게 이 치수를 맡겼으나 그는 홍수를 틀어막는 법을 쓰다가 실패하여 죽임을 당했고, 그의 아들 우(禹)가 대신 맡아 홍수를 흩어져 흐르게 하여 치수에 성공했다. 그는 8년 동안 손톱이 닳도록 손수 치수를 하여

성공을 했다. 집 앞을 지날 때 아기 울음소리를 듣고도 한 번도 집에 들르지 않을 만큼 열성껏 치수를 한 덕에 민심이 우에게 쏠려 그는 천자로 추대되었다. 그는 불초한 아들에게 제위를 넘기지 않고 순(舜)을 그의 후계자로 지목하고 그 섭정 능력을 시험하기 위해 자신의 두 딸 아황(娥皇)과 여영(女英)을 순에게 시집보냈다. 《우서(虞書)》의 〈요전(堯典)〉은 이에 대하여 다음과 같이 기록하고 있다.

　내 시험해보리라, 딸을 그에게 주어 두 딸을 올바르게 다스리는가 보리라, 하고 두 딸을 규예(嬀汭, 순의 거주지)에 보내 우순의 아내로 삼았다. 그리고 말하기를 공경하여 섬기라고 했다.[2]

우리는 이 기록을 통해 중국 신화시대의 사회질서가 부가장 체제 사회에서 출발했음을 알 수 있다. 그리고 정치 능력이 아내 다스림을 통해 인정된다는 것, 여자의 결혼이 아버지의 뜻에 의해 성립되며 다처적 성격을 갖는 잉첩제(媵妾制)[3]가 존재했다는 것, 여자의 임무는 남편을 공경하는 것임을 알 수 있다. 여기서 남편 공경은 여성의 역사적·사회적 소임이며, 위정자인 남자에게 좋은 정치를 하도록 덕을 끼치는 보조적 역할이 내조인 것이다. 그러므로 《서경》에서는 여성을 크게 덕녀(德女)와 악녀(惡女) 또는 색녀(色女)로 구분하고 있다.

아황과 여영은 뒷날 어진 왕후의 덕을 말할 때나 지배층 여성들의 내조를 논할 때 으레 으뜸되는 본으로 등장했다. 왕상진(王相晋)의 어머니 유(劉)씨에 의해 쓰인 《왕절부 여범첩록(王節婦 女範捷

---

2) 《書經》, 〈虞書〉 1, 堯典. '…… 帝曰 我其試哉 女于時 觀厥刑于二女 釐降二女于嬀汭 嬪于虞 帝曰欽哉.'
3) 媵妾制란 딸을 시집보낼 때 동생이나 일가 여자를 딸려 보내는 것으로 從嫁라고도 한다. 이는 妾과는 다르다.

錄)》의 제1편 후덕(后德)을 보면, '아황과 여영 두 여자가 순임금의 후비가 되어 순 임금을 도와 당(唐)나라와 우(虞)나라의 성대를 이루었다'[4]고 나와 있다.

　부계사회 이전의 모계사회 존재의 긍정론은 거의 통념화되어 있다. 구전화(口傳化)했을 신화의 문자 기록화가 부가장제 사회에 와서 이루어졌으므로, 신화의 원초 형태에 역사성과 사회성이 가미된다는 것은 이미 신화 연구의 기초가 되어 있다. 동양에서도 부계사회 이전의 모계적 사회[5]가 존재했음을 여러 면에서 찾아볼 수 있다. 부가장 체제 사회를 대표하는 것은 혈통의 남계승계이며, 이는 '성(姓)'으로 표현된다. 문자학에 의거하여 '성'의 글자풀이를 하면, '성은 여자에게서 사람이 태어난다는 뜻이다. 옛날 신성인은 어머니가 하늘의 기운으로 아들을 낳았다[母感天而生子]. 그러므로 천자(天子)라고 이르는 것이며, 이는 여자를 좇아 태어났다는 뜻이다'[6]라고 했다. 여기서 '모감천이생자'란 곧 아버지를 제대로 모른다는 뜻이다. 《상자(商子)》의 〈개색(開塞)〉편을 보면, '하늘과 땅이 만들어지고 민(民)이 생긴 당초에는 민이 그 어머니는 알되 아버지는 몰랐다'고 했으며, 《장자(莊子)》의 〈도척(盜跖)〉편에서는 '신농의 시대에는 누우면 편안하고 일어나면 스스로 즐거웠으며 사람들은 그 어미만 알고 아비를 알지 못했다'[7]고 하면서 모계시대의 평화로움을 말하고 있으니, 이는 저 상고시대의 유가들이 이미 모계사회가 존재했음을 인정하고 있었음이다. 그 모계사회의 형태가 부계사회의 대칭형인 모(母)→녀(女) 계승적인 것[8]인지는 확실하지 않으나,

　4)《女四書》卷4,《王節婦 女範捷錄》, 后德篇. '滄汭二女 紹際唐虞之盛.'
　5) 中國古代社會의 母系時代 및 그 시대의 여성의 지위에 관해서는 郭沫若의 《古代社會史研究》, 梁啓超의 《先秦政治思想史》 등에 비교적 자세히 논술되어 있다.
　6)《說文解字詁林》, 5519 참조.
　7)《莊子》,〈雜篇〉, 盜跖 29. '神農之世 臥則居居 起則于于 民知其母 不知其父……'

중국 상고시대의 성 가운데 '여(女)' 자 변(요[姚], 사[姒], 희[姬], 강[姜], 고[姑], 운[妘] 등)이 많은 것을 보면 혈통을 어머니의 남형제로부터 딸의 남형제에게 계승하는 생질(甥姪) 계승과 같은 성격의 모계 사회는 적어도 존재했던 것으로 생각된다.

아황과 여영의 부도상(婦道像)은 부가장제 사회 형성 이후 지배층에서 갖추어야 하는 대표적 여성상이었다. 《서경》의 〈우서〉 익직조(益稷條)에 보면, 하(夏)나라 우(禹)왕이 혼인 뒤 4일 동안만 아내와 함께 하고 이후 8년 동안 황하 치수에 열중하느라 한 번도 집에 들르지 않았으나, 후비는 혼자서 아들을 잘 가르쳐 우왕의 뒤를 잇게 했다[9]고 기술되어 있다. 이 기사를 통하여 우리는 이미 생민(生民)을 위한 남자의 정치업과, 아들을 키우는 여자의 집안 살림업이 분명하게 나뉘어 있음을 알 수 있다. 남자의 정치는 외업(外業)이요, 여자의 살림은 내업(內業)이다. 위정자의 외업은 정치이나 그 밖에 남자의 외업은 농사, 상업, 공업 등의 종사업이다. 내업에는 임신, 출산, 자녀 양육과 교육, 시부모를 비롯한 친족에 대한 보살핌으로부터 길쌈과 바느질 등의 가정경제 등이 모두 포함된다. 《설문해자(說文解字)》에 따르면, '남(男)'이라는 글자를 '남자가 밭에서 힘써 일한다[從田力言男子力於田也]'라고 풀이하고 있다. 또 여자를 지칭하는 '부(婦)'라는 글자는 '여자가 비를 들고 청소한다[從女持帚灑掃也]'는 의미로 해설하고 있다. '남'과 '부'는 남녀간의 역할 분업이라는 의미를 함축하고 있는 것이다.

우왕이 혼인 4일만에 집을 나가 8년 동안 치수에 전념할 수 있었던 것은 아내의 공 때문이다. 그런데도 후세의 유가에서는 이를

---

8) 金毅圭 교수는 〈新羅母系制 社會說에 대한 檢討〉(《韓國史硏究》 23, 1979)에서, Oliver, Douglas L.(*A Solomon Island Society : Kinship among the Siuai of Bougainville*)에 따라 母의 男兄弟(外三寸)로부터 女의 男兄弟(甥姪)에게로 혈통이 계승되는 母系社會論을 주장했다. 이 주장에 의하면, 母系社會란 父系社會의 對稱形으로서 母→女 계승은 없었다고 한다.

9) '予創若時 娶于塗山 辛壬癸甲 啓呱呱而泣 予弗子 惟荒度土功……'

남존여비를 합리화하는 입장에서 해석하고 있다. 즉, 《여씨춘추(呂氏春秋)》[10]에서는 부부생활이라는 사생활 때문에 공무를 망치지 않게 하기 위함이라고 하고 있으며, 4일 동안만 동침한 것은 남녀의 애정이 지나치지 않기 위해서라고 하고 있다. 이것은 유교적 부부관에 입각한 해석일 뿐이라고 생각된다. 이런 해석은, 부부가 너무 가까워지면 서로 공경하는 예절이 없어지고 특히 아내가 남편을 업신여기는 마음이 생긴다고 논한 유교적 부부관에 따른 것이다. 조대가(曹大家)의 《여계(女誡)》 제3장 〈경순(敬順)〉조에는 다음과 같은 언급이 나온다.

> 부부의 사이란 종신토록 떠나지 않고 한 방에서 거처하기 때문에 누구보다도 다정한 터이다. 그러므로 너무 다정한 사이가 되면 무례함이 생기기 쉽다. 무례함이 이미 생기게 되면 말이 지나치게 되고, 말이 지나치게 되면 반드시 방자하게 되고, 방자한 마음이 생기게 되면 지아비를 업신여기는 마음이 나는 것이니, 이는 족한 줄 알지 못하는 데서 생기는 행동이다.[11]

이러한 부부관을 갖는 유교적 부부 윤리에서는 남녀간의 애정을 깊게 가질 수 있는 대상의 여성을 으례 여색(女色)으로 간주했다. 그리고 중국 고전에서는 여색이 탐재(貪財)와 더불어 덕치(德治)의 최대 적이라고 간주하는 것을 당연시했다. 그런 만큼 위정자의 덕치를 위한 귀감서인 《서경》에서는 여색 경계가 임금을 비롯한 치자가 지켜야 하는 첫번째의 덕목으로 나타나는 것이다. 이를 더 분명하게 이해하기 위해 《서경》에 나타난 여색 경계의 기록을 추리

---

10) 《呂氏春秋》는 呂不韋의 저술이라고 하지만, 문객들이 편찬한 것이다. 《史記》를 보면, 《呂氏春秋》를 저술한 뒤 咸陽 성문에 걸어놓고 누구든지 한 자라도 고치면 千金을 주겠다고 현상금까지 내걸었다고 한다.

11) '夫婦之好 終身不離 房室周旋 遂生媟黷 媟黷旣生 語言過矣 語言過矣 從恣必作 縱恣旣作 則侮夫之生心矣 此由於不知止足者也.'

면 다음과 같다.

(1) 성탕(成湯)이 걸(桀)을 남소(南巢)로 추방할 때 탕왕의 좌상인 중훼(仲虺)가 지은 고(誥)에서, '임금(탕왕)께서는 노래와 여자를 멀리하고 재물의 이익을 늘리는 일이 없었다〔惟王 不邇聲色 不殖貨利〕'.[12]

(2) 탕왕과 함께 걸을 추방하는 데 공을 세운 이윤(伊尹)이 탕왕 사후에 그 손자 태갑(太甲)이 제위에 오르자 선왕의 덕업을 귀감으로 삼도록 한 말인 이훈(伊訓)에서, '함부로 재물과 여색을 추구하고 항상 놀이와 사냥을 일삼는 것을 음풍(淫風)이라 하는데, 이를 경계하셨다〔敢有殉于貨色 恒于遊畋 時謂淫風〕'.[13]

(3) 상왕(商王) 수(受)의 포악한 정치를 논거할 때, '그는 술에 빠지고 여색에 미쳐 갖은 포악을 감행했다〔沈酒冒色 敢行暴虐〕'.[14]

(4) '하늘과 땅에 제사도 지내지 않으며 종묘 사직의 제사도 받들지 않고 기묘하고 음란한 재간으로 부인들을 즐겁게 하고 있다〔郊社 不修 宗廟不享 作奇技淫巧 以悅婦人〕'.[15]

걸과 주는 포악한 왕의 태도를 경계하는 표본이며, 포악한 왕을 논할 때 으레 여색이 등장한다. 특히 상왕 수의 경우는 부인의 말에 놀아나 제사까지 폐기[16]했으므로 그 죄는 더욱 큰 것으로 되어

---

12)《書經》,〈商書〉, 仲虺之誥條.
13) 같은 글.
14) 같은 책,〈周書〉, 泰誓條.
15) 같은 글.
16) 상대의 제사에는 자연신에 대한 제사와 조상에 대한 정례적인 제사인 五祀가 있었다. 이 五祀를 치르는 데는 거의 1년이 걸린다. 王이 神靈의 보호를 받는다는 확신 아래 조상숭배관념과 종주권의 확립이 이루어진 것이다. 그러므로 제사는 국가의 존립과 왕의 권위를 상징하는 것이다. 부인의 말을 듣고

있다. 《서경》의 〈주서(周書)〉 목서조(牧書條)에는 다음과 같은 말이
나온다.

옛사람의 말에 암탉은 아침을 알리지 않으며 암탉이 아침을 알리
면 집안이 망한다고 했다. 지금 상왕 수는 부인의 말만 듣고 제사를
폐기하고 선왕의 부모와 아우까지 버리며 거들떠보지 않고 있다.[17]

이 말을 통해 수가 포악한 왕이 된 것은 부인을 거느리고 위엄
을 지키지 않은 채 암탉(부인)이 울게 한 때문임을 지적하고 있다.
유교적 입장에서 이는 부인이 순(順)하지 않아 지아비를 악덕하게
만든 대표적인 예가 되었다. 하늘의 제사를 저버린 것은 천도(天
道)를 어긴 것이고, 종묘의 제사를 폐기한 것은 인도(人道)를 저버
린 것이다. 악녀는 천도와 인도를 파멸시킬 수 있는 것이므로 모름
지기 남자는 여악(女惡, 여색[女色])을 경계해야 한다는 것이다.

이처럼 《서경》에서는 여성을 철저하게 덕녀와 악녀로 구분하고
남녀간의 애정이 애욕으로 화하는 것을 경계하고 있다. 또한 여성
을 여색적 입장에서 인식하게 함으로써, 여성은 남자를 파멸시키는
요물이 되지 않도록 부도(婦道)를 지켜야 한다고 강요받는 것이다.

이에 반하여 《시경(詩經)》은 남녀간의 꾸밈 없는 순수한 인간적
정을 여러 모습으로 보여주고 있기 때문에 여성에 대한 시각이
《서경》과는 전적으로 다르다.

중국의 양계초(梁啓超)는 중국 고전들이 후인에 의하여 위찬(僞
撰)된 부분이 적지 않음을 지적한 훌륭한 연구를 남기고 있다. 그
에 따르면, 유교 경전들이 대부분 부분적으로 위찬되었는데, 위찬
의 흔적 없이 가장 순수하고 믿을 수 있는 고전은 《시경》밖에 없

이러한 제사를 폐한 것은 하늘도 용서할 수 없다는 것이다.
17) '古人有言曰 牝雞無晨 牝雞之晨 惟家之索 今商王受 惟婦言是用 昏棄厥肆祀
弗答 昏棄厥遺王父母弟 不迪.'

다고 했다.

양계초는 《시경》의 작품들이 거의 모두 기원전 900~700년에 해당하는 서주(西周) 말 동주(東周) 초의 것이라고 했다. 그는 주나라가 기원전 770년 동천(東遷)을 전후하여 인문(人文)이 발달하고 전란으로 사람들이 유리(流離), 신음하는 등 전 사회적으로 강렬한 감정이 발동되어 중국에서 가장 오래고 아름다운 《시경》과 같은 문학 작품을 남기게 된 것[18]이라고 했다.

《시경》의 시들은 그 시대 사람들의 온갖 생활상과 생활감정을 그대로 나타낸다. 《시경》 가운데 송(頌)과 아(雅)는 전문적인 문학가나 음악가가 제작한 듯하지만, 남(南)과 풍(風)은 순수한 평민문학이다.

여기에는 근면한 노동, 남녀간의 원한과 사모, 전쟁과 흩어진 가족에 대한 애틋한 감정, 돌아오지 않는 남편을 기다리는 아내의 사무치는 마음 등이 수백 년 동안에 걸쳐 여러 모양으로 표현되었다. 악의도 꾸밈도 없는 남녀의 감정들이 아름답고 순수하게 표현되어 있는 것이다.

《논어》에 보면 공자는 아들 백어(伯魚)에게 '사람으로 주남(周南)과 소남(召南)을 배우지 않으면 마치 담벼락을 대하고 서 있는 것과 같다'[19]고 했다. 공자는 시의 미적 감정이 사회를 향상시키며 모든 사람을 교화시킬 수 있다고 믿었기 때문에 아들과 제자 교육에 시를 크게 활용했다. 공자는 일찍이 자유(子游, 언[偃])가 읍재(邑宰)인 노(魯)나라의 소읍 무성(武城)으로 간 일이 있는데, 거기서 그는 현금(絃琴)과 노랫소리를 들었다. 그때 자유가 공자에게 다음과 같이 말했다.

---

18) 梁啓超(著), 李桂柱(譯), 《中國古典入門》(三星文化文庫 39), 三星美術文化財團, 1981(重版), 188~226쪽 참조.
19) 《論語》, 〈陽貨〉篇. '子謂伯魚曰 女爲周南召南矣乎 人而不爲周南召南 其猶正牆面而立也與.'

군자가 도를 배우면[學道] 백성을 사랑하게 되고 소인이 도를 배우면 부리기가 쉽다고 하셨습니다.[20]

여기서 '학도'의 도는 예악을 의미하는 것인데, 이는 시를 통해 치자(治者)와 피치자, 또 남과 여가 마음이 일치할 수 있는 공감대를 갖게 될 수 있음을 뜻하는 것이라 생각된다. 즉, 공자는 《시경》의 시를 인간 본연의 아름다움으로 감상한 것이다. 위풍(衛風)과 정풍(鄭風)의 시에는 남녀간의 애정 표현이 적나라하게 보이고 있는데도 공자는 결코 그것을 음(淫)으로 표현하지 않았으며, 오히려 '사무사(思無邪)'로 표현하고 있다.

그런데 훗날 《모시(毛詩)》의 서(序)에서는 남녀가 서로 즐기는 시의 대부분을 자음(刺淫)으로 해석하고 있다. 또 다른 시들에 대해서도 십중팔구는 미자(美刺), 자시(刺詩), 자기군(刺其君), 자기인(刺其人) 등 정치에 대한 감개와 사회악에 대한 증오로서만 해석을 가함으로써 인간의 감정을 표현하는 서정적인 것은 아예 도외시하고 있다. 그러므로 양계초는 이에 대하여 '미자(美刺)의 설(說)이 행해진 때부터 시 300편은 심판과 단죄의 서(書)가 되었으니 2,000년 동안이나 신성한 영감이 빛을 발하지 못한 채 오늘에 이르렀다'[21]고 개탄하고 있다. 그리고 그는 '《시경》은 정치에 관련되는 일이 본래 매우 드물다. 어쩌다 한두 가지가 있다고 하더라도 그것은 당시의 궁정에서 있었던 일에 속하고 대단하지 않은 일이므로 논외로 할 수 있는 것이다'[22]라고 했다. 이를 보면, 남과 여를 오직 정절과 음탕의 기준으로만 양분하는 것은 오히려 후대 유가(儒家)에 의해 이루어진 것이라고 생각된다.

---

20) 같은 책. '子之武城 聞絃歌之聲 夫子莞爾而笑曰…… 者游對曰…… 君子學道 則愛人 小人學道 卽易使也.'
21) 梁啓超, 앞의 책, 215쪽.
22) 같은 책, 220쪽.

3. 《주역》에 나타난 남녀관

유교적 남녀차별 문화는 《주역》에서 완성되었다 해도 과언이 아
니다. 《주역》은 남녀의 차별상을 인간이 거역할 수 없는 천리(天
理), 즉 천도(天道)로 설명하고 있다.

천(天)·지(地)·인(人) 삼재(三才)는 오랫동안 유교사상의 움직일
수 없는 근본을 이루고 있어, 《설문해자》에서도 '천·지·인을 통달
한 것을 유(儒)라 한다[通天地人曰儒]'고 했다. 천·지·인의 생성 관
계 및 역할은 《주역(周易)》의 〈계사전(繫辭傳)〉에 잘 설명되어 있
다. 《주역》의 〈계사전〉에서는 우주의 구조로부터 역(易)이 만들어
진 과정과 건곤(乾坤)의 작용 및 사람이 그것에 아울러 참여하여
천·지·인으로서의 자리를 어떻게 얻고 있는가를 다음과 같이 논하
고 있다.

하늘은 높고 땅은 낮아 건·곤이 정해졌다. 낮은 것과 높은 것이
진열되어 귀(貴)와 천(賤)이 자리를 잡았다. 동(動)과 정(靜)에 일정
한 도리가 있어 강(剛)과 유(柔)가 판연하게 나뉘었다. 방향은 유사
한 것끼리 모이고 만물은 무리와 무리로 나뉘어 길(吉)과 흉(凶)이
생긴다. 하늘에서는 상(象, 일월진성[日月星辰])을 이루고 땅에서는
형(形, 산천과 동식물의 형태)을 이루어 변화가 나타나게 된다. 이
때문에 강·유가 서로 교감하고 8괘는 서로 형상을 추이한다. 우뢰와
번개가 치고 바람과 비로 윤택하게 한다. 일월이 운행하여 한 계절은
춥고 한 계절은 덥다. 건의 법칙은 남자를 이루고 곤의 법칙은 여자
를 이룬다. 건은 만물 창조의 대태(大胎)를 맡고 곤은 만물을 만들어
완성시킨다. 건은 쉽기 때문에 알고 곤은 간편하기 때문에 능하다.
쉬우면 알기 쉽고 간편하면 따르기 쉽다. 알기 쉬우면 친(親)함이 있
고 따르기 쉬우면 공적이 있다. 친함이 있으면 오래 갈 수 있고, 공
적이 있으면 커질 수 있다. 오래 갈 수 있는 것은 현인의 덕이 있음
이며, 커질 수 있는 것은 현인의 업적이 있는 때문이다. 쉽고 간편한

가운데 천하의 모든 이치의 마땅한 도리를 얻으며, 천하 이치를 얻으면 그 가운데에 자리(천·지·인으로서의 자리)를 이룰 수 있다.[23]

이것을 분석해서 정리하면, (1) 남 : 천(天)-존(尊)-고(高)-귀(貴)-동(動)-강(剛)→대태(大胎), (2) 여 : 지(地)-비(卑)-저(低)-천(賤)-정(靜)-유(柔)→성물(成物)의 두 원리로 구분된다.

《주역》을 누가 언제 만들었는지는 정확히 알려져 있지 않다. 그러나 그것이 오랜 세월에 걸쳐 여러 사람의 손에 의해 만들어진 것임은 확실하다. 《한서(漢書)》의 〈예문지(藝文志)〉에 따르면, '역의 도는 깊다. (역을 만든) 사람은 삼성(三聖)을 겪고, (역이 성립된) 세상은 삼고(三古)를 지냈다'고 하는데, 이것은 역이 삼대에 걸쳐 복희(伏羲), 문왕(文王), 공자 세 성인의 손을 거쳐 완성되었다는 뜻으로, 오랜 세월에 걸쳐 이루어졌음을 지적한 것이다.

《주역》의 근본 원리는 음(陰, --)과 양(陽, —)으로 구성되어 있다. 앞의 인용문에서 보는 것처럼, 천지의 모든 현상과 사물을 음과 양으로 이분하고 그 음양의 배합과 유전(流轉)에 따라 만물의 형성과 온갖 변화가 나타난다는 것이다. 이처럼 《주역》에서는 자연계와 인간계의 일체를 모두 음·양 이원(二元)에 배분시킨다. 천지의 교합으로 삼라만상이 생성되듯, 남녀의 교합은 인간 생존을 계승시킬 새 생명을 탄생시킨다. 해, 달, 별의 운행에 차착이 없고 사계절 변화에 어긋남이 없는 것은 자연계의 음양의 도에 아무 거짓이 없기 때문이라고 한다. 천도는 곧 인도를 반영한 것이므로, 인도가 어긋나면 자연계에 각종 재해의 이변이 나타나게 된다는

---

23) 《周易》, 〈繫辭傳〉, 繫辭上傳, 右第一章. '天尊地卑 乾坤定矣 卑高以陳 貴賤位矣 動靜有常 剛柔斷矣 方以類聚 物以群分 吉凶生矣 在天成象 在地成形 變化見矣 是故剛柔相摩 八卦相盪 鼓之以雷霆 潤之以風雨 日月運行 一寒暑一 乾道成男 坤道成女 乾知大胎 坤作成物 乾以易知 坤以簡能 易則易知 簡則易從 易知則有親 易從則有功 有親則可久 有功則可大 可久則賢人之德 可大則賢人之業 易簡而天下之理得矣 天下之理得而成位乎其中矣.'

것이다. 이렇게 해서 인간이 음양의 도리에 순응·순종하는 것은 인류의 절대적 도리로 보았다. 《한서》에서 '유가는 음양에 순하고 교화를 밝히는 것'이라고 한 것은 인류의 근본을 오직 음양에 두어야 함을 의미한 것이라 생각된다.

《주역》에서는 음양을 이처럼 철저히 이분되어 결코 혼효(混淆)될 수 없는 것으로 규정하고 있다. 그러면서도 음양은 결코 하나만으로는 아무 것도 성립될 수 없는 상호보완적 성격을 다분히 갖는다고 이해하는 데서 여성의 역사적·사회적 지위 보장의 의미를 다소간 부여하게 된다. 즉, 천도와 인도가 바르다는 것은 음양의 조화가 이루어졌음을 뜻하는 것이었다.

인간에게 음·양은 각기 남·녀를 의미한다. 《주역》에서는 여러 곳에서 남과 여의 도리를 대칭적으로 설명하고 있다. '곤'괘의 의미를 설명한 〈문언(文言)〉을 보면, '곤은 지극히 유순하면서도 움직이는 것은 강하다. 또 지극히 고요하면서도 덕이 바르다······ 음은 비록 아름다운 것이 있다고 하나 이것을 가지고 왕업(王業)에 종사하면 감히 일을 이룰 수 없다. 그것은 지도(地道)·처도(妻道)·신도(臣道)인 때문이다. 지도는 이루는 일이 없는 대신 끝을 갖는 것이다. 하늘과 땅이 변화해서 초목이 무성하고 하늘과 땅이 닫히면 현인이 숨는다'[24]고 나와 있다. 이는 곤도(坤道)가 어떤 경우에도 건도(乾道)일 수 없는 것이 다만 하늘의 이치일 따름임을 강조한 것이다.

양이 가고 음이 오므로 천지가 교화(交和)하지 못하여 막힌다는 '부(否)'괘에서는 '안은 음이고 밖은 양이다. 안은 유하고 밖은 강하다. 안은 소인이고 밖은 군자이다. 소인의 도는 길고 군자의 도는 없어진다'[25]고 하여, 건도는 외(外)-강(剛)-군자로, 곤도는 내(內)-

---

24) 《周易》 上經, '坤'卦條. '文言曰 坤至柔而動也剛 至靜而德方······ 陰雖有美 含之以從王事弗敢成也 地道也 妻道也 臣道也 地道無成 而代有終也 天地變化 草木蕃 天地閉 賢人隱.'

유(柔)-소인으로 규정하고 있다. 따라서 양이 가고 음이 온다는 것
은 음양 질서에 역행하는 것이 되므로 사람의 길이 아니라는 것이
다. 그러나 음양 두 기운이 서로 형통한다는 '함(咸)'괘에서는 강한
남자가 유한 여자에게 내려가는 괘이므로 형통하다[26]고 했다. 또
여자의 마음이 곧아야 이롭다는 '가인(家人)'괘의 단(彖)을 보면, '가
인은 여자가 안에 자리를 바로잡고 남자는 밖에 자리를 바로잡는
것이다. 남녀가 모두 바른 것은 천지의 대의(大義)이다. 가인에게는
엄군이 있으니 이는 부모를 이름이다. 아비는 아비로서, 자식은 자
식으로서, 형은 형으로서, 아우는 아우로서, 남편은 남편으로서, 아
내는 아내로서의 자리를 각기 바로 하면 가도(家道)가 바로 되며,
집을 바르게 해야 천하가 정해진다'[27]고 나와 있다. 남녀가 바른 자
리를 지킨다는 것은 다른 것이 아니다. '건은 천하의 지극히 건실
함, 곤은 천하의 지극히 순함'[28]을 의미하는 것으로, 부(父)는 하늘
[乾], 모(母)는 땅[坤]으로 일컬어질 뿐인 것이다. 건(양[陽], 남), 곤
(음[陰], 여)은 하늘의 뜻에 따라 주어진 위치가 있어 그것을 지켜
야 한다는 것으로, 그 자리를 지켜야 하는 것은 운명적인 것이며,
사람의 힘으로는 결코 거역할 수 없는 것이라는 이론으로, 남녀의
상하·강유 질서를 확립시킨 것이다. 곤이 건에 순종하는 것은 다만
만물의 생성 발전의 원리이기 때문일 뿐이라는 것이다. 이 같은 원
리는 결과적으로 인도(人道)에서의 부부, 부자, 군신 등의 관계에는
반드시 상하, 존비의 차서가 있을 수밖에 없다는 것으로 설명하게

25) 《周易》上經, '否'卦條. '內陰而外陽 內柔而外剛 內小人而外君子.'
26) 《周易》下經, '咸'卦條. '彖曰 咸感也 柔上而剛下 二氣感應以相與 止而說 男
    下女 是以亨利貞取女吉也天地感而萬物化生 聖人感人心 而天下和平……'
27) 《周易》下經, '家人'卦條. '彖曰 家人女正位乎內 男正位乎外 男女正 天地之
    大義也 家人有嚴君焉 父母之謂也 父父 子子 兄兄 弟弟 夫夫 婦婦 而家道正
    正家而天下定矣.'
28) 《周易》,〈繫辭傳〉, 繫辭下傳. '夫乾天下之至健也 德行恒易以知險 夫坤天下之
    至順也 德行恒簡以知阻.'

된다. 《주역》의 〈서괘전(序卦傳)〉 하편에서는 다음과 같은 말로 인간사회의 상하 존비의 차서는 부부의 예의가 근본이 된다고 하고 있다.

천지가 있은 연후에 만물이 있고, 만물이 있은 연후에 남녀가 있고, 남녀가 있은 연후에 부부가 있으며, 부부가 있은 연후에 부자가 있으며, 부자가 있은 연후에 군신이 있으며, 군신이 있은 연후에 상하가 있으며, 상하가 있은 연후에 예의가 있게 된다. 그러하니 부부의 도리는 영원하지 않을 수 없다.[29]

이것은 여자가 유순하여 남자에게 복종하는 것이 우주만물의 생성과 진리의 근본이라고 못박고 있는 것이다.

《주역》에서 볼 수 있는 남녀관을 요약하면, 남자는 우주 창조의 근원으로 적극적이고 개방적이고 활동적인 데 반해 여자는 효법(效法)[30]의 순종자로 소극적이고 폐쇄적이고 모방적인 인간상이어야 한다.

건곤, 음양, 남녀의 상하와 귀천관(貴賤觀)은 '천원(天圓)·지방(地方)'관을[31] 기초로 형성된 것이다. 하늘은 둥글고 땅은 장방형이라는 우주관이 그릇된 것임은 이미 오래전에 알려진 일이다. '천원·지방'관에 입각한 천·지의 상하 질서 개념은 과학이 발달한 오늘날에는 마땅히 수정되지 않으면 안 된다.

종교적 권위 이상의 것으로 숭앙된 《주역》의 음양 논리는 유교적 가족제도 성립에 절대적 영향을 미쳐, 여성이 순종하고 복종해

---

29) '有天地然後有萬物 有萬物然後有男女 有男女然後有夫婦 有夫婦然後有父子 有父子然後有君臣 有君臣然後有上下 有上下然後禮儀有所錯 夫婦之道不可以不久也.'

30) 《周易》, 〈繫辭傳〉, 繫辭上傳에 '成象之謂乾 效法之謂坤'이라고 나와 있다.

31) 《周易通解》에 '陰陽之成形者 莫天地大焉…… 天渾然而圓 地則方焉……'이라고 나와 있다 ; 黃元九, 〈圓과 方－中國古代思想의 한 理解〉, 《東亞細亞史研究》, 一潮閣, 1979(重版) 참조.

야 한다는 예법을 당위화했다. 그리고 이후 유교적 가족제도와 사회제도를 더 체계적으로 진전시키기 위한 예제서(禮制書) 및 철학사상 성립에 중요한 근거가 되었다.

《주역》의 권위가 역사적으로 절대시된 데는 공자의 공헌이 특히 컸던 것으로 생각된다. 《사기(史記)》의 〈공자세가(孔子世家)〉에 보면, 공자는 만년에 역(易)을 좋아하여 '위편삼절(韋編三絶)'[32]하도록 열심히 《주역》을 읽었다고 했으며, 《논어》의 〈술이편(述而篇)〉에도 '내 나이 몇 해를 더하여 50이 되어 역을 배운다면 큰 허물은 없을 것이다'[33]라고 나와 있다.

송대의 의리학인 성리학의 〈태극도설(太極圖說)〉도 그 원리는 모두 《주역》을 바탕으로 하고 있다. 이상에서 알 수 있듯이, 《주역》이 동양사회에 미친 영향이 실로 지대한 것이었다.

구한말에 우리 나라에서 선교 활동을 했던 선교사 존스(Geo Herber Jones)는 한국 여성이 한국 가정과 사회에서 주축이 되고 있음에도 민비처럼 보이지 않는 손으로서 활동하고 있는 것은 동양의 철학 때문이라고 했다.[34] 이때 동양의 철학은 곧 《주역》을 의미하는 것이었다.

《주역》은 여성의 유순과 복종을 천도에 연결시켜 강조함으로써 동양 여성으로 하여금 남자의 보좌적 이상의 자리를 갖지 못하게 했다. 그러면서도 음양의 조화를 천도와 인도의 근원으로 설명하는 음양 조화의 원리는 여성사적 의미에서 주목되는 면이 있다. 즉, 전통사회에서 여성의 실질적 권한은 음양 조화의 원리에서 가능했던 것이다.

---

32) 공자가 주역을 애독하여 가죽으로 맨 책끈이 세 번이나 끊어졌다는 고사(故事)에서 나온 말로, 책을 많이 읽었다는 뜻이다.
33) '子曰 加我數年 五十以學易 可以無大過矣.'
34) 朴容玉, 《韓國近代女性運動史研究》, 한국정신문화연구원, 1984, 163쪽.

4. 《논어》에 나타난 여성관

유교가 공자와 맹자에 의해 대성되었음은 주지의 사실이다. 공자의 생활, 태도, 인격, 사상 등을 알기 위해서는 으레 《논어》에 의지하게 되고 또 맹자를 알기 위해서는 《맹자》에 의지하지 않을 수 없다. 원래 《논어》와 《맹자》는 여성을 위한 책이 아니므로 여기에서 여성상 내지 여성관을 추출한다는 것은 무모한 일일 수도 있다. 부계 중심의 가족제도, 문화 및 사회윤리가 자리잡힌 주대 이후 여자의 사회적 지위에 대한 폄하가 현저히 진행되고 있었던 만큼, 여자란 정치에서 취급될 대상이 아니었다. 당시의 정치 사회 상황은 이미 민과 여를 구분하고 있었다. 《서경》의 '민유방본(民惟邦本)'론은 민을 국가 성립에서 하나의 구성원으로 보는 것이다. 그런데 민의 범위에는 사실상 여자는 제외되어 있다. 여자를 국가의 구성원으로 인식하는 것이 아니라 그 구성원을 보좌하는 존재로 보고 부가장 체제 하의 가족 구성원으로 한정했다. 임금에게 잘못이 있으면 신하가 간(諫)함으로써 정치를 바로잡도록 보필하듯, 지아비의 보좌를 여자의 도리로 규정했다. 남녀차별 사고가 심화되고 있던 시대에 이루어진 《논어》와 《맹자》가 여성 문제에 별로 지면을 할애하지 않음은 당연한 것이다.

그러나 《논어》와 《맹자》에 편린 정도로 나타나는 여성 관계 기사를 완전히 도외시할 수는 없다고 생각된다. 그 편린들 속에는 그 시대의 여성상, 그리고 공자와 맹자의 여성관과 그것의 변화 추이가 담겨 있기 때문이다.

《논어》에 나타난 여성상을 살피기 위해서는 먼저 《논어》의 성립의 배경과 그 내용을 잠깐 논할 필요가 있다. 《논어》는 공자 사후 그의 제자들에 의하여 저술되었다. 《한서(漢書)》의 〈예문지(藝文志)〉에 따르면, 논어는 공자가 제자들 및 그 시대 사람들의 물음에 응답한 것과 제자들끼리 서로 문답한 것, 또는 공자에게서 방문

(傍聞)한 것들을 제자들이 제각기 기록해두었는데, 공자 사후에 제자들이 그것을 모아 편집하여 논찬했다고 한다. 《논어》의 저술에서 제자들이 위대한 스승의 말씀, 가르침, 사상 등을 충실하게 기록하려고 노력했음은 의심의 여지가 없다고 본다. 그러나 어떤 저술이든 역사적·사회적 상황의 제약을 완전히 벗어날 수 없다는 것을 생각한다면, 그의 제자들도 공자 내면의 모든 것을 완벽하게 전할 수는 없었을 것이다. 《논어》에 보인 편린의 여성 관계 기록을 놓고 분석하면 그런 필자의 심증이 잘못되었다고 하기는 어려울 것이다. 예를 들면, 공자의 딸과 두 조카딸을 혼인시킨 이야기가 나오는데, 공자가 23세 때 사망한 모친 안(顔)씨에 관한 기록은 없다. 부모에 대한 효에 관해서는 여러 모양으로 언급되었는데, 공자가 어머니에게 어떻게 효를 했으며 어머니의 상례(喪禮)는 어떻게 지냈는지 등에 관해서는 전혀 기록이 없다. 《사기》의 〈공자세가〉에서 공자 출생을 '야합이생(野合而生)'이라고 했는데, 혹 공자의 어머니가 적처(嫡妻)의 위치를 갖지 못했다는 데서 기록에 넣지 않았는지 모르겠다.

공자 부모의 혼인은 누가 보든 정상적인 것은 아니었다. 공자의 아버지 숙량흘(叔梁紇)은 노나라의 장군이었는데, 정처로부터는 딸만 아홉을 낳았고 소실로부터 병신 아들 하나를 두었다. 그러므로 그의 아버지는 상처 후 70세에 17세의 처녀 안씨와 결혼을 했다고 한다.[35] 《왕절부 여범첩록(王節婦 女範捷錄)》에서는 안씨의 결혼을 다음과 같이 논찬하고 있다.

　공자의 부친 숙량흘이 상처하고 재취하고자 하더니 안씨 부친이 집에서, 공숙량이 늙어서 추하고 용맹하여 재취하고자 하되 사람들이 딸을 주지 아니하여 크게 걱정을 하고 있다 하자, 안씨가 이 말을 듣고 부친에게 소녀가 그의 아내가 되기 원한다고 했다. 부친이 이를

───────────

35) 《史記》 卷47, 〈孔子世家〉 17 참조.

허락했으나 다만 숙량흘이 나이가 많아 아들을 낳지 못할까 염려했
다. 그러나 안씨는 결혼 후 니구산(尼丘山)에 기도하여 천하의 대성
인 공자를 낳았다.[36]

17세의 소녀가 70세의 노인에게 결혼을 자원한 것은 이처럼 훌
륭한 여성으로 평가하고 있는데, 이것이 어느 정도나 사실인지는
알 수 없다. 공자의 아버지는 공자가 세 살 때 죽었으므로 공자는
청상과부인 홀어머니 손에 자랐다. 안씨가 죽은 것은 공자가 23세
때였다. 《사기》의 〈공자세가〉에는 공자가 어려서부터 제기를 가지
고 제사하는 놀이를 했다고 함으로써 그의 예에 관한 소양의 관심
이 거의 생래적인 것처럼 기록하고 있다. 한 인간을 형성하는 데
어린 시절의 생장 환경이 지대한 영향을 미친다는 것은 널리 알려
진 사실이다. 위대한 성인 공자가 아버지의 가르침 없이 이루어지
지는 않았을 것으로 생각한다. 과부가 아비 없는 자식을 제대로 교
육하지 못하여 '후레자식'으로 손가락질받을 것을 염려하여 더 엄
격하게 더 열심히 교육을 시켜 위대한 인물로 만들었던 경우를 우
리는 역사에서 얼마든지 찾아볼 수 있다. 공자의 어머니 안씨도 그
런 여성 가운데 하나였을 것으로 생각된다. 다만 주대 이후 성립되
는 입자입적제(立子立嫡制)에 따라 종법 법복제(宗法 法服制)가 확립
되었던 만큼 처첩의 분변(分辨)을 엄하게 하지 않을 수 없었기 때
문에 적처의 지위가 부여될 수 없었던 공자의 어머니에 대해서는
제자들이 논급의 범위에 넣지 않았던 것이 아닌가 생각될 뿐이다.

《논어》의 내용 구성이 개인, 즉 위정자들의 인격 수양과 사회윤
리에 관계되는 교훈을 전체의 3분의 2 정도 담고 있고, 그 밖에 정
치론, 철학론, 인물평 등을 담고 있는 것[37]을 보더라도, 《논어》에
정상일 수 없는 혼인 관계를 가진 공자의 모친에 관하여 별로 언

---

36) 《女四書》, 〈王節婦女範捷錄〉, '知慧篇'.
37) 梁啓超, 앞의 책, 63쪽 참조.

급하지 않을 수밖에 없었을 것이다.

《논어》에 비친 여성상도 《시경》에서와 마찬가지로 지아비를 잘 보필하여 덕을 끼치는 덕녀와 남자를 파멸시키는 색녀의 두 가지 유형으로 크게 나뉜다. 공자는 《시경》의 〈관저(關雎)〉편에 보이는 유(幽)·한(閑)·정(貞)·정(靜)한 덕을 갖춘 문왕 후비를 가장 이상적인 여성상으로 보았다.[38] 그는 여성의 외적인 미는 남자를 파멸시킨다고 보고 여성의 내적 미의 성숙을 중요시했다. 공자가 자신의 처에게는 채색옷을 입지 못하게 하고 첩에게는 비단 옷을 입지 못하게 한 것[39]은 검소의 의미보다는 여성의 내적 미를 갖추게 하려는 데 목적이 있었던 듯하다. 공자의 먼 고조인 공부가(孔父嘉)[40]는 미모의 부인 때문에 송의 대부 화독(華督)에게 죽임을 당하고, 그 뒤 노나라로 망명하여 노나라 사람이 되었다. 여자의 외적 미가 남자를 파멸시킨다는 신념은 전통 사회의 남성에게 공통된 것이다.

《논어》의 〈계씨(季氏)〉편에 따르면 군자가 경계할 것 세 가지를 들었다. 그중 하나가 혈기가 미정(未定)한 청년 시절에는 여색을 삼가라는 것[41]이었다. 여색적 남자는 덕을 갖추지 못한 소인배와 같은 것이었다. 《논어》의 〈양화(陽貨)〉편에서는 '오직 여자와 소인은 기르기 어렵다. 가까이 하면 불손(不遜)하고 멀리하면 원망한다[42]고 하고 있다. 이 기록은 모든 여자를 폄하하여 소인과 동일시했다는 점에서 남성우월관에 찬 후대인들에게 흔히 인용되는 부분이다. 그런데 《논어》 전체를 살펴 볼 때 여자를 〈양화〉편에서처럼 '여자'라고 표현한 곳은 여기에서뿐이다. 양계초는 최술(崔述)의 고

38) 《論語》의 〈八佾〉篇에서 '子曰 關雎樂而不淫 哀而不傷'이라고 했다.
39) 張志淵(著), 柳正東(譯), 《朝鮮儒敎淵源》 下篇(三星文化文庫 135), 三星美術文化財團, 1979, 505쪽 참조.
40) 《史記》, 〈孔子世家〉 참조.
41) '孔子曰 君子有三戒 少之時 血氣未定 戒之在色 及其壯也 血氣方剛 戒之在鬪 及其老也 血氣旣衰 戒之在得.'
42) '唯女子與小人 爲難養也 近之則不遜 遠之則怨.'

증에 의거하여 《논어》 전 20장 가운데 끝에 있는 5장, 즉 〈계씨〉, 〈양화〉, 〈징자(徵子)〉, 〈자장(子張)〉, 〈요왈(堯曰)〉은 모두 의심스러운 점이 있다[43]고 했다. 만일 이런 고증 결과의 사실을 덮어둔다고 하더라도, 여기에 기록된 '여자'는 여색적인 여자를 의미한다는 것은 의심의 여지가 없다.

여색에 대한 경계는 유교사회를 지키는 윤리 규범의 으뜸이었다. 《여사서(女四書)》의 《왕절부 여범첩록(王節婦女範捷錄)》 제10편 〈재덕(才德)〉조에서 《예기》를 인용하여 '간특한 소리와 어지러운 색은 진실하고 바른 총명에는 감히 머물러 있지 못하고, 음탕한 풍류와 사특한 예절로는 본연의 진심을 감히 움직이지 못한다'고 밝히고 있다.

공자는 51세 때 노나라에서 지방 수령인 중도재(中都宰)로 기용되어 1년 만에 상당한 치적을 올렸다. 그가 서정(庶政)을 쇄신하고 성과를 거두자 노나라는 꽤 부흥하게 되었다. 여기에 겁을 먹은 제(齊)나라는 노나라의 부흥을 방해하고자 우선적으로 80명의 미녀 여악대(女樂隊)를 편성하여 노나라에 보냈다. 정공(定公)과 계환자(季桓子)가 그들의 계략대로 여악대에 탐닉하여 정사를 돌보지 않게 되고 교제(郊祭)의 의례도 엉망이 되자, 공자는 실망한 나머지 관직을 버리고 노나라를 떠난 일이 있다.[44] 이 경우 여악대는 곧 선정(善政)을 방해하는 여색인 것이다.

공자는 자신이 정치에 참여했을 때 예제를 바로잡기에 애썼다. 예는 법에 선행되는 것이다. 예는 덕 없이 행해질 수 없다. 그러한 예의 정치 가운데는 남자와 여자가 길을 걸을 때 서로 다른 길로

---

43) 梁啓超, 앞의 책, 60쪽 참조.
44) 《史記》, 〈孔子世家〉. '齊人聞而懼曰…… 於是選齊國中女子好者八十人 皆衣文衣而舞康樂 文馬三十駟 遺魯君 陳女樂文馬於魯城南高門外 季桓子微服往觀再三 將受 乃語魯君爲周道遊 往觀終日 怠於政事.';《論語》,〈徵子〉篇. '齊人歸女樂 季桓子受之 三日不朝 孔子行.'

걸어가게 하는 것[45]이 있었다. 이는 곧 남녀유별 예절을 성취시키려는 것이었다. 예의 정리에서, 그는 남자의 세계와 여자의 세계가 구분되는 것으로 보았다. 《주역》에 대한 공자의 깊은 관심과 연구는 음양의 존비 질서에서 더 많은 영향을 받았던 것 같다.

《논어》의 〈계씨〉편에는 제후들의 적처의 호칭 방법을 다음과 같이 자세하게 논한 것이 있어 주목된다.

> 방군(邦君, 제후를 의미함)의 처를 군주가 부를 때는 부인(夫人)이라 하고, 부인이 자기를 말할 때는 소동(小童)이라 하고, 나라 사람들이 부를 때는 군부인(君夫人)이라 하고, 남의 나라 사람에게 말할 때는 과소군(寡小君)이라 하고, 남의 나라 사람이 부를 때는 역시 군부인이라고 한다.[46]

제후의 부인에 대한 호칭이 부인, 소동, 군부인, 과소군 등의 여러 가지라는 것은 사회적 지위에 따른 예의 실행이 각기 다름을 의미하는 것이다.

여자에게 '부인'의 칭호는 최상의 것으로, 제후의 적처만이 누릴 수 있는 것이다. 《좌전(左傳)》에서는 '부인(夫人)'과 '부인(婦人)'을 엄격하게 구별하여 기록하고 있다. 첩모(妾母)를 함부로 부인(夫人)으로 참칭(僭稱)하지 못하게 하고 있는 것이다. 《좌전》에는 부인(夫人) 또는 부인(婦人)에 관해 상세하게 기록되어 있는데, 본격적인 사서(史書) 성격을 지니는 《좌전》에서 부인(夫人)에 관한 기록을 상세히 남겼다는 것은 당시 사회에서의 여성의 역사적 위치와 사회적·정치적 지위의 무게가 상당히 있었음을 보여주는 것이라 생각된다.

---

45) 《史記》, 〈孔子世家〉.
46) '邦君之妻 君稱之曰夫人 夫人自稱曰小童 邦人稱之曰君夫人 稱諸異邦曰寡小君 異邦人稱之亦曰君夫人.'

공자가 부인의 칭호를 독립적으로 자세히 논하고 있는 것에 대하여 후학들은 자못 의아심을 보였다. 《논어집주대전(論語集註大全)》의 주석을 보면, 《논어》에 이런 류의 기록을 실은 것이 무엇을 뜻하는 것인지 모르겠다 하고, 혹 공자가 정말로 이런 말을 일찍이 한 것인지 모르겠다고 논하고 있다. 그런데 남헌장씨(南軒張氏)는 이것을 가리켜 정명지의(正名之意)라고 하고 있는데, 춘추시대에는 첩모로 부인(夫人)을 삼는 경우가 많았고 심지어는 노나라의 혜진평(惠晉平)처럼 첩으로 부인(夫人)을 삼는 경우도 있었기 때문에 이를 바로잡으려는 것[47]이라 해설하고 있다. 부부의 윤리를 바로 하는 것은 가도를 바로잡는 일이며, 이를 사회와 국가로 확대하면 군신의 윤리를 바로 하는 것이며, 또 제후의 가족 윤리는 만백성의 본보기가 되는 것이기도 하므로 유교적 인륜에서는 결코 가벼이 보고 지나칠 것이 아니었다.

제후의 부인 호칭론과 더불어 위령공(衛靈公)의 부인 남자(南子)를 공자가 상견한 것은 그의 여성관의 일단을 밝혀주는 중요한 부분이다.

공자는 54세 때 노나라에서 벼슬을 내놓고 떠난 후 위(衛)나라로 갔다. 위나라에서 다시 진(陳)나라로 가려는 도중에 봉변을 당하여 다시 위나라로 돌아왔다. 공자가 재차 위나라로 돌아왔을 때 정치적 실권을 장악한 위령공의 부인 남자의 기세가 충천했는데, 그 남자가 공자에게 사람을 보내 자기를 만나줄 것을 요청하여 공자가 이에 응했던 것이다. 《논어》의 〈옹야(雍冶)〉편에서 이에 대하여 다음과 같이 기록하고 있다.

---

47) 《論語集註大全》 卷16, 《經書－大學 論語 孟子 中庸》, 成均館大學校 大東文化院 影印刊, 390쪽. '吳氏曰 凡語中所載如此類者 不知何謂 或古有之 或夫子嘗言之不可考也', '南軒張氏曰 此正名之意也 春秋時 以妾母爲夫人者多矣 甚則以妾爲夫人 如魯惠晉平之爲者 名實之乖一 至於此正其名所以責其實也.'

공자가 남자의 청을 들어 그녀를 만났다. 이에 자로(子路)가 불쾌하게 여겨 공자가 그에게 맹세하듯 말했다. 만일 내가 한 바가 조리에 어긋나면 하늘이 나를 싫어하고 싫어할 것이다.[48]

제자 자로는 어째서 스승이 남자를 상견한 것을 그렇게 싫어했고, 또 공자 자신이 자기에게 잘못이 있으면 하늘이 저주를 줄 것이라고 자신의 행동을 강력히 변명하고 있는지, 그 뜻을 정확히 알 수는 없다. 그러나 《사기》의 〈공자세가〉 등에 나타난, 남자를 상견한 기록을 보면, 스승이 비루하게 여자 세력 아래에서 관직을 넘보는 것이 아닌가 하는 실망에서였으리라 생각되며, 또 공자는 그것이 결코 아님을 부정한 것이 틀림없다.

먼저 공자가 남자를 상견하게 된 경위를 보자. 남자가 공자에게 사람을 직접 보내 '사방(四方)의 군자로 욕스럽게 여기지 않고 찾아와 과군(寡君, 위령공을 일컬음)과 형제가 되기를 바라는 사람은 반드시 과소군(남자를 일컬음)을 찾아본다. 과소군이 공자 뵙기를 원한다'[49]고 말하게 했다.

위령공과 형제되기를 원하는 사람이란 곧 위령공과 정치적 이해를 함께 하려는 무리라는 뜻이며, 결국 남자의 눈에 들면 정치적 직분을 맡았음을 의미하는 것이라 생각된다. 공자는 남자의 분부를 사양하다못해 부득이 만나게 되었다[50]고 기록하고 있다.

공자와 남자의 상면 장면을 보면, 거친 베를 휘장으로 가리고 남자는 남향했고 공자는 문에 들어가 북면하고 계수례(稽首禮)로 머리를 조아리며 남자는 휘장 안에서 재배례(再拜禮)했는데, 그녀가 찬 환패(環佩)의 옥(玉)이 부딪는 소리가 아름답게 울렸다고 한다.[51]

---

48) '子見南子 子路不悅 夫子矢之曰 子所否者 天厭之 天厭之.'
49) 《史記》, 〈孔子世家〉. '衛靈公夫人有南子者 使人謂孔子曰 四方之君不辱欲與寡君爲兄弟者 必見寡小君 寡小君願見.'
50) 같은 책. '孔子辭謝 不得已見之.'
51) 같은 책. '夫人在絺帷中 孔子入門 北面稽首 夫人自帷中再拜 環佩玉聲璆然.'

계수는 본래 부복(俯伏)하여 머리를 땅에 조아리는 최경례의 일종이고 재배는 계수보다 가벼운 경례이다. 이 상견례에 대하여 공자는 '나는 정식 상견례가 아닌 것을 했는데, (그녀가) 나타나서 예를 갖추어 답하더라'[52] 하고 제자들에게 말했다. 제자 자로가 불쾌하게 여긴 것은 공자가 남자를 만난 것 자체 때문이었는지 아니면 그녀에 대한 계수례 때문이었는지를 가리기는 어려우나, 아마도 그 모두였을 것으로 생각된다.

남자는 원래 송나라 여인으로 위령공 만년에 그의 부인이 되어 총애를 한몸에 받고 있던 절세 미인이었다. 영공에게는 원래 정실 부인의 소생인 괴외(蒯聵)가 있어 이를 태자로 삼았는데, 남자가 아들 영(郢)을 낳자 그 위세가 커져 태자 괴외와 대립하게 되었고, 태자는 자기 가신들과 모의하여 남자를 살해하려다 이것이 발각되어 송을 거쳐 진(晋)으로 망명했다. 그 뒤 남자의 위세는 더욱 대단했다. 《춘추좌씨전(春秋左氏傳)》에서는 이 일을 다음과 같이 기록하고 있다.

> 위후(衛侯)의 부인 남자는 행실이 음란해서 추문이 세상에 자자했다. 태자 괴외가 이를 제거하려 했으나 일이 발각되어 송나라로 망명했다. 위후가 괴외의 도당을 추방했으므로 공맹구(公孟彄)는 정나라로 망명했다가 다시 제나라로 갔다.[53]

남자를 이처럼 행실이 음란하여 추문이 세상에 자자한 못된 여자로 기록하고 있는 것은 위나라의 국정이 영특한 미인 남자의 손에 있음을 못마땅하게 여겼던 때문에 그녀를 음탕하고 방자한 여자로 지탄한 것이라 생각된다. 다시 말하면, 국정은 남성의 것인데 여자가 끼어들어 그 실권을 장악하고 있음이 못마땅하다는 것이다.

---

52) 같은 책. '孔子曰 吾鄕爲弗見 見之禮答焉.'
53) 權五惇(譯解), 《春秋左氏傳》, 弘新文化社, 1981, 511쪽.

공자는 위나라에서 직분을 주면 좋은 정치를 해보겠다는 뜻이 있었던 것으로 안다. 위나라에 한 달 가량 머물렀으나 그 기회가 주어지지 않자 공자는 다시 위나라를 떠나기로 결심을 하고, '나는 여지껏 덕 좋아하기를 여색 좋아하듯 하는 사람을 보지 못했다'[54] 고 했다. 이것은 위령공과 남자를 지칭하여 한 말이 분명하다. 그는 남자를 '색(色)＝여색'으로 간주한 것이다.

문인 임어당(林語堂)은 공자가 남자를 만난 일을 희화하여 남자를 진보적인 여권 실천자로 그려내고 공자는 그녀에게 휘둘린 속물기 있는 사나이로 그린 〈자견남자(子見南子)〉라는 희곡을 써서 한때 물의를 일으킨 일도 있었다. 어쨌든 남자를 여색으로 몰아붙이는 것에 대한 역사적 안목은 바로잡아야 한다고 생각한다. 그리고 여성의 정치적 실권에 대한 비판적이고 부정적인 안목은 공자보다 그 제자들이 더욱 심했다고 할 수 있다. 《논어》의 〈태백(泰伯)〉편에 공자의 다음과 같은 말이 있다.

인재 얻기 어렵다더니 정말 그렇지 않느냐. 요순시대 이후 주나라에 인재가 많았다고 하나 부인(婦人)이 끼었으니 아홉뿐이다.[55]

이것은, 주나라 무왕(武王)때 정무(政務)를 맡길 만한 훌륭한 인재가 열 명이 있었는데, 그 가운데 문왕(文王)의 부인 태사(太姒)가 포함되어 있으므로 그 부인을 빼면 아홉 명뿐이라는 뜻이다. 후대에 태사는 흔히 현모양처의 표본으로 내세워져 유교적 부도의 사표였다. 어떤 여훈서(女訓書)에서도 태사를 정치를 맡은 유능한 인재로는 표현하지 않고 있다. 공자가 열 명의 인재를 논할 때 처음부터 태사를 빼버리지 않고 있는 것은 무슨 뜻인가? 상고시대에는 여성도 능력 있는 인재면 정치에 참여했음을 의미하는 것이었다고

---

54)《論語》,〈衛靈公〉篇 및《史記》,〈孔子世家〉. '吾未見好德 如好色者也.'
55) '孔子曰 才難…… 唐虞之際 於斯爲盛 有婦人焉 九人而已.'

한다면 필자의 지나친 억측이라 할 것인가?

5. 《맹자》에 나타난 여성관

《사기》의 〈맹가·순경열전(孟軻·荀卿列傳)〉에, '맹가는 당우(唐虞) 3대의 덕을 주장했으므로 이 때문에 가는 곳마다 (위정자와) 맞지 않았으므로, 물러나 만장(萬章) 등 제자들과 더불어 《시경》과 《서경》을 정리하고 중니(仲尼, 공자를 일컬음)의 사상을 조술(祖述)하여 《맹자》 ●편을 만들었다'[56]고 기록했다. 맹자는 현실 정치에서 자신의 인덕(仁德) 정치를 펴볼 수가 없어 제자들과 더불어 학문을 논하고 인간 행동의 준칙이 되는 말들을 찬술하여 《맹자》를 저술하게 되었다는 것으로, 그는 공자를 사람이 생긴 이래 최고의 성인으로 추앙하고 그를 사표로서 사숙했다.

《맹자》 전체를 맹자가 친히 저술했다고 하지만, 책 내용 가운데 맹자 생존대의 군주의 시호(諡號)를 쓰고 있는 점이나 또는 맹자 문인들에게 '자(子)'를 붙여 부르는 점 등을 보면, 《맹자》는 오히려 맹자의 사후에 그의 문인(門人)인 만장 공손축(公孫丑) 등이 기술한 부분도 적지 않다[57]고 한다.

맹자는 공자를 사표로 사숙했지만, 공자와는 다른 면을 보인다. 공자는 장중하고 온후하며 함축성 있는 간결한 표현을 하고 있는데 반해, 맹자는 패기와 투지력이 넘쳐 군왕에게도 신랄한 비평적 진언을 주저하지 않는 성품을 지녔다.

맹자는 특히 인간에 대한 통찰력이 대단하며 심리 분석과 파악을 잘하고 의를 위한 추진력이 대단했다. 공자는 예치(禮治) 구현

---

56) '…… 孟軻乃述唐·虞 三代之德 是以所如者不合 退而與萬章之徒 序詩書 述仲尼之意 作孟子七篇.'

57) 梁啓超, 앞의 책, 70쪽 참조.

을 위한 원리로 인(仁)이라는 평등주의를 내세웠지만, 맹자는 인과 의를 함께 주장했다. 맹자의 정치사상은 익히 아는 것처럼 인의의 왕도정치와 민생정치로 집약된다. 민생 문제는 민본주의적 입장에서 주장되고 있다.

맹자의 학문과 사상은 《맹자》에 가장 잘 표현되어 있다. 양계초는 이 《맹자》의 내용을 다음과 같이 분석·요약하고 있다.

(1) 철리론(哲理論) : 성(性)의 체(體)와 상(相)을 깊이 연구하여 성선(性善)의 본의를 증명함.

(2) 정치론(政治論) : 민본주의(民本主義)를 발양하여 국가의 공리(功利)를 배척하고 경제상의 여러 가지 이상적 건설 방책을 제시함.

(3) 일반수양론(一般修養論) : 사람의 뜻을 분발·고무하는 말을 많이 써서 독립 자존(自尊)의 정신을 제창하고 개인의 공리주의를 배척함.

(4) 역사적 인물의 비평 : 고인(古人)의 언행을 빌어 자기의 주의를 증명하려고 함.

(5) 타학파(他學派)에 대한 논쟁.

(6) 맹자의 출신과 처신 및 일생 행동의 기록.[58]

《맹자》도 《논어》와 마찬가지로 유교적 이상 정치의 실현을 목적으로 저술된 정치적 교본서이다. 정치의 주도권이란 남자에게 있는 것인 만큼 《맹자》에서도 여성의 문제를 절실하게 다루지 않았다. 그것은 여성을 정치 사회의 구성원으로 인식하기보다는 가족

---

58) 같은 책, 72~73쪽.

구성원으로 인식했기 때문이다. 그러므로 《맹자》에서도 '호색과 부귀'를 군자가 가장 경계해야 하는 것으로 논하고 있다.

또 공자 등 유가들이 부부를 인륜의 대도(大道)로 보듯 맹자도, '남녀거실(男女居室)은 인간의 대륜(大倫)'이라고 했다.[59) 남녀유별관을 예로 보는 것도 공자와 근본적으로 같다. 그러나 맹자는, 남녀의 혼인이나 유별을 경색된 예제적 측면에서만 보지 않고 성선의 권도적(權道的) 입장에서 보았다는 데서, 남녀간 예제(禮制)의 구체적이며 현실적인 의미를 제시해주고 있다. 즉, 순우곤(淳于髡)이 남녀간에 물건을 주고받지 않는 것이 예인가를 질문한 데 대해 맹자의 답변은 예라고 했다. 다시 형수가 물에 빠지면 손을 잡아당겨주어야 하는가를 물었을 때 맹자는 분명하게 다음과 같이 답하고 있다.

> 형수가 물에 빠진 것을 잡아당겨주지 않는다면 이것은 시랑(豺狼)과 같은 짐승이다. 남녀가 물건을 주고받지 않는 것은 예이고 형수가 물에 빠졌을 때 손으로 끌어 주는 것은 권도이다.[60)

남녀유별의 예를 지킨다고 해서 물에 빠진 형수의 손을 잡아 끌어주지 않는 것은 짐승과 같다는 것이니, 맹자의 남녀유별관은 그의 인의정치 성격의 일단과 합치되는 것이라 하겠다. 또한 민본주의적 민생론을 주장하는 맹자의 경제정책론에서는 남자와 여자를 가정과 사회와 국가에 기여하는 똑같이 중요한 생산자로 인식했음에 주목하지 않을 수 없다. 팽경(彭更)이 선비가 일하지 않고 먹는 것은 불가하다고 한 데 대하여 맹자는 만일 생산된 물건을 서로 유통·교역하지 않으면 농부에게는 곡식이 남아돌고 여자에게는 포(布)가 남게 된다고 했다. 남는 것으로 모자라는 것을 바꾸어 보충

---

59) 《孟子》, 〈萬章章句〉. '…… 男女居室 人之大倫.'
60) 《孟子》, 〈離婁章句〉上. '淳于髡曰 男女授受不親禮與 孟子曰 禮也 曰 嫂溺則援之以手乎 曰嫂溺不援 是豺狼也 男女授受不親禮也 嫂溺援之以手者權也.'

해주면 목수나 수레 만드는 사람도 모두 그로 말미암아 먹을 것을 얻게 된다[61]고 했다. 이것은 남과 여를 예교적 윤리의 입장에서 분별했다기보다는 동등한 생산 담당자로 이해한 것이다. 맹자의 이같은 입장은 다음 인용문에서도 잘 나타난다.

오무(五畝)되는 나무 울타리 아래 뽕나무 심어 필부(匹婦)가 누에 치면 노인이 족히 비단옷을 입을 수 있고…… 백무(百畝)의 밭에서 필부가 농사를 지으면 팔구(八口)의 가(家)가 가히 배고프지 않게 지낸다.[62]

맹자는 남녀유별의 의를 상하적인 고비(高卑) 질서보다는 오히려 민생에 절대 필요한, 조화되면서도 독립된 생산자적 측면에 두었다. 여자의 역사(役事)나 남자의 역사나 어느 한 가지도 소홀하게 될 수 없다는 것이다. 이것은 자기의 직분에 충성하여 남는 물건과 모자라는 물건을 서로 바꾸어 보충하듯, 남녀, 즉 부부 사이도 서로 모자란 부분을 채워주면서 바람직한 인격을 갖추고 가정을 아름답게 이끌어가야 한다는 것이다. '제인유일처일첩(齊人有一妻一妾)'은 그러한 면에서 볼 때 아주 좋은 비유라고 생각된다. 이 비유의 내용을 보면 다음과 같다. 비겁하고 허세에 찬 제나라 사람이 늘 집밖에 나가면 고기와 술을 실컷 먹고 돌아오는데, 아내가 누구와 먹었는지 물으면 부귀한 사람들과 먹었다고 대답을 했다. 그러나 집에는 한 번도 귀한 사람이 찾아오는 일이 없어 의심스러워진 아내가 외출하는 남편을 몰래 뒤쫓아가보았다. 놀랍게도 남편은 동쪽 성곽 묘지 쪽으로 가더니 이리저리 돌아다니면서 제사 지내고 남은 찌꺼기 음식을 구걸하여 배불리 먹고 있었다. 하늘이 무너지

---

61) 《孟子》, 〈滕文公章句〉 下. '子不通功易事 以羨補不足 則農有餘粟 女有餘布 子如通之 則梓·匠·輪·輿· 皆得食於子.'
62) 《孟子》, 〈盡心章句〉 上. '五畝之宅 樹牆下以桑 匹婦蠶之 則老者足以衣帛 矣…… 百畝之田 匹夫耕之 八口家 可以無飢矣…….'

듯 실망한 아내는 집에 돌아와 첩의 손을 잡고 '남편이란 평생을 우러러 보며 살아야 할 사람인데, 이제 보니 이와 같네' 하며 안마 당에서 울고 서 있었다. 이런 사정을 모르는 남편은 집에 돌아와 여전히 처첩에게 교만하게 굴었다.[63]

이 비유는 도를 저버린 인간답지 못한 남편은 아내가 공경할 수 없는 것임을 보여주고 있다. 아내가 《주역》의 원리에 따라 무조건 지아비에게 순종·복종할 수 없는 것임을 시사하는 것이라고 해석해도 결코 무리는 없을 것이다. 왕의 잘못도 과감하게 비판하는 그의 과단성 있는 성격으로 볼 때, 편파적 남녀유별관에 무조건 따르는 것이 여자의 도리라고 보지 않았을 것이 당연하다.

맹자의 인격 형성에는 그의 모친의 영향이 절대적으로 컸다. 맹자는 3세에 부친을 여의어 홀어머니의 엄격한 훈도 아래 성장했다. '맹모 삼천지교(孟母 三遷之敎)'는 지금까지도 어머니의 올바른 자녀 교육관의 지표가 된다. 맹모는 정의를 생명보다 더 소중한 것으로 맹자에게 가르쳤다. 이웃집 돼지 잡는 것을 보고 농으로 '너 주려고 잡는다'는 말을 해놓고는 아차 실수했다 싶어 어려운 살림에도 불구하고 그 돼지고기를 사다가 먹였다[64]는 일화는 유명하다. 맹자의 학문과 사상은 물론 여성관도 분명 맹모를 통해 이루어진 것이라 생각된다. 특히 그의 권도적 민생론은 어머니의 가르침 속에서 체득된 것이라 생각된다. 패기에 찬 맹자로서는 예를 어기는 행위를 결코 용납할 수 없었다. 어느 날 맹자는 아내가 더위를 못견뎌 웃옷을 벗고 있을 때 불쑥 안방에 들어가게 되었고, 용의를 갖추지 아니하고 남편을 대한 처의 모습을 보았다. 그는 부부간에도 손님을 대하듯 예의를 지켜야 함에도 이를 어겼다 하여 출(黜)하려고 했다. 이때 맹모는 아들을 다음과 같이 꾸짖었다.

63) 《孟子》, 〈離婁章句〉 下 참조.
64) 《女四書》, 〈王節婦 女範捷錄〉 第2篇 母儀條.

예에 말하기를, 사람이 당(堂)에 오를 때 반드시 인기척을 하는 것
은 사람에게 경계를 요하는 것이요, 문을 열고 들어갈 때 반드시 시
선을 아래에 두는 것은 다른 사람의 잘못을 볼까 두려워함이라고 했
는데, 네가 예를 알지 못하고서 오히려 예를 가지고 남을 꾸짖으니
이것은 예에 어긋날 뿐만 아니라 또한 너무 지나친 일이 아니냐.[65]

예의 근본이란 남의 잘못을 들추어내는 데 있는 것도 아니고 또
형식적 예에 얽매여 인간이 예의 노예가 되는 것도 잘못임을 지적
한 것이다. 예는 인간의 삶을 아름답게 순리로 이끌어가야 하는 것
이다. 《맹자》에 비친 긍정적이고 합리적인 여성관에는 맹모의 영
향이 적지 않았을 것이라 생각된다.

6. 《예기》와 유교적 여성관의 정립

삼종지도와 칠거지악(七去之惡)은 여성을 남성에게 종속비하(從屬
卑下)시키는 윤리 질서요 도리였다. 그런데 공자와 맹자 시대까지
는 삼종·칠거적 여성관은 보편화되지 않았던 것 같다. 《좌전(左
傳)》을 보면, 여성이 정치에 참여하는 등의 기사가 나타나 있다.
삼종·칠거론이 처음 나타난 고전은 《예기》이다.

《예기》는 공자의 70제자와 그 후학들이 기록한 것으로 전국시대
와 진한(秦漢) 연간의 유가들의 언설(言說)을 집대성한 것인데, 전
한시대 중엽의 유학자인 대덕(戴德)과 대성(戴聖)이 수집하여 전수
한 것이다. 《예기》에는 《예기》와 《대대예기(大戴禮記)》가 있는데,
이 저술은 결코 한 사람이 이루거나 한 시대에 나온 것이 아니다.
《예기》에는 예로써 인격 교육의 도구로 삼으려는 공자학파의 정신
도 십분 나타나 있으나, 동시에 《예기》가 저술된 당시의 사회 상

---

65) 같은 책, 第7篇, 秉禮條.

황도 상당히 반영되어 있다.

《대대예기》에 따르면, '여자에게는 전제(專制)의 의(義)는 없고 삼종의 도가 있다'[66]고 하고 또 '부인에게는 칠거가 있다'[67]고 했다. 삼종과 칠거는 여성의 독립적 인격을 부정한 것이다. 여자의 일생을 순종과 굴복으로 남자에게 얽매려는 것이다.

《예기》의 〈내칙(內則)〉은 부녀의 행동거지를 남계 중심 사회에 알맞게 규정한 것인데, 이 〈내칙〉편은 훗날 각종 여계서(女戒書)의 본이 되었다. 〈내칙〉에 나타난 부녀언행의 예와 도는 남자와 철저하게 구분된다. 가령, '남자는 불언내(不言內)하고 여자는 불언외(不言外)한다'[68]고 함으로써 여자의 사회적 진출을 차단한 것이나, '여자출문(女子出門)할 때는 반드시 얼굴을 가리고 촛불을 밝혀 야행(夜行)하며, 길을 걸을 때 남자는 우(右), 여자는 좌(左)로 간다',[69] '예는 내외(內外)를 분변(分辨)하는 데서 시작된다. 남자는 거외(居外)하고 여자는 거내(居內)한다'[70] 등을 들 수 있겠다.

아울러 남녀의 놀이나 교육 등도 어려서부터 달라진다. 즉, '남자는 빨리 대답하고 여자는 느리게 대답하며, 남자는 가죽끈을, 여자는 실끈을 가지고 놀며, 7살에는 남녀가 부동석(不同席)하고 불공식(不共食)해야 한다'[71]고 한다.

'남녀칠세부동석(男女七歲不同席)'이란 남자의 생애와 여자의 생애가 근본적으로 다른 것이므로 각자의 예도(禮道)와 규범 안에서 자신의 분수에 맞는 세계를 이루어 생활해야 한다는 뜻이다.

---

66) 《大戴禮記》, 〈本命篇〉 및 《孔子世家》 卷6, 〈本命解〉. '婦人 伏於人也 是故無專制之義 有三從之道 在家從父 適人從夫 夫死從子 無所敢自遂也.'
67) 《孔子世家》 卷6, 〈本命解〉. '女有五不敢…… 婦有七出三不去…….'
68) 《禮記》, 〈郊特性〉. '男不言內 女不言外.'
69) 《十三經注疏5:禮記》, 〈內則〉 12. '女子出門 必擁蔽其面 夜行以燭 無燭則止 道路男子由右 女子由左.'
70) 같은 책. '禮始於謹夫婦 爲宮室辨外內 男子居外 女子居內.'
71) 같은 책. '子能食 食敎以右手 能言男唯女兪 男鞶革女鞶絲…… 七年男女不同席 不共食…….'

또 여성의 정치적·사회적 지위에 대해서도, 《예기》의 교특성(郊特性)에서 '부녀(婦女)는 무작(無爵)이며 부(夫)의 작(爵)을 좇아 부(夫)의 자리에 앉는다'고 하여 부녀가 지아비에 종속됨을 말하고 있다.

《예기》는 유가의 이상에 해당하는 것이 반이고, 나머지 반은 진한시대에 행해지고 있던 정치적·사회적 제도가 반영된 것이다.

한고조(漢高祖)의 천하통일 이후 정치 및 사회질서의 확립 과정에서 유교를 정치의 근본으로 삼게 되고 그것을 일반 사회로까지 확대해가는 과정에서 여성의 유교화 교육이 절실해졌다.

한대에 조대가(曹大家,[72] 훗날 조세숙[曹世叔]의 아내요 반고[班固]의 매[妹])가 저술한 부녀용 교훈교양서인 《여계(女戒)》는 그 시대의 유교적 여성관을 집대성한 것이고, 그 뒤로 이를 본으로 하여 각각의 시대에 맞는 여훈서가 저술되었다.

그런데 《여계》를 비롯한 인효문황후(仁孝文皇后)의 《내훈》, 송약소(宋若昭)의 《여논어》, 왕절부의 《여범첩록》을 모아 만든 《여사서》를 보면, 삼종론은 다루고 있으나 칠거론은 전혀 논급되어 있지 않으며, 무자(無子)의 죄악성도 나타나지 않는다.

《여계》는 전체 7장으로 비약(卑弱)·부부(夫婦)·경순(敬順)·부행(婦行)·전심(專心)·곡종(曲從)·화숙매(和叔妹)로 분류되어 있다. 비약에 따르면, 옛사람이 딸을 낳게 되면 사흘 만에 평상 아래 누이고 기와로 몸을 누른 뒤 목욕하고 사당에 고했는데, 평상 아래 눕히는 것은 나직하고 유약하고 남에게 겸손하라는 뜻이고, 기와는 몸의 수고로움을 이겨내고 근면하라는 것이며, 목욕재계로 사당에 고하는 것은 제사의 계승을 말하는 것이라고 풀이하고 있다. 즉, 겸손, 근면, 제사에 대한 정성, 이 세 가지는 부녀의 떳떳한 도리요 예법이라[73]고 했다.

---

72) 家는 姑와 같으며, 大家는 女人의 존칭임.
73) 《女四書》, 〈女戒〉, '卑弱' 1. '古者 女生三日 臥之床下 弄之瓦博 而齋告焉 臥

부부(夫婦)에서는 부부 도리가 음양으로 성립되고 신명(神明)에 통하는 것이므로 천지의 큰 의리이고 인륜의 예절이라고 했다. 이 같은 부부 윤리론은 《주역》과 《예기》에 근거하는 것이다. 경순에 서는 공경과 유순이 부인의 큰 예절이며, 부부간에는 의로써 화친 해야 한다고 했다. 부행에서는 부덕(婦德), 부언(婦言), 부용(婦容), 부공(婦功)은 여자가 갖추어야 할 큰 예절이라고 했다. 전심에서는 가장은 여자의 하늘이므로 일부종사가 여자의 도리임을 논했다. 곡 종에서는 시부모의 말씀은 그르더라도 굽혀 따르는 것이 예이며, 화숙매에서는 시숙·시매와 화목하는 것이 올바른 도리라고 했다.

남녀동권사상을 주장하는 오늘날의 안목으로 《여계》 등 여훈서 를 본다면 이것은 분명히 여성억압적 예도(禮道)의 서(書)일 수밖 에 없다. 그러나 이것을 역사적 진전 상황에서 본다면 여성의 역사 적 동참을 의도한 서라고 해석할 수 있다. 유교적 인문이 크게 발 달하여 남자는 8세 이후 학문을 체계적으로 배워 도와 예를 갖춘 유교적 참 인간으로 성장하지만, 여자에게는 의리, 예절, 음양의 원 리 등을 전혀 가르치지 않았기 때문에 남자에 비해 여자는 상대적 으로 무례불공(無禮不恭)한 형이하적 인간일 수밖에 없었다. 이 같 은 부녀에게 인륜의 도리를 가르치겠다는 것은 부녀를 떳떳한 유 교사회의 구성인으로 한층 승격시키려는 것이다. 이런 의미에서 볼 때, 여훈서들은 그 내용들을 남녀 상하 질서를 무조건 따르도록 너 무나 교조화하여 그 윤리의 테두리를 쉽게 이탈하지 못함으로써 부가장적 체제와 질서에 맹종하게 한 부정적 면에 결과적으로 공 헌할 수밖에 없었으며, 남녀차별적 여성관을 보다 고정화하는 데 기여하는 결과를 초래했다.

之床下 明其卑弱主下人也 弄之瓦塼 明其習勞主執勤也 齋告先君 明當主繼祭 祀也 三者 盖女人之常道 禮法之典敎矣.'

7. 닫는 글

이상으로 유교사상 형성의 근본이 되는 고전유학에 나타난 유교적 여성관을 재조명해보았다. 그 결과 가부장 체제 형성 과정에서 남자를 국가 구성원인 민의 일원으로 본 데 반해 여자는 가족 구성원의 일원으로 규제했다. 또 유교 경전들은 치자인 남자의 바른 인간 도리를 제시한 것이므로, 이는 여성 문제를 적극적으로 다루는 성격의 것이 아니었다. 그러므로 경전에서 다루어진 여성이란 치자의 군자화 과정에 어떻게 공헌하고 또 그들이 여자를 어떻게 인식해야 하는가로 집약된다. 그 결과 여성은 덕녀와 색녀 내지 악녀로 크게 이분되고 있으며, 부인을 제대로 다스리지 않으면 남자를 파멸시키는 색녀가 됨을 경계했다. 특히 《주역》의 음양관은 남존여비의 인간질서를 인간의 힘으로는 어떻게 할 수 없는 천도의 섭리로 해석함으로써 수천 년간 이를 감내하며 숭신하게 했다. 이같은 유교적 인간관의 기초 위에서 이를 합리화하는 유교적 예제가 성립되고 이를 지켜 나아가는 것이 당연한 인륜의 대도라 주장된 것이다.

그러나 《주역》의 음양관에는 다분히 남녀간에 상호 보완적인 횡적 인간관계의 면을 내포하고 있어 여성의 역할이 무조건 비하되는 것은 아니었다. 즉, 유교의 남녀유별은 남녀간의 역할 구분이 근본 목적이었다. 한대에 와서 여성교육론이 제시되고 《여계》 등 여성용 교훈교육서가 편찬된 것도 그러한 데서 편찬 동기를 찾을 수 있다.

《여계》 이후 중국에서 간행된 여훈서들과 성리학 수용 이후 우리 나라에서 간행된 각종 여훈서를 망라하여 그것을 분석 연구하고, 또 성리학에 나타난 여성관을 보다 구체적으로 연구하면 유교적 여성관의 실체는 보다 분명하게 드러날 수 있으리라고 생각한다.

제2장 삼국사의 여성 기사(記事) 사론 분석
-성차별화의 역사적 과정 인식-

1. 여는 글

인류 역사가 전통적으로 우리에게 물려준 지배적인 남녀관은 남자와 여자가 생래적(生來的)으로 또 생물학적으로 서로 다르므로 차별되어야 함이 마땅하다는 것이다.

성품에서 남자는 강건하고 능동적·지성적·창조적·모험적·정치적·지배적인 데 반해 여자는 유약하고 수동적·비능률적·비정치적·피지배적이라고 했다. 이 같은 남녀의 상위성은 그 기질이 천부적으로 다르기 때문이고, 아울러 남녀간에 역할과 지위가 다른 것은 자연의 변할 수 없는 현상이며, 이는 또한 하늘이 정해준 불변의 이치라고 주장해왔다.

서구문화의 기초가 되는 기독교는 창세설화에서부터 남자와 여자를 상하·우열과 지배·복종의 관계로 나누고, 이를 조물주의 뜻에 의거한 것으로 서술하고 있다. 아울러 여자를 죄지음의 근원으로 규정하여 생명을 창조하는 산고(産苦)조차도 죄의 값으로 설명하고

있다.[1] 동양문화의 중심이 되는 유교문화에서는 남녀를 천지(天地)·
음양(陰陽)·강유(剛柔)·건순(健順)으로 상징하며, 언제나 약자의 입
장에서 오직 남자에게 종속되어 그를 보완해주는 것이 여성으로서
의 당연한 인간 도리라 하고 있다.[2] 이 같은 남녀의 기질적인 상위
성론(相違性論)은 자연히 남녀의 역할을 완연하게 구분짓고 있으며,
따라서 여자는 사회와 역사에서 항상 나타나지 않아야 하는 정적
(靜的) 존재라야만 했다. 그러므로 역사는 90퍼센트 이상이 남자의
활동을 중심으로 기록되어 있다.

역사는 오랫동안 통치자의 일들을 기록함으로써 후세의 거울이
되게 했다. 그러므로 역사에서 80~90퍼센트는 이들에 관한 갖가지
치적들로 채워져 있을 뿐, 여성과 무명의 남성 대중들은 편린(片
鱗)정도만이 다루어졌을 뿐이다. 근래에 들어 '아래로부터의 역사'
를 표방하는 전체사회사 연구에서, 주로 지금까지 역사 속에서 가
리워진 채 억압당한 무명의 인간들의 모습을 파헤치는 작업을 행
하고 있음은 역사연구의 대상이 더 이상 소수의 지배층 남성의 것
일 수 없다는 이유에서 비롯된 것이다.

여성사 연구가 역사연구의 한 분야로 연구되어야 함은 첫째 잃
어버린 여성의 역사적 사실들을 온당하고 분명하게 밝히려는 데
있으며, 둘째는 수천 년에 걸친 인간 불평등의 역사 형성의 모순을
밝힘으로써 올바른 인류사를 정립하려는 데 있다.

역사연구는 역사자료에 의거함이 마땅하다. 그런데 대부분의 기
존 역사서에서 찾아볼 수 있는 여성 기사는 지배층 남성들과 관련
되는 여성들과 남성중심문화와 역사에 이바지한 여성들, 또는 차별
된 여성 도리를 온당하다고 한 것에 관한 것들이 대부분이다. 그러
므로 기존의 역사자료를 중심으로 여성사를 연구할 때 그 연구가
오히려 남성중심문화 및 역사의 성취를 위해 여성이 어떻게 이바

---

1) 張裳, 〈기독교 여성관의 재발견〉, 《한국여성학》(창간호), 1985, 97~103쪽.
2) 朴容玉, 〈유교적 여성관의 재조명〉, 《한국여성학》(창간호), 1985, 18~23쪽.

지했는가를 더욱 명료하게 밝히고마는 당혹함에 빠지게 한다. 예를
들어, 동양이나 한국의 여성교육사를 연구할 때 그 연구자료로는
으레 《여사서(女四書)》·《내훈(內訓)》·《규범선영(閨範選英)》 등을 이
용하게 된다. 그러나 이 같은 여성교육서는 모두가 남존여비적 남
녀관을 여성들에게 더 철저히 교육시켜 여성으로 하여금 이를 어
떻게 더 잘 이행하도록 할 것인가를 여러 각도에서 밝히고 제시한
것들이다. 때문에 그러한 연구는 결과적으로 남성중심문화와 이에
따른 역사가 당연함을 입증하고 강화하는 것으로 끝날 수도 있는
것이다.

그러므로 여성사 연구에서 가장 중요한 것은 역사자료 활용에서
의 올바른 분석 능력이라고 할 수 있겠다. 굳어져버린 남성중심문
화의 인습과 편견이라는 여건 아래 서술된 역사자료들 속에서 어
렵게 얻어진 여성의 일과 삶을 편린으로 주워 모아놓고 그것을 그
냥 여성사라고 한다면 거기에는 자칫 여성의 주체적인 역사의 삶
을 충실하게 그려낼 수 없는 어려움이 있게 된다.

근대여성사 연구에서 여성해방운동사에 더 깊은 관심을 갖게 된
것은 차별되고 억압된 여성의 삶으로부터 여성들 스스로 어떻게 해
방을 모색해갔는가 하는 과정에서 보게 되는 평등 지향의 역동적
삶에 대한 존경과 애정 때문이다. 여성사의 한 부분이 되어 있는
복식사·식품사·주거생활사 등에서도 옷의 맵시와 색, 또는 음식의
맛과 모양 등에 치중된 연구에 만족하지말고, 그것들이 여성의 삶
을 어떻게 제약하고 또 어떻게 역동화시켰는가, 그것을 통한 여성의
인간사적 의미는 무엇인가 등을 추구하는 데 더 할애되어야 한다.

정치와 경제와 문화는 오랫동안 남성이 독점해왔다. 특히 정치는
오늘날까지도 남성의 전유물로 인식되고 있어 여성의 접근을 허락
하려고 하지 않는다. 정치와 권력의 여성지배는 여성의 역사적 지
위를 하락하게 한 중요한 원인이다. 그러므로 여성사 연구에는 남
성에 의해 정치 권력이 독점되기 이전 사회에서의 여성의 정치적

입장과 사회적 위상을 밝히는 데 노력해야 한다.

여성의 정치적·사회적 지위를 논할 때면 흔히 원시사회와 초기 고대사회에서 여성이 지배하는 모권제(Matriarchy)가 존재한다고 주장 되었다. 근래에 이를 비판하고 부정하는 학설이 나와 있으나,[3] 원시 사회와 초기 고대 사회의 여성은 전제적 권력이 정비되고 체계화 된 중세나 근세보다는 상대적으로 그 위상이 높았음을 역사자료들 을 통해 확인할 수 있다. 남성의 여성 지배 문화는 결코 하루아침 에 이루어진 것이 아니다. 이는 오랜 시간에 걸쳐 때로는 서서히 때 로는 급격한 역사적·사회적 상황의 변화를 통해 이루어진 것이다.

여성사 연구에 결코 간과해서 안 될 것은 여성의 억압되고 차별 된 역사가 어떻게 이루어졌는가를 밝히는 것이라고 하겠다. 이를 위한 연구 방법으로 정치사·제도사·법제사·사회제도사·교육사 등 여러 측면에서 여성사를 다룰 수가 있다. 그러므로 각 시대의 역사 서에서 여성을 어떻게 인식하고 어떻게 다루었는가를 검토·연구하 는 것은 여성의 역사적 위상의 변화 과정을 가장 분명하게 보여줄 것이다. 역사 서술은 서술 당시의 시대적 상황을 벗어날 수 없다. 똑같은 원시사회와 초기 고대사회를 서술할 때도, 이를 고대 말기 의 사가가 서술할 때와 중세 또는 근세의 사가가 서술할 때는 상 당히 다른 양태를 보이게 된다. 그것은 정치적 성격이나 사회윤리 의 기준 등이 시대에 따라 다르게 변하기 때문이다.

그러므로 역사서술의 변화 속에서 여성에 대한 관점이 어떻게 변하고 있었는가를 찾는 것은 여성사 서술에서 매우 중요한 것이 다. 그리고 이 같은 여성사 연구방법은 여성학적 시각의 여성사 연 구들의 접근을 더 용이하게 해준다.

이 장에서는 이 같은 연구방법론의 한 시도로서, 한국상고사인

---

3) 金毅圭, 〈新羅母系制社會說에 대한 檢討〉(《韓國史硏究》 23, 1979)에 따르면, 母에서 女로 계승되는 母系制社會는 존재하지 않았고, 母權制라 하더라고 母 弟 또는 婿, 姪 등 母系의 남자에게 권력이 계승되었다고 한다.

삼국의 역사를 서술한 현존 최고(最古)의 사서인 12세기 중반의
《삼국사기(三國史記)》와 14세기 말 조선왕조 창업인들의 여성사관
을 나타내는 《동국사략(東國史略)》, 그리고 조선왕조 수성기(守成
期)로 볼 수 있는 15세기에 편찬된 《동국통감(東國通鑑)》에 나타난
여성 기사와 그에 대한 사가의 논평인 사론(史論)을 중심으로 한국
여성이 정치적으로 어떻게 남성에게 예속되고 억압되었는가를 역
사적으로 살피고자 한다.

사론이란 과거의 역사 사실에 대한 그 시대 사가의 입장과 관점
을 피력한 것이므로, 그것은 곧 당대 현실 정치의 방향을 제시하는
것이기도 하다.

위의 세 사서에 나타난 여성 관련 기사의 사론은 거의 대부분이
삼국의 창업에 관련된 여성 기사와 신라의 세 여왕 및 고구려의
王后에 관한 것처럼 정치 관련 기사가 주종을 이루고 있다. 이 밖
에 근친혼·동성혼 등 유교적 남녀관 확립을 위한 혼인윤리에 관한
것들이 있음을 확인할 수 있다.

여기에서는 세 사서의 내용과 특성을 살피고 창업에 관련된 여
성 기사에 대한 사론과 정치참여에 관련된 여성 기사에 대한 사론
및 동성혼과 근친혼을 비판한 사론을 중심으로 여성의 지위와 역
사적 변화 과정을 밝히려고 한다.

2. 《삼국사기》·《동국사략》·《동국통감》의 사서 성격

(1) 《삼국사기》의 성격

《삼국사기》는 고려 제17대 인종 23년(1145년) 음력 12월에 김부
식(金富軾)이 왕명을 받들어 찬진(撰進)한 것이다. 편찬 목적은 삼

국의 건국으로부터 신라 말까지의 1,000년 동안의 정치적 흥망 변천과 군(君)·후(后)의 선과 악, 신자(臣子)의 정(正)·사(邪), 인민의 이(理)·난(亂) 등의 일을 잘 들어내어 뒷사람들에게 경계를 권하기 위한 것으로,《삼국사기》의〈진삼국사표(進三國史表)〉에서 이를 밝히고 있다.[4]

옛부터 동양사회에서는 역사 편찬의 주요 목적을 치자의 귀감적 기능에 두고 있었다. 지난날의 역사 사실을 현실에 비춰보고 다시 앞길을 바로잡으려 하는 것이 역사의 중요 기능인 것이다. 그러므로 사서 편찬자들은 만일 역사 사실이 현실의 이념이나 의식에 위배된다고 생각될 때는 이를 바로잡고 비판하는 논평을 붙였으며, 그 논평들은 사서의 성격뿐만 아니라 그 시대의 총체적 의식과 성격까지를 분명하게 보여준다.

《삼국사기》에는 30[5]개의 역사 논평이 있는데, 그것들을 통해 볼 때 이 사서가 유교적 사관[6]에 입각하여 쓰여진 것임은 물론 고려 중기와 그 이후의 통치 방향을 유교 이념에 준거하려 했음을 잘 알 수 있다. 즉, 고려사회가 고대적 성격을 탈피하여 점차 유교적 이념의 사회를 지향해가고 있는 것이다.

《삼국사기》에서는 고구려·백제·신라 삼국의 창업과 발전으로부터 패망에 이르는 중요한 사료를 선택하면서《삼국사기》이전 사서의 것들을 채집하고 분석하며 기록하고 있음을 보게 된다. 《삼

---

4)《三國史記》,〈進三國史表〉. '…… 況惟新羅氏. 高句麗氏, 百濟氏, 開基鼎峙, 能以體通於中國 故范曄漢書 宋祁唐書 皆有列傳, 而祥內略外 不少具載 又其古記 文字蕪詘 事迹闕亡 是以君后之善惡 臣子之忠邪 邦業之安危 人民之理亂 皆不得發露以垂勤戒……'

5)〈신라본기〉에 10칙,〈고구려본기〉와〈백제본기〉에 각각 6칙,〈열전〉에 8칙이 있다.

6) 이에 관한 논저로는 金哲埈,〈高麗中期의 文化意識과 史學의 性格〉,《韓國史硏究》9, 1983 ; 高柄翊,〈三國史記에 있어서의 歷史敍述〉,《東亞交涉史의 硏究》, 一潮閣, 1970 ; 申瀅植,〈三國史記의 性格〉,《梨花史學硏究》第15輯, 1984. 10 등이 있다.

국사기》가 우리 나라에서 가장 오래된 사서인 만큼 그 이전 사서
들이 어떤 사관에 입각하여 어떤 형태로 쓰여졌는지 자세히 알 수
는 없으나, 아마도 연대기나 구전 기록 등이었을 것으로 생각된다.
아울러 《삼국사기》 편찬자들이 이러한 성격의 사서를 기초로 했다
면, 그들이 아무리 유교적 사대적 사관에 입각하여 사서 편찬을 했
다고 하더라도 한계가 있을 수밖에 없을 것으로 생각된다. 그 위에
12세기 중엽 고려 사회는 개성(開城)의 진보적 관인들만이 유교적
지향성을 가졌을 뿐 대다수의 고려인들은 역시 상고사회 이래의
토속적 전통을 사랑하고 고수했던 것이 사실이다. 이 같은 사회 환
경과 경향이 《삼국사기》에는 충실하게 반영될 수밖에 없다. 아울
러 《삼국사기》에는 상고사회의 생활상과 그네들이 의식을 여실히
보여주는 훌륭한 사료들이 적지 않다.

이상에서 논한 관점에서 볼 때, 《삼국사기》는 우리 나라 상고사
회의 여성사를 이해하는 데 대단히 중요한 가치를 갖는다. 첫째,
우리 나라 상고사회의 여성은 본래 어떤 존재로 어떤 사회적 위치
에 있었는가를 알 수 있게 하며, 둘째, 12세기 중반의 정치 담당자
이며 최고 지식층들이 여성을 어떻게 인식하고 여성의 역사적·사
회적 지위를 어떤 방향으로 한계지우고 있었는가를 알수 있게 한
다. 즉, 상고시대부터 12세기 중반까지 한국 여성의 역사적·정치적·
사회적·경제적·문화적 위상 및 양태 전반에 걸쳐 그 시대적 변이
상(變移相)을 찾아볼 수 있게 한다.

(2) 《동국사략》[7]·《동국통감》[8]의 성격

유교적 이념에 입각하여 조선왕조를 개척한 관인들과 조선왕조

---

7) 韓永愚, 《朝鮮前期史學史硏究》, 서울大學出版部, 1981, 25~32쪽 참조.
8) 같은 책, 137~224쪽 참조 ; 鄭求福, 〈東國通鑑에 대한 史學史的 考察〉, 《韓國
   史硏究》 21·22, 1978. 9.

의 역대 국왕들은 새 왕조 개창과 합당성 및 새로운 정치질서 내지 사회기강의 확립을 위하여 삼국사와 고려사에 대한 새로운 시각의 편찬을 행하게 되었다. 그 가운데 《동국사략》과 《동국통감》은 《고려사(高麗史)》와 더불어 국가적 사업으로 이루어진 주목할 만한 사서들이다.

《동국사략》은 권근(權近)이 왕명에 의하여 태종 2연(1402년) 6월에 집필하기 시작하여 동 3년 8월에 완성한 조선왕조 최초의 삼국사이다. 《동국사략》 편찬에는 권근 외에 하륜(河崙)·이첨(李詹) 등이 참여하고 있으나, 그 주역은 권근이며 또 《동국사략》의 성격을 잘 나타내는 사론 50여 편도 거의 모두 권근에 의하여 쓰여진 것이다.

권근은 새 왕조 창업에는 깊이 관여하지 않았으나, 창업 후 국기(國基)를 다지는 데 중요한 일익을 담당했다. 그는 학문적으로는 예학적 경향을, 정치적으로는 친왕적 정치 성향을 보였다. 신유학 신봉자였던 그는 유교적 강상(綱常) 확립을 통해 새왕조의 질서를 이룩하고자 했다.

사서 편찬자로서의 권근은 《삼국유사(三國遺事)》의 상고사 서술체제를 많이 따르고 있다. 《삼국유사》는 본래 유교적 사대사관을 배격하고 불교적·도교적 세계관과 연결된 자주적 사관을 지향했다. 그러나 《동명왕편(東明王篇)》이나 《제왕운기(帝王韻記)》에서 보이는 북방 중심이나 고구려 중심의 고대사관을 성립시키지 않고 남방과 신라 중심의 고대사관을 수용한 점에서는 《삼국사기》와 그 궤도를 같이 한다.

권근은 삼국의 역사를 김부식과는 다른 역사 의식을 가지고 재해석하려고 노력했다. 권근이 삼국의 문화와 역사를 해석하는 기준은 철저하게 유교의 강상적·사대적 명분론에 입각한 것이었다. 그러므로 상고사회의 성격이나 그 역사적 상황은 조금도 고려하지 않고 유교적 강상 윤리에 어긋나는 것은 본래의 소박한 토속적 문화라고 할지라도 가차없이 이단 문화 행위로 비판했다. 그러므로 그의 사론에서는 유교적 강상윤리의 확립이라는 기준에서 특히 여성의 정치참여 내지 동성혼과 같은 반 《예기(禮記)》적 기사는 신랄한 비판을 받고 있다.

《삼국사기》 편찬 후 247년의 시간이 지나면서 여성의 정치적·사회적 지위는 명분론적으로 더 철저하게 비하되고 격하되었음을 《동국사략》은 여실히 보여주고 있다.

새왕조 당대는 물론 후대에 길이 남길 수 있는 사서 편찬은 역대 국왕의 큰 관심사였다. 성리학적 명분이나 신권(臣權) 중심의 통치이념 또는 인물 중심의 서술 등, 윤리적 교훈이나 가치 평가가 개입되는 사서에 호의를 갖지 않았던 세조는 군주와 관련된 역사적 사실을 상세히 담은 기록 위주의 편년체 사서를 남기려는 의도 아래 양성지(梁誠之) 등으로 하여금 《동국통감》을 수찬하게 했으나[9] 당대에는 완성을 보지 못했다. 《삼국사절요(三國史節要)》[10]의 서문에서 세조는 '삼국의 역사가 체계를 다 얻지 못한 것을 개탄하여 사국(史局)을 열고 문사(文士)를 모아 사서를 짓게 했다'고 했는데, 군권(君權)과 사실 기록을 존중한다는 입장에서 볼 때 세조의 《동국통감》 수찬 목표는 주로 삼국시대사의 개찬에 있었던 것으로 생각된다.

《삼국사절요》는 찬진 7년 뒤인 14년(1483년) 10월에 서거정(徐居正)에 의해 발의되어 1년 만에 완성되었는데, 여기에 사론을 첨가하여 성종 16년(1486년)에 다시 찬진되었다. 오늘날 우리가 볼 수 있는 《동국통감》은 사론을 더 많이 첨가하여 총 382칙이 실려 있다. 이 가운데 178칙은 《삼국사절요》와 《고려사절요》 등에 실린 사론이고 나머지 204칙은 〈신등안(臣等按)〉이라고 해서 《동국통감》 찬자들이 써넣은 것이며 신라 말까지의 사론은 135칙이다.

---

9) 韓永愚, 같은 책, 61쪽.
10) 같은 책, 66~70쪽.

《동국통감》은 신라 말까지의 삼국사와 고려사를 편년체로 편찬
한 것이므로, 이 장에서는 《동국통감》 가운데 삼국사에 해당하는
시대까지만 다루었다. 제도적으로나 사상적으로나 수성기에 들어선
성종조의 삼국사 인식은 그 이전의 사서들과는 자못 차이를 보인
다. 즉, 정치적 명분의 입장에서는 공리(功利)보다 인의를 중시하고
부국강병보다는 인정(仁政)의 도의 정치를 지향하며 대외팽창정책
보다는 사대적 현상고수정책을 추구하는 사론의 경향을 보인다. 아
울러 강상 명분에서도 더 경직되어 있음을 보게 된다.

　삼국사에 관한 《동국통감》의 사론에는 《삼국사기》와 《동국사략》
에 나온 것을 비롯하여 편찬자 자신의 것이 모두 실려 있기 때문
에, 《삼국사기》로부터 《동국통감》에 이르는 사서에서 여성의 역사
적 지위를 어떻게 인식하고 있으며 여성의 지위가 어떻게 제약·변
화되었는가를 시대적으로 대비하면서 검토하고 밝힐 수 있다. 즉,
상고사회 여성의 지위는 어떠했으며, 고려 중엽과 조선왕조 초 및
조선왕조 수성기인 15세기에 걸치는 여성의 역사적·사회적 지위를
단계적으로 비교·검토할 수가 있는 것이다.

3. 창업 관련 여성 기사와 사론

(1) 고구려와 백제 창업의 경우

　고구려·백제·신라 삼국의 창업 역사에서 주목되는 것은 여성의
역할이 매우 중요했다는 점이다. 고구려의 경우는 주몽(朱蒙)의 어
머니인 유화부인(柳花夫人)과 주몽의 첫 부인인 예(禮)씨 및 둘째부
인 소서노(召西奴)가 있어 이들이 창업의 중요한 일익을 담당했다.
　백제의 경우는 온조(溫祚)의 어머니 소서노(召西奴)가 있었고, 신

라에는 박혁거세가 부인으로 맞이한 알영(閼英)부인이 있었다.

《삼국사기》는 이들 여성들의 창업 역할들을 비교적 솔직하고 담백하게 기술하고 있다. 창업 관련 여성 기사는 상고사회로부터 15세기 유교 국가인 조선왕조에 이르는 여성의 역사적 지위의 변이 과정을 살피는 데도 대단히 중요한 의미를 갖는다.

어느 나라의 경우나 창업의 역사에는 신이한 설화가 존재한다. 삼국의 창업에서도 창업주들의 탄생은 범인과는 다른 신비함을 지니고 있다. 흔히 창업의 역사가 문자로 기록되기까지는, 오랜 시간에 걸친 구전 등으로 여러 형태의 설화를 갖게 된다.

삼국 가운데 가장 먼저 창업한 고구려의 경우를 보자. 《삼국사기》는 고구려 창업에 관하여 상세하게 기록하고 있다. 창업주인 주몽의 어머니 유화부인의 혈통과 출자, 주몽 탄생까지의 유화부인의 연애와 결혼 및 신이한 임신과 출산, 남다른 어려운 생장 과정을 겪은 주몽의 유년 및 소년 시절, 이복 형들의 시기 속에서 생명의 위협을 받았고 마침내 어머니 유화부인의 도움으로 탈출한 뒤 남쪽으로 망명하여 드디어 졸본천(卒本川)에 도읍을 정하고 고구려를 개창한 등의 주몽에 얽힌 건국설화를 《삼국사기》의 〈고구려본기〉 제1, 시조동명왕조(始祖東明王條)에 비교적 상세히 기록하고 있는 것이다.

고구려 창업의 두번째 기사는 《삼국사기》 권 제13 〈고구려본기〉 제1, 유리왕조(琉璃王條) 초두에 보이는 예씨부인(禮氏夫人)의 사화이다. 예씨부인은 주몽 망명 후 유복자를 낳아 혼자 어렵게 가르치고 지도하여 마침내 고구려 제2대 왕의 계승자가 되게 했다.

고구려 창업과 깊은 관련을 갖는 세번째 기사는 백제 창업 기사와도 직접 관련을 갖는 소서노의 사화로, 이 기록은 《삼국사기》 권 제23, 〈백제본기〉 제1, 1. 시조온조왕조(始祖溫祚王條)에 수록되어 있다. 즉, 주몽이 북부여로 망명하여 졸본부여(卒本扶餘)에 당도했을 때 후사가 없어 근심하던 졸본부여왕이 그의 둘째딸 소서노

와 주몽을 혼인하게 해 비류(沸流)와 온조 두 아들을 두었다. 소서
노는 재산이 많은 재력가였기에 주몽의 고구려 창업에서 경제적
뒷받침을 담당했던 것으로 보인다. 그러나 주몽의 원자(元子)의 출
현으로 소서노 출생 두 아들의 왕위 계승이 어렵게 되자 소서노는
두 아들의 의견을 좇아 주몽과 헤어져 남으로 내려온 뒤 새로 나
라를 세우게 되었으며 온조는 하남위례성(河南慰禮城)에 도읍을 정
하고 백제를 창업하게 되었다.

《삼국사기》 편찬 당시 백제 창업에 관한 설화 내지 사화는 여러
가지가 있었던 것으로 생각된다. 《삼국사기》의 〈백제본기〉 본문에
서는 고구려와 백제 창업에서 결코 빼놓을 수 없는 소서노의 이름
을 밝히지 않고 다만 '부여왕무자 지유삼여자…… 제이녀처지(扶餘
王無子 只有三女子…… 第二女妻之)'라고만 기록하고 있다. 소서노의
이름을 밝히지 않고 무자한 부여왕의 '제2녀'라고 기록하고 있는
것은 무엇 때문인가? 유화부인과 예씨부인 및 뒤에서 언급할 신라
의 알영(閼英) 등은 모두 본기의 본문에서 이름을 밝혀 쓰고 있는
데, 소서노만은 왜 '제2녀'라는 대인칭을 쓰고 있는 것일까? 그에
대한 해답은 쉽지가 않으나, 소서노가 주몽의 적처가 아닐 뿐만 아
니라 그는 재혼한 제2의 부인이었기 때문에 그러했던 것으로 생각
된다. 《주역(周易)》이나 《예기(禮記)》 등에 따르면, 남계 혈통의 적
통(嫡統)은 신성 무구한 혼인을 전제로 한다. 그러므로 재혼한 제2
의 부인은 신성한 창업주와 동열에 설 수 없다는 것은 유교적 강
상의 명분이었다.

그러나 《삼국사기》 편찬자들은 소서노를 고구려와 백제 창업에
서 결코 지워버릴 수 없는 중요한 인물로 인식하고 있었다. 즉, 위
의 〈본기〉에서 부연하는 또 다른 소서노의 사화를 세주(細註)로서
연이어 기록했다. 그 내용을 전재하면 다음과 같다.

또는 말하기를 시조는 비류왕(沸流王)으로, 그 부친은 우태(優台)

북부여왕 해부루(解夫婁)의 서손(庶孫)이고 그 모친은 소서노로, 졸본 사람 연타발(延陀勃)의 딸이다. 그가 처음 우태에게 와서 두 아들을 낳았는데, 장자는 비류이고 차자는 온조로 우대가 죽자 졸본으로 와서 살았다. 뒤에 주몽을 부여에서 용납하지 않으므로 전한(前漢) 건소(建昭) 2년(기원전 37년) 2월에 남쪽 졸본으로 달아나서 도읍을 정하고 나라를 세워 국호를 고구려라 했다. 이어 주몽은 소서노를 아내로 맞아 비(妃)로 삼았는데, 그는 창업의 기반을 열 때 자못 내조가 있었으므로 주몽은 그를 총애하고 특별히 후대하여 비류 등도 자기 아들과 같이 했다. 그런데 주몽이 부여에 있을 때 예(禮)씨에게서 난 아들 유류(儒留)가 와서 이를 세워 태자로 삼고 드디어 왕위를 계승함에 이르게 되었다. 이때 비류는 아우 온조에게 말하기를 '처음에 대왕이 부여에서 난을 피하고 도망하여 이곳에 이르렀으므로 우리 모친은 집안의 재산을 기울여 나라의 기업을 조성하는 데 힘썼는데, 지금에 이르러 우리에게 세사(世嗣)함을 싫어하고 나라를 유유에게 넘겨주려 하니 우리들은 여기 헛되이 있으면서 울적하게 근심하는 것보다 모친을 모시고 남쪽으로 가 좋은 땅을 찾아 따로 나라를 세우고 도읍하는 것만 같지 못하다' 하고, 드디어 그 아우 온조와 무리를 거느리고 대수(帶水)와 패수(浿水) 두 강을 건너 미추홀(彌鄒忽)에 이르러 여기에 살게 되었다.

위의 사화가 《삼국사기》에 기록되어 있지 않았더라면, 우리는 다음과 같은 몇 가지 사항들을 파악하기 힘들었을 것이다. 첫째, 고구려 및 백제 창업에서 경제력을 제공한 위대한 여성 소서노의 존재를 우리는 고대사에서 영영 상실하고말았을 것이다. 그녀가 어떻게 그만한 재산가가 되었는지는 자세히 알 수 없으나, 자신의 재산을 자신의 계획과 의도대로 쓸 수 있었던 것으로 보아 부왕과 전 남편의 단순한 재산 물림만은 아니었던 것으로 생각된다. 둘째, 비류와 온조가 소서노의 전 남편과의 소생인가 아니면 주몽과의 소생인가에 관한 검토의 여지를 상실했을 것이다. 이에 관하여

《삼국사기》는 후자를 정설로 택하고, 전자는 이설로 제시하고 있다. 그러나 온조왕이 그 원년 5월에 동명왕묘를 세운 것(《삼국사기》 권 제13, 〈백제본기〉 제1, 1. 시조온조왕조)으로 보면 비류와 온조는 주몽의 친자임이 분명하다. 셋째, 초기 국가가 세워지는 상고시대에 우리 나라의 혈통 계승은 적장자 계승이 거의 원칙화하고 있었음을 알 수 있다. 넷째, 상고사회에서 부부의 관계는 모자의 관계보다 우위이며 또 절대적이었다는 중요한 사실을 알 수 있다. 소서노는 주몽과의 이별에서 아쉬움이나 주저함을 보이지 않고 아들들의 이익을 위한 결단을 서슴없이 보였다. 이는 아들에 대한 어머니의 절대성을 의미하는 것이라 하겠다.

온조의 경우 어머니 소서노는 백제 창업의 기반을 마련해줄 재산 후원자이기도 하지만, 또한 백제 국가의 정신적 지주이기도 했다. 온조왕 13년 3월에 모친 소서노가 61세로 사망했다. 사망 두 달 뒤인 5월에 도성에서 괴변들이 일어나고 말갈의 침입조차 받아 백제가 어려움에 처했을 때 온조왕은 신하들에게 '국모가 세상을 버리는 등 정세가 편안하지 못하니 서울을 옮겨야 했다'고 말하고 있다. 61세의 국모 사망을 단순한 노환 사망으로 보지 않고 나라의 정세와 연결한 것이다. 국모의 죽음은 온조왕에게는 물론 백제의 백성 전체가 감당할 수 없는 수난이었던 것으로 생각된다.

상고사회에서 모자 관계는 《동명성왕편》을 보더라도 잘 알 수가 있다. 지략과 용기를 지닌 주몽이 차마 어머니(유화부인)를 떠나지 못하고 오히려 주저한 데 반해, 어머니는 아들의 장래 이익을 위하여 속히 떠날 것을 강권한다. 창업에 필요한 오곡(五穀)을 챙겨주는 어머니와의 이별을 아쉬워하면서 창황히 떠나느라 맥자(麥子)를 놓치고 도망했으나, 위기를 모면하고 휴식을 취하던 중 날아오는 비둘기를 보자마자 그것이 맥자를 보내주는 어머니의 사자임을 영감처럼 알아차린 점 등으로 볼 때, 아들에게 어머니란 단순한 혈친이 아니라 지모신(地母神)[1]과 같은 존재였음을 알 수 있다. 그래

서인지 장문의 《동명성왕편》에는 부인 예씨의 이야기가 보이지 않
는다. 즉, 상고사회에서 어머니는 거의 신과 같이 숭앙되는 대상이
며 존재였던 것으로 생각된다.

　백제에서 온조왕 17년 4월에 국모묘(國母廟)를 세웠는데, 이는
소서노를 백제창업의 어머니이자 지모신으로 인식하여 숭앙한 때
문이다.

　이상에서 소서노의 역사적 지위를 충분히 밝혔을 것으로 믿는다.
비록 참고자료이기는 하지만, 《삼국사기》 편찬 과정에서 이것들이
제외되지 않은 것은 참으로 다행스러운 일이다. 이는 고려 중기의
문사(文士)와 관인들이 유교적 사관에 입각하여 '양강음유(陽剛陰柔)'
를 원칙으로 하는 사서를 새로 편찬한 것이었지만, 유교사회가 아
닌 상고사회의 상황 및 그 역사적 정황을 함부로 난도질하지 않고
역사를 있는 그대로 인식하여 서술한 점은 높이 평가해 마땅하다.

　그러나 《동국통감(東國通鑑)》에서는 소서노의 이름을 밝히지 않
고 '무자한 졸본부여의 세 딸 가운데 제2녀'라고만 기록하고 그녀
가 주몽과 결혼하여 2자(비류·온조)를 낳았다고만 했을 뿐, 고구려
와 백제의 창업 당시 그녀가 이바지했던 경제적 역할은 전혀 언급
하지 않았다. 그뿐만 아니라, 온조왕 17년 4월에 백제가 세운 국모
묘에 대하여 《동국통감》은 '하사월 백제입국모묘(夏四月 百濟立國母
廟)'라고 기술하고, 이 기사에 대한 권근의 사론을 다음과 같이 전
재하고 있다.

　　국가가 있으면 반드시 종묘를 세워 그 조상을 제사하는 것이 예이
　다. 국모는 스스로 남편 사당에 배향(配享)되어야 하고 별도로 사당

---

11) 金哲埈, 〈東明王篇에 보이는 神母의 性格〉, 《柳洪烈還甲記念論叢》, 1971 ;
　　《韓國古代社會研究》, 1990, 54~62쪽. 崔南善은 〈檀君論〉(《六堂崔南善全集》
　　2, 1973, 135쪽, 註32)에서 '한국 神話의 중심은 建國이요, 건국사실의 공통분
　　자는 地母(Earth Mother) 思想'이라고 밝히고 있다.

을 세워 제사 지냄은 옳지 않다. 노나라 은공(隱公)이 별도로 중자
(仲子)의 사당을 세우니 《춘추(春秋)》[12]에서 비난했는데, 이제 백제
가 이미 동명왕의 사당을 세우고나서 국모의 사당을 또 별도로 세움
은 무슨 일인가. 가령 예에 두 적실(嫡室)이 없으므로 유리의 어머니
가 이미 동명왕에게 배향되었기 때문에 온조가 부득불 그 어머니를
위하여 따로 묘를 세워 제사지내지 않을 수 없다면 동명왕의 묘가
고구려에 있고 백제는 고구려로 종국(宗國)을 삼으니 별도로 동명왕
을 제사지낼 수 없는 것이다. 마땅히 기자(夔子)가 축융(祝融)과 육
웅(鬻熊)을 제사하지 않는 것과 같이 해야 할 것이다. 만약 스스로
고구려와 별도로 종통(宗統)을 삼아서 동명왕의 묘를 세웠다면 타국
(他國)의 어머니를 배향하거나 자기 어머니를 별도로 제사 지냄은
부당하다. 온조가 여기에서 모두 잘못했다.[13]

권근은 본래 안동의 대성(大姓)인 권(權)씨 가문의 후예이며 학
문적으로는 '오경', 그 가운데서도 《예기》를 깊이 공부한 예학적
성리학자였다. 정치적으로는 이성계 일파의 개혁운동에 처음에는
반대하여 한때 유배생활도 했으나, 개국 후 정치적 입장을 바꾸어
친왕적 정치성향을 띄고 강상 확립을 통한 왕권강화 추구에 기여
했다. 권근은 《동국사략》을 통해 성리학적 가치관에 입각하여 삼
국 문화에 대한 재해석을 가했다. 아울러 권근의 삼국 문화에 대한
해석기준은 강상적·사대적인 명분론이며, 삼국 문화에 대한 비판
의식도 김부식보다 훨씬 강해질 수밖에 없었다. 권근의 역사 서술
은 사실(史實)에 대한 기록이나 서술보다는 성리학적 가치관에 기
준한 평가에 중점을 두고 있다. 때문에 성리학적 강상에 어긋나는
여성 관련 기사는 삭탈되는 경우가 많으며, 그 기록을 넣을 때는

---

12) 《春秋左傳》隱公 5年條. 隱公 5년(718) 9월 桓公의 母 仲子의 사당이 준공
    되어 萬이란 舞樂을 연주했다.
13) 《春秋左傳》僖公 26年條. 夔나라는 楚나라와 同姓이다. 夔子는 선조인 祝融
    과 鬻熊의 제사를 초나라에서 지내므로 기나라에서는 제사를 지내지 않았다.

가치 중심적 내지 교훈적 의미를 분명히 하려는 의도의 논평이 부가되었다. 이렇게 볼 때 삼국의 여성 문화를 제대로 이해하는 데 사료적 가치로서는 《삼국사기》를 더 높이 평가하지 않을 수 없다.

이상과 같은 입장에서 보면 권근이 논한 백제에서의 국모묘를 따로 세움은 비예(非禮)일 수밖에 없는 것이다.

(2) 신라 창업의 경우

신라의 창업 시조 박혁거세와 알영(閼英)에 대해서도 그 출생의 신이함과 범인과는 다른 면모가 《삼국사기》에 전해지고 있다. 즉, 박혁거세는 신라 6부촌의 하나인 고허촌장(高墟村長) 소벌공(蘇伐公)에 의하여 나정(蘿井)에서 발견된 큰 알 속에서 태어나 소벌공의 도움으로 성장했다. 혁거세는 출생이 신기했을 뿐만 아니라 열 살 남짓한 때에 이미 유달리 숙성하여 열세 살이 되자 촌민(村民)들이 우러러 임금으로 뽑아 세웠다.

박혁거세 즉위 뒤인 3년 정월에 알영정(閼英井)에 용이 나타나 오른쪽 겨드랑이 갈빗대 밑에서 한 여아를 낳았는데, 이를 본 노구(老嫗)가 이상히 여겨 거두어 길렀고, 탄생지 우물 이름을 따서 그 이름을 알영이라고 했다. 그녀는 자라면서 외모가 아름답고 행실이 덕스러웠다. 이 사실이 알려져 혁거세가 왕비로 맞이했다. 《삼국사기》의 박혁거세조(〈신라본기〉 제1)에 따르면, 왕과 왕비는 우선 출생이 신이했으며 그 인품에서는 박혁거세가 '10여 세에 이미 늠늠하고(岐嶷然) 숙성하다'고 하고, 알영은 장성하자 '덕용(德容)'이 있고 왕비가 된 뒤에는 '현행(賢行)'이 있고 또 '내보(內輔)를 잘했다'고 한다. 두 사람의 신이한 출생과 더불어 이 같은 기품과 자질은 신라 6부 사람들로부터 능히 숭앙을 받을 만한 것이었다. 신라 백성들에게 이 두 사람은 우열이 있을 수 없고 차별할 수 없는 똑같은 숭앙 대상자일 수밖에 없었기 때문에 '이성(二聖)'으로 일컬어졌다. 특히 알영의 '내보'는 집안에서 가사를 돌보며 남편을 뒷바라지하는 단순한 내보가 아니라, 국사(國事)를 위해 함께 참여하고 의논하고 실행하는 균등하고 대등한 두 지도자로서의 행동인 것이다. 이는 여러 기사를 통해 확인할 수 있는데, 가령 17년조 기사를 보면, '왕이 6부를 순무(巡撫)함에 비 알영이 좇았다. 이때 농업과 양잠을 장려하며 토지의 이익을 다하게 했다〔王巡撫六部 妃閼英從焉 勸督農桑 大盡地利〕'는 기록이 있다. 《삼국사기》에 따르면, 왕과 왕비의 6부 순무는 왕과 왕비의 즉위 이후 있었던 첫번째 정치 행사였는데, 주로 민생을 돈독히 하기 위한 것으로, 지방 순무는 통치자의 권리이자 의무인 것이다.

이성(二聖)에 의한 정치는 신라민의 생업을 평안하게 하고 또 사회적·경제적 발전도 가져왔다. 박혁거세 38년 기록에 따르면, 신라의 중신인 호공(瓠公)을 마한(馬韓)에 파견하여 수교할 때 마한왕이 호공에게 속국인데도 공물을 보내지 않는다고 꾸짖자 호공이 다음과 같이 대답했다.

우리 나라는 이성(二聖)이 나라를 일으킨 뒤로 인사(人事)가 화합하고 천시(天時)가 화(和)하고 식솔(食率)이 충실하여 인민들이 경양(敬讓)하므로 진한유민(辰韓遺民)으로부터 변한(卞韓)·낙랑(樂浪)·왜인(倭人)에 이르기까지 두려워하는 마음을 품지 아니하는 이가 없다……[14]

즉, 이성의 정치가 생업을 평안하게 하고 민심을 천심과 합일시킨, 마치 요순시대와 같은 태안(泰安)함을 보이고 있었던 것이다.

《삼국사기》가 이 '이성'을 폄하하거나 또는 논평 없이 있는 그대로 기술한 것은 창업 초기 신라 사회의 모습과 신라 백성들의 정치의식이나 사회의식을 그대로 보여주는 것이므로, 이에 대한 유교

---

14) 《三國史記》卷1, 〈新羅本紀〉第1, 始祖赫居世西干 38年條.

사학자로서의 논평이 필요하지 않았던 것이다. 다만 왕과 왕비 사이의 서열적 차를 보이는 뜻으로 6부를 순무할 때 '알영이 종(從)했다'고 기술했을 뿐이다. '종'이란 자기의 독립된 의지를 죽이고 타의에 좇는 것으로, 유교적 남녀관을 대표하는 의미를 갖는다.

그런데 《동국통감》은 이 '이성'과 왕비의 '6부 순무의 종행'을 사론을 통해 극렬하게 비판하고 있다. '이성'에 관해서는 권근의 《동국사략》의 사론을 싣고 이어서 《동국통감》의 수찬자의 사론을 싣고 있다. 권근의 사론에서는 '이성'을 이렇게 비판하고 있다.

> 국가의 흥함은 내조의 아름다움에 있다. 하(夏)나라에 도산(塗山)[15]이 있고 상(商)나라에 신(蔃)[16]이 있으며 주(周)나라에 대사(大姒)[17]가 있음은 처음을 바르게 하여 기초를 강하게 하는 까닭이다. 알영이 시조의 비가 됨에 국인(國人)[18]이 모두 아름답게 일컬음은 반드시 그 덕이 국인의 마음을 감복하게 했기 때문이다. 그러나 그가 시조와 더불어 이성(二聖)으로 병칭(竝稱)되는 것은 잘못이다.

그리고 '이성'이라 일컫게 된 이유를 나름대로 설명하고 있다. 즉, 이성이라는 칭호는 당나라의 고종(高宗)과 무후(武后) 시대에도 보이는데, 고종이 무후에게 빠져 그를 황후로 세우자 무후가 교사스런 죄와 음흉한 행위로 정치에 간여하여 수렴청정(垂簾聽政)하므

---

15) 夏나라 禹王의 妃로 塗山氏의 장녀이다. 《烈女傳》에는 '하나라의 흥함은 도산 때문이요, 망함은 末喜 때문'이라고 기록되어 있다.
16) 商나라 湯王의 왕비로 有蔃씨의 딸이다. 《新序》의 〈雜事〉에는 '탕왕의 흥함은 유신 때문'이라고 기록되어 있다.
17) 《烈女傳》, 〈母儀周室三母傳〉. 周文王의 왕비로 莘國의 딸이다. 어진 부인으로 칭송이 높았다.
18) 《春秋左傳》에 따르면, 周代의 사회신분에는 累層的인 봉건적 臣屬관계를 이루는 王·公·卿·大夫·士 등이 있는데, 이들은 실제 정치를 세습적으로 담당하는 계층으로 國人의 범주 안에 든다. 일반 씨족원인 생산에 종사하는 서민 및 노예는 國都에 부속된 鄙邑에 거주했다. 《三國史記》의 '國人'도 國都에 살며 적당한 政治參與權을 가진 층이었을 것이다.

로 그 당시 사람들이 고종과 무후를 이성(二聖)이라고 일컬었다는 것이다. 또 신라 초기에는 민속이 순박하여 임금 칭호를 방언으로 사용하고 있었으므로 갑자기 이성이라고 일컫지는 않았을 것이고, 아마도 신라민이 당고종을 섬긴 이후로 이성이라 일컫는 것을 습관으로 듣고는 그 잘못됨을 알지 못하고 이를 흠모하여 그대로 본따 추칭(追稱)한 것이라고 했다. 그리고 당나라 제서(制書)에 성덕왕(聖德王) 부부를 일컬어 '이명경조(二明慶祚)'라 했던 것으로 보아 신라인은 입당(入唐)해서 감히 이성이라 일컫지 못하고 '이명'이라고 했으며, 이성이라고 일컫는 것은 신라 안에서의 일이었을뿐[19]이라고 해설하고 있다.

권근은 '이성'의 부당성을 말하면서 당고종과 무후를 연결시키고 또 신라가 당나라를 흠모한 까닭에 그릇된 것도 모르고 그대로 '이성'이라고 한 것이라고 비난했다. 이것은 역사적 상황과 사실을 이중적으로 부정한 것이다. 성리학에 입각한 왕권 강화의 명분이 어느 때보다 중요했고, 또 이 같은 강상 확립에 깊이 참여한 권근으로서는 왕과 왕비가 대등한 정치인이요 통치인으로 군림하고 있던 신라 건국 초의 이성을 어떻게든 부정하지 않을 수 없었기 때문에, 이는 궁여책의 사론이었다고 할 수 있다. 성종 초의 《동국통감》 수찬 사가들이 권근의 이성 비판론에 대해 강한 의문을 제기한 것은 이 때문일 것이다. 즉, 신라의 호공(瓠公)도 '이성이 창업했다'고 했고 또 남해왕(南解王)도 일찍이 좌우의 신하들에게 '이성이 기국(棄國)하니……'[20]라고 말하고 있음을 볼 때, 이미 신라 건국 초 이

---

19) 《東國史略》 卷1, 新羅始祖 5年, 春正月條 記事에 대한 權近의 史論은 이렇다. '…… 二聖之稱 見於唐高宗武后之時 高宗溺於武后 立以爲后 武后以巧慧陰鷙干與大政 垂簾同聽斷 時人謂之 以二聖 羅代之初 民俗淳朴 其稱君尙用方言 未應遽稱二聖 是必羅人事唐高宗之後 習聞二聖之稱 未知其非 慕效而追稱之歟 況唐制書稱聖德王爲二明慶祚 則羅人入唐 不敢稱二聖 而以爲二明 其自稱於國中則乃爾也'(〈東國史略論〉).
20) 위의 權近 史論에 대한 《東國通鑑》 수찬자의 史論은 이렇다. '權近以謂二聖

래 온 나라 안에서 분명히 이성으로 지칭되고 있었다는 것이다.

신라 박혁거세 17년에 행해진 국왕의 6부 순무에 알영이 동행하여 농상(農桑)을 권독(勸督)한 사실에 대해서 비례(非禮)라고 비판한 사론은 이미 권근이 《동국사략》에 썼고, 《동국통감》도 이의 없이 이를 사론으로 싣고 있다. 권근 등이 알영의 순무 동행을 비례라고 한 이유는 다른 것이 아니라, '부인은 외사(外事)가 없는 것이므로 교령(敎令)이 규문(閨門) 안에서 밖으로 나갈 수 없다'[21]고 하는 유교의 철저한 내외법(內外法)에 준거한 것이었다.

이것은 여성의 사회 활동 영역을 규문 안으로 제한하고 또 가정 안에서도 부부와 남녀의 차서를 매겨 여성의 종속적 지위를 당위화하려는 것이라 하겠다.

이상과 같은 논의를 통해, 우리의 원초 상고사회와 국가에서 여성이 남성과 똑같이 정치에 참여했음을 알 수 있는 역사적인 귀중한 사실들이 후대 사가들에 의해 고려왕조 중기에 일단 차별·폄하되고 다시 조선왕조 건국 이후 이른바 유교적 명분에 입각하여 보다 철저하게 차별되고 폄하되었음을 알 수 있다.

4. 정치참여 관련 여성 기사와 사론

(1) 신라의 세 여왕과 관련한 기사와 사론

《주역》(〈계사전〉, 계사상전, 우[右] 제1장)에는 남녀 생성 원리 및

之稱 見於唐高宗武后之時 羅人事唐 慕効追稱 以今考之 漢成帝鴻嘉元年 新羅
瓠公聘於馬韓 曰我國自二聖肇興 人事修天時和 漢平帝元始四年 新羅王南解謂
左右 曰二聖棄國 孤以不德 謬居君位 則二聖之稱 當時已有之矣 權近之論 若
是何耶(〈臣等按〉).

21) '…… 若婦人則無外事 敎令不出於閨門之內 而妃從焉 非禮也'(〈東國史略論〉
의 史論).

도리와 지위를 다음과 같이 논하고 있다.

하늘은 높고 땅은 낮아 건(乾)과 곤(坤)이 정해졌다. 낮은 것과 높은 것이 열을 이루어 귀와 천이 자리를 잡았다. 동(動)과 정(靜)에 일정한 도리가 있어 강(剛)과 유(柔)가 판연하게 나뉘었다.…… 건의 법칙은 남자를 이루고 곤의 법칙은 여자를 이룬다. 건은 만물 창조의 대태(大胎)를 맡고 곤은 만물을 만들어 완성시킨다. 건은 쉽기 때문에 알고 곤은 간편하기 때문에 능하다. 쉬우면 알기 쉽고 간편하면 따르기 쉽다…….

《주역》은 남녀의 질서를 천지에 대입하여 존비·상하·귀천으로 차등했다. 그리고 이것을 바꿀 수 없는 진리로 신봉해왔다. 천(天)-존(尊)-고(高)-귀(貴)-동(動)-강(剛)→대태(大胎)의 천부성(天賦性)을 지닌 남자에 비하여 여자는 언제나 지(地)-비(卑)-저(低)-천(賤)-정(靜)-유(柔)→성물(成物)의 위치에 있어야만 했다. 이처럼 남녀 차등의 원리를 하늘의 뜻에 두었다. 그러므로 하늘의 뜻을 좇아 치인(治人)하는 정치는 당연히 남자만 가능한 것이라고 믿게 했다. 저 상고시대 이래의 사회적·경제적 여건 등으로 보더라도 권력구조 형성의 중심은 유력한 남자였으므로 이 같은 이론은 수천 년 동안 변화될 수 없는 인간의 진리로 신봉되었다. 그러나 상고시대 역사를 실제로 살펴볼 때 여성이 정치를 담당했거나 참여했던 여지가 적지 않았음을 찾아볼 수 있다.

우리 나라 삼국 가운데 중국 문화의 영향을 가장 늦게 받았고 또 고대국가 성립이 4세기 중반에 와서야 이루어졌던 신라의 경우는 고구려나 백제의 경우에 비해 상고시대의 사회제도나 관습들이 후대까지 상당히 원형대로 전래되는 경우가 많았다. 신라인들이 박혁거세와 알영을 '이성'으로 추앙했던 것은 왕과 왕비의 평등한 정치 참여를 여실히 보여주는 귀중한 예이며, 이러한 여성관은 마침내 신라에 세 명의 여왕을 배출할 수 있게 했다. 세 여왕은 곧 27대 선덕여왕(善德女王), 28대 진덕여왕(眞德女王), 50대 진성여왕(眞聖女王)이다.

《삼국사기》에 따르면, 선덕여왕은 진평왕(眞平王)의 장녀로 왕이 후계자가 될 아들 없이 죽자 국인의 추대로 왕위에 올랐다고 기록되어 있다.

신라의 정치 참여층이 그녀의 왕이 되는 것을 당연한 여론으로 하고 있었던 것이다. 그녀가 국인의 추대를 받을 수 있었던 것은 그 성품이 '관인(寬仁)하고 사리에 밝고 민첩하여'[22] 왕으로서의 품격을 지닌 때문이다. 여왕 추대는 신라 창업 이래 처음 있는 일이다. 그런데 국인이 그에게 '성조황고(聖祖皇姑)'라는 존호를 올렸는데, '황고(皇姑)'란 여황제라는 뜻으로 신라 역대 왕 가운데 '황'이라는 칭호를 받은 것은 선덕여왕이 처음이자 마지막이었다. 그는 국인들에게 황제로서의 기품과 성정을 지닌 왕으로 추앙되었던 것이다. 《삼국사기》는 선덕여왕의 즉위 기사에 이어 그녀의 명민함을 칭송했다. 그는 진평왕 때 당나라에서 보내온 모란도(牡丹圖)를 보고, 꽃은 만발했으나 나비가 없는 것을 보니 꽃에 향기가 없다고 했는데, 실제로 심어보니 과연 그랬다고 한다.[23]

선덕여왕이 즉위했던 당시의 신라는 매우 급박한 상황에 놓여 있었다. 안으로는 고구려를 배후 세력으로 하는 백제가 신라 변경을 연일 침공했기 때문에 왕은 이에 대처할 정치력과 전술·전략이 뛰어나야 했으며, 밖으로는 대당(對唐) 외교에 빈틈이 없어야 했다. 그런데 선덕여왕은 국망 존립의 위기에 처한 신라의 기틀을 굳건히 잡아갔다. 그의 명민함은 군사 전략면에서도 탁월했다. 선덕여왕 5년 5월에 여왕은 장군 알천(閼川)과 필곡(弼谷) 등에게 명하여, 신라의 독산성(獨山城)을 습격하려고 서남변 옥문곡(玉門谷)에

---

22) 《三國史記》 卷5, 〈新羅本紀〉 第5, 善德王條.
23) 같은 책.

복병하고 있던, 백제 장군 우소(于召)가 이끄는 500명의 병사를 격살하도록 했다. 이 같은 전략 전술에 대하여 《삼국사기》는 두꺼비와 개구리가 떼를 지어 궁성 서쪽 옥문지(玉門池)로 모여든다는 말을 듣고 여왕이 두꺼비와 개구리는 성난 눈이므로 곧 군사의 상이라고 판단하여 군사를 보내게 되었다[24]고 함으로써 여왕의 신이한 능력을 설명하고 있다. 고대사회에서 전쟁의 승리에는 신통력 같은 신이함이 있었던 것으로 표현되는데, 이는 신의 도움 없이 인간의 힘만으로는 어려운 전쟁을 이길 수 없다는 이유에서였다.

고구려와 백제의 연합군이 신라를 침략·공취하게 되는 급박함을 당한 선덕여왕은 이에 대응하기 위해서 원군(援軍)을 청하기 위한 사신을 12년 9월 당나라에 파견했다. 당시 당태종은 신라 사신에게 위기에 대처할 두 가지 계략을 제시했다. 그 가운데 두번째가 '신라는 여자를 왕으로 삼았기 때문에 이웃나라의 업신여김을 받으므로 잘못하면 임금을 잃고 나라를 잃게 될지도 모르므로, 신라가 자수(自守)할 수 있을 때까지 당태종의 친척 하나를 임시 왕으로 삼고 또 호위할 군대를 보내겠노라'[25] 하는 제안이었다. 신라측은 이 제안을 굴욕적으로 여겼던지 결코 받아들이지 않았다.

이때 국내 일부에서도 선덕여왕을 폐위시키려고 음모하여 거병(擧兵)한 큰 반란이 있었다. 즉, 선덕여왕 16년 1월에 비담(毗曇)·염종(廉宗) 등이 여왕이 선정(善政)을 못한다는 이유를 들어 반란을 일으켜 왕을 폐하려고 했다. 그러나 왕은 친히 궁내에서 이 반란자들을 막아냈다.[26] 이때 비담 등은 명활성(明活城)에 주둔했고 왕의 군대는 월성(月城)에 주둔하여 서로 치고 막기를 10여 일 동안 행했으나 승부가 나지 않았다. 병진(丙辰)날 밤, 왕의 군대가 주둔하고 있던 월성에 큰 별이 떨어지자 비담 등이 이를 보고 여왕이 패

24) 같은 책, 善德王 5年 5月條.
25) 같은 책, 善德王 12年 9月條.
26) 같은 책, 善德王 16年 正月條.

망할 징조라면서 군사로 하여금 울부짖게 했다. 그 소리가 천지를 진동하자 여왕은 심히 두려워했다. 김유신은 여왕을 진정시키고 우인(偶人)을 만들어 연에 달고 이를 바람에 따라 띄웠다. 마치 불덩어리가 하늘로 날아 올라가는 것 같았다. 그 다음날 김유신은 사람들을 시켜 어제 저녁 떨어진 별이 다시 하늘로 올라갔다고 선전하여 적군의 마음을 흔들어놓은 뒤, 백마를 잡아 별이 떨어진 곳에 제사를 지내고 다음 내용의 축문을 지었다.

천도(天道)는 양(陽)이 강(剛)하고 음(陰)이 유(柔)하고 인도(人道)는 임군이 높고 신하가 낮은 법인데, 이 도리를 바꾸게 된다면 곧 대란이 일어나는 법이다. 그런데 지금 비담의 무리들은 신하가 되어 임군을 도모(圖謀)하고자 하고 아래로부터 위를 침범하려 하니 이른바 난신적자(亂臣賊子)이므로 사람과 신이 모두 근심할 바이며 천지가 용납하지 못할 일이다. 그런데 지금 하늘은 이에 무심한 듯 도리어 성괴(星怪)의 변을 왕성에 나타나게 하므로 신들은 근심하는 바 말할 수 없다. 생각하면 하늘의 위엄은 오직 사람의 정성에 달렸으므로 선은 선으로 하고 악은 악으로 하면 신도 부끄러움이 없을 것이다.[27]

충신 김유신의 독려로 적을 공격하여 비담을 잡아죽이고 그 연좌 도당 30여 명을 잡아죽이고 그 9족을 죽임으로써 반란은 평정되었다. 사인은 잘 알 수 없으나, 선덕여왕은 이 반란이 일고 있는 가운데 죽었으며, 진평왕의 모제(母弟)인 국반갈문왕(國飯葛文王)의 딸이 진덕여왕(眞德女王)으로 즉위한 뒤인 정월 17일에 이르러서야 난이 토평되었으니, 이 반란의 규모가 상당히 컸음을 알 수 있다. 이 반란의 명분이 여왕의 정치력에 대한 의구심이었다는 점은 주목하지 않을 수 없다.

선덕여왕의 섭정을 반대한 반란이 일고 있는 가운데 또다시 여

---

27) 같은 책, 卷41, 列傳 1, 金庾信.

왕을 추대한 것은 역시 여왕 반대 세력이 있기는 해도 그것이 사세를 뒤엎을 만큼 강하지는 못했음을 보여주는 것이라 하겠다. 진덕여왕이 재위하던 8년 동안에도 백제의 빈번한 침공 가운데 위기 극복을 위한 적극적인 당나라에 대한 외교를 김유신·김춘추와 같은 충신의 보익(補翼) 아래 무난히 수행함으로써 신라는 삼국 통일 주역으로서의 토대를 닦았던 것이다.

그러나 《삼국사기》의 수찬자는 선덕여왕 16년간의 역사를 서술한 마지막에서 다음과 같은 사론을 덧붙여 여왕 즉위의 그릇됨을 신랄하게 평했다.

논컨대 臣이 듣기에 여와씨(女媧氏)[28]가 있었으나 이는 바로 천자가 아니고 복희(伏羲)를 보임하여 구주(九州)를 다스렸을 뿐이다. 여치(呂雉)[29]와 무조(武曌)[30] 같은 사람에 이르러서는 유약한 임금을 맞아 조정에 임하여 정사를 통제한다고 말했으나 공공연하게 왕이라 일컫지는 아니하고 다만 고황후 여씨(高皇后 呂氏)니 측천무후(則天武后)라 기록한 것인데, 이를 천리로 말한다면 양은 강하고 음은 유하며 사람으로 말한다면 남자는 존귀하고 여자는 비천하기 때문이다. 어찌 가히 노구(老軀)[31]가 규방(閨房)을 나와 국가의 정사를 결단하

---

28) 《史記》, 〈三皇紀〉. 伏羲의 누이로, 5색돌을 반죽해 무너지는 하늘을 깁고, 큰 자라의 발을 잘라 四極을 세웠다고 한다.
29) 漢高祖의 왕비인 呂氏를 말한다.
30) 則天武后의 이름으로, '曌'는 '照'와 같은 뜻이다. 이는 측천무후가 자기 이름에 쓰기 위해 만든 글자이다.
31) 老軀는 '부인'을 뜻하는 말이다. 그러나 《三國史記》에서의 노구는 단순한 부인이나 여성을 말하는 것이 아닌 것 같다. 여기서는 閼英을 발견하고 거두어 키운 사람을 '老軀'라고 기록했다. 또 고구려 제2대 유리왕 28년에 부여왕 帶素가 고구려를 위협해올 때 고구려가 부여측 사신에게 '지금 여기에 달걀을 쌓아놓았으니 만약 大王이 그 알을 헐지 않으면 장차 내가 大王을 섬기겠다'고 했다. 이 말을 듣고 扶餘王은 使臣들에게 물었다. 그때 한 '老軀'가 '달걀을 쌓는 것은 위험한 것이니 알을 헐지 않으면 안전하다'고 대답했다. 여기서의 '노구'는 생활 경험과 지혜가 많은 노련한 부인으로서, 이 부인은 분명 왕의 侍臣 가운데 한 사람이며, 또한 정치 諮問人일 것으로 생각된다. 老軀

라. 신라가 여자를 모셔 세워 왕위에 처하게 했으니 진실로 난세의
일이며 나라가 망하지 않은 것이 다행이다. 《서경》에 말하기를 '암닭
이 새벽을 알린다' 하고 《역경》에는 '약한 도야지가 껑충거리고 뛰어
논다' 했으니, 그것은 가히 하지 않아야 할 경계인 것이다.

즉, 여자의 왕위 등극은 유교적 강상 윤리의 기초가 되는 《주
역》에 제시된 양강음유와 남존여비의 원리에 따라 결코 용납할 수
없다는 평인 것이다. 김부식의 이 같은 남녀차별적 사론은 《동국
통감》에서도 이의 없이 받아들이고 있으며, 편찬 체제에서 마치
이것의 부당성을 더 강조하듯이 선덕여왕의 즉위 사실과 모란꽃
그림 내용이 기록된 바로 뒤에 연이어 이를 전재했다. 그리고 선덕
여왕 4년에 당나라에서 지절사(持節使)를 파견하여 왕을 주국낙랑
공신라왕(柱國樂浪公新羅王)으로 책봉하고 부왕(父王)의 봉작을 그대
로 이어받게 했다. 이 사실(史實)에 대하여 《동국사략》에 실린 권
근의 사론을 그대로 전재했는데, 그 내용은 여성의 정치 참여의 불
가성을 더 철저히 논박하는 것으로서 여왕에게 책명을 내린 당태
종까지도 잘못을 저질렀다고 지적하면서 비판하고 있다. 그 내용을
보면 다음과 같다.

천도는 양이 강하고 음이 유하며 인도는 남이 존하고 여가 비하
다. 남자는 밖에서 자리를 바르게 하고 여자는 안에서 자리를 바르게
한다. 이것이 천지간의 떳떳한 경륜이다. 임금이 무후(無後)하면 종
실의 어진 이를 구하여 세자의 자리를 바르게 정해야 한다. 이것이
고금에 통하는 의(義)이다. 신라 진평왕은 무자한데, 그 딸 덕만(德
曼)을 특별히 사랑하여 그를 왕위에 세우려 했다. 그가 즉위함에 이
르러서도 여러 신하들이 능히 대의로써 종실의 어진 이를 택하지 못
하고 그 임금의 사지(邪志)를 탐지하여 그녀를 세웠으니 그 난상함

에 관해서는 崔光植의 논문 〈三國史記 所載 老嫗의 性格〉(《史叢》 25, 1981)
을 참조.

이 심하다. 진실로 밝은 천자가 위에 있어서 마땅히 그 명분을 바르게 하여 사신을 보내 견책함이 옳은 것이다. 만약 먼 지방이라 중국과 같이하기가 어려웠다면 도외시하는 것이 역시 옳은 일이다. 그런데 당태종의 영명함으로도 음양 남녀의 분수를 판정하지 못하고 사신을 보내어 여자를 낙랑군공신라왕에 책봉한다는 분부를 내렸다. 대저 공(公)과 왕은 모두 나라를 주관하고 백성의 임금이 된다는 칭호인데, 이것을 함부로 여자에게 붙였으니 이는 존비의 분별과 도리의 중대성을 태종 스스로 허물어 모두 버린 것이다. 얼마 안 되어 결국 무씨(武氏)가 참절하는 화를 초래하여 하늘의 바른 도리를 어지럽히게 되어 당나라의 왕손들이 거의 다 죽었으니 이는 음의 참혹한 해독이 실로 태종의 길을 튼 것이다.[32]

즉, 당태종의 신라 여왕 책봉을 무분별한 짓으로 책망하고, 이 같은 무분별함이 결국 당고종의 황후인 측천무후의 무모한 집권을 초래했으며 종실의 중요 인물들마저 죽임을 당하게 된 것이라고 혹평하고 있다.

제51대 진성여왕(眞聖女王)은 50대 정강왕(定康王)의 누이이다. 정강왕은 병이 위독하자 시중 준흥(俊興)에게 '내 병이 심하여 일어날 것 같지 못한데 사자(嗣子)가 없으니 누이 만(曼)이 천자 명민하고 골상이 장부같으니 선덕·진덕의 고사를 본받아 왕으로 세워달라'[33]고 했다.

선덕여왕은 즉위 조건으로 성품이 관인(寬仁)하고 사리에 밝고 민첩하다 했고, 진덕여왕은 용모와 자질이 아름답고 키가 7척이며 손이 무릎 밑까지 드리워졌다고 했다. 그런데 진성여왕은 천자 명민하고 골상은 장부 같다고 했으니 진성여왕은 선덕여왕의 내적 자질과 뭇사람을 능압할 수 있는 진덕여왕의 외적 조건을 모두 갖

32) 權近, 《陽村集》 卷34, 〈東國史略論〉의 善德女主3年, 乙未 唐使來錫女主命條;《東國通鑑》 卷6, 新羅善德女主4年條.
33) 《三國史記》, 〈新羅本紀〉 第11, 定康王 2年 5月條.

춘 셈이다. 즉, 신라 말기에 해당하는 이 시기에 단순한 전대의 고
사만으로는 이미 여왕 추대가 어려워 남자다운 골상까지 지닌 것
을 좋은 조건으로 내놓았던 것이다.

진성여왕의 즉위에 관하여 《삼국사기》는 더 이상의 언급을 하지
않고 있다. 그러나 《동국통감》은 이에 관하여 《동국사략》의 권근
의 사론과 더불어 《동국통감》 수찬자의 사론을 싣고 있다. 권근의
사론 요지는 대략 이렇다. 즉, '아내의 도에는 혼자 힘으로 이루어
짐이 없고 반드시 지아비의 도와 짝을 이룬 후에 가정의 도가 이
루어진다. 가정의 도도 혼자 이룰 수 없는데 하물며 임금의 자리겠
는가. 한나라의 여후[34]와 당나라의 측천무후[35]가 있었음에도 나라가
망하지 않은 것이 다행이다. 선덕·진덕여왕의 전례를 핑계로 다시
진성여왕을 옹립했기 때문에 결국 신라가 망하게 되는 결과를 초
래했다'[36]는 것이다.

《동국통감》의 사론에서도 선덕·진덕·진성 세 여왕은 천지의 경
륜과 음양의 이치에 어긋나며 새벽에 암탉이 우는 화를 불렀다고
하고 있다.

《동국사략》과 《동국통감》은 여왕의 부당성에 대한 사론의 강도
가 《삼국사기》보다 더 구체적이며 혹독함을 볼 수 있는데, 이 같
은 경향은 왕의 호칭에서도 뚜렷이 나타난다. 《삼국사기》는 선덕·
진덕·진성 세 여왕을 다른 왕과 마찬가지로 선덕왕, 진덕왕, 진성
왕이라고 기록하고 있다. 이는 사론에서는 비록 여왕의 부당성을

---

34) 《史記》卷3. 漢高祖의 皇后로, 고조를 도와 천하를 평정하고 惠帝를 낳았다.
   혜제가 죽은 뒤 후궁의 아들을 少帝로 하고 8년간 조정을 다스렸으며 呂氏
   를 봉하여 왕으로 삼아 呂氏亂의 원인이 되었다.
35) 《舊唐書》卷6. 唐太宗의 才人이었다가 뒤에 高宗의 황후가 되어 정권을 전
   횡했다. 고종이 죽고 中宗이 서자 또 중종을 폐하고 동생인 睿宗을 세웠고
   다시 이를 폐하고 스스로 황제가 되어 則天武后라 일컬었으며 國名을 周라
   했다. 재위 16년, 중종이 그를 축출하고 복위했다.
36) 權近, 《陽村集》卷34, 〈東國史略論〉, 定康王元年 丁未 王疾病 以妹爲後條 ;
   《東國通鑑》卷11, 定康王 2年 5月條의 〈權近曰〉 및 〈臣等按〉.

비판했으나 그 왕위는 똑같은 것이라는 역사관에서 기인한 것으로 생각된다.

또 《삼국유사》에는 선덕왕을 선덕여대왕이라 기록하고 진덕왕을 진덕여왕, 진성여왕을 진성여대왕이라고 기록하고 있다.

권근의 《동국사략》에서는 여왕의 '여'를 뺀 채 선덕왕, 진덕왕, 진성왕으로 쓰고 있다. 권근이 비록 여왕 즉위의 부당성에 대한 비판은 했지만, 역시 왕으로서의 존재는 그대로 인정하고 있는 것이라 하겠다.

그러나 《동국통감》에서는 그 범례에서 거서간·이사금·마립간은 범속어(凡俗語)이나 모두 왕호이므로 왕으로 일컫는다고 하면서도 여왕에 관해서는 다음과 같이 혹독한 결단을 내리고 있다.

　　선덕·진덕·진성은 음이 존위에 거하여 비상한 변이므로 가히 후세
　　에 교훈이 될 수가 없기 때문에 이를 출(黜)하여 주(主)라고 일컫는다.

'출(黜)' 자는 '축(逐)', '퇴척(退斥)', '폐(廢)' 등의 뜻을 갖는다. 구제될 수 없도록 내쫓기고 마는 '출교(黜敎)', '출척(黜陟)', '출학(黜學)'들에 '출' 자를 쓰는 것이다. 그렇다면 《동국통감》의 '출이칭호(黜而稱號)'는 여성의 지위를 철저히 비하시키고 있음을 가장 잘 보여주는 것이라고 할 수 있다. 즉, 역사의 장에서 여성을 여지없이 내쫓고 있는 것이다.

(2) 고구려 산상왕 및 우후 기사와 사론

고구려 제10대 산상왕(山上王)은 선왕(先王)이자 형인 고국천왕(故國川王)의 비 우씨(于氏)에 의해 즉위했다. 동명왕(東明王)으로부터 제9대 고국천왕에 이르는 왕위 계승은 부자간 계승을 원칙으로 하되 제3대 민중왕(閔中王)의 경우처럼 태자가 너무 어리거나 제5

대 모본왕(慕本王)의 태자처럼 불초할 경우 또는 제7대 차대왕(次大王)처럼 국공(國功)이 있을 경우에는 형제간의 계승이 이루어졌다. 고국천왕은 제8대 신대왕(新大王)의 둘째아들인데, 신대왕의 장자 발기(拔奇〔拔岐〕)가 불초하여, 국인의 추대로 즉위했다. 고국천왕은 재위 19년간 여러 가지 선정을 베풀었으나 후사 없이 사망했다. 왕후 우씨가 왕의 사망 사실을 아무에게도 알리지 않고 밤에 몰래 고국천왕의 동생인 연우(延優)를 찾아가 마침내 왕위에 오르게 했다. 고구려의 왕으로서 선왕의 왕후에 의해 즉위한 예는 이전에도 또 이후에도 없었던 파격적인 사건이다.

왕후 우씨는 고국천왕이 사망한 날 밤, 왕의 죽음을 숨긴 채 발상(發喪)하지 않고 먼저 왕의 첫째 동생인 발기[37]의 집으로 가서 '왕의 후사가 없으니 그대가 뒤를 이음이 마땅하다'고 했다. 그러자 발기는 '하늘의 역수(曆數)는 돌아가는 바가 있는데, 이를 가벼이 의논하리오. 하물며 부인이 야행함이 어찌 예라 하겠습니까'라고 힐책조의 대답을 했다. 발기는 왕의 뒤를 당연히 자신이 이을 것인데 부인이 그 일로 야행함은 부당하다고 안이한 마음으로 책망하고 있는 것이다. 우씨는 다시 연우의 집을 찾아갔다. 그는 크게 환대했다. 일어나 의관을 정제하고 문으로 나와 우 왕후를 맞이하여 음식을 베풀고 마주앉았다. 우씨는 연우에게 말하기를, 발기가 자신에게 딴마음을 가지고 있다는 식으로 힐란하고 폭만무례하여 아재비를 보러 온 것이라고 했다. 연우는 칼로 고기를 썰다가 손가락을 베이면서까지 우씨에 대한 극진한 대접을 하고 그녀의 청에 따라 함께 손을 잡고 궁으로 들어갔다. 우씨는 이튿날 거짓으로 선왕의 유명이라 하고 군신으로 하여금 연우를 즉위시켜 왕으로 삼았

---

37) 李基白·李基東, 《韓國史講座》, 〈古代篇〉, 一潮閣, 89쪽의 주 82 참조. 故國川王의 長者인 發崎와 山上王(延優)의 兄인 發崎를 동일한 인물로 간주하고 發崎와 延優를 故國川王의 아들로 보아야 하는지는 아직 제대로 구명되지 않고 있다.

다. 왕이 즉위를 선포하자 발기가 자신의 군대로 궁성을 포위하고 위협했으나 국인이 좇지 않자 요동 태수 공손도(公孫度)에게 달려가서 군대를 청하여 고구려를 침공하게 했다. 그러나 연우의 아우 계수(罽須)가 이끄는 군대에 의하여 한병(漢兵)은 대패하고, 발기는 자살하고말았다. 그리고 산상왕은 형수 우씨를 다시 왕후로 삼았다.[38]

왕후가 왕의 죽음을 알리지 않은 채 계승할 왕을 스스로 찾아 맞이했음에도 어째서 신하들과 국인(國人)이 왕후의 뜻을 물리치지 않고 그대로 따랐는가?

그것은 첫째, 왕후측 세력이 왕실가측과 비견될 만큼 막강했기 때문이다. 왕후 우씨는 제나부(提那部) 우소(于素)의 딸로 《삼국사기》의 고국천왕 12년 9월조를 보면, '중외대부패자(中畏大夫沛者)인 어비유(於畀留)와 평자(評者)인 좌가려(左可慮)는 모두 왕후의 친척으로 국가의 권병을 잡고 그 자제들도 아울러 권세를 믿고 교만하고 사치하며 나라 사람들의 자녀를 약탈하고 주택을 뺏으므로 국인이 통분했다'고 나와 있다. 왕이 이 말을 듣고 이를 죽이려고 하자 좌가려 등이 사연나(四椽那)와 더불어 모반했다고 한다. 즉, 왕후 친가측에서 국병을 장악하고 있었던 것이 분명하다. 그러므로 고국천왕은 이듬해 을파소(乙巴素)를 국상에 임명하여 왕후 집안 세력을 견제했던 것으로 보인다. 왕후에 의한 산상왕 즉위를 이의 없이 받아들인 군신의 대다수는 왕후측 가인이었을 것이다. 둘째, 국인이 발기의 인물됨이 왕으로 적당하지 않다고 생각했기 때문이었다.[39] 셋째, 우왕후가 이 같은 형세를 기민하게 파악하고 주저 없이 행동에 옮긴 것은 유교적 명분에 얽매이는 시대가 아닌 때문이라고 생각된다.

《삼국사기》는 고국천왕이 을파소를 국상에 채용하여 정교(政敎)

---

38) 山上王과 于后의 記事는 《三國史記》 卷4, 山上王 卽位年條 참조.
39) 《三國史記》 卷4, 故國川王條에 따르면, 第8代 神文王은 長者 發崎가 不肖하여 國人들이 第2子인 伊夷謨(故國川王)를 王으로 삼았다고 한다.

를 밝게 하고 국가를 잘 보전한 것을 찬(贊)하는 사론을 싣고 있으
나, 산상왕의 불법적 즉위와 우왕후의 행위를 탓하는 사론은 쓰지
않았다. 강상과 명분을 중시하는 유교적 사관에 입각한다면 반드시
이에 대한 사론이 있어야 한다. 그 이유는 아마도, 여자의 왕위 계
승은 천고불변의 음양 법칙에 어긋나는 것이지만, 비상 수단에 의
한 왕위 계승은 상고사회에서는 있을 수 있는 것이기 때문에 그
사실 자체에 유교적 명분의 평가를 가하지 않은 것으로 생각된다.
그러나 강상과 명분을 중시하는 철저한 유교사관에서는 이를 용
납할 수가 없었다.《동국사략》과《동국통감》의 수찬자들은 사론을
통해 이를 철저하게 비판하고 있다. 이에 관한 첫 사론은 고구려왕
연우가 우씨를 왕후로 삼았다는 기사에서 나타난다. 즉, 권근의 사
론과《동국통감》 수찬자의 사론을 연이어 싣고 있는 것인데, 권근
의 사론은 이들의 행위가 예를 떠난 개돼지만도 못한 짓이라며 다
음과 같이 비판했다.

배필의 관계는 인륜의 근본이요 왕교의 단서이다. 고로 혼인의 예
가 바른 연후에 규문이 바르고 나라가 다스려지며 교화가 행해지고
풍속이 아름다워진다. 이는 주(周)나라의 주남(周南)·소남(召南) 두
시편이 만세의 법이 되는 까닭이다. 이제 우씨가 왕의 적비(嫡妃)로
서 왕이 죽었음에도 슬퍼하지 않고 숨기어 발상하지 않았다. 밤에 그
동생 발기에게 달려가 모립(謀立)한 후 발기가 예로서 사양했음에도
이를 그대로 품었다. 진실로 인심이 있다면 여기서 변해야 함에도 오
히려 부끄러워하고 회개함이 없이 또 연우에게 달려가 더불어 입궁
하여 거짓으로 왕명이라 하여 세웠다. 연우는 이(利)에 빠져 그 수치
함을 잃고 이에 우후를 왕비로 삼으니 그 행위는 개·돼지보다 심하
여 천리가 무너지고 인도가 멸했도다. 이렇게 하고도 백성 위에 군림
하여 나라가 망하지 않은 것이 요행이다.[40]

---

40)〈東國史略論〉, 奈解王元年 丁丑, 高句麗王延優立于氏爲妃條 ;《東國通鑑》 卷3,
   高句麗山上王元年, 高句麗王延優立于氏爲后에 대한 史論,〈權近曰〉.

90

《시경》의 〈용풍〉에는 장유자(牆有茨)·군자해로(君子偕老)·상중(桑中)·순지분분(鶉之奔奔)이라는 제목의 시가 있다. 이 네 시는 모두위(衛)나라의 12대 환공(桓公)이 죽은 뒤 그 부인 선강(宣姜)이 이복 서자인 공자 완(頑[伯昭])과 불륜의 정을 통한 것을 비판하고자 노래한 것이라고 오랫동안 해석되었다. 즉, 선강과 완은 역사상 최고의 불륜 남녀로 지탄되었던 것이다.

《동국통감》 수찬자들은 우 왕후와 연우를 선강과 완에 비유했고, 우씨는 선강보다 더 나쁜 여인이라며 그들의 죄를 다음과 같이 다섯 가지를 들어 단죄했다.

첫째, 왕이 죽었음에도 애통해 하거나 곡읍하는 기색도 없이 음란한 마음을 일으켜 발상하지 않은 죄.

둘째, 고래로 부인 부모(傅姆)는 밤에 밖을 나가지 않는 법인데, 왕후의 존귀한 몸으로 밤을 타 혼자 달려간 죄.

셋째, 연우와 함께 술을 마시고 고기를 먹으며 간음하여 천상(天常)을 독란(瀆亂)한 죄.

넷째, 발기가 연우보다 위이므로 마땅히 왕위에 올라야 함에도 사사로운 애정으로 왕을 세우고 연우로 신기(神器)를 도적질하게 한 죄.

다섯째, 전일에는 왕후가 되고 금일에는 후왕의 왕후가 되니, 한 몸으로 두 번씩 국모가 된 완음(頑淫) 무치(無恥)한 죄.

이상의 단죄는 주로 우 왕후에게 향한 것이라 할 수 있다. 같은 사론에서는 이어 우씨의 죄를 두고 '음이 양을 앞서고 지어미가 지아비를 승(乘)하여 남녀의 구별을 문란하게 하고 음양의 도를 거역하고 천지의 기강을 뿌리쳤으니 일찍이 순작(鶉鵲)도 이렇지는 않았다'고 하면서, 천하고금의 예행악덕(穢行惡德)은 특히 이 우씨 한 사람뿐이라고 혹평·개탄하고 있다. 그리고 마지막으로 연우가 책후(冊后)할 때 충신 의사가 한 사람도 없었음을 애석하게 여기고 있다.[41]

《동국통감》 수찬자들은 고국천왕 때 발탁되어 산상왕 때까지 국

상의 자리를 지키다가 산상왕 7년 8월에 사망한 을파소에 대해서
도 사론을 통해 혹평하고 있다. 그 내용을 보면, '강상을 모독하여
문란하게 한 천하고금의 대변임에도 이를 못하도록 간하지 못한
채 종신토록 그 조정에서 연우의 밥을 감식할 수 있는가. 공자가
비부(鄙夫)라도 사군(事君)할 수 있으리라고 한 것은 을파소를 이름
이다'라고 나와 있다.[42]

산상왕은 재위 12년간 우후와의 사이에 혈육이 전혀 없었는데,[43]
12년 11월에 주통촌(酒桶村)에 사는 20여 세의 아름다운 여인을 만
나게 되어 그를 소후(小后)로 삼고[44] 마침내 왕자를 보게 되었다.

산상왕이 소후를 처음 만나게 된 기연은 이렇다. 어느 날 나라의
제사용 돼지 관리자가 돼지를 놓쳐 이를 주통촌까지 좇아갔음에도
잡지 못했는데, 이 소후가 웃으면서 잡아주었다. 이 사실을 들은
왕은 이상히 여겨 아무도 모르게 밤을 타 그녀의 집에 도착했으며
그녀를 소후로 삼았다. 미행하여 밤에 여자의 집으로 간 것은 왕의
체통에 맞지 않는 일이다.

유교 규범으로 볼 때 국왕은 천도를 구현하는 유일한 존재이며,
아울러 국왕은 천의와 인심에 순응하는 인정을 베풀어야 하는 것
이다.[45] 그런 국왕이 미모를 탐하여 밤중에 미행한 것은 떳떳한 도
리가 될 수 없는 것이다. 이 같은 산상왕의 태도에 관하여 《동국
통감》 수찬자들은 인류의 기본 도리인 강상을 무너뜨린 무도한 행
위라고 비판했다.

---

41) 《東國通鑑》, 위의 史論, 〈臣等按〉.
42) 《東國通鑑》 卷3, 高句麗山上王7年 秋8月條, '高句麗國相乙巴素卒……'에 대
    한 史論, 〈臣等按〉.
43) 《三國史記》 卷16, 〈高句麗本紀〉 第4, 山上王元年條. 山上王의 兄 發崎가 山
    上王 즉위에 불만을 품고 자신의 군사로 궁성을 포위하고 꾸짖을 때 '妻子에
    게까지 죽음이 미칠 것이다' 하고 위협한 것을 보면, 山上王은 즉위 이전에
    이미 처자가 있었던 듯하다.
44) 《三國史記》 卷16, 〈高句麗本紀〉 第4, 山上王 12年 11月·13年 3月條 참조.
45) 鄭道傳, 《三峰集》 卷7, 〈朝鮮經國典〉, 正寶位 참조.

　　그런데 그 비판 서두에서 '고구려왕 연우가 우후와 증보(蒸報)짓
[음란행위]한 것은 짐승만도 못하다'[46]고 전제함으로써 산상왕과 우
후의 관계를 용서 못할 절륜의 무리로 타도했다.

　　조선왕조의 사가들이 산상왕과 우후의 역사 사실 하나를 가지고
국상 을파소와 산상왕의 소후로까지 확대하여 무려 4개의 사론을
쓰고 있는 것은 유교적 윤리와 강상을 확고하게 확립하여 이 같은
일이 다시는 되풀이되지 않게 하려는 강한 의지를 보여준 것이라
고 하겠다.

5. 근친혼·동성혼 기사와 사론

　　《주역》의 가인괘(家人卦)에 따르면, '남녀가 바름은 천지의 큰 뜻
[大義]이며', '집안을 바르게 하면 천하가 안정된다'고 한다. '남녀의
바름'이란 곧 천지음양의 큰 뜻에 합치되도록 존비내외의 도를 바
르게 해야 하는 것이다. 우주만물의 생성에 근원이 되는 남녀의 바
름은, 첫째, 혼인을 바르게 하는 것이고, 둘째, 남녀의 역할을 분별
하는 것이고, 셋째, 남녀 사이에 존비의 질서를 두어야 하는 것이
다. 남녀의 바른 혼인에 관해 《예기》의 교특성 제11에서 다음과
같은 내용을 볼 수 있다.

　　　천지가 합한 후에 만물이 태어난다. 대저 혼례(昏禮)란 만세의 시
　　작이다. 이성(異姓)을 아내로 맞이함은 소원(疎遠)을 의부(依附)하게
　　하고 분별하게 함이다[天地合而后萬物興焉　夫昏禮　萬世之始也　取於
　　異姓　所以附遠厚別也].

　　혼례의 바른 도는 이성 사이에서만 이루어질 수 있다는 말이다.

---

46) 《東國通鑑》卷3, 高句麗 山上王 12年 冬11月條의 史論, 〈臣等按〉.

그러므로 동성혼은 불의 내지 패륜이 되는 것이다.

남녀유별에 관해서는 《예기》의 교특성 제11에서 다음과 같이 밝히고 있다.

혼인할 때 예물을 가지고 상견함은 공경하여 부부의 분별이 있음을 밝히는 것이다. 남녀유별 연후에 부자친이 있고 부자친 연후에 의(義)가 생기고 의가 생긴 연후에 예(禮)가 이루어지며 예가 이루어진 연후에 만물이 안정된다. 분별이 없고 의가 없는 것은 금수의 길이다[執摯以相見 敬章別也 男女有別 然後父子親 父子親然後義生 義生然後禮作 禮作然後萬物安 無別無義 禽獸之道也].

다음으로 남존여비 질서에 관해서는 다음과 같은 내용을 볼 수 있다.

남자가 친영(親迎)한다. 남자가 여자보다 먼저 움직임은 강(剛)과 유(柔)의 뜻이다. 하늘이 땅보다 먼저 움직이고 임금이 신하보다 먼저 움직인다. 그 뜻은 한가지인 것이다[男子親迎 男先於女 剛柔之義也 天先乎地, 君先乎臣 其義一也].

예란 외면적 규율의 총칭이다. 크게는 제도와 법률로부터 작게는 의식 범절에 이르는 모든 것을 포괄한다. 아울러 일신의 수양으로부터 천하경륜까지 미치며, 일상의 의식 범절로부터 교사(郊社) 제사의 대례에까지 미친다. 또 심성의 체용(體用)에서 우주의 변화에까지도 미친다. 《예기》에서는 이 같은 예의 근원은 부부가 삼가는 데서 시작되는 것이므로 남자는 거외(居外)하고 여자는 거내(居內)하되 서로 출입을 하지 않는 것이라[47] 하여 남녀의 구별을 엄격히 하고 이를 신봉했다.

---

47) 《禮記》, 內則 第12. '禮始於謹夫婦 爲宮室辨外內 男子居外 女子居內 深宮固門 閽寺守之 男不入 女不出.'

《예기》에 제시되어 있는 혼인의 법도가 우리 나라 혼인에 적용 된 것은 아마도 주자학이 전래되고 또 이를 사회 전반의 생활규범 으로 받아들인 조선왕조 이후라고 생각된다. 그러므로 삼국시대의 혼인의 예는 《예기》의 예에 준하는 경우가 거의 드물었다.

삼국의 왕실 혼인을 보면 처음에는 왕과 혼인할 수 있는 왕비족 이 있었다. 고구려는 절노부(絶奴部), 즉 연나부(椽那部)의 명임씨 (明臨氏)가, 백제는 해씨(解氏), 진씨(眞氏)가 있었고, 신라는 박씨 (朴氏)가 왕비족이었다. 왕비족은 왕족과 더불어 귀족 지배층을 형 성했다. 그 가운데 신라는 특히 강한 골품제로 인하여 일정한 통혼 권이 골품 사이에 이루어져 있었다. 신라의 골품제도는 연맹국에서 귀족국가로 전화하고 있던 시기에 이루어지기 시작하여 법흥왕 7 년(520년)에 율령을 반포할 때는 이미 법제화된 듯하다. 신라의 혼 인이 극도로 근친혼이었던 것은 골품을 강화하고 유지하기 위한 것이었다고 보는 연구도 있다.[48]

신라 제17대 내물왕(奈勿王)은 제13대 미추왕(味鄒王)과 형제간인 김말구(金末仇)를 아버지로 또 미추왕의 딸인 휴례부인(休禮夫人) 김씨를 어머니로 두고 있었으며, 제16대 흘해왕(訖解王)이 무사(無 嗣)로 사망하자 뒤를 이어 왕위에 올랐다. 내물왕의 부모는 동성인 김씨일 뿐만 아니라, 이는 미추왕의 동생과 미추왕의 딸 사이인 지 친간의 혼인이었다. 이 같은 근친혼은 신라 왕실 혼인에서는 얼마 든지 찾아볼 수 있다. 골품제를 확립하는 법흥왕(法興王)도 자신의 동생[立宗葛文王]과 딸을 혼인시켜 진흥왕을 낳았고, 태종 무열왕도 비인 문희(文姬, 김유신의 누이)와의 사이에서 낳은 딸 지소(知炤)를 김유신에게 시집보냈다.

이성혼(異姓婚)을 신봉하는 유자(儒者)의 입장에서 본다면, 이 같 은 동성혼 또는 지친혼은 천리에 어긋나는 것으로서 예의 황폐화

---

48) 李光奎, 〈新羅王室의 婚姻體系〉, 《社會科學論文集》 1, 서울대학교, 1976 참조.

를 뜻하는 것이다. 유교사관에 입각한 《삼국사기》의 수찬자 김부
식은 흘해왕이 아들 없이 죽어서 그 위를 내물왕이 잇게 되었다는
기사를 통해 신라의 동성혼을 다음과 같이 비판했다.

논컨대 취처(娶妻)함에 동성을 취하지 아니함은 분별을 두터이하는
때문이다. 이 때문에 노(魯)나라 소공(昭公)이 오(吳)나라에서 취처했
고 진후(晋侯[平公])가 사희(四姬)를 둔 데 대하여 진(陳)나라의 사패
(司敗)와 정(鄭)나라의 자산(子産[公孫僑])은 심각하게 이를 나무랐
다. 그런데 신라에서는 동성을 취했을 뿐만 아니라 형제의 아들이나
고이(姑姨)의 종자매(從姉妹)를 모두 아내로 맞으니 비록 외국과는
서로 풍속이 다를지라도 중국의 예의 법속으로 이를 책망한다면 이는
큰 잘못이다. 그러나 흉노들이 그 어미를 증간(蒸奸)하고 아들을 보
간(報奸)하는 것과 같은 것은 이보다 더 심한 것이라고 하겠다.[49]

즉, 근친혼이 흉노 사회에 있었던 모자간의 증보[50]보다는 나은 것
이되 역시 유자의 입장에서 동성혼을 언급하지 않을 수 없다는 태
도이다.[51] 고려의 왕실도 역시 근친혼이 성했으며, 《삼국사기》 수찬
을 명한 인종도 그 어머니와 두명의 비는 같은 자매간인 이자겸의
딸들이었다. 김부식으로서는 왕실 근친혼에 대한 그릇됨을 역사에
서 분명히 교훈으로 남겨야 한다는 의지를 가지고 사론을 썼다고
보이지만, 역시 신라가 중국의 예제에 기준해야 함을 고집하지는
않았다. 이것은 고려의 혼인 풍속이나 제도가 유교적 예제나 의식
에 의거하고 있지는 않기 때문일 것이다. 이에 관하여 권근은, '신
라는 동성뿐만 아니라 기공지친(期功之親)과도 혼인하니 이는 인도

---

49) 《三國史記》 卷3, 奈勿尼師今 卽位年條의 史論.
50) 《大漢文辭典》(吳澤炎 等 編纂, 中國 : 商務印書館, 1983)에 따르면 '蒸報'의
    뜻을 '謂與母輩或 晩輩親屬淫亂,…… 注 : 小雅曰 : 上淫曰蒸 下淫曰報'라고 풀
    이하고 있다.
51) 《東國通鑑》 卷4, 新羅奈勿元年 夏4月條에 대한 史論,〈權近曰〉.

의 대패(大悖)함"⁵²⁾이라고 하여 근친혼을 인륜의 패도(悖道)로 여겼
다. 그리고 신라인이 이처럼 근친혼을 행할 수밖에 없었던 이유로
신라인들이 예를 배우지 못했고 또 이를 알지 못했기 때문이라고
말하면서, 참으로 애석하다고 했다. 당대 유학의 대가였던 권근은
유교정치를 펴고 유교를 생활화하는 것을 신념으로 여겨 이에 혼
신했던 만큼, 그로서는 혼인 법도를 바르게 함으로써 천지와 음양
의 질서를 바르게 해야 한다고 믿고 있었던 것이다. 그러므로 그는
동성혼 불취의 사론을 다시 쓰지 않을 수 없었다. 즉, 제20대 자비
왕(慈悲王) 4년에 왕은 서불감(舒弗邯) 미사흠(未斯欽)의 딸을 왕비
로 맞이했다. 미사흠은 자비왕의 계부(季父)이므로 왕과 왕비는 4촌
사이이다. 유자 사회에서 4촌은 형제자매와 마찬가지인 것이다. 권
근은 이 근친혼에 관하여 사론을 통해 심각한 비판을 가했다.

생각컨데 대혼(大婚)은 중례(重禮)이다. 두 성이 합함은 종묘사직
의 주가 되기 때문이니 삼가지 않으면 안 된다. 그러므로 예에 같은
성을 불취하고 백세에 이를지라도 혼인이 불통함은 부원후별(附遠厚
別)하기 때문이며 남녀 관계를 삼가는 까닭이다. 자비왕은 그 계부
미사흠의 딸을 왕비로 맞았으니 그 인도 없음이 심하다. 대저 왕과
비가 그 조상을 같이하니 종묘의 제사를 받들매 신이 그것을 향수하
겠는가. 신이 불향하면 조(祚)는 반드시 자라지 않는다. 전(傳)에 말하
기를 남녀가 같은 성이면 그 후손이 불번한다고 했다. 자비가 소지를
낳고 소지는 도리어 절사(絶嗣)했으니 가히 경계를 하지 않겠는가.⁵³⁾

권근은 소지왕이 절사하게 된 것은 동성혼 때문이라고 준엄하게
사론에서 단죄하고 있다. 또 신라 말기인 제40대 애장왕(哀莊王) 6
년 정월에 왕이 어머니 김씨를 대왕후로 삼고 비 박씨를 왕후로

---

52) 《東國史略》 卷3, 慈悲王3年春2月條의 史論 ; 《東國通鑑》 卷4, 慈悲王4年春2
月條의 史論, 〈權近曰〉.
53) 《三國史記》 卷10, 〈新羅本紀〉 第10, 哀莊王6年正月條.

삼았다. 같은 해에 당의 덕종(德宗)이 사망하여 새로운 왕 순종(順宗)이 병부랑중겸어사대부(兵部郎中兼御史大夫) 원계방(元季方)을 신라에 파견하여 애상(哀喪)의 뜻을 전하고 신라왕을 개부의동삼사검교대위사지절대도독계림주제군사계림주자사겸지절충녕해군사상주국신라왕(開府儀同三司檢校大尉使持節大都督鷄林州諸軍事鷄林州刺史兼節充寧海軍事上柱國新羅王)으로 책봉했으며, 그 어미 숙씨(叔氏)를 대비로 하고 처 박씨를 후로 봉했다.[54] 그런데 《삼국사기》에서 세주(細註)를 달아, 왕모의 부(父) 숙명(叔明)은 내물왕의 13세손이므로 모친은 김씨인데 부의 이름으로 숙씨라고 한 것은 잘못이라고 했다.[55] 또 그 4년 뒤인 애장왕 9년 2월에 김력기(金力奇)를 당에 파견하여 조공할 때 그는 '정원(貞元) 16년에 조서(詔書)로 신의 고주(故主) 김준(金俊)읍을 책봉하여 신라왕으로 삼고 모 신씨를 대비로 삼고 처 숙씨를 왕비로 삼았으니……'[56]라고 상주한 바 있다. 이 두 기사는 모두 신라 왕실의 동성혼과 깊은 관련을 갖는다. 애장왕대는 8세기 말부터 9세기 초까지로, 중국의 유교적 문물이 정치·경제·사회 제반의 기반을 삼고 있던 때였다. 그러므로 근친혼을 대외적으로 공언하면서까지 왕·왕태후·왕비의 책봉을 받기는 쑥스러운 시기였을 것으로 생각된다. 신씨는 소성왕(昭聖王)의 어머니이며 김신술(金神述)의 딸이므로 아버지의 이름 신술의 '신' 자를 '신(申)' 자로 바꾸어 신씨로 한 것일 뿐, 실은 숙씨와 더불어 김씨인 것이다. 이와 관련해 《삼국사기》에서는 숙씨에 관해서는 오류라고 세주를 달았을 뿐이다. 그러나 권근이 이를 사론에서 취급한 것으로 보아 동성혼의 폐해를 그대로 넘길 수 없었던 듯하다. 즉, 옛날 노소공(魯昭公)이 오씨를 취하여 동성혼을 하고 오맹자(吳孟子)라고 한 것과 마찬가지로 당나라에 고할 때 모와 비가 동성인 것을 꺼

54) 《三國史記》, 같은 곳.
55) 《三國史記》, 같은 곳.
56) 《三國史記》 卷10, 〈新羅本紀〉 第10, 哀莊王9年2月條.

려 부의 이름을 따 숙씨·신씨라고 한 것이 분명하다고 했다.[57]

권근이 동성혼에 관한 사론을 여러 번 취급하고 있는 것은, 아마도 고려 말기까지도 신라 이래의 전통이자 관행인 동성혼이 적지 않게 행해지고 있었을 것이므로, 이를 근절하여 새로운 유교적 예제를 구축해야 했기 때문일 것이다.

고구려 제2대 유리왕은 그 2년 7월에 다물후국(多勿候國) 송양왕의 딸을 왕비로 맞이했다. 이 일은 전왕이 죽은 지 10개월 만에 행해진 일이었다. 이에 관하여 권근은 기년내(期年內)에 비를 맞이한 유리왕의 죄는 폄절(貶絕)을 기다릴 것도 없이 자명한 것[58]이라고 비판했다. 유교 윤리 실천의 기본이요 첫번째인 효의 예를 위해 3년상을 치른 뒤 혼례를 올려야 마땅함에도 10개월 만에 혼례를 치른 것을 비판한 것이다.

권근이 유달리 혼인에 대해 관심을 가지고 있었던 것은 유교 윤리를 확립하려는 이유에서이며, 이에 삼국 왕의 비유교적 혼인예를 비판한 것이다.

6. 닫는 글

이 장을 통해 역사적 사실은 변하지 않으나 그것에 대한 역사적 평가는 시대 성격, 즉 통치 이데올로기의 성격에 따라 크게 변화함을 논했다. 이 장에서 활용한 세 역사서는 모두 왕명에 의해 쓰여진 관찬 사서이므로, 이는 곧 국가의 정치적 입장과 이념을 밝힌 것이라고 해도 과언이 아니다.

---

57) 《東國通鑑》 卷10, 哀莊王6年 春正月條의 史論, 〈權近曰〉.
58) 《東國通鑑》 卷1, 高句麗琉璃王2年秋7月條의 史論, 〈權近曰〉. 부모의 許諾을 마친 뒤에 혼인하는 것이 人倫의 道라고 보고, 이를 근거로 하여 비판한 것이다.

세 사서의 여성 관련 사론은 1~2세기로부터 15세기 말까지의 여성 억압 정치 내지 정책의 역사적 변화 과정을 여실히 보여주고 있다. 《삼국사기》는 비록 유교적 사관에 입각하여 서술된 것이기는 하지만, 그 사가들은 여왕의 왕위 즉위를 《서경》의 '암탉이 새벽에 우는 것'과 《역경》의 '암돼지가 껑충껑충 뛴다'의 논리에 의거하여 비판하고 동성혼의 부당성을 논하는 정도에 지나지 않았다. 그리고 고대 삼국의 창업 관련 여성을 역사 사실 그 자체로 기록함으로써 중요한 여성사 자료를 제공해주었다.

유교 이념의 정치를 수행해가던 15세기 초에 집필된 《동국사략》과 15세기 말에 집필된 《동국통감》은 여성에 관한 사론을 더 광범위하게 취급했다. 신라 창업자 박혁거세와 알영을 당시 신라인들이 '이성'으로 추앙한 사실을 유교 강상에 어긋난 것이라고 꾸짖었으며, 세 여왕의 즉위에 관해서도 《삼국사기》보다 훨씬 강도 높은 비판을 가했다. 고구려 산상왕 즉위에 관련된 우후의 처사와 입장에 대해서는 용서할 수 없는 역사의 죄인, 즉 음녀로서 매도했다. 또한 근친혼과 동성혼에 관해서도 유교의 《예기》의 입장에서 불가하다고 논평하고 있다.

《동국사략》과 《동국통감》의 여성 관련 사론은, 역사서 편찬자인 사가의 개인적 입장이라기보다는, 조선왕조의 유교적 여성정책의 방향을 제시해주는 것이다. 여성 관련 사론이 주로 왕위 계승 문제 또는 여왕 즉위 등에 집중되고 있었던 것은 여성의 지위와 역할을 '거내(居內)'에 제한함으로써 가정경영과 가정내 산업에만 종사하게 하려는, 즉 유교적 사회윤리와 정치윤리를 고착화시키려는 의도에서였다. 또한 근친혼·동성혼의 비판도 유교적 혼인윤리와 질서를 확립하려는 데서였다. 근친혼·동성혼이 비판되면 동시에 자매혼도 더불어 비판되어야 한다. 《예기》(〈곡례〉 상)에 따르면, '남과 여는 행매(行媒)가 있지 않으면 서로 이름을 모른다〔男女非有行媒 不相知名〕'고 한다. 이것은 중매혼만이 올바른 혼인 도리임을 밝힌 것으로서, '이름을 모른다'는 것은 동성혼을 막기 위함인 것이다.

그런데 삼국의 역사 가운데 우리의 심금을 울리는 것은 왕실 및 귀족지배층 사람들 사이에서 있었던 자매혼의 예가 소상하게 서술되어 있다는 것이다. 즉, 고구려의 평강공주와 온달, 김유신의 부모(김서현〔金舒玄〕과 만명부인〔萬明夫人〕), 김춘추와 문희, 신라의 대유학자 강수(强首)와 야장(冶匠)의 딸과의 자매혼 등이 그것이다.

부녀의 불투(不妬)도 유교적 부녀 규범에서 대단히 중요한 조건이다. 삼국 성립 이전 우리의 상고사회의 예속들을 소개한 중국측 기록에 따르면, 투기하는 부녀를 중벌하는 법속들을 여러 곳에서 제시하고 있다. 투기를 중하게 벌책함은 그 투기 자체가 남성에 대한 도전으로 간주되었기 때문이다. 그러므로 투기죄가 성립된 시기는 이미 남성중심의 사회 및 정치체제가 성립되었음을 의미하는 것이기도 하다.

이 같은 부녀 투기 기사가 삼국의 역사 가운데는 여러 곳에서 나타난다. 즉, 고구려 대무신왕(大武神王)의 후비 소생인 호동왕자가 원비 사이의 질투 때문에 자살한 사실, 산상왕의 비 우후의 소후〔酒桶女〕에 대한 질투, 중천왕의 소후 관나부인(貫那夫人)과 그 원비 연씨(椽氏)와의 질투, 유리왕의 비와 후비 사이의 질투 등이 그것이라 하겠다. 이상의 질투 기사에서 호동왕자의 경우는 여성사적 입장이 아닌 효의 입장에서 비판된 사론이 있을 뿐 그 밖에는 전혀 사론이 보이지 않는다.

유교적 강상 확립을 위해 남녀윤리 강상 확립을 내세운 것이라면 자매혼과 투기에 대한 사론은 존재해야 마땅하다. 그런데도 이에 대한 언급이 없는 것은 무엇을 의미하는가?

그것은 아마도 심각한 권력투쟁을 거쳐 왕위에 오른 태종 및 수렴청정과 훈척의 정치권을 벗어나 만기를 장악한 조선왕조 성종이 각기 왕권강화를 위해 유교적 강상의 명분을 무엇보다도 먼저 정치적 입장에서 확립시키려 한 때문이었을 것으로 생각된다.

제3장 조선 태종조 처첩분변의 성격

1. 여는 글

처첩(妻妾)의 분변(分辨)은 유교의 강상(綱常) 확립과 신분계층사상의 옹호에서 출발된 것이다. 그러므로 이 문제는 강상을 확립하여 새로운 통치 질서를 세워가던 조선왕조 초기에 사회적·경제적 문제를 안고 대두되기 시작했으며, 신분계층사상의 옹호 자체가 양반 관인 신분의 옹호를 의미하는 것이었던 만큼 관인의 권익에 직결되는 벼슬길 진출이라는 정치적 성격도 필연적으로 동반하게 되었다.

따라서 처첩분변 문제는 사회적·경제적인 측면과 정치적인 측면의 상호 작용 관계를 함께 투영해볼 때 비로소 그것의 발생과 명분, 또 그것이 지니고 있는 특성과 문제들을 보다 구체적으로 밝혀줄 수 있게 된다.

조선 초기 처첩분변 문제가 심각하게 제기되고 논의되어 일정한 분변기준을 법제화하지 않을 수 없었던 때가 바로 태종대(太宗代)였다. 태종대는 고려의 질서를 벗어버리고 새 질서를 확립해가던

시기로서, 중앙과 지방의 정치제도가 크게 개혁되고 유교적 질서
수립을 위한 사회개혁이 이루어지고 있었다. 따라서 유교의 강상은
사회 전반을 지배해야 하는 철학이 되었다. 정치에서도 수기(修己)
와 제가(齊家)를 치국의 근본으로 삼는 유교 정치이념이 보편화되
었다.

이러한 이념 구현 속에서 처첩의 분변은 임군이나 신하의 덕을
가름하는 척도가 되었고, 가장 바람직한 관인상(官人像)은 처첩 및
적서에 대한 인정적 처지에서 탈피하는 것이었다. 그렇지 못할 경
우 관인은 그 대열에서 배제되어야 했으며, 국왕은 언관으로부터
규탄의 대상이 될 수도 있었다. 처첩분변이 지니는 이러한 특성은
정치적 측면을 더 강하게 노출하게 된다.

이 장에서는 처첩제가 역사적으로 어떻게 발생하고 또 어떻게
존재했으며 조선 초기에 어떠한 사회배경에서 처첩이 분변되었는
가를 사회적·경제적 측면에서 밝히고자 한다. 아울러 이것이 마침
내 신분, 특히 벼슬길의 문제로 발전될 수밖에 없었던 정치적인 성
격을 밝히고자 한다.

2. 처첩분변의 사회적·경제적 요인

(1) 고려왕조 처첩제

부로(父老) 중심의 사회체제가 역사시대 이후 성립되었다는 점에
대해서는 누구도 이론을 제기하지 않을 것이다. 역사시대 이후 남
자의 지략과 강인한 체력은 인류 사회의 발전을 위해 무한히 요구
되었다. 처첩제의 발생 연원도 바로 이러한 역사적 진전 단계에서
필연적으로 나타난 하나의 사회적 현상이었다. 그래서 양계초(梁啓

超)는 처첩제도 발생의 역사적 연원을 다음과 같이 말하고 있다.

> 첩잉제(妾媵制)는 다처제가 변한 것이다. 다처의 내력은 권력에서
> 비롯된 것이다. 약탈혼(掠奪婚) 시대에 강한 힘이 있는 남자는 그 형
> 세가 다처를 두게끔 되었고, 부계 확립에 미쳐서는 이것이 계사(繼
> 嗣)를 널리 얻는다는 이유로 확대되어 권력은 드디어 권리로 변하게
> 되었다.[1]

이처럼 첩잉제는 부계 계승을 중시하는 부계중심 체제가 확립되
는 시기부터 남자(특히 지배자)의 권리로 존재하기 시작했다. 그러
므로 양계초는 중국의 첩잉제 확립 시기를 주대(周代) 이후로 보았
으며, 이때부터 그 신분에 따라 거느릴 수 있는 첩잉의 수를 제한
하여 천자의 12녀로부터 차차 감하여 사서인(士庶人)은 일처일첩
(一妻一妾)을 두게 되었다. 작급별에 따라 첩수의 많고 적음이 정해
지는 것은 계급제도시대로부터의 유태(遺蛻)라고 한다. 또한 《예
기》의 〈곡례〉에서는 '공후(公侯)는 부인(夫人)·세부(世婦)·처·첩을
갖는다'고 하고 〈혼의〉에서는 '천자후는 6궁·3부인·9빈·27세부·81
어처(御妻)를 두어 천하 내치를 듣고 천자는 6관·3공 9경·27대부·
81원사(元士)를 두어 천하의 외치를 듣는다'고 함으로써, 첩잉제를
내치 관인체제의 명분으로 편성하여 외치 관인의 수와 동일하게
편제했다.

조선왕조 건국 초의 체제 정비 과정에서 이 제도는 비빈제의 기
초를 이루었는데, 여기서 천자후, 즉 적처와 첩잉의 관계는 상하
및 지배·복종의 군신관계와 같은 것으로 짜여져 있으며, 또한 부처
제도의 측면에서 볼 때 일부일처제적 군첩제의 확립을 대변해주는
것이기도 하다.

우리 나라 처첩제 확립의 역사는 따로 연구해야 할 과제이지만,

---

1) 梁啓超, 《中國文化史》, 臺灣 : 中華書局.

현존하는 사료에 따르면 주로 고대국가 성립기 이후부터였던 것으로 보인다. 즉, 왕권의 부자 상속이 강화되면서 가계 계승에서 남계 적자 계승이 제도화되었고 이에 따라 첩잉제가 확립되었으며 또 처는 첩에 비하여 그 지위와 권리가 절대적이었다.[2]

고려시대에도 첩잉제도는 그대로 존속되어, 가계상속 규정에서는 적자 입사(立嗣)가 원칙이고 적자 유고시는 적손 동모제(同母弟) 서손(庶孫) 여손(女孫)의 순으로 입사 순위가 정해져 있다.[3] 이와 같은 입사의 적자손 우위의 원칙은 처첩별에서 첩의 지위의 하위성, 즉 처첩의 차대를 말해주는 것이다.

그러나 고려시대의 처첩제도는 반드시 첩이 미천하다는 원칙이 적용되지는 않았다. 처첩으로 분변하기 어려운 다처제가 고려의 건국 초부터 이미 행해지고 있었기 때문이다. 왕건(王建)은 호족세력을 연합하려는 정치적 목적에서 지방의 유력한 호족들과 혼인관계를 가져 그의 부인은 29명이나 되었다. 이 29명의 처를 일부일처제적 다첩제의 기준으로 처첩분변을 하기란 대단히 어려운 일이다.[4] 이것은 분명 처첩분변제의 존재를 무의미하게 하는 데 크게 영향을 주었던 것으로 보인다. 고려왕실의 혼인형태에서는 점차 일부일처제의 의미가 상실되고 따라서 처첩제는 다처제적 성격으로 되어 갔던 것으로 보인다. 이자겸(李資謙)은 자신의 둘째딸을 예종(睿宗)의 비로, 셋째딸과 넷째딸을 계속하여 인종(仁宗)의 비로 바침으로써 왕실과 이중·삼중의 중혼을 하게 되었는데, 인종의 두 왕비 가운데 누구를 정비(正妃)로 보아야 하느냐는 무리가 있다. 이러한

---

2) 고구려의 中川王이 王后를 심히 투기하는 貫那夫人을 가죽부대에 넣어 바다에 던져 죽인 일이나 山上王이 于王后 몰래 村女를 側室로 두어 王位 繼承者를 구했던 일은 一夫一妻制를 기반으로 하는 妾制의 存在를 뜻하는 것이며, 이들 妾의 身分은 모두 微賤했다.

3) 《高麗史節要》 卷4, 靖宗12年條.

4) 江原正昭, 〈高麗王族의 成立—特히 太祖의 婚姻을 中心으로 하여〉, 《朝鮮史硏究會論文集》 2, 60-75쪽.

다처적 혼인형태는 고려 상층 사회에서는 거의 일반화되어 있었을 것으로 보인다. 고려 말에서 조선 초에 걸친 다처제는 이러한 것에서 연원된 것이라고 할 수 있다.

따라서 처첩의 신분적인 구분이 불명확해지고 첩일 수밖에 없는 미천한 신분의 여인도 처의 대열에 서게 됨에 따라 신분의 허통은 활발히 진행되었을 것이며 신분적 사회체제의 와해를 초래했을 것이다. 그러므로 조선왕조의 관인들이 즐겨 쓰던 '전조 말에 예제가 문란하고 기강이 문란했다[前朝之季 禮制紊亂 紀綱紊亂]'는 말은 바로 처첩제의 무분변에서 오는 신분제의 문란을 의미하는 것이었다.

이처럼 고려시대의 처첩은 다처로 이해할 수밖에 없는 정치적·사회적 상황을 다분히 내포하고 있었다. 그리고 고려 말에 오면 다처 현상이 더욱 두드러져 첩제는 다만 명목에 지나지 않을 정도로 되고말았다.

이러한 부처제도는 유교적 질서에 어긋나는 것이다. 따라서 성리학을 신봉하는 사대부의 눈에 이와 같은 예제는 인륜을 멸하는 말기적 현상으로 보일 수밖에 없었다.

조선왕조를 건국한 이성계의 가계도 바로 이러한 문제를 안고 있었다. 후에 정치적으로 적서(嫡庶)를 분변해야 했던 태종대에 오면, 이는 태종 자신이 골육상잔의 결과로 즉위한 것에 대한 합리화 및 왕권의 강화와 유교적 명분을 내세우며 왕권의 전제를 규제하려는 유신 사이의 마찰을 초래하는 원인이 되기도 한다.

그렇다고 고려 말에 처첩으로 분변되는 첩제가 전혀 없었던 것은 아니다. 첩제는 있되 첩의 지위와 권리가 처의 경우와 별 차이가 없다는 데서 다처제가 행해졌던 것으로 보이고, 이것은 다시 첩이 첩의 지위를 갖지 않고 처의 지위를 가질 때 그대로 처와 동등하게 인정되었던 것으로 보인다. 처의 지위에서 가장 중요하게 인정되는 것은 '갱부(更夫)' 행위를 하지 않는 것이다. 지아비를 바꾸지 않고 한 지아비와 평생을 해로할 때 처로 인정한 것이다. 고려

말에도 처첩제는 존재했으며, 다만 관인의 처 신분에 대한 철저한
규제가 없었기 때문에 미천한 신분의 여인이 관인의 처가 될 수
있었다고 하는 이론이 성립된다. 그리고 1398년(공양[恭讓] 원년) 9
월에 도당(都堂)에서 상계(上啓)한 다음과 같은 내용은 고려 말 처
첩의 문제와 그 지위 및 성격을 이해하는 데 도움을 준다.

산기(散騎) 이상의 처로 명부(命婦)된 자는 재가를 못하게 하며
판사(判事) 이하 6품까지의 처는 지아비 사망 후 3년간은 재가를 불
허하며 위반자는 실절로 다스린다. 산기 이상의 첩 및 6품 이상의 처
첩으로 자원 수절하는 자는 정표문려(旌表門閭)하고 상을 내린다.[5]

공양왕 원년은 조선왕조 건국 주체세력인 사대부층이 이미 집권
한 때로 이들이 주자학적 질서에 어긋나는 고려의 사회질서를 개
혁해가던 때였다. 도당의 상계도 바로 이러한 새 질서 확립을 위한
개혁의 진언인 것이다. 그러나 개혁 진언에는 아직도 고려 말의 사
회적 상황이 그대로 존재하고 있음을 볼 수 있다. 다처제와 재가
삼가가 아무렇지도 않게 행해지고 있던[6] 당시에 재가금제 규정을
마련함은 거의 사회개혁적인 일이기도 하다. 그러나 사회관습화된
기존 관념을 완전히 무시하는 혁명적 개혁이 이루어지기를 기대하
는 것은 어려운 일이다. 위의 상계문에 따르면, 명부된 산기 이상
의 처는 첩과 구분하고 있으나 판사 이하 6품까지의 처는 첩과의
구분이 지극히 애매하다. 명부제도는 최상위 관인의 처에게 국가가
각종 특권과 녹을 지급함으로써 부인을 관인의 체계로 대우하고
이해하는 것이다. 명부된 처는 국왕으로부터 직첩(職帖)과 인관(印
祼)을 받음으로써 국왕과는 이미 자신의 지아비와 마찬가지로 군
신의 관계가 성립되는 것이다. 조선왕조 건국 초에 왕실 내외 족친

5) 《高麗史》 卷84, 刑法1, 戶婚條.
6) 李相佰, 《韓國文化史硏究論攷》, 乙酉文化史, 1954, 175쪽.

의 부인과 공신의 모와 처는 모두 명부로 봉작되었으며 명부의 자
격 요건은 반드시 정처에만 국한되었다.[7] 이처럼 명부된 처는 신하
의 자격으로 파악되기 때문에 첩과 엄연히 신분적인 구분이 있어
야 한다. 그리고 그들의 국왕과 국가와 사회에 대한 책임은 첩들과
비견될 수 있는 것이 아니었다. 그러므로 명부된 산기 이상의 처는
첩과 엄격히 구분되었던 것이다. 그러나 중위(中位)의 관인으로 볼
수 있는 판사 이하 6품 이상 관인의 처 같은 경우는 지아비에 대
한 처로서의 지위가 사회적으로 첩과 거의 동일하게 취급되고 있
다. 이것은 고려 말의 다처제가 바로 처첩의 직과 위에 별다른 차
이가 없는 데서 관행된, 처첩제의 변형된 혼인형태에서 기인된 것
이라고 하겠다.

(2) 윤리적 측면과 처권 확보

문란함으로 인식되던 고려의 체제를 극복하고 지양함으로써 새
로운 질서를 확립하려고 한 조선왕조 건국자들은 그 질서 확립의
기본 이론을 건국 이전부터 이미 성리학에 두었다. 유교에서 치국
의 본은 제가(齊家)에 있었으며, 아울러 치국과 제가의 방법은 동
일한 개념으로 파악되었다. 《효경》의 〈전문〉 11장(광양명장[廣揚名
章])에서는 임금에 대한 충성과 관인으로서 바른 태도를 가질 수
있는 근거가 어버이 섬김[事親]과 집 다스리기[家理]에 있음을 다음
과 같이 말했다.

　공자가 말하기를, 군자가 부모를 섬김은 효이기 때문에 그 마음으
로 임금에게 충성을 하게 되는 것이고…… 집일을 잘 다스리기 때문
에 그 마음으로 벼슬살이를 잘할 수 있는 것이니, 이로써 보건대 행
함은 안에서 이루어지고 이름은 후세에 세운다.

7) 《太祖實錄》 卷9, 太祖 5年 5月 丙子.

또 12장(규문장[閨門章])에는 다음과 같이 나와 있다.

규문 안에서도 예가 갖추어져야 하니, 이는 엄한 아비와 엄한 형이 있음이며 처자나 신첩은 오히려 백성이나 심부름하는 사람 같은 것이다.

그 주석에 따르면, '엄한 아비는 임금의 도가 있음이고 엄한 형은 어른의 도가 있음이며 처자와 신첩은 곧 백성이나 심부름꾼처럼 알아야 할 것이다. 이렇게 하면 의리가 사사로운 마음을 제어하여 높고 낮음 그리고 안과 밖이 분명한 조리가 있게 될 것이다'라고 한다. 이것이야말로 국가를 다스리는 도와 가정을 다스리는 도를 하나로 보고 있는 것으로, 그 만큼 유교적 사회에서 가족제도의 정비는 정치제도와 사회질서 정립을 위하여 가장 기초가 되는 작업이었다.

유교적 윤리 덕목이 삼강오륜이고 그 가운데 삼강은 부자·군신·부부로 구분되어 있으며 부자·군신은 '군부일체'로 동일시 하는 경우가 많은데, 이러한 질서와 관계를 형성하는 기본 강상은 부처(夫妻)에 있었다. 《역전(易傳)》에 '부부가 있은 연후에 부자가 있다'고 한 것이나 《예기》에 '남녀가 무별하면 부자 불친'이라고 한 것은 부부를 '인륜의 대강'으로 보았던 때문이며, 아울러 부부의 질서가 어긋나면 사회와 국가 전반의 질서가 어긋나는 것으로 생각했다.

《소학》에서는 '예를 갖추어 여인을 모셔오면 처이고 분방하게 맞은 것은 첩이다[聘則爲妻 奔則爲妾]'라고 하여, 남녀의 결합이 정식 혼례를 거치었는가의 여부로 처와 첩을 구분하고 있다. 빙례(聘禮)로 처를 맞는 조선왕조의 혼인 형태는 의혼(議婚)·납채(納采)·납폐(納幣)·친영(親迎)의 사례설(四禮說)과 납채(納采)·문명(問名)·납길(納吉)·납징(納徵)·청기(請期)·친영(親迎)의 육례설(六禮說)이 있는데, 그 어느 경우에도 자유혼인[自媒]은 용납되지 않았으며 반드시 중매를 거쳐야 했다. 아울러 혼인 결정도 결혼 당사자들이 하는 것이 아니라 쌍방 가족 전체의 의사에 따라야 했다. 그것은 혼인 자체를 부계적 혈통을 전승하고 그 가정을 확대시킨다는 관점에서 보았기 때문이다. 그러므로 혼례 가운데 친영을 제외한 모든 의식은 쌍방 부모나 장친(長親)에 의해 주관되었다. 또한 혼인은 철저한 신분내혼이되 동성불혼을 철칙으로 했다. 혼례에 막대한 비용을 들여 성대히 지내는 것은 바로 적처임을 확인시키려는 의도이며 행위였다.

또한 부부유별관은 부(夫)와 부(婦)의 권리와 의무를 서로 침해할 수 없게 하는 독립된 이원적 세계를 성립하면서도 또한 그것을 하나로 통일시킬 수 있는 '하늘과 땅이 각기 존재하는[天建 地設]' 이론으로 파악하려는 것인 만큼, 처에 대한 부(夫)의 전제(專制)나 처의 부(夫)에 대한 역(逆)이 처음부터 용납될 수 없는 것이었다. 그러면서도 공자(孔子)의 칠거지악과 삼종제는 부(夫)가 처에 대한 전제와 횡포를 할 수 있게 하는 조건을 만들어주게 된다. 이는 범해서는 안 되는 선악과를 결국 따먹게 되고 아담과 이브가 마침내 에덴 동산에서 쫓겨난다는 이야기에 내재된 이론과 같은 것이다. 선악과를 따먹으면 안 된다는 규정이 전제되어 있으면서도, 여기에는 그럴 수밖에 없는 유혹이 수반되는 것이다. 유교적 덕목을 실천하는 데서 신념이 약한 자는 부(夫)가 가진 일변적 권리에 자만하여 임의로 출처(黜妻) 기처(棄妻)하는 패륜을 저지르게 된다. 그러므로 유교적 윤리관을 확대해가는 초기부터 이러한 관인들을 징치하고 제거하는 작업이 주로 사헌부와 사간원에 의해 행해지고 있었던 것이다. 1395년(태조[太祖] 4년) 6월에 이미 사헌부의 탄핵으로 장군 김우(金宇)가 기처대첩(棄妻對妾)한 죄로 파직을[8] 당한 바 있는데, 이는 축처(畜妻)는 용납해도 기처는 윤리적으로 용납할 수 없다는 고려 말 이래의 관념에서 기인한 처벌로 보인다. 1405년 이

---

8)《太祖實錄》卷7, 太祖 4年 6月 庚寅.

전의 기록에는 기처대첩의 죄목으로 치죄되는 경우가 거의 눈에 띄지 않고 있다. 이는 고려 말 이래의 다처적 현상이 그때까지도 널리 관행처럼 여겨졌던 까닭이라고 생각된다.

그러나 관제의 일대 개혁을 단행함으로써 혁신정치를 꾀했던 1405년 이후 유교정치의 기강은 보다 확립되어갔다. 사대부 정처의 삼가(三嫁) 금지법이[9] 발포·시행되고 제가(齊家)의 바른 도리를 어그러뜨리는 비행 관인은 탄핵·징치했다. 비행 관인의 대부분이 기처·유처취처(棄妻·有妻娶妻)와 다처·이첩위처(多妻·以妾爲妻) 등 부도덕한 부부 관계를 갖고 있었다. 1406년(태종〔太宗〕 6년) 2월에 외방에 유배처분을 받은 지함안군사(知咸安郡事) 강준숙(姜准叔)의 경우는 두 아들을 둔 초취(初娶) 안씨(安氏)를 기처하고 홍씨(洪氏)를 취했다가 얼마 지나지 않아 다시 초취 안씨와 통하므로 홍씨의 어머니가 헌사(憲司)에 제소한 까닭에 홍씨와 정식 이이(離異)하고 치죄를 당했던 것이다.[10] 그런데 기처자에 대한 유배 처분은 가장 가벼운 치죄에 속한다. 대부분의 경우에는 관직이 삭탈되거나 폐서인되는 중죄로 다스려졌다. 1406년 12월에 첨절제사(僉節制使)였던 정복주(鄭復周)가 구처를 버리고 화산군(花山君) 장사길(張思吉)의 기첩인 복덕(福德)의 딸을 처로 삼는 성례를 함으로써 계실(繼室)을 삼은 죄로 사헌부 상언에 의하여 관직이 삭탈되고 서인으로 폐해지고말았다.[11] 정복주의 죄는 '기조강지처(棄糟糠之妻)'와 '취천인이자배(娶賤人以自配)' 두 가지였다. 이처럼 3품직 이상의 고급관인이 기처 문제로 징치의 대상이 되는 경우는 그 뒤로도 자주 나타난다. 1412년 6월 8일에 검교판한성부사(檢校判漢城府事) 변계량(卞季良)이

---

9) 《太宗實錄》 卷11, 太宗 6年 6月 丁卯. '司憲府大司憲許應等上時務七條……
其二 夫婦人倫之本 故婦人有三從之義 無更適之理 今士大夫正妻 夫歿者 見棄
者 或父母棄情 或粧束自媒 至二三其夫 失節無恥 有累風俗 乞大小兩班正妻
適三夫者 依前朝之法 錄于恣案 以正妻道.'
10) 《太宗實錄》 卷11, 太宗 6年 2月 壬申.
11) 《太宗實錄》 卷12, 太宗 6年 12月 甲辰.

유처취처(有妻娶妻)의 죄로 헌사의 탄핵을 받았는데, 얼마 지나지 않은 6월 25일에 사직 상소를 올렸다가 철회되었다. 변계량은 이촌(李村)의 딸을 계실(繼室)로 맞은 뒤 부부의 예로 대하기는커녕 방에 가두고 창살 틈으로 음식을 밀어 넣는 등 처를 심하게 학대했기 때문에, 이러한 치죄가 헌사에 소송되었던 것이다.[12] 처에 대한 학대는 유교 관인으로는 용납할 수 없는 마땅히 제거되어야 할 악덕으로 간주했던 것이다.

특히 아들이 있는 정처와 조강지처의 기처는 풍속 훼란의 중죄이므로 절대 용납될 수 없었다. 군자주부(軍資注簿) 곽운(郭惲)은 그가 감비장(監婢長)으로 있을 때 둔 첩에 매혹되어 아들이 있는 정처를 기처했음에도 여전히 감관(監官)으로 있으니 사간원에서 그를 치죄하고 이혼하게 할 것을 청했다. 태종은 운(惲)이 훈신의 아들이라 하여 치죄를 보류했다가 얼마 뒤에 공정고부사(供正庫副使)에 임명했다.[13] 그런데 그 4년 뒤인 1413년(태종 13년) 7월에 사헌부에서 다시 청죄하여 마침내 순금사(巡禁司)에 넘겨지게 되었으며, 속장(贖杖) 60의 처분을 받고 정처를 맞이하라는 명을 받았다.[14] 운의 죄를 보면, 이미 아들 있는 정처를 기처하고 정용수(鄭龍壽)의 첩의 딸 승회(勝回)를 첩으로 삼았는데, 용수가 죽은 지 100일도 안 되어 승회와 운이 적배(適配)했다는 것이었다.

또 1411년 윤12월에는 사헌부에서 이조좌랑(吏曹佐郎) 장진(張晋)이 20여 년을 해로하던 자녀 있는 적처가 오래 앓던 병이 나아 회복되었음에도 질병이 있음을 핑계로 기처개취(棄妻改娶)한 죄를 치죄하도록 소청했고,[15] 언양감무(彦陽監務) 정포(鄭包)도 만삭이 된 초취처(初娶妻)를 아버지 상중에 출처하고 개취했을 뿐만 아니라

---

12) 《太宗實錄》卷23, 太宗 12年 6月 己卯.
13) 《太宗實錄》卷17, 太宗 9年 4月 辛亥.
14) 《太宗實錄》卷26, 太宗 13年 7月 己丑.
15) 《太宗實錄》卷22, 太宗 11年 12月 甲戌.

초취처가 그 뒤 아들을 낳자 그 아들을 자기 아들이 아니라고 한 죄로 사헌부 소청에 따라 1412년 2월에 파직을 당했다.[16]

이처럼 1410년을 전후하여 기처 관인은 이미 관인으로서 있을 수 없는 패륜자로 간주되었다. 사헌부 같은 청직(淸職)의 경우 특히 이러한 결격이 있는 관인은 임명될 수 없었다. 1411년 정월, 조말생(趙末生)이 사헌부 집의(執義)로 임명되자 헌부에서는 '말생이 조강지처를 버리고 부잣집 딸에게 개취하여 풍속을 훼란시켰기 때문에 이와 더불어 동료가 될 수 없다'[17]고 거부하여 면직된 일이 있다. 이처럼 관인의 기처축처(棄妻畜妻)가 풍속훼란의 중죄로 다스려지는 일이 일반화되자 이를 관인 사이의 권익을 추구하는 방패로 이용하는 경향이 뚜렷이 나타나기 시작했다. 군자주부(軍資主簿) 강순(姜順)과 낭장(郞將) 김중절(金仲節) 사이에 가기(家基) 소유권 문제로 인한 소송이 있었는데, 김중절이 강순은 사처일첩을 거느리고 큰 집을 가졌음에도 자기 가기를 억지로 차지하려 한다고 고발했다. 강순이 큰 집을 가졌다고 한 것은 김중절의 무고한 소송임이 판명되었으나 다축처첩(多畜妻妾)한 사실로 인하여 헌부에서는 '세 처를 버리고 자기 욕심대로 행하여 남녀의 분변을 독단[棄三妻 恣行己慾 瀆亂男女之分]'한 죄로 다스릴 것을 청했다. 그런데 강순의 축사처(畜四妻)는 김중절의 무고였으며 실제로는 축이처(畜二妻)하고 있었다. 강순은 유처갱취지소(有妻更娶之訴)를 당하게 되자 선처를 장단(長湍)에 보내어놓고 마치 이미 헤어진 것처럼 변론을 했다. 그런데 그의 초취한 처가 이에 불만을 품고 직접 신문고를 쳐서 사실을 밝히기를 청했다. 이 결과 강순은 직첩을 수거당함은 물론 후처와 이혼을 해야 했고, 사헌장령(司憲掌令) 곽덕(郭德)은 김중절의 말만 듣고 소를 처리한 죄로 파직을 당했으며, 대간 모두가 처벌을 받게 되었다. 이 사건은 김중절이 강순의 죄를 더 무겁게

---

16) 《太宗實錄》卷22, 太宗 12年 2月 戊午.

17) 《太宗實錄》卷21, 太宗 11年 正月 戊辰.

하여 가기를 소유하려는 의도에서 축이처의 사실을 축사처라고 무
고한 것이며, 강상 변정(辨正)의 중대사를 잘못 처리한 청관(淸官)
이 크게 처벌받은 것은 강상 확립에서 처첩의 분변이 특히 중대했
음을 뜻하는 것이다. 대간에서는 관인의 고신(告身)을 서경(署經)할
때 만일 기처의 사실이 있으면 아예 서경을 하지 않는 경우도 있
었다.[18]

이처럼 관인의 기처는 관로 진출의 길에 직접 영향을 미치는 것
이었고 따라서 정처에 대한 부당한 기처나 학대행위가 정치적인
제재를 받음으로써 사대부 정처는 상대적으로 처로서의 권리와 지
위를 확보할 수 있게 되었다.

(3) 경제적 성격

처첩분변의 경제적 성격은 과전 체수(遞受)와 노비 분급 상황에
서 뚜렷이 나타난다. 먼저 과전의 체수 규정이나 공신전의 전수에
서 정처와 적손만이 체수 내지 전수의 대상자가 되었다. 과전이란
원래 관인에게만 지급되는 것인데, 만일 과전주가 사망할 경우 이
과전은 독립생계가 불가능한 적자녀에게는 휼양전(恤養田)으로, 수
신(守信)하는 처에게는 수신전(守信田)으로 전급된다. 이럴 경우 과
전은 실질적으로는 관인의 처자식에게 지급되는 것이며, 아울러 관
인의 정처는 관인 체계의 일원으로 파악되는 것이다. 그런데 처의
망부의 과전 체수에서 적실이 아닌 정처[後妻]는 체수가 용이하지
않았다. 1401년 9월에 판삼사(判三司)의 설장수(偰長壽)의 선처 자
식과 후처 최씨 사이에 과전 체수를 위한 쟁적소(爭嫡訴) 사건이
있었다. 설장수 선처의 자식 내(耐)는 부전(父田)을 체수하고자 자

---

18) 《太宗實錄》 卷19, 太宗 10年 正月 己卯, 甲辰 ; 《太宗實錄》 卷33, 太宗 17年
正月 辛亥.

기 실모가 적실임을 주장했는데, 설장수의 후취처 최씨도 부전(夫田)을 체수하고자 내의 어미가 보국사(輔國寺)의 비라고 무고를 했다.[19] 즉, 건국 초에 사대부의 적처에게만 명부했던 것처럼 과전 체수에서도 선처가 아닐 경우, 특히 선처의 아들이 있을 경우 후처에게 체수되기는 대단히 어려웠다. 그런 만큼 첩이나 첩자에게는 과전의 체수나 공신전의 전급이 전혀 용납되지 않을 수밖에 없었던 것이다. 1409년 10월에 호조에서 공신전을 기첩천첩에게는 전급하지 못하게 했으며, 이에 따라 이화(李和)와 평원군(平原君) 조박(趙璞)이 문계(文契)를 남작(濫作)하여 공신전을 기첩에게 전급하려던 일이 저지되고말았다.[20] 이처럼 과전 체수나 공신전 전급에서 적실의 지위는 특히 확보되어 있었던 것이다.

이러한 현상은 노비분급 규정에서도 마찬가지였다. 첩제 존재의 명분이 '승가계사(承家繼嗣)'에 있었기 때문에 적실에게 후사가 없으면 첩자로 하여금 계사하게 해야 한다. 그러므로 첩자에게 자기 소유 노비를 분급해주는 초기의 규정을 보면, 양첩자손에게는 전급(全給)하고 자기 비첩자에게는 2분의 1을, 타인의 비를 취첩하여 첩자를 둘 경우에는 7분의 1을 지급하고 나머지는 속공(屬公)하게 했다.[21] 그런데 이 규정이 1405년 9월에 가면 좀더 보완되어 적실 무자식의 경우와 적실유자식의 경우 및 적실 및 유녀자의 경우 첩자 노비 전급량(傳給量)이 각기 달라지고 있다. 적실무자식의 경우 양첩자식에게 노비를 동급하고 천첩자식에게는 10분의 1을 지급하고 적실유자식의 경우에는 양첩자식에게 7분의 1을, 천첩 자식에게는 10분의 1을 지급하며, 적실에게 딸만 있는 경우에는 양첩 출생 아들에게 3분의 1을, 양첩자 승중자(承重者)에게는 2분의 1을 지급하도록 규정지었다.[22]

---

19) 《太宗實錄》 卷2, 太宗 元年 9月 庚戌.
20) 《太宗實錄》 卷18, 太宗 9年 10月 丁巳.
21) 《太祖實錄》 卷12, 太祖 6年 8月 辛卯.

그러나 이러한 노비분급규정이 있다고 할지라도, 이 규정을 모든 첩자에게 일률적으로 적용할 수 없는 경우가 매우 많았다. 재산 상속에서 특히 수필 문계(手筆 文契)가 중요시되었던 당시, 만일 첩자에게 유리하도록 문계를 작성해놓고 죽었을 경우 승중(承重) 적자와 첩자 사이에는 쟁송이 끊이지 않게 된다. 1413년 9월에 충청도 관찰사 이안우(李安愚)의 시무상소를 보면,[23] 이러한 실례를 자세히 들어 경적혹첩(輕嫡惑妾)의 폐단을 통박했다. 이안우는 '적서의 분변은 천건 지설(天建 地設)과 같은 것이어서 가히 문란하게 할 수 없는 것임에도 인정이 서첩에 혹하여 적처를 가벼이 버리고 자손 승중(子孫 承重)을 생각하지 않는다'고 통박했다. 그리고 홍주에 사는 고전서(故典書) 이파(李坡)의 예를 들었다. 이파는 초취 이씨에게서 아들 상(詳)을 낳았고, 상은 차차 자라서 취학하여 중진사(中進士)가 되어 아들 다섯을 낳았다. 이파가 그때 이씨를 기처하고 고(故) 최유룡(崔有龍)의 첩 마가(麻加)의 딸에게 혹하여 자기 아들은 문안에 발도 들이지 못하게 했으며, 도리어 마가의 딸이 전부(前夫)에게서 낳은 아들 서(湑)와 그의 딸 보대(寶俗)에게 노비 3구씩을 지급했다. 또 수양 삼촌인 제주목사(濟州牧使) 윤임(尹臨)에게 노비 24구와 가사(家舍)·전물(錢物)·토전(土田)을 전급하는 수필 문계를 남겨놓고 죽었다. 그래서 상은 승중 적자인데도 움막에 살고 있어 윤임이 받은 노비 가운데 10구만 남겨놓고 나머지 노비·가사·토전·기명을 모두 상에게 환급했으며, 상은 보대가 차지한 노비를 찾고자 3년이나 소송을 벌였다. 이안우는 이 모두가 '경적혹첩'의 폐에서 온 것이라고 지적했다.

유교적인 윤리관이 정립되는 과정에서 이러한 종류의 폐단은 수없이 있었을 것으로 생각된다. 특히 처첩분변의 제도화가 정치적으로 요구되고, 처첩의 사회적·경제적·정치적 지위가 현격히 달라짐

---

22) 《太宗實錄》卷10, 太宗 5年 9月 戊戌.
23) 《太宗實錄》卷26, 太宗 13年 9月 丁酉.

에 따라 처첩분변 문제는 더욱 심각해지지 않을 수 없었다. 축처 관인이 생존해 있는 경우에는 그들을 직접 징치하고 처첩을 분변할 수 있지만, 본인이 사망하고 다처들만 생존해 있을 경우에는 그들과 그들 자손들 사이에 치열한 쟁적(爭嫡) 소송이 일어나게 된다. 그러나 처첩의 구분이 대단히 애매하여 도저히 결송할 수 없는 경우가 대부분이었으므로, 처첩분변의 일정한 기준과 징치 기준을 법제화해야 한다는 사회적 요구가 있게 되었다.

이러한 요구에 따라 사헌부에서는 1413년 3월 10일에 '처첩의 분변은 어지럽힐 수 없다'는 명분 아래 다음과 같이 처첩분변 규정을 제도화했다.

우리 태조께서 《춘추》 백왕의 대경(大經)을 몸받아 사대부 처첩을 엄별할 제 봉작(封爵) 체전(遞田)의 법을 마련하사 적서의 분변을 밝히 하시어 인륜의 근본을 바로 하셨다. 그러나 전조 말에 예의의 화함이 불행했는데, 그 가운데 부부의 의가 가장 문란했다. 경 사대부는 오직 욕정과 정애의 혹함에 따라 유처취처하는 자도 있었고 첩을 처로 삼는 자도 있어 드디어 오늘날 처첩 상송(相訟)의 사단을 이루었다. 세월이 오래되고 사람도 죽어 징험을 취할 수 없고 사닉(舍匿)한 정을 꾸며 진위가 밝혀지기 어려워 처결할 근거가 없고 원수됨이 빈번하여 화함을 지극히 상하게 하고 변에 이르게 했으니 이것은 소실(小失)이 아니라 하겠다. 반드시 바로잡아야 한다. 신등이 삼가 생각컨대 황명반강제율에 처가 있는데 첩으로 처를 삼는 자는 장(杖) 90이라 했으니 아울러 개정하여 만약 유처갱취자(有妻更娶者)도 장 90에 이이(離異)하게 한다. 신등이 매빙(媒娉) 혼례의 갖춤을 대략 정했는데 처가 현재 있음에도 첩으로 처를 삼는 자와 처가 있음에도 재취하는 자는 모두 안률(按律) 처결하며 신몰(身歿)하여 개정 이이할 수 없는 자는 《춘추》 폄중자성풍(貶仲子成風)의 예에 따라 선(先)으로 적(嫡)을 삼아 봉작 체전하면 성인의 화함이 흥하며 처첩의 분변이 밝아진다.[24]

이 법 제정의 내용은 유처갱취처(有妻更娶妻)하는 축처자(畜妻者)
와 이첩위처(以妾爲妻)하는 자의 경우 장 90 및 이이를 하게 하되,
선처에게 모든 우선권을 주는 것으로 원칙을 삼았다.

그러나 이처럼 처첩분변의 기준과 그 처벌 규정을 마련했음에도
실제 결송(決訟)할 때는 분간이 도저히 어려운 각종 사례가 나타나
결송자를 당황스럽게 하며, 아울러 예외가 생기게 마련이었다. 즉,
처첩자식에게 수양(收養) 시양(侍養) 노비(奴婢)를 분급할 때 차등
분급을 할 수 없어 중분(中分)하지 않을 수 없었으며,[25] 더욱 어려
운 것은 신몰 부모들이 노비 분급 명문조차 남겨놓지 않은 경우로,
이때는 도저히 처첩을 분간할 수 없기 때문에 마침내 중분 결급
(決給)하지 않을 수 없었다.[26]

그러므로 사헌부 대사헌 유관(柳觀) 등은 결송의 경험에 입각하여
적첩을 분간하기 어려운 경우를 다음과 같은 몇 가지로 구분했다.[27]

　(1) 경·외(京·外)에 양처(兩妻)를 임의로 병축(並畜)해놓고 신몰
한 경우.

　(2) 유처이갱취처(有妻而更娶妻)했다가 선처에게 환급하고 신몰한
경우.

　(3) 선취첩(先娶妾)하고 후취처(後娶妻)했다가 신몰한 경우.

　(4) 일시에 삼처(三妻)를 병축하고 신몰한 경우.

이처럼 본인이 신몰하고 세월이 오래 지나 혼서의 여부나 성례
의 여부를 가릴 수 없을 때 그 분간이 가장 어려워지는데, 유처취
처의 경우는 대개 일률적으로 후취자를 첩으로 일컫고 있는 형편
이었다. 이것은 앞에서 언급한, 선처에 대한 지위 확보의 견지에서
이루어진 결송이었다. 그러나 선처후처한 경우 선과 후의 관계만으

24) 《太宗實錄》卷25, 太宗 13年 3月 己丑.
25) 《太宗實錄》卷26, 太宗 13年 9月 癸未.
26) 《太宗實錄》卷26, 太宗 13年 12月 己巳.
27) 《太宗實錄》卷27, 太宗14年 6月 辛酉.

로 후를 첩으로 분간함에는 인정상 그럴 수 없는 모순이 도사리고 있었다. 그러므로 사헌부에서는 이러한 모순을 최소한으로 줄이기 위해 '선후처는 은의의 심천(深淺)함과 기별(棄別)의 유무함과 동거 여부에 따라 분간해야 한다'고 했다. 그러나 그 이유는 '은의를 서로 다해야 부부의 도리이므로, 선처가 은의가 담박(淡薄)하여 후처와 종신토록 함께 살았을 경우, 후처에게 부도의 오점이 없으면 비록 후처일지라도 작첩과 수신전을 지급하고 노비를 분급해야 한다'고 했다. 그러나 '처첩 자식 사이의 쟁적(爭嫡)은 선후를 논하지말고 처첩간의 차등 분변의 예에 따라 노비를 차분(差分)'하고 '삼처 병축자(三妻並畜者)는 선후를 논하지말고 그 가운데 종신토록 함께 산 자에게 작첩과 전지를 지급하되 삼처 자식에게 평균 분급한다'고 제안했다. 이것은 처첩분변이 제도화하지 않았던 여말선초에 이미 취처했던 본인이 신몰한 경우에 한해서는 구태여 '이선위적(以 先爲嫡)'의 이론에 따를 것이 아니라 그들이 그렇게 될 수밖에 없었던 정상을 참작하여 결송해야 한다는 이론이 뒷받침되고 있는 것이었다. 그러나 1413년 3월 11일 이후에 발생된 유처취처자의 자식이 쟁적할 경우에는 마땅히 선으로 적을 삼는 것을 원칙으로 했다.

그러나 이 문제는 유교의 정도를 위해서는 인정이 개재될 수 없는 것으로 인식했던 유학인들에게는 용납될 수 없는 것이었다. 그래서 1417년 2월에 사간원에서는 이를 다음과 같이 시정할 것을 주장했다.

부부는 삼강의 으뜸이며 또 예에 두 적(嫡)이 없음은 천지의 상리이고 고금의 통의(通義)이다. 어찌 은의의 후박(厚薄)으로써 하고 선후를 논치 않아 적을 어지럽힐 수 있는가? 영락(永樂) 11년(1413년) 3월 11일 이전에 재취처한 자로서 선처 사후에 취처했거나 부득이한 연고로 개취했다는 명문이 있는 자 외에는 모두 선으로 적을 삼고 나머지는 모두 첩으로 논하여 명분을 정한다.[28]

사간원측의 주장은 성리학적 명분을 더 중요시한 것이다. 또한 이것이 조선왕조의 성리학적 명분인 것이다. 특히 태종 말년에 오면 이미 과전 운영에 모순이 나타나 이를 타개할 새로운 방안이 강구되지 않을 수 없었다. 언관측 주장에 따르면, '과전은 염치를 기르기 위하여 설치된 것이므로 균분되어야 한다'고 한다. 그러나 진고(陳告) 선후에 따라 과전을 절급(折給)하고 있었기 때문에 수전자 사이에 불균함이 생겨 다년간 관인으로 종사하면서도 전혀 과전을 받지 못하는 경우조차 있었다. 이런 이유로 과전법의 개혁이 이루어져야 한다는 요구가 일게 되었다.[29] 이러한 과전 개혁의 요구는 필연적으로 과전 체수자가 될 수 있는 처첩의 분변을 경제적 실리의 문제 때문에 더욱 요구하게 되지 않을 수 없었던 것이다.

3. 처첩분변의 정치적 성격

(1) 환왕 삼취처 분변 문제

처첩분변은 일부일부(一夫一婦)라는 유교적 부부관을 옹호한다. 유교 관인의 기강 확립이라는 윤리적 측면에서 볼 때, 수기제가를 치국의 근본으로 하는 유교정치 행태로서의 처첩분변은 엄립(嚴立) 실행되지 않을 수 없었으며, 또한 그 실행 과정에서 정치적 성격을 강하게 드러내지 않을 수 없었음을 이미 논급했다. 그러므로 이상백(李相佰) 박사는 처첩분변을 아예 방원의 왕위세습 합리화라는 정치적 측면에서 강조했다. 이성계(李成桂)의 아버지[子春]가 삼취(三娶)한 것은 고려 말에 널리 관행되던 다처적 혼인제의 형태에서

---

28)《太宗實錄》卷33, 太宗 14年 2月 庚辰.
29)《上揭書》.

온 것으로, 그들 세 처 사이에서나 이복 세 아들 사이에서는 조선 왕조에서 인식했던 것과 같은 처첩·적서의 관념이 거의 없었다. 태종대에 와서 그가 비정한 수단과 방법으로 왕위를 세습하게 되자 그것을 합리화하고자 적서 구분을 강력히 주장하고 실행했다고 한다. 이러한 주장은 15명의 아들을 둔 정종(定宗)이 방원을 왕위 세습자에 정립한 이유로 '적사가 없이 서얼만 있음〔顧無嫡嗣 只有庶孼〕'을 든 것을 미루어보더라도 태종의 즉위와 적서 문제는 불가분의 관계가 있음을 인정할 수 있다.

그런데 여기서 문제가 되는 것은 처첩분변이나 적서분변 자체가 왕위 세습의 합리화라는 중대한 정치 문제의 방패가 될 수 있었다는 데 대한 해석이라 하겠다. 새 풍속이 만인의 공명을 받을 수 있게 되기까지는 상당한 시간을 요하게 되기 마련인데, 만일 적서분변론이 중요한 정치 문제에 이용될 수 있었다면 그 사회는 적서분변이 비록 제대로 행해지지는 못했을지라도 이미 그 사회가 이를 가장 바람직한 제가(齊家) 질서로 수용하고 있었음을 의미하는 것이다. 아울러 고려 말의 다처제 역시 정도가 아닌 혼인제로 간주되고 있었음을 의미하는 것이기도 하다.

유교정치의 기반이 다져지는 태종년간에 처첩분변과 적서차대의 기준이 정립되면서 그 법을 엄히 세우고 실행하게 한 실제 주장이 나온 곳은 태종 자신이라기보다는 오히려 사족 관인층이었다는 점에 주목하지 않을 수 없다. 사족 관인들은 개국 초부터 강상을 문란하게 하는 비유교 관인을 가차없이 제거하고 징치함으로써 유교적인 새 관인상을 정립해가고 있었다. 그러나 왕실족은 강상 확립과는 거리가 먼 타산지석의 지경에 놓여 있었다. 왕실족의 혼인 형태를 보면, 여전히 유교적 강상을 문란하게 하는 다처나 이첩위처(以妾爲妻) 내지는 삼가·재가가 행해지고 있었으며 환왕(桓王)계 적서손 및 태조계 자손의 봉군 기준의 미설정 등 정리되어야 할 허다한 문제가 그대로 남아 있었다. 이 가운데 가장 문제가 되는 것은 환왕의 삼취처 사이의 처첩분변이었다. 이 문제는 왕위 계승 계통의 확립을 위해서도 중요한 정치적 문제였다. 그리하여 환왕의 제일처와 제삼처는 비첩으로, 이성계를 낳은 환왕의 둘째 처는 적처로 분변되었다. 1412년(태종 12년) 4월에 원계(元桂)와 화(和)가 태조모형제(太祖母兄弟)인 것처럼 기록된 함주정릉비문(咸州定陵碑文)을 개찬하여[30] 그들이 첩산임을 밝히게 했으며, 같은 해 10월에는 선원록(璿源錄)·종친록(宗親錄)·유부록(類附錄)이라는 세 가지 왕실족보를 작성했다. 선원은 태조계이고 종친은 종자(宗子), 유부는 종녀(宗女) 및 서얼자로, 왕실족을 이처럼 세 가지로 분류했다. 그 이유는 환왕의 적계와 서계를 분변하여 앞으로의 왕위 계승의 계통을 정립하려는 의도에서 찬록(撰錄)된 것이지, 현실적으로 태조 서형제를 차대하려는 데 있지 않았다. 이 삼록(三錄)은 이숙번(李叔蕃)·황희(黃喜)·이응(李膺)·하륜(河崙) 등에게 비밀리에 찬록하게 했으며, 완성 후 삼록을 왕부(王府)와 동궁에 각각 일부씩 비장하도록 하고 아무에게도 공개하지 못하게 했다. 그리고 태종은 왕실족을 분류하고 기록하는 이유를 다음과 같이 밝혔다.

　　원계 및 화는 태조의 서형제이다. 만약 선원록에 분변 없이 섞이게 되면 후사를 어떻게 알겠는가. 마땅히 비문을 다시 쓰도록 하라 〔元桂及和 太祖庶兄弟也 若混施於璿源錄 則後嗣何知 宜更爲族碑 以誌之〕.[31]

선원·종친·유부의 삼록이 작성될 즈음에는 이미 사족 관인층 사이에서 처첩분변이 사회적 성격을 벗어나 심각한 정치 문제로 대두되어 적처분변의 기준 및 처벌규정을 마련해야 할 시기였다. 그러므로 왕실계의 적서 분변(차대)이 이루어져야 함을 청관측에서

---

30) 《太宗實錄》 卷23, 太宗 12年 4月 乙亥.
31) 《太宗實錄》 卷24, 太宗 12年 10月 癸亥.

강력히 주장하고 있었다. 1413년 4월 26일에 사헌집의(司憲執義) 김효손(金孝孫) 등이 환왕비문(桓王碑文) 개찬을 청한 상소에서 그 같은 상황을 찾아볼 수 있다.

환왕(桓王) 산릉비본(山陵碑本)에 왕이 무릇 삼취하고 의비(懿妃)가 낳은 외딸〔貞和公主〕이 삼사좌사(三司左使) 조인벽(趙仁璧)에게 시집갔으며, 이씨가 낳은 아들을 원계(元桂)라고 했는데 전조에 사관(仕官)하고 정산군(定山君)에 봉해졌다. 김씨 정안택주(貞安宅主)가 낳은 아들을 화(和)라고 했는데 의안백(義安伯)에 봉해졌다. 신등이 여기까지 읽고 실색하고 경혹치 않을 수가 없다. 이씨와 김씨는 곧 환왕의 첩이다. 그 존비의 분별이 관(冠)과 신발의 거리와 같은 것이므로 같은 자리에 놓고 말할 수가 없는 것이다. 무릇 삼취라 한 것은 또 이씨(二氏)로 계의비(繼懿妃)했고 별서(別叙)의 난과 명몰실비(名沒實非)함을 장래에 전신하는 까닭이 된다. 환왕의 돌아가심이 지정(至正) 경자(庚子)여서 기로(耆老) 구유민으로 목도한 자가 오히려 살아 있는데, 어찌 무위(誣偽)의 글을 돌에 새겨 만세에 밝히 보이겠는가.[32]

태종은 이 상소문을 본 뒤 그냥 보류한 채 응하지 않았으며, 이에 사헌부에서는 거듭 거듭 상소했다. 마침내 태종이 대사헌 윤향(尹向)을 불러 '경이 이취(二娶)의 글을 고치라는 청을 상서했다. 그러나 저들이 이치를 이해하지 못한 채 그 글을 삭제하면 함연히 원망을 일으키게 될 것이다. 내가 대의로 결단하니, 경은 다시는 말하지말라

〔卿上書請改二娶之文 然彼人等 本不識理遽削其文 則欲然生怨矣 予斷以大義 卿勿復言〕'고 회유 반, 사정 반의 회답을 했다. 태종의 이 회답은 그가 태조 서형제들에게서 원망이 생길 것을 크게 염려하고 있음을 보여주고 있으며, 또한 태종은 이로 인하여 환왕 처첩분

---

32) 《太宗實錄》 卷25, 太宗 13年 4月 甲戌.

변에 소극적일 수밖에 없었던 것으로 보인다. 태종의 회답에 대하여 윤향이 '환왕 자손을 즉위의 주(主)로서만 기록하면 원망하지 않을 것[桓王子孫 只以 卽位之主記之則彼必不怨矣]'이라고 한 것이나 또는 하륜이 '왕의 계파를 바르게 기록한다고 밝히면 상처를 주지 않을 것[以正派改記 則雖明言之 無傷也]'이라고 한 것은, 모두 태종이 왕위 세습 계통을 확립하려는 뜻에서 실행한 것임을 밝히면 원망을 낳는 사단이 일어나지 않을 것이라는 뜻이다. 하지만 태종은 환왕계 적서 분변을 공개하지 않았다. 1417년 2월 초 5일에 태종이 노하여 《왕친록(王親錄)》 환입(還入)을 명한 사건이 있었는데, 이것은 세자가 동궁에 소장되어 있는 《왕친록》을 숙위사(宿衛司) 이숙무(李叔畝)와 열어본 일 때문이었다. 이로 인해 태종은 격노하여 《왕친록》을 불사르려고까지 했다.[33] 태종은 창업의 주가 비록 자신이 아니더라도 창업주로서의 책임이 자기에게 있음을 절감하고 있었다. 왕실의 번영과 안정이 없이 왕조의 발전적인 미래가 있을 수 없었다. 고려의 창업주인 왕건이 〈훈요십조(訓要十條)〉에서 적장자 왕위 세습의 원칙을 밝혀야 했듯이 태종도 왕위세습의 정통을 후세에 밝혀두어야 함을 강하게 의식했던 것이다. 이러한 의식이 《왕친록》을 작성하게 한 것으로 생각된다.

(2) 비빈·봉군제

태종은 1402년(태종 2년) 정월에 예조와 영춘추관사(領春秋館事) 하륜 및 지춘추관사(知春秋館事) 권근(權近) 등에게 명하여 역대 군왕의 비빈수를 조사하도록 했으며,[34] 3월에 성균락정(成均樂正) 권홍(權弘)의 딸을 별궁에 납(納)하게 하여 정의궁주(貞懿宮主)에 봉했다. 권씨 납궁사(納宮事)는 정비(靜妃)의 강한 항의를 받았고[35] 또

33) 《太宗實錄》卷33, 太宗 17年 2月 壬戌.
34) 《太宗實錄》卷3, 太宗 2年 正月 辛卯.

내서사인(內書舍人) 이지직(李之直)·좌정언(左正言)·전가식(田可植) 등
언관의 규탄을 받았다. 정비는 태종에게 '간난과 화란을 함께 하여
국가가 있게 된 것〔同守艱難 共經禍亂 乃有國家〕'이라고 하면서 눈물
로 제지하려 했다. 언관들은 '제후가 일취구녀(一娶九女)함은 광계
사(廣繼嗣)의 까닭입니다.…… 전하가 정적 계사가 창연한데 또 권
씨를 납함은 곧 전하의 호색하는 마음 때문입니다'[36] 하고 지적했
다. 이것은 비빈제가 아직 정립되지 못한 위에 태종의 정권 또한
미처 강화되지 못한 단계에서 유교 관인으로부터 받아야 했던 도
전이었다고 하겠다. 비빈제의 정립은 1411년 9월에 가서야 이루어
지게 되는데, 《예기》의 〈곡례〉에 나타난 천자후·빈제를 상고하여
일빈 이잉(一嬪 二媵)을 제도화했다.[37]

또한 같은 12월에는 종친봉군법을 이조판서 이직(李稷) 등과 편
전에서 논의했는데, 태종은 이 자리에서 '태조 정파(正派)가 아닌
자손에게 봉군함은 가하지 못한데, 국초에 영안군(寧安君) 양우(良
祐)가 환왕 서손으로 봉군되어 그 뒤로 종친은 이 예에 따라 봉군
된 자가 많아졌다. 만일 종친이라는 이유로 모두 봉군되면 후대에
종(宗)과 지(支)를 헤아릴 수 없게 된다. 비적자(非嫡子)를 봉군함은
좋은 정책이 아니다'[38]라고 했다. 즉, 태조 정파가 아닌 자손과 비
적자에게 봉군함은 가하지 않다고 하여 왕친 자손의 적서분변이
이루어져야 함을 주장한 것이다. 이때 이미 태종은 태조 서형제의
분변을 강하게 의식하고 있었던 것이다. 태종은 이듬해 4월 21일,
함주정릉비문에는 원계와 화가 태조의 동모 형제가 아닌 첩산(妾
産)임이 자세히 기록되지 않아 사람들이 동모로 잘못 알고 있으므
로 고쳐야 한다고 했다. 그로부터 4일 뒤인 1412년 4월 25일에 방

---

35) 《太宗實錄》 卷3, 太宗 2年 3月 庚寅.
36) 《太宗實錄》 卷3, 太宗 2年 5月 癸巳.
37) 《太宗實錄》 卷22, 太宗 11年 9月 丁丑.
38) 《太宗實錄》 卷22, 太宗 11年 12月 丁酉.

우(芳雨)의 얼자(孽子) 장례를 당해 아예 종친 봉군 규례를 다음과
같이 마련했다.[39]

봉군별	봉군 대상자
대군	卽位之主嫡妃之子, 卽位之主親兄弟
군	卽位之主嬪媵之子, 卽位之主親兄弟嫡室長子
원윤	卽位之主親兄弟嫡室衆子
정윤	卽位之主宮人所出, 親兄弟及親子良妾之子

그런데 봉군 규정이 1414년 정월에 다시 즉위지주적비제자(卽位
之主嫡妃諸子)는 대군, 빈잉자(嬪媵子) 및 친자급친형제적실제자(親
子及親兄弟嫡室諸子)는 군, 궁인자(宮人子) 및 양첩장자(良妾長子)는
원윤(元尹), 양첩중자(良妾衆子)는 부원윤(副元尹), 첩장자(妾長子)는
정윤(正尹), 첩중자(妾衆子)는 부정윤(副正尹)으로 개정되는데, 여기
서 원윤 이상은 큰 변동이 없으나 정윤이하는 품계에 변화가 나타
난다. 즉, 정윤은 종3품이던 것이 종4품으로 계위가 내려갔고 천첩
자손에게도 4품직 허여를 정식으로 했던 것이다.[40] 봉군 규정은 전
체적인 체계가 생모의 처첩으로서의 지위에 따라 자신의 대우 위
치가 정해지도록 짜여져 있다. 즉, 생모의 귀천이 자신의 신분계층
을 결정해주는 관건이 되었다. 이처럼 생모의 신분이 곧 자신의 신
분을 결정하는 절대적인 요인으로 작용되는 경우 부가장의 권한이
절대적일 수가 없으며 이것이 왕친족에 작용되어야 함은 왕권의
절대화가 이루어지지 못하고 있음을 대변해주는 것이기도 하다. 그
러므로 태종 자신도 생모의 귀천에 따라 한품하는 봉군 규정의 모
순을 다음과 같이 논박하고 있다.

---

39) 《太宗實錄》 卷23, 太宗 12年 4月 己卯.
40) 《太宗實錄》 卷27, 太宗 14年 正月 辛卯.

원윤·정윤을 봉함은 어느 대의 고사인가? 인군된 자는 반드시 한 작할 필요가 없다. 내노(內奴)·한간지자(韓幹之子)라면 정한(定限)함이 가하다. 하늘에 두 개의 해가 없고 존(尊)에 이주(二主)가 없다. 한문제(漢文帝)·송진제(宋眞帝)가 모두 제위에 오를 때 누가 그 모의 귀천을 헤아렸는가.[41]

태종은 국왕의 자식을 그 생모의 귀천에 따라 한품하는 데 전적으로 반대하고 있었던 것이다. 그는 '옛날부터 제왕 정궁(正宮)에게 무후한 일이 비일하며 한당에서도 궁인의 아들을 봉군했는데, 만일 원윤만 있을 때는 누가 대위(大位)를 차지하게 되느냐[42] 하고 고례를 연구하여 다시 제정할 것을 명했다. 그 결과 같은 6월에 '주(周)·송(宋)대로부터 전조에 이르기까지 즉위지주(卽位之主)의 빈잉(嬪滕) 및 궁인(宮人)의 자(子)는 봉작하되 한품하지 않았고 친자 및 친형제의 적서 제자도 공후작으로 차등 봉작했으되 한품치 않았다. 지금부터 즉위지주의 빈잉 및 궁인의 자의 봉작과 친자·친형제의 적서 자손은 고제에 따라 한품치 않되 친형제의 천첩자손 및 여손은 전 수교(受敎)대로 정종(正從)4품까지 허한다'고[43] 개정을 하고 명부 봉작 규정도[44] 새로 마련했다. 이처럼 즉위지주의 여러 자손에게 대한 한품을 혁파한 것은 왕권 강화에서 일단의 전진이라고 할 수 있다.

태종은 유교 관인 체계와 기강 확립을 위해 정립되었던 적서분변을 왕친족에게까지 확대해 적용함은 불가한 처사라고 생각했다. 유교정치는 관인의 질서확립에 필요한 것이지 절대 왕권이 이들과 동일시될 수 없다는 것이 태종의 생각이었고 이러한 태종의 패권적 정치관이 그의 왕권 전제화를 초래했던 것이다. 아울러 태종이

41) 《太宗實錄》 卷34, 太宗 17年 7月 癸亥.
42) 《太宗實錄》 卷34, 太宗 17年 8月 乙未.
43) 《太宗實錄》 卷54, 太宗 17年 9月 甲寅.
44) 《太宗實錄》 卷54, 太宗 17年 9月 甲子.

태조계와 태조 서형제계를 분변한 것은 왕권의 위엄을 높임으로써 왕권을 강화하려는 정치적 의도가 다분히 작용했던 것으로 보아야 할 것이다.

(3) 왕권강화와 첩자 서경 문제

처첩분변의 실천을 강력히 주장한 주체는 사족 관인층이었다. 이들은 지배층으로서의 권익을 옹호하기 위한 기준을 유교 이념의 확립에 두고 그 이념에 배치되는 어떠한 사회적·정치적 현상도 용납하려고 하지 않았다. 그러나 태종 자신은 이러한 이념의 확립이 오히려 왕권 강화를 저해하는 정치적 성격을 지니고 있다고 생각했다. 처첩분변은 결과적으로 사족 지배층으로서의 자격을 갖추었는지 결정하는 기준이 되었으며, 만일 이 기준에 미달하는 관인에게는 유배나 삭직 또는 서인으로 폐해지는 등의 정치적 작용이 뒤따르게 되었다. 특히 강상은 만고에 변할 수 없는 윤리규범이자 정치철학이었기 때문에 권력의 전제화를 제재할 수 있는 보이지 않는 손이었다. 그러므로 태종의 왕권강화책이 왕권의 전제화로 급속히 진전되자 관인측에서는 이를 제어하고자 강상 확립을 강력히 주장할 수밖에 없었던 것으로 보인다. 1403년 11월에 사간원에서는 다음과 같은 상소를 했다.

선왕의 예에 적서의 분별은 대륜을 밝히고 가도를 밝히고자 함이었습니다.…… 그런데 지금 의안대군 화(和)의 첩인 매화는 본래 예악서에 속해 있던 관기였다가 면천되어 옹주의 호칭을 외람되이 받았고 또 부마인 평녕군(平寧君) 조대림(趙大臨) 길예시에 종실명부들과 척실 제부(諸婦)들과 자리를 함께 하고 있습니다. 천첩으로 오연히 종친명부의 위에 앉아 난명범분(亂名犯分)했으니 원컨대 사헌부에 특하여 그 작첩을 거두고 그 참유(僭踰)한 죄를 다스리고 본

역(本役)을 정하여 적첩의 분변을 엄히 하소서.[45]

의안군 이화는 이성계의 이모(異母) 형제로 창업에 지대한 공이 있었고 태종 즉위를 지지하고 옹호한 공신이었기 때문에 태종에게 화는 삼촌으로서보다는 중요한 정치적 보좌인이었다. 이러한 화의 처를 관기였으므로 환천해야 한다고 한 것은 왕권에 대한 관인의 도전이라고 할 수 있다. 태종은 이 상소를 대하고는 지극히 노하여 박석명(朴錫命)에게 다음과 같이 말했다.

　　궁방(宮房)의 모임을 내가 모두 보았거늘 매화는 매번 종친의 아 랫자리에 앉았는데, 지금 이런 말을 함은 무슨 일인가.

태종은 사간원의 이 상소에 정치적인 목적이 내포되어 있다고 생각했다. 그러므로 태종은 이 문제의 합법성을 두 가지로 나누어 말했다. 첫째는 의안군이 적처를 상배한 뒤 매화를 대했기 때문에 해될 뜻이 없어 태상왕이 봉작한 것이라 함을 들었고, 둘째는 의안 군이 일찍이 여러번 내게 충성을 했는데 그 애첩을 빼앗아 본역 환원시킬 수가 있느냐고 하는 정리 문제를 들었다. 사간원측에서도 '그를 환천(還賤)함은 정리에 마땅치 않다〔還其本役 不宜情理於法則 然〕'고 하여 그대로 넘겼다. 그러나 유교 관인측의 강상 이론에서 볼 때 매화의 본역 환원을 불가하다고 한 태종의 두 가지 이유는 모두가 정리의 문제로 강상 확립논에는 위배되는 것이다.

이에 앞서 태종이 둘째딸 정경궁주(貞慶宮主)를 조준(趙浚)의 아 들인 호군(護軍) 조대림(趙大臨)에게 시집보낼 때 조대림이 모친의 상중에 있었으므로 사간원에서는 조정의 풍화(風化)를 어지럽힐 수 없다는 이유로 이 길례를 보류할 것을 주장했다. 그런데 태종은, 명제(明帝)가 왕실과 결혼할 뜻이 있다 했으니 자신이 원하는 바

45) 《太宗實錄》 卷6, 太宗 3年 11月 壬辰.

아닌데도 부득이 이렇게 급히 서두르는 것이라 하여 그대로 길례를 진행시켰던 것이다.[46]

태종은 이처럼 성리학의 명분이 되는 강상이 왕권을 제어할 수 없다는 것을 처음부터 강하게 보였던 것이다. 왕권강화를 위한 반(反)강상적인 태종의 태도는《태종실록》여러 곳에서 산견된다. 앞에서 이미 논급한 정복주나 변계량·곽운의 죄를 다스릴 것을 사헌부에서 청했을 때 불문에 붙였던 일도 태종의 이러한 태도를 말해 주는 예라고 하겠다.

1408년 4월에 사헌부에서 총제(摠制)였던 신효창(申孝昌)의 죄를 다스릴 것을 청했는데, 그때도 원종공신 자제에 관계되는 인물이라며 용유(容宥)한 바가 있다.[47] 신효창은 자기 장인의 질병을 다스리고자 무격의 말을 믿고 처남 육(陸)의 부처의 무덤을 헤치고 그 시체를 불사른 죄목을 받고 있었다. 이것은 유교이념에서 볼 때 도저히 용서할 수 없는 일이었음에도 왕의 권도로 용유했던 것이다.

1409~1410년 무렵부터 사간·사헌부측에서는 풍속을 교정하여 강상을 확립하려는 정책을 더욱 강화해서 첩자에 대한 한품 규정을 마련하고 천첩자의 동반으로의 사로(仕路) 진출을 억제하고 있었다. 1404년 5월에 청관측에서 공조전서(工曹典書) 양홍달(楊弘達)의 모가 천인이라는 이유로 파직할 것을 상소했다가 윤허를 받지 못한 일이 있었다.[48] 창업 초의 공신이나 중신들 가운데는 천계 모에게서 태어난 자가 적지 않았던 것이다.

건국 20년에 가까운 1410년대에 들어오면 태종의 왕권 강화책에 의하여 중요한 사로는 이미 왕권을 중심으로 집결되었고 또한 사로도 극히 옹색되어가고 있었다. 그러므로 사족 지배층측에서도 왕권을 견제하고 사로를 새로이 확보하지 않을 수 없었다. 그 방법으

---

46)《太宗實錄》卷6, 太宗 3年 9月 辛卯.
47)《太宗實錄》卷15, 太宗 8年 4月 己卯.
48)《太宗實錄》卷7, 太宗 4年 5月 丁巳.

로 사간·사헌부에서는 고신서경권을 확대·확보하려고 했던 것이다.

1413년 3월, 사헌부에서는 서경제의 중요성을 논하고 9품에서 1품에 이르기까지 모두 대간에서 서경해야 함을 다음과 같이 상소했다.

인군이 구중지상(九重之上)에 처하여 서부(庶府)의 많음과 관리의 무리를 어찌 다 감찰하여 명변하겠습니까. 이래서 옛날 성왕(聖王)은 간관을 두어 이목을 대신하여 조신의 충사곡직(忠邪曲直)을 감찰 안함이 없었음은 시청(視聽)을 넓히려는 까닭에서입니다. 전조 성시에도 간원(諫院) 헌부(憲府)를 설하여 그 제수(除授)함이 9품으로부터 1품까지 모두 서경하게 하여 모(某)가 충이고 모가 사(邪)이고 모가 곡(曲)이고 모가 직(直)인가를 상구결의(詳究結義)하여 인심을 장려하므로 대신으로부터 소리에 이르기까지 무릇 관에 있는 자는 경외 안함이 없었습니다. 태조 개국함에 3품 이상은 모두 관교(官敎)를 쓰고 4품 이하는 서경대성(署經臺省)했는데, 이것은 창업 초에 일시 망라되었던 대권이지 만세토록 지킬 상경(常經)이 아닙니다. 원컨대 전조의 양법을 써서 9품으로부터 1품까지 서경대간케 하소서.[49]

이날 간원에서도 이와 비슷한 내용의 상소를 했으며, 태종은 이 문제를 공신 및 양부 3품 이상관으로 의문하게끔만 했다. 그러므로 상소 1주일 만에 다시 '지금 1품부터 3품까지 제수할제 덕행을 논치 않고 하교하여 혹 공의에 맞지 아니함이 있는 자가 요행히 고신케 됨에 서경 대간치 않으므로 기탄하는 바가 없고 염치의 도는 상(喪)했고 방헌(邦憲)을 누범하는 자가 적지 않다'는[50] 내용의 상소를 했다. 태종은 이에 대하여 정종 때 대성(臺省)의 청에 따라 양부 이상도 모두 서경고신하게 했는데, 정승 조준(趙浚)의 고신을 서경하지 않아 곧 혁파한 일이 있음을 들고 시산 기로(時散 耆老)

---

49) 《太宗實錄》 卷25, 太宗 13年 3月 甲申.
50) 《太宗實錄》 卷25, 太宗 13年 3月 辛卯.

에게 가부를 묻게 했다. 그 결과 가가 많았음에도 태종은 이를 곧 윤허하지 않다가, 1413년 4월 초에 마침내 윤허함으로써 대간이 1~9품의 고신서경권을 갖게 되었다.[51]

그런데 그 이틀 뒤에 태종이 유량(柳亮)을 의정부찬성사(議政府贊成事), 이천우(李天祐)를 이조판서, 이숙번을 병조판서, 황희를 예조판서, 유정현(柳廷顯)을 참찬의정부사(參贊議政府事), 이지숭(李之崇)을 판공안부사(判恭安府事), 정이오(鄭以吾)를 예문관대제학, 이은(李殷)을 경기도관찰사 등으로 임명했다.[52] 그런데 사간원에서 이천우·이지숭·유정현의 고신을 서경하지 않고, 그렇게 되는 사유를 상소했다.[53] 이천우·이지숭의 조모는 환왕의 첩이고 또 이들의 매부인 유정현의 처 이씨는 얼출이므로 이러한 서얼자손에게 현작을 주고 현관에 임명함은 명분을 어지럽히는 일이므로 서경할 수 없다는 주장이었다. 태종은 이 상소를 접하는 즉시 격노하여 상소문을 불살라버렸다.

왕실족의 적서 문제를 이처럼 구체적으로 들고 나와 정치 문제로 삼기는 이것이 처음이었으며, 이로 인하여 국왕과 대간측은 팽팽한 긴장 상태에 놓이게 되었다. 이후 대간이 고신서경에 불응하는 일이 더욱 증가·확대되어, 이 해 6월에 지의정부사(知議政府事)에 임명된 박자청(朴子靑)은 그 신친(身親)이 조사(朝士)를 구타했다고 하여 서경하지 않았으며 사복직장(司僕直長) 유강(柳江)은 그 아비 유은지(柳殷之)가 전조 신우(辛禑)의 비를 후취했던 까닭에, 또 호군(護軍) 장주(張住)는 장사길(張思吉) 기첩 소산이기 때문에 각각 고신서경하지 않았다.[54] 그리고 장주(張住)는 서경하되 기첩산이므로 4품으로 한품해야 한다고 말미에 써서 보내었다. 이에 태종

---

51)《太宗實錄》卷25, 太宗 13年 4月 癸丑.
52)《太宗實錄》卷25, 太宗 13年 4月 乙卯.
53)《太宗實錄》卷25, 太宗 13年 4月 甲子.
54)《太宗實錄》卷25, 太宗 13年 6月 壬子·癸亥.

은 '관작 임명은 인군의 권리이다. 신하가 되어 마음대로 써 올리는 것이 가한가[官爵 人君之柄也 人臣而擅自書 限可乎]'[55]라고 하여 대간의 태도에 정면으로 도전했다.

이처럼 왕권과 언관측의 대립이 서로 첨예화하는 가운데 태종은 1413년 11월에 마침내 4품 이상 관교법(官敎法)을 복구시킴으로써 이천우·이지숭·유정현의 고신은 서경을 요하지 않아도 되었다.[56] 사간원에서는 '법령을 마구 고침은 고인들이 경계한 바인데, 조작모갱하면 백성들이 어떻게 볼 것인가[法令紛更 古人所戒 朝作暮更 下民何觀]'라는 뜻과 국초의 4품 이상 관교법은 일시지권(一時之權)이지 만세의 계책이 아님을 들어 서경고신법을 다시 복구할 것을 상소했으나[57] 태종은 이에 응하지 않았다.

그러면 대간측에서 서경권을 획득하고 이처럼 적서분별이라는 강상의 명분을 내세워 왕권에 도전하는 중대 목적은 어디에 있는가? 그것은 한정된 주요 관직을 왕친족이나 친왕권인에게 점거당함을 견제하려는 데 있었다. 태종에 의한 육조의 기능 강화 자체가 이미 왕권 강화에 목적이 있었기 때문에 태종 또한 이조판서 등의 요직을 태종이 신임할 수 있는 왕친족에게 수관(授官)하지 않을 수 없었던 것이다. 이러한 사실은 4품 이상 관교법 복수를 늑명했을 때 하륜·이숙번 등 총신(寵臣)이 다음과 같이 밀복(密復)한 사실로도 충분히 알 수 있다.

환왕의 첩자손이 개국초에 취지대관(驟至大官)했는데, 지금부터는 그 자손은 공로가 있을지라도 다만 전민전백(田民錢帛)으로써 상을 내리고 현질(顯秩)에 임명치 마소서.[58]

---

55) 《上揭書》.
56) 《太宗實錄》卷26, 太宗 13年 11月 戊辰.
57) 《太宗實錄》卷26, 太宗 13年 11月 庚辰.
58) 《太宗實錄》卷26, 太宗 13年 11月 戊辰.

1415년 5월에도 우부대언(右副代言) 서선(徐選) 등 6인이 종친 및 각품 서얼자손은 현직(顯職)에 서임하지 않아 적첩의 분변을 밝히라고 진언한 바를 보더라도,[59] 처첩분변 문제는 단순한 윤리적 측면을 벗어난 심각한 정치적 성격으로 발전해갔음을 볼 수 있다.

이러한 정치적 성격은 때로는 왕권과의 대립·견제에서, 또 때로는 사환자(仕宦者) 사이의 사로 쟁취의 방패로 이용되는 악순환을 되풀이해갔던 것이다.

4. 닫는 글

태종조는 고려의 여러 가지 질서를 벗어나 새 왕조에 걸맞는 새로운 질서를 구축하던 시기였다. 사회적으로 볼 때 삼강오륜이라는 유교 윤리가 개인으로부터 가정과 국가에 이르는 사회 전반에서 지켜져야 하는 덕목이 되었으며, 마침내 유교적 윤리관이 확립될 때만 사회와 국가가 안정되는 것으로 이해하게 되었다. 처첩의 분변은 바로 유교 윤리관의 확립에서 출발되었으며 아울러 이러한 덕목을 실천하지 못하는 관인은 지배층 신분에 머물러 있을 수 없었던 것으로 이해하게 되어, 유배나 삭직 심지어는 폐서인의 엄한 처벌이 행해졌던 것이다.

유교적 윤리덕목의 기초를 부부 관계에 두었기 때문에, 부부는 인륜의 대강이므로 이 기초가 흔들린다면 사회와 국가의 질서가 정립될 수 없다는 관념이 일반화되었다. 이러한 윤리관이 처첩분변이라는 사회적 문제를 제기했으며, 관인 지배층의 철저한 신분적 옹호를 기반으로 이 문제는 경제적·정치적 문제로 진전되었다.

첩은 광계사를 목적으로 할 때만 존재할 수 있는 것으로, 처와는

---

59) 《太宗實錄》 卷26, 太宗 15年 5月 庚寅.

신분적으로 완전히 차대되어야 하며 아울러 그 소생도 서얼로서 차대되어야 한다.

그러므로 처첩분변은 부계의 혈통 계승을 중시하고 관인 지배층의 철저한 신분 옹호라는 두 가지 문제를 지니게 된다. 서얼계층은 한품하여 사로 진출을 규제했으며, 처첩을 분변하지 않은 비행 관인은 규탄되었다. 그러나 태종의 왕권강화 과정에서 그는 태조계가 아닌 환왕의 첩손을 현직(顯職)에 계속 임명하고 있었으며, 왕의 전제화를 제재해야 했던 관인측에서는 처첩의 엄별을 그들의 방패로 내세우지 않을 수 없었던 것이다.

아울러 이러한 정치적·사회적 문제는 가부장권을 중시하는 사회체제 속에서도 적처로 하여금 가정과 사회에서의 지위를 확보하게 하는 길을 열어주게 되었다. 한편 관인지배자층의 권익 옹호를 위한 정치적 작용은 적처로 하여금 집단적 연대관념을 갖게 하여, 유교적 여성관을 확립해가게 되었던 것으로 생각한다.

제2부 동학의 근대지향적 여성관

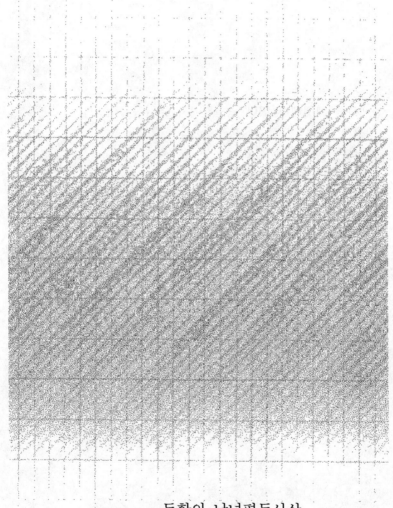

동학의 남녀평등사상
해월 최시형의 근대지향적 여성관
증산의 남녀평등사상

제4장 동학의 남녀평등사상

1. 여는 글

한국근대사에서 여성을 개화시킨 중요한 내적 계기는 동학의 평등사상이다. 실학사상이나 천주교 전래에 따른 인간평등사상이 초기에는 도시적 분위기에서 싹트고 자라난 데 반해, 19세기 중엽 이후에는 '사인여천(事人如天)'을 이념으로 하는 동학의 평등사상이 농촌사회에서 큰 공감을 얻었다. 유교적인 사회체제 속에서 제일 큰 피해를 입은 것은 농민층과 여성들이다. 동학의 평등사상은 이들에게 치성과 수련으로 수심정기(守心正氣)하기만 하면 누구나 시천주(侍天主) 하는 도인(=군자[君子])이 될 수 있다는 새로운 진리와 희망을 주었다. 이는 유교이념과 유교적 사회체제 및 질서에 대한 도전인 동시에 근대사회를 지향하는 높은 의지인 것이다.

동학을 창도한 최제우는 유교사회체제의 특권인 부가장의 위엄을 스스로 버리고 부인 박씨의 인격을 존중하는 가화(家和)를 실천했으며, 도제(徒弟)들에게도 가화적 수신제가 없이 도성덕립(道成德立)할 수 없음을 강조했다. 수운(水雲)의 가화론에는 종래의 지배·

복종의 부부 관계에서 벗어나 상호협조하는 수평적(=평등적) 부부 관계를 성립하고 지향하고자 하는 뜻이 담겨 있다. 그리고 부인들의 수도를 위해 누구나 쉽게 읽고 이해하며 실천할 수 있는 〈용담유사(龍潭遺事)〉, 〈안심가(安心歌)〉, 〈교훈가(教訓歌)〉, 〈도수사(道修詞)〉 등을 손수 지었다.

수운의 가화론을 더 발전시켜 근대적인 남녀평등사상을 우리 농촌사회에 뿌리내리게 한 것은 2세 교조 해월(海月) 최시형(崔時亨) 대에 와서이다. 해월은 말하기를, '인시천 천시인(人是天 天是人)'이 될 수 있는 기초는 가부장이 그 위엄을 버릴 뿐만 아니라 한 걸음 나아가 가장 자신이 지금껏 명령하고 지배했던 부인 앞에 머리를 조아리는 마음 자세를 가지는 데 있다고 했다. 또 그는 평등사상을 통해 능력에 따른 '활인(活人)'을 주장, 부인이나 아이에게서 배울 것이 있으며 '스승'으로 섬겨야 한다고 주장했다. 또한 가정에서의 부인의 역할을 중요시하여 일가의 주인은 부인이라고 하는 주부의 주인의식을 강조했다. 그는 봉건적 가족제도를 타파하지 않고서는 도인이 될 수 없다고 주장한 것이다.

고난의 은피생활 속에서 생명의 위협이 경각에 다가오고 있을 때, 부인수도의 길을 올바로 알려줌으로써 부인의 도성덕립의 책임을 다하게 하고자 해월은 1890년 11월에 손수 〈내칙(內則)〉과 〈내수도문(內修道文)〉을 찬제하여 각 포에 반포했다.

해월은 한국근대사에서 남녀평등사상을 농촌사회에 뿌리내린 여성운동 및 인간해방운동의 선구자였다.

이 장에서는 수운의 가도화순논의 실천적 상황을 통해 동학의 인간평등사상의 근본이 무엇인지 그리고 해월이 수운의 가화론을 어떻게 발전시켜 부화부순적인 평등의 남녀 관계를 정립해가고자 했는지를 살펴보고, 아울러 동학부녀의 새로운 규범을 정립하기 위해 찬제된 〈내수도문〉의 찬제 연기 및 그 내용을 밝혀보고자 한다.

2. 수운의 가도화순론

(1) 수련생활과 부인 박씨

동학의 창도자인 수운 최제우(崔濟愚)는 20여 년 동안 주유천하하는 방랑생활을 했다. 그런 가운데서도 그는 가정이 인간만사의 중심이 된다고 생각했으며, 가정의 중심은 부부에 있고 부부 사이의 대등한 관계가 성립이 한울의 바른 이치라고 보았다. 이것은 곧 부부유별이라는 유교적 가족제도에 대한 일대 반기였다. 이와 같은 그의 사상이 성립된 배경은 두 가지 측면에서 찾아볼 수 있다. 첫째는 그의 아버지 근암(近菴)의 가훈의 영향이고, 둘째는 동학의 기본 종지인 인간평등 실현에 따른 남녀평등권사상이라고 하겠다.

수운은 근암 최옥(崔鋈)이 늦게 본 독자이다. 근암은 경상도 일대에서 문명이 높아 사람들의 존경을 받던 유학자였다. 그는 생활이 비교적 유족했다. 이에 반해 수운의 모친 한씨는 유교조선사회가 가장 천시하는 재가부녀이며, 따라서 수운은 신분적으로 서자일 수밖에 없었다. 거기에다가 모친 한씨는 6살의 어린 아들을 남겨둔 채 먼저 세상을 떠나 철없는 수운은 아버지의 남다른 사랑을 받으며 성장했다. 조혼 풍습에 따라 근암은 수운을 13세 때 울산 박씨가의 딸과 결혼시켰다. 수운이 나면서부터 도량이 넓고 사리의 밝음이 일월 같으며 인물 또한 준수하여 주변 사람들로부터 많은 칭찬을 받았는데,[1] 이것은 그의 타고난 천품 때문이기도 하겠으나 부친 근암의 지극한 자애와 엄격한 자녀교육의 영향이기도 하겠다.

수운의 인격 형성에 절대적 영향을 미친 근암은 가도화순을 가훈[2]의 제일 종지로 하여 수운을 교육했다. 근암의 가도화순론은 부

---

1) 李敦化(編述), 《天道教創建史》, 第1編, 33～35쪽.
2) 崔鋈, 《近菴遺稿》, 景仁文化社 影印刊, 1976, 家訓條. 近菴의 家訓은 '教子入學·封祀·待賓·家道和平·信道輕財·讀書得力·克己治怒·不惑左道' 등으로 條列

인의 인격을 존중하여 지어미가 지아비에게 순리로 따르게 해야
한다는 것이었다. 이것은 유교의 부부유별의 요체를 올바로 파악하
여 실천하게 하는 것이었다. 조선왕조 사회에서는 유교적 신분제와
남녀유별관이 부정적으로 경직되면서 부인에 대한 강폭 압제가 마
치 정상적인 행위인 것처럼 행해졌다.

가도화순의 가훈을 익히고 배운 수운은 수도 이전부터 부인에게
실생활의 도움은 하나도 주지 못했으나, 부인의 인격을 아끼고 존
중하는 가장으로서의 태도는 남다른 데가 있었다. 주류천하 틈틈이
부인을 찾아 위로의 말을 잊지 않는 등의 자상한 성품을 부인 박
씨도 뒷날 높이 평가했다. 수운이 수도 후 부인 박씨에게 포덕하여
부인을 입도하도록 했을 때, 부인은 그 기쁨을 감추지 못하여 수운
과 무릎을 맞대고 지난날의 고생과 지금의 희열에 가득 찬 마음에
대해 시간 가는 줄 모르고 이야기를 나누었다. 그 가운데 남편 수
운의 처자에 대한 평소의 인애진정의 태도를 다음과 같이 이야기
하고 있다.

> 처자에게 하는 거동
> 인애진정 지극하니
> 천운이 있게 되면
> 좋은 운수 회복할 줄
> 나도 또한 알았읍네.[3]

되어 있다. 그는 本家訓으로서 水雲을 교육시키는 데 표본으로 삼았던 것으
로 보인다. 이 가훈 가운데 近菴은 부인이나 노복에게 溫言順辭로 대해야 함
을 강조했다. 흔히 이들에게 조금만 잘못이 있으면 가장이 노해서 꾸짖고 때
리는데, 그것은 家道之和를 어그러뜨리는 것이라고 했다. 가훈 가운데 특히
家道和平論이 가장 강조되어 있다. 이 같은 가훈은 水雲의 인격 형성과 또
동학의 평등적 인간관을 형성하는 데 틀림없이 큰 영향을 끼쳤을 것으로 생
각된다.
3) 《東經大典》, 〈敎訓歌〉, 264~268행.

수운이 16살 때 아버지마저 세상을 떠나자, 그는 세상을 전부 잃은 것 같은 허무감에 빠져들었다. 게다가 화재로 가산을 모두 잃게 되자 그는 심한 충격과 허탈감에 견딜 수가 없었다. 생계를 꾸릴 가산을 잃은 아직 나이 어리나 총기 있는 이 庶子는 낡고 부패한 사회제도가 혁파되지 않으면 안 된다고 하는 것을 뼈저리게 느꼈다. 조선(祖先) 이래 배웠고 숭봉되었던 유교서적 속에서는 그의 답답한 가슴을 풀어줄 해답을 찾을 수 없었다. 그는 마침내 썩은 진리의 유학 서적을 모두 불속에 던져버리고 망하는 세상을 스스로 건져보겠다는 대망을 안고 수련을 위한 고행의 길을 택했다.[4]

가정 경영을 전혀 돌보지 않고 망하는 이 세상을 건지겠다는 남편 수운의 고행에 못지 않게 부인 박씨는 자식과 자신의 生을 스스로의 힘으로 거두어야 하는 가난의 고행길에 들지 않으면 안 되었다. 생계가 막연해진 박씨는 울산의 친정으로 가서 얹혀 지내야만 했다.[5] 이처럼 가난에 고통하는 부인의 심경은 다음의 가사에 잘 나타나 있다.

> 그 모르는 처자들은
> 유의유식 귀공자를
> 흠선해서 하는 말이
> 신선인가 사람인가
> 일천지하 생긴 몸이
> 어찌 저리 같잖은고.[6]

수운은 이럴 때면 정신적 부요함이 더 중요함을 부인에게 다음과 같이 위로해주면서 삶에 대한 새로운 희망을 갖게 했다.

---

4) 《天道教創建史》, 第1編, 3쪽.
5) 《天道教創建史》, 第1編, 7쪽.
6) 《東經大典》, 〈安心歌〉, 15~20행.

비감회심 두지말고
내말 잠간 들었어라
호천금궐(昊天金闕) 상제님도
불택선악 하신다네
자조정공경(自朝廷公卿) 이하
한울님께 명복 받아
부귀자는 공경(公卿)이오
빈천자는 백성이라
우리 역시 빈천자로
초야에 자라나서
유의유식 귀공자는
앙망불급(仰望不及) 아닐런가
복록은 다 버리고
구설앙화(口說殃禍) 무섭더라
졸부귀(猝富貴) 불상이라
만고유전 아닐런가
공부자 하신 말씀
안빈낙도 내 아닌가
우리라 무슨 팔자
고진감래 없을소냐
홍진비래 무섭더라
한탄말고 지내보세.[7]

　이와 같은 수운의 위로는 부인의 인격에 대한 존중이요 남편으로서의 마음 깊은 애정이기도 하다. 주류천하하는 가운데 수운은 친정에서 고생하는 부인을 찾아가(1884년, 갑진[甲辰], 헌종[憲宗] 10년) 위로의 말을 건네고 울산읍 여관에서 몇 달 동안을 머물렀다. 이때 부인과 주위 사람들은 방랑생활을 그만두고 가족살림을 할 것

---

7) 〈安心歌〉, 25~46행.

을 간곡히 권하므로 수운은 이를 받아들여 산수가 아름답고 동학 (洞壑)이 깊은 울산 유곡(裕谷) 고암동(孤岩洞)에 삼간초옥을 짓고 처자와 함께 살림을 시작했다.[8] 그러나 수운에게서는 아직도 범상한 남편의 모양새를 찾을 수가 없었다. 49일 기도와 주류천하의 벽은 여전히 되풀이되었다. 부인의 마음은 잠시도 편할 날이 없었을 것이다. 수운이 가족을 제대로 돌보지 않음은 더 말할 나위 없고, 49일 기도 등 각도를 위한 수련생활에 필요한 비용 마련을 위해 부인 모르게 전토를 모두 팔아버리는 일조차 있었으니[9] 부인의 마음이 얼마나 편하지 않았을 것인가는 능히 짐작하고도 남음이 있다.

　수운은 20년의 긴 세월을 주류천하하면서 기도와 수련을 계속했으나 광제창생의 길은 좀처럼 얻지 못했다. 이제 선조의 유업을 탕진하고 가산을 돌보지 않은 자신에게 부끄러움조차 느끼게 되었다. 그리하여 1850년(을미[乙未], 철종[哲宗] 10년, 36세) 10월에 처자를 불러 이제는 고향에 돌아가 다시는 주류천하의 생활을 하지 않겠다는 결심을 말하고는 가솔을 이끌고 옛 고향인 용담으로 돌아왔다. 수운은 이곳에서 '불출산외(不出山外)'라는 네 글자와 '도기장존사불입 세간중인부동귀(道氣長存邪不入 世間衆人不同歸)'라는 시구를 문설주에 써 붙이고는 두문불출의 생활을 했다.[10]

---

8)《天道敎創建史》, 第1編, 7~8쪽.
9)《天道敎創建史》, 第1編, 9~10쪽. 1885年(乙卯) 3월에 金剛山楡店寺 僧이 傳하는 異書로 인하여 그 이듬해 童子 한 사람을 데리고 梁山 通度寺 內院菴에 들어가 49일 기도를 하던 중 47일 만에 문득 叔父가 還元했으니 工夫를 마칠 수 없겠다는 생각이 들어 귀가했더니 과연 틀림없어 이를 이상히 여겼다. 또 水雲의 異術을 行한다는 소문으로 官의 注目이 심하여 사람 눈을 피해 다시 공부할 것을 결심했다. 이때 千聖山洞口에 鐵店을 차려 놓고 15리가량 떨어진 千聖山 寂滅窟 안에 기도장을 설치했다. 이때 祈禱場 生活費를 마련할 길이 없어 香火田 6斗落을 7人에게 거듭 팔아 그 비용으로 49일 기도를 마쳤는데 이 7인들이 모두 이 사실을 알고 水雲을 관에 呈訴한 일이 있었다.
10)《天道敎創建史》, 第1編, 10~11쪽 ;《東經大典》,〈龍潭遺詞〉, 67~90행.

　1860년(경신[庚申], 철종 11년) 4월 5일 한밤중에 수운은 마침내 한울로부터 대도를 받았다. 용담으로 돌아와 수도하기까지 수운은, 자신의 생활에 대해 〈용담유사〉에서 '이럭저럭 지내나니'라고 표현했고 〈안심가〉에서는 '무정세월 여류파(無情歲月 如流波)'라고 표현했듯이, 별다른 변화 없는 답답한 생활을 했음을 알 수 있다.

　당시의 수운의 생활에 관하여 수운의 수양녀는 뒷날 다음과 같이 회고하고 있다.

　　용담에 들어오셔서부터 꼭 집에 계셨는데, 하는 일은 다른 것이 없고 그저 글 읽는 것이었다. 언제 봐도 책을 펴고 있더라. 자다가 일어나 이제는 주무실까 하면 오히려 책을 보고 계셨고 아침에 일어나 아직 주무시겠지 하고 그 앞을 지나면 벌써 책을 보고 계셨다. 어쩌면 세상에 그렇게 볼 책이 많을까.[11]

　이 수양녀는 원래 비녀였는데, 그녀가 3살 때 울산에서 수운이 수양녀로 삼았다. 이는 신분타파와 인간평등을 몸소 실천한 좋은 예인 것이다. 용담으로 돌아왔을 때 수양녀의 나이는 13세였으므로 당시의 수운의 생활을 비교적 생생히 기억할 수가 있었다. 그 수양녀에 따르면, 수운은 '평소 잔말과 상말이 없고 대인접물(待人接物)이 정중하여 집안 어린아이일지라도 손을 대거나 꾸지람을 하는 일이 없었다'고 했다. 이것은 생활화된 그의 인간존중정신을 잘 표현한 것이라고 하겠다. 특히 수양녀에게도 늘 '글을 배워라' 하고 말했다는데, 당시 그녀는 수운이 무섭기도 하고 겸연쩍기도 하고 또 글을 배워서 무엇에 쓰나 하는 생각에 끝내 배우지 않았던 것이 나중에 후회스러웠노라고 술회했다. 배우려 하지 않는 수양녀에게 늘 글을 배우라고 한 것은 강압적인 가장의 위엄이나 실력을

---

11) 起田, 〈慶州聖地拜觀實記〉, 《新人間》, 1927年 8月號 : 昭和 2年 ; 小春, 〈大神收師養女인 80 老人과의 問答〉, 《新人間》, 1927年 9月號 : 昭和 2年.

행사하지 않고 스스로 깨달아 행할 때까지 종용하고 대화하는 근대적인 대인관이요 자녀교육관이며, 여아에게도 글을 가르쳐야 한다는 여성교육사상을 아울러 가지고 있었음을 보여준다.

(2) 부인에 대한 포덕과 가화 실천

수운이 큰 깨달음으로 도를 받은 것은 1860년(경신, 철종 11년) 음력 4월 5일이다. 이날 조카생일에 초대되어 갔다가 심신이 몹시 편안하지 않아 귀가했는데, 그때부터 열이 나고 몸이 떨리더니 형용하기 어려운 황홀경에 다다랐다. 이때 한울에서 소리가 들렸고 영부(靈符)도 받았다. 수도 당시 수운의 정황은 그야말로 실성한 사람 같았다. 몸을 떨더니 갑자기 한울에서 진동하는 소리가 있다고 하고, 또 아들과 부인을 차례로 불러 백지 위에 비치는 영부를 보라고 하자 온집안이 경황실색했다. 〈안심가〉에는 당시 부인과 아들의 거동이 다음과 같이 기술되어 있다.

> 집안사람 거동보소
> 경황실색 하는 말이
> 애고 애고 내 팔자야
> 무슨 일이 이러한고
> 애고 애고 사람들아
> 약도 사 못해볼까
> 침침칠야 검은 밤에
> 눌로 대해 이 말 할고
> 경황실색 우는 자식
> 구석마다 끼어 있고
> 댁의 거동 볼작시면
> 자방머리 행주치마
> 엎어지며 자빠지며

종종걸을 한참 할 때
공중에서 웨는 소리
물구물공(勿懼勿恐)했어라
호천금궐 상제님을
네가 어찌 알까보냐
초야에 묻힌 인생
이리 될 줄 알았던가
개벽시 국초일(國初日)을
만지장서 나리시고
십이제국(十二諸國) 다 버리고
아국운수 먼저하네
....
모자가 마주앉아
수파통곡(手把痛哭) 한참 할 때
.... [12]

부인 박씨는 결혼 후 20여 년의 고생 끝에 남편이 마침내 실성까지 하고말았다는 생각에 아들 손을 맞잡고 통곡을 했다. 또 수도 후로는 수운이 영부를 그려 불에 태워 물에 타마시는 등의 기이한 행동을 하자 더 참을 수가 없어 우물에라도 빠져 죽어버리겠다고 결심하고 아닌 밤중에 몇 번씩 집을 뛰쳐나갔다. 그럴 때마다 수운은 좇아가서 부인을 데리고 들어와 여러 가지 말로 달래며 부인의 마음을 감쌌다. 그러면 부인이 감화되어 눈물을 흘렸다고 한다. 부인의 불평이 가장 심했던 것은 수도 후 한 달 동안이었는데, 그 뒤로는 도를 배우고자 구름처럼 몰려오는 손님의 밥을 밤낮으로 해주어도 눈살 한 번 찡그리지 않는 현부가 되었음을 그의 수양녀가 다음과 같이 술회하고 있다.

---

12) 《東經大典》, 〈安心歌〉, 69~112행.

경신 사월 도를 받은 후 한참 동안은 과연 야단이 났었다. 그 부인은 남편이 하는 일이라 달리 할 수는 없고 마지막에는 당신이 정말 그렇게 하시면 자기는 물에라도 빠져 죽는다고 하면서 아닌 밤중에 달아나곤 했다. 그러면 대신사께서 곧 좇아가서 그를 붙들어오곤 했으며, 붙들어놓고는 무슨 말씀인지 자세히 설명을 하시는 모양이었으며, 한참 그러고나면 그 부인은 그만 눈물을 흘리고말았다. 그런데 약 한 달을 지내더니 그 부인은 다시 아무러한 말이 없고 그만 감화가 되고말았다. 그래서 그 후 하루에도 손님이 100여 명씩 찾아와서 아침에서 저녁까지 늘 밥을 짓기가 일이었으되, 그 부인은 한 번 눈살을 찡그린 일도 없었다.[13]

제자 도인들이 수운을 찾아 도를 들으러 올 때는 곶감이나 꿀 같은 것을 가져왔다. 곶감을 빼 먹고 내버린 싸리꽂이가 뒤꼍에 산처럼 쌓여 동네 나무꾼들이 산으로 올라가지 않고 그 싸리꽂이를 한 짐씩 지고 가곤 했을 정도였다니 그 찾아오는 사람이 얼마나 많았는지 짐작할 수 있다.[14] 위의 술회 내용을 보면, 부인은 수양녀를 데리고 이 많은 사람 식사를 밤낮으로 해대어도 얼굴 한 번 찡그린 일이 없었다고 한다. 남편을 통해 수도한 부인 박씨는 이미 여중군자(女中君子)가 되어 있었던 것이다.

이처럼 수운의 첫 포덕 대상자는 부인 박씨였다. 그가 부인에게 포덕 설법한 것은 동학도의 근본을 '가화'에 둔 때문이다. 수운의 가화론은 지배와 종속이라고 하는 상하관계의 유교적 부부 지배질서와는 근본적으로 다른 것이다. 인간도리의 근본은 부부를 둘러싼 가족에서 출발되는 것이며 부부는 어디까지나 서로 협조하는 수평적 관계여야 한다는 것이다. 그의 주장, 즉 부부 사이의 평등권은 역할 가치에 대해 상호간에 인정해야 함을 말하고 있는 것이다. 그러므로 동학인으로서 '도의 통불통'은 온전히 부인에 대한 포덕에

---

13) 小春, 앞의 글.
14) 같은 글.

두었고 제자들에게 부인수도를 간절히 권고했다. 그러므로 도를 닦는 제일 절차는 곧 가정포덕이다. 이를 몸소 실천한 수운은 가정포덕의 중요성을 〈도수사〉에서 다음과 같이 논했다.

> 수신제가 아니하고
> 도성덕립 무엇이며
> 삼강오륜 다 버리고
> 현인군자 무엇이며
> 가도화순 하는 법은
> 부인에게 관계하니
> 가장이 엄숙하면
> 이런 일이 왜 있으며
> 부인경계 다 버리고
> 저도 역시 괴이하니
> 절통코 항항하다
> 유시부 유시처(有是夫 有是妻)라
> 하는 도리 없다마는
> 현숙한 모든 벗은
> 차차차차 경계해서
> 안심수도 하여주소.[15]

수운이 세상에 대한 무상함을 느끼고 의심과 불평을 품었을 때 늘 하던 말은 '군불군(君不君) 신불신(臣不臣) 부불부(父不父) 자부자(子不子) 부불부(夫不夫) 부불부(婦不婦)'였다. 이것은 인간 각자가 맡은 책임과 의무가 모두 값지고 귀한 것인데, 이를 인위적으로 차등을 둔 데서 세상의 도덕과 윤리가 끊어지고말았다는 것을 의미한다. 이제 '유시부 유시처(有是夫 有是妻)'의 새로운 윤리와 도덕을 세워야 하는데, 이것은 가화적 수신제가에서 출발해야만 가능하다고 했다.

---

15) 《東經大典》, 〈道修詞〉, 101～117행.

유의유식하는 귀공자를 흠선해 하던 부인 박씨는 수운의 포덕을
받은 뒤 감당할 수 없는 희열에 가득 찼다. 그날부터 부인은 수운
과 마주앉아 희희낙담만을 했다. 〈교훈가〉에서는 이러한 부인 박씨
의 태도를 다음과 같이 표현하고 있다.

노처의 거동보소
묻는 말은 대답잖고
무릎 안고 입 다시며
세상 소리 서너 마디
근근히 끌어내어
천정만 살피면서
꿈일런가 잠일런가
허허 세상 허허 세상
다 같은 세상 사람
우리 복이 이러한가
한울님도 한울님도
이리 될 우리 신명
어찌 앞날 지낸 고생
그다지 시키신고
오늘이사 참말이지
여광여취(如狂如醉) 저 양반을
간 곳마다 따라가서
지질한 그 고생을
뉘로 대해 그 말하며
그 중에 집에 들면
장담같이 하던 말이
그 사람도 그 사람도
고생이 무엇인고
이내 팔자 좋을진대
희락은 벗을 삼고

고생은 희락이라
잔말 말고 따라가세
공로할 내 아니라.[16]

수운의 가화론은 유교적 속박 속에서 억눌려왔던 여성들에게 새로운 삶의 의미를 찾게 했다. 여자에 대한 포학과 압제의 상징이었던 시부모와 남편으로부터 한울님 모시는 똑같은 인간이라는 대우를 받을 수 있다는 놀라운 사실을 알게 되었다. 또한 부녀들도 입도하여 수련하기만 하면 도성덕립의 군자가 될 수 있다는 평등관을 갖게 했다. 이것은 인간 존엄성에 대한 위대한 각성이며, 또한 여성해방의 높은 기치이기도 하다.

그러나 당시는 아직 부녀들을 직접 만나 포덕할 수 있는 시대적 상황이 아니었던 만큼, 부녀들의 수도를 위해서는 간접 포덕을 하지 않을 수 없었다. 그리하여 부녀와 그 밖의 농민 대중의 수도서로서 쉽게 읽고 이해할 수 있는 가사체의 〈안심가〉, 〈교훈가〉, 〈수도사〉 등을 순 국문으로 지어 읽게 했다. 그 결과 포덕 3년 만에 '경주 부근 읍에서는 비록 점사(店舍)의 부녀나 산곡의 아동까지라도 시천주를 염송치 않는 자가 없다'[17]고 할 만큼 교세가 확대되었다. 동학교세의 확대는 남녀평등 의식 고양의 확대이기도 한 것이다.

3. 해월의 부화부순론과 〈내수도문〉

(1) 해월의 평등사상

수운의 가화론을 더 발전시켜 동학을 믿는 농촌사회에 근대적인

---

16) 《東經大典》, 〈敎訓歌〉, 229~256행.
17) 吳知泳, 《東學史》, 20쪽.

남녀평등사상을 정립시킨 이는 2세 교조 해월 최시형이다. 해월은 입도 뒤 35년 동안 《동경대전》과 〈용담유사〉가 들어 있는 보따리를 짊어지고 전국 곳곳을 누비면서 지하 포교활동을 했으며, 교리를 정립하고 교단 조직을 확대해갔다.

해월은 5세에 어머니를, 12세에 아버지를 여의어 일찍이 천애의 고아가 되었다. 그는 자신의 생계를 먼 친족에 의탁한 채 남루한 차림으로 입에 풀칠을 하는 정도의 가난한 어린 날을 보냈으며, 17세가 되어 조지소(造紙所)에서 일하게 되면서 겨우 자신의 생계를 도모하게 되었다. 해월은 본래 불로소득을 혐오하는 근실한 성품을 지니고 있었다. 조지소에서 일할 때 어려서 과부가 된 그 동리의 돈 많은 오씨로부터 구혼을 받았으나 '남의 덕으로 말미암아 졸부됨이 상서롭지 못하다'고 하면서 완곡하게 거절했다. 이것은 그의 성품이 천성적으로 맑고 곧으며 깨끗했음을 말해주는 것이다. 19세에 밀양 손씨를 맞아 비로소 가정을 꾸몄다. 해월은 고아로 성장하여 학문을 접하지는 못했으나 그의 성실하고 근면한 인품은 늘 중망(衆望)을 얻어 28세에는 자기가 사는 방(坊)의 집강(執綱) 소임을 맡기까지 했다.[18]

35세에 동학에 입도한 뒤 매월 서너 차례씩 수운을 찾아가 설교를 듣고 의범(儀範)을 배웠으며, 집에 있을 때는 문을 가리고 명상과 극기로써 도를 닦았다.[19] 해월은 천성이 근면하고 성실하며 순박하고 경건했기 때문에, 그의 정진하는 신심은 다른 제자들이 따를 수 없었다. 그는 수운의 가르침을 완전하게 받아들여 이것을 더 완성된 사상으로 체계화했으며, 자신의 주장만을 내세우려는 오만함이 절대 없었다.

해월은 자기의 주위에 있는 모든 사람과 사물을 자신의 도심을 완숙시키는 한울로 인식하여 그 가르침을 받아들였다. 그는 겸허한

---

18) 海月의 得道前 生涯에 관한 것은 《天道敎創建史》 第2編, 1~2쪽을 참고했다.
19) 《天道敎創建史》 第2編, 2쪽.

자세의 중요성을 논하면서 아울러 봉건사회 질서를 무너뜨리려는
의식이 점차 성장하고 있는 농민 대중들에게 그들로 하여금 생명
과 생이 얼마나 귀중한 것인가를 일깨우고자 노력했다. 또한 타인
의 생명과 인격이 자신의 것과 똑같이 중요한 것임을 농민 대중들
이 인식할 수 있도록 많은 법설을 했다. 벽을 향해 절을 하는 기존
의 제사 관습은 부당하며 제사 차림이 자신을 향하도록 하는 것이
마땅하다는 향아설위론(向我設位論)은 바로 살아 있는 자신이 세상
에서 가장 귀중한 존재임을 강조한 것이다.

　자기의 지위를 높이고 사회적인 모든 이익을 독점하기 위해 마
련되어 있는 유교적 신분제도에 대해서 해월은 신랄한 비판을 하
고 이를 타파해야 한다고 주장했다. 당시 그의 도를 배우기 위해
모여드는 사람들 가운데는 토반(土班, 잔반[殘班]) 계층이 가장 많았
다. 이들 토반들은 유교에 저항하는 농촌의 준지도층이라고 할 수
있다. 이들에 대한 의식 계발은 곧 농촌 대중의 의식을 계발시킬
수 있는 매개체의 기능을 갖는다. 특히 이들은 유교의 학문적 소양
을 갖춘 덕에 사고력과 비판력이 날카로와, 그들의 세미한 지식이
때로는 해월 자신에게 영향을 주었다. 그러므로 동학의 교단 조직
당시 이들 토반들이 주로 동학의 직임을 맡게 되었다. 그러나 동학
지도층 인물들 가운데는 아직도 전 시대의 인식을 완전히 벗어나
지 못한 사람들이 많았다. 토반 신분이 아닌 상민 남계천(南啓天)에
게 해월이 편의장(便義長)의 직임을 맡기자 도인들이 낙심하여 그
의 직임을 철회해줄 것을 해월에게 요구했다. 그때 해월은 '반상(班
常)의 구별은 망국의 근본이고 적서의 구별은 망가(亡家)의 근본이
므로 우리 나라의 이 양대 고질을 혁파해야 태평성대에 이르게 된
다'고 주장했다.[20]

─────────────

20) 東學宗團協議會編, 《海月先生法說註解》, 332쪽. 海月의 法說은 《天道敎創建
　　史》·《東學史》·《天道敎會史草稿》·《新人間》·《侍天敎歷史》 등에 나오는데, 純
　　漢文 또는 國漢文으로 記述되어 있고 또 意譯만 한 것들도 있다. 東學宗團協

부패하고 낡은 유교제도 속에서 고난과 속박을 당하는 인간을
어떻게 해방시킬 것인가 하는 것이 동학의 근본 이념이요 해월의
사상인 것이다. 해월은 이를 실천하기 위해서는 무엇보다 먼저 민
중의 의식 계발이 이루어져야 하므로 종교적 차원에서 민중 계발
에 노력했던 것이다. 이런 점에서 해월은 조용하고 겸허한 의식의
혁명가라고 할 수 있다. 동학의 근본은 자신을 겸허하게 하고 상대
방을 한울로 공경하는 인간 존중의 실현에 있다. 그러나 유교적 사
고와 생활유형이 지배되고 있는 사회에서 인간평등 이론을 실천하
기란 결코 쉬운 일이 아니다. 19세기 후반, 동학 교세가 농촌 대중
속으로 힘있게 뿌리내릴 수 있었던 것은 '인즉천(人卽天)'관에 입각
한 인간평등사상 때문이었다. '수심정기'하기만 하면 누구든 군자가
될 수 있고 누구든 무병장생할 수 있다고 하는 것은 부패한 치자들
에게 압박과 서러움을 당하던 농민들에게는 더없는 복음인 것이다.
　해월은 천과 인이 완전히 동격이라고 했다. 그리하여 '사람이 곧
한울이오〔人是天〕 한울이 곧 사람〔天是人〕'이니 '사람 외에 한울이
없고 한울 외에 사람이 없다〔人外無天 天外無人〕'[21]고 하는 '사람＝한
울' 관계를 통해 성별이나 사회적 지위의 고하를 막론하고 인간은
누구나 절대적으로 동등한 인격적 대우를 받아야 한다고 가르쳤다.
'인시천'의 구체적 방법은 '사람 섬기기를 한울과 같이 하라〔事人如
天〕'는 것이며, 이는 지극히 겸허한 자세를 갖지 않고는 행해질 수

議會에서 편찬한 《海月先生法說註解》는 海月의 法說을 거의 망라한 것이어
서 海月法說은 이 자료에 의거한 것이다. '所爲兩班之別은 人之所定也요 道
之職任은 天主之所使也니 人豈可以能天定之任撤回乎아 唯天은 無別班常而賦
其氣寵其福也요 吾道는 輪於新運而使新人으로 更定新制班常也니라. 自此後之
別로 吾道之內는 一切勿別班常하라. 我國之內에 有兩大弊風하니 一則嫡庶之
別이오 次則班常之別이라 嫡庶之別은 亡家之本이오 班常之別은 亡國之本이
니 此是吾國內痼疾也니라 吾道는 頭目之下에 必有百勝之大頭目이니 諸君은
愼之하라 相互以敬爲主하여 勿爲層節하라 此世之人은 皆是天主生이니 以使
天民之以後라야 可謂太乎也니라.'
21)《海月先生法說註解》, 42쪽.

도 이루어질 수도 없다고 설파했다. 해월은 대인론(待人論)에 관한 한 설법에서 다음과 같이 말했는데, 이는 '사인여천(事人如天)' 실천의 어려움을 잘 표현한 것이다.

　　사람이 곧 한울이니 사람 섬기기를 한울같이 하라. 내 여러분을 보니 스스로 잘난 체하는 자가 많으니 한심한 일이요 도에서 이탈되는 사람도 이래서 생기는 것이니 가통한 일이로다.[22]

(2) 부화부순과 주부의 일가주인론

유교사회에서 부인과 며느리와 어린이는 인격적 대우를 받지 못하는 대표적 존재이다. 유교적 가부장 체제가 이루어진 이래로 가장의 권리는 절대적이어서 그 휘하의 모든 가족은 그의 지배를 받아야 했다.[23] 가장의 절대권으로 인해 지아비가 처에게 명령하고 지배하는 것은 천부의 권리로 규정되었고, 아울러 처에 대한 포악한 학대조차도 가장의 권리로 여겨지게 되었다. 그리고 신하가 임금에게 충성을 맹세하듯 처가 부에게 충성을 맹세하여 부를 위해 목숨을 버리는 것이 사회적 미덕인 것처럼 조장되었다. 이 같은 부부간의 유교적인 지배·복종 관계가 혁파되지 않는 한 '인시천'의 동학 이념은 실천될 수 없는 것이다. 아울러 지배·복종의 종적 부부 관계를 평등한 횡적 부부 관계로 바꾸기 위해서는 의식의 대변혁이 있어야 한다. 동학 도인이란 곧 봉건적 의식과 결별한 신인간을 뜻하는 것이다. 수운이 동학의 이념을 '가화'에 둔 것도 봉건적 사회개혁의 기초가 봉건적 가족제도의 표본인 종적 부부관의 혁파

---

22) 《海月先生法說註解》, 87쪽. '人是天이니 事人如天하라 吾見諸君하니 自尊者 多矣라 可嘆也요 離道者 自此而生하니 可痛也로다.'
23) 《經國大典》의 〈刑典〉 告尊長條에서 '子孫妻妾奴婢告父母家長 除謀叛逆反외 絞 奴妻婢夫告家長者 杖一百流三千里'라 한 것은 家長의 절대적 權限을 잘 표현한 것이다.

에서 출발해야만 가능하다고 생각한 데서 주장된 것이다. 가정은
인격 형성의 첫번째의 도장이다. 가정 밖의 사회제도가 아무리 외
형적인 개혁을 이룬다고 하더라도 가정 안에서 그에 준하는 개혁
이 일어나지 않고는 무위로 돌아가고만다. 그것은 근대교육학에서
유아교육을 중시하는 논리와 일치되는 것이다. 그러므로 해월은 수
운의 가화론을 '부화부순'으로 정립했으며, 제자들에게 '부화부순을
우리 도의 제일 종지'라고 밝히고 '도의 통불통은 모두 내외가 화
하느냐 불화하느냐에 있다'고 했다. 부부를 우주만물 형성의 기초
로 보는 것은 유교와 마찬가지이다. 부부가 화순하면 천지가 안락
하고 한울이 반드시 감응하다고 법설했는데, 유교와 다른 점은 평
등적 관계를 가져야 한다는 것이다.[24]

그러므로 부화부순은 강압과 위압이 전제되는 유교의 부창부수
와는 전적으로 다른 것이다. 부화부순하기 위해서는, 첫째로 지아
비의 유교적인 가장으로서의 권위의식이 타파되어야 하고, 둘째로
가정경영의 주임자인 부인의 주인의식이 확립되어야 한다. 해월은
전자의 실천 방법을 다음과 같이 논했다.

　여인은 편성(偏性)이라 혹 성을 내어도 그 지아비된 자가 마음과
정성을 다해 절을 하라. 한 번 절하고 두 번 절하며 온순한 말로 성
내지 않으면 비록 도척(盜跖)의 악이라도 반드시 화할 것이니 이렇
게 절하고 절하라.[25]

---

24) 《海月先生法說註解》, 128～132쪽. '內外和順則 天地安樂하고 父母喜悅하며
內外不和則 天大惡之하고 父母震怒矣니 父母 震怒는 卽天地之震怒也니라',
'天地安樂之微妙는 難見이나 震怒之象은 當場易見이니 大惶大悚也로다', '夫婦
和順則 天必感應하여 一年三百六十日을 如一朝過之矣리라', '男乾女坤이니 男
女不和則 天地不塞이요 男女和合則 天地泰和矣니 夫婦卽天地者之謂也니라.'
25) 《海月先生法說註解》, 134쪽. '女人은 偏性이라 其或生性이라도 爲其夫者 盡
心盡誠하여 拜之하라 一拜二拜하며, 溫言順辭로 勿加怒氣하면 雖盜跖之惡도
必入於化育之中이니 如是拜如是拜하라.'

편성이란 외골수의 성격을 말하는 것이다. 밖의 세상 일에 별로 접촉하지 못하는 부인은 자연히 성격의 편벽됨이 있음을 뜻하는 것이다. 부인으로 하여금 남편의 의사에 따르게 하는 종래의 방법은 가장의 권위와 강폭으로 무조건 복종하도록 하는 것이었다. 지성과 온언순사(溫言順辭)로서 절하고 절하는 것은 신하가 군왕에게, 자녀가 부모에게 하는 최대의 겸허한 태도이다. 유교 원리의 최고 미덕인 효는 이 같은 겸허한 정신 없이는 실천·실현될 수 없다. 공자는 부모에게 완순(婉順)하게 간하는 참된 자식의 도리를 다음과 같이 논하고 있다.

> 부모를 섬길 때 부모에게 어쩌다가 잘못이 있으면 마땅히 완순하게 간할지라. 가령 부모가 좇지 않는다 하더라도 더욱 공순하며, 그 뜻을 어기지 않을 것이며, 몇 번이라도 거듭 간하여 마음과 몸이 피로하더라도 원망하지 않을 것이니라.[26]

온언순사로 절하고 절하는 것은 마치 부모에 대한 효의 태도와 같은 것이다. 부인에게 권위과 강폭함으로 군림했던 지아비가 마치 부모에게 효하는 자식과 같이 겸손한 태도로 부인에게 임하지 않고는 동학의 도인이 되기 어렵다는 것이 해월의 남녀평등 논리이다. 이것은 남녀간의 절대 평등권을 실천하려는 해월의 높은 의지에서 나온 것이다. 해월은 자신이 이미 이를 실천하고 있음을 제자들에게 다음과 같이 말하고 있다.

> 누가 나에게 어른이 아니며 누가 나에게 스승이 아니리오. 나는 비록 부인과 어린아이의 말이라도 배울 만한 것은 배우고 스승으로 모실 만한 것은 스승으로 모시노라.[27]

---

26) 《論語》의 里仁條에서는 '事父母幾諫이니 見志不從하고 又敬不違하며, 勞而不怨이니라'고 했다.
27) 《海月先生法說註解》, 113쪽. '孰非我長이며 孰非我師리오 吾는 雖婦人小兒之

이전에도 지아비의 '스승'이 되는 현부가 없었던 것은 아니지만, 이를 감히 '스승'이라 하지 않고 내조라 했다. 해월이 여성을 내조로부터 '스승'의 위치로 끌어 올린 것은 근대여성운동의 성취에 대한 기약인 것이다.

여성의 인권이 형편없이 짓밟히는 경우는, 부부 관계에서보다는 오히려 시가 사람들과의 관계에서이다. 남의 며느리가 되어 시부모를 비롯한 시가 가족으로부터 받는 인간 이하의 학대, 그리고 효라는 명목으로 그러한 부모에 동조하는 남편의 멸시와 학대가 이중으로 겹쳐 이를 견디다못해 목숨을 끊는 며느리들이 허다하게 있었다. 며느리의 고된 인생은 우리 나라의 민요에도 잘 반영되어 있다. 해월은 이러한 며느리에게도 인격이 있으며, 그 인권은 무한히 존중되어야 함을 여러모로 강론했다. 1885년(을유[乙酉], 고종[高宗] 22년) 9월, 상주에서 각지 접주(接主)들을 모아놓고 설법하는 가운데 베를 짜는 청주의 서우순(徐虞淳)의 며느리에 관해 다음과 같이 문답한 바 있다.

> 내 일찍이 서우순의 집을 지내다가 그 자부(子婦) 직포(織布)의 성(聲)을 듣고 서군(徐君)에게 묻되 군의 자부가 직포하느냐 천주가 직포하느냐 함에 서군이 나의 말을 불변(不卞)했나니 어찌 서군뿐이리오.[28]

이 법설은 인간 권리의 중요함을 특히 강조하기 위해 인권이 가장 짓밟히고 있는 며느리를 예로 든 것이다. 해월이 '도가에 사람이 오면 한울님이 강림하셨다고 하라'[29] 하고 말한 것이나 또는 '사

言이라도 可學而可師也로다.'

28) 《天道教創建史》, 第2編, 36쪽 ; 《海月先生法說註解》의 92쪽을 보면, 織布聲을 듣고 海月이 徐君에게 '彼誰之織布之聲耶'하니 徐君이 對曰 '生之子婦織布也이라어늘' 又問曰 '君之子婦織布 眞是君之子婦織布也' 하니 徐君이 '不卞吾言矣리라. 何獨 徐君耶아'라고 했다고 한다.

람을 대하고 물건을 접함에 반드시 잘못한 것을 숨기고 잘한 것으로 주를 삼으라[30] 하고 말한 것은 지상의 인간 권리를 평등하게 보유해야 함을 논한 것이다.

오랫동안 가정은 여성의 세계요 사회였다. 그러나 전통적 가족제도 아래에서는 부(父[夫])가 가정의 주인이었고 부녀는 그들 명령에 추종하는 종속적 지위만을 지켰다. 가정의 실질적인 주인은 사실 주부이다. 그럼에도 가정 안에서조차 주부는 종속적 지위밖에 차지할 수 없었다. 동서양을 막론하고 가정경영권은 주부에게 있었다. 《구약성경》의 〈잠언〉 31장[31]을 보면, 현숙한 부녀형은 근면·성실하고 희생적이며 생산적인 여성이다. 옛 문집 가운데 자친이나 부인을 추모하는 제문과 묘지명 또는 행장에 나타난 우리 나라의 현부는 《성경》 속의 현숙한 여인과 근본적으로 다를 것이 없다.[32]

한집의 주인이면서도 실질적으로 주인의 대우를 받지 못하는 부인에 대해 해월은 서슴 없이 '부인은 한집의 주인'이라고 했다. 그리고 주인이 되는 이유를, '부인은 음식을 장만하고 의복을 만들어 주고 영아를 양육하고 손님을 접대하고 제사를 받드는 역을 모두 감당하기 때문'이라고 했다.[33] 만일 주부가 음식을 무성의하게 장만하면 한울이 반드시 감응하지 않을 것이며 또 무성의하게 육아를 하면 아이가 충실하지 못할 것이니,[34] 동학의 대본을 부인수도에 두는 것은 이런 것 때문이라고 했다. 이것은 부인의 책임이 특히 막

---

29) 《海月先生法說註解》, 92쪽.

30) 같은 책, 97쪽.

31) 《구약성경》, 〈잠언〉, 31장 10~31절.

32) 朴容玉, 《李朝女性史》(春秋文庫 18), 韓國日報社, 1976, 32쪽.

33) 海月은 主婦들의 主人論을 다음과 같이 두번이나 法說하고 있다 : ① '婦人은 一家之主也니라 敬天也 奉祀也 接賓也 製衣也 調食也 生産也 布織也 皆莫不由於婦人之手中也니라'(《海月先生法說註解》, 131쪽), ② '婦人은 家之主也라 爲飮食 製衣服 育嬰兒 待賓奉祀之役을 婦人이 堪當矣니'(《海月先生法說註解》, 335쪽).

34) 같은 책, 335쪽.

중함을 논한 것인데, 또 다른 설법에서는 '부인이 불민하면 매일 세 가지 짐승(소·양·돼지)으로 한울을 봉양해도 한울이 반드시 감응하지 않는다'고도[35] 했다. 부인의 불민함이란 종래의 부인관에 얽매인 채 자신의 인격을 짓밟히고 있는 낡은 의식의 여성을 의미하는 것이다. 해월이 종속적 위치에 있는 부인을 주인의 위치로 올려 주인의식을 갖게 한 것은 우리가 특히 주목하지 않을 수 없는 일이다. 이것은 분명 성의 혁명이요 유교질서 사회의 대변혁인 것이다. 해월은 머지 않은 미래 사회에는 남녀동권이 이루어지고 여성능력이 사회 발전에 크게 기여할 것임을 다음과 같이 예언하고 있다.

> 이 이후부터는 부인으로 도통하는 자가 많이 나올 것이다. 이것은 일남구녀(一男九女)를 비유한 운이니 과거 시절에는 부인이 압박받았으나 지금의 이 운을 당해서는 부인 도통(道通)으로 활인(活人)하는 자가 또한 많을 것이다. 이것은 사람이 모두 어머니의 포태(胞胎) 중에 나서 자라는 것과 같은 것이다.[36]

부인도통으로 활인한다는 것은 여성의 사회 활동을 뜻한 것이다. 해월은 서구의 남녀평등사상의 영향과 전혀 무관하게 여성개화사상을 제창한 진정한 여성운동의 선구자라고 하지 않을 수 없다.

한울님(=인간)을 창조하고 양육하는 여성이야말로 우주 창성의 근원인 것이다. 인류의 역사를 돌이켜볼 때 여성을 한울로 공경하라고 한 사람이 일찍이 어디에 있었던가! 해월의 사상은 여성에 대한 남성의 압제가 이제 물러서야 할 때이며, 여성의 능력이 인류 사회의 발전을 위해 활용되어야 할 때임을 주장한 것이다. 이것이

---

35) 같은 책, 133쪽. '婦人不敏이면 雖日用三牲之養이라도 天必不應也니라 夫婦 不和면 子孫이 零落이니라.'

36) 같은 책, 335쪽. '自此以後로 婦人道通者多出矣리라 此는 一男九女而比之運 也니 過去之時는 婦人壓迫이나 當今此運하여는 婦人道通으로 活人者 亦多矣 리니 此는 人皆是母之胞胎中 生長者如此也니라.'

곧 해월의 내수사상이다. 내수사상은 서구적 남녀평등권사상의 영향을 전혀 받지 않은, 우리 민족 발전의 주체 속에서 창성하고 생장한 여권사상인 것이다.

(3) 〈내수도문〉의 찬제와 내용

① 찬제 연기

해월은 자기를 따르는 동학 도인들에게 부녀의 인격을 존중해야 함을 여러 각도로 법설했지만, 이는 어디까지나 부인수도를 간접적으로 포덕하는 데 지나지 않는 것이다. '내외의 화불화가 동학의 근본 종지'라면 해월 자신이 부녀 대중에게 수도의 근본 정신과 방법을 직접 법설하지 않으면 안 된다. 부녀에 대한 간접 교육으로는 불민한 부인의 의식과 위치를 쉽게 바꿀 수 없다. 부인 불민이 도의 성립에 미치는 제일 큰 문제는 포태와 자녀 양육이다. 해월은 인간의 시천주의 시기가 포태한 그때부터라고 보았다.[37] 아이가 출생한 처음에는 모두 성인이요 대인인데, 그 기질의 강함과 유함이 달라 생후 물욕에 차차 가리워지면 천성(시천주의 상태)은 날로 어두워지고 인심은 강박해져 천성을 어기게 된다[38]는 것이다. 그러므로 포태와 양육의 담당자인 부인의 기질을 먼저 화하지 않으면 안 된다는 것이다.

해월의 그 사상은 높고 깊지만 그는 무학인이었다. 그러므로 자신의 도론을 글로 표현할 만한 여건이 되지 못했다. 지금 남아 있는 그의 각종 법설은 제자들에 의해 구전·기술된 것들이다. 그러한

---

37) 같은 책, 151쪽. '經에 曰 侍者는 內有神靈하고 外有氣化하여 一世之人이 各知不移者也라 하시니 內有神靈者는 落地初赤子之心也요 外有氣化者는 胞胎時 理氣應質而成禮也니라.'
38) 같은 책, 233쪽. '兒生厥初 孰非聖人이며 孰非大人이리오마는 衆人은 蚩蚩하여 心多忘失이나 聖人은 明明하여 不失天性하고 仍以率性하며 與天同德하고 與天同大하고 與天同化하나니 天地所爲를 聖人이 能焉이니라.'

해월이 부인수도의 시급함을 절감하고 은피(隱避)의 어려운 생활 속에서 손수 부인수도를 위한 부인경전인 〈내칙〉과 〈내수도문〉을 지어 전국 교도들에게 반포해 부인들에게 수련생활의 길을 열어준 것은 여성에 대한 그의 더없는 인간다운 사랑 때문이다.

〈내수도문〉의 찬제 연도는 동학관계 자료들에 각기 달리 기록되어 있어, 여기서는 《동학사》·《천도교창건사》·《천도교회사초고》·《시천교역사》를 중심으로 그 정확한 찬제 연기를 추적하고자 한다. 이 찬제 연기 문제는 한국 근대 여성사에 중요한 의미를 갖기 때문에 여기서 고찰하려는 것이다.

오지영(吳知泳)의 《동학사》에 나타난 연기는 1888년 3월이다. 《천도교창건사》에는 1889년 11월로 되어 있다. 또 《천도교회사초고》와 《시천교역사》에는 1890년 11월로 기술되어 있다.

정확한 찬제 연도를 추적하기 위해서는 찬제 전 해월의 행적을 먼저 살펴볼 필요가 있다. 《동학사》[39]에 따르면, 1888년 정월에 해월이 전주 지역을 순회하고 도제 10여 사람과 삼례(參禮)역 이몽노(李夢老)의 집에 들었는데, 마침 2인 분의 식사밖에 없어 이것을 심고(心告)하고 밥을 푸자 10여 명의 식구가 다 함께 먹게 된 영적이 나타났으며, 3월에는 수운의 기진기도식(忌辰祈禱式)을 마치고 도제들에게 관의 지목이 있을 것이니 조심하라 일렀는데, 과연 제자들이 여러 사람 체포되고 해월도 체포될 위기에 처해 괴산(槐山)·간성(杆城) 등지로 몸을 피해 전전했다. 이같이 피화하는 가운데 금산군(金山郡) 복호동(伏虎洞)에 은거하게 되었고 여기서 〈내수도문〉을 지어 반포했다고 한다.

《천도교창건사》[40]에 따르면, 수운의 조난(遭難)기도식을 마치고는 도제들에게 지목이 크게 일어날 것을 논한 것이 1888년이고 그 이듬해(1889년) 7월에는 해월이 육임소(六任所)를 임시 해산하고 괴산

---

39) 《東學史》, 66쪽.
40) 《天道教創建史》 第2編, 40쪽.

군(槐山郡) 신양동(新陽洞)에 은거했다. 그때 관의 수배가 심해 도인 여럿이 체포되자 해월도 지목을 피해서 인제군(麟蹄郡) 김연호(金演鎬)의 집에 피신했는데, 포졸이 뒤따라 오자 다시 간성의 김하도(金河圖) 집으로 이거했다가 그 해 11월에 경상도 금산군 복호동의 김창준(金昌駿) 집에 이르러 숨어 있으면서 〈내수도문〉을 지어 각 포에 보내었다고 한다. 《천도교회사초고》[41]는 활자화되지 않은 철필서본이다. 이에 따르면, 삼례에 있는 이몽노의 집에서 밥 영적이 있었던 것은 1881년 1월이고, 2~3월에 수운의 25회 기도식을 마친 뒤 도제들에게 지목을 피하도록 이르고 각 포에도 숨어 있을 것을 포유(布諭)했으며, 이 달에 손병희의 누이동생과 결혼을 했다. 1899년에는 지목이 심해 이를 피해서 괴산·인제·간성으로 옮겨 다니다가 간성의 김하도 집에서 겨울을 났으며, 1890년에도 지목이 심해 인제로 대피했다가 충주와 양구로 피했고, 양구와 간성을 순회해서 인제로 돌아왔다. 그가 새소리를 듣고 종제들에게 '이것이 곧 천주의 소리'라고 하며, 천지만물이 모두 한울님의 기묘한 속성을 갖추고 있음을 설법한 것도 바로 이때로 기록되어 있다. 이 해 8월에 공주에서 손부인을 맞아 동거하고, 9월에는 청주 금성동(金城洞)으로 옮겼으며, 11월에는 경상도 금산군 복호동 김창준 집에 가서 여기서 〈내수도문〉을 지어 각지에 반포했다고 한다. 《시천교역사》[42]를 보면, 1888년에 시인(時人)의 지목이 있으니 교도 내왕을 엄금하게 하고 1889년에는 육임을 권파(權罷)하고 괴산에서 간성으로 가 겨울을 났다고 한다. 새소리의 강론을 한 것이 1890년이며, 이 해 11월에는 경상도 금산군 복호동에 있는 김창준의 집에서 〈내수도문〉과 세칙 약간을 친히 찬제했다고 한다.

《시천교역사》와 《천도교회사초고》는 1920년에 간행되었고 《천도교창건사》는 1933년에, 《동학사》는 1938년에 간행되었다. 《교회

---

41) 《天道敎會史草稿》(《東學思想資料集》 1), 亞細亞文化社 影印刊, 1980, 434쪽.
42) 《侍天敎歷史》(《東學思想資料集》 3), 582~584쪽.

사초고》는 1920년 천도교 청년교리 강연부에서 교리 강의안으로
작성한 것이라고 하며 《천도교회창건사》 서술의 근간이 되었다고
한다.

〈내수도문〉의 찬제 연도를 1888년으로 기록한 《동학사》는 그 서
술 체제를 볼 때 대체로 해월과 도제의 행적을 해마다 기술해나가
고 있다. 그런데 동학인 체포령 때문에 이곳저곳으로 피왕(避往)하
던 1888~1890년의 기사는 지극히 소홀히 다루었고 또 1889년분이
분류 기술되지 않은 채 1888년에서 1890년으로 넘어갔다. 어쩌면
피왕 경위가 복잡해서 그것을 자세히 기술하기가 어려웠기 때문인
지도 모르겠는데, 간략히 기술하는 과정에서 1889년분이 빠지고 그
것이 마치 1888년도의 행적인 것처럼 섞여 서술된 것이 아닌가 생
각된다.

《천도교회사초고》와 《시천교역사》에는 1888~1890년까지의 행
적 사실들이 상세히 기술되어 있고 그 피왕 경위도 대개 서로 들
어맞고 있다. 두 자료 가운데 더 자세한 쪽은 《천도교회사초고》
편이다. 그러므로 이 자료에 의하여 〈내수도문〉 찬제까지의 피왕
경위를 살펴보면 다음과 같다.

　　괴산(1889년 7월)→인제 김현경(金顯卿)의 집(같은 해 10월)→간
　성 김하도의 집(여기서 겨울을 보냄)→김연국의 집(1890년 1월)→인
　제 이명수(李明秀)의 집(같은 해 2월)→충주(같은 해 3월)→양구 길
　윤성(吉允成)의 집(같은 해 4월)→김연석(金演錫)의 집(같은 해 5월)
　→양구·간성을 순회해 인제 이명수의 집(같은 해 7월)→김연국 등과
　공주 윤상오(尹相五)의 집(같은 해 8월)→청주 금성동(같은 해 9월)
　→경상도 금산군 복호동 김창준의 집(같은 해 11월)에서 〈내수도문〉
　찬제.

지목을 피해 여기저기 피왕할 때면 늘 도제 김연국과 동행했다.

아름다운 새소리를 듣고 천주의 조화가 아닌 것이 없다는 천지만 물일기(一氣)론을 강론하고 향아설위의 향사의(享祀儀)를 강론한 것이 모두 1890년이며, 이 놀라운 새 진리를 더불어 논한 것이 김연국이었다. 그러므로 김연국은 1889~1890년에 해월을 옆에서 모신 도제였다. 그 김연국의 주재로 《시천교역사》가 찬제되었는데, 이 《시천교역사》와 《천도교회사초고》에서의 해월의 피난 다니던 경위가 대체로 같다면 이 두 자료를 기초 자료의 하나로 볼 수 있겠다.

새소리를 천주의 소리로 이해하게 된 것은 그의 우주관 내지 신관(神觀)의 일대 진전인데, 이와 같은 그의 신앙의 성숙이 피왕의 초조 속에서 오히려 부녀수도의 길을 속히 열어주어야겠다는 생각을 재촉하게 된 것으로 보인다. 〈내수도문〉 가운데 우마육축(牛馬六畜)을 학대하지말고 나무의 순을 꺾지말라는 등의 자연애호사상이 보인 것은 천지만물에까지도 한울님이 조화한다는 범신론적 시천주관을 반영한 것이라 생각된다.

해월과 동고했던 도제 김연국의 주관으로 편찬된 《시천교역사》는 김연국 주변의 많은 자료를 반영한 것인 만큼 편년순(編年順)이 오히려 정확할 것이다. 또 《천도교창건사》의 1889년 3월의 수운조난기도식(水雲遭難祈禱式)이 25회째인데 29회로 잘못 기술되어 있는 것 등으로 보아도 〈내수도문〉 찬제 연기는 《천도교회사초고》와 《시천교역사》에 기술된 1890년 11월로 보는 것이 타당하다고 생각된다.

② 〈내칙〉과 〈내수도문〉의 내용

《천도교회사초고》, 《동학사》, 《천도교창건사》를 보면, 경상도 금산군 복호동 김창준의 집에 은거하여 〈내수도문〉을 지어 각 포에 분포했다고만 나와 있다. 그러나 《시천교역사》에서는 '〈내수도문〉 및 〈세칙〉을 친히 지어 각 포에 반시(頒示)했다[親製內修文及細則頒示各包]'라는 강(綱) 아래 다음과 같이 기술하고 있다.

11월, 스승이 경상도 금산군 복호동 김창준의 집에서 내수도문 및 세칙 약간을 친히 지어 국문으로 번역해 일반 교인 집에 돌려 보게 했다. 모두가 스승이 집을 바르게 하는 근본을 가르치려 한 때문이다 〔十一月 師在慶尙道金山郡伏虎洞金昌駿家 親撰內修道文 及細則略干 以國文譯之 輪示於一般教家 皆以師教爲正家之本故也〕.[43]

즉, 〈내수도문〉과 〈세칙〉을 친히 찬술했으며, 이것을 국문으로 번역하고 일반 교인 가정에서 돌려보도록 하여 해월의 가르침에 따라 집안을 바로잡는〔正家〕 근본을 삼게 했다는 것이다. 국문으로 번역했다는 것은 국문 이전에 한문본이 있었음을 뜻하는 것이다. 그러나 그 한문본이 어떤 것인지는 아직 입수하여 확인하지는 못했다. 또 동학 관련 자료들 속에 〈내수도문〉을 기술하고 있기는 하지만, 내용의 대강만 소개하고 있을 뿐 해월이 손수 찬제한 전문을 찾아보기는 어려운 실정이다. 그런데 다행히 1968년에 해월이 찬제한 원본과 가장 가까운 〈내수도문〉 전문을 규장각 도서 자료 가운데서 찾아볼 수 있었다.[44] 그 필사 연도는 '경자정월 초 십일(庚子正月 初 十日)'로 기록되어 있는데, 경자년은 1900년이다. 당시는 동학란 이후 동학에 대한 정부의 탄압이 아직 그치지 않아 각지에서 도인 다수가 체포되고 피살되던 때였다.

경자년본 〈내수도문〉에 따르면, 우선 〈내수도문〉을 크게 〈내칙〉과 〈내수도하는 법〉으로 구분했다. 《시천교역사》에서 '내수도문급 세칙약간'이라고 한 것의 세칙 일부는 곧 '내수도하는 법(세칙)'을 의미하는 것이라고 생각된다.

해월은 '천지조화가 다 이 내칙과 수도 두 편에 들었으니 부디 범연히 보지말고 이대로만 밟아 봉행'하라고 했다. 〈내수도문〉은

---

43) 같은 책, 584쪽.
44) 필자는 〈東學의 婦女規範 內修道文〉(《女性東亞》, 1968년 9월호)에서 발견한 자료 全文을 소개하고 해설했다. 庚子年에 筆寫된 것이어서 편의상 庚子年本 이라고 했다.

해월의 사상을 가장 정확하게 나타내주는 자료라고 할 수 있다.

〈내칙〉의 전문은 태교 관련 내용으로 이루어져 있다. 약 400여 자로 구성되어 있는데, 태중 산모의 섭생과 건강관리 및 정신생활 등을 다루고 있다. 옛부터 태교는 중요하게 인식되었기 때문에 태 중에 심신을 바르게 수련하는 행동거지의 갖가지 절제와 금기식 등이 전래되어 준수되고 있었다. 태교의 중요성은 인간 생성의 시 초를 태아로부터 보는 사상 때문이며, 인간 생명과 심성 발달을 지 극히 중요시하는 사상이다.

그러므로 생명을 존엄히 여기는 동양사상에서는 탄생 후 교육을 중요시하는 서양의 것 이상으로 태중 교육을 중요시해왔다.

동학에서는 특히 포태 중의 생명을 존엄시하여 시천주의 가장 근원적 형태를 태아시로부터 출발했다. 그런 만큼 첫 탄생한 유아 의 마음을 '내유신령자(內有神靈者)'라고 표현하고 있다.

> 모신다는 것은 안에 신령이 있고 밖에 기화가 있어 온 세상 사람
> 이 각기 옮기지 못할 것을 아는 것이다. 신령이 있다 함은 태어난 그
> 순간의 갓난아기의 반응이요, 밖에 기화(氣化)가 있다 함은 포태시
> (胞胎時) 이기(理氣)가 바탕에 응하여 체(體)를 이룬 것이다.[45]

또 천지부모론에서는, '천지즉부모(天地則父母)이고 부모즉천지(父 母則天地)'여서 천지와 부모는 일체이며 아울러 '부모지포태(父母之 胞胎)'는 곧 '천지지포태(天地之胞胎)'라고 하고 있다.[46] 이는 사람이 곧 작은 천지이므로 인간의 생명 성장의 시초가 얼마나 중요한가 를 논한 것이다.

해월의 양천설(養天說)도 포태하는 순간부터 시천주하므로 양천

---

45) 《海月先生法說註解》, 151쪽.
46) 같은 책, 23쪽. '天地則父母요 父母則天地니 天地父母는 一體니라. 父母之胞胎
   가 卽天地之胞胎니 今人은 但知父母胞胎之理하고 不知天地胞胎之理氣也니라.'

의 첫 단계를 포태시로 잡고 있다. 이처럼 해월은 포태시의 생명을 인간 생명의 원초로 보았던 것이고, 그 생명 성장의 첫 소임은 부인에게 있는 만큼 부인은 천지를 창조하는 근원이며, 아울러 부인의 수도는 동학의 근본이 되지 않을 수 없다는 것이다.

〈내칙〉에 제시된 태교의 첫째는 섭생이다. 포태되면 곧 일체의 고기 종류를 먹지말라고 했다. 심지어 생선이나 우렁이나 가재조차도 먹지말 것이며, 고기 냄새조차도 맡지말라고 했다. 육류를 제일의 금기식으로 한 중요한 이유는 '아무 고기라도 먹으면 그 고기가 기운을 타 사람이 나면 모질고 탁하다'는 데 있었다. 이것은 선(仙) 사상의 영향이라고 생각된다. 또 너무 찬 음식이나 너무 뜨거운 음식도 먹지말고 또 음식을 급히 먹지말라고 했다.

둘째는 마음가짐을 바르게 함(正心)이다. 태모의 정심은 성장하는 태아의 심리 형성에 절대적 영향을 미친다는 것이다. 그러므로 포태 1개월부터 정심의 몸가짐에 힘써야 한다. 앉고 눕고 서는 자세를 바르게 하는 것은 어느 태교에서나 일반적으로 준행되는 것이다. 기울어진 자리에 앉지말고 기대어 앉지말며, 잠잘 때는 반듯하게 눕고 설 때도 비스듬히 기대어 서지 않으며, 김치나 떡 같은 음식도 반듯하게 썬 것을 먹어야 하며, 다닐 때도 바른 길로만 다녀야 한다. 울 터놓은 데나 담 너머 또는 지름길과 같은 편법의 출입을 해서는 안 된다. 또 남을 흉보는 말을 해서는 안 되며 화를 내서도 안 된다. 마음을 바르게 한다는 것은 결국 외형의 행동과 직접 연결되는 것이므로 육체의 수련을 정신의 수련으로 승화시키는 것이다.

셋째는 태아와 산모의 건강 관리이다. 태모가 무거운 것을 들거나 머리에 무거운 것을 이면 아랫배에 힘이 주어져 유산 또는 태아의 성장 부진을 초래하게 된다. 그러므로 해월은 무거운 것을 이거나 들지말라 하고, 반면 가벼운 것일지라도 무거운 것을 들 듯이 신중하게 하라고 했다. 방아도 너무 힘들게 찧지말라고 했다. 주위 사람들이 태모를 위해주고 협조하지 않고서는 이 같은 〈내칙〉 실행을 할 수가 없는 것이다.

〈내칙〉 준행의 주목적은 문왕(文王)이나 공자(孔子) 같은 성인을 탄생시키기 위한 것이다. 해월의 〈내칙〉은 우리 나라 전래의 태교와 근본적으로 다른 점은 없다. 《여범(女範)》[47]의 태양지교(胎養之敎)를 보면, 부인이 임신을 하면 잠자리를 조용히 하고 깨끗하게 하며, 반드시 바른 자리에 앉고 앉을 때 기대지 않고 설 때 비스듬히 서지 않으며, 높은 사다리나 높은 곳에 오르지 않고 보고 듣는 것도 좋은 것만을 가려 하고 반듯하게 썬 음식을 먹어야 한다고 나와 있다. 또 금기 음식으로는 술·독약·균심(菌蕈, 버섯)·생강·마늘·나귀·양·거위·오리·비늘 없는 생선류 등을 들고 있다. 이는 고기 냄새조차 맡지 못하게 하는 동학의 예와 다소 다르다. 또 너무 기뻐하거나 크게 성을 내거나 몹시 두려워하거나 슬퍼해서도 안 되고 너무 힘들게 일해도 안 되며 혼수(昏睡)해서도 안 된다고 한다. 이것은 성정(性情)의 동함을 억제하여 심신을 편하게 함으로써 태아의 건강은 물론 태아의 심성까지도 건강하게 자라도록 하려는 것이다. 그러므로 태모로 하여금 법어(法語)나 조훈(祖訓)을 읽고 아름다운 시를 외우게 하라며 권하고 있다.

경자본(庚子本) 말미에 보면, 내수도하는 세칙이 7조목이라고 나와 있다. 조목 내용이 바뀔 때마다 '일(一)' 자 표시를 했는데, '일' 자로 표시한 것들을 세칙 조목으로 보면 경자본에는 6조목밖에 안 된다. 그러나 내용을 대별하여 분류하면 7조목으로 구분할 수 있다. 《동학사》나 《천도교창건사》 등에 따르면 〈내수도문〉을 6조목으로 분류해놓았는데, 〈내수도문〉에 명시된 대로 7조목으로 보아야

---

47) 《女範》은 아직 학계에 소개되지 않은 자료인데, 全編을 상편과 하편으로 구분하고 있다. 상편에는 原生·常德·敎育을, 하편에는 飮食·衣服을 다루었으며, 家常小方·救急雜方·霍亂集驗方을 부록으로 다룬 조선조 말기의 家庭規範書이다.

할 것이다. 경자본의 내수하는 법의 제1조목은 대인접물하는 동학
인의 정신과 태도를 논하고 있다. 즉, 부모에 대한 극진한 효, 남편
에 대한 극진한 공경, 자식과 며느리에 대한 극진한 사랑, 하인도
내 자식처럼 여기는 참된 인간애와 아울러 육축과 수목까지도 아
끼고 사랑하는 박애정신을 논한 것이다. 분노하는 부모님의 성품을
거스리지 않고 웃으며 대하는 것은 유교정신의 근간이 되는 효이
므로 효의 실천에는 별로 새삼스러울 것이 없다. 그러나 부모가 마
음대로 할 수 있다고 생각했던 어린아이도 한울님으로 모셨으니
아이를 때리는 것은 곧 한울님을 때리는 것이라고 보고, 이치를 모
르고 때리면 그 아이는 곧 죽을 것이라고 하고 있다. 아이를 때리
지말라고 한 데는 미물의 인격까지도 존중해야 한다는 해월의 평
등박애사상이 잘 나타나 있다. 어떠한 처지에 놓여 있는 인간일지
라도 인간 각자에게는 누구에게도 짓밟혀서는 안 되는 인권이 있
으며, 그 인권은 무한히 존중되어야 함을 강조한 것이다.

해월의 박애사상은 인간 문제에만 한정된 것이 아니라 인간이
몸담고 살며 또 벗하고 사는 천지만물에까지 확대된다는 점에서
큰 관심을 갖지 않을 수 없다. 육축을 아끼고 나무 상순을 꺾지말
라고 가르친 해월은 가히 자연보호운동의 선구자이다. 해월의 이
같은 사상은 물론 범신관(汎神觀)으로 해석할 수 도 있다. 해월이
도제에게 법설한 다음의 내용은 내수도법 제1조목의 내용을 가장
잘 함축하고 있다고 하겠다.

우리 사람이 태어난 것은 시천령기(侍天靈氣)로 태어난 것이요, 우
리 사람이 시천령기로 사는 것이니 어찌 유독 사람만이 시천주했다
이르리오. 천지만물이 다 시천주 아님이 없느니라. 저 새소리 역시
시천주의 소리니라. 만물이 나고 사는 것은 이 마음과 이 기운을 탄
뒤에라야 그 생성함을 얻나니 우주만물이 모두 일기 일심(一氣 一
心)으로 된 것이라.[48]

제2조목은 근대적인 위생사상을 실천하도록 가르친 것이다. '천지만물 중 시천주 아님이 없다'는 그의 범신관은 부녀들로 하여금 쉽게 위생관을 실천할 수 있게 했다. 땅도 천지 부모님의 얼굴이므로 설겆이한 더러운 물이나 가래·침·코 등을 함부로 땅에 버리지 말고 반드시 땅을 파묻으라고 한 것은 실로 놀라운 위생관이다. 그는 부녀들에게 땅에다 코를 풀고 가래침을 뱉는 것은 바로 한울님 얼굴에 뱉는 것과 같다고 했다. 이는 여성에 대한 가장 기초적인 교양을 가르친 것이기도 하다. 이 위생관은 1886년 4월에 이미 해월이 도제들에게 '금년에 반드시 악질이 대치하리니 특별히 치성을 하라. 집안을 정결히 하고, 음식을 맑고 담박하게 하고, 코나 침을 함부로 뱉지말라'고 가르쳤다는 점에서도 확인할 수 있는데, 그 해 6월에 과연 큰 유행병이 돌았지만 동학도인은 이에 걸리지 않았다[49]고 한다. 이것은 도제들에게도 일찍부터 위생관을 가르쳤기 때문이다.

제3조목은 언제나 심고(心告)를 하게 함으로써 수심정기(守心正氣)를 실행하게 한 것이다. 심고는 동학인이면 누구나 실천해야 하는 정신 수양의 중요한 생활규범이다. 부인의 심고는 부인의 일상생활 전부가 그 대상이 된다. 잠잘 때, 일어날 때, 물을 길러 갈때, 방아를 찧으러 갈 때, 반드시 심고를 하라 하는 것이다. 남이 보거나 보지 않거나 한결같이 절도 있는 생활을 하는 사람은 군자이다. 한울님이 항상 함께 하므로, 동학의 심고는 그에 대한 마음의 고함이다. 즉, 시천주의 확인인 것이다. 방아를 찧은 뒤에는 '몇 말 몇 되 찧었더니 쌀이 몇 말 몇 되 났습니다'라고 고하고 쌀통에

---

48) 《海月先生法說註解》, 153~154쪽. '吾人之化生은 侍天靈氣而化生이요 吾人之生活은 亦侍天靈氣而生活이니 何必斯人也 獨謂侍天主리오 天地萬物이 皆莫非侍天主也니라 彼鳥聲도 亦是 侍天主之聲也니라 萬物生生은 禀此心此氣以後라야 得其生成하나니 宇宙萬物이 總貫一氣一心也니라.'
49) 《東學史》, 65쪽.

쌀을 넣을 때도 '쌀 몇 되 몇 말 넣었습니다'라고 고하는데, 이 심
고는 무식한 농촌 부인들에게 절제 있고 규모 있는 생활을 자연스
럽게 실천하도록 하는 데도 큰 도움이 되었다.

제4조목은 음식 관리법이다. 《논어》에 따르면, 공자도 철저한 음
식 관리와 식사 관리를 했다고 한다. 식사는 정신과 몸을 기르는
근원이 된다. 공자의 식사 관리법을 보면, 조금이라도 상한 음식이
나 철 아닌 음식은 절대 입에 대지 않았다.

해월은 음식 관리와 양생(養生) 관리를 동일시했다. 그리하여 먹
던 밥이나 김치나 반찬 등을 새로 한 밥이나 새 김치 반찬들과 섞
지말라고 했다. 먹던 음식은 이미 부패 과정에 들고 있는데, 새 음
식과 합해버리면 부패 과정이 때로는 더 빨라지는 경우도 있다. 먹
던 음식은 따로 두었다가, 시장할 때 고하지말고 '먹습니다'라는 말
만 한 뒤 먹으라고 했다.

제5조목은 식사법에 관한 것이다. 밥할 때는 깨끗한 물에 쌀을
다섯 번 씻어 앉히고 밥을 해서 퍼낼 때는 국이나 장이나 김치나
한 그릇을 놓고 고하라고 했다.

제6조목은 금이 간 그릇과 이가 빠진 그릇에 음식을 담아 먹지
말고 살생을 하지말라고 했다. 식사법을 통해서 정결한 생활은 물
론 자신과 남의 인격을 높이는 태도를 기르게 한 것이다.

제7조목도 일종의 심고인데, 외출할 일이 있을 때는 반드시 외출
사유를 심고하고 남에게 무엇을 받을 때도 심고를 해야 한다는 것
이다.

해월은 내수도의 목적을 첫째로 무병장생에 두었고 둘째로 대도
를 통하는 데 두었다. 해월의 〈내칙〉과 〈내수도문〉은 동학부녀들
에게 생명의 존엄 및 평등과 사랑 그리고 여성 복지의 새 규범을
제시해준 것이다. 그 규범에는 근대성이 크게 빛나고 있음을 주목
하지 않을 수 없다.

4. 동학사상이 여성개화운동에 미친 영향

1894년 동학혁명 이후 동학인에 대한 박해는 더욱 심해졌다. 일본군의 지휘로 동학군에 대한 토멸작전이 행해질 정도였다. 최시형·전봉준 등 동학의 지도자들이 처형되자 동학 교세는 크게 흔들렸다. 그러나 그것도 잠시였으며 동학은 그 교세를 다시 떨치게 되는데, 가령 이종일(李鍾一)이 다음과 같이 말할 정도였다.

해월 교수형 이후 교세가 날로 증가 확장되었으나 지도인물이 없었다. 그러므로 옥파(沃坡) 선생이 동학에 자원 입도한 것은 위국적인 사세(事勢)로서 좋은 전망이다.[50]

그리고 그 교세는 도시까지도 확대되고 있었다. 또 동학의 위국적인 종지에 공명하여 젊은 개화지식인들은 동학사상을 실학사상 및 개화사상과 직접 연관되는 것으로 보았는데, 이에 개화운동에 앞장섰던 이종일·장효근(張孝根) 등의 인물이 입도해 활동했던 것이다.

특히 이종일은 '신문이란 문명개화를 촉진시키는 것'[51]이라고 하여 국민대중을 계몽시키기 위해서는 신문이 절대 필요하다고 역설했던 인물이다. 그는 국력 배양을 위해서는 '선창신문 후립학교(先創新聞 後立學校)'[52]라고 할 정도로 신문의 비중을 높이 두었다. 이런 이유로 그는 1898년 8월에 한글 전용의 《제국신문(帝國新聞)》을 창간했는데, 신문의 논조를 주로 부녀자층과 민중의 의식구조를 개혁하도록 계몽[53]하는 데 두었다. 그것은 민중계몽으로서만 개화의

---

50) 《默菴 李鍾一先生備忘錄》(以下 《默菴備忘錄》으로 略稱함), 1898年 12月 28日.
   '(孫秉熙)曰 海月絞首刑以後 敎勢日益增倍擴張 而指導人物難 故願沃坡先生入東學 則爲國的事勢 以好展望也.'
51) 《默菴備忘錄》, 1898年 5月 30日.
52) 《默菴備忘錄》, 1898年 6月 8·9日.

식을 고양시킬 수 있다[54]고 믿었기 때문이다.

그는 개화 문제 가운데 더욱 화급한 분야는 부녀자의 사회참여 운동과 부녀자해방운동[55]이라고 보았다. 그래서 《제국신문》을 통해 여성해방을 주장하여 큰 공헌을 했다. 그는 부인들이 얼굴을 내놓고 다니는 일과 기첩·창기·가희(歌姬)·서출녀 등의 문제에 관한 것을 논설로 많이 다루었다. 그를 비롯한 개화동학인들은 여성 자원이 국가 발전에 유용한 것이므로 이를 계발해야 한다고 생각했다. 그래서 이종일은 《제국신문》을 통해 여성을 옹호했으며, 또 만민 공동회(萬民共同會)운동과 찬양회운동에서 활약하는 여성들을 위해 스스로 여성회원의 홍보기관지[56]의 역할을 하겠다고 한 것이다. 아울러 《제국신문》은 부녀독자층을 광범위하게 확보했으며, 이를 통해 계몽에 크게 공헌 했다.

이종일은 개화사상과 반봉건적인 동학사상을 동일시하고 여성해방과 여성의 사회참여운동도 실은 동학운동을 조금 더 확대한 것이라고까지 했다.[57]

특히 여성인격을 존중하는 일은 모든 인간의 심성을 개발하는 것이라고 했는데, 이는 해월이 남자들로 하여금 자존하는 마음을 버리고 부인에게 일배 이배(一拜 二拜)하라고 한 것과 연관되는 것이다. 이종일에 따르면, 여성개화는 오로지 동학사상에서 기인하여 출발한 것이며, 심지어 1898년 9월에 여성해방을 절규하고 여성교육 문제를 제기했던 우리 나라 최초의 여성단체인 양성원의 운동

---

53) 《默菴備忘錄》, 1898年 8月 1日.
54) 《默菴備忘錄》, 1898年 8月 5日.
55) 《默菴備忘錄》, 1898年 8月 20日.
56) 《默菴備忘錄》, 1898年 11月 1日.
57) 《默菴備忘錄》, 1898年 12月 31日. '按東學問題 則余直好感又本開化思想之底力 益加東學 以解又叫女性之社會參與 故摘同余之帝國新聞社是 實爲女性之社會參與擴大必要 直結我國之開化文明發展策 東學深實爲彼寄與度 又東學軍之蜂起 則示反封建絶叫也.'

도 그 사상적인 맥락에서는 동학사상에서 기원을 찾아야 한다[58]고
한다.

이처럼 이종일은 동학의 인간평등사상과 남녀평등사상이 여성개
화운동에 직접 영향을 미쳤다고 주장함으로써 여성개화운동의 기원
을 동학에서 찾고 있는데, 이는 여성개화운동의 뿌리를 찾는 데 중
요한 의미를 주고 있다고 하겠다. 즉, 여성개화운동을 서구적 영향
이 아닌 내적인 민족사발전의 한 경과요 결과임을 주장한 것이다.

5. 닫는 글

이상에서 동학의 남녀평등사상을 살펴보았다. 동학의 남녀평등사
상은 수운의 인간평등사상에서 출발했음을 알 수 있다. 시천주로
도성덕립한다는 수운의 평등사상의 실천은 사회의 기본 단위가 되
는 가정의 家和에서 출발하지 않으면 안 된다고 하고 있다. 도성덕
립의 길은 지성 수련으로 수심정기하고 각기 맡은 임무와 역할을
충실히 해내는 그런 사람을 이르는 것이다. 그리고 그 하나 하나에
대한 역할의 의미와 무게에는 차등이 있을 수 없다는 것이 수운의
주장이요 사상인 것이다.[59] 그러므로 수운은 부인 박씨의 주부로서

---

58) 《默菴備忘錄》, 1899年 5月 31日. '按女性解放問題 女性啓蒙 則直連結于國家
    資源化 又女性人格尊重之事 乃全人間之開發其心性問題 實爲進行人間之探求
    則新史觀提示也 女性之開化始初 顧按說 則起因東學思想也 然而未認識體系全
    國民階層 今般活躍中之贊養會 亦大意味示顯 彼女性群 以絶叫女性解放及敎育
    問題提起 敎育則女性啓蒙及社會參與之最捷徑 此亦起源爲東學思想 又此亦內
    部的發展史觀提示也.'

59) 海月이 人民의 至誠不失의 道를 다음과 같이 논한 것도 곧 이를 뜻하는 것
    이다. '國君(以君)制法에 萬民이 和樂하고 大夫治法에 朝廷이 整肅하고 庶民
    治家에 家道和順하고 士人勤學에 國恩興焉하고 農夫力稼에 衣食이 豊足하고
    商者勤苦에 財用이 不竭하고 工者勤業에 機械俱足하니 此는 人民至誠不失之
    道也니라.'

의 역할을 최대한 존중했으며, 온언순사로써 부인을 설득하고 부인을 포덕의 첫 대상자로 삼았다. 그는 종래의 명령과 지배의 위치에 있던 가부장의 권위를 타파해야 함을 몸소 실천하면서 주장했던 것이다. 그가 말하는 '유시부 유시부(有是夫 有是婦)'의 부부 관계란 서로 끊임없는 인격 존중과 대화를 통해 평등한 관계가 정립되는 것을 의미하는 것이며, 이 같은 가정 분위기를 가질 수 있도록 그는 동학의 새 '가화론'을 주장했던 것이다.

수운의 '가화론'을 더 발전시킨 것은 해월다. 해월은 인간의 절대적 평등을 주장하여 유교적 봉건사회의 고질인 반상의 차별은 망국의 근본이고 적서의 차별은 망가의 근본이라고 통렬히 비난했다. 또 인간의 절대적 평등을 이루기 위해서는 부인의 인격을 존중하여 가화를 이룰 뿐만 아니라 부녀와 어린아이까지도 한울로 섬겨야 한다는 '사인여천'의 평등론을 주장했다. 그러기 위해서는 자존하는 유교적 남성관을 지니고 있는 남자의 태도부터 바뀌지 않으면 안 된다고 했다. 즉, 내조의 위치밖에 점하지 못했던 부녀 가운데 능력이 있으면 그를 '스승'으로 섬겨야 함은 물론, 부인이 한 집안의 주인이라는 점을 주장한 것이다. 주부로 하여금 일가의 주인이라는 의식을 갖게 하는 것은 유교사회의 봉건적 가족제도 아래서는 생각조차 할 수 없는 것이다.

해월은 결국 부화부순을 동학의 기본 종지로 삼고 '도의 통불통'은 대등적 부부 관계에 의한 '내외의 화불화'에 있다고 했다. 내외의 화를 위해 부는 자식이 부모에게 공순하는 효를 하듯 아내에게 공순히 대해야 한다고 했다.

아울러 도하는 부인의 새 규범으로서 〈내칙〉과 〈내수하는 법〉을 친히 만들어 동학도인의 부인들은 누구나 이 법을 어기지 않고 실천할 것을 간곡히 주장했다. 인격 형성의 시초를 태아기로 보고 포태하는 부인의 몸가짐과 마음가짐의 중요성을 〈내칙〉에서 논했으며, 〈내수하는 법〉에서는 어떤 사회적 지위에 처해 있든 개개인의 인격의 존귀함을 일깨워 철저한 인간평등의식을 갖게 했다. 아울러 한울의 조화는 천지만물까지도 소홀히 할 수 없다는 범신론적 입장에서 자연을 보호하고 사랑할 것을 가르쳤으며, 심고를 통한 절도 있는 생활과 근대적인 위생생활을 하도록 했다. 무서운 전염병이 유행할 때 동학도인들이 별로 병에 걸리지 않았던 점이나 또 입도인 가운데 무병장생을 목적으로 하는 인물이 있었던 점은 모두가 해월의 가르침에 따른 동학부녀들의 철저한 위생생활 때문이었다고 하겠다. 이 〈내칙〉과 〈내수도문〉은 비록 1890년 11월에 찬제되었으나, 서씨 집안 며느리의 직포성에 대한 강론 등으로 볼 때 해월의 남녀평등사상은 일찍부터 부녀수도의 중요성을 강조했고 이의 실천을 위해 종제들을 많이 독려했던 것을 알 수 있다. 또 해월은 '지난날은 부녀들이 압박 전제를 받았으나 앞으로는 부인 도통으로 활인하는 자가 많을 것'이라고 하여 여성해방의 당위성을 선구적으로 제기했다. 이렇게 볼 때 한국근대 여성운동사에서 해월의 위치야말로 실로 중요하다고 하지 않을 수 없다.

특히 동학의 남녀평등사상은 서구적 영향과는 전혀 무관하게 19세기 후반 우리 농촌사회에 깊이 뿌리내렸다는 점에 주목하지 않을 수 없다. 뿐만 아니라 1890년대 이후 민중적 기반 위에서 활발하게 전개되었던 개화운동 가운데 여성해방 문제가 절규되고 여성교육 문제를 포함한 여성의 제반 문제가 사회적인 큰 관심사로 대두되어 여성개화운동이 활발히 진행되었는데, 이 여성개화운동의 사상적 연원을 젊은 동학지식인들은 동학사상에서 찾고 있다. 그러므로 동학사상과 여성개화사상의 연관 문제에 깊은 관심을 갖지 않을 수 없다.

제5장 해월 최시형의 근대지향적 여성관

1. 여는 글

해월 최시형은 민족종교인 동학을 발전시키고 평등한 인간관을 이 땅에 꽃피우는 데 지대한 공헌을 한 종교지도자이자 민족지도 자였다. 그의 평등한 인간관은 이전 사회에서 차별되고 비하시되었던 부녀와 어린이에게 남다른 관심과 애정을 두어 도인들에게 법설을 할 때마다 부녀와 어린이도 평등한 한울님임을 강조했다. 그는 동학의 도통(道通)의 근본을 부부의 평등에 두고 모든 도인들은 가정 안에서 자존과 완력으로 군림하던 태도를 완전히 벗어던지고 부인 앞에 절을 하면서 자신을 최대한 낮추라고 했다. 한편 한 가정의 실질적인 주인은 주부라고 주장하면서 주부의 가정에서의 역할을 중요시했다. 해월이 이러한 여성평등론을 내세우는 것은, 가정에서 인간평등이 실현되지 않고서는 결코 수운이 주장한 시천주나 해월의 사인여천이 실현될 수 없기 때문이다.

이 장에서는 한국근대 여성사적 의의에서 해월의 근대지향적 여성관을 살펴봄으로써, 여성운동사에서 차지하는 그의 선구적 역할을 검토하려고 한다. 사람에 따라서는 자신이 제시한 이상과 자신의 실제 삶이 일치하지 않는 경우도 적지 않다. 그러므로 이 장은 먼저 해월의 일상적 삶에 나타난 성근(誠勤)하고도 의인적인 삶을 입도 전과 입도 후 신사(神師)로서의 삶으로 나누어 검토하고자 한다. 이 접근법은 인간 해월을 더 분명하게 이해할 수 있게 할 것이다. 그리고 두번째는 해월의 근대지향적 결혼관과 부부관이 그의 실제 삶과 얼마나 일치하는가를 살핌으로써 그의 평등적 여성관의 실상과 의미를 검토하고자 한다. 마지막으로 그의 동학의 종지를 함축한 〈내칙〉과 〈내수도문〉을 분석하여 해월이 지향했던 개벽사회의 성격이 실로 근대지향적이었음과 아울러 〈내수도문〉이 갖는 근대여성사의 의의까지를 밝히고자 한다. 독자의 편의를 위하여 인용문은 현대문으로 바꾸었다.

2. 인간존중 실천의 일상적 삶

(1) 입도 전 성근(誠謹)한 삶

동학의 2세 교조 해월 최시형의 인간존중적이고 인간평등적인 여성관을 고찰하기 위해서는 무엇보다도 먼저 그의 일상적 삶을 검토할 필요가 있다. 사람에 따라서는 특별한 인생의 경험이 계기가 되어 삶의 태도가 완전히 달라지는 경우가 있다. 또 현대 교육학 이론 등에 따르면, 출생 및 생장 환경과 조건은 한 인간의 성장과 형성에 큰 영향을 미친다고 한다. 이는 개개인의 인격 형성이 환경과 밀접한 관련을 갖는다는 뜻이며, 아울러 어려운 환경에서 생장한 사람은 좋은 환경에서 생장한 사람들보다 성취하기가 어렵다는 뜻이기도 하다. 그러면 신사 해월의 삶은 어떠했는가?

객관적으로 볼 때 해월보다 더 신산한 삶을 산 사람은 그리 흔하지 않을 것이라고 생각된다. 그는 1827년(정해[丁亥], 순조[純祖] 27년) 음력 3월 21일, 가계가 한미하고 가빈한 집안에서 태어났으며, 불과 5살에 어머니(月城 裵氏)를 여의고 계모 밑에서 성장하다가 12살에 아버지(慶州 崔氏 宗秀)마저 여의어 어린 누이동생을 거느린 천애의 고아가 되었다.[1] 올곧은 인간으로 성장하기에 너무도 나쁜 환경과 조건을 모두 갖추고 있는 것이다. 그러나 그는 타고난 성품이 선했으며 끊임없는 노력과 의지로 자신을 갈고 닦는 생활을 했다. 그가 제지소에 취업하여 다소의 생활 안정을 얻게 되는 17세까지의 그의 삶은 오직 호구책을 위해 힘들고 어려운 온갖 일을 마다 하지 않은 것이었다. 하인 노릇과 고용살이를 비롯해 아침 저녁으로 남의 집 방아찧기와 소몰이를 했으며, 차림은 남루하고 거친 음식 먹기를 싫어하지 않았다고 한다.[2]

그가 고아 소년기를 이처럼 성근한 인간으로 살 수 있었던 것은 가난한 고된 삶 속에서도 자신의 인격을 아주 소중하게 여겼기 때문이다. 그는 가난 때문에 자신의 인격을 비하시키는 것을 용납할 수 없었던 것으로 생각된다. 남의 집에 기식하고 있던 15세 때 그

---

1) 해월의 家系에 관해서는 〈本敎歷史〉(《天道敎會月報》 6, 1911년 1월호, 18쪽)에 상세하게 언급되어 있다. 수운의 선대 世系처럼 벼슬한 이나 문집을 발행한 이가 없는 것으로 미루어 미천한 신분으로 규정한 연구(朴孟洙, 〈崔時亨硏究 : 主要活動과 思想을 中心으로〉, 박사학위논문, 27쪽)가 있으나, 《天道敎會月報》 195(1927년 3월호 : 海月神師出世百年記念號, 4쪽)에 실린 李鍾麟의 〈海月神師百年을 紀念〉에서는 해월의 家系를, '그의 집안은 우리 조선에서 문장도학으로 유명하던 崔孤雲 선생의 후손이므로 대대로 양반질을 하여오든 그 집안입니다.…… 이때의 양반 그들은 사람과 벼슬을 많이 팔고 사는 이라야만 가장 높은 양반이었습니다. 이러한 힘을 가진 선생의 집은 어찌 그리 되었던지……'라고 서술함으로써 원래 양반 가문이었다고 밝히고 있다. 그리고 〈聖地記事〉(《天道敎會月報》 11, 1911년 6월호, 42쪽)에 '…… 即海月神師의 妹夫林益瑞니……'라고 나온 것을 볼 때 누이동생이 있었던 듯하다.
2) 〈本敎歷史〉, 18~19쪽에 '家勢赤貧에 糊口沒策일새 或東傭西雇하며 或朝白夕牧하야 衣不着完衣하고 食不厭糟糠호되'라고 나와 있다.

집주인이 자신을 가르켜 '머슴애(머슴놈의 의미)'라고 하는 소리를 듣고 곧 그 집을 나왔으며, 그 뒤로 집사람들에게 용인을 대할 때 차라리 일꾼이라고 할지언정 머슴이라는 말은 입 밖에도 내지 못하게 했다는 일화가 있다.[3] 이것은 인격을 무시하고 차별하는 사회제도의 모순성에 대한 해월의 사회개혁적 의지가 담겨 있는 것이라 하겠다. 나중에 그가 수운의 '시천주(侍天主)'론을 '사인여천(事人如天)'으로 보다 확대하여 실천하게 한 것은 수운으로부터의 수도 이전에 신산한 삶의 경험 속에서 뼈아프게 스스로 감득(感得)한 것이 토대가 되었다고 해도 무방하겠다.

그의 이러한 삶의 태도는 건강하고 준수한 그의 외양을 한층 돋보이게 했을 것이다. 17세 때 이웃의 과부 오씨가 그를 흠모하여 청혼을 했지만 졸부가 되는 것이 상서롭지 못하다는 이유로 거절했다는 일화[4]는 흔들리지 않는 그의 반듯한 삶의 태도와 정신을 말해주는 것이라고 해석된다. 그러나 이 청혼 거절의 사실을 통해 우리는 한국 여성 근대화 과정에서 중요한 두 사실을 발견할 수 있다. 첫째는 유교적 가치관이 이미 서민 사회에서는 빛을 잃어가고 있다는 것이다. 즉, 유교적 여성 억압의 상징인 부녀 수절의 제도가 무너져 과부 재가가 사회 저변에서 널리 행해지고 있었다는 사실이다. 1세 교조 수운의 어머니는 아들 없는 최옥(崔鋈)에게 아들 생산을 해주기 위해 재가한 과부였으나 오씨 과부의 경우는 그와 아주 달랐다. 이는 한 번도 혼인한 적 없는 숫총각에게 과부가 먼저 청혼할 수 있을 만큼 과부 재가가 일반화되었음을 알려주는 것이라 하겠다. 둘째는 유교적 가치관보다는 경제적 여건이 더 위력적이라는 점이다. 과부 오씨는 많은 재산을 앞세워 결혼을 하려고 했는데, 이는 당시 사회에서 얼마든지 용인되고 행해졌던 하나

3) 海月師母 談,〈海月神師日常生活〉,《天道敎會月報》165, 1924년 6월호, 5쪽.
4) 이 일화는 李敦化의 《天道敎創建史》(天道敎中央宗理院, 1933)를 비롯한 천도교 관련 역사서에는 모두 서술되어 있다.

의 혼인 풍조였을 것이라고 생각된다.

해월은 19세에 홍해(興海)에 사는 밀양 손씨의 가문에서 아내를 맞이해 가정을 꾸몄으며, 동학에 입도하는 35세까지 화전을 일구며 어려운 살림을 꾸려간 것으로 보인다. 그러나 그의 신실한 삶의 태도는 여전해서 주위로부터 크게 흠앙을 받았다. 천도교단측의 여러 기록들에 따르면, 경주의 승광면 마복동에 거주할 때 동네 사람들이 해월의 공평청렴한 위의(威儀)를 보고 풍강(風綱)⁵⁾의 직을 맡겨 6~7년간 이를 잘 수행하여 칭송을 들었다고 한다. 그의 풍강 직임 수행은 민중의 삶을 이해하고 이들에게 더 인간답게 살 수 있는 길을 열어주어야 한다는 의식을 갖게 하는 좋은 경험이 되었던 것으로 생각된다.

(2) 신사로서의 삶

해월이 수운으로부터 도를 받은 것은 35세(신유[辛酉], 포덕 2년, 1861년) 때였으며, 37세 때인 7월 23일에 대도주가 되고 다음달 8월 14일에 수운으로부터 도통(道統)을 받아 이후 36년 동안 도의 전 책임을 맡게 되었다. 그는 범인으로서는 좌절할 수밖에 없는 온갖 박해와 고통 속에서 창생을 건지기 위한 포덕과 교단의 정비 및 확대 그리고 동학 경전의 간행 사업 등을 수행했으며 갖가지

---

5) 박맹수의 위의 논문(32 쪽)에서는 鄕任인 풍강의 직을 최시형 같은 外地人이 임명될 수도 없거니와 사회적 신분이 보잘것없고 학식마저 짧은 최시형이 임명될 가능성이 없다고 하면서, 천도교측의 과장이거나 새로 추가한 내용일 것이라고 했다. 그러나 이종린의 〈해월신사백년을 기념〉(앞의 책, 4 쪽)에서는 풍강직의 의미를 달리 해석하고 있다. 즉, '그 동리사람들이 풍강이라는 村 所任을 맡겼습니다. 그때의 풍강이라는 것은 양반도 아니고 상놈도 아닌 그 사람들이 하는 소임입니다. 만일 양반으로서 이런 소임을 한다면 수치로 알던 그 시대에 선생은 그 고을에서 屈指하는 양반의 후손으로서 이것을 할 것입니까마는 선생은 사양치 아니하고 성심성의로써 그 책임을 다했다고 합니다'라고 설명하고 있어 주목된다.

진리의 법설을 했다. 신사로서의 일상 삶은 관의 체포가 항상 뒤따르기 때문에 동가숙 서가식하는 피신살이로 일관했다. 그러나 그는 가는 곳마다 틈틈히 짚신을 삼고 새끼를 꼬았으며, 내일 떠날 곳에서도 늘 땔감을 장만하고 채소밭에 나가 김을 매고 나무를 심었다. 그는 남과 나를 동일시하는 실로 공의로운 사람이었다. 한울이 쉬지 않으니 나 또한 쉴 수 없다는 것이 일상에서의 삶의 신조였으며, 아울러 '사람이 일하는 것은 사람의 당연한 직분'이라고 했다.[6] 또 평시에 낮잠을 자거나 공수무료(拱手無聊)하게 있는 법이 없었다. 만일 노끈을 짜다가 일감이 다 되면 꼬았던 노끈을 풀고 또다시 꼰다. 제자들이 그 까닭을 물으면, '사람이 거저 놀고 있으면 한울님이 싫어하시나니라' 하고 대답을 했다.[7] 해월은 그야말로 한울의 뜻대로 사는 의로운 인물이었다. 해월 환원 33회 기도일을 당하여 〈멀리 해월신사를 생각함〉을 쓴 임순호(林淳灝)[8]는 해월로부터 사생동거하자는 말을 들을 정도로 가까이에서 모셨던 사람이다. 그는 이 글에서 가난한 백성의 고통을 항상 함께 나누는 의인으로서의 해월의 일상생활 태도와 인간 절대 평등을 실현하려는 그의 강한 신념과 검박한 생활 실천자로서의 면모들을 다음과 같이 술회했다.

해월신사야말로 성근 그리고 경(敬)과 신(信)의 화신(化神)과도 같았다. 선생은 무엇보다 가장 위대한 민중의 벗이며 지도자이시었다. 무술년에 강원도가 흉년이 들어 백성들은 먹을 것이 없으므로 칡뿌리를 캐서 겨우 목숨을 이어간 때가 있었다. 칡뿌리를 캐다가 높은

---

6) 海月師母 談, 앞의 책, 4쪽.
7) 李敦化, 《天道敎創建史》, 〈第二編 海月神師〉, 35쪽.
8) 임순호는 본래 驪州에 거했고, 海月의 법설을 가까이에서 들은 도인이다. 또 강원도 지방을 순회하던 의암 손병희가 1897년(포덕 38, 丁酉) 4월 5일 창도기념식에서 해월과 마찬가지로 向我設位를 처음 단행한 곳이 바로 여주 임순호의 집에서였다.

산 위에서 떨어져 죽는 사람도 한둘이 아니었다. 그때 해월 신사께서는 '내가 어찌 밥을 먹겠는가' 하시고 콩죽과 나물죽을 잡수셨다. 콩죽이래야 콩을 간 것을 걸르지도 못하게 하시고 그대로 쑤게 하셔서 잡수셨다. 이만치 선생은 사람을 생각하시었다. 실로 선생이야말로 가장 위대한 민중의 동무이시었다.

걸인이 와도 밥을 똑같이 차려주셨다. 만일 걸인에게 대하여 조금이라도 차별적 대우를 하는 빛이 보이면 크게 꾸중을 하시었다. 더욱이 가장 잊히지 않는 것은 '이담엔 세상 사람이 집을 크게 짓고 모든 사람이 한집에서 똑같이 살며 거처나 음식을 한결같이 하리라' 하신 해월신사의 말씀이다. 이것은 지상천국의 새살림을 말씀하신 것이다. 이렇듯 선생은 사람에게 대하시기를 오직 경과 평등으로 대하시었고 사회에 대하여는 늘 지상천국의 새살림을 말씀하시었다. 아아 얼마나 감격되는 일이냐.[9]

해월은 인간이 만들어놓은 신분적 차별과 자산(資産)의 유무에 인간의 불평등이 있다고 보았다. 그러므로 모든 자산은 한울님인 바로 인간의 것이므로 모든 인간이 자산을 함께 누릴 경제공동체를 이루어야 한다고 생각했던 것이다. 이것은 인간의 평등적 삶을 실현하기 위한 현실적 대안이기도 했을 것이다.

신사로서의 해월의 삶을 가장 잘 요약한 것은 〈해월신사와 내수도〉라는 글이다. 이 글에서 해월의 인격과 인물됨 그리고 삶의 태도를, 첫째, 근기가 튼튼한 분, 둘째, 부지런하기 짝이 없는 분, 셋째, 한없이 주도세밀한 분, 넷째, 나라는 것이 따로 없고 늘 한울로서 살던 분, 다섯째, 한없이 관후하고 자비한 분, 여섯째, 한없이 진실한 분, 일곱째, 무한히 대담한 분[10]이라고 평하고 있다. 해월은 일상 삶에서 하찮게 여기는 부분까지도 철저하게 성심으로 사는 사람이었다. 예를 들면, 길을 가다가 엎어진 물건을 보게 되면 그

---

9) 《天道敎會月報》 246호, 1931년(포덕 72) 6월호, 15~16쪽.
10) 조기간, 〈해월신사와 내수도〉, 《新人間》, 1928년 6월호(제3년 제5호), 9~12쪽.

것이 버려진 헌 신짝일지라도 반드시 바로 놓고 갔으며, 길 위에 돌과 같은 방해될 물건이 있으면 치우고 갔다는 것이다.[11] 이와 같은 일들은 얼마나 한울님의 뜻을 순히 함인가를 보여주는 것이며, 해월이 얼마나 만물을 공경하는 삶을 몸소 실천하는 인물이었는지를 알게 한다.

3. 근대지향적 결혼관과 부부관

(1) 결혼관

동학의 기본 사상은 귀천의 등위(等位)가 없고 사상과 남녀평등 사상과 유무산자(有無産者)의 경제공동체적 삶으로 요약할 수 있다. 모든 사람의 마음에 한울님을 모시고 있다는 '시천주'론은 인간의 절대 평등에서 출발한 것이다. 신분차별적 유교사회에서 불평등한 대우를 가장 심하게 받고 있던 사람들은 여자와 어린이였다. 우선 결혼제도에서 여성은 남자와는 비교할 수 없는 불평등한 지위에 있었다. 그 이유는, 조선왕조가 신분의 혼효를 막기 위해 원칙적으로 동일한 신분끼리만 혼인을 하도록 했기 때문이다. 만일 신분이 맞지 않는 여자나 재가녀와의 혼인은 정식 부부로서 인정받지 못했다. 그리고 이런 경우 여자의 지위는 첩으로 규정된다. 원래 첩제란 광계사라는 남계혈통 계승자의 확보책으로 마련된 것이지만, 시대가 지날수록 남자들은 이 제도를 색욕적 입장에서 일부일부적(一夫一婦的) 군첩제도라는 다처제도로 고정화했으며, 결혼 뒤 이혼 제기권은 남자만이 가지게 되었다. 결과적으로 남자는 중혼권과 이혼권을 가지게 되었지만, 여자는 소년과부가 되어도 수절을 해야만

---

11) 朴來弘, 〈해월신사의 일생〉, 《天道敎會月報》 195호, 16쪽.

했다.

해월은 유교사회의 이와 같은 남자 특권적 중혼을 싫어했으며, 모든 도인에게 이를 하지 못하게 했다. 삼암(三菴)의 한사람인 구암(龜菴) 김연국(金演局)이 부인이 있음에도 다시 장가를 간 일이 있었는데, 그 이유는 원부인이 장가처가 아니어서 색시장가를 들고자 함에서였다. 이 사실을 안 해월은 다음과 같이 크게 꾸짖었다.

어떻게 했든지 장가를 한 번 들었으면 그만이지 왜 두 번씩 들며, 장가처가 아니면 어떤가, 꼭 장가처라야 하고 색시장가라야 하나.

이 말을 직접 들은 도인 임순호는 〈멀리 해월신사를 생각함〉에서 이 사실을 소개하고 이어서 다음과 같이 언급했다.

선생은 이렇게 원칙적으로 중혼을 반대하시었으며 결혼의 조건으로 장가처라든가 처녀라든가를 문제 삼지 않으셨다. 결혼이란 두 사람이 뜻만 맞으면 하는 것이지 결코 처녀나 장가처라야만 하는 것은 아니다. 해월신사는 그러한 봉건풍을 가장 싫어하시고 배제하시었다. 이것을 근대어를 빌어 말한다면 결혼혁명이라고나 말할런지. 그러나 해월신사의 이러한 일은 다 경천경인(敬天敬人)의 위대한 진리를 토대로 한 것이었다.[12]

해월의 이와 같은 혁명적 결혼론은 한국사에서는 적어도 혁명적 여성해방론이며 절대적 남녀평등권론인 것이다. '열녀 불갱이부(烈女 不更二夫)'라는 낡은 여성관에 얽매인 여성에 대한 해방을 주장한 것이다. 몇 번씩 장가를 들고도 또 처녀장가를 드는 것을 당연시하면서도 지아비의 얼굴 한 번 못본 소년과부조차 다시는 혼인하지 못하게 했던 비인간적이고도 여성 억압적인 혼인제도를 뜯어

---

12) 《天道敎會月報》 246호, 17쪽.

고치려 한 것은 오직 그의 위대한 경천경인사상을 실현하려는 종교적 의지때문이었다.

그렇다면 왜 과부 오씨의 청혼을 거절했는가 하고 되묻는 사람도 있을 것이다. 그것은 천도교 관련 기록들이 언급하고 있듯이, 오직 수고 없이 부를 누리는 것을 그로서는 결코 용납할 수 없었기 때문이다.

그러면 다음으로 해월 자신의 결혼을 살펴보자. 그가 19세에 결혼한 흥해 출신인 밀양 손씨는 해월이 45세이던 1871년, 교조신원을 명분으로 이필제가 흥해에서 민란을 일으켰을 때 행방불명되었다. 이 민란에는 해월의 양자 최준이(崔俊伊)도 가담했다가 체포되어 물고를 당했다. 이 난으로 인하여 동학에 대한 관의 핍박은 더욱 심해졌으며, 해월은 태백산중을 전전하는 등 아주 간난한 피신생활을 했다. 해월은 피신 중에도 늘 수운 사모 박씨와 그 자녀들에 대한 피신을 주선해야 했다. 관의 심한 지목으로 인해 수운의 가족들은 마침내 체포되는 불운을 만났는데, 1872년 1월 중순에 수운의 장자 세정(世貞)이 강원도 양양에서 체포되어 같은 해 5월 12일에 장살(杖殺)되었으며, 같은 해 3월 하순에는 수운의 차녀와 세정의 처가 인제에서 체포되는 수난을 겪었다. 그런 가운데 1873년 12월 10일에 사모 박씨가 사망했다.[13] 동학 내수도의 표상이었던 사모의 죽음은 해월에게는 물론 도인 전체의 슬픔이요 충격이었다. 사모의 장례는 이듬해 2월 19일에 지내고, 각처 도인들에게 부음을 알렸다.[14]

해월은 부인이 행방불명된 지 어언 3년 만에 사모마저 잃게 된 것이었으니, 그 비통함을 가히 짐작할 수 있겠다. 그런데 사모가 세상을 떠난 지 얼마 안 되는 1874년 4월에 생각하지도 않던 중매

---

13) 이에 관하여는 尹錫山 譯註,《道源記書》, 75~118쪽을 참고했으며,〈海月神師實史〉,《天道敎會月報》195호, 21~25쪽 등에도 자세히 기술되어 있다.
14) 윤석산 역주, 앞의책, 116쪽.

가 있어 안동 김씨부인을 아내로 맞이하고 단양군 도솔봉(道率峯) 아래의 남면(南面) 사동(寺洞)에 살림을 차렸으며,[15] 도인들과 49일 기도식을 행했다. 그 뒤로 해월은 단양을 중심으로 활발한 포덕 활동을 했고 경천 경인의 놀라운 설법들을 했으며 교세도 크게 확대되었다. 부인 김씨에 대한 특별한 일화나 내용들은 별로 알려져 있지 않지만, 이듬해 1월 24일에 아들을 낳은 점과 이 시기에 교단이 확립되고 교세가 확대된 점 등을 볼 때 김씨부인은 훌륭한 동학의 내수인이었을 것으로 생각된다.

그런데 1871년 영해민란 때 행방불명이 되었던 초취 부인 손씨가 6년 만인 1876년 7월에 단양의 해월을 찾아온 탓에 졸지에 두 부인을 거느리는 격이 되었다. 해월이 손부인 출현 뒤로 중혼적인 생활을 했는지의 여부는 잘 알 수 없지만, 1887년 2월 24일에 김씨부인이 사망하자 그 이듬해인 1888년 봄에 손병희의 누이동생을 셋째부인으로 맞이한 점과 또 도인이며 사돈인 서인주(徐仁周)가 황하일(黃河一)과 더불어 1885년 2월에 손씨부인 거처를 보은(報恩) 장내(帳內)에 주선한 점 등을 볼 때 손부인과의 실질적인 부부 관계는 더 이상 없었던 것으로 생각된다.

(2) 부부관

해월은 여성에 대한 사회제도적 차별상에 대해 별 관심을 갖지 않던 시대에 여성을 남자와 동등한 한울님으로서 설법하는 등 근대적 여성해방론을 제시한 선구자이다. 그가 이러한 여성해방사상

---

15) 〈海月神師實史〉(앞의 책, 25쪽)에 따르면, 2월 19일조에 '時에 神師이 年旣 五旬에 尙在無育이라三月에 更娶金氏家하시니 籍安東也러라 四月에 迎婦就于 道率峯下하시니'라고 기술하고 있다. 更娶金氏는 자녀생산을 위해서였던 것으로 생각되나 그 부인의 인적 사항에 관한 서술은 거의 없다. 다만 이듬해 1월 24일에 김씨부인에게서 아들이 태어났고 탄생지 이름을 따서 率峯이라고 이름을 지었다고 했다.

을 갖게 된 것은 먼저 입도 전 손부인과의 결혼생활을 통해 이미
스스로 터득된 것이라 생각되며, 둘째는 입도 후 동학의 기본 사상
인 '시천주'론을 가정에서 그대로 실천하는 수운 부부의 화순한 삶
을 직접 접하고 목도하는 과정에서 감화받고 또한 깊은 영향을 받
았기 때문이라고 생각된다.

먼저 해월이 결혼할 당시의 그의 부부관을 살펴보자. 결혼 당시
해월 부부의 경제적 형편은 매우 어려웠으나 안빈낙도하는 화락한
부부생활이 이루어졌다는 것을 다음 글이 말해주고 있다.

> 비록 두 사람이 가난하게 서로 만났으나 포숙아(鮑叔牙)와 관중
> (管仲) 사이처럼 작은 수레를 끌고 덕으로써 방아 찧고 농사지음이
> 족히 즐거워 보잘것없는 밥그릇이 자주 비어도 근심하지 아니했다.[16]

이 글 속에는 가난을 뛰어넘은 화락한 부부의 정경이 잘 배어
있다. 아마도 부부화합은 그의 평소의 신념이었을 것으로 생각된
다. 막연한 것이겠으나, 이러한 부부화합정신에는 부인 역할의 중
요성과 가치는 물론 인간적 권리도 주어져야 한다고 생각했을 것
이다.

해월이 동학에 입도한 것은 포덕 이듬해인 1861년이며, 그는 수
운의 가르침을 받고자 한 달에 네다섯 번씩 수운의 집을 찾았다.
당시 수운가에는 도를 듣기 위해 사람들이 구름처럼 모여왔고, 그
많은 도인들의 밥을 박 사모가 얼굴 한 번 찡그리지 않고 직접 해
주었다.[17] 당시의 박 사모를 조금이라도 관심을 가지고 지켜본 사

---

16) 〈本教歷史〉, 《天道教會月報》 6호, 1911년 1월, 19쪽.
17) 小春, 〈大神師收養女인 80老人과의 問答〉(《新人間》, 1927년 9월호, 17쪽)에
    따르면, '그때 찾아오는 제자들이 乾柿와 꿀 같은 것을 가져오는데 그 건시
    가 어찌나 들여쌓이는지 그 건시를 논아먹고 내버린 싸리가치가 산 같이들
    쌓여서 그 밑에서 나무하러오던 일꾼들이 산으로 올라가지 않고 그 싸리가
    치를 한짐씩 지고가곤 했다'고 말한 것처럼 많은 방문객을 접대했던 것이다.

람이라면 그녀의 지선함에 감탄하지 않을 수 없었을 것이다.

수도 뒤 수운의 첫번째 포덕 대상은 부인 박 사모였다. 그가 새로운 운수의 진리를 찾아보겠다고 20여 년간 주유천하할 때 박 사모의 고생은 이루 말할 수가 없었다.[18] 박 사모가 그 고생을 견딜수 있었던 것은 가끔 집에 들르는 수운이 늘 온언순사로 부인을 위로했기 때문이었다. 가솔을 이끌고 용담으로 온 수운은 두문불출로 책과 씨름만 하더니 1860년(경신, 철종 11년) 4월 5일 한밤중에 한울로부터 대도를 받았다며 기이한 말과 행동을 했는데, 이를 본 박부인은 아들의 손을 맞잡고 발을 동동 구르며 통곡을 했다. 그들 눈에 비친 수운의 모습은 그야말로 실성한 사람이었다. 또 수도 뒤로 수운은 영부(靈符)를 그린 뒤 불에 태워 물에 타 마시는 등의 기이한 일을 했는데, 이를 본 박 사모는 더 참을 수가 없어 우물에라도 빠져 죽어버리겠다고 결심하고는 밤중에 몇 번씩 집을 뛰쳐나갔다. 그럴 때마다 수운은 좇아가 부인을 붙잡고는 여러 가지 말을 했고, 부인은 그만 감화되어 눈물을 흘리고말았다고 한다. 박부인의 투정이 가장 심했던 것은 수도 뒤 1개월 동안이었다고 한다. 수운과 박부인의 이러한 정황을 직접 목도한 수운의 수양녀의 다음과 같은 증언은 수도 뒤 그들의 부부상과 박 사모의 내수관을 알게 하는 중요한 자료이다.

경신 사월 도를 받은 후 한참 동안은 과연 야단이 났다. 그 부인은 남편이 하는 일이라 달리할 수는 없고 마지막에는 당신이 정말 그렇게 하시면 자기는 물에라도 빠져죽는다고 하시면서 아닌 밤중에 달아나곤 하셨다. 그러면 대신사께서 곧 좇아가 그를 붙들어오곤 했으며, 붙들어놓고는 무슨 말씀인지 자세자세 설명을 하시는 모양이었으며, 한참 그러고나면 그 부인은 그만 눈물을 흘리고말았다. 그런데 약 한 달을 지내더니 그 부인은 다시 아무러한 말이 없고 그만 감화

18) 朴容玉, 〈東學의 男女平等思想〉, 《歷史學報》 91, 1980, 110~120쪽 참조.

가 되고말았다. 그래서 그 후 손님이 백여 명씩 찾아와 아침부터 저녁까지 늘 밥을 짓기가 일이었으며, 그 부인은 한 번 눈쌀을 찡그린 일도 없었다.[19]

수운은 동학도의 근본을 '가화'에 두었기 때문에 제자 도인들에게 부인수도를 간절히 권고하고 몸소 실천했던 것이다. 그리고 부인수도를 위해 〈교훈가〉, 〈안심가〉, 〈도수사〉 등을 지어 상고하고 실천하게 했다. 수운이 부인을 인격적으로 존중하는 모습이나 남편의 포덕을 받은 박 사모의 경건한 내수도의 삶 등은 해월에게 깊은 감명을 주었을 것이 확실하다.

해월이 수운으로부터 종통(宗統)을 받은 뒤 도인들에게 첫 설법을 한 것은 1865년(포덕 6년, 乙丑) 10월 28일의 일이다. 이날 해월은 검곡(劍谷)에서 도인들과 함께 수운의 수진향례(晬辰享禮)를 거행했는데, 그 자리에서 도인들에게 사람은 한울이므로 절대 평등하라는 다음의 법설을 하고, 먼저 도인된 자는 적서의 구별을 두지말라고 명령했다.

사람은 한울이라 평등이요 차별이 없나니 사람이 인위로써 귀천을 분별함은 곧 천의를 어기는 것이니 제군은 일체 귀천의 차별을 철폐하여 선사(先師)의 뜻을 잇기로 맹서하라.[20]

이 법설은 동학의 근본이 인간의 절대 평등에 있음을 다시금 도인들에게 깨우친 것이다. 그리고 그 인간의 범주에 인간의 절반을 차지하는 여성까지 포함되어 있음은 말할 나위가 없다. 그러므로 이와 같은 인간평등론의 입장에서 부부의 관계를 이루어야 한다는 것이다. 그러나 유교적인 여성차별의식에 젖어 있는 도인들은 여

---

19) 小春, 앞의 글, 《新人間》, 1927년 9월호, 16~7쪽.
20) 李敦化, 《天道敎創建史》, 第2編, 7쪽.

성, 즉 부인을 어떻게 한울로서 대해야 하는가를 알지 못한다. 해
월은 그러한 도인들을 여러 가지 내용의 법설로 깨우치려고 노력
했다. 《천도교창건사》에는 1885년도(포덕 26년, 을유〔乙酉〕)에 행한
법설 여덟 가지가 제시되고 있다. 그 가운데는 다음과 같이 여성
존중과 평등의 내용이 거의 절반을 차지하고 있어 놀라움을 금할
수 없다.

(1) 내 일즉 청주 서우순의 집을 지나다가 그 며느리의 직포(織
布) 소리를 듣고 서군에게 물으되 군의 자부가 직포하느냐 천주가
직포하느냐 함에 서군이 내의 말을 불변(不卞)했나니 어찌 서군뿐이
리오.[21]

(2) 도가(道家)에서 유아를 타(打)함은 이 천주의 뜻을 상(傷)하
는 것이니 심히 삼갈 것이며 도가에 사람이 오거든 손이 오셨다 하
지말고 천주 강림하셨다 말하라.

(3) 부부가 화순함은 우리 도의 초보니 도의 통불통이 도무지 내
외의 화불화에 있나니라. 내외가 화하지 못하고 타인을 화하고자 하
는 것은 자기 집에 불난 것은 끄지 않고 타인의 불을 끄는 자와 같
으니라. 그러므로 부인을 화하지 못하면 비록 날로 삼생(三牲)의 용
(用)으로써 천주를 위한다 할지라도 반드시 감응할 바 없느니라. 부
인이 혹 부명(夫命)을 좇지 아니하거든 정성을 다하여 배(拜)하라
온언순사로써 일배 이배 하면 비록 도척(盜跖)의 악(惡)이라도 감화
가 되리니라.

---

21) 이 법설은 남녀평등을 논한 대표적 말들 가운데 하나로 〈本敎歷史〉, 《천도
교창건사》 등 천도교 관련서들에 빠짐없이 기술되어 있다. 그런데 〈本敎歷史〉
(《천도교회월보》 23호, 1912, 18쪽)에 의하면, '時에 神師奠接之助이 多出於徐
택淳周旋之力이러라'고 한 것으로 보아 서택순은 해월에 대한 경제적 지원인
이었다고 생각된다.

192

(4) 오사(吾師)가 무극대도(無極大道)를 창명(創明)하시니 이는 천지 귀신 조화의 근본을 들어 창명하신 것이라. 내 꿈엔들 어찌 선생의 유훈을 잊으리요. 선생이 일즉 유교(遺敎) 있어 갈오대 '사람은 한울이니라 그러므로 사람 섬기기를 한울같이 하라' 하셨도다. 내 비록 부인소아의 언어라도 이를 배우노라. 인제 제군을 보매 거만하고 자존하는 자가 많으니 '위가 믿업지 못하면 아래가 의심하고 위가 공경치 못하면 아래가 거만하나니라' 함은 이 선사의 경계한 바니라. 재상자(在上者)가 어찌 반드시 상(上)에만 재하며 재하자(在下者)이 어찌 반드시 하(下)에만 재하랴. 두목의 하에 반드시 백승(百勝)의 대두목이 많이 있나니 제군은 삼가라.[22]

이상의 법설은 여성과 어린이도 모두 한울님이므로 평등한 인간임을 도인들에게 가르친 것이다. 그리고 이를 실행하지 못하면 도무지 동학 도인이 될 수 없다는 것이다. 그러므로 도인이 실행해야 할 첫번째는 부부의 화순이며, 도인의 도가 통했는지 아직 통하지 못했는지 하는 것도 모두 부부가 화하느냐 그렇지 못하느냐에 있는 것이다. 부부간의 화불화는 남편에게 달려 있음을 설파함으로써 아내를 남편의 위력과 포학으로 다스렸던 전날의 생각과 행위를 버려야 함을 말하고 있다. '거만하고 자존하는 도인이 많다'고 한 것은 도를 한다는 사람이 아직도 부인을 완력으로 다스리고 그 인격을 무시한다는 것이다. 지아비는 아내를 온언순화로써 감화시킬 수 있어야 하고, 아내 앞에서 자신을 최대로 낮추며 아내 인격을 최상으로 높이는 자세를 실천해야 한다. 그렇기 때문에 지아비 말을 듣지 않을 때는 정성을 다해 아내에게 절을 하라고 했다. 그리고 부인과 어린이의 인격을 존중하면 그들로부터 배울 것도 있게 된다고 했다. 도인들로 하여금 여성존중 내지 평등의식을 더 확고히 하기 위해서 해월은 한집안의 주인이 바로 주부라고 하는 것을

---

22) 《天道敎創建史》, 第2編, 36~38쪽.

다음과 같이 설법했다.[23]

(1) 부인은 일가의 주인이니라. 경천하고 봉사(奉祀)하고 접빈(接
賓)하고 제의(製衣)하고 조식(調食)하고 생산하고 포직(布織)함이 모
두 부인의 손 가운데서 말미암지 않음이 없다.

(2) 부인은 가의 주인이다. 음식하고 의복 만들고 영아 기르고 대
빈(待賓) 봉사(奉祀)하는 역을 부인이 감당하니라.

가정이 여성의 세계요 사회였음에도 불구하고 전통적 가족제도
는 아비=지아비[父=夫]를 주인으로 하여 명령권자가 되게 하고
부녀는 그들 명령에 추종하도록 했다. 집안의 실질적인 주인이면서
도 종속적 지위에 머물러 있던 부인들의 부당한 대우를 바로 고치
려는 해월의 의지는 단호한 것이었다. 잘못된 제도를 뜯어고치지
않고는 남녀 귀천이 평등하게 살 수 있는 5만 년 뒤의 개벽세계를
기약할 수 없다는 것이다. 그런데 교육을 받지 못하고 억압 속에서
살던 부녀들이 평등한 인간적 존중을 받기 위해서는 부녀들도 동
학인으로서의 수도를 해야 한다. 그러므로 해월은 그 누구보다도
부인수도의 중요성을 깊이 깨닫고 있었던 것이다. 그는 1889년[24]에
〈내칙〉과 〈내수도문〉을 손수 작성하여 전국의 동학 부녀들로 하여
금 수도할 수 있는 길을 열어주었다.

그러면 해월의 부인 손 사모를 통해 실제 가정에서 해월의 삶이
어떠했는가를 검토해보자. 1931년(포덕 72년, 소화 6년) 《천도교회월
보》 6월호(통권 246호)에 사모를 면담한 〈가정에서 본 신사〉라는
기사가 있어 주목된다. 다음은 해월의 일상 가정생활관을 알게 하

---

23) 東學宗團協議會, 《海月先生法說註解》, 포덕 119년, 131쪽, 335쪽.
24) 〈내수도문〉의 찬제와 반포 연도는 《東學史》(1888년 3월), 《天道敎創建史》
  (1889년 11월), 《侍天敎歷史》와 《天道敎會史草稿》 및 〈本敎歷史〉(1890년 11
  월)가 각기 다르다. 이에 관해서는 朴容玉, 앞의 논문, 130~133쪽 참조.

는 기자의 질문과 사모의 대답을 추린 것이다.

기자 : 부인들에 대해서는 어떠하셨습니까.

사모 : 사람은 본래 하나이다, 높은 사람이 따로 없고 동시에 낮은 사람도 없다 하시며 종도 다 놓아 보냈습니다. 그런데 여자가 호사(豪奢)는 절대로 못하게 하셨습니다. 정결하게는 하지요만은 호사는 못하게 하셨습니다. 남자들에게도 역시 그랬지요. 의암성사께서는 젊었을 때에는 호사를 좀 하시려고 했지요. 그래서 언제는 가는 베로 옷을 지어 입고 오셨는데 신사께서 말씀하시기를 '자네들은 멀지 않은 장래에 비단옷을 입을 것인데 지금부터 그렇게 호사를 하려고 들 것이 무엇이냐?'고 걱정을 하셨습니다. 또 어떤 교인이든지 명주옷이든지 가는 베옷이든지 입었으면 당신은 반대로 굵은 것을 입으셨습니다.

기자 : 가정 살림살이는 어떠하셨습니까.

사모 : 아주 찬찬하셨지요. 매양 말씀하시기를 토끼를 잡아도 호랑이 잡는 듯하라고. 또 가끔 도망을 다니고 이사를 자주하게 됩니다. 그러나 어떤 데를 이사가서든지 무엇이든지 온통 준비하십니다. 가령 산채 같은 것이라도 많이 캐다 두라 하십니다. 내가 안 먹으면 또 먹을 사람이 있다, 세상 것이 오직 내 것이라고 생각치 말라, 세상 것은 세상 것이라고 생각하여라, 이런 말씀을 가끔 하셨습니다. '산나물 같은 것도 많이 해다 두면 누가 먹어도 먹는다' 이런 말씀을 하셨습니다.

기자 : 정결한 것을 좋아하셨다지요.

사모 : 아무럼요. 조석 지을 때도 마치 제사나 지내는 것같이 정성스럽고 정결히 하셨지요.

기자 : 의복은 어떠하셨습니까.

사모 : 아주 검소하셨지요……

기자 : 잡숫는 것은 무얼 가장 잘 잡수셨습니까.

사모 : 본래 식사가 좋으셔서 무엇이든지 잘 잡수셨지요. 그중에 생선을 좋아하셨고 육종은 일생을 금하다시피 했으니까요. 그리고 간식은 절대 없었습니다. 간식이라면 약주나 한두 잔 잡수셨지요. 점심은 아침밥에서 얼마 기쳐서 두었다가 잡수셨지요.[25]

이상의 사모 면담에 나타난 해월의 일상생활은 도인들에게 항상 하던 법설의 실천적 삶 그대로였음을 알 수 있다. 그는 대인(待人)과 접물(接物)의 태도가 한결같은 범신론적 입장에서 생활했던 것이다. 특히 일상생활을 아주 검소하게 하되 한울을 모시듯 정결하게 했다. 또 다른 기자의 사모 면담에 따르면, 해월은 반드시 토목(土木)으로 안과 거죽을 맞추어 옷을 입되 항상 낡은 것을 거죽으로 하고 새것을 안으로 만들어 입으면서, '너희들은 남의 눈을 위하지 말고 내 살을 위하라'고 했다. 또 교인 가운데 누가 명주옷을 지어주면 그 옷을 고쳐 걸감 명주를 안으로 해서 입었다는 것이다. 이것은 내 몸이 바로 한울님이므로 그 한울님을 좋게 하자는 것[26]인데, 제사의식을 향아설위로 바꾸고 제수를 만물의 근원인 청수일기로 바꾸어 실행하는 것과 정신 면에서 일맥상통하는 것으로 해석할 수 있다. 해월의 일상생활은 법설이 갖는 그 내용들과 일치하는 것이었음을 알 수 있다.

4. 〈내칙〉과 〈내수도문〉에 나타난 근대지향성

(1) 〈내칙〉에 나타난 인간존중관

해월은 수많은 금과옥조와 같은 법설로 도인들을 감화시켰다. 그

25) 《天道敎會月報》 246호, 29~30쪽.
26) 《天道敎會月報》 165호, 4쪽.

러나 그는 학문이 깊지 않아 글쓰기를 좋아하지 않았기 때문에, 오늘날 우리가 접할 수 있는 그의 법설문은 거의 모두가 제자 도인들에 의해 기술된 것이다. 〈내칙〉과 〈내수도문〉은 해월이 직접 찬제해 전국의 포에 보낸 것이므로 이것이야말로 해월의 사상과 실천적 삶 자체를 분명하게 알려주는 귀중한 내용이라고 생각된다. 해월 자신도 '천지조화가 이 내칙과 수도 두 편에 들었으니 부디 범연히 보지말고 이대로만 밟아 봉행하라'고 했다.

〈내칙〉의 내용은 주로 태교이다. 전문이 약 400여 자로 구성되어 있는데, 태모의 섭생, 건강관리, 정신생활 등이 중심 내용을 이룬다. 동양에서는 옛부터 태교를 중요시했다. 태교란 태아가 완성된 인간으로 성장할 수 있도록 태아를 품은 태모를 통해 간접적으로 교육하는 것이다. 즉, 태모의 섭생과 심성 등이 태아에게 직접 연결되고 여러 가지 영향을 미치므로 태교는 일차적으로 태모의 교육이 되는 것이다. 이것은 동양의 생명존중사상에서 비롯된 것이다. 성인군자와 소인의 분별은 태중 10개월에서 모두 이루어진다고 믿어, 임신을 하면 아름다운 환경을 만들어서 사악한 것을 일절 접하지 않게 하고 성현의 말씀이나 혹은 마음을 평안하게 하는 아름다운 음악 같은 것을 듣게 한다. 또한 태모의 바른 몸가짐과 태아의 심신 성장에 필요한 섭생을 성심껏 하게 한다. 임신 중 금기하는 음식이 많은 것은 태아의 심신 성장에 해를 끼칠 수도 있는 나쁜 여건을 차단하기 위해서이다. 과학이 발달한 오늘날에도 신체 형상이 이루어지는 태아 성장 전반기는 일체의 약물 복용을 삼가고 마음을 흥분시키는 커피 등의 각종 기호식품을 자제하도록 의사가 권고한다.

동학은 철저한 생명존엄철학이라고 해도 과언이 아니다. 특히 사람 자체가 바로 한울님을 모시는 도구이자 집이요, 더 나아가 사람이 곧 한울님이다. 해월은 시천주의 시기를 태아시로부터라고 인식했던 까닭에 태모의 마음쓰기와 삶의 태도 여하에 따라 태아도 양

천주(養天主)할 수 있게 된다고 본 것이다. 해월의 다음 가르침은
이를 잘 말해준다.

경(經)에 이르기를 시(侍)란 안에 신령이 있고[內有神靈] 밖에 기
화가 있어[外有氣化] 온 세상 사람이 모두 이것의 불이(不移)함을 아
는 것이라 했다. 안에 신령이 있다 함은 낙지(落地)하는 처음에 적자
(赤子)의 마음이며, 밖에 기화(氣化)가 있다 함은 포태할 때에 이기
(理氣) 응질(應質)하여 성체(成體)한다 함이다.[27]

위의 내용은 수운이 〈논학문(論學文)〉에서 이미 언급한 바 있다.
다만 해월은 동학의 기본 이념인 시천주의 의미를 도인들에게 더
정확하게 인식시키기 위해 자신의 법설에서 복중 포태시의 시위시
자(侍爲侍字)와 적자 낙지(落地) 뒤의 시위시자와 입도 뒤의 시위시
자의 3단계로서 해명했던 것이다.[28] 그런데 외유기화(外有氣化)는
포태시의 작용이다. 태교 여하에 따라 천태만상의 기화가 나타날
수 있음이다. 이 때문에 태교의 중요성은 더욱 증폭되지 않을 수
없는 것이다.

해월의 태교론은 우리의 전통적 태교론과 아주 다른 양태의 것
은 아니다. 태교의 총괄서라 할 이사주당이 저술한 《태교신기》나
또는 여성교육 규범서들에 실려 있는 태양장(胎養章) 등에 따르면,
임신한 부인은 침처(寢處)를 조용히 하고 깨끗하게 하며 앉을 때는
반드시 바른 자리에 앉되 기대어 앉지말며 설때도 비스듬히 서지
말고 몸을 반듯하게 하라고 했다. 또 사다리 등 높은 곳에 오르지
말고 좋은 것만 보고 듣고 말하라고 했다. 먹는 음식도 반듯하게
썬 것을 먹어야 하며, 술·독약·버섯·나귀·양·거위·오리·비늘 없는
생선류 등을 금기식으로 했다. 태아의 심성교육도 중요시되어, 너

---

27) 《海月先生法說註解》, 115쪽.
28) 《天道敎創建史》 제2편, 26쪽.

무 기뻐하거나 성내지말고 두려워하거나 슬퍼해서도 안 되며 정신
없이 잠들거나 지나치게 힘든 일 등도 하지말라고 했다.

해월이 찬제해 반포한 〈내칙〉 전문을 소개하면 다음과 같다.

포태하거든 육종을 먹지말며 논에 우렁이도 먹지말며 지령에 가재
도 먹지말며 물론 아무 고기라도 먹으면 그 고기의 기운을 따라 사
람이 나서 모질고 악하나니라. 임신 후 일삭이 되거든 기운 자리에
앉지말며 잠잘 때에 반듯이 자고 모로 눕지말며 김치와 떡이라도 썰
어 먹지말며 위태로운 데 다니지말며 지름길로 다니지말며 남의 말
하지말며 무거운 것을 들지말며 경한 것이라도 중한 듯이 들며 방아
찧을 때에 어렵거든 찧지말며 너무 뜨거운 것도 먹지말며 너무 찬
것도 먹지말며 기대어 서거나 앉지말며 비껴 서지말며 남의 눈을 속
이지말라. 이같이 아니하면 사람이 나서 요사도 하고 조사도 하고 횡
사도 하고 병신도 되나니 이 여러 경계하는 말씀을 잊지말고 이같이
십삭을 공경하고 믿어하고 조심하오면 사람이 나서 체도도 바르고
총명하고 기국과 재기가 사람에 지날 것이니 부디 그리 알고 각별히
조심하소서. 이대로만 시행하면 문왕 같은 성인과 공자 같은 성인을
낳을 것이니 그리 알고 수도를 지성으로 하옵소서. 내칙과 내수도하
는 법문을 침상에 던져두지말고 조용하고 한가한 때를 타서 수도하
는 부인에게 외어드려 뼈에 새기고 마음에 쓰게 하옵소서. 천지조화
가 이 내칙과 내수도문 두 편에 들었으니 부디 범연하게 보지말고
이대로만 밟아 봉행하옵소서.

여기서 볼 수 있는 것처럼, 〈내칙〉에 제시된 태교의 첫째는 섭
생으로서, 반드시 금기해야 할 음식은 육류이다. 해어나 우렁이나
가재도 먹지말고 심지어 고기 냄새조차도 맡지말라고 했다. 이처럼
육류를 태모의 중요한 금기식으로 한 것은, '아무 고기라도 먹으면
그 고기가 기운을 타 사람이 나면 모질고 탁하다'는 이유에서이다.
이것은 신선사상의 영향에 의한 해월의 섭생 신념이었던 것으로

생각된다. 동학은 본래 유불도를 통합한 새로운 민족(민중)종교였다. 《동경대전》이나 〈용담유사〉 곳곳에 신선에 관한 이야기가 나온다. 〈안심가〉를 보더라도 신선·호천금궐·삼신산·불사약·선풍도골·불노불사·불사약·선약 등의 신선사상과 관련되는 용어가 많이 나온다. 신선사상에서는 섭생을 무엇보다 중요시한다. 시천주하는 사람의 몸은 섭생을 하지 않으면 안 되는 것인데, 해월은 그것을 이천식천(以天食天)으로 보아 '이천식천은 천지의 대법이라…… 제군은 물(物)을 식(食)함을 천(天)을 식하는 줄로 알며 인(人)이 내(來)함을 천이 내하는 줄로 알라'고 설법했다. 이는 식(食)이 곧 천(天)이므로 섭생은 한울의 뜻에 맞추어야 한다는 것이다. 이 때문에 해월은 도인들에게 7년간 어육주초(魚肉酒草)를 금하게 했다가 1881년(포덕 22년, 신사) 10월에 별성(別誠)으로 고천식(告天式)을 마친 뒤 해금했다.[29] 또 해월 자신은, 앞에서도 언급했듯이, 한평생 약간의 생선은 들었으나 육류는 일체 들지 않았다고 했다. 박래홍(朴來弘)의 〈해월신사의 일생〉에 따르면, 해월은 '사람이 고기[魚肉]를 먹을 적에 그 고기의 아프다는 소리가 귀에 들리지 않는가'라고 했는데, 이는 천지만물이 한 기운으로 되었음을 가르치는 것이라고 했다.[30]

둘째는 마음과 몸을 바르게 함으로써 태아의 심신이 올바르게 자라도록 하라는 것이다. 〈내칙〉에 제시된 태모의 행동거지에 관한 것들을 보면, 앉고 자고 서고 외출하는 등의 행동거지를 바르게 하고 남을 속이는 것과 같은 사악한 일을 절대 하지말라고 하고 있다. 마음과 몸은 서로 떨어질 수 없는 깊은 관련을 갖는다. 마음이 바른 사람은 그 행동이 자연히 올바르게 되는 것이다.

셋째는 태아와 태모의 건강관리이다. 태모가 무거운 것을 들거나 무거운 것을 이면 아랫배에 힘이 들어가 유산의 불행을 겪을 수도 있고 또 태아 성장이 부진하게 된다는 사실은 현대의학에서도 상

---

29) 《天道敎創建史》 제2편, 30쪽.
30) 《天道敎會月報》 195호, 16쪽.

식으로 통용되는 내용이다. 해월의 시천주 3단계 법설에 따르면, 태아도 이미 시천주했으므로 그 생명체가 아무 상함 없이 소중하게 성장할 수 있도록 해야 한다. 무거운 것을 들거나 방아를 찧는 것 같은 힘든 일을 삼가야 하는 것은 물론, 가벼운 것을 들 때도 무거운 것을 드는 것처럼 하라고 했다. 이것은 매사에 신중함을 보이는 태도를 견지할 것을 강조한 것이라고 생각된다. 그리고 태교에는 태모 자신뿐만 아니라 태모 주변 사람들의 애정 어린 보살핌이 함께 따라야 함을 더불어 말한 것이라고 생각된다.

해월은 자녀가 병신으로 태어나거나 수명이 짧아지는 것 등은 모두가 태교를 준행하지 않은 탓이라고 신랄하게 경계했다. 그리고 〈내칙〉을 잘 봉행하면 문왕이나 공자 같은 성인을 탄생시킨다고 했다. 〈내칙〉의 중심 사상은 뱃속의 태아를 시천주 제1단계의 인격체로 인정해 그 생명을 아주 소중하게 키워간다는 것이다. 이는 오늘날 잘못된 남아선호사상 때문에 뱃속의 태아가 여아일 경우 무참히 살해되는 현실에 비할 때 실로 길이 기려야 할 소중한 사상이 것이다.

(2) 〈내수도문〉에 나타난 근대적 여성관

〈내수도문〉은 동학부인들의 수도 방법과 관련한 행동 수칙이 중심을 이룬다. 동학의 진리는 실천적 행위를 통해 깨닫는 것이므로, 동학을 막연히 알고 있던 부녀들에게 수도의 구체적인 길을 열어주었다는 것은 여성을 남성 도인과 같은 시천주인으로 인식한 것이라 하겠다. 《동학사》나 《천도교창건사》 등에 수록된 〈내수도문〉은 6조목으로 되어 있다. 그러나 지금까지 발견된 것 가운데 가장 오래된 경자년(1900년)본[31]에는 7조목[32]으로 되어 있다. 이 경자년본

---

31) 朴容玉, 〈東學의 婦女規範 內修道文〉, 《여성동아》, 1968년 9월호.
32) 천도교에서는 해월의 〈내수도문〉을 다소 윤색시켜 10조목(《新人間》 11권,

을 중심으로 〈내수도문〉의 내용을 분석하면, 첫째, 생명존중적인 대인접물관, 둘째, 근대적 위생생활관, 셋째, 절도 있는 과학적 생활관으로 요약할 수 있다. 이를 구체적으로 검토하면 다음과 같다.

① 생명존중적 대인접물관

대인접물은 해월의 생명존중관을 집약한 사상으로, 천지만물 어디에나 한울님이 존재한다는 범신론적 의미까지를 포함한다. 이 내용은 주로 〈내수도문〉 제1조목에서 다루어지고 있다. 먼저 동학 도인들의 대인 태도와 정신에서는 부모에 대한 극진한 효, 남편에 대한 극진한 공경, 자식과 며느리에 대한 극진한 사랑 및 하인을 내 자식처럼 여기는 참된 인간애를 설명했고, 접물 태도에서는 육축과 수목까지도 아끼고 사랑하라고 했다.

동학은 유교적 윤리를 모두 폐하고자 하는 것이 아니다. 유교 윤리에 나타난 시천주론에 위배되는 불평등적 인간 대우에 관한 것을 개혁하자는 것이다. 그러므로 부모에게 효하고 남편을 인격적으로 공경하여 가화를 이루는 것은 만고의 진리일 수밖에 없다. 해월은 조실부모하여 생전에 효할 수 있는 기회가 많지 않았다. 그러나 수운 순도 후 사모 박씨를 효하는 자세로 극진히 보살피고 받들었다. 그는 관의 지목으로 자신의 몸조차 거둘 수 없을 때도 늘 사모와 그 자녀들이 안전하도록 온힘을 기울였다.

1871년(포덕 12년, 신미[辛未]) 3월에 일어난 이필제의 난으로 해월은 관의 극심한 지목을 받으며 강수 등과 태백산중을 전전하면서 피신생활을 했다. 그런 와중에 영월 직동(稷洞) 박용걸(朴龍傑)의 집으로 피신해 여기서 49일 기도 뒤 강도회를 열고 각지 도인을 모아 대인접물의 뜻으로 주옥같은 내용의 설법을 했다. 《천도

52쪽)으로 한 경우도 있고, 경상도 상주의 동학본부의 경우처럼 〈내수도문〉의 근대지향적인 것을 삭제하고 이를 부녀가 지켜야 하는 유교적 덕목으로 변형시키기도 했다.

교창건사》에는 그 설법 내용 7개조가 실려 있다. 그 가운데 동학 도인의 대인 태도를 보면 다음과 같다.

(1) 도는 먼저 대인접물에서 시작되는 것이니 사람을 대하는 곳에서 세상을 기화할 수 있고 물건을 접하는 곳에서 천지자연의 이치를 깨달을 수 있나니라…….

(2) 대인은 첫째 은악양선(隱惡揚善)으로 주를 삼되 사람이 폭려(暴戾)로서 나를 대하거든 나는 인서(仁恕)로서 저를 대할 것이요 저가 사기로서 말을 꾸미거든 나는 진실로서 저를 대할 것이며 저가 세와 이로서 나를 욕하거든 나는 지정(至正)과 공의로서 저에게 대한즉, 비록 천하라도 화할 수 있나니라.[33]

이필제의 난으로 박 사모 역시 감당할 수 없는 고난을 받고 있었다. 세정이 투옥되고 셋째딸과 며느리까지 잡혀가 그 마음이 심히 산란한 가운데 박용걸의 집에서 4월 5일 제사를 베풀게 되었다. 박사모는 세정의 옥사를 알아보러 간 아들 세청이 오기를 기다렸는데, 저녁이 되어도 오지 않자 애타는 마음을 누를 수 없어 안정을 못하고 들락날락거렸다. 사모의 마음이 재가 되어버린 것 같았다. 해월은 사모에게 '밤이 이미 삼경입니다. 제사를 지내야 하는데, 사모님 마음이 편안한 후에야 저희 마음도 편안해져 제사를 지낼 수 있으니 그만 그치심이 어떻습니까'라고 했다. 그때 사모는 화를 버럭 내며 '이 사람 저 사람 한울님은 무엇입니까? 내가 한울님을 압니까? 그대들이 제사를 지내고 안 지내는 것이 나와 무슨 상관이오?'라고 강폭한 말을 했다. 해월은 여러 말로 지극히 간절하게 빌었으나 끝내 마음을 돌리지 못해 부득이 그냥 제사를 지내게 되었다.[34] 해월의 사모 대함은 이처럼 부모에 대한 효 그 자체였다.

---

33) 《天道教創建史》 제2편, 16~17쪽.

다음으로 며느리와 자녀 그리고 하인에 대한 도인의 태도이다.
전래의 유교사회에서는 이들 세 부류의 사람들에 대해 지극히 비
하시(卑下視)했고 종속화했으며 비인간적 대접을 했다. 해월은 1885
년 설법 때 베를 짜는 서택순의 며느리를 가리켜 한울님이 베를
짜는 것이라는 여성 존중의 귀한 말을 했고, 이어 '도가에서 유아
를 타함은 이 천주의 뜻을 상하는 것이니 심히 삼가라'고 했다.[35]
그리고 해월 자신은 평소에 어린이들을 어른과 똑같은 인격체로서
공경해 맞절을 했다고 한다.[36] 그러나 해월은 시천주한 어린이가
올바로 양천주하도록 어른이 지도하는 것은 마땅하다고 생각했다.
가정에서의 어린이 교육에 대한 해월의 태도에 관해 사모가 다음
과 같이 말하고 있어, 그의 어린이 교육관을 살펴볼 수가 있다.

(1) 곱게 기르지말라고 항상 말씀하셨습니다. '어렸을 때의 고생은
일생 행복의 거름이다. 너무 호강으로 기르는 데서 버림의 소년이 나
온다'고 하셨습니다. 또 옷을 그렇게 솜을 많이 두지 못하게 하셔서
몸이 덥지 않도록 하셨읍니다.

(2) 일즉 어린 아해들이 가지고 놀던 돈을 내버림을 보시고 도리
어 칭찬을 하시며 말씀하시기를 '아시(兒時)부터 돈을 알아서는 못
쓰는 것이니 될 수 있는 대로 아해들에게 돈 관념을 붙여주지말아야
한다'고 하셨습니다.[37]

어린이의 인격은 존중하되 필요한 교육은 끊임없이 시켜야 된다
는 것이다. 그리고 수운을 비롯해서 해월도 하인을 모두 자유인으

---

34) 윤석산 역주, 《道源記書》, 104쪽 ; 〈海月神師實史〉, 《天道敎會月報》 195호,
   24쪽.
35) 《天道敎創建史》 제2편, 36쪽.
36) 《天道敎會月報》 246호, 17쪽.
37) 같은 책, 29쪽.

로 놓아주었으나 아직 도인 가운데는 하인을 거느린 사람들이 있었기 때문에 하인도 시천주의 인격으로 대하라고 한 것이다.

다음으로 인간 외의 모든 생물도 시천주하고 있으므로 이 또한 아끼고 사랑해야 한다는 수도인의 대물(對物) 태도에 대한 말이 있다. 해월은 신미년 설법에서 도인들에게 다음과 같이 말했다.

접물은 우리 도의 거룩한 교화이니 제군은 일초 일목(一草 一木)이라도 무고히 이를 해치 말라. 도닦는 자체가 천을 경할 것이요 인을 경할 것이요 물을 경할 것에 있나니…… 물을 경치 못하는 자 인을 경한다 함은 아직 도에 달치 못한 것이니라.[38]

또한 1885년(乙酉) 설법에서도 '제군은 일생물(一生物)을 무고히 해치 말라. 이는 천주를 상함이니'[39]라고 말했다. 〈내수도문〉에서 육축과 수목까지도 아끼며, 나무의 상순을 꺾지말라고 한 것은 바로 이 설법을 기초로 한 것이다. 해월의 대인접물관은 인간이 몸담고 살며 또 벗하고 사는 천지만물까지를 아우르는 생명존엄적 박애사상이다. 자신의 목숨이 경각에 있는 급박한 피신 생활 중 산새 지저귀는 소리를 듣고 '저 역시 시천주의 소리'라고 했으니, 그의 생명존엄적 박애사상의 폭을 짐작하게 한다.

② 근대적 위생관

한울인 생명을 어떻게 잘 보존하여 장생하게 하는가는 동학의 중요한 과제이다. 해월은 이를 철저한 위생적 삶의 실천으로써 가르쳤다. 이런 점에서 동학은 근대지향적 민중종교인 것이다. 이에 관해서는 제2, 4, 5조목에서 제시하고 있다. 제2조목은 도인들이 기거하는 일상적 삶의 환경을 위생적이고 청결하게 하라는 내용이다.

---

38) 《天道敎創建史》 제2편, 18쪽.
39) 같은 책, 36쪽.

해월이 '우리 사람이 시천영기(侍天靈氣)로 사는 것이니 어찌 유독
사람만이 시천주했다 이르리오. 천지만물이 시천주 아님이 없노라'
고 한 법설에서도 느낄 수 있듯이 해월의 한울님 인식은 범신적이
다. 이러한 범신적 법설은 민속신앙에 익숙한 농촌 부인들에게는
쉽게 이해되고 이를 실행에 옮기기도 쉬운 것이었다. 땅도 천지 부
모의 얼굴이므로 설겆이한 더러운 물·가래·침·코 등 오물을 함부
로 땅에 버리지말고 반드시 땅을 파서 묻으라고 했으니, 이것으로
도 매우 철저한 위생적 삶의 태도를 엿볼 수 있다. 대지를 한울님
얼굴이라고 하면 누구도 그 대지에 오물을 함부로 버릴 수 없을
것이다. 그리고 이것이 철저한 위생적 삶인 것이다.

실제로 1886년(포덕 27년, 병술[丙戌])에 크게 번졌던 전염병 콜레
라는 위생적 삶을 사는 동학도인가에는 침범하지 못했는데, 이를
한울님의 신비한 조화로 믿고 수많은 사람들이 동학인이 되었던
것이다. 물론 해월에게 종교적 기적과 같은 혜안이 있었던 것을 부
인할 수는 없다. 콜레라가 크게 유행하기 바로 전인 같은 해 4월,
'금년에 악질(惡疾)이 대치하리라' 하고 예견하고 교도들에게 '한층
기도에 힘쓰고 특히 청결에 주력하라'고 하며 도인가의 위생생활의
요목을 제시하여 실천하도록 했는데, 첫째는 음식 관리법이고 둘째
는 오물 처리법이며 셋째는 환경 청결법이었다. 그리고 이 요목들
이 〈내수도문〉의 제2조목과 제4조목이 된 것이다. 당시 도인들에게
전한 음식 관리 요목은 '묵은 밥을 새 밥에 섞지말라, 묵은 음식은
새로 끓여 먹어라'였다.[40]

〈내수도문〉의 내용은 이와 관련해 좀더 자상하고 친절하게 언급
하고 있는데, 가령 새로 한 밥과 국과 김치와 반찬들을 먹던 것들
과 섞지말라 하고 먹던 음식은 따로 두었다가 심고(心告) 없이 먹
으라고 하고 있다. 이는 너무도 과학적인 음식 관리법이다. 새 음

---

40) 같은 책, 38쪽.

식과 먹던 것을 혼합하면 부패 속도가 빨라진다는 것은 오늘날 상
식적인 내용인데, 이 과학적 삶의 지혜를 범신적 입장에서 가르친
것이다. 또 제5조목에서는 음식 장만할 때의 청결성을 가르쳤다.
즉, 밥을 할 때 깨끗한 물에 쌀을 다섯 번 씻어 안치고, 밥을 퍼서
먹을 때는 국이나 장이나 김치를 한 그릇씩 놓고 먹으라고 했다.
음식을 깨끗하게 만들고 소박하게 먹으라는 가르침인 것이다. 사모
는 해월이 실제로 일상에서 음식 장만과 관리를 마치 한울님께 제
사 지내는 마음가짐으로 했다고 말하고 있다. 환경을 청결히 하는
것과 관련해서는 하루 두 번씩 집안을 청결하게 닦으라고 했는데,
〈내수도문〉에는 이 부분의 조목이 없다. 아마도 청소의 몫을 남자
들이 해야 하는 것으로 여겼기 때문이 아닌가 한다.

　과연 이 해 5월부터 시작된 괴질 콜레라는 6월에 크게 유행했다
가 찬바람이 부는 10월에 가서야 수그러들기 시작했다.[41] 콜레라가
온 나라를 뒤흔들었던 참경과 이를 다스리려는 급박한 정경들은
당시의 관찬 기록들과 《高宗實錄》 등에 잘 나타난다. 실록에 따르
면, 콜레라가 만연한다는 보고가 제일 먼저 있었던 지역은 외국 상
선 등이 자주 드나드는 경상도로서, 그 해 5월 15일에 경상감사 남
일우(南一祐)가 감영과 각 읍에 전염병이 유행하는데 병에 걸리면
살아나기 어렵다며 별려제(別厲祭)를 속히 설행해야 한다는 내용의
장계를 의정부에 보냈다.[42] 또 6월 22일에는 전라감사 윤영신(尹榮
信)이,[43] 7월 5일에는 경기감사 김명진이 비슷한 내용의 장계를 올
렸다.[44] 그러나 조정에서는 특별한 대책이 없으므로 교지를 내려
위로하고 불복일(不卜日)에 별려제를 설행하라고 분부할 뿐이었
다.[45] 백에 하나도 살아 남기 어려웠던 무서운 그 전염병을 오직

---

41) 《高宗實錄》, 高宗 23년 10월 7일조.
42) 같은 책, 高宗 23년 5월 15일.
43) 같은 책, 高宗 23년 6월 22일.
44) 같은 책, 高宗 23년 7월 5일.
45) 같은 책, 高宗 23년 6월 10일, 23일.

도가에서만은 걸린 사람이 없었다. 해월이 살던 마을의 40호 가운
데 전염병에 걸린 사람이 한 사람도 없자 이 소문을 듣고 입도하
는 사람이 헤아릴 수 없이 많았다고 한다.[46] 정부 대책에 비한다면
해월의 도인가에 대한 철저한 위생생활 교육은 실로 근대적인 과
학적 처치이며 합리적인 방법이었던 것이다.

③ 절도 있는 합리적 생활관

제3, 6, 7조목은 절도 있는 합리적이고도 과학적인 삶을 종교적
입장에서 제시한 것이다. 해월의 일상 삶의 태도는 참으로 합리적
이고 지극히 절도가 있었다. 해월은 연이은 피신생활로 인해 항상
이우(移寓)하므로 '최보따리'라는 별명을 가지게 되었다. 그런데 해
월은 길을 떠날 때 반드시 보따리를 두 번 싸는 습관이 있었다. 그
이유는 만사에 자상해서 그랬다고 한다. 또 봇짐 위에는 언제나 짚
신 한 켤레가 있고 봇짐 안에는 반드시 점심이 들어 있었다고 한
다. 갑자기 닥칠 위란에 대한 철저한 준비인 것이다. 그의 이러한
생활정신과 관습이 그로 하여금 평생을 따라다니던 관의 지목을
피하고 포덕을 가능하게 했을 것으로 생각된다.[47]

해월은 도인들, 특히 도인 가족의 일상생활을 책임지는 부녀들로
하여금 心告라는 교조적 지침으로써 습관화하게 하여 합리적이고
과학적인 삶을 영위하게 했다. 동학의 심고는 내 몸에 모신 한울님
에 대하여 자신의 행위를 항상 고하는 것이다. 그것은 오직 한울님
이 좋아하는 행위만을 하게 하는 데 목적이 있는 것이다. 그러므로
잠잘 때, 일어날 때, 물을 길러 갈 때, 방아를 찧으러 갈 때, 그리
고 외출할 때와 남에게 무엇을 받을 때 등의 여인의 일상생활을
낱낱이 심고하라고 했다. 이는 하찮게 여길 수 있는 여인의 일상
삶 속에도 항상 한울님이 함께 함을 가르친 것으로 부인들의 직책

---

46) 《天道敎創建史》 제2편, 38쪽.
47) 같은 책, 35쪽.

과 역할의 중요성을 일깨운 것이기도 하다. 아울러 이는 부인의 인격이 남자와 평등한 인격임을 알게 하는 것이다. 유교사회의 가정에서는 마치 부인의 존재를 낮추는 것이 옳은 이치인 것처럼 여겨 여성 스스로도 자신을 하찮게 여기는 삶을 살았다. 헌 옷, 헌 이불, 이가 빠진 그릇 등은 늘 부인의 차지였다. 해월의 부인수도인에 대한 남다른 애정은 여성 자신이 스스로를 한울님으로 믿고 존중하도록 가르친 것이다. 제6조목의 내수도에서 '금이 간 그릇과 이 빠진 그릇에 먹지말며 살생을 하지말라'고 한 것은 바로 이를 의미하는 것이다.

해월의 가르침들은 여성 핍박의 멍에를 벗게 하고 여성도 한울님으로 승격되어 대접받을 수 있는 길을 열어준 것이라 하겠다. 해월이 주장한 청수일기(淸水一器)의 새 제사의례도 부인의 입장에서 본다면 일로부터의 해방을 준 것이다. 가난한 살림에 제사용 식품을 구하고 일일이 정성을 기울여 장만하는 수고는 부인들에게 때로는 형용할 수 없는 괴로움이기도 하기 때문이다. 해월의 실천적 삶을 통한 갖가지 법설은 이처럼 여성의 해방과 여성의 삶의 질을 높이는 문제들과 연결되지 않는 것이 없었던 것이다.

5. 닫는 글 : 여성운동 선구자로서의 해월

종교지도자로서의 해월의 위대함은 그의 주옥같은 수많은 법설을 통해 쉽게 이해할 수 있다. 일반적으로 사람이란 입으로의 가르침과 실제의 행위가 반드시 일치하지 않는 경우가 많다. 그는 인간들로 하여금 모든 인간은 다 같은 한울님이라는 인간평등사상을 종교적으로 실현하려는 데 한평생을 바쳤다고 해도 과언이 아니다. 그러므로 그는 이전 사회에서 가장 차별적 대우를 받았던 사람들, 대표적으로 여성과 아이들을 어떻게 평등한 한울님을 모신 인간으

로 대접하고 받게 할 것인가를 위해 노력했다. 그의 법설에 여성
문제를 많이 언급한 것은 사실 동학의 종지를 완성하는 길이 궁극
적으로는 여기에 있다고 믿었기 때문이다. 그의 신념은 바로 여성
해방론인 것이다.

이 장에서는 해월의 여성해방론에서 법설이라는 이론과 그의 실
제 삶이 어느 정도나 일치하고 있는가를 검토함으로써 그의 〈내칙〉
과 〈내수도문〉이 갖는 여성사적 의미를 규정하려 했다. 그 결과 그
의 선구적 여성해방론은 실천적 삶과 일치하는 이론으로 제시되고
있었다는 놀라운 사실을 발견할 수 있었다. 그는 낡은 시대의 여성
차별적 결혼제도를 신랄하게 비판했고 가정과 사회에서 여성의 지
위를 부여하되 비하되고 천시되던 부녀의 직능에 대한 가치의 중
요성을 강조했다. 이것은 여성이 남성과는 신체적으로만 다를 뿐
지적·정서적·사회적 능력에서 동등하다고 하는 오늘날의 페미니즘
이론과는 다른 것이다. 이는 남녀의 직역이 서로 다를 수밖에 없는
시대적·사회적 상황에서 서로의 직역에 대한 상이성을 인정하고
서로 존중해야 한다는 것이다. 가정을 중심으로 생활할 수밖에 없
는 부인의 평등한 인격은 일차적으로 가정 안에서 존중하고 인정
해주어야 하는 것이다. 부화부순을 동학의 기본 종지로 삼고 내외
의 화불화로서 도의 통불통을 가늠한다고 한 것은 당시의 사회적
여건으로는 가장 합당한 여성인격 존중론인 것이다. 그리고 도의
실천은 그 어느 것 하나도 가정을 등지고는 불가능한 것이다. 그러
므로 가정의 중심인 부인은 도 실천의 중심이 되어야 하므로 이들
부인들의 수도의 길을 구체적으로 열어주어야 하는 것이다. 그것이
바로 긴박한 피신 중에 〈내칙〉과 〈내수도문〉을 찬제하고 반포해야
했던 중요한 이유인 것이다.

해월의 근대지향적 여성관은 종교적 운동으로 끝난 것이 아니다.
《제국신문》의 창립자인 이종일은 한국 최초의 여권운동인 1898년
9월의 찬양회운동이 동학사상에서 기인해 출발한 것이라고 주장했

으며, 《제국신문》은 여성을 계몽하고 해방시키기 위해 발행할 것이며 찬양회의 기관지로서의 역할을 하겠다고 했다.

1926년 4월에 창간한 《신인간》에서 북경(北京)의 천우(天友)는 해월을 신인간적 여성운동의 지도자요 선구자라고 높이 평가했으며, 특히 일제 침략 아래에서의 천도교 여성운동은 해월의 여성해방사상을 기반으로 활발하고 다양하게 추진되었다. 한국 여성의 근대화 과정에서 볼 때 해월의 위치는 실로 중요한 의미를 지닌다.

제6장 증산의 남녀평등사상

1. 여는 글

증산(甑山, 강일순[姜一淳])은 1871년 전라도 고부에서 출생했으며, 1901년에서 1909년까지 증산교(甑山教)를 창도하여 9년 동안의 포교[公事]를 하다가 1909년에 39세의 젊은 나이로 사망했다. 그의 출생·생장·사망에는 역사적인 모든 성현이나 신인에게서 볼 수 있는 각종 신비함이 있었다. 전라도는 우리 나라의 제일가는 곡창지대이며, 아울러 봉건 조선왕조 부패관리의 극심한 착취 대상지였다. 1894년, 고부에서 동학농민들이 사회개혁의 기치를 높이 들었던 것도 실은 봉건체제 타도에 그 근원을 두고 있었다. 봉건적 사회의 특성은 신분의 철저한 차별과 남녀의 차별이다. 유교적 봉건질서가 극도로 혼란해진 조선왕조 사회는 여러 면에서 종래의 사회에 대한 해체 과정을 밝게 되었다. 자본주의 열강 세력의 충격까지 경험하게 되는 19세기 중엽에 경주의 한미한 한 유생인 최제우에 의해 농민 대중의 제도를 위한 새로운 종교 동학이 창도되면서 인간평등사상이 일반 대중사회로 확대되었다. 1894년 동학농민혁명 당시 전라도 일대에 한때 민정이 실시되던 집강소 정치 시기에 동학농민군이 조정 당국에 제출한 폐정개혁 12개조안은 바로 봉건적 질서를 타파하고 새 사회질서를 민중의 힘에 의해 세우려던 것이었으며, 아울러 이는 당시의 농민 대중의 목소리요 그들이 이룩해내고자 하는 신념이었다.

동학농민군의 반봉건운동의 핵심은 인간해방운동이었으며, 그 운동에는 조선 여성을 철저하게 얽매던 멍에인 과부 재가금지 폐지안도 포함되었다. 과부 재가의 허용은 남성으로부터의 해방이며 인간성 회복의 기초인 것이다.

인간을 한울님으로 승격화한 동학에서는 인간평등을 교리의 종지로 내세웠으며, 동학의 세력이 농촌 깊숙이 파고들면서 인존사상＝인간평등사상(人尊思想＝人間平等思想)이 보편화되어갔다. 동학의 종교운동은 2세 교조 최시형대에 오면 더욱 체계화되어 사회적 개혁운동으로 발전해나간다. 그러나 동학농민혁명운동은 조선을 놓고 각축하는 청일 사이의 국제관계가 크게 작용해 숱한 인명 피해, 재산 피해를 낸 채 실패하고말았다.

동학혁명의 진원지였던 고부 일대의 막심한 피해는 물론, 농민들의 실망과 허탈은 이루 표현하기 어려운 것이었다. 실의에 찬 이들은 말세적 사회 현상을 극복할 수 있는 초세속적 권능자의 출현을 심히 갈망하게 되었고, 증산이 큰 뜻을 품고 주유천하와 독공(篤工) 끝에 각도(覺道)하여 조화(造化)의 능력을 자유자재로 행사할 수 있음을 보이게 되자 많은 사람이 그를 신인으로 믿고 후천선경을 바라며 따르게 되었다.

증산의 적극적 종교활동 시기는 1901년부터 1909년까지 약 9년 동안이었다. 《대순전경(大巡典經)》에 따르면, 그는 비와 바람을 마음대로 부리고 죽은 자를 살리고 아픈 자를 낫게 하는 신적 권능을 가졌다고 한다. 그는 후천선경을 이룩하기 위해서는 천지의 질서를 완전히 뜯어고쳐야 함을 증산 종교행사인 각종 공사(公事) 때와 종도(從徒)에 대한 가르침 속에서 주장했다.

그의 종교사상의 근간은 인존사상(人尊思想)에 있다. 그는 동학에서 주장했던 '사람이 한울님'이라는 인존적 경지를 초월하여 '사람이 신을 부린다'고 했다. 그리고 인존의 정도는 이 세상에서 뜻을 다 펴지 못한 모든 영혼들의 원한을 위무하여 신명세계의 질서를 바로잡는 것이며, 신명세계의 질서가 바로잡히기 위해서는 인간 사이의 평등, 화평, 협동이 제대로 이루어져야 한다고 보았다. 그러므로 그는 종도들에게 원한의 근원이 되는 척을 짓지말라고 가르쳤다. 증산의 사상을 해원사상(解冤思想)으로 대표화하는 것도 이 때문이다. 증산의 남녀평등사상도 그의 해원적 인존사상이 기반이 되고 있다. 그의 종교적 이론에 따르면, 수천 년간 억업받던 여성의 원한 맺힌 귀신들이 신명세계의 질서를 어지럽히고 그것이 연쇄적으로 인간세계를 어지럽힘은 너무나 당연하다.

증산이 적극적으로 종교활동을 하던 1901년부터 1909년까지는 일제의 침략에 대한 저항, 주권을 수호하기 위한 애국계몽운동 등이 크게 일고 있던 때였다. 이러한 운동을 통해 여권의 중요성이 새롭게 인식되어, 여학교가 설립되고 여성단체들이 태어나 조직적인 여성운동이 진전되고 있었다. 이 시기의 여성운동에는 여러 부문의 서구적 사상이 크게 유입되고 작용했다. 그러므로 지역적으로는 서울을 비롯한 대도시와 서북지방에서 그러한 운동이 일고 있었다. 그러나 농촌사회, 특히 동학인의 피해가 컸던 호남의 농촌에서는 동학혁명 때의 척왜양사상(斥倭洋思想)이 더욱 심화될 수 있어 도시에서와 같은 여성운동이 수용·진전되기는 어려웠을 것으로 생각된다. 또 농촌은 도시보다 훨씬 폐쇄된 사회이다. 폐쇄된 사회는 다른 문화에 대한 배타성도 강하다. 이러한 농촌사회의 개방에는 종교적 차원의 힘이 작용해야 한다. 남녀의 분별이 천리화(天理化)된 것이라고 생각하는 농촌사회에서 여성개화운동은 도시의 경우와 같을 수 없다. 남녀분별에 대한 농촌사회의 전통적 인식을 개혁하기 위해서는 오히려 종교적 신념이 요구될 필요가 있다. 즉, 다분히 주술적이고 미신적일 수도 있는 어떤 신적 권능의 조화에 의해 새로운 질서의 시대가 열려 남녀가 평등해야 한다는 종교적 신념을 갖게 할 때, 종래부터 은연중 자신들이 느껴왔던 사회적 폐습을 적극적 신앙운동으로써 혁파하려는 의지를 보다 굳게 할 수 있게 되는 것이다.

증산의 남녀평등사상 역시 일반 농민 사회층에 종교적 신념으로 수용됨으로써 그 확대가 가능했던 것이다. 《대순전경》을 읽다보면 그의 사상적 근원이 남녀의 질서, 곧 음양의 질서를 바로 하는 데 있다는 것을 느낄 수 있다. 낡은 시대를 극복하려는 그의 여러 가지 개혁사상 가운데 그 중핵이 되는 것은 남녀평등사상이다. 아울러 증산의 남녀평등사상의 연구는 농촌사회 여성의 근대화 과정의 한 양태를 밝힐 수 있는 것이기도 하다. 특히 증산의 종교활동기였던 1901년부터 1909년까지는 개화운동의 대중화 단계였다. 이 시기에 동학군 봉기의 진원 지역에서 증산식의 사회개혁이 민중의 큰 공감을 얻은 데 대해서는 특히 새로운 관심을 가지고 앞으로 계속 연구해야 할 과제라고 생각한다.

2. 정음정양으로서의 남녀평등

증산의 남녀평등사상을 이해하기 위해서는 먼저 그의 정음정양론(正陰正陽論)을 고찰해야 한다.

예전에는 억음존양(抑陰尊陽)이 되면서도 항언(恒言)에 음양이라 하여 양보다 음을 먼저 이르니 어찌 기이한 일이 아니리오. 이 뒤에는 음양 그대로 사실을 바로 꾸미리라.[1]

증산은 그 자신이 선천(先天)으로 간주했던 역사시대 이래의 음양 질서를 바로잡겠다는 의지를 보이고 있다.

1908년 4월, 증산은 김준상(金俊相)의 집에 방 한 칸을 수리하고 약방을 차린 바 있다. 한번은 약방 벽 위에 '사농공상 음양 기동북이고수 이서남이교통(士農工商 陰陽 氣東北而固守 理西南而交通)'[2] 등의 여러 글을 많이 써 붙이고 백지로 배접을 한 뒤 종도 김자현(金自賢)으로 하여금 마음대로 밥사발을 대고 사발 크기 만큼의 배접한 곳의 종이를 오려내게 한 일이 있었다. 그 오려낸 곳에 나타난 글자가 '음(陰)' 자였다. 그때 증산은, '정히 옳도다. 음과 양을 말할 때 음 자를 먼저 읽나니 이는 지천태(地天泰)니라'(《대순전경》 4-75) 하고 말했다. 이는 음이 양에 선위(先位)가 되어야 함을 뜻한 것이다.

《주역》에서는 천도에 양이 강하고 음이 유한 것은 인도에 남자가 높고 여자가 낮은 것과 일치한다고 하여 남자를 하늘에 비유하고 여자를 땅에 비유함으로써, 남자는 우주만물을 형성하는 근원이지만 여자는 그에 종속적인 것으로 여기게 했다. 아울러 남존여비의 질서는 조선왕조 500년 동안 하나의 천리로 받아들여졌다. 몇천 년 동안 인간사회를 지배했던 이 같은 음양의 논리에 정면으로 도전한 이는 증산이 처음이었다. 그러면 음이 선위가 되어야 하는 이유는 무엇인가? 이에 대해 증산은 30여 명의 종도들에게 오주(五呪)를 수련하도록 하는 자리에서 다음과 같이 말했다. 즉, 생명의 근원은 땅에 있다는 것이다.

동학에는 드는 날(입교를 의미함)부터 녹(祿)이 떨어지는데, 그 이유는 녹이란 곤(坤)에 붙어 있는 것으로, 동학은 하늘에만 편중하는 까닭에 그러하게 되는 것이며, 또 수명복록(壽命福祿)이라 하지만 수

1) 《大巡全經》 6-135.
2) 같은 책, 4-75.

명만 길고 복록이 없으면 죽는 것만 같지 못하니, 앞으로 복록을 먼저 하라.[3]

증산의 교리 전개에는 말장난 같은 느낌을 주는 대목이 여러 곳 있다. 예를 들어, '무척 반갑다'에서 '무척'은 척이 없다는 뜻이라고 풀이한 것 등이 그것이다. 위의 '수명복록'도 이에 준하는 논리라고 할 수 있다. 그러나 그가 '곤(坤)＝지(地)＝음(陰)＝여(女)'의 중요성을 종도들에게 가르치는 데는 오히려 말장난 같은 방법이 훨씬 쉽게 이해되어 받아들여지리라는 점을 고려했을 것이라고 생각된다. 이것은 수천 년 동안 학대받고 멸시받던 곤의 위치를 바로잡지 않고는 후천세계의 참 복록을 누릴 수 없음을 가르친 것이다. 이날 증산은 밤새도록 종도들에게 오주수련(五呪修練)을 시키고, 이른 새벽에 정좌하도록 한 뒤 종이 한 조각씩을 나누어주고는, '후천음양도수(後天陰陽度數)를 보려 하노니, 자기만 알도록 자신이 거느리고 싶은 아내의 수를 점으로 표하라'고 했다. 이때 황응종(黃應鍾)은 2점, 신경수(申京洙)는 3점, 안내성(安乃成)은 8점, 차경석(車京石)은 12점을 찍었는데, 문공신(文公信)만은 1점을 찍어서 냈다. 이를 본 증산은 정음정양의 원리를 알지 못하는 종도들로 하여금 이 원리를 분명히 알게 하고자 점 하나만을 찍은 공신에게 어째서 하나만 원하는지를 물었다. 그는 '건곤이 있을 따름이요 이곤이 있을 수 없사오니, 일음일양이 원리인 줄 아나이다'(《대순전경》 4-47) 하고 답했다. 증산은 공신의 대답이 옳다고 했다. 일음일양의 원리란 일부일부의 부부 관계를 말하는 것이다.

부자간의 가계 계승이 확립되면서 남자들은 광계사(廣繼嗣)를 이유로 많은 첩을 거느려 일부다처의 부처제도를 당연시했다. 증산은 이처럼 비합리적인 부부 관계를 뜯어고치지 않고는 인간세계와 신

---

3) 같은 책, 4-26.

명세계를 바로잡을 수 없다고 생각한 것이다.

경석이 열두 명의 처를 두겠다고 한 것은 후천에는 새 기운이 돌아 12제국에 자신의 아내를 하나씩 두기 원하기 때문이라고 했다. 차경석은 증산의 수종도(首從徒)이다. 그의 이종매(姨從妹)인 고부인(高夫人)을 수부(首婦)로 천거하여 증산과 경석은 처남과 이미 매부의 관계로 맺어져 있었다. 경석의 부친은 동학두령이었는데 동학군 봉기 중에 억울하게 죽었고, 경석 자신도 동학 총대(總代)를 지냈다. 동학운동이 실패한 뒤 경석은 증산의 종도가 되었으나, 그의 마음속에는 아직도 선천의 억음존양관은 물론 동학인으로 있을 때의 왕후장상의 꿈을 벗어버리지 못하고 있었던 것이다.[4] 그러므로 증산은 음양도수를 보는 공사를 마친 뒤 동학신명 전부를 해원하는 공사를 하지 않을 수 없었다.

증산의 음양관은 곧 정음정양사상이며, 또한 이 사상은 해원적 측면에서 조명하지 않고는 그의 남녀평등사상의 의미를 제대로 이해할 수가 없다.

> 이때는 해원(解冤)시대라 몇천 년 동안 깊이 갇혀 있어 남자의 완롱(玩弄)거리와 사역(使役)거리에 지나지 못하던 여자의 원을 풀어 정음정양으로 건곤을 짓게 하려니와 이 뒤로는 예법을 다시 꾸며 여자의 말을 듣지 않고는 함부로 남자의 권리를 행하지 못하리라.[5]

수천 년 동안 억압받던 그 숱한 여성의 원혼들을 풀어줌으로써 건곤의 위차(位次)를 바로잡아 예법을 다시 세우는 남녀의 새 질서란, 남녀간의 평등은 말할 것도 없고 때로는 여성의 우위권까지도 예시한 것이다. 이것은 여성도 능력에 따라 남자와 동등하게 때로는 그 이상으로 사회 참여와 활동을 할 수 있음을 뜻한 것이기도 하

---

4) 같은 책, 4-48.
5) 같은 책, 6-134.

다. 증산의 다음 교설은 이러한 논리를 더욱 분명하게 드러내준다.

선천에서는 하늘만 높이고 땅은 높이지 아니했으니 이것은 지덕(地德)이 큰 것을 모름이라. 이 뒤로는 하늘과 땅을 일체로 받들어야 하느니라.[6]

후천에서는 그 닦은 바에 따라 여인도 공덕이 서게 되리니 이것으로써 옛부터 내려오는 남존여비의 관습은 무너지리라.[7]

선천에서의 그릇된 음양관이 인류의 사회와 역사를 극도의 혼란으로 몰아갔으나 후천에서는 지덕을 높임으로써 능력 있는 여성의 공덕이 세상에 드높여지게 되고 폐습인 남존여비는 저절로 무너지고말며, 아울러 사람을 쓸 때도 남녀의 구별이 없게 됨을 '진평(陳平)의 야출동문 여자 이천인(夜出東門 女子 二千人)'의 고사를 들어 설명했다(《대순전경》 6-114). 이는 유방과 항우에 얽힌 고사이다. 유방이 항우에게 형양성(滎陽城)을 포위당했을 때, 진평이 여자 2,000명을 군대인 것처럼 꾸미고 성의 동문으로 나가며 거짓으로 유방이 항복한다고 했다. 이 틈을 타서 유방은 서문으로 빠져나와 도망을 갈 수 있었다. 증산은 전란의 위기를 여자 2,000명으로 모면할 수 있었던 역사적인 사실[8]을 들어 여성의 활동과 역할이 후천 세계에서는 남자와 평등하게 될 것임을 뜻한 것이다.

대도(大道)의 뜻을 품고 27세(1897년)에서 30세(1900년)까지 주유천하하는 3년 동안 증산은 서울을 비롯한 대도시도 순유(巡遊)했다. 1898년은 독립협회의 운동이 크게 전개되던 때이다. 서울에서는 북촌 양반부인들이 독립협회운동에 참여했으며, 이어 남녀의 동등권을 주장하는 선언문을 발표하고 이를 실현하기 위해서 여성이

---

6) 《典經》, 교법, 6-62.
7) 같은 책, 1-68.
8) 《漢書》 卷一上, 高帝紀第一上.

인간이 되는 교육을 실시해야 한다는 주장 아래 순성여학교(順成女學校)를 설립했다. 또 이 여학교의 운영을 위해 자금 후원 단체인 찬양회(贊養會, 양성원[養成院])도 조직했다.[9] 그는 주유천하 중에 세상이 이처럼 크게 변하고 있음을 틀림없이 보았을 것이다. 또 그의 종교활동이 활발했던 1905~1906년은 애국계몽운동이 전국적 규모로 전개되던 때였던 만큼 혜안을 가진 증산으로서는 여성의 계발이 중요함을 깊이 깨달을 수 있었을 것이다.

1907년, 전주에서 백남신(白南信)의 일가인 용안(容安)이 술 도가 면허를 얻고 전주부(全州府)의 수백 곳에 이르는 술집에서는 술 빚는 것을 금하게 한 일이 있었다. 술장사는 미천한 사람의 장사이며, 그 장사는 대개 여자가 한다. 이 금령으로 많은 술장사가 피해를 보게 되었다. 그때 증산은 용모릿고개에 있는 김주보(金周甫)의 주막에 머물고 있었다. 주보의 아내는 가슴을 치면서 '다른 벌이는 없고 다만 술장사로 가권(家眷)이 살아왔는데, 이제 술을 빚지 못하게 하면 무슨 벌이로 살아가리오' 하고 통곡을 했다. 이때 증산이 종도들에게 '어찌 남장군(男將軍)만 있으리오. 여장군(女將軍)도 있으리라'[10] 하고는 종이에 '여장군'이라 써서 불살랐다. 그러자 주보의 처가 신기를 얻어 전주부중을 돌며 호령하여 수백 명의 주모를 모아 용안의 집을 습격했다. 글을 써서 불사르는 것은 성취를 기원하는 것으로서, 증산종교에서 행해지는 의식이었다. 증산은 주보의 아내에게 신기를 줌으로써 여장군의 역할을 맡도록 했던 것이며, 결국 용안은 주모 군중들 앞에 나와 사과하고 술 도가를 그만두고말았다. 권력이 당당했던 용안이 미천한 직업의 종사자들인 주모들 앞에 머리를 조아려 사과함은 무엇을 의미하는가? 이는 장차 부인의 천지를 만들 수도 있다는 후천의 운도를 종교적 차원에서 실증적으로 보여준 것이다. 또 사회적 측면으로 보면 여성의 사

---

9) 朴容玉, 〈1896~1910 婦女團體의 硏究〉, 《韓國史硏究》 6, 1971, 106~111쪽.
10) 《大巡全經》, 2-86.

회참여의식이 높아졌음을 의미하는 것이기도 하다. 증산이 종도들에게 다음과 같이 말한 것은, 미래에는 분명 남녀평등의 사회가 열릴 것임을 확신시킨 것이다.

> 부인이 천하사(天下事)를 하려고 염주(念珠)를 딱딱거리는 소리가 구천(九天)에 사무쳤으니 장차 부인의 천지를 만들려 함이로다. 그러나 그렇게까지는 되지 못할 것이오. 남녀동권시대(男女同權時代)가 되리라.[11]

3. 과부재가와 여성해방

증산의 정음정양의 여성관은 실로 진보된 남녀평등사상이다. 그의 여성관은 과부재가금지의 악습을 혁파하고 제거하려는 데서 더욱 구체적인 사상적 방향을 제시해준다.

1907년 증산이 공신의 집에 머물고 있었다. 그때 그는 경수·응종·공신의 세 집을 왕래하면서 여러 가지 공사를 행했는데, 그 공사 가운데 가장 큰 공사가 과부개가의 공사였다. 증산이 박공우(朴公又)에게 후천 5만 년의 첫 공사를 행하려고 하는데 잘 생각해서 중대한 것을 말하라고 했다. 공우가 처음에는 무식하여 무엇을 대답해야 할지 몰라 모른다고 사양을 하다가 이윽고 다음과 같이 말했다.

> 선천에는 청춘 소부(少婦)가 수절한다 하여 공방을 지켜 적막(寂寞)히 늙어버리는 것이 불가하오니 후천에는 이 폐단을 없애사 젊은 과부는 젊은 홀아비를, 늙은 과부는 늙은 홀아비를 각기 가려서 일가와 친구를 모두 청하여 공중예석(公衆禮席)을 벌이고 예를 갖추어

---

11) 같은 책, 3-120.

개가하게 하는 것이 좋을 줄 아나이다.[12]

무식한 공우가 별다른 준비 없이 머뭇거리다가 이처럼 대답한 것으로 보아 그는 평소에 정치나 사회의 여러 모순을 지적하면서 세상을 뜯어고쳐야 한다는 등의 자신의 경륜을 남에게 펴보였던 사람이 아니었음을 알 수 있다. 그는 순수하고 무구한, 그야말로 선량한 지방의 한 농민이었을 뿐이다. 그러한 공우가 머뭇거린 끝에 과부의 재가금지제에 대한 잘못을 지적하고 이를 뜯어고쳐야 한다고 한 것은 그 자신만의 생각이 아닐 것이다. 이는 사회 전체의 생각을 대변한 것이라고 하겠다.

과부재가의 금지법은 주자학을 신봉하는 조선왕조 유신들이 '열녀 불갱이부'라고 하는 유교 의리론을 현실사회에 강제로 실천화시킨 것이다. 유교사회에서 열녀란, 군자를 인간의 이상적 목표로 하여 거기에 접근해가도록 끊임없이 수련·정진하게 하는 것과 마찬가지로, 이상적인 유교적 여성관 형성의 한 방향으로 등장한 것이다. 이러한 이상적 목표인 열녀관을, 마침내 위로는 사대부가의 부녀는 말할 것도 없고 아래로는 천인 신분의 부녀까지도, 생명보다 더 중시하고 여자이면 누구나 지켜야 하는 풍속으로 고착시켰으며, 이로 인한 여성의 고통은 실로 처참한 것이었다.

재가금지의 규정은 사대부층이 정치적 실력을 장악하고 있던 고려말 공양왕 원년 9월, 국가의 최고 정책결의기관인 도당에서 '산기 이상의 처로 명부된 사람은 재가를 하지 못한다'[13]고 한 데서 그 첫 출발을 한다. 주자학을 새 사회의 지도이념으로 받아들인 신흥사대부들은 고려 말기의 혼란한 사회를 개혁하려는 의욕으로 충만되었고 마침내 고려왕조를 멸망시키고 조선왕조를 창업하는 일대 정치적 혁명을 일으켰다. 고려왕조에서는 건국 초기부터 처·첩

---

12) 같은 책, 4-40.
13) 《高麗史》 卷84, 刑法 1 戶婚條.

을 분변할 수 없는 다처제가 크게 성행되었다. 유교에서는 가족의
질서를 가장 중요시한다. 가족질서의 중심은 부부이며, 부부의 관
계가 바르게 되지 않으면 사회질서는 바로 설 수 없다는 것이다.
부가장 체제의 철칙인 '부자유친'도 부부의 정도화(正道化)에서 출
발하는 것이라고 하여, '유부부연후유부자'라 했고 '남녀가 무별하
면 부자가 불친하다[男女無別 則父子不親]'고 했다. 부부는 일부일부
만이 원칙이며 바른 도이다. 광계사의 필요에서만 그 신분에 맞게
첩을 둘 수 있는 것이었다. 그러나 삼종지도나 칠거악이라는 칼자
루가 남자측에 주어지고 또 여자가 이를 멍에로 짊어지고 있는 사
회에서 여성에 대한 남성의 횡포는 얼마든지 자행될 수 있었다.

고려 말 도당에서 결정한 산기 이상 부녀의 재가금지안은 조선
왕조 건국 초기까지만 해도 제대로 시행되지 않았으며, 현족(顯族)
부녀 가운데는 삼가(三嫁)·사가(四嫁)하는 예까지 있었다. 그러므로
정절을 중시해야 한다고 주장하는 유신들은 사회윤리를 바로잡아
야 한다고 개탄하는 상소를 자주 올리게 되었다.

1406년(태종[太宗] 6년) 6월, 사헌부의 대사헌인 허응(許應) 등이
'부부는 인륜의 근본이므로 세 번 결혼하는 여자는 자녀안(恣女案)
에 올려 부도를 바르게 해야 한다'[14]는 내용의 시무안을 올려 국왕
의 재가를 받았으며, 이에 삼가금지(三嫁禁止)가 법제화되었다. 그
리고 조정에서는 유교적 여성관의 확대와 보급을 위해 해마다 정
렬 부인들을 크게 상찬(賞贊)하고 열녀에게는 정려문을 세워 사회
의 모범으로 표상화하게 했다. 만일 양반층의 여자가 자녀안에 이
름이 오르면 그 자손은 영원히 관리로 나가는 길에 오르지 못하는
것이다.

재가녀를 실행 부녀로 규정하고 그 자손은 과거에 응시조차 할
수 없게 한 재가금지 규정은 《경국대전》이 완성·간행되는 1477년

---

14) 《朝鮮王朝實錄》, 太宗 6年 6月 乙未條.

(성종[成宗] 8년) 9월에 성립되었다. 재가금지 규정은 중대한 인륜의 문제이므로 성종은 증경(曾經) 정승을 비롯해 의정부·육조·사헌부·사간원·한성부·돈녕부 등 2품 이상의 고급 관인을 모아 이를 법제화하는 문제를 토의하고 결정하도록 했다. 토론 결과, 부모를 일찍 여의고 자식도 없어 의지할 곳 없는 가난한 소녀 상부(孀婦)의 경우는 재가를 허락하는 것이 가하다는 데 거의 의견을 합일시켰다. 46명의 노성대신 가운데 42명은 적극적으로든 소극적으로든 재가금지 규정을 입법·성문화하는 데 반대했다.[15] 그럼에도 '굶어 죽는 일은 적고[餓死事小] 실절하는 일은 크다[失節事大]'는 정자(程子)의 정절론을 들어 결국 재가금지를 입법·성문화했으며, 훈구파와 사림파 사이의 정치적 대립에서 정적을 물리칠 때 상대방에 대한 수신제가의 결격 사항을 들추어내는 데 이용되는 등의 정치적·사회적 작용이 커지면서 이 규정은 더더욱 강조되고 중요시되었다. 조광조(趙光祖)가 집권할 당시 유교 덕목으로 상민들을 교화하기 위해 향약을 실시하면서, 관리로 진출하지 못하는 일반 대중사회에까지도 과부는 재가하지 않고 수절하는 것이 큰 명예로 여겨지게 되었다.

열녀 절부가 이처럼 풍속화되자 이로 인한 사회적 문제가 심각했다. 과부들이 변절을 숨기기 위해 불의아(不義兒)를 압사시키거나 질식사시켜 몰래 내버리는 비인륜적 일은 말할 나위도 없고, 죽은 남편을 따라 자신의 목숨을 스스로 끊어버리는 열녀의 수도 점점 늘어만갔다. 여자의 아깝고 소중한 생명이 열녀라는 이름으로 남자를 위해 바쳐졌다. 열녀는 실로 비인도적인 사회적 폐풍이었다. 그러므로 증산이 이러한 사회 문제를 해원적 측면에서 다음과 같이 논한 것은 매우 적절한 표현이면서 또한 과부재가의 악법을 혁파해야 함을 농민 대중에게 가장 호소력 있게 인식시킨 것이라 하겠다.

---

15) 朴容玉, 《李朝女性史》, 韓國日報社, 1976, 104쪽.

예로부터 처녀나 과부의 사생아와 그 밖의 모든 불의아의 압사신
(壓死神)과 질사신(窒死神)이 철천(徹天)의 원(冤)을 맺어 탄환(彈
丸)과 폭약(爆藥)으로 화하여 세상을 진멸케 한다.[16]

세상을 진멸하게 하는 전쟁의 근원이 바로 과부재가의 금지로
인해 원통하게 죽은 여자들의 원혼에서 비롯됨을 설파한 것이다.
열녀 문제에 대한 그의 비판은 신랄한 것이었다. 어느 지방의 젊은
부인이 남편 상을 당한 뒤 순절했다는 소식을 들은 증산은 그 자
리에서 '악독한 귀신이 무고한 인명을 살해한다'고 탄식하고는, '충
효열 국망대강 연 국망어충 가망어효 신망어열(忠孝烈 國亡大綱 然
國亡於忠 家亡於孝 身亡於烈)'(《大巡典經》 3-140)이라는 글을 써서 불
살랐다. 이는 나라의 대강이었던 충·효·열이 이제는 나라와 집안과
인간을 멸망시키는 악법과 악습이 되어버렸으니 이 낡은 법속을
깨끗이 쓸어 없애겠다는 의지요 기원인 것이다. 이어서 증산은 '대
장부 여장부'라는 글을 써서 불살랐다. 이는 여성이 남성에게 종속
되지 않은 독립된 인간이요 평등한 권리를 누려야 하는 인간임을
증산의 의식을 빌어 표현한 것이다.

재가금지법에 대한 역사적 비판과 반성의 소리는 조선왕조 지식
인들 사이에서도 이미 상당히 심각하게 논의되고 있었다. 1473년
(연산〔燕山〕 3년) 단성(丹城)의 훈도(訓導) 송헌동(宋獻소)은 17개조
의 시무를 상소한 가운데 과부의 재가금지를 일률적으로 행함으로
써 일어나는 문제점을 들고 이를 경우에 따라 완화해줄 것을 다음
과 같이 주장했다.

상부(孀婦) 개가의 금지는 절의와 염치를 숭상케 하고자 함입니
다.…… 부인에게 삼종지의가 있음은 곧 예경의 가르침입니다. 그러
나 사흘 만에 상부가 된 자, 한 달 만에 상부가 된 자도 있고 스무

---

16) 《大巡全經》 6-46.

살·서른 살에 상부가 된 자도 있는데, 이들이 모두 수절하여 공강조
씨(共姜曹氏)와 같아져야 합니다. 부모형제가 없고 아들이 없으면 길
에서 욕보일 수도 있고 또 담을 넘어와 협박하여 욕보일 수도 있어
실절하는 경우도 왕왕 있습니다. 청컨대 서른 이하의 과부로 아들 없
이 상부가 된 자는 모두 개가를 허락하여 생계하도록 해주십시오.[17]

국왕은 이 상소문을 의정부와 육조 대신으로 하여금 논의하게
했다. 대신 회의에는 29명이 참석했는데, 이 29명 대신 가운데 10
명은 재가금지법을 완화·개정하자고 주장했고, 8명의 대신은 재가
금지법을 절대 지켜야 한다고 주장했으며, 나머지 11명은 그 모순
은 인정하되 선왕의 법이라 후인이 마음대로 고칠 수 없다고 했다.
1574년(선조 7년), 대유이자 뒷날 임진왜란 때는 의병을 일으켜
왜군을 무찌른 충신이었던 조헌(趙憲)도 과부 재가금지의 폐해와
이의 시정을 요구하는 다음과 같은 내용의 상소문을 올렸다.

과부되어 의탁할 곳 없는 자에게 재가를 허락하여 홀아비로 오래
있는 자가 없게 하고 과부의 원한이 없게 하여 백 년 동안 생식하고
양육하면서 편안히 살도록 해주십시오. 명나라의 법에서는 재가녀의
아들을 폐하지 않으며 재가코자 하면 허락하고 수절하려면 하게 합
니다. 우리 나라에서 과부로 자식을 낳으면 전정에 방해가 될까 염려
되어 자식을 낳아 밖에 내버리는 일이 예사로 있으니 신의 생각으로
는 그 실행을 구금하여 풍속을 해하기보다는 차라리 좋은 남편을 골
라 재가하게 해서 군정과 백성의 수를 늘이는 것이 나라에 도움이
될까 합니다.[18]

이상의 과부재가론은 인정상 차마 볼 수 없다는 감상적인 것이

---

17)《燕山君日記》, 燕山君 3年 己卯條.
18) 趙憲,《重峰先生文集》卷64, 疏〈擬上十六條疏 甲戌 十月〉가운데 十一日 生
    息之繁條.

아니다. 그가 상소문에서 주장하는 것은 첫째로 과부의 원한을 없 앰으로써 국태민안하자는 것이며, 둘째로 지나친 재가금지 규제로 불의아를 출생한 경우 악덕시하는 사회의 지탄이 두려운 나머지 그 아이를 밖에 내버리니 이러한 비인륜적 행위를 막자는 것이고, 셋째로 재가를 허락하면 인구를 증가시켜 국부민강의 이익을 얻을 수 있다는 것이다.

또 노론의 대가인 송시열(宋時烈)조차도, 재가금지란 천경지의(天 經地義)이나 이는 예로써 백성을 가르쳐 이들로 하여금 날로 선함 에 나아가게 하고자 함이지 오늘날처럼 엄한 형벌과 준엄한 법으로 모든 것을 붙들어 매고자 함이 아니라고 했다.[19] 실학자 박지원(朴 趾源)은 당시 사회의 모순성, 특히 양반사회의 허구적이고 위선적 인 의식과 생활 등을 신랄하게 비판하는 많은 작품을 썼는데, 〈열 녀함양박씨전(烈女咸陽朴氏傳)〉에서는 인고하는 과부의 생활을 가슴 아프도록 처절하게 그렸으며, 《호질(虎叱)》에서는 과부의 위선적인 이중생활을 풍자적으로 비판했다.

정다산(丁茶山)도 '한위공(韓魏公)은 청주관비(淸州官婢)의 아들이 요, 범문정(范文正)은 그의 어머니가 재가한 일이 있으며, 소강절 (邵康節)은 그 삼형제가 모두 성이 달랐다. 이들 어머니가 미천하다 고 나라의 큰 인재를 버릴 수 있는가'[20]라고 함으로써, 역사적 인물 의 어머니도 재가했음에 보통 부인들의 재가를 금지함은 부당하다 는 뜻을 성찰적 입장에서 논했다.

천주교가 우리 나라에 전래되어 그 신앙운동이 활발했던 1857년 에는 천주교에서도 과부재가를 금지함은 부당하다고 하여 이를 허 용하도록 했으며,[21] 19세기 중엽에 천하광구의 뜻으로 창도된 동학

---

19) 李相佰, 《韓國文化硏究論考》, 236쪽 참조.
20) 丁若鏞, 〈通寒議〉, 《與猶堂全書》 卷9.
21) 《張主敎輪示諸友書》에 '과부된 사람이 그 풍속을 좇지말고 다만 영육의 이 익을 돌아보아 원의대로 개가하기를 권하고 권하노라'라고 했다.

에서도 과부재가를 금지함은 '사인여천' 정신에 어긋남을 직접·간접으로 주장했다.

이 같은 사회적 여론과 비인륜적 풍속의 퇴폐로 인해 19세기를 전후해서는 재가로 새 삶을 다지는 사람들도 적지 않게 나타났다. 동학의 최제우를 보더라도 그의 생모가 과부로서 재가해온 경우였다. 1984년, 동학혁명 때의 폐정개혁안에서 과부의 재가를 허용해야 한다는 것을 제시한 것도 바로 이러한 역사적·사회적 상황을 그대로 반영한 것이다.

박영효를 비롯한 개화사상가들도 사회의 폐습 개혁을 논할 때마다 과부재가금지는 여성의 인권을 짓밟는 악법이므로 이를 혁파해야 함을 강력하게 주장했다. 그리하여 갑오개혁에 이르러서는 신분에 관계없이 과부는 자유로히 재가할 수 있음을 법제화했다. 그러나 사회적 법속은 법이 마련되어도 하루아침에 혁파될 수 있는 것이 아니다. 4~500년 동안 한국인의 정신세계를 지배해왔던 열녀관은 물론이고, 법이 아무리 새로 만들어져도 법에 앞서는 풍속의 힘 때문에 여간해서는 실천될 수 없었다.

전라도 일대에는 동학혁명에 참여했다가 희생된 숱한 남자의 아내들이 더욱 많았을 것이다. 이들 무고한 생명들에게 인간다운 삶의 길을 열어주자는 것이 증산의 이상이요 또 사상이었다. 증산이 후천 5만 년을 위한 첫 천지공사에서 신명계의 질서를 바로잡아야 한다는 데서 개가를 정당화한 것은 참으로 깊은 의미를 지니는 것이다. 즉, 여기에는 천지공사라는 종교적 의식을 통해 인권을 짓밟는 그 모순된 선천의 사회제도를 전면적으로 개혁하겠다는 증산의 강한 의지가 그대로 담겨 있다고 하겠다.

당시 한국인의 의식 속에 깊이 침윤되어 있는 열녀관으로부터 그들을 해방시키기 위해서는, 종교적 교의가 아니고서는 이에 신념을 가지고 실천하게 할 수 없는 것이었다. 증산은 종도들에게 과부의 재가야말로 삼계(三界) 질서를 바로잡는 새 기틀이라는 신념을 갖게 함으로써 그 실천 단계에 들 수 있도록 한 것이라고 볼 수 있다.

4. 가도화순과 부부화합

증산이 말하는 선천(전통사회를 말함)에서는 혼인을 인륜의 대강으로 간주하여 극히 중요시했다. 어떤 경우도 자매(自媒) 혼인은 용납되지 않았으며, 아울러 혼례는 처음부터 끝까지 양가의 부모 또는 족장자(族長者)의 의사로만 결정되는 것이고 당사자들은 이들의 의사에 따를 뿐이었다. 이러한 비합리적인 혼인제로 인하여 부부가 뜻이 합하지 않은 채 불행히 인생을 보내는 경우도 허다했다. 증산의 정부인(鄭夫人)과의 결혼도 이런 유에 속하는 것이 아니었는가 싶다.

증산은 혼인의 종류를 크게 천연(天緣)과 인연(人緣) 두 가지로 나누었다. 부모가 짝지어준 것을 인연이라 했고 스스로 작배한 것은 천연이라고 했다. 그는 후천에서도 인연은 그 관계를 고칠 수 있되 천연은 절대로 고치지 못하는 것이라고 했다. 재가를 주장했던 증산이, 천연의 경우는 남편이 죽더라도 재가할 수 없고 떨어질 수 없는 관계라고 했다. 천연은 천도이기 때문이다. 증산의 천연론은 종교적 차원의 설명만이 아니라 실은 자신이 결정한 혼인에 대한 신성함과 책임을 강조한 것이다.

젊은 여인이 아들을 낳은 지 이레도 못 되어 남편이 죽고말았다. 그 여인은 초상도 치르지 않고 갓난아이를 버려둔 채 시집에서 도망쳤다. 갓난 손자를 기를 수 없는 시어머니는 도망가는 며느리를 잡고 어린 것을 데리고 가서 기르라고 애걸했다. 며느리는 듣지 않고 길에서 시어머니와 다투었다. 그때 하늘에서 문득 벼락이 내리더니 그 며느리는 벼락에 맞아 죽고말았다. 이 일에 대해 증산은 다음과 같이 평했다.

> 실로 인도상 용서 못할 죄악이라. 하물며 그 작배는 저희들끼리
> 스스로 지은 것이라니 대저 부모가 지어준 것은 인연이요 스스로 지
> 은 것은 천연이라, 인연은 오히려 고칠 수 있으되 천연은 고치지 못
> 하는 것이어늘, 이제 인도에 거슬리고 천연의 의를 저버리니 어찌 천
> 벌이 없으리오.[22]

고래 사회에서 패륜시되어 금지되었던 자매에 의한 작배란 곧
혼인 당사자가 자신의 뜻에 합하는 배우자를 택하여 혼인하는 자
유결혼인 것이다. 증산은 이를 천장연분(天定緣分)으로 보아 천연이
라고 했던 것이며, 천연에는 서로 의리를 지켜야 하는 인도와 천도
에의 책임이 있음을 강조한 것이다.

증산의 경우 수부(首婦)인 고부인과의 관계는 바로 후천계에서의
천연이라고 생각된다. 왜냐하면, 1908년 10월 대흥리(大興里)에 사
는 고부인을 구릿골로 데려가고자 종도들과 의논하고 고부인 처소
에 들어가 다음과 같이 말한 것을 통해 볼 때, 그들의 관계가 곧
천연이 아닌가를 확인하게 되기 때문이다.

> 내 틸토수와 남바위를 네가 쓰고 우리 둘이 걸어갈지라. 우리가
> 그렇게 걸어서 곳곳을 구경하며 가면 사람들이 우리를 보고 부러워
> 하며 말하기를 저 양주(兩主)는 둘이 똑같아서 천정연분이로다 하리
> 니…….[23]

증산과 고부인의 관계가 범속한 천연의 부부 관계인지는 분명하
게 확인할 수 없다. 그러나 증산의 남녀 윤리관이나 또는 다른 여

---

22) 《大巡全經》 2-61.
23) 같은 책, 4-100.

자를 대하는 태도 등에서 볼 때 그는 철저한 일부일부론자이다. 첩을 줄줄이 거느리는 일부다처의 현상을 비판하여 정음정양론을 새로 주장한 것을 보더라도 정부인이 어엿이 있는 한 고부인과의 범속한 부부 관계는 맺어지기 어려웠을 것이다. 결국 그들의 관계는 후천에서의 천연의 부부로 이해해야 할 것이다. 증산은 25세 때 전주 백남신(白南信)의 동생이 거느리던 소실 기생의 친가에 사관(舍館)을 정하고 오랫동안 머물고 있었다. 그때 그 기생이 증산의 우아한 의표(儀表)를 탐내어 밤중에 여러 번 증산의 방을 들어왔으나 증산은 그때마다 꾸짖기도 하고 달래기도 하여 그녀를 내보냈는데, 이를 보더라도 고부인을 세속적 첩으로 보기는 어렵다고 하겠다. 특히 부부의 의리를 중요시했던 증산의 사상으로 볼 때, 고부인을 제2의 부인으로 이해하기에는 무리가 있어 보인다. 이 같은 추론을 뒷받침하는 것으로서 그의 다음과 같은 교시를 들 수 있다.

유부녀를 범하는 것은 천지의 근원을 떼는 것과 같아서 워낙 죄가 크므로 내가 간여하지 않는다.[24]

무소불능한 권능을 행하는 신인 증산으로서도 도저히 할 수 없는 것은 유부녀를 범하는 문제라고 했다. 이것은 그가 부부간의 윤리를 얼마나 중요시하는가를 잘 보여주는 것이다. 증산은 패륜의 부부 관계를 증오했다. 본부 모르게 간부(姦夫)의 자식을 낳은 패륜의 여인을 만났을 때도 증산은 '저 아이는 혈통이 바르지 못하니 어찌 모호하게 하여 큰 죄를 짓느냐'(《대순전경》 2-82) 하고 꾸짖었다. 즉, 부부의 윤리를 지키지 않은 죄를 지적한 것이었다.

증산은 부부의 윤리가 확립될 때 인간계와 신명계 모두 평안하게 된다는 것을 종도들로 하여금 깊이 인식하게 했다.

---

24) 같은 책, 6-60.

그러면 부부, 곧 남녀간의 올바른 윤리 관계란 무엇을 의미하는 것인가? 그것은 첫째로 남녀간에 탐색의 마음을 갖지 않는 것이다. 증산이 공우와 함께 태인읍(泰仁邑)을 지날 때의 일이다. 공우(公又)가 지나가는 젊은 여인을 보고 체면상 바로 보지 못하고 그 미색을 사모했다. 이러한 공우의 마음을 충분히 알아본 증산은 그에게 '색(色)은 남자의 정기를 모손케 하는 것이니 이 뒤로는 여자를 만날 때 익히 보고 마음에 두지말라'(《대순전경》 3-60)고 했다. 색에 대한 탐심은 때로 인간을 파멸로 몰아가기도 한다. 구약시대에 하나님께서 소돔과 고모라성을 불로 멸한 것도 남녀의 윤리가 극도로 문란했기 때문이었다. 증산의 정음정양론도 그 중핵은 색에 탐욕되지 않은 올바른 남녀 관계, 부부 관계를 확립하는 것이었다. 증산이 종도들에게 '남자는 남의 여자에게 탐심을 내지 않게 하고 여자는 남의 남자에게 탐심을 내지 않게 하며,……'(《대순전경》 3-156)라고 한 것은 후천사회에서의 이상적 부부상의 시초를 제시하고 주장한 것이다. 인간의 윤리와 도덕을 새롭게 정립하려는 것이 증산사상의 중심인 것이다. 유교사회에서 여자에 대한 남자의 지배권이 강하며 광계사의 의무를 위해 축첩할 수 있음이 비록 남자의 권리로 규정되어 칠거지악 같은 제도를 마련해놓았으나, 한 가정 안에 처와 첩을 거느리게 되면 자연히 그 가정 안에는 불화가 있게 마련이다. 가정의 불화는 유교적 의에도 벗어나는 것이다. 그러므로 이 같은 상황을 억음(抑陰) 질서의 힘으로 막기 위해 칠거지악이 있는 것이다. 동학에서도 가정화목을 제일의 종지로 내세우고 신도들에게 부화부순을 강조했다.

증산도 부부간의 화합을 가장 중요시해서, 집안이 편안하지 않고서는 좋은 운수가 열릴 수 없음을 여러 번 종도들에게 힘주어 가르쳤다. 종도인 김보경(金甫京)이 소실을 두고 본가를 잘 돌보지 않을 때 증산은 그에게 무서운 병을 주어 경고하고 반성하게 했다. 즉, 그에게 글을 써주고 '네 작은 집을 면대한 후 불사르면 좋은 일이 있으리라'고 하여 보경은 시킨 대로 했는데, 뜻밖에 임질에 걸려 할 수 없이 본가로 돌아와 한 달 반 가량을 머물렀다. 그 사이 소실은 다른 곳으로 가버리고말았다. 그때 증산은 보경에게, '이제는 집안이 편안하여 좋은 운수가 열리리니 본가를 사랑하여 저버리지말라'(《대순전경》 2-79)고 경계하고 그의 병을 낫게 해주었다. 우리는 여기서 증산의 정음정양사상이 일부일처에 기초하고 있으며, 좋은 운수가 열리거나 열리지 않음은 결국 부부가 사랑으로 화합했느냐의 여부에 달려 있음을 알 수 있다. 그는 종도들에게 말하기를, 아내에게 사랑과 존경의 마음을 가지고 완전한 인격으로 매일 대하게 되면 아내는 자연히 남편을 따르게 된다고 했다. 그러기 위해서는 남편의 태도가 다음과 같이 겸손과 사랑과 지성으로 충만해 있어야 한다.

대인(大人)의 도를 닦으려는 자는 먼저 아내의 뜻을 돌려 모든 일에 순종하게 해야 하나니 아무리 해도 그 마음을 돌리지 못할 때는 더욱 굽혀 예를 갖추어 경배하여 날마다 일과로 하면 마침내 순종하게 되나니 이것이 옛사람의 법이니라.[25]

위의 가르침은 곧 가도화순론이다. 가도화순론에 대해서는 이미 동학에서 교도들에게 여러모로 철저하게 가르친 바 있다. 증산의 종도 대부분이 동학 신도들이었고 증산교 자체도 그 뿌리는 동학에 두고 있었다. 그러므로 동학의 종지 가운데 취할 것은 취해 이를 계승·발전시키는 것은 당연한 일일 것이다. 동학의 2세 교조 최시형은 동학도의 기본은 〈가도화순〉에 있다는 것을 다음과 같이 강화한 바 있다.

부부가 화순함은 우리 도의 초보니 도의 통불통이 도무지 내외의

___
25) 같은 책, 3-58.

화불화에 있나니라. 내외가 화하지 못하고 타인을 화하고자 하는 것
은 자기 집에 불난 것을 끄지 않고 타인 불을 끄는 자와 같으니라.
그러므로 부인을 화하지 못하면 비록 날로 삼생(三牲)의 용으로써
천주를 위한다 할지라도 반드시 감응할 바 없으리라. 부인이 혹 부명
(夫命)을 좇지 아니하면 정성을 다하여 배하라. 온언순사로써 일배
이배하면 비록 도척(盜跖)의 악이라도 감화가 되리라.[26]

동학의 부부관은 천도·지도로 개념화했던 상하의 남녀질서나 지
배·피지배의 남녀질서를 온건히 극복하고 타파해야 한다는 것이다.
부인 앞에서 자신을 낮추고 지극한 사랑과 존경으로 대하면 아내
는 저절로 감응되어 남편을 따르게 된다는 것이다. 이는 유교사회
의 그 오만하고 권위적이던 남편들로서는 쉽게 해내기 어려운 수
도자의 고행길과도 같은 것이다.

증산의 가르침도 근본적으로는 최시형의 부화부순하는 가도화순
론과 별 차이가 없는 것이다. 증산은 최시형의 경우보다 개화의 물
결 속에 더 긍정적으로 접근되어 있으므로 후천의 세계에서는 선
천에서 당했던 부녀의 억울한 지위가 완전히 달라질 것임을 예견
했고 또 마땅히 그렇게 되어야 한다고 생각했다. 능력이 있어도 여
자라는 것 때문에 역사 속에서는 물론 현실 사회에서도 그 공덕을
제대로 평가받을 수 없었던 선천의 세계는 바야흐로 물러가야 한
다는 것이다. 증산의 이와 같은 진보적 여성관은 종도들에 대한 다
음의 가르침 속에 잘 나타나 있다.

자고로 부인을 존신(尊信)하는 일이 적었으나 이 뒤로는 부인도
각기 닦은 바를 따라 공덕이 서고 신앙이 모여 금패(金牌)와 금상
(金像)으로 존신의 표를 세우리라.[27]

---

26) 《天道敎創建史》第2篇, 37쪽.
27) 《大巡全經》3-59.

증산의 수종도인 박공우가 아내와 다투고 화합하지 않은 채 증산을 찾아오자 그는 공우를 크게 꾸짖었다. '이제 천지신명이 운수자리를 찾으려고 각 사람의 가정에 들어가서 기국(器局)을 시험하는데, 만일 가정에서 솔성(率性)이 용착(庸窄)하여 화기를 잃으면 신명들이 웃고 손가락질 하여 기국이 하잘 것 없으니 어찌 큰일을 맡기겠는가 하고 신명들끼리 서로 이끌고 떠나고만다. 그러므로 대인의 일에 뜻하는 자가 어찌 일시라도 수련을 소홀히 할 수 있겠는가' 하고 경계했다(《대순전경》 3-71). 증산은 도인으로서 수련생활도 부부의 뜻이 합하지 않으면 아무 의미를 갖지 못하는 것이므로 남편은 늘 아내가 마음에 불평을 품지 않도록 아내의 뜻을 잘 돌려야 한다고 했다. 남편이 증산을 따르고 가사를 제대로 돌보지 않는 까닭에 종도의 부인들 가운데는 이를 못마땅히 여겨 늘 마음에 불평을 갖고 부부간에 화합하지 못하는 경우가 많았다. 이럴 경우 남편들은 아내의 뜻을 강제로 꺽거나 또는 아내 몰래 음식을 가져와서 증산을 공궤하려고 한다. 천원(川原)에서 아내가 주기 싫어하는 것을 남편이 증산에게 공궤하고자 몇 개의 참외를 가져온 일이 있었다. 증산은 맛조차 보지 않고 그대로 두었는데, 공우가 그 가운데 한 개를 먹고 설사를 심하게 했다. 증산은 그 참외는 아내가 주기 싫어하여 살기가 붙어 있었는데, 그 살기를 제가 맞은 것이니 닭국을 먹으라 하여 곧 낫게 한 일이 있었다(《대순전경》 3-63).

또 부안(扶安) 사람이 아내 몰래 감주를 가져다가 증산에게 바쳤을 때도 '이것은 곧 구천하(九天下) 감주어늘 네가 어찌 도적의 음식을 들이느냐'(《대순전경》 3-64) 하고 물리쳤다. 음식은 여자의 직역이요 특권이다. 그러므로 아내의 승낙 없이 가져오는 것은 도적의 짓과 같다. 여기서 증산은 가도화순의 중요성과 더불어 주부권의 중요성을 설파한 것이다. 또 구릿골에서 꿩 한 마리를 받았는데, 그것도 사흘 동안 그대로 두어 썩어버리자 종도들로 하여금 삶

아서 먹게 했다. 그러나 증산은 조금도 맛보지 아니하고 '그 아내
가 싫어했으므로 그 꿩에 살이 박혀 있었다'(《대순전경》 3-65)고 설
명해주었다. 증산은 부부의 화합된 정성이 깃들지 않은 음식은 살
기가 있다고 하여 자신은 절대 들지 않았던 것이다. 주로 가정 안
에서 살림만 하는 탓에 부인들은 대개 외골수 성격을 지니게 된다.
또 가정의 살림살이와 음식들을 자신의 생명처럼 소중하게 여긴다.
그러므로 남편이 가정의 살림을 밖으로 내가는 것을 극도로 싫어
한다. 해월 최시형도 부인들의 이러한 성품을 편성으로 표현한 적
이 있었다.

증산은 가도화순의 설법을 종도들에게만 하지 않고 때로는 그들
의 아내들이 스스로 깨닫도록 간접적인 설유를 하거나 또는 무서
운 징치의 방법으로 가르침으로써 각성하고 반성하게 했다.

종도인 최창조(崔昌祚)의 아내는 증산이 자기 집에 오는 것을 싫
어했다. 어느 날 증산이 끼니때가 지나서 그 집에 당도하게 되었
다. 창조의 아내는 밥을 짓기가 귀찮고 싫어서 마음에 불평을 품으
며 방문 밖을 지나는데, 증산이 창조에게 '도가에는 반드시 아내의
뜻을 잘 돌려서 아무리 괴로운 일이라도 어기지 않고 순종해야 복
이 이르느니라'(《대순전경》 3-112) 하고 말하는 것을 들었다. 창조의
아내는 사람의 마음을 꿰뚫는 증산의 말씀에 놀라 곧 반성하고 마
음을 고쳤다.

또 종도 손병욱(孫秉旭)의 경우, 그 자신은 지성으로 증산을 모
시고 그 가르침에 따랐다. 그러나 그 아내는 그러한 남편을 몹시
못마땅하게 여겨 남편의 믿음을 방해했다. 어느 더운 날, 점심을
짓기가 매우 괴로워진 그의 아내가 불평을 하다가 갑자기 괘사증
(喎斜症)에 걸려버렸다. 증산은 병욱에게 '이는 불평하는 말을 하다
가 조왕(竈王)에게 벌을 받은 것'(《대순전경》 2-95)이라고 설명하고
는 글을 써주며 그의 아내로 하여금 부엌에서 불사르고 사죄하도
록 하여 치유했다. 그러나 증산을 따르는 남편에 대한 그녀의 태도

에는 큰 변화가 없었던 것으로 보인다. 한번은 그의 부인의 병이
위독하여 사경을 헤매게 되었다. 증산이 그녀의 병을 고쳐주고는
공우에게 다음과 같은 철퇴의 말을 했다.

사나이가 잘 되려고 하는데 아내가 방해하니 제 연분이 아니라,
신명들이 없이 하려는 것을 구해주었노라. 이제 병은 나았으나 이 뒤
로는 잉태를 못하리라.[28]

증산의 병을 다스리는 능력은 종교적 차원의 신비한 것이므로
이와 관련한 내용은 논급하지 않겠다. 다만 손병욱의 아내를 징계
하는 내용 속에서 분별하여 생각해야 할 것은, 부부가 화합하지 못
함은 제 연분이 아니기 때문이며 아울러 이러한 가정에는 신명의
복이 내릴 수 없다는 것을 분명히 했다는 점이다.

남편이 가장의 위압적 권위로 지배하던 구시대, 선천에서의 부부
질서를 고쳐 후천에서는 이해와 협동, 존경과 참 인간관계를 담고
있는 새 부부질서를 갖게 하려는 의지가 증산의 부부관에 분명하
게 나타나 있다.

5. 천지공사와 수부

성도를 위한 3년 동안의 주류천하에서 귀가한 증산은 31세 되는
1901년 이른 봄에 다시 모악산(母嶽山)에 들어가 대원사와 수왕암
(水王庵) 두 곳을 중심으로 고행의 수련을 쌓았다. 이 해 7월 5일
마침내 천지공사를 보기 위한 큰 기운을 갖게 되었다.

천지공사란 증산이 천지개벽을 위하여 도수를 보는 것이다. 증산

---

28) 같은 책, 8-46.

은 '인사에는 기회가 있고 천시에는 도수가 있는데 이것이 공사의 규범'이라고 했고, 천지공사를 자신이 맡게 된 것은 자신이 하고싶어서 한 것이라기보다는 증산이 아니면 천지를 바로잡을 수 없다고 하는 천지신명들의 애원 때문이라고 했다. 증산에 따르면, 선천 5만 년에서는 천지간의 사물과 인간사가 모두 처음부터 상극에서 출발했기 때문에 상극과 대결과 불공평과 불공정과 불평등이 사회와 인간을 지배하여 전쟁과 원한의 죽음으로 혼란해졌다고 한다. 그러므로 천지의 도수를 바로잡으면 신도가 바로잡히고 또 이어 인도도 바로잡힌다는 것이다. 그러므로 천지공사란 증산이 천지도수가 바로잡힌 후천개벽세계를 위해 대권을 행하는 종교적 의식인 것이다. 증산이 천지공사를 주로 행한 곳은 고부(古阜) 본택을 비롯해서 전주(全州)·태인(泰仁)·정읍(井邑)·부안(扶安)·순창(淳昌)·함열(咸悅) 등이었으며, 천지공사는 증산 자신이 행하는 경우가 가장 많았고 간혹 종도들에게 화권(化權)을 넘겨주고 대행하도록 하는 경우도 있었다. 천지공사는 천지의 도수를 모두 뜯어고쳐 새 질서의 천지를 이루는 큰 의식이므로, 이 의식의 진행은 지성을 다해 가장 진지한 상태에서 이루어졌다.

천지공사의 의식을 행할 때는 흔히 술·식혜·고기·떡 등의 음식이 준비되어야 했으며, 의식이 끝난 뒤에는 이들 음식을 종도들과 나누어 먹곤 했다.

9년 동안의 천지공사에서 공사용으로 쓰인 음식류는 언제나 공사를 행하는 처소의 안주인이 마련했다. 1902년 부평(富坪) 이선경(李善慶)의 장모가 살고 있는 하운동(夏雲洞)에서 49일 동안 공사를 행할 때 매일 떡 한 시루씩을 썼다. 이 공사는 여자의 협조와 참여가 없이는 불가능한 것이었다. 증산은 집주인에게 아내가 49일 동안 정성을 드릴 수 있는가를 잘 상의하게 했다. 그 아내는 진작부터 증산이 신성하다는 말을 많이 들어왔으므로 굳게 결심하고 응락했다. 주인의 아내도 매일 머리를 빗고 목욕을 한 뒤 떡 한 시루씩을 쪄냈다. 옛날에는 떡가루를 절구에 빻았다. 한 나절을 빻아야 떡을 할 수 있는 고운 쌀가루가 된다. 매일 떡 한 시루씩을 쪄낸다는 것은 보통 어려운 일이 아니었다. 주인의 아내도 여러 날이 지나자 신역이 고되어 불평한 마음을 품게 되었다. 어느 날 나무 한 짐을 다 때어도 떡이 익지 않자 안주인은 크게 당황하게 되었다. 그때 증산이 주인에게 '그대 아내의 성심이 풀려 떡이 익지 않음을 걱정하는 듯하니 내 앞에 나와서 사과하게 하라. 나는 비록 용서하고자 하나 신명들이 듣지 아니 하니라' 하고 말했다. 주인이 아내에게 이 말을 고하자 아내가 깜짝 놀라 사랑에 나와 증산에게 사과하고 부엌에 들어가 시루를 열어보니 떡이 잘 익었다고 한다. 그 아내는 이 일이 있은 뒤 한결같이 정성을 들여 49일의 공사를 무사히 마쳤고 증산은 안주인의 노고와 정성을 치하했다(《대순전경》 2-15). 이 공사에는 여성이 절대적으로 필요했음을 알 수 있다. 그리고 그 안주인은 증산의 천지공사에 참여한 첫 여성이라고 할 수 있다. 이것이 아마도 뒷날 천지공사에 수부제(首婦制)를 두었던 것의 초기적 형태일 것이며, 49일의 천지공사에 온 정성을 쏟은 이 부인은 아울러 마땅히 수부로 보아야 할 것이다.

그가 공사에 수부를 정식으로 둔 것은 1907년 11월 3일이다. 종도인 차경석에게 수부가 있어야 하니 수부를 천거하라고 하여, 18세에 상부(孀婦)가 되어 10년간 친정에 와 있는 자신의 이종매인 고부인을 천거했다.[29] 증산은 고부인을 보자 '내가 너를 만나려고 15년 동한 정력을 드렸나니 이제부터 천지 대업을 네게 맡기리라'(《대순전경》 3-31) 하고, 이어 종도들을 줄지어 세운 뒤 고부인의 수부 임명식을 행했다. 증산은 고부인을 자신의 옆에 끼고 붉은 책, 누른 책을 번갈아 깔아가면서 그 책을 고부인과 더불어 밟으며 방으로 들어왔다가 마당으로 나가고 다시 마당에서 방으로 들어왔

---

29) 洪又, 《東學入門》, 一潮閣, 1977, 76쪽.

다. 증산의 종교의식은 거의 독특한 종교적인 혜지와 신비성에 의
하는 것이므로 그 의식 자체의 의미는 무엇인지 잘 알 수 없다. 그
러나 고부인에게 천지의 대업을 맡기겠다고 했고, 의식을 마친 뒤
부터는 부인에게 대업을 맡기기 위한 모든 것을 가르쳤으며, 문명
(文命)을 쓸 때는 어린아이에게 글씨를 가르칠 때처럼 부인 손에
붓을 쥐게 하여 등뒤에 겹쳐 앉아 부인 손목을 붙들어 쓰게 했다
(대순전경3-32). 이는 천지의 대업을 맡길 수부에게 필요한 소양을
몸소 스승이 되어 가르친 것이라고 생각된다.

흔히들 세속적인 통념에서 고부인을 증산의 첩[30]이라고 한다. 그
러나 증산 자신이 선천에서는 음양의 비리적 위차(位次)로 인해 천
지질서가 어그러졌다 하여 평등의 일음일양(정음정양)을 주장했고,
후천 음양도수를 보기 위한 천지공사에서도 후천에서는 부부가 일
부일부라고 한 바 있다. 이런 점을 감안해볼 때 수부 고부인을 세
속적인 첩으로서 이해할 것이 아니라, 천지대권을 쥐고 천지공사라
는 큰 역사(役事)를 행하는, 양으로서의 증산과 대등한 음으로서의
여성[31]이라고 보아야 할 것이다. 그렇지 않다면 증산의 정음정양론
은 한갓 논의로만 그치고마는 것이다. 그러므로 수부제는 후천세계
의 새로운 음양질서를 마련하려는 데 본뜻이 있었던 것이 아닌가
생각된다.

고부인은 수부가 된 뒤 2년 동안 증산의 공사에 참여했는데, 때
로는 그의 지시대로 공사를 준비하고 수행하는 단순한 보조자로서
일한 때도 있으나, 많은 경우 양에 대응되는 음, 즉 증산에 대응되
는 고부인으로서의 자리에서 공사에 참여한 적이 많았다. 전자의
경우로는 백미 한 섬을 방에 두고 백지로 고깔 20여 개를 만들어
쌀 위에 놓고는 수부로 하여금 종이에 글을 써 불사르게 한(대순전

<hr>

30) 李康五는 〈韓國의 新興宗教〉(《圓光大論文集》 第7輯)에서 高夫人을 妾이라
　　고 하고 있다.
31) 裵容德, 《甑山理念과 女性觀》, 85~92쪽 참조.

경 4-37) 예 등을 들 수 있다. 후자에 상응하는, 즉 평등의 입장에
서 증산과 동등하게 공사에 참여하게 된 경우로는 다음의 몇 사례
들을 들 수 있다.

(1) 종도 10여 인을 뜰 아래 늘여 세운 뒤 증산은 고부인과 함께
마루에 앉아 차경석으로 하여금 망치를 가지고 두 사람을 치게 하는
가운데 동상례(同床禮)를 받게 한 예(《대순전경》 4-64).

(2) 증산이 고부인에게 '네 나이는 29요 내 나이는 38이라. 내 나
이에서 9를 빼면 내가 너 될 것이고 네 나이에 9를 더하면 네가 나
될지니 또 내가 너 되고 네가 나 되는 일'이라고 한 예(《대순전경》
4-64).

(3) 증산이 고부인으로 하여금 춤을 추게 하고 자신은 장고를 메
고 노래 부르면서 '이것이 곧 천지굿이라. 나는 천하 일등 재인이요,
너는 천하 일등 무당이라. 이 당(黨) 저 당 다 버리고 무당의 집에
가서 빌어야 살리라'고 한 예(《대순전경》 4-65, 124).

(4) 증산이 반듯하게 눕고 고부인을 그의 배 위에 걸터 앉게 하고
는 부인으로 하여금 칼로 증산의 배를 겨누며 '나를 일등으로 정하여
모든 일을 맡겨주시렵니까'라고 다짐을 하게 하면 증산이 허락하는
말을 한 뒤 '대인의 말에는 천지가 쩡쩡 울려나가니 오늘의 이 다짐
은 털끝만치도 어김이 없으리라' 하고는 이도삼(李道三)·임정준(林正
俊)·차경석(車京石) 등 종도로 하여금 증인을 서게 한 예(《대순전
경》 4-66).

(5) 증산이 이경문(李京文)에게 일등 교자와 일등 하인을 구해 오
도록 하고는 교자를 마당에 꾸며놓고 고부인과 나란히 앉아 구릿골
로 가자고 길 재촉을 하다가 그만 둔 예(《대순전경》 4-67).

(6) 1908년 11월 28일, 증산이 정읍 대흥리의 차경석의 집을 포정소(布政所)로 정하고 공사를 할 때, 증산이 마당에 쌀을 되는 말을 엎어놓고 그 위에 요를 깐 뒤 왼손에 칼을 오른손에 망치를 들고 앉아, 부인을 땅에 앉게 한 뒤 말을 가르키게 하고는 자신이 한 같은 동작을 부인과 바꿔 한 예(《대순전경》 4-116).

(7) 증산은 북쪽을 향해 서고 그 맞은편에 고부인을 남쪽을 향해 서게 한 뒤 그 맞선 가운데에 술상을 차려놓고 무수히 글을 써서 술상 위에 놓고 부인과 함께 서로 절한 예(《대순전경》 4-117).

위의 일곱 가지 사례를 놓고 볼 때 증산과 수부는 동등한 위치, 동등한 권능을 갖는 평등한 음양의 새 도수를 예시하는 것이라고 볼 수 있다. 내가 너 되고 네가 나 된다고 한 사례나 혹은 대인이요 또 남자인 증산을 수부가 깔고 앉아 칼을 들이대면서 '나를 일등으로 정하여 모든 일을 맡기라'고 한 것은 선천세계에서 여성을 억압하는 논리에 의해 속박과 천시를 당했던 힘없고 천한 여성의 한을 풀어버리고 남자를 누를 수 있는 당당한 위치에 오르는 여성상을 상징화한 것으로 생각된다. 남자를 수부 고부인 아래에 깔리게 한 것은 선천에서 그렇게도 오만했고 온갖 남권(濫權)을 부렸던 남자들을 대표로 징치하는 의식이다. 이 의식을 통해 이제 여성의 해방은 물론 여성들이 앞으로는 그 이상의 권리조차도 누릴 수 있음을 보여준 것이기도 하다. 이런 점에서 볼 때 증산의 정음정양적인 남녀관은 농촌사회에 있는 부녀들로 하여금 근대적 여권의식을 종교적 차원을 통해 내면화할 수 있도록 하는 데 큰 기여를 했을 것이다.

수부는 또한 우주 대계(大界)의 살림을 도맡는 제사장이기도 하다. 그러므로 수부는 소중한 존재이며, 또 삼계(三界)의 양(陽, 남자)을 부릴 수 있는 대권도 가져야 한다. 증산은 종도들 앞에서 늘 고부인의 등을 어루만지며 '너는 복동이로다. 장차 천하 사람의 두

목이 될 것이니 속히 도통을 하리라'(《대순전경》 3-127) 하고 말한
것이나 또는 '내가 없으면 그 크나큰 새 살림을 어떻게 혼자서 맡
아 처리하리오'(《대순전경》 9-3)라고 한 것 등을 보면 수부란 세속
적 첩이 아니라 후천선경세계의 새로운 윤리를 약속하는 새 여성
상이다.

1909년 6월 23일, 증산이 여러 종도에게 '이제 때가 바쁘므로 너
희 중 임술생(壬戌生) 누이나 딸이 있으면 수부로 내세우라'고 하여
김형열(金亨烈)의 둘째딸이 다시 수부로 천거되었는데, 이 일은 그
가 사망하기 바로 전날의 일이었다(《대순전경》 9-37).

증산은 자신의 대업을 고부인 한 사람에게만 맡기기에는 너무도
벅차다는 생각에서 새로 수부를 더 세웠던 것이 아닌가 여겨진다.

수부제는 오랫동안 억눌렸던 여성의 존재를 가정의 테두리로부
터 새로운 사회로 끌어내어 그들이 새 사회의 새 직역을 맡아야
함을 예시한 것이기도 하다.

6. 닫는 글

지금까지 증산의 남녀평등사상을 살펴보았다. 증산의 종교운동은
안으로는 정심수신(正心修身)으로 절대 가치인 자아를 완성하게 하
는 것이며, 밖으로는 구시대·구체제를 완전히 탈피해 5만 년 후천
선경사회를 건설하려고 한 혁명적 개혁운동이다. 후천선경사회 건
설을 위해서는 선천사회의 온갖 폐해와 무질서에 대해 가차없는
벌을 내려야 했다. 후천선경이라는 새 천지창조를 위한 자아 완성
을 추구하려면 기존의 윤리와 가치와 질서를 냉정하게 벗어던져야
한다는 것이다.

그의 남녀평등사상은 바로 이러한 의식의 바탕 위에서 출발했다.
주역의 음양 이론을 완전히 부정·타파하고 새로이 '음'의 중요성을

강조했으며, 아울러 그의 남녀평등사상도 정음에서 출발하는 것이었다.

또 500년 동안 여성을 남성에게 종속시켰던 과부의 재가금지법의 적극적 혁파는 여성의 진정한 해방을 뜻하는 것이다. 남녀의 상호적 관계를 가장 중요시한 것은 인간의 평등성 실현을 위한 그의 이상이요 노력이었다. 인간과 인간의 상호 관계는 이것이 곧 세계 평화로 확대·연결되는 것이다. 세계 평화야말로 증산이 추구하는 새 우주의 질서인 것이다. 그러므로 증산은 가정의 평화를 '도의 기초'라고 강조했던 것이며 그 기초를 이루는 것이 부와 부의 인격적 평등과 화합인 것이다.

증산의 남녀평등사상은 증산교 성립에도 그대로 반영되었다. 우주운행의 대권을 가진 증산 자신과 상호적이고 평등한 위치에 자리하고 있는 대응되는 여성으로서 수부제를 둔 것은 바로 증산의 남녀평등사상(즉, 증산적 음양사상)의 종교적 실천화요 내면화인 것이다.

증산의 사후에 그의 무남독녀인 강순임(姜舜任)과 수부였던 고부인 등이 증산교 일파의 교조가 된 것은 그들의 증산과의 인적 관계 때문만은 아니라고 하겠다. 이미 증산교인들 사이에는 남녀는 누구나 능력에 따라 성별의 구분 없이 인류의 직역을 맡을 수 있다는 음양(남녀)평등의 사상이 내면화된 때문이라고도 볼 수도 있다.

한국근대 여성사에서 증산의 남녀평등사상은 서구적 여성 근대화가 아닌 우리의 주체적 여성 근대화의 한 양상을 밝혀주는 중요한 장을 차지한다고 하겠다.

제3부 여성 근대화의 논리와 실제

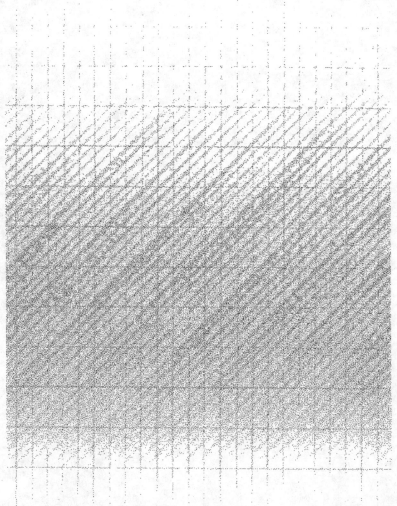

기독교 수용과 여성 근대화
1905~1910년, 서구 근대여성상에 대한 이해와 인식
한말 여성운동의 특성과 여성의 사회 진출

제7장 기독교 수용과 여성 근대화

1. 여는 글

기독교[1] 선교사가 이 땅에 발을 딛고 하나님의 복음을 전파한 지 이미 한 세기가 넘었다. 기독교의 씨앗이 이 땅에 뿌려지면서 봉건적인 우리의 의식과 유교적인 여러 사회제도는 큰 변혁을 거듭하게 되었다. 봉건적인 낡은 유습을 벗어버리고 하나님 아래 평등하고 자유로운 인간의 삶을 새롭게 펼칠 수 있게 한 기독교의 공헌은 결코 과소평가될 수 없다.

인습 타파에 대한 기독교의 공헌으로 특히 주목되는 것은 한국 여성의 개화이다. 《주역》의 음양사상에 근거한 유교적인 남녀 불평등사상은 여성이 선천적으로 남자보다 못해야 한다는 것을 당연시하고 있었다. 이러한 사상은 동양의 역사시대 이후 줄곧 인간을 지배해온 철학이요 종교였으므로, 능력 있는 여성마저도 그 질서를

---

1) 기독교에는 천주교와 개신교가 포함된다. 그러나 우리 사회에서는 기독교와 개신교를 같은 의미로 사용한다. 그러므로 본문에서의 기독교는 곧 개신교를 의미하는 것이다.

받아들이고 지키는 것을 당연시했다.

남녀차별의 봉건적 여성관에 대한 비판과 또 그로부터 벗어나 자유롭고자 하는 역사적 움직임은 이미 18세기 실학운동과 19세기 중엽 동학운동 등을 통해 완만히 추진되어왔으나 적극적 여성개화 의 마당은 열리지 못했다. 그러나 여성들의 개화에 대한 욕구가 적 지 않았음은 괄목할 만하다. 동학의 과부재가론 주장 같은 것은 그 좋은 실례이다. 또 18~19세기에 나타난 여성들의 학문적 연구도 남성 편향의 문화를 여성도 공유하려는 의식으로서 여성개화의 의 지를 보인 것이다.

그런데 이러한 여성들의 개화 의지에 뜨겁게 불을 붙인 것은 개 신교이다. 내한한 여선교사들의 교육·의료 및 자선사업 활동은 우 리 사회에서 긍정적으로 받아들여졌으며, 여성으로 하여금 여성개 화의 역사적 중요성을 각성하게 했다. 그 결과 남녀동권의식이 높 아졌다. 특히 국망의 위기에 처하여 자강구국운동을 전개하는 과정 에서 민력의 단결이 절실해지자 여성도 남성과 동등하게 교육받고 사회참여를 해야만 한다는 여권사상이 팽배했으며, 마침내 여성교 육이 크게 확대되었다. 그리고 신교육을 받은 여성들은 점차 우리 사회의 새로운 지도층으로 부상되어갔다. 그 결과 일제 하의 항일 구국운동에서 여성 지도층은 거개가 개신교 여성이었다.

항일 광복운동 과정에서 신교육을 받은 개신교 여성에 대한 사 회적 기대치는 클 수밖에 없었다. 그러나 한편으로 교회의 체제 정 비와 교회의 세력 성장은 개화를 갈망했던 여성들에게 《성경》을 들어 또다시 차별적 억압을 가하기 시작했다. 여성차별 주장자들 은, 여성에게는 교도 능력이 선천적으로 없고 또 창조의 순서로 볼 때도 여자가 남자 다음이라는 것 등을 들어 여성의 열등성을 합리 화하면서 여성 안수는 부당하다고 주장한다. 교회 안에서의 여성차 별 문제는 오늘까지도 해결되지 못하고 있다. 그러므로 이 장에서 는 기독교가 한국 여성개화에 어느 정도의 공헌을 했으며 구국자강운동에서 개신교 여성의 기능과 역할은 어떠했는가를 살피고, 교회 안에서의 여성의 지위 및 여성 신앙의 실태 등을 살펴 기독교와 여성개화의 실질적 관계를 밝히려고 한다. 우리 나라 초기 기독교 시대의 개신교 여성에 관한 연구는 주로 서양 여선교사의 내한과 그들의 선교 활동이 주된 내용이었다. 이 장에서는 종래의 연구 방향과는 달리 기독교를 수용하는 한국인의 자세와 한국사회의 상황 등을 중시하여 살펴볼 것이다.

2. 기독교 수용과 여성

(1) 기독교 수용의 사적 배경

기독교 수용의 역사적·사회적 배경으로서는 먼저 우리의 유교적인 봉건사회가 17세기 중엽 이후 여러 면에 걸쳐 변화를 거듭해 왔음을 들지 않을 수 없다. 한 시대의 역사적 상황의 큰 변화에는 역사적·사회적 여러 여건이 전제되는 것이다. 유교와 기독교의 체질이 내적으로든 외적으로든 공존·공생하기 어려울 만큼 서로 다른 것이므로 기독교의 수용 과정에는 수많은 갈등과 난관이 따라야 함이 마땅하다. 그러나 한 세기에 걸친 한국 기독교사를 돌이켜 볼 때, 지엽적인 소소한 마찰이나 갈등을 제외하고는 그 수용이 너무도 긍정적이요 적극적이었다. 이 같은 상황을 신앙의 측면에서는 하나님의 뜻 또는 하나님의 택하신 백성 등으로 설명할 수 있겠다. 그러나 역사적·사회적 측면에서 그러한 상황을 설명하기 위해서는 적어도 축적된 역사적 여건 및 사회적 상황 등이 전제되어야 한다. 그런데 그 같은 여건과 상황으로 먼저 제시될 수 있는 것은 17세기 이후의 근대사상의 맹아와 그 확대라고 하겠다.

16세기 전후반에 걸쳐 생존하며 활약했던 이이(李珥, 1536~1584년)는 조선왕조의 역사 발전 단계를 창업(創業)과 수성(守成) 그리고 경장(更張)의 3단계로 구분하고, 자신의 시대를 경장의 시대로 규정했다. 경장이란 낡고 잘못된 것의 개혁을 의미하는 것이다. 개혁이란 자기 반성과 비판 없이는 이루어질 수 없다. 그는 당쟁으로 소모되는 국력을 근심하고 봉건적 신분제도를 비판했으며 민생의 안정을 도모했다. 그의 주장과 외침은 그 시대에 대한 근본적인 경장에는 도움을 주지 못했으나, 그 뒤 준비 없이 두 전란(임진왜란과 병자호란)을 당해 민족적인 숱한 시련을 겪는 과정에서 우리 정치, 우리 사회는 경장하지 않을 수 없다는 것이 절실해졌다. 전란 속에서 사회 신분의 변화로 인한 봉건적 신분제의 혁파론이 제기되었다. 전란의 와중에 군량미 마련을 위한 납속책 등으로 인해 신분의 상승 현상이 뚜렷해진 반면 노론의 장기집권으로 인해 무능한 양반들이 상민으로 전락하기도 했으며, 숙종조에 이르러서는 관노가 대량으로 해방되기도 한다. 신분의 상하 이동 현상은 유교적 양반 사회 질서를 변질시키지 않을 수 없었다. 또 경제구조 면에도 큰 변화가 나타나는데, 농업 증산을 위한 이앙법이 전국으로 확대·보급되면서 농업 경영에 변화가 일어나 농촌사회가 분화되어갔고, 대동법의 실시로 상공업이 발달하면서 도시로의 인구 이동도 현저해졌다.

이 같은 사회 변화가 거듭되는 가운데도 주자학적 지배체제는 여전히 고수되어 사회변화와 크게 괴리되어 있었다. 이에 선각적인 재야 학자들 사이에서는 주자학적 정치체제와 사회 규범에 대해 회의하고 비판하는 태도가 나타났으며, 경장을 필요로 하는 강한 욕구에서 새로운 학문과 사상이 일어났다. 18~19세기의 실학이 바로 그것이다. 실학은 안으로는 자기 반성과 비판에서 출발했으며, 밖으로는 서양과 청의 학문을 받아들임으로써 모순된 사회제도를 근본적으로 개혁하려는 의지로 충만했다. 새로운 세계를 열어야 한

다는 실학자들의 강렬한 의지 속에는 주자학과는 결코 공생할 수
없는 서학사상(천주교)의 영향이 적지 않았다. 특히 남인과 같은 재
야 학자와 중인층에서는 초기에 학문적 대상으로 연구되던 서학이
신앙운동으로 발전되어갔으며, 《황사영백서》에서 볼 수 있듯이 서
학인들은 신앙의 자유를 위해 반국가적 입장도 마다 하지 않았다.

서학, 즉 천주교사상은 현실 사회의 인간적인 모든 모순을 극복
할 수 있는 신앙으로서 받아들여지게 되었고, 그것이 사회 저변으
로 확대되자 위정자들은 이를 반체제운동으로 보아 극단의 탄압을
가하기에 이른다.

그런데 이 천주교 신앙운동에는 여성의 활약과 공헌이 적지 않
았다. 수차에 걸친 천주교 박해에서 희생된 순교자들 가운데 60~
70퍼센트가 여성이었다. 박제형이 쓴 《조선정감》에 따르면, 죽음의
형장으로 나아가는 부녀자의 얼굴이 마치 낙원으로 가는 사람들의
표정과 같다고 했다. 강완숙 같은 여성 천주교 지도자는 천주교를
위해 유교적 여성의 세계인 가정, 즉 남편을 버렸으며, 이누갈다를
비롯한 많은 여성들은 수천 년 동안 지켜내려온 주역적 혼인관에
승복하지 않고 예수를 낭군으로 하여 현세에서 동정녀의 생활을
지켰다. 이들이 유교 이념보다 천주교 신앙을 더욱 소중히 여긴 것
은 유교적 여성관을 결별하고 새로이 하나님의 딸로서의 자리를
갈망한 때문이다.[2]

천주교의 여성 신앙운동은 개신교가 전래되기 이전에 한국 여성
으로 하여금 이미 예수와 하나님의 존재를 알게 했으며, 또 새로운
사회를 갈망하는 많은 여성들이 구시대의 여성 억압적 탈을 벗을
수 있도록 하는 데서 기독교 수용을 더 용이하게 했다.

특히 무지의 고통과 각종 병고로부터 해방을 약속해주는 기독교
는 한국 여성들의 배움에 대한 갈망과, 육체적·정신적 건강에 대한

---

2) 金玉姬, 《天主教女性史》, 한국여자수도회, 1983 참조.

갈망을 충족시켜줄 수 있다는 희망을 갖게 했으며, 그럼으로써 여성들의 기독교 수용은 극히 긍정적이고 적극적일 수 있었다.

(2) 여선교사의 내한과 선교사업

① 첫 여선교사의 내한

1882년 미국과 조약을 체결한 후 조선은 개화에 대한 의지가 왕성했다. 특히 급진적 개화를 주장하는 개화 인사들은 중국, 일본 등의 경험에 따라 서양 선교사들의 손을 빌어 개화를 추진하려는 의지를 가지고 있었다. 1882년 임오군란의 사후 처리를 위해 일본에 간 급진 개화 인사인 김옥균 등은 일본에서 활약하고 있는 개신교 미국 선교사들과 접촉을 했다. 또 정부에서는 개화 문물을 받아들이려고 수십 명의 신사유람단을 일본에 보내 정치·경제·사회·기술·문화 등에 걸친 새 제도를 보고 배워 오도록 했다. 우리의 이같은 강렬한 개화 의지는 일본에 있는 미국 선교사들로 하여금 한국 선교를 열망하게 했다. 1883년에 미국의 녹스(G. W. Knox) 목사가 장로교 선교본부에 보낸 편지를 보면, 한국 사람들이 서양 학문의 중요성을 깊이 깨닫고 있고 동경만 해도 30여 명의 한국 학생이 와서 외국어와 기술을 배우고 있으며, 그 가운데 2명은 이미 세례를 받았다는 것과 한국에 미션스쿨을 설립하기만 하면 큰 성과를 거둘 것이니 목사 두 사람과 의사 한 사람을 보낼 수 없느냐는 내용이 있었다.[3] 또 1884년 4월에는 중국에서 활약하던 선교사 길버트 리드(Gillbert Reid) 목사가, 우선 선교사로서가 아닌 교사와 의사로서 만반의 준비를 갖추고 한국에 와서 교육사업과 의료사업을 행하면 부임 즉시 민중들의 존경을 받을 것이라는 편지를 선교본부에 보냈다.[4] 이는 개화를 갈망하는 한국에서 선교사업이 분명히

---

3) 白樂濬, 《韓國改新敎史》, 연세대학교출판부, 1973, 75쪽.
4) 같은 책.

성공할 수 있음을 시사한 것이다. 미국 장로교 선교본부는 이 같은 주장에 처음에는 무관심했다.

한미조약 체결 이후 미국에서는 대리사절을 정식으로 한국에 파송하여 주재하도록 했고, 우리는 민영익을 수반으로 하는 답례 사절을 미국에 파송했다. 이들 일행이 워싱턴으로 가는 차 안에는 대학 총장이자 감리교 목사인 가우처(John F. Goucher)가 동행하게 되었는데, 그는 한국이 선교 개척에 최적지임을 간파하고 감리교 선교본부에 2,000달러의 기부금까지 보내면서 선교를 권고했으나 별다른 반응이 없었다.[5] 그러자 그는 일본에서 활약하고 있는 맥클레이(Robert S. Maclay) 선교사에게 한국을 직접 답사한 뒤 선교사업에 착수해보라는 편지를 보냈다. 맥클레이는 김옥균과 가까이 지내는 사이였으므로 그에게 주선을 구해 마침내 1884년 6월에 한국을 방문하고 국왕으로부터 학교사업과 병원사업의 허락을 받았다. 이는 국왕의 개화 의지를 잘 보여준 것이기도 하다. 그런데 미국에서는 1830~1840년대부터 경건복음주의파를 배경으로 하는 선교 자선사업이 성행했으며, 1870~1880년대에는 미국 신학생들의 선교열이 대단했다. 이들은 '우리 세대에 세계를 그리스도로(World for Christ during this Generation)'[6]라는 슬로건 아래 중국과 일본 등 동양 여러 나라에 젊은 선교사들을 파견하고 있었기 때문에 이들의 열의가 한국을 외면할 수는 없었을 것으로 생각된다. 마침내 1885년 4월 5일에 미국의 첫 선교사들이 교육사업과 의료사업을 내걸고 이 땅에 첫발을 딛게 되었다. 이들 선교인 일행은 아펜젤러(Henry G. Appenzeller) 부부, 스크랜튼(William Benton Scranton) 부부 및 스크랜튼 모부인과 언더우드(Horace G. Underwood) 등 6명이었다. 6명 가운데 세 사람은 남

---

5) 같은 책, 81~82쪽 ;《韓國監理教會史》, 기독교대한감리회총리원교육국, 1975, 34~37쪽.
6) 이춘란, 〈미국기독교선교회의 교육사업—1880~1890년대를 중심으로〉, 《梨花史學研究》 제10집, 1978, 10쪽.

자이고 또 세 사람은 여자이다. 그러나 세 여자 가운데 스크랜튼 모부인만이 감리교 여선교회에서 교육선교를 목적으로 정식 파견된 여선교사였다.

선교사로서 스크랜튼 모부인이 파견된 경위를 보면, 1883년 9월에 오하이오주 리브나(Revenna)시에서 개최된 감리교 여선교회 지방 선교사 회의에서 먼저 거론되고 결정된 것이다.[7] 이 회의에서 한 할머니가 아직 하나님의 말씀이 미치지 못한 한국을 위해 선교기금을 내놓자 참석자들이 크게 찬동하여 다투어 선교연금을 내놓게 되었고, 이에 여선교사 파견까지 결정하게 된 것이다.

1884년 10월에 여선교회에서는 첫 여선교사로서 스크랜튼을 결정했다. 그러므로 스크랜튼 모부인의 파송은 스크랜튼 부부의 파송과는 우연의 일치일 뿐 직접적으로 관련이 있는 것은 아니다. 스크랜튼 모부인에게 부과된 선교 임무는 한국 여성의 교육을 통한 선교사업이었다.

스크랜튼 모부인은 여러 사정 때문에 일본으로 갔다가 1885년 6월에야 한국에 들어올 수 있었다. 그는 입국하자 곧 여학교를 세우기 위해 가옥과 토지를 매입하고, 새 건물을 지은 뒤 1886년 11월부터 학교 문을 열었다.[8] 이것이 한국 근대 여성교육의 효시인 이화학당이다.

② 여선교사의 여성 선교 방향

이화학당의 설립에는 별다른 어려움이 없었던 듯하다. 우리 나라의 개화정책에서는 1880년대까지만 해도 여성교육론 등의 여성개화정책은 전혀 언급되지 못하고 있었다. 그것은 여성개화교육의 실익 및 교육의 방향과 방법 등에 관한 지식이 전혀 없었기 때문이

---

7) 《한국감리교회사》, 34~37쪽.
8) 백낙준, 앞의 책, 134쪽. Illinois주 Oak Park에 거주하는 Black Stone 여사의 경제적 도움으로 학교를 건축했다.

었다. 민비의 정치적 역량으로 볼 때 그가 적어도 여성교육 문제를
완전히 외면하지는 않았을 것으로 생각된다. 스크랜튼 모부인의 이
화학당 설립을 음으로 양으로 격려했던 것은 곧 민비의 여성개화
관을 나타내는 것이라 하겠다.

선교 활동 과정에서 스크랜튼 모부인을 비롯한 선교사들은 한국
사회의 특성을 이해하고자 노력했고, 그 결과 선교 사업의 방향도
잡을 수 있었다. 방향의 제시는 곧 선교정책을 바로 세우고 목적을
향해 사업을 추진해갈 수 있게 했다.

한국 선교의 기본 방향과 정책을 살펴보면, 우선 전제적이고 보
수적인 사회에서는 왕실의 신임과 공인을 받는 것이 왕도라고 보
았다. 둘째로 보이지 않는 여성의 손이 한국사회를 움직이고 있다
는 점을 간파해 여성에게 복음을 전파하면 이중 삼중의 효과를 거
둘 수 있다고 보았다. 셋째로 역사와 전통을 중시하는 한국인에게
서구적 생활모형이나 의식을 집어넣는 것은 오히려 바람직하지 않
으므로, 한국적 문화와 생활양식 위에서 다만 더 나은 한국인이 되
도록 해야 한다고 보았다.

스크랜튼 모부인이 1886년 4월에 미국 여선교회에 보낸 다음과
같은 보고서는 그의 여성교육사업이 왕실의 깊은 배려와 격려 속
에서 추진되었음을 알게 한다.

황제는 내가 한국에 온 목적이 무엇인지에 대해 소식을 듣고 계십
니다. 황제는 대단히 따뜻한 격려의 말씀을 보내주셨으며, 며칠 전
어떤 모임에서는 연설하는 가운데 여자학교에 대해 찬성하신다는 말
씀을 하셨습니다.[9]

고종의 선교사 사업에 대한 격려는 개화에 대한 강한 열망에서

9) 이화 80년사 편찬위원회, 《이화 80년사》, 52쪽에서 재인용함(Heathen Women's
Friend, Vol. XVII, No. 10, 1886, 249쪽).

나온 것이었다. 그러므로 국왕은 손수 배재학당이니 시병원(施病院)이니 하는 이름을 지어주었고 왕비도 첫 여학교 이름을 이화(梨花), 첫 부인병원 이름을 보구여관(保救女舘)이라 지어주었다.

국왕과 왕비의 호의적인 태도를 접한 선교사들은 어떻게든 왕실에까지 하나님의 복음을 전해보려고 노력하게 된다. 릴리어스 언더우드(Lillias H. Underwood)가 쓴 한 글에는 '왕비에게 하나님의 복음을 설교하게 되었다. 하나님께서 더 자주 그리고 더욱 지속적으로 왕비에게 설교하는 일을 하게 해주시기를! 그리고 왕비께서는 한국 부인과 소녀들을 위해 행하고 있는 훌륭한 사업에 대하여 감사의 말씀을 하셨다'[10]는 내용이 있다.

선교사들은 한국인이 열망하는 개화사업뿐만 아니라 복음을 전파하는 선교사업까지 속히 행하기 위해서는 무엇보다 먼저 왕실의 공인을 받아야 한다고 믿었다. 그래서 기회가 있을 때마다 왕실에 대한 복음 설교를 했던 것으로 생각된다.

다음으로, 선교사들이 여성을 통한 복음 전파사업을 생각하게 된 것은 선교를 위해 한국 가정을 방문하는 가운데 한국 사회구조의 특수성을 인식하게 되면서부터였다. 그들은 한국 가정에서 여성의 실질적 지위가 높으며 권리가 많다는 사실을 알게 되었고, 아울러 여성의 개종에 힘을 쓰면 한국인은 자연히 복음화될 수 있다고 믿게 되었다.

1887년에 내한해 인천에서 선교사업을 했던 선교사 존스(Geo Herber Jones)는 《한국보고(The Korean Repository)》 1896년 6월호에 실린 〈한국 여성의 지위〉라는 글에서 한국 여성의 실질적 지위가 높다고 평했다. 여기서 그는 여성이 외면적으로 남성에게 종속된 것은 동양의 철학(즉, 《주역》을 의미) 때문이라고 하고 있다. 또한 부인들은 생산 활동에 종사하며 여성의 힘으로 가계가 꾸려지는 집이 많

---

10) Lillias H. Underwood, "Women's Work in Korea", *The Korean Repository*, Vol. 3, January—December, 1896, 63쪽.

다면서 주부는 가정 경영의 '실질적 가장(Man-of-the-house)'이라고
하고 있다. 그는, 한국 여성은 드러나지 않은 채 만사에 보이지 않
는 실력을 행사하기 때문에 더욱 강한 실력을 행사하는 데 익숙해
진 음모자라고 하고, 그 대표적 인물을 민비로 보았다.[11]

존스의 한국 여성 지위에 대한 이 같은 평은 당시 선교사들 사
이에 널리 인식된 공통의 의견이었다. 이들 눈에 비친 한국 여성
지위관은 자연히 한국 복음화를 위한 선교정책에도 반영되었다.
1893년 1월에 서울에서 열린 제1회 장로회 의회에서 선교정책 10
항이 채택되었는데, 그 둘째가 여성을 개종시키자는 다음과 같은
선교론이었다.

　부인을 개종시키는 일과 처녀들을 교육시키는 데 힘쓴다. 이는 어
　머니가 자손들에게 중요한 영향을 미치기 때문이다.[12]

1890년대 중반 이후 우리 사회에는 한민족의 절반이 되는 여성
을 계몽시켜야만 자주독립이 성취된다는 주장이 높아지고 있었다.
이에 선교사들의 여학교사업은 이 같은 한민족의 개화 열망에 대
한 돛을 달고 더욱 발전·확대될 수 있었다.

한국의 전통적 문화와 사회구조를 존중하면서 복음을 전파해야
한다는 제3의 선교정책은 한국인으로 하여금 기독교에 친근감을
갖게 했다. 당시 우리는 한국의 전통적인 기본 틀 위에서 개화 문
명을 수용하고자 했던 만큼, 이 같은 선교정책은 환영받지 않을 수
없었다.

스크랜튼 모부인은 여성교육 지침에서 더 나은 한국인이 되도록

---

11) Geo Herber Jones, "The Status of Women in Korea", *The Korean Repository*, Vol. 3,
　　228~229쪽.
12) L. George Paik, *The History of Protestant Missions in Korea, 1832~1910*, Pyeng Yang :
　　Union Christian College Press, 1929, 191~192쪽.

하는 데 여성교육의 목적이 있음을 다음과 같이 밝히고 있다.

> 우리들의 목표는 한국 여아들이 우리 외국인들의 생활양식이나 의
> 복 및 환경에 맞추어 변화하기를 바라는 데 있지 않다. 우리는 다만
> 한국인을 더 나은 한국인이 되게 하는 것으로 만족한다.[13]

언더우드 부인도 한국 여성 선교의 목표는 '소용 있는 실제적인
기독교 여성(useful practical christian woman)'이 되게 하는 것이라고 했
다. 기존 질서의 존중 속에서 선교사업을 추진한다는 것은 곧 전통
문화와 신문화의 심한 마찰을 피하고 신문화를 거부감 없이 수용
할 수 있게 하는 것이었다. 이는 또한 중국이나 일본 등 우리와 같
은 문화권에 속하는 사회에서 수십 년의 선교사업을 하는 동안 급
진적 변화가 사회적으로 강한 반발과 저항을 가져왔던 경험의 결
과이기도 하다. 그러므로 한국에 온 선교사들은, 농부가 씨를 뿌리
고 김을 매며 가꾸는 긴 과정을 거쳐야 결실을 얻을 수 있는 것처
럼 한국에서 복음의 열매도 점진적이어야 한다고 했다.

이 같은 선교정책은 한국의 교역자 양성에도 그대로 반영되었다.
미국 선교사 레이놀즈(W. D. Reynolds)가 1896년에 택한 한국 교역자
양성정책을 보면, 선교 활동 초기에는 어떠한 경우에도 교역자를
미국에 보내지말고 또 그들의 교육 정도를 일반 신도들의 수준보
다 월등히 높게 해서는 안 되며 한국의 전반적 문화 수준에 따라
교역자의 교육 정도도 점진적으로 높여야 한다고 밝히고 있다.[14]

아울러 선교사들은 한국사회에 나타나는 가장 비합리적인 것만
을 개혁하는 정도였으므로 여성 개종에 큰 저항이 없었다. 그들은

---

13) 이화여자고등학교, 《이화 90년사》, 이화여자고등학교, 1975, 52쪽에서 재인
용함.
14) Williams D. Reynolds, "The Native Ministry", *The Korean Repository*, Vol. 3, 220~
221쪽.

폐단이 있는 개혁되어야 할 생활관습으로 조혼·축첩·여아매매 등을 내세웠다.

1904년 5월 9일, 서울 정동교회에서 노블(W. A. Noble) 감리사의 사회로 열린 〈급변하는 사회 개혁 및 정세〉라는 제목의 토의에서는 안식일 준수·결혼·노예 소유 등의 문제가 집중적으로 토론되었는데, 여기서 당시 여성개화의 현안인 조혼 및 여아와 과부의 매매 등의 폐습을 교인은 절대로 범하지말 것을 가결했다.[15] 또 교회에서 초신자의 세례문답 시에 첩을 두고 있는가를 질문하게 함으로써 축첩을 죄악으로 보게 했다.[16] 교인이면 누구나 교회의 규칙을 지켜야 하므로 교인들은 일반 사회인보다 빨리 이 같은 생활 태도 개선을 할 수 있었고, 기독교가 주장하는 일부일처의 가정 윤리는 많은 여성들의 호감을 샀다.

선교의 정책이 한국인을 한국적 기독교인으로 만드는 데 있었던 만큼 일선에서 복음운동을 담당할 여성 지도자의 양성이 필요했다. 그래서 선교사들은 부인성경학교(혹은 부인성경반, women's bible class)를 조직해 전도부인을 양성했다.[17] 내외법으로 인해 선교사가 양반가의 여성을 만나기란 극히 어려웠던 시대인 만큼 전도부인으로 하여금 가정방문을 통하여 전도하는 것은 전도에 대한 효과적인 방법이었다.

1887년 10월, 의료 여선교사로 내한한 하워드(Meta M. D. Howard)는 서울 정동에 보구여관이라는 여자병원을 시작하면서 '여성을 위한 의료사업은 여성의 힘으로(medical work for woman by woman)'라는 슬로건 아래 한국 여성에게 의료강습을 행했다. 많은 한국 여성 환

---

15) 《한국감리교회사》, 125~126쪽.
16) 같은 책.
17) Anna B. Chaffin, "Union Methodist Women's Bible Training School", W. F. M. S. of M. E. C.(ed), *Fifty Years of Light*(Seoul, W. F. M. S. of M. E. C., 1938), 17~18쪽 (W. F. M. S. of M. E. C.는 Woman's Foreign Missionary Society of the Methodist Episcopal Church의 약자임).

자를 접하는 과정에서 그는 한국 여성 의술진이 이들을 직접 돌볼 수만 있다면 복음 선교사업은 더욱 확대될 수 있을 것이라고 믿게 되었다.[18]

③ 여성 선교사업의 전개

교육 선교사업 : 선교사들의 활동 가운데 특히 여성개화에 영향을 준 것은 교육사업, 의료사업, 자선사업 등이었다.

미국 감리교 여선교부에서는 스크랜튼 모부인으로 하여금 1886년에 이화학당을 설립하게 함으로써 한국 근대 여성교육의 효시를 이루었다. 이보다 조금 앞서 1885년 8월에 아펜젤러가 시작한 배재학당은 2명의 학생으로 문을 열어 1년 만에 67명의 학생을 갖게 되었다.[19] 이것은 당시 한국사회가 근대문화 수용을 얼마나 갈망하고 있었는가를 반영한다.

그러나 이화학당의 경우는 그렇지 못했다. 내외법을 준수하는 양가의 여아는 새로 만나보기조차 어려웠고 하층사회에서는 여아매매가 행해지고 있었다. 전통사회에서는 여성교육이 생소한 것이었기 때문에 스크랜튼의 여성교육사업은 순조로울 수 없었다. 이화학당의 경우에는 고아와 병든 아이를 겨우 데려다가 먹이고 치료해 주면서 교육을 실시할 수밖에 없었다. 때문에 이화학당은 개교 후 10년 동안 여러 가지 곤란을 겪어야 했다. 설립 3년 만인 1888년에 학생이 18명으로 늘어났지만, 이 해에 외국인들이 어린아이를 유괴해 잡아먹고 눈을 빼 사진 현상에 쓴다는 소문이 나돌아 이화학당은 6주 동안 휴교하게 되었다.[20]

이 같은 어려움 속에서도 이화학당의 학생 수는 점차 증가해 1897년에는 47명이 되었다. 이화학당이 어느 정도 궤도에 오르자

---

18) 《한국감리교회사》, 170쪽.
19) 백낙준, 《한국개신교사》, 136쪽.
20) 《이화 90년사》, 49쪽.

스크랜튼 모부인은 1892년에 파송되어 온 젊은 교육 여선교사 페인(S. O. Paine)에게 학교 운영을 맡기고 그는 새로운 여학교를 서울과 지방에 설립하기 시작했다. 또 계속 파송되어 온 다른 여선교사들도 이미 설정된 교구에 또는 그 교구와 가까운 지방에 여러 개의 학교를 설립했다.

미국 감리교 여선교회에서 한국 선교사업 50년의 역사를 37항으로 나누어 저술한 《빛의 50년(Fifty Years of Light)》에 따르면, 1886년에서 1890년까지 서울의 감리교 여선교회에서 설립한 초급학교 수준의 여학교가 대여섯 개나 된다고 한다. 1897년에도 두 개의 학교가 설립되었는데 하나는 10명의 학생으로 시작하고 다른 하나는 15명의 학생으로 시작했으며, 1901년에는 프레이(Lulu E. Frey) 양이 아오개에 학교를 세워 6명의 학생을 데리고 가르치기 시작했다고 한다.[21]

1898년 10월에는 여선교사 캠벨(Josephine P. Campbell) 부인이 여덟 살이 된 소녀 5명을 데리고 배화여학교를 창설했으며, 이 학교는 1902년에 30명의 학생을 갖는 규모로 성장했다. 이 당시는 교육을 받으러 자진해서 입학하려는 학생 수가 점점 늘어갔으나 교사가 비좁아 받을 수 없는 실정이었다.[22]

1890년대 중엽부터 선교 세력은 지방 도시로 뻗어갔으며, 이들을 중심으로 그 부근 지방에 학교와 교회가 세워졌다. 언더우드 부인은 선교사업이 지방으로 활발하게 확산되고 있음을 1896년에 다음과 같이 기술했다.

부인들이 복음의 십자가를 안고 서쪽으로는 강화와 인천까지, 동쪽으로는 원산까지, 남쪽으로는 전주까지, 그리고 북쪽으로는 중국과의 접경 지역인 의주까지, 마치 한반도를 십자가 모양으로 가로 세로

---

21) Ada B. Hall, "Seoul Primary Schools", W. F. M. S. of M. E. C.(ed), 앞의 책, 3쪽.
22) 《한국감리교회사》, 106쪽.

지르면서 전도했다.[23]

즉, 그들 선교사의 활동이 한반도의 동서와 남북으로 뻗어서 마치 '십자가'를 그어놓은 형상으로 진행되고 있었음을 보여준다.

미국 감리교 선교회의 조선 내 교육 선교사업은 훨씬 조직적이었다. 그들은 인천을 중심으로 부천·강화·교동도 일대를 하나의 선교구로 만들어 그곳에 여학교들을 설립했고, 수원을 중심으로 예천·원주를 같은 선교구로 삼아 교육 선교 활동을 했으며, 공주를 중심으로 천안·홍성을 포함하는 선교구, 개성을 중심으로 한 선교구, 원산을 중심으로 한 선교구, 평양·삼화(지금의 진남포)를 중심으로 하는 선교구 등을 구성해 이들 지역에 학교와 부인성경학교를 설립하고 복음 확장에 노력했다. 선교사에 의해 1910년 이전에 설립된 주요 여학교를 들어보면 다음과 같다.

서울 : 이화여학교(1886), 정신여학교(1895), 배화여학교(1898).

인천 : 영화여학교(1892).

재령 : 명신여학교(1898).

평양 : 정의여학교(1899), 숭의여학교(1903).

수원 : 삼일여학교(1902).

개성 : 호수돈여학교(1904), 미리흠여학교(1906).

공주 : 영명여학교(1905).

논산 : 영화여학교(1906?).

강경 : 만동여학교(1906?).

목포 : 정명여학교(1903).

원산 : 진성여학교(1904), 누씨여학교(1903).

의료 선교사업 : 다음으로 의료사업 역시 여성 선교사업의 중요한 자리를 차지하고 있었다. 미국 장로교 선교부에서는 의료 혜택을

---

23) Lillias H. Underwood, 앞의 책, 63쪽.

제대로 받지 못하는 한국의 여성들에게 시급하게 필요한 것은 훈련된 여의사라고 판단하고 1886년에 우리 나라 최초의 의료 여선교사 앨런스를 파송했다. 그 이듬해에는 감리교 여선교회에서 하워드를 파송해서 서울에 우리 나라 최초의 부인병원인 보구여관(Caring for and Saving Woman's Hospital)을 창설했다.[24]

서양 의술의 효험은 선교사인 의사 앨런이 갑신정변 때 심하게 부상당한 민영익을 완치함으로써 이미 국내에서 높이 평가되고 있었다. 빈한한 탓에 의료 혜택을 받아보지 못하고 죽어가는 사람들 가운데는 부인들이 많았는데, 이러한 부인들에게 인술을 베풀어 일반 대중의 서양관을 긍정적으로 변화시킬 수 있었고 더 많은 개종인을 얻을 수 있었다.

당시는 민간에서 널리 성행하던 무속적 치료법을 비롯한 미신적인 전통 민간치료법 때문에 환자는 물론 건강한 사람까지도 병자가 되는 지경이었다. 한 선교 의사가 어느 결핵환자의 집에 들렀을 때 아직 숨이 끊어지지 않은 환자의 입에 쌀을 가득 집어넣고 그를 매장할 준비를 하고 있었다. 그것을 본 의사는 먼저 환자의 입에서 쌀을 모두 꺼내고 입안을 소독했다. 그런데 그때 그 집 사람들은 그 쌀을 말라리아의 특효약으로 알고 보관을 했다고 한다. 이처럼 보건 위생에 관한 과학적 지식을 갖지 못한 사람들에게 미신적 요법의 잘못을 깨우쳐주는 데 선교사들의 역할이 컸다.

보구여관에는 부인환자들이 날로 늘어났으며, 이들의 치료를 위해 의료 여선교사들도 증파되었다. 의료 여선교사들은 서울의 시병원(施病院, 1886년)에도 파송되었고 평양·해주·원주·원산·개성 등 지방 선교지의 의료기관에도 파송되어 그곳에서 여자 환자를 치료하면서 기독교의 복음을 전도했다.

의료 전도사업을 통해 이들은 여성의 의료 교육이 필요함을 느

---

24) Elizabeth Roberts, "Medical Work in Seoul", W. F. M. S. of M. E. C.(ed), 앞의 책, 6~7쪽.

끼게 되었다. 1890년 10월에 파송된 셔우드(Rosetta M. D. Sherwood, 뒤에 Dr. Hall의 부인이 됨)는 부임하면서 곧 의료강습반(medical training class)을 조직해 한국인 4명과 일본인 1명을 대상으로 의학 강습을 했다. 그 가운데 박에스터가 1896년에 미국으로 유학을 가 1900년에 볼티모어 여자의과대학을 졸업함으로써 우리 나라 최초의 여의사가 되었다.[25]

또 1902년에 서울에 파송된 장로교 선교회의 에드먼드(Margaret J. Edmund)도 부임 이듬해에 간호원 양성소를 설립하여 그 해에 2명의 간호원을 양성했다.[26] 특히 1905~1906년에 이르면 한국에 정식 의과대학과 간호학교의 설립이 절실하다고 느낀 한국 주재 감리교 선교단에서 본국 감리교 선교회에 감리교와 장로교 합동으로 의과대학과 간호학교를 한국에 설립해줄 것을 건의하게 된다. 그러나 선교회의 이사회에서는 이를 거부하고 대신 서울 동대문 근처에 릴리언 해리스 병원(Lillian Harris Hospital)을 짓기로 결정했다. 이것이 동대문 부인병원이다.[27]

교육 의료 선교사업을 통해 기독교에 귀의하는 부인의 수가 증가했으며 또한 일제의 한민족 탄압이 강해질수록 여성 기독교인의 수는 늘어갔다.

자선 선교사업 : 네비우스(Nevius) 선교 방법 가운데는 여선교사로 하여금 직접 안방을 찾아 개인 접촉을 하고 여학교 설립과 자선사

---

25) 《한국감리교회사》, 169~170쪽 ; W. F. M. S. of M. E. C.(ed), 앞의 책, 98쪽.
26) Zola Payne, "Medical Education for Woman", W. F. M. S. of M. E. C.(ed), 앞의 책, 98쪽.
27) 《한국감리교회사》, 190~197쪽 참조. 보구여관은 1892년에 동대문 분원을 설치하고 'Baldwin Dispensary(볼드윈 시약소)'라고 명명했다. 1909년에 동대문 옆에 큰 규모의 부인병원을 착공하여 1912년에 준공했는데, 1897년에 내한하여 부인의료선교에 헌신했던 여의사 릴리언 해리스(Miss Lillian Harris, M. D., 1865~1912)가 동 병원에서 봉사 중 1902년 5월 16일에 사망하자 그를 기념하여 릴리언 해리스 병원이라고 했으며, 뒤에 동대문 부인병원이라 통칭하게 되었다.

업으로 신임을 얻을 것을 제시하고 있다. 자선사업은 예수 정신의 기본이 된다. 스크랜튼 모부인이 이화학당을 처음 시작할 때 가난한 아이와 부모 없는 병든 고아를 데려다 치료해주고 먹이고 입히고 가르친 것은 기독교 정신의 구현이기도 하다.

우리 나라는 옛부터 가난하고 병든 사람을 구휼하는 기관으로서 동서대비원(東西大悲院) 등이 있었으나 사회사업적 입장이 그리 넓지 못했다. 또 고아는 일가들이 맡아 돌보아주는 것을 도리로 여겼다. 사회적 차원에서 고아원 사업을 한 것은 1890년대 말 이후부터였는데, 가령 경성고아원 등이 그것이다.

사회에서 버림받은 농아와 맹인들 가운데 맹인은 감각 기능이 발달해서 점성업 등에 종사하기도 했지만, 여자 맹인들은 불쌍한 한평생을 보내야만 했다. 이 같은 여자 맹인들에게 자선의 손을 뻗어 맹인 여학교를 설립하고 이들에게 문자와 재봉 등을 가르친 것은 로제타 홀 여사이다. 홀 여사는 평양에서 최초로 의료 선교사업을 하다가 전염병에 감염되어 순직한 홀 박사의 부인이며, 홀의 아들도 뒷날 해주에서 결핵 퇴치를 위해 노력했던 의료 선교사였다.[28] 홀 부인은 어렸을 때 '뉴욕식 점자' 사용법을 배운 일이 있어 이를 바탕으로 맹인 교육을 착안하게 되었다. 그는 1894년 이른 봄에 한 교인의 맹인 여아를 처음으로 가르쳤는데, 바로 이 해에 남편 홀이 사망해 본국으로 돌아가게 되었다. 그는 미국에 머무는 동안 뉴욕 맹인원에 다니면서 점자법을 복습하고 1897년에 한국에 다시 나와 점자를 한글에 맞추어 초등독본·기도문·십계명의 점자 편찬을 해서 이전에 가르친 바 있는 여맹아에게 이를 가르쳤다.[29] 한국에서 맹아 점자 교육의 가능성을 찾게 되자 사회의 관심도 커져 1905년에는 평양의 기독교 유지들의 주선으로 맹인학교 설립운동이 전개

---

28) 셔우드 홀(著), 김동열(譯), 《닥터 홀의 조선 회상》, 동아일보사, 1984. 이 책에는 그의 한국에서의 선교의료사업이 잘 설명되어 있다.

29) 백낙준, 앞의 책, 339쪽.

되었다.

1905년 2월 28일자 《대한매일신보》는 맹인학교 설립에 관한 다음과 같은 기사를 싣고 있다.

평양 예수교 중에 유지자들이 당지에 맹인학교를 창설코자 하여 서양인과 합동하여 자본금을 모집한다는데 그 이유는 좌[아래]와 같다.

주예수의 은혜 아래 있는 맹인학교 위원들은 각처에 계신 주예수의 이름으로 같이 천국사업을 누릴 형제들에게 편지하옵나니 우리 나라에 구세교가 창립된 후에 은혜를 많이 받아 남녀 소학교와 중학교를 세워 캄캄히 멀었던 눈을 밝히니 어찌 감사치 않으리오…… 이미 교회에 들어온 형제와 아이들이 얼마 있으며 장차 후생들도 있을 터인데 예수께서 말씀하시기를 너희 눈에 복이 있음을 봄이라 하심과 같이 우리 눈뜬 형제들은 하나님 말씀을 친히 보며 또한 육체 기르는 일도 하거니와 소경된 형제들은 하나님의 말씀을 누가 읽어주지 아니하면 할 수 없으며 이미 아는 것 외에는 혼자 할 수 없으며 또한 실업장이를 면하지 못할 터이니 어찌 답답하고 한심치 않으리오. 그러므로 우리 평양교회에서 이를 위하여 많이 의론한 후에 소경들 가르칠 학교를 세우기로 작정하고 우선 8인을 선정하여 학교 사무를 보게 했으니 첫째로 하나님의 넓으신 은혜를 감사하고 둘째로 소경된 형제와 후생의 행복을 축사하고 셋째로 유지한 형제의 찬조를 칭송할지로다. 학교용비는 연년이 판비하려면 군졸함이 없지 못하겠는 고로 내외국 몇몇 형제의 보조를 수합하여 자본을 세워 전토를 사서 두고 연년에 그 소출을 쓰게 함이 편리하겠는 고로 그대로 작정하고 각처에 계신 여러 형제에게 앙포하오니 유지하신 대로 다소간 보조함을 바라오며 공부 과정은 장차 알 터이오니 조량하소서.

홀 부인의 아들이 쓴 한국 의료선교기인 《닥터 홀의 조선 회상》에 따르면, 맹인학교 학생들의 침선은 눈뜬 사람들의 침선보다 더 아름다웠으며, 홀 부인의 환갑잔치를 이들이 마련하고 환갑에 입을 옷을 손수 지어 바쳤다고 한다.

평양 유지들의 적극적인 지원 아래 창설된 맹아학교교육은 극히 성공적이었으며, 서울에서도 맹아학교 설립운동이 일게 되었다. 1908년 9월에는 서울 정동교회에서 여선교사와 교인들 사이에 맹아학교 설립을 위한 협의가 있었는데,[30] 맹아학교 설립의 사회적·국가적 지원을 위해 평양 맹인학교의 성과를 실제로 보여주었다. 즉, 협의 얼마 뒤에 여선교사가 평양 맹아학교 학생 한 명을 학부 학무국장 윤치오의 집에 데리고가서 중추원 의장 김윤식과 홍사단 부장 유길준 등이 보는 앞에서 침선과 자수 등을 일일이 시험해 보인 것이다. 학생이 솜씨를 보인 것이 선명하고 아름다우므로 이들이 놀라며 칭찬하자, 선교사는 서울의 맹인 여자에게 복서(卜筮) 등의 잡술을 일절 가르치지말고 맹인학교에 보내 일등 인물이 되게 할 것을 설명했다.[31]

선교사들의 희생적인 자선사업은 기독교 정신에 기초한 것이다. 즉, 이웃 사랑의 정신을 구현하는 것이었다. 이웃 사랑의 정신은 내 민족으로부터 세계인에 대한 사랑으로 확대되었다. 1897년에는 인도에 큰 흉년이 들어 아사자와 병사자가 헤아릴 수 없었다. 당시 세계 각국에서는 의연금을 모아 보내고 있었다. 우리 나라의 기독 교인들도 이 사실을 알고 서울에서 60여 원을, 또 황해도 장연에 있는 기독교인 100명이 출연하여 60여 원을 마련했으며, 그 밖에 패물을 빼내어 의연금에 보태는 이도 적지 않았다.[32] 아마도 외국 의 어려움을 보고 국제적인 구휼에 한국인이 참가한 것은 이것이 처음이 아닌가 생각된다.

---

30) 《大韓每日申報》, 1908년 9월 13일.
31) 《大韓每日申報》, 1908년 9월 25일.
32) 《독립신문》, 1867년 6월 5일.

(3) 한국 여성의 기독교 수용의 태도

한국 여성의 기독교 수용의 태도는 크게 긍정적인 면과 부정적인 면으로 나누어볼 수 있다. 개신교가 들어오기 2세기 전에 우리는 이미 천주교를 수용했고 수차에 걸친 천주교 박해 사건으로 인해 서양 기독교의 존재는 거의 누구에게나 알려져 있었다. 개신교 수용 초기에는 천주교와의 차이에 대한 혼돈을 염려하고 있었으나, 그 두 가지 모두 서양의 종교라는 것은 누구나 알고 있었다. 또 북쪽으로는 중국과 통하는 의주 방면에서, 남쪽으로는 일본을 통해 번역된 복음서들이 국내에 들어와 있었기 때문에, 뜻이 있으면 기독교 신앙을 가질 수 있는 형편이었다.

기독교 수용 초기에는 규방에 갇힌 여성들보다는 대세의 변화를 직접 목도하고 그것을 갈망하는 의식 있는 남성들에게 먼저 알려졌다.

선교사들이 처음에 대중 전도를 할 때는 대로변에서 예배를 보는 노방전도를 많이 했다. 기독교에 대한 관심은 꽤 높은 편이었다. 1886년 7월 11일에 노도사가 첫 세례를 받았으며 여자로서는 1887년 10월 16일에 아펜젤러의 권서인(勸書人)의 아내가 처음으로 세례를 받았다.[33] 우리 나라 최초의 여자 의사로 활약한 박에스터도 그의 아버지가 언더우드의 일을 돕던 중 자신을 이화학당에 보낸 것을 계기로 또 병원에서 일하게 되면서 기독교 신앙을 접하고 세례를 받았다. 이처럼 선교사와 인연을 갖고 있는 주변인들이 먼저 신자가 되었다. 이것은 이들이 기독교의 사랑의 정신에 호감을 가졌고, 또 선교사들의 봉사와 희생 정신에 감화를 받았기 때문이다. 그러므로 선교사들은 자신들의 일상생활이 한국인에게 미치는 영향을 생각해 성실한 생활, 봉사하는 생활에 노력했다. 1886년 여

---

33) 백낙준, 앞의 책, 145~146쪽.

름 콜레라가 만연했을 때 선교사들은 의료봉사는 물론 선교사들의 그리스도인으로서의 가정생활, 신자다운 행동의 실천 등으로 감화력을 발휘하고자[34] 노력했다.

그 결과 사람들은 그리스도인이 남에게 착한 일을 하고자 하며 놀라운 진리를 굳게 지키고 악한 일에 참여하지 않는다고 믿게 되었다.[35]

그러나 초기 기독교 귀의자들은 양반과 같은 상층 계급인보다는 활동이 비교적 자유롭고 봉건 사회체제에 불만을 갖는 평민층이 대부분이었다. 유교와 전통사상과 권위의식으로 무장된 양반사회에 기독교가 뚫고 들어가기는 그리 쉬운 일이 아니었다. 이 같은 예는 다음의 인용문에 잘 나타난다. 이것은 한 전도부인이 유교사상에 젖은 부인을 설득하려는 대화이다.

기독교도 한 부인이 하늘을 믿는 도를 배우고 연구하여 구세의 교를 선부(宣敷)하니 호(號)하여 가로되 구세자라. 신구약과 찬미가를 보자기에 싸서 시항여리간(市巷閭里間)을 두루 다녀 진리를 연설하며 사속(邪俗)을 배척하여 설복 감화하는 자가 십중팔구라. 하루는 날 저물어 일촌락에 드니 많은 선비가 심의광수(深衣廣袖)로 숙사(塾舍)를 출입하는데 절하고 양보하고 나아가고 물러남에 어긋남이 없고 사서오경으로 인의를 고담하더라. 마음으로 그것이 산림학자의 집임을 알고 규문(閨門)에 다다르니 12세 여아(女兒)가 웃으며 출영하여 정대부의 심규(深閨)로 인도해 들여 춥고 더움을 말하는 인사를 겨우 마치나니 해와 별처럼 밝다. 공자 갈오되 후생이 가히 두렵다 하시니 이 도의 밝음이 어찌 불외(不畏)하겠는가. 공자가 다시 살아난다 해도 반드시 옳다고 하시리라.

정부인이 발연이 얼굴색이 변하여 말하기를 이것이 무슨 말씀이오, 무슨 말씀이오. 민이 생한 이래로 공자보다 더 성함이 있지 않았

---

34) 같은 책, 163쪽.
35) 같은 책, 175쪽.

다. 일개 천주학의 무리가 허탄(虛誕) 자대(自大)하여 감히 이처럼 말하니 해괴가 심하며 요망이 심하도다. 나는 본래 유가에서 태어나고 유가로 시집와서 경의(經義)를 연구하고 배우고 묻지 않은 일이 없었으로되 여자의 학문은 무용하며, 부의 직을 따르므로 부인의 이름이 불감치 아니하니 여자의 질품 또한 무용이다. 암탉은 새벽에 울지 않는 것이며 오직 주식만이 옳은 의라 도덕이라는 말은 다시 입밖에 내지도 마오.

구세자 이르기를 무릇 능히 독서를 하고도 합변(合變)을 아지 못하면 혼자 책읽고 자기만 아는 것이다. 듣지 못하는 자는 귀먹어리요, 말하지 못하는 자는 벙어리라. 생존경쟁시대 결코 벙어리되고자 하지 않을 것이라 하는데 저녁밥이 나오더라. 이에 하루를 묵게 되어 그 집의 범백(凡百)의 되어짐을 보고 들었더니 유림 고풍이 순후(淳厚) 교고(膠固)하여 의백상인(義白上人)과 같더라. 선교·전도의 지기가 일절로 더욱 깊고 간절하되 그 도가 부동하여 감히 용이하게 입을 열 수가 없어 마음속으로 강구하다가 먼저 시병속(時病俗)을 걱정하고 측달(惻怛)해 하면서 말을 꺼내니,

정부인이 완이(莞爾)히 웃으며 말하기를 예의의 우리 나라가 변하여 개화천지가 되어 이적(夷狄)이 혼잡하니 분수와 의리가 멸해지고 기강이 탕연하여 거의 망하게 되었으니 공자의 도가 부강(復降)해야 인의의 보호를 받아 태평세월에 이를 수가 있다. 칠흑같이 어두운 세상의 근심을 무릇 입으로 다할 수 없으니 마침내 무익으로 돌아갈 뿐이라. 듣고 말씀하시는 모양으로 보아 식자부인인 듯한데 남들이 식자우환이라고 이를 만하지요.[36]

유림가의 부인들로서는 유교에 대한 극복 없이 기독교 신앙을 받아들일 수는 없는 일이었다. 500년간 공자를 숭상했던 유교사상을 벗어 던진다는 것이 결코 쉬운 일은 아니다.

---

36) 《大韓每日申報》, 1907년 1월 31일 ; 《야뢰》, 제1권 제5호, 광무 11년 6월 3일 ; 이광린, 〈문예소설〉, 《한국개화사상연구》, 일조각, 227쪽의 해석을 재인용함.

그러나 양반부인들 중 규문에 갇힌 채 남편의 사랑을 첩에게 빼앗기고도 시집살이에만 충실해야 하는 인고의 생활에 시달리는 것에 대해 내심 반기를 드는 이도 적지 않았다. 이 같은 생활로부터의 돌파구로서 기독교에 귀의한 대표적 예로는 서북지방 여성으로서 최초의 세례를 받은 선천의 전삼덕(全三德)[37]을 들 수 있다. 그는 기독교회에서는 남자와 여자를 동등하게 받아들인다는 소식을 듣고 선천에서 70~80리 떨어진 평양 남산현교회(南山峴教會)를 스스로 찾아갔다. 남산현교회 주임 목사인 홀 선교사는 그녀가 양반부인임을 알고 정중하고도 기쁘게 맞이했다. 기독교의 이념과 정신을 안 부인은 1893년에 마침내 세례를 받았으며, 이를 반대하던 온 가족을 끝내는 기독교인으로 만들었다.

가가호호를 방문하여 규중 속 부인을 만나 기독교를 전도하여 새 신자를 만들기는 쉽지 않다. 그러나 이처럼 모순된 현실을 극복하려는 여성 의지가 개화운동으로 점차 확대되자 스스로 교회를 찾는 양반층 부인이 늘어나게 되었다.

특히 인신매매를 죄악시하고 축첩제를 비판하면서 일부일부(一夫一婦)제도를 가정 윤리의 기본으로 실천하도록 하는 기독교에 대한 여성들의 긍정적 관심은 여성들로 하여금 용감한 신앙인이 되게 했다. 이에 대해 문일평(文一平)은 〈조선 여성의 사회적 지위〉라는 글에서 다음과 같이 논하고 있다.

인신매매를 죄악시하여 스스로 범하지 아니하는 동시에 다른 이로 하여금 빠지지 아니하도록 애쓴 이가 있었다면 그는 말할 것도 없이 크리스챤일 것이다. 대저 기독교가 조선에 수입된 이래 다만 인신매매에 관한 것뿐만 아니라 재가의 해금과 적서의 폐지와 기타 사회적으로 쌓여 있는 모든 구폐 및 그 미신의 타파에 대하여 꾸준히 분투하여 온 그 공적만은 누구나 다 아는 사실이어니와, 기독교가 조선

---

37) 張炳旭, 《韓國監理敎女性史》, 성광문화사, 1979, 185~194쪽.

신문화에 영향을 미친 중에도 특히 여성생활에 일대 변동을 일으켰음은 조선 여성의 사회적 지위를 논하는 이의 결코 간과할 수 없는 현상이라 하겠다. 이 점에 있어 근세 기독교는 과거 유교의 대신으로 조선 여성의 생활을 지배한 관(觀)이었다.…… 기독교로 말미암아 첫째는 그네들이 여성도 남성과 마찬가지로 영혼의 소유자임을 발견하여 신의 앞에는 남녀가 평등인 것을 알게 되었다. 둘째는 여성이 오늘날까지 구금(拘禁) 동양(同樣)의 옥내생활로부터 해방되어 일요일에는 반드시 교당에 가서 남성과 한가지로 청강할 권리를 얻게 되었다. 셋째는 일반 여성이 《바이블》을 읽기 위하여 조선글을 숭상한 때문에 여성 사이에 문자가 크게 보급되었다. 이것은 양서와 같이 기독교가 성행하는 지방에는 물론이요, 아직 기독교가 보급되지 못한 삼남지방에도 여성의 생활상태에 다소 변동을 주지 않은 데가 없으니 기독교의 감화가 어찌 크지 않다 하랴.[38]

3. 구국자강운동과 기독교 여성

(1) 독립협회운동과 기독교 여성

1896～1898년에 걸친 독립협회운동은 민지를 계발시키는 데 큰 공헌을 했다. 즉, 우리 민족으로 하여금 자주독립사상과 자유민권사상 및 자강개혁사상을 갖게 한 것은 독립협회운동이라고 할 수 있다. 그런데 독립협회의 기독교관은 극히 긍정적이었다. 1896년 8월 20일자 《독립신문》의 논설에서는 미국 선교사들의 봉사 활동에 관해 다음과 같이 극찬하고 있다.

조선에 있는 외국 사람들 중에 똑 조선 백성만 위하여 와서 있는

---

38) 文一平(著), 이기백(譯), 《湖岩史論選》(탐구신서 99), 탐구당, 1975, 150～
151쪽.

사람들은 각국 교하는 이들이라. 조선 사람들이 이 교회의 본의를 알 것 같으면 이 교하는 이들을 참 고맙게 여기고 착하고 사랑하는 것이 이 교의 근본인 줄을 깨달을지라. 여기 와서 있는 교사들과 의원들과 부인네들이 문명 개화하고 선경 같은 본국과 부모 형제 친척 친구를 다 버리고 몇만 리 타국에 와서 거처와 의복과 음식이 모두 불편하고 도로가 더러워 다니기가 어렵고 언어가 불통하여 조선 사람과 교제하기가 어렵고…… 이 더럽고 위태하고 친구 없는 만리 타국에 자기 돈 들여 의복 음식 거처를 준비하고 학교를 배설하여 조선 남녀를 공히 교육하며 밤낮 가르치는 것이 옳고 참되고 정직하고 옳은 행실과 당당한 심법을 공부케 하며 병원을 짓고 물론 어떤 사람이든지 병이 들면 와서 공히 치료하게 하며…… 다만 바라는 것은 불쌍한 조선 백성들이 자기 나라 사람과 같이 되어 국중에 옳은 법률이 생기고 조선에 있는 대소 인민이 합심하여 나라를 보존하고 인민이 정돈이 되어 규모가 있게 만사를 행하며 상인 해물지심이 없어지고 전국 인민이 서로 생각하기를 형제와 같이하며 구세주 예수 그리스도를 믿고 그 성주의 가르치심을 본받으라 함이니 이 본의를 생각하면 어찌 격치 않으리오. 세상에 교가 많이 있으되 예수교같이 참 착하고 참 사랑하고 참 남을 불쌍히 여기는 교는 세계에 다시 없는지라. 어느 교에서 이 예수교와 같이 사람을 많이 천하 만국에 보내어 자기의 돈을 들여가며 온갖 고생을 다하며 남의 나라 사람을 이렇게 간절히 가르치며 도와주리오. 메소디스트 교회에서 조선 와서 대정동 배재학당을 짓고, 조선 젊은 사람들을 교육하고 계집 아해들을 위하여 이화학당을 배설하고 부인병원을 만들어 조선 병든 부인들을 치료하며 인찰소를 만들어 국문으로 인민에게 유조한 책을 일년에 몇천 권씩 박아 전국 인민이 이 책들을 보고 마음을 고쳐 옳은 사람들이 되게 하니 이 일하기에 미국서 일년에 돈이 여러 만원이 오는지라. 이렇게하여 미국에 무엇이 유조하리오. 이것은 똑 조선 백성만 위해서 하는 일이니 어찌 감사치 않으리오…….

독립협회의 이와 같은 기독교관은 국민 계몽적 기능을 갖고 있던 입장이라는 것을 감안할 때 상당한 영향을 미치게 된다. 이에 대하여 백낙준 박사는 갑오경장과 독립협회운동 등에서 개화 각료들의 기독교에 대한 긍정적 태도는 일반인으로 하여금 기독교를 신임하여 접촉하게 하고 그 전도 범위를 넓혀 상류층에까지 접촉할 수 있게 했다고 평하고 있다.[39] 당시 한국인들은 기독교인이 남에게 착한 일을 하고자 하며 놀라운 진리를 굳게 지키고 악한 일에 참여하지 않는다고 일반적으로 믿고 있었다.[40]

독립협회에서 주장된 천부적 인권론은 남녀의 동등권 획득을 강력히 주장할 수 있게 했다. 이들은 여성교육, 과부의 재가, 축첩의 폐지, 여신의 매매, 조혼의 폐해 등을 논설이나 토론회 등을 통해 여러모로 주장했다. 독립협회를 이끌었던 중요 인물인 윤치호, 서재필 등은 기독교 신자였다. 그러므로 이들은 대중 계몽을 위해 정동의 새 예배당에서 그리스도의 복음과 개화사상을 더불어 논했다. 그 가운데 여성 지위의 향상 문제는 괄목할 만하다. 1897년 12월 31일 오후 3시, 정동 예배당에 청년회 회원들이 모여 남녀의 동등 권리와 동등 교육을 주장한 강론은 크게 주목된다. 서재필은 찬론에서 '어찌 사나이만 사람의 권을 가지고 여편네는 사람의 권을 가지지 못하리요'라고 하여 남녀의 동권을 당연시했다. 그는 여자의 가장 중요한 직무는 자녀교육이며 아울러 남편을 옳은 길로 권면하는 것 등도 중요 직무이므로 부인은 곧 아동교육자요 남편의 교사이자 고문관이라고 했다. 그리고 열 사나이 중 아홉은 아내를 박대하고 음행을 함에도 여자는 열 중 하나도 안 된다는 것을 들면서, 그런 까닭에 '하나님께서 여편네를 더 생각하시는 것'이라고 했다. 이 강론에 참석한 부인들은 '하나님이 세계 인생을 내실 때 남녀의 권리를 같게 하셨다. 남녀가 동등한 교육, 동등한 권리를 가져 인생에 대한 사업을 각기 하는 것이 당연하다'[41]고 연설했다.

---

39) 백낙준, 앞의 책, 186쪽.
40) 같은 책, 175쪽.

여성교육론과 여권론은 사회적 호응이 높았고 여성의 의식도 크게 계발할 수 있었다. 1898년 9월에 서울 북촌 양반부인 400여 명이 중심이 되어 우리 나라 최초의 '여권선언'운동[42]이 추진되었다. 이 운동은 관립여학교 설립 청원운동으로 확대되고 다시 정치적 동등권 획득의 실천으로서 만민공동회에 참여하게 되었다.

만민공동회에서는 하나님이 주신 인간의 자유권, 즉 개인의 생명과 재산의 자유권, 언론과 집회의 자유권, 만민의 평등권, 국민의 주권론 등을 토대로 하는 국민참정권을 주장했다. 또 학교와 공장을 세우고 국방력을 양성해 국부민강할 것을 주장했으며, 외세 배격 및 침탈된 이권의 회복으로 자주독립을 이룩할 것을 주장했다. 만민공동회는 민주주의를 향해 줄달음치는 민력의 성장이었다. 이에 정부에서는 독립협회와 반목하고 이를 탄압하기 위해 어용 단체인 황국협회를 조직하여 대항하게 했으며, 그 와중에 황국협회의 보부상단들이 만민공동회 회원들을 습격했다. 그 결과 11월 22일에 독립협회 회원이자 신기료 장수인 김덕구가 중상을 입고 마침내 사망했다.

김덕구의 죽음은 애국충의를 위한 순국으로 인식되어 그의 장례는 만민공동회의 많은 사람들이 참여하는 만민장으로 거행되었고, 여기에는 찬양회의 부인회원 120여 명과 정동교회 및 이화학당의 여성 다수가 참석했다. 여성 교인들은 남문 밖에 마련된 장례소에 나가 찬미와 기도로 호상을 했다.[43] 사회장의 성격을 띤 장례일에 기독교 여성들이 기독교적 의식을 행하면서 대거 참여한 것은 이것이 처음이며, 아울러 한국의 개화사 및 기독교 발전사에서도 중요한 의미를 지닌다.

그 결과 홍종우·길명수·박유진 등 보부상 영수들은 '역적 김덕구

41) 《독립신문》, 1898년 1월 4일.
42) 朴容玉, 《韓國近代女性運動史研究》, 한국정신문화연구원, 1984, 57~60쪽.
43) 같은 책, 73~78쪽.

죽은 데 계집들이 모여 가서 찬양하는 것이 도리가 아니다. 그렇게 하면 너희를 다 함몰시켜버리겠다"[44]는 협박 내용의 편지를 이화학당에 보내기까지 했다. 이것은 기독교의 여성 윤리와 전통적 유교 여성 윤리의 중요한 마찰이요 갈등이었다고 생각된다. 이 편지 사건은 외교적인 문제로까지 확대되었을 뿐만 아니라 이제 막 힘있게 민중 사회에 뿌리내리고 있는 기독교계에 대한 도전이었으므로 그 파문이 적지 않았던 것 같다. 가령, 보부상측의 위협 편지에 대한 교인측의 다음과 같은 답신을 통해 우리는 거간의 사정을 엿볼 수 있다.

이화학당 교인들이 규문의 예법을 알지 못하고 그릇 저 도에 들어가 역당 김덕구 장사에 길에서 저주한다 했으니 이화학당 여교인은 당초에 길에서 저주한 일도 없거니와 이것은 규문의 예법이 무엇인지 아지도 못함이니 여름에 벌러지가 어름의 찬 것을 아지 못함과 같도다. 규법이라 하는 것은 여자의 행실을 말함이요, 저주라 하는 것은 남을 미워하여 방자하는 악담이라. 이화학당 여교인들이 하나님의 계명을 지켜 정절의 덕행이 있으며 학문을 공부하여 통달한 식견이 열녀전 내칙편에 어김이 없으며 사람을 사랑하여 자기를 군축하며 미워하는 사람까지 위하여 하나님께 기도하거늘 김덕구의 장사가 여인에게 무슨 상관이 있기로 저주할 리가 있으리오.[45]

위의 답신에서는 원수까지도 사랑하라는 기독교 정신과 아울러 기독교 여성들은 하나님의 계명을 지키는 정절하고 덕행 있는 여성으로 열녀전의 내칙편에 어긋나는 데가 하나도 없음을 밝히고 있다.

(2) 한말 애국계몽운동과 기독교 여성

1905년에 일제의 강압으로 체결된 을사조약은 국민들로 하여금

---

44)《帝國新聞》, 1898년 12월 9일 ;《황성신문》, 1898년 12월 10일.
45)《帝國新聞》, 1898년 12월 14일.

국권 수호에 대한 위기의식을 극대화시켰으며, 국권 수호를 위한 민족운동이 의병 투쟁과 애국계몽운동으로서 전개되었다. 전자는 주로 위정척사를 주장해왔던 유생 지도 하의 무력 투쟁이었고 후자는 도시 중심의 개화 선각자에 의한 민력 배양운동이었는데, 이 운동은 교육운동과 식산운동으로 전개되었다.

1905~1910년의 여성운동은 자주적 국권회복을 위한 운동으로 추진되었으며, 이를 크게는 여성교육운동과 여성국채보상운동으로 나누어볼 수 있다.

당시 여성교육운동은 국망을 극복할 중요한 과제로 제시되고 있었다. 교육은 민족의 살 길이며 민족의 절반이 여성일 뿐만 아니라 그들이 바로 2세 교육의 첫번째 스승이라는 점에서 여성교육은 더욱 중시되었다. 즉, 애국애족심을 갖는 어머니는 자녀를 바로 그 정신으로 양육할 수 있다는 것이다.

그러면 우선 여성교육과 기독교 여성과의 관계를 살펴보도록 하겠다. 1905~1910년에 간행된 신문·잡지를 통해 조사한 바에 따르면, 32개의 여성교육 계몽단체 가운데 기독교 여성들에 의해 조직된 것은 경기도 남양의 여자교육회와 관서 지방의 기독 신안 소여학교 찬성회밖에 없다.[46] 당시의 여성교육단체는 여학교 설립 및 운영을 위한 후원 단체로서의 성격을 띠고 있었는데, 기독교계 여학교는 선교회나 교회가 후원자이므로 따로 여성교육단체의 설립 필요성이 적었던 때문인 것으로 생각된다.

다음으로 여학교 상황을 보면, 1905~1910년에 3,000여 개의 사립학교가 설립되어 민족교육운동이 활발했는데, 그 가운데 여학교가 어느 정도였는지는 자세하지 않다. 다만 당시의 대표적인 신문이나 잡지를 통해 조사한 결과 174개의 여학교가 있었으며, 그 가운데 기독교계 여학교는 42개교였다. 그리고 42개교 가운데는 선교

---

46) 朴容玉, 앞의 책, 209~210쪽, 부록 I 참조.

사가 설립하지 않고 교회 또는 교인에 의해 설립된 것이 11개교나
되었다.[47] 이것은 자립적인 한국 여성교육상을 보이는 것이라 하겠
으며, 또 여성교육의 필요성이라는 역사적 상황이 기독교계 여학교
를 수적으로 더욱 증가시킨 것이다.

한편 이화학당처럼 설립된 지 오래된 학교에서는 많은 졸업생을
배출하여 이들이 애국계몽운동기에 여성교육의 기수로 활용되었던
점을 들지 않을 수 없다. 서울의 여자교육회에서 양규의숙을 설립
했을 때 이화학당 출신 셀레(김린의 부인)와 조선진의 부인 이씨를
교사로 맞이했으며, 황여메례는 진명여학교 교사로 부임했다. 이런
점에서 볼 때 기독교계 여학교가 한국 근대 여성교육에 끼친 공헌
이 적지 않았다.

그러나 사립학교를 통한 항일민족의식의 고양은 일제의 한국 식
민 침략에 대한 심한 방해였다. 방해 세력의 제거와 항일 세력의
탄압을 목적으로 일제는 1908년에 사립학교령을 반포했다. 3,000여
개의 사립학교 가운데 사립학교령 기준에 맞는 학교는 손에 꼽을
정도였다. 또 연이어 학회령과 기부금 취체 규정까지 반포해 학교
운영 후원을 위한 기부금 납부도 용이하지 않았다. 이에 재정이 어
려운 사립학교는 하나둘 문을 닫지 않을 수 없었다. 그러나 선교를
목적으로 설립된 기독교계 학교는 선교회 본부 등으로부터 지원금
이 계속 들어왔고 또 정치적 탄압에서도 제외될 수 있었기 때문에
지속적으로 존속하고 발전할 수 있었다. 오늘날 역사와 전통을 자
랑하는 사립학교의 대부분이 기독교계인 것은 이 같은 역사적 이
유 때문이다.

기독교계 편중의 교육 현황은 여성교육에서 더 두드러진다. 1918
년 말 현재 보통학교 및 각종 학교 상황을 보면, 남학생은 일반계
학교 학생 수가 1만 7,124명이고 종교계 학교는 1만 1,813명으로

---

47) 같은 책, 210~218쪽, 부록 Ⅱ 참조.

일반계 학교 학생 수가 더 많다. 그러나 여학교의 경우는 일반계의
학생 수가 1,065명인 데 비해 종교계는 무려 5배에 가까운 5,174명
이다.[48] 아울러 종교계 여학교에서 주로 근대 지식 여성층을 배출
하지 않을 수 없었으며, 일제 하 여성운동 지도층은 거의 기독교
여성층일 수밖에 없었다. 뒤에서 논하겠지만, 항일구국운동에서 기
독교 여성의 역할이 지대했던 것은 이런 역사적 상황에서 그 해답
을 찾지 않을 수 없다.

　다음으로 국채보상운동에서의 기독교 여성의 역할을 살펴보자.
국채보상운동은 1907년에 경제적 자립을 목적으로 2,000만 민족이
일치단결하여 거국적으로 전개한 식산운동으로서의 자주독립운동
이다. 여성의 자발적 참여는 이 운동을 활성화시키는 데 절대적 영
향을 미쳤다. 남의 집 침모, 나물장수, 떡장수들이 국채의연금을 내
놓았으며, 전국 곳곳에서 30여 개의 국채보상 여성단체가 조직되어
패물을 빼놓고 조석 찬값을 아끼면서 의연금을 내놓았다. 국채보상
을 위한 단체운동은 주로 양반층 부인들에 의해 추진되었는데, 30
개 단체 가운데는 기독교 여성에 의해 조직되고 활동을 한 3개 단
체가 포함되어 있다. 인천의 국미적성회, 남양의 부인의성회, 여주
의 부인회가 그것이다.[49] 이것은 무엇을 의미하는가? 이는 기독교
부인의 사회적 지도력이 높아지고 있음을 의미하는 것이다. 세 단
체 가운데 인천의 국미적성회는 그 규모나 참여 정신면에서 가장
대표적인 것이었다.

　국미적성회는 1907년 3월 29일에 박우리바·여누이사·정헤스터·
장마리아·김쓸비여·송전심 등이 발기했으며, 발기 당시 회원 수는
80명이었다. 이 가운데 20명을 권고위원으로 하고 위원 두 사람이
한 동리씩 맡아 여성참여를 권고하도록 한 결과 1주일 만에 회원
수가 500여 명으로 증가했다. 의연 방법은 매일 먹는 양식 중 식구

---

48) 같은 책, 195쪽 참조.
49) 같은 책, 124∼125쪽, 표2 참조.

수효대로 한 술씩 떠 모아 그것으로 국채를 갚는 것이었다. 이들이 한 달 동안 모은 성미는 무려 19섬이나 되었으며, 이 밖에 약간의 동전과 은비녀 2냥이 모아졌다.[50]

당시 《황성신문》은 이들의 활동에 대해 남자들이 제기하여 실천하고 있는 단연회보다 훌륭하다고 평했다.

(3) 항일구국운동과 기독교 여성

앞에서 언급한 것처럼, 여성들의 항일민족운동에서 기독교 여성의 역할은 온 민족의 갈망이었다. 또 기독교 여성들은 이에 부응하는 자신의 역사적 책임을 통감했기 때문에 하나님의 권능과 그 인도에 의지하면서 민족 구원의 어려운 길을 신앙으로 정진했다.

1910년대 일제의 무단통치는 우리 민족의 견딜 수 없는 암흑기였다. 이 어둠 속에서 우리 기독교 여성은 오직 민족을 구해야 한다는 일념에서 에스터와 같은 역할들을 했다. 숨조차 제대로 쉴 수 없었던 1910년대에 여학교와 교회에서 비밀리에 항일의식을 고양하고 그것을 실천에 옮겼다. 1913년 평양의 숭의여학교에서 조직된 송죽결사대는 신앙심을 바탕으로 한 철저한 항일구국의식으로 무장된 조직이었다.

이 결사대는 동교 교사인 김경희와 황에스터 그리고 숭의 동창인 독실한 신자 박정석 3인이 항일구국세력의 확대를 위해 자주독립사상이 투철한 여성을 포섭하여 조직한 것이다. 이들은 생일 축하 명목 등으로 모여 구국기도를 하고 애국가도 부르면서 독립 쟁취의 방법 등을 토론했으며, 군자금을 모집해 중국과 만주 등 독립운동 기지에 보내는 일[51] 등도 했다.

김경희는 항일구국투사의 화신이다. 그는 지리 시간에 하얼빈에

---

50) 같은 책, 130~132쪽.
51) 같은 책, 171~172쪽.

대해 가르치던 중 이곳이 '안 의사가 우리 원수 이등을 쾌살한 곳이
니 독립 후에 이곳에 안 의사의 동상을 건립하자'는 대담한 강의를
할 만큼 용기 있는 애국여성이었다. 3·1 운동을 준비하던 중 그는
어머니께 자신의 성경을 건네면서 '내가 죽지 않고 투옥되면 이 성
경을 감옥에 넣어달라'고 말할 만큼 그리스도에 대한 신앙이 투철
한 인물이기도 했다. 그는 3·1 운동 직후 상해로 망명해 임정 요원
으로 활약하던 중 결핵에 걸렸으며, 이 병으로 국내에서 사망했다.[52]

3·1 운동을 거족적 항일민족운동으로 추진하는 데 선도적 역할
을 한 인물 가운데는 각계각층의 수많은 여성이 있었다. 그중 잊을
수 없는 것이 기독교계 여성의 활약이다. 김마리아, 김순애, 황에스
터, 차경신, 유관순, 어윤중, 임영신, 김수은 등이 모두 기독교 여성
들이었다. 또 만세운동에 대거 참여한 여학교 여학생들도 거의 대
부분이 기독교 여학생들이었다. 이렇게 볼 때 항일구국 여성운동에
서 기독교계의 역할은 대단한 것이었다. 당시 근대 고등교육을 받
은 독실한 신앙의 여성은 사회적으로 흠앙되고 있었다. 이병철은
항일청년운동을 목적으로 서울에서 조직된 대한청년외교단 총무였
는데, 그가 임정 요원 임창준과 함께 여성 독립운동 단체를 조직할
필요성을 느껴 여성 요원을 규합할 때 내세웠던 자격 기준은 '서울
에서 여자고등보통학교를 졸업하고 애국적 신념이 강한 독실한 기
독교 여성'이었다. 이것은 기독교 여성에 대한 사회적 신뢰와 기대
치를 단적으로 보여주는 것이다.

일제 하의 기독교 신여성들은 이 같은 사회적·민족적 기대치에
전혀 어긋나지 않는 중요한 역사적 소임을 다했다. 항일여성단체를
대표하는 서울 중심의 애국부인회는 김마리아 등 정신여학교 출신
이 중심이 되었으며, 평양을 중심으로 하는 애국부인회도 처음에는
감리교 부인회와 장로교 부인회에서 각기 상해 임시정부를 지원하

---

52) 같은 책, 172쪽의 주 471 참조.

는 것이 국민으로서의 여성의 책임임을 들어 비밀활동을 수행했다. 이와 뜻을 같이하는 부인회 활동이 지방의 교회에서도 추진되었다. 그리하여 이들은 교파를 초월해 대한애국부인회연합회로 통합되었다. 이들은 평양에 본부를, 지방에는 지부를 두고 회원을 규합했으며 군자금을 모집해 상해로 보냈다.

또 숭의여학교를 졸업한 신앙심이 깊은 동창들이 모여 나이팅게일 정신에 입각해 결백단(潔白團)을 조직했다. 이는 장차 일어날 독립전쟁에 백의천사로 참여하기 위한 것이었다. 이 밖에 평안남도 강서의 대한독립여자청년단, 평안남도 대동의 대한독립부인청년단, 평안남도 개천의 여자복음회 등은 모두 기독교 여성으로 조직된 항일여성단체였다.

항일 비밀 결사의 지도급 여성들은 물론 그 구성원들이 거의 모두 교회의 지도급 여성이거나 교사 같은 여성교육자들이었다. 서울 중심의 애국부인회 회장 김마리아와 총무 황에스터는 동경 유학생이자 교사였고 송죽결사대를 조직하고 활약한 김경희도 교사였으며 안정석은 교회의 지도급 여성이었다. 또 평양 중심의 대한애국부인회 부회장 한영신은 북장로교의 반장이었고 반석애국여자청년단장 최영반과 향촌회장 윤찬복은 전도부인이었다. 아울러 여자복음전도회 부회장 고은혁은 장로부인이었고 부인청년단장 추도일은 교회가 설립한 서당의 교사였다.[53]

이 밖에 임정 요원으로 활약한 차경신은 일본에서 신학교를 다닌 전도부인이었으며, 평양경찰서와 도청을 폭파하려고 폭탄을 던진 안경신, 북만주에서 혁명적 독립운동을 했던 남자현, 맹산의 선유봉 호랑이굴을 거점으로 대한청년단모험대 지부를 결성하고 지도했던 조성신 등은 모두 독실한 신도이며 교회의 지도급 인사들이었다.

---

53) 같은 책, 173~191쪽.

그러면 기독교 여성들이 항일운동의 지도층이 된 이유는 무엇인가? 그 이유로서, 첫째로 앞에서 언급한 것처럼 근대 지식층 여성의 거개가 기독교계 학교에서 배출되었다는 점, 둘째로 신념과 극비밀을 요하는 독립운동에서 근대교육을 받은 기독교 여성이 적합할 수밖에 없었다는 점, 셋째로 비밀 조직이 필요한데 기독교 신도는 외부의 간섭이 덜한 교회의 내부 조직이 있어 이를 독립운동 조직에 전용할 수 있었다는 점 등을 들 수 있겠다.[54]

이상에서 살펴본 것처럼, 항일구국운동에서 기독교 여성의 역할은 절대적이었다.

4. 기독교적 한국 여성상과 여권 문제

(1) 사회적 기대치로서의 기독교 여성상

민족의 자유와 조국의 광복이 최대의 역사적 과제였던 일제 치하에서 신교육을 받은 신앙심이 독실한 여성은 깊은 수렁에 빠진 한민족 구원에 일익을 담당할 수 있는 대상으로 여겨졌다. 기독교 여성에 대한 이 같은 사회적 기대치는 춘원 이광수의 작품에 잘 반영되어 있다. 춘원은 1920~1930년대까지는 민족지도자로서 중요한 자리를 점하고 있었다. 그는 문학가로서는 처음으로 기독교사상을 작품에 도입함으로써 민족의 나갈 길을 제시해주었다.

그는 1917년 7월 《청춘》 제9호에 발표한 〈야소교의 조선에 준 은혜〉에서 기독교의 긍정적 역할을 다음과 같이 열거했다. 즉, 첫째로 조선인에게 서양 사정을 알린 것, 둘째로 도덕의 진흥, 셋째로 교육의 보급, 넷째로 여자의 지위 향상, 다섯째로 조혼폐의 교

---

54) 같은 책, 191~197쪽.

정, 여섯째로 한글 보급, 일곱째로 사상의 자격, 여덟째로 개성의
자각 또는 개인의식의 자각 등이 그것이다.

이것들은 기독교의 긍정적 기여를 논한 것이다. 춘원이 1924년에
발표한 소설 《재생》을 보면, 타락의 길을 걷고 있는 순영에게 미
국 선교사 부인 P 여사가 이렇게 말하고 있다.

> 지금 한국 나라 대단히 어려운 중에 있소. '셀프삭크리파이스'하는
> 남자와 여자만이 있어서 힘을 합하여 일하면 살 수 있고 저마다 '셀
> 퓌쉬니스트' 따라가면 망하는 수밖에 없는 것이오. 누구 그런 사람
> 있오? 나 아는 사람 그런 사람 대단히 적소. 순영이 그런 사람이오.

이는 기독교의 희생적 윤리가 우리 민족의 재생의 길을 제시해
준다고 암시하는 것이다. 즉, '그 나라와 그 의를 구하는' 자기 희
생의 삶을 의미하는 것이다. P 부인은 남편이 죽은 뒤 먼 타국에
와서 20년 동안 교회와 교육을 위해 희생적 생활을 해온 사람이다.
《재생》의 여주인공 김순영은 자기도 P 부인 같은 고결한 삶을 살
겠다는 맹세 아래 친구 강인순과 대학에서 공부하고 미국 유학 준
비를 한다. 그러나 혀영심 많은 순영은 부자 백윤희의 유혹을 이기
지 못하고 그의 첩이 되고만다. 그녀는 첩이 된 뒤 돈이나 육욕의
만족이 행복의 근원이 되지 못한다는 사실을 깨닫고 인순을 찾아
가 사람이 어떻게 해야 행복해질 수 있는가를 묻는다. 인순은 구약
에 나오는 욥의 이야기를 상기시키며 행복을 주고 안 주는 것은
오직 하나님이라고 하면서, '남을 행복되게 힘쓰는 것이지, 말하자
면 의와 그 나라를 구하는 것이지!' 하고 말한다. 몹쓸 병까지 얻
은 순영은 자기의 죄를 뉘우치지만, 결국 죄의 값을 치루기 위해
자살로써 결말을 보고만다. 이 작품에서 인순과 P 부인은 바로 한
국을 다시 구원할 수 있는, 당시 사회가 요구하던 여성상이다.

춘원의 작품 《애욕의 피안》에서도 기독교적 윤리에 입각한 참사

랑을 제시하고 있는데, 작품의 주인공 김혜련은 자신의 죽음으로
아버지인 김 장로와 오빠의 영혼을 구원의 길로 인도한다.

　교회의 장로요 점잖고 깨끗하고 그 마음속에 죄의 그림자가 없
는 아버지와 성모 마리아처럼 믿음이 굳고 인자한 어머니를 둔 것
을 자랑하고 행복하게 생각했던 혜련은 성장함에 따라 아버지의
이중적인 죄의 생활과 어머니의 추악한 마음을 알게 되었고 이로
인해 심히 괴로워한다. 그는 남녀간의 성적 결합을 추한 것으로 생
각해 평생 독신으로 순결을 지키려고 한다. 그녀가 가장 신임하던
친구 문임이 재물욕과 허영심으로 그의 아버지 김 장로와 혼인하
고 문임을 사랑하던 설은주가 분노 끝에 문임을 살해한 뒤 경찰에
자수하자 김 장로의 추악한 이중생활이 온 천하에 알려지게 된다.
그의 오빠도 집을 버리고 타락의 길로 빠진다. 여기서 혜련은 죽음
으로 자기 집의 죄를 대속하려는 결심 아래, 어머니의 무덤을 찾아
가 자결한다. 김 장로의 타락과 혜련의 자결은 하나님의 뜻을 어긴
것이다. 때문에 교회에서는 그녀의 장례식을 교회 의식으로 하려고
하지 않는다. 그러나 김 장로와 그의 오빠가 그들의 죄를 자백하고
새 사람이 되기를 맹세한다. 혜련의 죽음은 예수가 보여준 희생적
사랑을 증거한 것이다.

　춘원은 《흙》에서도 주인공 허숭을 중심으로 점선과 유순이라는
상반된 두 여성상을 내놓고 있다. 점선은 윤 참판의 딸로 이화여전
을 나온 아름다운 인텔리 여성이며, 유순은 보통학교밖에 나오지
못했으나 꾸밈이 없고 전통적인 한국 여성미를 지닌 농민의 딸이
다. 농촌계몽운동에 뜻을 둔 허숭은 본래 순을 자기의 이상적 여성
상으로 여겨 그와 결혼하려 했으나, 일시적 유혹을 이기지 못하고
점선과 결혼한다. 점선은 남편의 고결한 인격을 사모했으나 그것만
으로는 만족할 수 없는 공허감을 느끼게 된다. 그래서 애욕의 굶주
림을 채울 대상으로 허숭과 정반대되는 저속한 삶을 즐기는 김갑
진과 통간한다. 허숭은 자기를 배반하고 자신을 곤경에 빠뜨리는

모든 사람을 용서하는, 그리스도와 같은 무한한 사랑을 실천하는 고결한 인격을 지니고 있었다. 점선은 마침내 남편의 인격에 감화되어 가장 위대한 남편을 제대로 인식하지 못한 것을 후회한다. 자기와 같은 죄인은 그 같은 남편의 사랑을 요구할 가치도 없는 존재라고 생각한 점선은 눈오는 밤에 절망 속에서 옛날 다니던 정동교회를 찾고 예전의 순결한 신앙을 회상한다. 스스로 버림받은 존재임을 깨달은 그녀는 자신의 죄를 심판하려고 살여울로 떠나는 허숭이 탄 기차에 몸을 던진다. 그러나 한쪽 다리만 잃고 다시 살아난 그녀는 남편에게 용서를 빌며 살여울로 가서 남편의 농촌사업을 돕는 농민의 아내가 된다. 즉, 점선은 한쪽 다리를 버림으로써 봉사·사랑·희생의 삶의 가치를 재인식하게 된 재생인이다. 우리는 점선의 삶을 통해 거듭나는 여성—인간만이 이 민족을 구원할수 있음을 알게 된다. 자신을 희생하면서 이 민족을 사랑하는 기독교 정신으로 무장된 여성상을 우리 사회는 간절히 요구하고 있었던 것이 사실이다. YWCA의 농촌계몽운동, 최용신과 김노득 등의 희생적인 농촌사업은 기독교의 희생적인 사랑의 정신 없이는 불가능한 것이었다.

그런데 사실 희생적 사랑의 기독교적 여성상은 한국적 전통 여성상에서 그 옷 색깔을 달리한 데 지나지 않는다.

(2) 교회에서의 여권 문제

기독교를 수용한 초기에는 기독교를 신앙하는 여성은 곧 개화 여성으로 간주되었다. 1898년 북촌 양반부인들이 남자와 동등한 여권을 획득하자며 부르짖던 예에서 볼 수 있는 것처럼, 여권 획득의 모델은 사회 활동을 하는 서양 여성이었다. 여선교사들의 활발한 선교 활동은 한국 여성들의 눈에는 분명히 남녀가 동등한 권리를 가지고 하나님의 사업에 참여하는 것으로 비쳤다. 또 한국 여성 지위를 비하시켰던 유교적·봉건적 요소인 축첩자에 대해 교인으로서 자격 규제를 함으로써 일부일부제(一夫一婦制)를 확립한 점이나, 재혼을 장려하거나 조혼의 폐지 및 여성교육을 확대한 점 등은 분명히 근대적 여권으로의 접근과 신장을 보여주는 것이었다.

개화 여성의 대명사와 같았던 이화학당의 교육 내용을 보면, 이는 남자와는 다른 여성을 위한 교육이었다. 초기 선교사의 한 사람이던 기포드 여사의 1890년대 이화 교육 상황 기록에 따르면, 교과목으로는 서양 여선교사에 의해 지도되는 재봉·자수·성악이 있었고 서양 관계 학과목의 일부 및 종교는 한국어로 가르쳤으며 영어는 선택과목이었다. 그리고 '이 학교의 교육 목적은 철저한 기독교 교육 실시와 훌륭한 한국 여성의 양성에 있다'[55]고 밝히고 있다.

이러한 내용의 교육은 질적으로 남녀동권을 획득할 만한 것은 아니었다. 1897년 이화 학생들이 한문 교과목을 요구한 것은 남자와 동등한 교육을 처음으로 요구한 것이라 하겠다. 백 박사는 이를 가리켜 '여학생 사이에서 일어난 신흥 정신이요, 여성생활사상의 신기원'[56]이라고 평했다. 그렇다고 이것이 곧 한국 기독교에서의 남녀동권의 길을 연 것은 아니다.

기독교는 만인의 평등이 전제된다. 신분의 차별도 남녀 성의 차별도 신앙 앞에서는 있을 수 없는 것이다. 그럼에도 한국 기독교는 초기부터 봉건적 신분관과 남녀차별관의 뿌리를 그대로 간직하고 있었다. 한국 교회의 구조를 예리하게 주시한 평론가 춘원은 〈금일 조선 야소교회의 결점〉이라는 글에서 첫째의 결점이 교회의 계급성이라고 다음과 같이 논하고 있다.

제일은 금일 조선 예수교회는 계급적이외다. 계급사상은 동양에는, 그중에도 조선에는 뺄 수 없으리만큼 깊은 근저(根柢)를 가진 것이

---

55) 백낙준, 앞의 책, 239~240쪽.
56) 같은 책, 326쪽.

외다. 관민이라든가 장유, 부부, 부자, 형제 인리를 물론하고 심지어
붕우에게까지도 2인 이상의 집합에는 반드시 계급이 따라 자유 평등
의 통합을 보기 어렵소. 평등주의인 예수교도 이 사상은 동요치 못하
는 듯하여 금일 예수교회 내에는 이전 사색 반상과 같은 계급이 엄
연하게 되어 발본할 수 없는 지경에 이르렀소. 목사나 장로와 보통
교인과의 관계는 마치 관민, 장유, 사제의 관계와 같게 되어 목사나
장로는 언제나 보통 교인의 위에 서려 하고 보통 교인들도 목사나
장로의 관섭(管攝)과 간섭(干涉)을 받으려 하오.…… 오늘날 조선서
는 목사, 장로는 절대적 보통 교인의 위에 서서 만사에 우월권을 가
지려 하오. 목사, 장로는 양반이요, 보통 교인은 상놈이라 할 만하오.
어디서나 수석을 점하고 무슨 일에나 관섭자(管攝者)의 위에 서려
하오.…… 마치 귀족 서민의 별(別)과 같소. 가장 활계(滑稽)한 것은
교역자가 그 교회 내에 재한 자기보다 학식이나 인격이나 사회적 지
위가 우월한 자라도 자기의 아래에 두려 함이오.[57]

이는 매우 지나친 논평이라고 생각되지만, 이 사실을 전적으로
부정할 수는 없다. 이 같은 교회 내의 계급성은 봉건적 사상의 인
간적 유제(遺制)인 것이다. 하물며 교회 내에서의 남녀차별은 더욱
보수적일 수밖에 없었다.

초기 선교사들은 한국적 관습을 적극적으로 존중했다. 예배에서
남녀의 자리를 분리하려고 휘장을 치거나 또는 여성만이 예배를
보는 교회까지 만들고 있었다.[58] 또 여신자를 얻기 위해서 저급한
지식 수준밖에 없는 여전도사를 많이 활용했기 때문에 이들은 기
독교의 깊고 오묘한 진리를 앞세우기보다 자신의 체험적 신앙의
경험을 바탕으로 전도하는 경우가 많았다. 따라서 여신자들이 무속
적 신앙의 테두리를 크게 벗어나지 못하는 형편도 배제할 수 없었
다. 이런 이유로 여신도들은 단순한 신앙의 신비적 체험을 신앙의

---

57) 《청춘》 제11호, 1917년 11월.
58) 서광선, 〈한국여성과 종교〉, 《韓國女性史 II》, 518~519쪽.

궁극적 표준으로 생각하게 되었고 성경 해독 능력이 있는 여성들은 성경을 하나님 말씀이라는 외형적 사실로만 믿어 일점 일획도 변해서는 안 되는 것으로 믿었다.[59] 이 같은 신앙 태도는 신앙 자체를 맹목적이고 광신적인 지성 이전의 것으로 여기게 했다. 여신도들은 성경의 권위, 하나님 말씀을 논하는 목사, 장로의 권위를 마치 주술적 권위를 지닌 듯 인식했으며 교회 안에서 여성의 교권을 억압하는 기독교적 남녀 질서를 고정화시켰다.

남자 목사와 여전도사 사이에는 교권에 상당한 차이가 있었으며, 급료에서도 현격한 차이가 있었다. 이 같은 교회 내 남녀차별에 대해 처음으로 이의를 제기한 것은 1922년 약 300명의 남감리교회 여전도사들이 급료 인상을 요구한 것이었다. 여전도사들은 '남녀균등을 찾는 이때에 남자 목사의 급료는 70~80원에서 100원까지 이름에도 여전도사의 급료는 20원 내외'임을 들어 남감리교회 신임 감독 '뽀오와드'에게 급료 인상 요구를 했다. 이 일은 당시 《매일신보》[60]에도 게재되는 등 사회적 파문이 적지 않았다. 이는 분명 교회 내의 여권운동이었다. 급료 인상으로 비롯된 교회 여권운동은 1920~1930년대 초에 활발해져 교회 처리권 등 교회 내의 운영권을 부여받으려는 운동으로 확대되었다. 가령, 1933년 9월 9일 밤 선천에서 개최된 전 조선 예수교 장로회 제22회 총회에서는 여자도 남자와 평등한 지위로 수준을 높여 교회 사업에 참여하겠다는 주장이 나왔다. 이때 함경남도의 교회 보고에서는 동 지방 부인 교도 150명 연서로 여자에게도 장로 자격을 부여하라는 요구가 제기되었는데, 이는 아직 시기상조라는 이유로 부결되었다. 그리고 이 총회에서는 여자에게도 목사 자격을 부여하라고 요구할 것이어서 주목된다고 당시 《동아일보》는 보도했다.[61]

---

59) 같은 책, 522쪽.
60) 《每日申報》, 1922년 9월 17일.
61) 《東亞日報》, 1933년 9월 13일.

함경남도 여신도들의 교회 처리권 획득운동은 그 이듬해에도 계속되었다. 함경남도에 있는 22개의 예수교 장로교회의 여신도 539명은 1934년 6월 22일 함흥에서 개최된 제19회 장로회 총회에서 교회 처리권 획득을 위한 연서 청원을 했다. 이 운동을 이끌어갈 함흥의 최영혜는 이 운동이 성공할 때까지 꾸준히 노력하겠다고 했다.[62]

1934년 장로교 제23회 총회에서도 교회 내 여권 문제를 상정하고자 했다. 이때 함경북도 성진교회의 김춘배 목사가 교회 내 여권론을 지지·옹호하며《기독신보》제977호에〈장노회 총회에 올리는 말씀〉이라는 글을 썼다. 김 목사는 이 글에서 '여자는 잠잠하라, 여자는 갸르치지말라고 있는 것은 2,000년 전의 한 지방 교회의 교훈과 풍습이요, 만고불변의 진리는 아니다'라고 말했다.

장로회 총회에서는 김 목사의 글을 여권 문제로 보지 않고 성경의 권위 문제로 취급하여 평양신학교의 박형룡 교수로 하여금 답변 논문을 쓰게 했다. 박 교수는 '사도 바울이 고린도전서와 디모데전서에 여자에게 교회의 교권을 불허하라는 말씀은 2,000년 전한 지방 교회의 교훈과 풍습을 의미한 것이 아니라 만고불변의 진리'라고 했다. 또 '바울이 34절 하반절에 너희 법률에 이른 것과 같이 복종할 것이요 하여 여자에게 교권을 불허하는 규율의 성경적 근거를 지시했으니, 그것은 창세기 3장 16절에 여자는 남자의 주관한 바 되리라 한 말씀이 여자의 종속적 지위를 의미하는 말씀임을 인정하고 개설함이었습니다. 이렇게 여자는 남자에게 복종하기로 성경에 이미 명령되었으니 남자를 포함하는 교회 위에 교권을 가지지 못할 것은 불문가지입니다'라고 했다.

즉, 여자가 남자에게 복종하는 것은 성경의 진리요 권위임을 천명한 것이다. 교회에서 여자가 교권을 장악할 수 없음에 대한 박

---

62)《東亞日報》, 1934년 6월 27일.

교수의 주장과 이유는 다음과 같다.

(1) 성경에 따르면, 남자가 여자보다 먼저 창조되었다. 창조의 차서(次序)에서 여자는 벌써 남자의 협조자라는 종속적 위치에 있게 되었다.

(2) 하와가 아담보다 먼저 유혹을 받아 죄에 빠진 것으로 보아 선천적으로 여자는 남자보다 교도의 재능을 결핍했다. 그러니 여자의 천직은 가정생활이며, 독실한 신앙을 가지고 교회일에 협조하는 것이다.

창조의 서열이 뒤지고 선천적으로 남을 교도할 재능이 없다는 것을 성경의 권위를 들어 합리화한 것이다. 그러므로 '목사직과 장로직과 기타 안수받아 임직되는 교직은 여자로서는 받을 수 없는 것이며 남자가 공동 집회한 예배 석상에서는 여자가 가르칠 수 없다'고 했다.

그런데 1927년에 YMCA 총무인 신흥우는 반선교사, 반보수의 기치를 들고 기독교연구회를 중심으로 한국적 기독교 성립을 목적으로 하는 운동을 전개하면서 기독교의 한국 토착화에 노력했다. 1932년 6월에 18명의 동지(장로교 8명, 감리교 10명)들과 함께 적극신앙단을 발족하고 5개 조항의 신앙선언을 택했는데, 그중 3개 조항이 여권항이었다.

나는 남녀의 차별 없이 인간의 권리, 의무, 행위에 있어서 완전한 동등권이 보장되어야 하며 타인의 권리를 침해하지 않는 완전한 자유가 있어야 된다고 믿는다.[63]

장로교회에서는 적극신앙단의 신앙 선언을 절대 용납하지 않았

63) 김택용, 《인간 신흥우》, 서울 ; 대한기독교서회, 1971, 223쪽 ; 민경배, 《한국 기독교회사》, 대한기독교출판사, 1983, 373~374쪽.

다. 한국 기독교의 남권 중심적 보수성의 아성을 결코 허물 수 없다는 자세였다. 적극신앙단운동은 결국 호지부지되고말았으며 장로교의 여성 차별상은 더욱 보수화되었다.

(3) 여성 신앙의 무속화 문제

한국의 초기 기독교는 신분차별, 남녀차별의 봉건적 굴레로부터의 인간 해방을 표방했다. 우리가 기독교를 환영했던 것은 여성의 인간적인 삶이 하나님 안에서 이루어질 수 있다는 신념 때문이었다. 그런데 우리 기독교는 그 신앙의 세계를 확대해갈수록 여권 억압의 기독교 문화를 굳혀갔다. 이에 대해 서광선 교수는 한국에 소개된 기독교가 경건주의적이며 기본주의적인 신앙 생태를 갖고 있어 이것이 복음주의적 선교 활동으로 나타났음을 지적하고, '근로계급과 부녀자를 대상으로 한 의식적인 선교정책은 기독교를 하나의 민중운동화했으나 그것은 가장 적절한 시기에 스스로 탈정치화·탈사회화되었다. 많은 여성들이 이 운동에 가담했으나 여성들을 사회적으로 훈련하여 사회 의식과 정치 의식을 갖게 하기보다는 그녀들의 무속적 원시 종교심에 영합하여 복음 그 자체를 무속화시키는 현상을 빚어냈다. 그리하여 한국 여성의 기독교 신앙은 무속적 테두리를 벗어나지 못하고 현실도피적이며 비사회 내지 반사회적 신앙 행위를 거듭하고 있는 형편을 본다'고 했다. 기독교 신앙의 무속화 현상은, 한민족이 지향할 좌표가 혼매하면 할수록 초현실적인 종교적 힘에 대해 의지하는 마음이 더욱 강하게 발동하기 때문에, 더욱 열광적 신앙의 모습을 보이게 된다. 1919년 3·1 만세운동에 대한 민족적 좌절은 오히려 신앙적 귀의성으로 강하게 이어졌다. 1920년 6월 30일 각종 기적을 낳은 유명한 부흥목사 김익두에 의해 개최된 평양대부흥회에서는 6만 원에 달하는 기적적인 연금이 걷혔다. 《동아일보》는 1920년 7월 3일자에 다음과 같은 기사를 싣고 있다.

> 수천 명 군중은 미친 듯, 취한 듯 흥분한 신경을 걷잡지 못하
> 여…… 기부했는데, 월자(月子)가 700여 쌍이요, 금반지가 50여 개요,
> 은장도가 20여 개, 기타 시계와 의복과 유기 반상, 별별가지 기부가
> 산같이 쌓여 현금과 합하여 계산하니 거의 6만 원에 달한지라.

기부물 품목의 월자, 금반지, 은장도, 유기, 반상 등은 모두 여자
의 소용품이다. 즉, 여자들의 기부가 많았던 것이다. 뜨거운 신앙이
오늘날의 교회의 모습에서 볼 수 있는 여성 일색화의 기독교를 이
룩하게 된 것이라 해도 과언이 아니다.

1920~1930년대 여성들의 열광적 신앙은 기독교의 무속적 경향
을 더욱 강하게 보였다. 1927년 원산 감리교회의 여신도 유명화는
자기에게 예수가 친히 임했다고 하면서 부흥회에서 예수와 흡사한
모양을 내고 다른 여자에게 강신의 극을 자행했다.[64]

이와 비슷한 예로는 1920년 항일여성 독립운동가인 이순화가 조
선 독립이 꼭 이루어진다는 '신의 계시'가 꿈에 있었다면서 서울의
새벽길을 태극기와 십자가를 들고 찬송가를 부르며 행진했던 일이
있었다. 이것들은 모두가 기적을 바라는 민중 심리이다.

김교신은 '금후의 조선 기독교'에서 '성신은 귀하고 중하나 자칫
하면 평일의 성도까지 무녀와 같은 여선지의 슬하에 자복하여 버
리니 이는 성신이라는 미명의 열만 돋구고 이성의 상궤를 억압한
데서 발생하는 일종의 유행성 열병'[65]이라고 지적·비판했다.

이는 한국의 기독교 및 여성 신앙의 양상이 신비주의적인 무속
화를 지향해가는 심각성을 지적한 것이다.

---

64) 민경배, 같은 책, 393쪽.
65) 《성서 조선》, 1936년 2월호(《김교신 저작 전집 I》, 124쪽).

5. 닫는 글

한국 여성을 개화시키는 데 기독교는 다각적인 공헌을 했다. 그 첫째는 하나님이 주신 인간의 권리가 같다는 것을 알게 한 것이다. 이는 인간다운 삶을 갖기 위해 남자와 동등하게 교육을 받고 위생적이고 문화적인 생활을 창조해가야 한다는 의식을 높였으며 이를 실천하기 위해 노력하도록 신앙의 힘을 주었음은 한국 근대 여성사에서 특기할 만하다. 둘째는 여성으로 하여금 세계사적인 넓은 안목을 갖게 했고, 아울러 세계사에서의 한국의 위치를 인식하게 하는 데 기독교 여성의 공헌이 적지 않았음을 지적하지 않을 수 없다. 셋째는 항일구국운동에 용감히 투신할 수 있었던 여성의 그 용기는 신앙의 힘이 밑받침되었다는 점을 들지 않을 수 없다. 하나님은 정의로운 자의 편임을 그녀들은 확신하고 있었다. 이 같은 확신은 기독교 여성들로 하여금 구약시대의 에스터로 분신하게 하여 고통에서 신음하는 한민족을 구해야 한다는 굳건한 역사적 사명의식을 갖게 했다. 이 같은 점에서 볼 때 기독교는 한국 여성개화에 큰 공헌을 했다.

그러나 기독교가 한국 토양에 뿌리를 내려가면서 봉건적인 유폐들을 또다시 배양시키는 어리석음을 되풀이함으로써 여성개화를 후퇴시킨 점은 명명백백하게 지적하지 않을 수 없다. 앞에서 살펴본 것처럼, 교회에서는 여자가 남자 아래 있어야 하는 것이 성경의 질서임을 강조하면서 여성 안수를 거부해왔다. 목회자를 비롯한 모든 남성에게 복종하고 순종하는 것이 신앙의 도리임을 여성에게 교도함으로써 마치 남녀차별상이 하나님의 뜻인 것처럼 오도해왔다. 성경에는 종과 상전 사이의 질서에 대해 수없이 언급되어 있다. 남과 여의 맹종적 질서를 성경으로 규범화한다면 적어도 종과 상전의 질서도 존재해야 함이 하나님의 뜻이라고 설교되어야 한다. 예수가 부활한 뒤 그 귀한 모습을 제일 먼저 누구에게 보였는가?

그것은 남자가 아닌 여자에게였다. 기독교 신앙의 근본은 부활에 있다. 기독 정신의 근본인 부활의 거사에서 여자에게 부활의 진리를 보이고 이 사실을 모든 사람에게 선포하게 한 것은 하나님의 특별한 뜻이 있었던 것으로 생각된다.

끝으로, 하나님 앞에서의 인간의 권리에는 결코 상하가 있을 수 없는 것이다. 2세기를 맞는 한국 기독교가 안고 있는 가장 큰 과제는 교회에서의 남녀평등이다. 하나님 앞에서의 인간의 차별상은 신앙의 깊이로만 잴 수 있는 것이기 때문이다.

제8장 1905~1910년,
서구 근대여성상에 대한 이해와 인식
-장지연의 《여자독본》을 중심으로-

1. 여는 글

1905~1910년의 애국계몽운동기는 국망의 위기를 극복하고 완전한 주권국가를 이룩하기 위해서 국민의 절반이 되는 여성을 남성과 똑같이 교육시켜야 한다는 주장이 높았던 때였다. 그 결과 여성교육에 관심을 갖는 사람이 늘었으며 아울러 여성교육단체와 여학교가 설립되고 여성계몽용 잡지와 신문도 간행되었으며 또 곳곳에서 여성을 위한 강연회나 강습회와 같은 사회교육운동도 일어났다. 그러므로 이들 여성에게 무엇을 가르칠 것인가, 특히 여성교육의 이념과 목표를 어디에 둘 것인가 하는 것은 중요한 과제였다.

1905년 이후의 여성교육 확대는 여성교육을 위한 새로운 교재 개발을 요구하게 되었다. 1905~1910년에 출간된 《초등여학독본(初等女學讀本)》(이원긍[李源兢] 저, 융희 2 : 1908), 《부유독습(婦幼獨習)》

(강화석[姜華錫] 저, 융희 2 : 1908), 《여자지남(女子指南)》(융희 2 : 1908. 4.), 《여자독본(女子讀本)》(장지연[張志淵] 저, 융희 2 : 1905), 《가정잡지(家庭雜誌)》(광무 10 : 1906~광무 11 : 1907) 등이 그러한 요구에 부응해 나온 저술이다. 《초등여학독본》 서문에는 '현금 문명시대를 대함에 여권문제가 크게 신장되고 있으며 우리 나라에서도 여자교육이 남자교육보다 더 급하다'고 서술되어 있으나, 편찬된 교재 내용에서는 여전히 종래의 구교육에서 중시해왔던, 즉 《여계(女誡)》, 《내훈(內訓)》, 《가훈(家訓)》 등에서 볼 수 있는 일용 일상의 도리를 중심으로 하고 있는 경우가 많았다.

그러나 장지연이 여성교육을 위해 저술한 《여자독본》은 다른 여자용 교재와는 자못 내용을 달리하고 있다. 그는 여성교육의 목표를 국권회복에 동참하는 국민의 권리와 의무를 갖는 자주적이고 독립적인 인격인으로서의 여성상에 두었다. 그리고 그러한 여성들을 역사 속에서 찾아 만나게 하고 있다. 그러한 면에서 볼 때 《여자독본》은 가히 세계여성사라고 해도 지나침이 없다고 생각된다. 특히 후대에 모범이 될 여성상을 한국사와 중국사에 한정하지 않고 서구의 여성사에까지 확대하고 있는 점은 주목하지 않을 수가 없다.

《여자독본》 하권에서 다루고 있는 서구의 여성 10명은 서구역사에서는 물론 인류사에 적지 않은 업적을 남긴 아름다운 생애를 산 인물들이다. 한국인에게 서구의 여성을 이처럼 집중적으로 소개한 저서는 《여자독본》이 처음이다. 저자는 한국 여성교육에 가장 합당한 서구 여성들을 선정하는 데 어떤 일정한 기준을 가졌던 것으로 생각된다. 그 선정 기준의 첫째가 혁명적이고 구국적인 여성들이며, 둘째는 위국헌신적인 여성들이다. 셋째는 인도주의적이고 박애주의적인 인류애를 실현한 여성들이다.

이들 10명의 서구 여성들의 삶의 가치와 도리 및 방법은 유교적 여성관에 충실했던 당시의 여성들에게 여성으로서의 새로운 삶의

길을 열어주고 개척하게 하는 의지를 불러일으키기에 족했으리라
고 생각한다. 즉, 서구 여성의 진취적이고 창조적이며 기백 있는
삶의 가치를 새롭게 이해·인식하고, 이를 고통과 모순으로 얼룩진
현실 타개의 길을 모색하는 희망적인 여성상으로 수용함에 적지않
은 기여를 했을 것이다. 그럼에도 이 분야에 관한 연구가 전혀 이
루어지지 않고 있었다. 이러한 점에서 볼 때 장지연의 《여자독본》
은 한국 여성 근대화 과정에서 서양 근대여성을 어떻게 이해·인식
하고 수용했는가의 일단을 검토할 수 있다는 데서 중요한 의미를
갖는다.

2. 저자의 여성교육관과 《여자독본》의 내용

(1) 저자의 여성교육관

《여자독본》의 저자는 장지연(1864~1920년)이다. 그는 구한말의
우국적인 언론인으로서 국민의 독립의식을 일깨웠으며, 《조선유교
연원(朝鮮儒敎淵源)》 등을 저술한 사학인으로서, 또 교과서와 애국
계몽적 소설을 집필하는 구국교육가로서 다양하고 폭넓은 활동을
함으로써 한국근대사에 큰 발자취를 남겼다. 그의 자는 순소(舜詔),
호는 위암(韋庵), 숭양산인(嵩陽山人)인데, 남숭산(南嵩山)이라고도
한다. 《위암문고(韋庵文稿)》 연보에 따르면, 그는 1864년에 경상도
상주에서 태어났다. 어머니는 10세에, 아버지는 25세에 별세했다.
19세에 벽진(碧珍) 이씨와 결혼했고 세 아들을 낳았다. 그는 총명
하여 5세에 입학하고 15세에는 이미 경사를 통독했으며 저술도 했
다고 한다. 그러나 30대 초반까지는 평범한 시골의 한 선비로서,
사회적으로 어떤 특출한 활동을 하는 등의 면모는 보이지 않았다.

그는 34세이던 1897년에 러시아 공사관으로 파천한 국왕의 환궁을 요청하는 만인소(萬人疏)운동에 참여함으로써 처음으로 세상에 알려지게 되었다. 그 이듬해인 1898년 9월에 《황성신문(皇城新聞)》이 창립되면서 그 주필이 되었고, 이후 언론인으로서 여러 신문사를 거치며 국권회복을 위한 민력 양성과 일제 침략에 대한 저항정신을 기르기 위한 언론 및 집필 활동을 쉬지 않았다.

1905년 11월 17일 을사조약이 체결되자 장지연은 11월 20일자 《황성신문》에 〈시일야방성대곡(是日也放聲大哭)〉이라는 논설을 게재해 국민을 발분시키다가 투옥되었다. 또한 1906년 4월에는 윤효정(尹孝定)·나수연(羅壽淵) 등과 대한자강회(大韓自强會)를 조직해 독립의 기틀을 마련하려고 했으나 그것이 해체되자 1908년 1월에 해삼위로 망명하여 《해조신문(海潮新聞)》 주필로 일했으며, 6월에는 이 신문사가 문을 닫자 아들이 유학하고 있는 상해로 가게 된다. 그는 상해를 떠나 다시 남경 등을 다니던 중 일제가 사주한 괴한의 습격으로 심한 상처를 받고 실의의 귀국을 한다.

그가 생전에 집필한 저술 가운데는 그의 여성관의 일단을 보여주는 글과 저서가 적지 않았다. 《진휘속고(震彙續攷)》에는 여승·무당·기녀를 비롯해 규범(閨範)을 포괄하고 있으며, 1918년 3월에 서문을 쓴 《일사유사(逸士遺事)》에서도 남자 155명과 여자 78명을 찾아 다루고 있다. 이것은 역사에서 소외되고 제외된 여성의 자리를 올바로 찾아주려는 그의 여성관의 일단으로 해석할 수 있다.

그가 여성에 대해 남다른 관심과 애정을 갖게 된 것은 첫째로 가정을 아끼고 사랑하는 평소의 그의 생활태도에서 우러난 것이라고 할 수 있겠으며, 둘째로 개화사상가들과 애국계몽운동가들 사이에서의 여성교육론 제창에 의한 것이라고 할 수 있겠다. 그의 증손녀 장남수가 숭양산인의 가정적 생활을 중심으로 쓴 〈위암선생 일화〉[1]에 따르면, '저의 증조모님께 보내신 내간문을 보면, 그 시대에 볼 수 없는 민주적이며 애정이 넘치는 내용을 엿볼 수 있다'고 말하고 있으며, 고된 일을 한 며느님들에게 항상 위로의 말씀을 해주고 고단할 것이라며 저녁에는 절대 잔일을 시키지 못하게 했다고 기술하고 있다. 또 며느님들을 위해 부인야학교 입학원서를 직접 가져다가 입학을 권했으나 부인이 노발하고 아들들도 찬성하지 않자, 저녁마다 며느님을 사랑에 불러내어 손수 한문·지리·역사·주산·구구셈을 가르쳤다. 이들은 뒷날 자신의 안방에 부인 야학을 열어 시아버지로부터 배운 것을 부인들에게 가르쳤다고 한다.

장지연은 인간교육의 기초는 여성교육에 있음을 누구보다도 소신 있게 주장했다. 그는 가정교육의 책임은 전적으로 일가(一家)의 주부에게 있으며 아울러 현세계에서 가정교육이 학교교육보다 급선되어야 하고 가정에서는 주부가 반드시 주인이 되어야 하는 이유를 다음과 같이 논하고 있다.

> 그런즉 가정이란 반드시 주부로서 주인을 삼아야 한다. 저 남자들은 밖에 나가 여러 가지 사업을 구해 행하므로 그 가족은 전적으로 주부의 손에 맡겨지게 된다. 주부된 자는 그 책임이 크다.[2]

그는 가정에서 담당할 주부의 첫째 책임이 맹자의 어머니와 유중영(柳仲郢)의 어머니 그리고 율곡의 어머니 신사임당(申師任堂)처럼 자녀교육을 철저히 행하는 것이라고 했다. 둘째는 양반 호부의 가정에서 팽임찬선(烹飪饌膳)의 일을 천히 여겨 비복의 손에 맡겨버리고 있는 형편인데, 이것이야말로 주부가 담당해야 한다고 했다. 셋째는 주부에게 위생 지식과 응급시술 능력이 없어 가족의 생명을 잃게 하는 경우가 있으므로 청결위생법과 응급시술법을 배우게 해야 한다[3]고 했다. 숭양산인의 증손녀에 따르면, 그는 매월 청

---

1) 장남수, 〈위암선생 일화〉, 《나라사랑》 제5집, 1971, 169~173쪽.
2) 張志淵, 《韋庵文庫》 卷8, 社說上, 〈家庭博覽會〉, 國史編纂委員會, 檀紀 4289: 1956, 374쪽.

결일을 정해놓고 손수 찬장 속과 부엌 구석까지 조사하면서 '부엌과 찬장부터 깨끗해야 식구가 튼튼하느니라'[4] 하고 말했다고 한다. 이런 이유로 그는 또한 '남의 어머니 남의 아내된 자는 여자의 관계되는 일이 남자에 비하여 10배나 중요함을 반드시 알아야 한다'[5]고 강조하고 있다.

이상은 가정 안에서 주부의 임무와 역할 및 위치를 새롭게 인식하고 부여하려는 장지연의 개화된 여성관을 보여주는 것이다. 개신유학자들 사이에서는 장지연과 마찬가지로 가정교육을 담당할 여성교육의 중요성이 절실하게 주장되고 있었으며, 이들은 가정교육을 국민교육의 기초라고 주장함으로써 여성을 단순한 가족 구성원이 아니라 국가의 중요한 구성원임을 인식하도록 계몽했다.

단재 신채호(丹齋 申采浩, 1880~1936년)는 〈역사와 애국심의 관계〉라는 글에서 다음과 같이 말함으로써 국민으로서의 여성의 의무와 역할을 일깨웠다.

그런즉 나라를 사랑코자 한들 무엇을 좇아 사랑하며 여자라고 역사를 읽지 못하게 하면 태(胎) 안의 논개(論介)를 떨어뜨리고 강보 안의 나란(羅蘭) 부인을 요절케 할 뿐만 아니라 또한 2천만인 중 반수 되는 여자를 압살하여 국민됨을 불허함이요.[6]

또 '어머니의 가르침은 어린이의 첫번째 학교'라고 한 백암 박은식(白庵 朴殷植, 1859~1926년)도 여자보학원유지회(女子普學院維持會) 취지서에서 여성교육의 필요성을 다음과 같이 논하고 있다.

부인이 학문이 없으면 가정교육을 알지 못하며 자녀의 덕성을 배

---

3) 위의 책, 374쪽.
4) 〈위암선생 일화〉, 《나라사랑》 제5집, 171쪽.
5) 《韋庵文稿》, 374쪽.
6) 《大韓協會會報》 第1卷 第3號, 隆熙 2 : 1908年 6月, 3쪽.

양치 못하나니 이로 보면 여자계에 교육이 또한 완전할 수 없는지라. 하물며 오늘날은 인권 경쟁하는 시대라 소수가 다수를 대적치 못하며 야매자가 문명자를 대항치 못하는 것은 이러한 세(勢)라. 우리 대한 인구가 2천만이나 여자가 그 반수이니 만약 반수의 여자가 모두 교육이 없어 야매한 자가 되고 일천만 남자 중에도 교육이 완전치 못하여 문명한 자가 소수이면 어찌 남녀가 일치로 개명한 다수의 다른 국민을 대적할 능력이 있으리오. 그런즉 여자교육의 필요는 인종의 생존상 제일 긴요한 관문이라 가히 이를지라.[7]

이 내용은 한 가정에서 자녀를 키우는 어머니로서의 자질론이기보다는 애국적 정신이 투철한 국민을 교육해야하는 어머니로서의 여성교육론인 것이다.

장지연의 여성교육관도 이에 준하는 것으로, 《여자독본》 상권 제1장 총론 제1과에는 다음과 같은 기술이 있다.

여자는 나라 백성된 자의 어머니될 사람이라. 여자의 교육이 발달된 후에 그 자녀로 하여금 착한 사람을 이룰지라. 그런 고로 여자를 가르침이 곧 가정교육을 발달하여 국민의 지식을 인도하는 모범이 되느니라.[8]

여자는 나라 백성을 교육할 어머니가 되어야 할 텐데, 어떤 내용으로 이들 교육을 진행시킬 것인가에 대해 장지연을 비롯한 애국계몽운동가들은 한결같이 역사 교육을 통해 가장 효과적으로 이룩할 수 있다고 생각했다. 그리고 그 역사 교육으로 자국사나 중국사를 토대로 하면서 동시에 문명국인 서구 여러 나라의 역사를 배우게 했다. 즉, 확대된 세계사적 안목 속에서 여성교육의 지표를 설정하겠다는 것이다.

---

7) 朴殷植,〈文弱之弊는 必喪其國〉,《西友》第10號, 隆熙元年：1907, 5쪽.
8)《女子指南》第1卷 第1號, 隆熙 2：1908年 4月, 1～2쪽.

장지연에게 여성교육을 위한 이상적인 여성상은 프랑스의 애국
소녀 잔 다르크(Jeanne d'Arc, 1412~1441년) 같은 인물이었다. 장지연
은 《여자독본》을 간행하기 1년 전에 이미 프랑스의 애국소녀 잔
다르크의 구국정신과 독립사상과 희생정신을 통해 당시 우리 여성
과 민족의 애국정신을 일깨우기 위해 순국문의 신소설 《애국부인
전》을 저술·출간했다. 《애국부인전》 말미에는 다음과 같은 내용이
있다.

　　그런즉 약안[잔 다르크]의 총명 영민함은 실로 천고에 드문 영웅
이라. 당시에 법국의 왼나라가 다 영국의 군병에게 압제한 바 되어
도성을 빼앗기고 님군이 도망하고 정부와 각 지방 관리들이 다 영국
에 붙어 항복하고 굴수하며 인민들은 다 머리를 숙이고 기운을 상하
고 마음이 재가 되어 애국성이 무엇인지 충의가 무엇인지 모르고 다
만 구명도생으로 상책을 삼아 부끄러운 욕을 무릅쓰고 남의 노예와
우마되기를 감심하여 나라가 점점 멸망했으니 다시 약이 없다 하는
이 시절에 약안이 홀로 애국성을 분발하여 몸으로 희생을 삼고 나라
구할 책임을 스스로 담당하여 한 번 고통에 온 나라 상하가 일제히
불같이 일어나 백성의 기운을 다시 떨치고 다 망한 나라를 다시 회
복하여 비록 자기의 몸은 적국에 잡힌 바가 되었으나 일로부터 인심
이 일층이나 더욱 분발 격동하여 마침내 강한 영국을 물리치고 나라
를 중흥하여 민권을 크게 분발하고 지금 지구상 제 일등에 가는 강
국이 되었으니 그 공이 다 약안의 공이라. 오륙백 년을 전래하면서
법국 사람이 남녀 없이 약안의 거룩한 공업을 기념하여 흠앙하는 것
이 어찌 그렇지 아니하리오. 슬프다. 우리 나라로 약안 같은 영웅호
걸과 애국충의의 여자가 혹 있는가.[9]

이는 일제 침략으로 국권이 잠식되어가고 있는 나라 형편과 절

────────────

9) 장지연, 《신소설 익국부인전》, 대한황성광학셔포 발행, 융회원년 : 1908, 38~
39쪽.

박한 민족의 상황을 구해야 할 한국의 잔 다르크가 우리에게도 절
실히 요구되고 있음을 갈파한 것이다.

(2) 《여자독본》의 체재와 내용

《여자독본》의 간행은 1908년 4월 1일 인쇄, 동 4월 5일 발행으
로 되어 있다. 집필 기간이 얼마나 걸렸으며 집필 완성기가 언제인
지는 정확하지 않다. 그러나 그의 《해항일기》에 따르면, 연해주로
가기 위해 부인과 작별하고 집을 나선 것이 1908년 1월 2일이므로
적어도 그 이전에 원고를 완성했을 것이며, 그리고 적어도 떠나기
전에 발행자 김상만(金相萬)에게 원고를 주었을 것으로 생각된다.

책의 체재는 국판 상·하 2권으로 구성된 초등학교용 교재이다.
상권은 총 120면으로 1면이 9행이고 1행은 20자로 되어 있다. 상권
은 다음과 같이 총 5장 64과로 구성되어 있으며 본문은 국문을 주
로 사용했고 한문 공부를 겸하도록 고유명사 등에 한문을 병기했
으며, 각 과 끝에 다시 그 과에서 배운 한자를 따로 써서 공부하게
했다.

```
제1장 총론     제1과~제2과.
제2장 모도     제3과~제4과 김유신 모친.
               제5과 정일두 모친.
               제6과 리오성 모친.
               제7과 리률곡 모친.
               제8과~제9과 홍학곡 모친.
               제10과~제11과 김유신 부인.
제3장 부덕     제12과 소나 처.
               제13과~제18과 온달 처.
               제19과 유응규 처.
               제20과 인렬왕후.
```

하권은 총 138면으로 장의 구분 없이 다음과 같이 총 56과로 구성되어 있으며, 체재는 상권과 크게 다르지 않다.

제1과~제2과 밍모.

제3과 뎨영.

제4과 방아가녀.

제5과~제6과 리긔.

제7과~제9과 목란.

제10과 슌관.

제11과 부인셩.

제12과~제13과 량부인.

제14과 안공인.

제15과~제16과 셰부인.

제17과 진량옥.

제18과~제19과 양항과 동팔나.

제20과~제22과 격량공 이모.

제23과 반쇼.

제24과 황슝가.

제25과 위부인.

제26과~제28과 사로탈.

제29과~제31과 마리타.

제32과~제33과 로이미셰아.

제34과~제37과 여안.

제38과~제40과 라란부인.

제41과~제42과 루지.

제43과~제46과 부란지스.

제47과~제48과 류이셜.

제49과~제51과 비다.

제52과~제56과 남졍격이.

《여자독본》을 소개하는 한 광고문에는 다음과 같은 내용이 있다.

우리 대한 여학이 오래도록 없었다. 비록 상등 부인이라도 지식이 허탄한 언문책(언문 소설책을 의미함)에 불과하더니 근자 문명에 유의하여 여자학교가 곳곳에 발기하나 완전한 교과서가 없어 식자의 개탄하는 바라. 고로 이 책 2권은 여자의 지식 개발하기 위하여 찬집했는데 국문으로 순용하고 한문으로 방주하여 상권은 본국 고대 유명한 부인의 역사요, 하권은 동서 각국 유명한 부인의 역사이오니……. [10]

이처럼 《여자독본》은 상권은 한국의 역대 여성 인물사이며 하권은 동서 각국의 여성 인물사이다. 동양에서는 전통적으로 자제 교육을 위해 역사적 인물의 삶을 많이 활용했다. 조선왕조 성종조에 그의 모후 소혜왕후(昭惠王后)에 의해 편찬된 《내훈》 이후 여성교육을 위한 각종 내훈서가 간행되었는데, 이들 책에서도 모범이 될 만한 역사적인 여성들의 삶을 배우도록 편찬된 것이 많았다. 이들 여성교육서의 목적은 유교적인 가부장 체제를 옹호하고 확립하는 여성관을 교육시키는 것이므로 시가의 부모 및 형제와 남편을 위해서 희생한 여성을 가장 으뜸으로 서술하고 있다. 그리고 표본이 되는 역사적인 여성 인물의 대부분을 중국사에서 발췌하고 있다.

그러나 《여자독본》은 남편을 위해 목숨을 끊은 이른바 유교적 열녀를 상·하권 어디에서도 취급하고 있지 않다. 그리고 상권에서 다루는 한국 여성 60여 명 거개가 담력 있고 정의로우며 결단력 있고 창조적이면서도 바른 애국정신을 가진 인물들이다. 또 하권에서 다루는 중국 여성 19명도 거개가 나라를 위해 남장 변복으로 전쟁에 참여해 큰 공훈을 거두거나 이와 유사한 사적을 남긴 용감

---

10) 兪吉濬 譯述, 《普魯士國厚禮斗益大王의 漆年戰史》(隆熙 2 : 1909)의 마지막 장에 게재된 광고 및 《大韓每日申報》, 1908年 4月 28日~5月 16日字의 廣告.

하고 절개 있는 인물들이다.

그런데 이 《여자독본》에서 특히 주목을 끄는 것은 애국충정과 인도주의적인 면모를 보인 10명의 선구적 서구 여성을 다루고 있다는 점이다. 1899년에 창립되어 1903년까지 지속되었던 우리 나라 최초의 민간인 여학교인 순성여학교에서 혁신적인 교과목을 구성하고 학생들에게 《태서신사(泰西新史)》를 교육한 적은 있지만,[11] 한국 및 세계의 여성사를 중심으로 교과서를 편찬해 여성교육에 쓰도록 한 것은 이것이 처음이다.

1905년에서 1910년 사이에는 구국교육론이 불같이 일어나면서 관립 및 사립학교가 무려 5~6,000여 교나 설립되었다. 그중 순수 여학교도 200교 가까이 설립되었다.[12] 교육의 이 같은 열의를 뒷받침할 교과서의 출간은 실로 중요한 일이었다. 그러므로 1907~1909년 사이 수다한 교과서가 편찬되었으며, 여학교용 교과서로서는 《여자독본》 외에도 앞에서 언급한 것처럼 《초등여학독본》(총 30면), 《부유독습》(상하권 총 214면), 《녀ᄌ소학슈신셔》(노병희[盧炳憙] 저, 총 78면 : 1909) 등이 편찬되었다.

이 가운데 이화·진명·양원 등의 여학교에서 널리 쓰인 《녀ᄌ소학슈신셔》는 근대적이고 애국적인 여성관을 가르치려고 노력하기는 했으나, 총 53과의 목차와 내용을 검토할 때 전통적·유교적 가치관을 탈피한 흔적이 그다지 보이지 않는다. 그 목차를 보면, 얌전, 존절, 악한 동무, 여자의 배울 것, 씻고 닦는 과, 의복, 본분, 어진 부인들,[13] 예절, 아내의 직분, 삼강과 오륜, 화평, 신부, 어진 아

---

11) 朴容玉, 《韓國近代女性運動史硏究》, 한국정신문화연구원, 1984, 71쪽.
12) 같은 책, 210~220쪽의 부록 참조.
13) 〈어진 부인들〉에서 다루어진 여성은 오라비 반고를 대신하여 《漢書》를 기록한 반혜비, 經·史에 능통하여 學士 벼슬을 한 쥬씨의 딸, 9세에 학문을 하고 經·史에 통달했던 위나라 영후, 물에 빠져죽은 부친의 시체를 찾은 曹娥, 男裝으로 아비 대신 12년 戍자리를 산 목난, 및 아비의 죄를 상소로 면하게 한 순우의 딸 졔영이다.

내, 어리석은 부인, 어진 어머니, 시어머니, 하인 부리는 법, 죄의
형벌, 본받을 일, 교사 공경, 시간, 운동, 어른 공경, 학교, 친구 사
귀는 것, 약조, 말하는 것, 게으른 것, 즐거운 것, 가정, 참는 것, 깨
끗하게 할 것, 손님 대접, 편지, 용서, 교육, 공부, 학문, 마음, 겸손,
나라, 여자수신 총론으로 구성되어 있다. 즉, 전통시대의 유교적 여
성교육관이 총체적으로 짙게 깔려 있다. 또 세계문화사적 안목을
키울 수 있는 내용이 빈약하여, '용서'에서 성경의 어구를 겨우 한
구절 인용하고 '나라'에서 유태국민의 박해받음과 폴란드와 인도
국민이 나라의 멸망으로 남의 나라 종이 된 것을 다루고 있는 정
도이다. 《초등여자독본》도 이 범주를 크게 벗어나지 못하고 있다.

그러나 장지연은 《여자독본》 하권에서 애국애족적이며 자기 희
생적인 서구 여성 10명을 75면의 지면을 할애해 다루고 있다. 이는
세계사 속에서의 여성의 위치와 역할을 강조하는 것이며, 한국의
애국적 여성상을 세계사 속에서 정립시키려는 원대한 의미가 포함
되어 있는 것이라 하겠다.

3. 《여자독본》에서 다루어진 서구 근대여성들

《여자독본》 하권 총 56과 가운데 31개 과(제26과~제56과)에서는
서양근대의 역사에서 빛을 남긴 10명의 여성 인물을 다루고 있다.
하권 제1과~제25과에 걸친 중국사의 여성 18명은 맹모로부터 한·
당·송을 거쳐 명나라에 이르는 시기의 여성들이다. 즉, 근대 이전
의 여성들이 주를 이루고 있다. 이에 반해 서양의 여성 10명은 프
랑스의 잔 다르크를 제외한 9명이 모두 18세기 이후 서양의 근대
적 국민국가를 이룩하는 과정에서 위국헌신의 애국애족적 활약을
한 여성들과 인도주의적이고 박애주의적인 사상으로 활동한 여성
들이다.

개화지식인들에 의해 독립협회가 조직되고 《독립신문》이 간행되던 1896년부터 독립자강을 열망하는 다양한 민족운동이 전개되던 1905~1910년을 거치면서 개화지식인들은 서구의 근대문화와 역사에 깊은 관심을 가졌으며, 이를 이해하고 수용하려는 의지 또한 강했다. 이 시기에 우리 사회가 당면했던 가장 큰 과제는 우선 봉건사회를 탈피·청산함으로써 근대사회를 건설하는 것이었고, 둘째는 외세, 특히 일제에 대한 저항으로 완전 자주독립국가를 이룩하는 것이었다. 그러므로 이 같은 시대적·역사적 상황에 대응할 힘을 키우기 위해서는 서양 근대국가 성립의 역사적 과정과 그를 위해 활약한 구국 영웅에 대한 전기물적인 역사를 간행해 국민들로 하여금 읽게 할 필요가 있었다.

갑오경장 이후 근대학교가 설립되었고, 학부에서는 학생들에게 서구역사를 가르치도록 《태서신사》(건양 2 : 1897), 《아국약사(俄國略史)》(광무 2 : 1989) 등을 간행해 학교 교재로 쓰게 했다. 또 국민적 계몽 교육의 임무를 자처했던 《황성신문》·《대한매일신보》 등의 신문사와 광문사(廣文社) 등의 출판사에서도 서구 근대국가 성립에 따른 애국애족정신을 본받을 수 있는 내용의 역사서들을 계속 간행했다. 특히 장지연이 1898년 9월에 주필로 일했던 황성신문사에서는 1899년에 《미국독립사(美國獨立史)》와 《중동전기(中東戰記)》 등을 번간(繙刊)했고, 1900년에는 《법국혁신전사(法國革新戰史)》를, 또 1905년에는 《애급근세사(埃及近世史)》를 번간했다.[14] 장지연은 황성

---

14) 1905~1910년에는 보다 많은 다음과 같은 서구의 역사물이 간행되었다. 즉, 《意太利獨立史》(光武 11 : 1907), 《瑞土建國誌》(光武 11 : 1907, 大韓每日申報社 繙刊), 《法蘭西新史》(光武 10 : 1906, 玄采譯), 《比律賓戰史》(光武 11 : 1907, 安國善作), 《越南亡國史》(隆熙元 : 1907, 越南亡命客 巢南子述, 支那 梁啓超纂, 韓國玄采譯), 《伊太利建國三傑傳》(隆熙元 : 1907, 申采浩 譯述, 張志淵 校閱), 《普法戰記》(隆熙 2 : 1908), 《英美露土諸國歌利米亞戰史》(隆熙 2 : 1908, 兪吉濬 譯述), 《世界殖民史》(隆熙 2 : 1908, 日本 山內正暸〔原著〕; 韓國 李采雨〔譯述〕: 元泳義〔校閱〕), 《波蘭國末年戰史》(光武 3 : 1899, 日本 澁江浦

신문사를 잠시 떠난 일은 있었지만 1899년부터 1905년 11월 〈시일
야방성대곡〉의 우국적 명논설을 쓰기까지 《황성신문》과는 깊은 관
련을 갖고 있었다. 그는 국민들로 하여금 독립자강의식을 철저하게
갖게 하기 위해서는 애국애족적 충정으로 근대 자주독립국가를 이
룩한 서구 여러 나라의 근대사를 알도록 해야 한다는 의지를 아마
도 이 시기에 갖게 된 것으로 생각된다.

특히 구국적 여성교육론이 비등되었던 사회적·역사적 상황에서
영국의 시민혁명, 프랑스혁명, 독일의 통일된 게르만 민족국가 성
립 과정 등을 통해 볼 수 있는 여성들의 애국적이고 민족주의적인
역할의 사례들은 한국 여성들로 하여금 근대의식과 구국의식을 높
일 수 있게 하는 자극제로서 훌륭한 자료라고 생각했을 것이다.

장지연이 《여자독본》에서 다룬 서양여성은 다음과 같이 프랑스
여성 4명, 영국 여성 2명, 독일 여성 1명, 이탈리아 여성 1명, 그리
고 미국 여성 2명이다.

프랑스 여성

(1) 잔 다르크(如安, Jeanne d'Arc, 1412~1431).

(2) 롤랑 부인(羅蘭夫人, Jeanne Manon Roland, 1754~1793).

(3) 코르데 샤를로트(沙魯脫, Charlotte de Corday d'Armont, 1768~
1793).

(4) 루이 미셸(路易美世兒, Michel, Clémence Louise, 1798~1871).

영국 여성

(1) 루시 부인(縷志, Hutchinson, Mrs. Lucy, 1620~?).

(2) 나이팅게일(南丁格爾, Florence Nightingale, 1820~1910).

〔著〕, 韓國 魚瑢善〔譯〕) 등이 있다.

이탈리아 여성

(1) 마리타(馬利他, Giuseppe Garibaldi의 부인 Anna Mara Ribeiro da SilvaAnita).

프로이센(독일) 여성

(1) 루이제(流易說, Luise Auguste Wilhelmine Amalie, 1776~1810).

미국 여성

(1) 스토 부인(批茶, Harriet Elizabeth Beecher Stow, 1811~1896).

(2) 프랜시스(扶蘭志斯, Frances E. Willard, 1839~1898).

《여자독본》은 샤를로트(제26과~제28과)-마리타(제29과~제31과)-미셸(제32과~제33과)-잔 다르크(제34과~제37과)-롤랑 부인(제38과~제40과)-루이제(제47과~제48과)-스토 부인(제49과~제51과)-나이팅게일(제52과~제56과) 순으로 편집·서술되었는데, 샤를로트로부터 루시에 이르는 여성들은 주로 혁명과 구국운동에 투신한 중요한 경력을 가졌고, 프랜시스에서 나이팅게일에 이르는 여성들은 비합리적이고 잔혹한 전통적 사회를 개혁한 박애주의적이고 인도주의적인 여성들이다. 전자는 구국과 애국의 차원에서 활약한 우국적이고 혁명적인 여성들을 서술한 것이고, 후자는 낡은 구시대의 질서를 무너뜨리고 인류 평화를 구현하는 데 공헌한 여성들이다. 즉, 장지연은 이 양면에 공헌한 서구 여성의 역사를 통해 조국의 현실과 운명을 혁신하고 이상적인 자주독립국가를 이룩하는 데 여성들이 분발해서 적극적으로 참여하게 하려는 의지를 보이고 있다고 하겠다.

(1) 인물 선정 자료 근거의 검토

30대 중반까지 장지연의 지식의 바탕과 배경은 유학이었다. 그는

《여자독본》을 저술하기까지 해외 유학이나 여행 등의 경험이 없는 상태였다. 또 서구 언어를 학습한 것으로 보이지도 않는다. 이러한 장지연이 어떤 기회에 어떤 방법으로 서구 여성의 역사를 접할 수 있었으며, 어떤 기준에서 10명의 서구 근대 여성의 위대한 삶을 한국의 여성교육용 독본으로 선정했는가는 자못 궁금하지 않을 수 없다.

인물 선정의 자료적 근거에 대한 검토는 장지연의 학문과 사상을 이해하는 데도 적지 않은 도움이 된다고 생각한다. 장지연이 1907년에 간행한 신소설 《애국부인전》(대한황성광학서포 발행)에 대한 한 해제를 보면, 그의 생존 당시 일본에서 실러(Schiller)의 여러 작품이 역술·번안되었는데 아마도 《애국부인전》은 실러의 《오를레앙의 소녀(Die Jungfrau von Orleans)》(1802)를 번안한 것이 대본으로 되었을 것이라고 한다.[15] 그러나 항일의식이 강한 그가 일본책에 얼마나 관심과 흥미를 가졌을 것인가는 적잖이 의심된다. 한문에 능통한 유학자이면서 신학문과 문명을 받아들이려는 강한 의지를 품고 있던 그로서는 필시 중국의 개화문명에 보다 많은 관심을 가졌을 것이다.

중국은 신해혁명(辛亥革命) 시기(1898~1911년)에 이미 여성들에게 혁명적 의식을 고취하는 숱한 신문과 소책자들을 간행했는데, 거기에는 언제나 롤랑 부인, 소피아(Sophia Perovskaya), 잔 다르크 등의 위국헌신적 영웅과 여걸들이 소개되었다. 그리고 신해혁명기의 중국 여성혁명가 추근(秋瑾)은 다음과 같이 말한 바 있다.

나는 여자가 노예 범위를 이탈하여 자유로운 무대의 여걸 여영웅 여호걸이 되고 그들이 속히 라란·마니타(馬尼他)·소비아(蘇菲亞)·비다(批茶)·여안(如安)을 계승하여 흥기(興起)하기를 배축(拜祝)한다.[16]

---

15) 張志淵·申采浩·朴殷植(著), 李在銑(譯註), 《애국부인전/乙支文德/瑞士建國誌》, 한국일보사, 1975, 184~186쪽.

이로 볼 때 이미 중국의 여성사회에서는 중국사회를 혁신할 여영웅·여호걸을 흠모하고 본받으려는 분위기와 노력이 강했던 것을 알 수 있다. 이 당시 중국에서는 남녀평등과 여성교육을 주장하는 각종 저술[17]은 물론 여성의 혁명 참여를 고취하는 저술이 적지 않았다. 예경소설(蕊卿小說) 《혈흔화(血痕花)》는 프랑스대혁명을 다룬 고사로서 중국 여성들의 혁명 참가를 고취하고 독려한 것이었으며, 《여자세계(女子世界)》에는 〈여마(女魔)〉, 〈여혼(女魂)〉, 〈혁명여여권(革命與女權)〉, 〈혁명부인(革命婦人)〉, 〈여계혁명(女界革命)〉, 〈여권설(女權說)〉, 〈여웅담설(女雄談屑)〉, 〈위민족유혈무명지여걸전(爲民族流血無名之女傑傳)〉 등의 글이 발표되었고, 《신주여보(神州女報)》에는 〈신주여계신위인추근전(神州女界新偉人秋瑾傳)〉, 〈소비아전(蘇菲亞傳)〉 등이 게재되었다. 그리고 여성의 구국의식과 영웅심을 불러일으키는 다양한 도서들이 간행되었는데, 잔 다르크의 전기인 《정덕전(貞德傳)》(발행지 : 橫濱, 발행인 : 馮自由, 1900), 《세계십이여걸전(世界十二女傑傳)》(趙必振譯, 1902), 《동구여호걸(東歐女豪傑)》(橫濱, 羅普, 1902), 《여계종(女界鍾)》(上海, 金天翮, 1903), 《법국여영웅탄사(法國女英雄彈詞)》(挽瀾詞人, 1904), 《여자구국미담(女子救國美談)》(熱誠愛國人, 1904), 《허무당여영웅(虛無黨女英雄)》(上海, 江西靑氏, 1905), 《세계여권발달사(世界女權發達史)》(王維祺 譯, 1905), 《조국여계위인전(祖國女界偉人傳)》(明雪盧主人, 1907), 《추근(秋瑾)》(上海, 佚名, 1907), 《법국기녀야안달극(法國奇女惹安達克)》(國民叢書社 譯) 등이 대표적 도서이다.

이렇게 《여자독본》에서 다루어진 마리타·롤랑 부인·스토 부인·잔 다르크 등이 중국 신해혁명기에 널리 알려진 인물들임을 볼 때, 장지연이 사용한 첫번째 자료 근거는 중국측 간행물을 대본으로

16) 鮑家麟, 〈辛亥革命時期的婦女思潮 : 1898~1911〉, 《中國近代現代史論集》 20, 952쪽.

17) 梁啓超, 《飮氷室全集》(臺北 文化圖書公司, 民國 65 : 1976)에도 〈近世第一女傑羅蘭夫人傳〉, 〈人權與女權〉 등이 게재되어 있다.

하여 서구 여성편을 저술한 것이 분명하다고 생각된다. 러시아의 소피아 같은 유명한 여걸을 이름만 거론하고 구체적으로 다루지 않은 점은 그가 인물 선정의 기준을 다양하게 하려고 노력한 흔적이라고 여겨진다. 또 《여자독본》을 저술하는 과정에서 하나의 책만을 대본으로 한 것이 아니라 같은 인물에 대해 여러 책을 읽었던 것 같다. 잔 다르크에 대한 한문 표기 및 한글 표기가 《애국부인전》에서는 '약안아이격' 또는 '약안'이라고 되어 있는 데 비해 《여자독본》에서는 '여안(如安)'이라고 기술되어 있다. 《애국부인전》이 1907년에 간행되었고 《여자독본》은 1908년에 간행되었으므로 후자는 틀림없이 전자를 본으로 했을 것이다. 그런데 그 주인공의 이름 표기가 서로 다른 것은, 그가 《애국부인전》을 저술한 뒤에 또 다른 잔 다르크의 번안 또는 번역물을 구하게 되어 이를 근거로 그녀의 활약 전기를 썼기 때문이라고 생각된다. 또 《여자독본》에서는 모두 한문으로 표기된 지명과 인명 등을 다시 우리 글로 표음하고 있기 때문에 많은 경우 서양의 원래 인명이나 지명과는 전혀 다르게 발음되는 경우가 많다. 이것은 저자가 원저를 전혀 접하지 못했음을 의미하는 것이기도 하다.

이상에서 본 것처럼, 《여자독본》에서 다루어진 마리타·롤랑 부인·스토 부인·잔 다르크 등은 모두 중국 신해혁명기에 익히 알려져 숭앙 받던 여성들이었다. 이미 언급한 것이지만, 《여자독본》을 저술하는 과정에서 장지연은 국내에서 번역·출판된 것보다는 중국측의 자료에 의거했던 것 같다. 마라(Jean Paul Marat, 1743∼1793년)를 죽인 코르데 샤를로트의 경우, 《법국혁신전사》의 제7편 제1장에 따르면 '샤를로트'의 한문 표기인 '사로탈(沙魯脫)'을 '사로다(謝露多)'로, '마라'의 한문 표기인 '마랍(馬拉)'을 '마라(摩羅)'로 쓰고 있다. 또한 역사 사실에 대한 표현에도 차이를 보인다. 이것은 각기 다른 이본(異本)의 역사서를 참고한 때문이라 생각된다.

(2) 혁명적·구국적 여성상

코르데 샤를로트·롤랑 부인·루이 미셸·루시 부인 등은 혁명적 여성상으로 제시된 인물들이다.

프랑스는 1791년 입법의회 성립 후 상공업 부르주아지를 대표하는 지롱드당이 한때 승세했으나, 이들은 1793년 5월 31일에서 6월 2일에 걸친 민중봉기로 정권에서 추방된다. 이 과정에서 마라는 파리의 하층 시민계급인 소부르주아지 세력의 지지를 받으면서 1792년 8월 10일 이후 파리 코뮌의 지도자 가운데 한 사람으로 권력 확립에 노력했으며, 파리 국민공회 의원이 되어 공화정을 수립하고 입헌군주제를 주장하는 지롱드당을 계속 공격했다. 5월 31일～6월 2일의 시민봉기에서 마라는 지도적 역할을 했다. 이와 같은 프랑스 혁명의 과정에서 지롱드당을 지지·동경하며 파리 민중의 우상이었던 마라를 죽인 코르데 샤를로트와 지롱드당의 중핵을 형성한 롤랑 부인은 여성으로서는 보기 드문 정치적 투지를 가진 인물이었고, 또 체포·투옥되고 처형되는 과정에서 보인 그들의 의연함은 가히 여걸로서 추앙될 만했다.

장지연의 《진휘속고(震彙續攷)》나 《일사유사》 등의 저술 성격으로 볼 때, 그가 반드시 상공업 부르주아지를 지지하는 입장에 있었던 것은 아닌 듯하다. 그러나 결과적으로 부르주아지를 대표하는 지롱드당의 두 여성에 대한 생애를 국망 위기에 처한 한국 여성들에게 교육의 표본으로 제시하게 된 것은, 첫째로 그들이 어린 시절부터 생의 뚜렷한 목표를 가지고 살았다는 점, 둘째로 자신의 주장을 관철하는 의분이 실제의 행동으로 나타났다는 점, 그리고 셋째로 죽음을 두려워하지 않는 영웅호걸이었다는 점 등에서였다고 생각된다.

코르데 샤를로트를 다루면서 저자가 주안을 둔 내용은 다음과 같다. 그녀는 1793년 지롱드당의 몰락 후 자신의 운명을 마음속으로부터 깨닫는 한편 몽타냐르의 공포정치를 저주하여 그 원흉을 마라라고 단정했다. 그녀는 마라에게 가서 지방의 반혁명파의 동태에 관한 정보를 거짓으로 전하고 1793년 7월 9일 목욕 중인 마라를 면접하여 단도로 암살했으며, 4일 뒤 혁명재판에서 사형 판결을 받고 단두대에서 처형되었다. 그녀는 처형에 임해서도 손에 플루타르코스의 《영웅전》을 들고 의연하게 다음과 같이 말했다.

파리의 약한 여자가 능히 몸을 바쳐 국사를 다하니 죽어도 눈을 감겠다.[18]

죽음에 임해서도 굴하지 않는 그녀의 이러한 기개나 또는 처형 전 재판정에서의 침착하고 순수한 심성은 가히 많은 사람을 감동시킬 만했다. 즉, 재판관이 '마라를 죽이면 포학이 끝날 수 있느냐'는 질문에 그녀는 이렇게 답하고 있다.

한 마랍을 찌르면 다른 마랍이 다 경계할 것이다.[19]

그리고 처형 전 아버지에게 보낸 편지에서도 다음과 같은 심정을 밝히고 있다.

가히 부끄럽고 욕됨이 오직 죄악이라. 죄악이 없는 자는 비록 극형에 처할지라도 부끄럽지 아니하다[20]

그녀는 자신이 해야 할 가장 떳떳한 일을 했다고 주장한 것이다. 샤를로트는 비록 반공화정주의자였지만, 《여자독본》의 저자는 그녀

18) 《女子讀本》 하, 68~70쪽.
19) 《女子讀本》 하, 68~70쪽.
20) 《女子讀本》 하, 68~70쪽.

를 나라를 위해 목숨을 던진 우국적 여성상으로 이해했던 것이다.

롤랑 부인과 마찬가지로 지롱드당의 지지자였던 코르데 샤를로트는 귀족 출신이면서도 가난하게 살았기 때문에 상류사회의 생활을 하지는 못했고, 대신 늘 플루타르코스의 《영웅전》을 비롯한 수많은 책을 섭렵하며 지냈다.[21] 그러나 롤랑 부인은 귀족 신분과는 먼 환도장색가(環刀匠色家)의 집에서 태어났다. 그녀는 자신의 신분을 극복하고자 교양을 높이기 위해 육예(六藝)를 통달하고 대학자들의 학설도 연구했다. 그녀는 항상 천박한 하층민들이 아닌 귀족들과 교유하고자 했으나 뜻대로 되지 않았다. 이에 강개한 그녀는 스스로 플루타르코스의 《영웅전》에 나오는 인물들처럼 영웅이 되기를 자처했다고 한다.

불평등한 신분 사회에 대한 롤랑 부인의 개혁 의지는 이처럼 이미 소녀 시절부터 싹트고 있었다. 그녀에 관한 전기에 따르면, 그녀는 '평민과는 절대로 결혼하지 않을 것이며, 자신의 남편이 될 사람은 사고방식이 자기와 비슷하지 않으면 안 된다'[22]고 했다고 한다.

수녀원에서 공부하던 시절의 친구인 소피 카네[23]의 소개로 20세 연장인 전국 제조업 감찰관의 상등의 신사 롤랑을 만나고 그의 구혼을 받아들여 1780년에 롤랑 부인이 되었는데, 이후 프랑스에서는 자유결혼을 칭송할 때면 반드시 롤랑 부인을 거론한다고 한다. 1789년에 프랑스혁명이 일어나자 그녀는 남편을 좌우로 주선하며 정치무대에서 활약하게 했다. 일찍이 공화적 경향을 띠고 브리소나 뒤무리에 등과 손을 잡았는데, 1791년 입법의회 성립 이후 그녀의 살롱에는 부르주아를 대표하는 의원들이 모여 지롱드당의 중핵을

---

21) "CORDAY(Charlotte de CORDAY d'ARMONT, dite Charlotte)", *Petit Robertz*, Les Dictionnaires Robert, ed., 1985, 449쪽.

22) 김성원 편역, 《혁명기의 여성들 1》, 한울림, 1985, 55쪽.

23) 같은 책, 58쪽.

320

형성했다. 그녀의 지원으로 그의 남편은 두 차례나 내무상직을 맡았으며, 그때 부인이 롤랑의 공문 보고와 연설 초고를 모두 써주고 교정하는 내조를 한 것으로 유명하다.

1792년 9월 이후, 국민 공회 시기에 접어들자 그녀는 로베스피에르 등 몽타냐르와의 투쟁을 계속했으며, 1793년 3월에 민당(民黨)의 변이 일어나고 롤랑이 소속된 당(지롱드당) 사람들이 모두 처형되자 남편을 도망가게 하고 자신은 조용히 체포에 임했다. 그녀는 재판관에게 다음과 같이 당당하게 말했으며, 부인의 부음을 들은 롤랑도 자결했다고 한다.

오늘 공등(公等)이 나를 단두대에 보내나 다른 날 공등을 단두대에 보낼 자가 멀지 아니하다.[24]

우리 나라에서는 이미 애국계몽운동기(1905~1910년)에 대한매일신보사 발행으로 《라란부인전(羅蘭夫人傳)》이 간행되어 널리 애독되었다. 이 책은 아마도 중국의 양계초에 의해 저술된 《근세제일여결라란부인전》[25]을 순국문으로 다시 번역·간행한 것으로 생각된다. 이 책의 서문을 보면 다음과 같은 내용이 나온다.

오호라 자유여 자유여 천하 고금에 네 이름을 빌어 행한 죄악이 얼마나 많으뇨 하였으니 이 말은 법국 제일 여중 영웅 라란 부인이 임종시에 한 말이라…… 저가 자유에서 살고 자유에서 죽었으며,…… 자유가 저에게서 나고 저가 자유로 말미암아 죽었으며,…… 저가 나파륜에게도 어미요 매특날에게도 어미요 마지니와 갈소사와 비사맥과 가부이에게도 어미라 할지니.[26]

---

24) 《女子讀本》 하, 100쪽.
25) 梁啓超, 《飮永室全集》, 521~535쪽.
26) 《羅蘭夫人傳》, 大韓每日申報社 발행, 光武 11 : 1907, 39쪽.

즉, 그녀가 자유를 위해 살다가 희생되었으니, 그 정신은 세계의 모든 영웅과 호걸의 모태가 된다는 것이다. 또 말미에 번역인의 평을 다음과 같이 첨부하여 그녀를 높이 기리고 있다.

대저 라란 부인은 천하고금에 처음 난 여중 영웅이라 저가 비록 여인이나 그 지개와 그 사업이 남자에게서 지나니 만세의 자유도 저로 말미암아 활동이 되었고 천하의 혁명도 저로 말미암아 발기가 되었으니…… 우리 대한 동포도 진실로 능히 그 일동일정도 일언일사를 다 본받아 그 지개를 품고 그 사업을 행치 못하면 어찌 가히 애국하는 지사라 하며 어찌 가히 국민의 의무라 하리오.…… 라란 부인전을 읽은 자여, 여자는 그 하나님이 품부하신 보통 지혜와 동등 의무를 능히 자유하지 못하고 규중에 갇혀 있던 나약한 마음을 하루아침에 벽파하고 나아와 이 부인으로써 어미를 삼고…….[27]

《라란부인전》의 서문과 말미의 평에서 볼 수 있듯이, 《여자독본》의 저자는 자유와 평등의 실현을 위해 살다가 희생된 그녀의 위대한 생애를 통해 대한의 여성을 일깨우려는 의지에서 그녀를 선정한 것이라 생각된다.

다음으로 《여자독본》에서 다루고 있는 또 다른 프랑스 여성 루이 미셸을 살펴보겠다. 그녀는 프랑스의 열렬한 무정부주의자 가운데 한 사람이다. 그러므로 그녀는 의회주의 개혁을 거부하고 소수가 희생되는 격렬한 폭력 행동을 신봉했다. 그녀의 약전[28]에 따르면 그녀는 혁명사상을 발전시켰으며 나폴레옹 3세에 대한 충성의 맹세를 거절해 국립학교에서의 교수가 금지되었다. 또 독일이 파리를 포위해 공격하는 동안(1870~1871년) 그녀는 야전병원에서 자원봉사자로 일했으며, 1871년 베르사유군에 대항하는 파리 코뮌을 지

---

27) 같은 책, 39쪽.
28) "Michel, (Cle'mence-) Louise", The New Encyclopaedia Britannica, 1989, ed., 8-96.

키면서 정부군과 격렬하게 투쟁했다. 코뮌의 붕괴 후 군법회의에서 형을 선고받고 도베르뉴에서 1년간 복역하다가 1873년 8월에 뉴칼레도니아의 유형지로 유배되었다. 1880년 대사(大赦) 후 프랑스로 귀환하자 그녀는 지방에서 새로운 혁명적 캠페인을 벌였다. 그러나 폭동을 자극했다는 이유로 다시 3년간 투옥되었다. 1886~1896년 사이에는 런던에 살면서 대륙의 혁명인들과 연락을 취했으며, 1896년 프랑스로 돌아온 뒤 죽을 때까지 혁명이론을 강의했다고 한다.

이상의 약전에 따르면, 루이 미셸은 철저한 무정부주의적 혁명가이다. 무정부주의란 국가·사회·종교 등 모든 권력과 권위를 철저하게 부정함으로써 인간의 완전한 자유를 획득하려는 하나의 정치사상이다. 아울러 민족주의와는 상당히 상반된다.

저자는 《여자독본》에서 무정부주의 혁명가로서의 루이 미셸에 대한 생애보다는 프랑스혁명의 평등정치를 숭배하는 혁명적 의식의 소유자로서 그녀를 드러내고자 했다. 즉, 국망의 위기에 처한 프랑스를 구하기 위해 남자들을 분발시키고 스스로도 병복을 입고 총칼로 무장하여 전투에 참여한 구국적 여장군의 모습, 그리고 투옥과 유형 등의 어려움 속에서도 꿋꿋하게 70여 세까지 저술 활동을 한 위대한 면모를 본받게 하려고 한 것이다. 그런 까닭에 저자는 무정부 혁명투쟁으로 인한 체포와 투옥과 유형 및 그 뒤의 그녀의 생애에 대해 다음과 같이 서술하고 있다.

　　국내가 또 어지러워 군민이 서로 싸우거늘 미셰아가 몸소 중위(重圍)에 빼쳐 그 어머니를 구하더니 홀연히 정부에 잡힌 바 되어 수년을 옥에 갇혔다가 사(赦)를 만나 풀리매 드디어 그 종국(宗國)을 떠나 영국에 놀아 스스로 그 언론을 펴서 책을 지으니 때에 나이 칠십이로되 오히려 그 당에 큰 소임을 맡더니 탁연히 후세에 일홈하야 의태리 보로고(步路姑)와 아라사의 소비아(蘇菲亞)로 더부러 같이

전하여 썩지 아니하더라.[29]

저자는 《여자독본》을 통해 그녀를 세계사의 가장 위대한 여걸 가운데 한 사람으로 이해한 것이다.

허친슨의 부인 루시 역시 혁명과 깊은 관련을 갖는 여성이다. 루시의 생애[30]를 보면, 그녀는 어린 시절에 이미 불어·라틴어·희랍어·히브리어를 배웠으며 논리학과 고전을 읽었다. 또 한꺼번에 8명의 가정교사로부터 언어·음악·무용·글쓰기·바느질 등을 배운 재원이다. 《여자독본》에서는 이 부분에 관해 '교육에 주의하더니'[31]라고 표현하고 있다. 아울러 루시를 가장 지적인 인물로, 또 이상적인 연애결혼으로 맺어진 애정 깊은 부인으로 서술하고 있다.

영국 런던에서 태어나 부모의 사랑 속에서 수준 높은 교육을 받으며 성장한 루시는 같은 동리(노팅엄 캐슬[Notingham Castle])에 사는 신사 청년 허친슨(John Hutchinson, 1615~1664년)을 만나 글과 시가(詩歌)로 교제하다가 구주 제일의 애정 있는 연애결혼 부부가 되었다[32]고 한다. 또 영국 청교도 혁명 때 의회파에 참가해 혁명 중에 자신의 출생지인 노팅엄 주지사를 지냈으며, 남편 허친슨은 1646년에 의회에 들어가 1649년에 고등재판소의 일원으로 국왕 처형에 가담했다. 이로 인해 왕정복고 뒤인 1663년에는 반역죄로 체포되어 샌도운(Sandown)성에 투옥되었고 그 이듬해에 옥중 병사했다.[33] 남편이 투옥되자 루시는 영국 추밀원(Privy Council)이 그를 부당하게 투옥한 것에 불만을 호소했으며, 그가 수감되어 있는 동안 매일같이 샌도운성을 방문했다. 이로 미루어볼 때 이들 부부의 애정이 얼

---

29) 《女子讀本》 하, 81~83쪽.
30) "HUTCHINSON, Mrs. LUCY", *British Authors Before 1800*, The H. W. Wilson Company, 286~287쪽.
31) 《女子讀本》 하, 102쪽.
32) 같은 책, 102~103쪽.
33) 趙義尙(編), 《世界史大辭典》, 民衆書林, 1991, 1360쪽의 "허친슨" 참조.

마나 두터웠는지 가히 짐작할 수 있는데, 《여자독본》은 이들의 애
정의 깊이를 다음과 같이 소개하고 있다.

　　나와 루지의 애정은 스스로 써하되 인간에 부부로는 믿는 자는 없
　는지라 내 두려워하건대 역사라도 능히 기록지 못하며 소설이라도
　능히 전하지 못하며 철학가라도 능히 연구치 못하며 연설가라도 능
　히 펴서 배프지 못한다.

그리고 이어서 '슬프다 부부가 일조에 나라 일을 위하야 생사를
사양치 아니하니 대개 정과 의가 출류한 연고라'고 평하고 있다.

이는 사랑이 넘치는 부부애를 위국적인 희생과 연결시켜 정신적
동반자 관계의 숭고한 자유연애결혼을 지극히 찬미하는 것이다. 아
울러 여기에서 우리는 장지연의 근대적이고도 진보적인 여성관을
엿보게 된다.

동양적인 부부관이나 열녀관에 입각한다면, 이처럼 애정 있는 부
부의 경우 남편의 옥사 뒤에는 부인이 따라 죽는 것을 능히 상상
할 수 있다. 그래서였던지 저자는 다음과 같이 루시가 남편이 병사
한 뒤 곧 따라 죽은 것으로 서술했다.

　　합자사를 잡아 옥에 나려 옥중에서 병드러 죽으니 루지가 변호하
　되 어찌 못하야 그 아들에게 명을 끼치고 스스로 죽어 그 지아비를
　좇으니라.[34]

그러나 루시는 남편 사후 7년에 걸쳐 남편 허친슨의 전기인 《허
친슨의 삶에 대한 회상(*Memoirs of the Life Colonel Hutchinson*)》을 저술했는
데,[35] 이 전기는 사료로서의 높은 가치를 지닌 명저이기도 하다.

---

34) 《女子讀本》 하, 104쪽.
35) *British authors Before 1800*, 287쪽.

(3) 위국헌신적 여성상

프랑스의 잔 다르크, 이탈리아의 마리타, 프로이센의 루이제 등은 나라를 위해 자신을 돌보지 않은 희생적이고 헌신적인 여성들이었다.

장지연은 《여자독본》을 출간하기 1년 전인 1907년에 잔 다르크의 생애를 그린 신소설 《애국부인전》을 간행한 바 있다. 저자는 잔 다르크가 나이 어린 소녀의 몸으로 자신을 희생해 나라를 구하는 그 지혜롭고 거룩한 모습에 크게 매료되어 대한의 소녀들이 잔 다르크의 애국정신을 본받기를 원했다.

《여자독본》은 잔 다르크의 생애를 네 단계로 나누어 서술하고 있다. 첫번째 단계는 프랑스가 영국과의 전투에서 여러 번 패하자 애국 대의를 아는 잔 다르크가 구국을 원하게 되었다는 것이며, 두번째 단계로는 쇠잔하고 병든 인민을 일으켜 전장에 나가 싸워 이길 수 있도록 신도(神道)의 말을 빌려 원근에 전파하는 총명함과 민첩함을 소개하고 있다. 세번째 단계에서는 실제 전투에서 승리를 거두는 잔 다르크를 다루고 있다. 잔 다르크는 왕자의 부름을 받고 남자 복장으로 말을 타고 그에게 가서 군사를 조련하고 죽도록 싸우자고 독려했다. 그리고 자신이 삼군을 거느리고 전장에 나서게 되는데, 이에 백성의 기운이 고동되어 크게 승전하고 프랑스가 중흥하게 되었다. 저자는 이를 오직 잔 다르크의 열심에 의한 것이라고 설명하고 있다. 네번째 단계에서는 잔 다르크가 영국인에게 체포되어 여러 가지 심문 끝에 좌도(左道, 사교[邪敎]를 말함)로 혹민(惑民)한다는 죄를 받고 로아(盧鴉, 루앙시를 말함)에서 화형에 처해졌으나 프랑스 전국에서 그녀를 부모같이 숭배한다고 쓰고 있다. 잔 다르크의 구국을 위한 정열과 희생적 정신 및 실천력은 대한의 여성들로 하여금 반드시 본받도록 해야 할 위대한 여성상이었을 것이다.

다음으로 마리타는 저 유명한 이탈리아 건국 호걸 가리발디의
부인으로서, 남편과 애국적인 의지와 행동을 함께 한 동지이자 전
투와 구국활동으로 짧은 생애를 마친 여걸이다. 저자는 마리타의
생애를 세 단계로 나누어 서술하고 있다. 첫번째 단계에서는 이탈
리아 대혁명이 일어났을 때 죄를 얻어 남아메리카로 망명한 가리
발디와 어려서부터 아버지에게 병법 연습을 받았던 마리타가 서로
의 동지애를 부부애로 발전시켰고, 이후 두 사람은 한 병선에서 10
여 년간 쉬지 않고 함께 전투했음을 소개하고 있다. 두번째 단계에
서는 마리타가 해전에서 몸에 탄환을 맞고도 부상이 심하지 않자
다시 일어나 싸우면서 오히려 부상자를 간호했으며, 가리발디의 군
세(軍勢)가 쇠한 중 아들을 낳자 강보에 싸 품에 안고 다시 전마를
탔던 그녀의 용감 대담성을 서술하고 있다. 세번째 단계에서는 이
들 부부의 귀국과 그 뒤의 일 그리고 마리타의 죽음을 다루고 있
다. 이들 부부는 이탈리아가 프랑스의 압제로 백성이 고통을 당하
던 때에 귀국했는데, 프랑스와 오스트리아 군대가 국경을 침범하는
일이 또다시 벌어지자 마리타는 전투에 참여해 혁혁한 공을 세운
다. 그러나 내장부(內丈夫) 마리타는 26세의 젊은 나이로 죽고 만
다. 저자는 말미에서 그녀를 추모하는 가리발디의 일기를 소개하고
있다. 마리타의 생애를 통해 저자가 강조하는 것은, 뜻을 같이하는
동지는 자신의 뜻으로 혼인을 정하며 구국의 대의를 위해서는 부
부가 함께 뛰고 희생조차도 감수해야 한다는 것으로, 바로 위대하
고 아름다운 여장부상과 부부상을 말하고 있는 것이다.

　장지연은 신채호(申采浩)가 역술한 《이태리건국삼걸전(伊太利建國
三傑傳)》을 교열(校閱)한 바 있다. 이 책에는 마리타의 용감하고 위
대한 생애가 잘 서술되어 있다. 그러므로 《여자독본》의 마리타의
생애는 필시 이 책에 의거해 서술되었을 것으로 생각된다. 그러나
《여자독본》과 《이태리건국삼걸전》을 비교할 때 내용과 인명 표기
의 방식에서 다소 차이점을 보이기 때문에 이 《이태리건국삼걸전》

외에 제3의 자료를 대본으로 했을 가능성도 배제할 수는 없다.

그 차이점을 보면, 우선 인명의 한문 표기에서 '馬利他'(《여자독본》)와 '馬尼他'(《이태리건국삼걸전》), '加里波'(《여자독본》)와 '加里波的'(《이태리건국삼걸전》)으로 달리 표기되어 있다. 둘째는 마리타에 대한 사실(史實) 내용이 서로 다른 점인데, 《여자독본》에서는 군세가 날로 쇠하던 중 아들을 낳아 강보에 싸서 품에 안은 채 전마를 탔으나 적병이 엄습하자 아기를 끌고 수풀 속으로 도망했다가 난을 벗었다고 하고 있다.[36] 그러나 《이태리건국삼걸전》에서는, 군세가 최악의 상태일 때 마리타는 임신 8개월의 몸으로 지극히 병약해졌고 적병의 추격을 받던 중 가리발디 장군의 어깨에 의지해 겨우 걸어 작은 수풀로 도망쳐 들어간 뒤 사산했으며, 한 시간 가량 기절했다가 잠시 깨어나 장군의 손을 어루만지면서 '위국자애(爲國自愛)하오' 하는 유언을 남기고 운명했다고 서술하고 있다.[37]

그러나 마리타의 전기에서 주목되는 것은, 먼저 마리타와 가리발디가 위국 동지로서 스스로의 의지에 의해 결합된 자유연애결혼의 이상적인 부부였음을 당연한 사실로 받아들이고 있다는 점이다. 이것은 장지연의 결혼관이 얼마나 진보적이었는가를 잘 반영한 것이라 하겠다. 둘째는 여성도 남성과 똑같이 위국전투하는 용맹성을 가져야 함을 시사하고 있는 것이다.

다음으로 루이제는 프로이센의 왕 프리드리히 빌헬름(Friedrich Wilhelm) 3세의 왕후인데, 그녀는 프로이센을 국난의 위기에서 구하고 프로이센의 개혁 세력을 적극 지원해 뒷날 독일 통일의 기초를 닦게 한 공헌으로 독일 민족의 숭앙을 받는 여성이다.

프리드리히 빌헬름 3세는 왕위 계승 초에는 고매한 성격을 지닌 젊은 통치자로서 개혁을 시도했으나 국내외의 정세에 밀려 그러한 시도를 곧 포기했다. 그의 통치에 어떤 특징이 있었다면 '그것은

---

36) 《女子讀本》 하, 74쪽.
37) 《伊太利建國三傑傳》, 40~41쪽.

모두 그의 거룩한 왕비 루이제의 매력과 정확한 애국심에서 비롯
되었다[38]고 한다.

프랑스의 루이 16세가 처형된 뒤 영국·네덜란드·스페인·러시아·
프로이센·오스트리아 등 유럽 여러 나라가 프랑스의 위협에 대항
하기 위해 제1차 대불동맹을 체결했다. 그러나 프랑스가 선전포고
를 하자 프로이센은 1795년에 프랑스와 휴전을 체결했으며, 이후
나폴레옹이 유럽을 지배한 10년 동안은 약세의 중립성을 유지할 뿐
이었다. 1806년 8월에 이르러 신성로마제국이 종말을 고하게 되자
프로이센측에서는 프랑스군에 국경 밖으로 후퇴할 것을 요구했다.
이에 나폴레옹은 전격적인 공격을 가해왔다. 예나(Jena)와 아우어슈
테트(Auerstädt)에서 프로이센 군대는 대패했고 왕과 왕후는 쾨니히
스베르크(Königsberg)로 피신했으며 수도 베를린은 나폴레옹 군대에
점령되었다. 절망에 빠진 프리드리히 빌헬름은 전쟁을 계속하기 위
해 러시아의 알렉산드르 1세와 동맹을 맺었다. 그러나 프리틀란트
에서 러시아군이 패망하자 프랑스군이 러시아 국경으로 진격해 들
어오는 것을 막고자 알렉산드르는 프로이센과의 동맹을 무시하고
황급히 휴전을 체결했다. 이러한 전후의 역사를 《여자독본》에서는
다음과 같이 서술하고 있다.

　법국 나파륜(拿破崙)이 백년 전에 왼 구라파를 유린할새 보법(普
法)의 싸움이 가장 큰지라 때에 보왕이 처음 위에 나아가매 왕후 류
이셜이 주장하여 동으로 아라사 황제 아력산대(亞歷山大)로 더불어
맹세하여 수년을 싸워 보병이 크게 패하니 경도 백림(栢林)이 또한
빼앗긴 바이 되매 왕과 후가 다 피란하여 다른 데로 가서 장차 법국
에 항복하여 싸움 쉬기를 청할새 후가 불가히 여겨 두번 싸워 두번
패하매 어찌할 수가 없어 아라사에 고급하니 아황이 보법 두나라를
모두 화친을 부칠새……[39]

---

38) 러셀(著), 李敏鎬(譯), 《獨逸小史》, 三星美術文化員財團, 1981, 171~172쪽.

《여자독본》에는 이 역사적 사실에 대해 다소 착오를 보이는 기
술이 있다. 《여자독본》에서 언급하고 있는 프로이센 왕과 러시아
의 알렉산드르와의 동맹은 베를린이 점령된 이후의 일이다. 또 알
렉산드르가 프로이센과 프랑스 양국의 화친을 도모한 것은 사실이
지만, 러시아는 자국의 이익을 위해 프로이센과의 동맹을 무시한
채 서둘러 휴전을 체결한 것이었다.

또 틸지트(Tilsit) 강화조약이라고 하는 휴전조약은 네만강 뗏목
위에서 진행되었는데, 이 조약이 체결되는 동안 프리드리히 빌헬름
은 강기슭에서 왔다갔다하면서 불만스럽게 그 광경을 지켜보았다.[40]
그리고 이 조약 체결에서 왕후가 직접 나폴레옹과 마주앉아 삼촌
설(三寸舌)로 변론해 지도에서 프로이센을 말살하려고 의도했던 나
폴레옹으로부터 프로이센의 강역 절반을 차지할 수 있게 되었다.
그런데 이 부분을 《여자독본》에서는 '보국의 강토를 다 회복했다'
고 서술하고 있다.

서술에서의 이 같은 착오가 발생하는 이유는 《여자독본》을 저술
할 당시 서양사에 관한 책들 거개가 학문적 연구를 거치지 않은
번안물들이었기 때문이다. 그러므로 서양사에 대한 이해가 충분할
수 없었다. 그 위에 교훈적 기능으로서의 역사관에 입각해 독일 중
흥의 여걸 루이제의 공을 보다 부각하려고 했던 데서도 한 이유를
찾을 수 있겠다.

프로이센 민족이 프로이센 중흥운동을 일으킬 때 왕은 휴전 체
결에 흠이 될까 염려하여 이를 반대했으나 왕후는 '백림의 부끄러
움을 잊어버리지말아야 한다'면서 이를 힘껏 지원했다.

루이제는 슈타인·하르덴베르크 등의 프로이센 개혁운동에 대해
서도 왕과는 달리 칭찬과 격려를 아끼지 않았다. 왕후는 이로부터

---

39) 《女子讀本》 하, 116~117쪽.
40) 《獨逸小史》, 174쪽 ; Luise Auguste Wilhelmine Amalie, *Meyers Enzyklopadishes
Lexikon*, Band 15 : Let—Meh, 321쪽.

5년 뒤 사망했으나 프로이센 국민이 중흥해 마침내 뒷날 통일독일을 이룩함으로써 세계의 강국이 된 것은 왕후에 의한 것이라고 저자는 평하고 있다.

(4) 박애주의적 여성상

장지연은 혁명적이고 구국적인 서구 여성상을 통해 국망의 위기를 극복할 애국·애족적 여성관을 확립함과 동시에 박애주의적이고 사회개혁적인 서구 여성상을 통해 우리의 폐습적인 사회제도를 과감히 혁신할 수 있는 근대적 여성관을 확립하려는 의지를 보였다. 장지연이 한 달에 한 번씩 청결일을 정해 가정에서 몸소 위생적인 생활을 솔선했던 점을 미루어볼 때, 그는 모든 사람이 행복하게 살 수 있어야 한다는 인도주의적 박애정신을 누구보다도 중요시했을 것으로 생각한다. 그러므로 그는 세계사 속에 우뚝 솟은 미국의 금연절제운동가인 프랜시스와 흑인노예 해방운동에 기여한 《톰 아저씨의 오두막(Uncle Tom's Cabin)》의 저자 스토 부인 그리고 크림 전쟁에서 초국가적인 박애정신으로 부상병을 간호했던 영국의 백의천사 나이팅게일의 위대한 생애를 다룬 것이다.

《여자독본》에서는 프랜시스의 생애를 네 단계로 서술하고 있다. 첫번째 단계에서 다루는 내용은 다음과 같다. 그녀는 대학교에서 문학·농학·철학·물리학을 배웠고 학업을 성취할 즈음 아버지의 죽음으로 어머니와 교원으로 봉직했으며 사임한 뒤에는 유럽을 다녀와 부인회를 창설했다. 또 3만 달러의 자본금을 모아 여자대학교를 창설하고 여러 사람의 천거로 교장(학장을 말하는 것임)이 되어 3년간 대학 확장을 했다.

두번째 단계에서는 미국 내에서의 사회사업을 다루고 있다. 실화로 학교가 전소하자 그녀는 부인교풍회(矯風會)를 창설해 출옥자 보호와 빈민 구제 등의 사회자선사업을 했으며, 또 교풍회의 회장직을 맡으면서 회원들로 하여금 금주와 금연 등 3개조의 가정 금령(禁令)을 봉행하도록 하여 미국의 가정을 개혁했다.

세번째 단계는 해외로 사회사업을 확장한 내용을 담고 있다. 그녀는 교풍회의 사업 방법으로 신문을 간행했으며 교풍회를 더욱 확장해 만국부인교풍동맹회(萬國夫人矯風同盟會)를 결성했다. 이에 전 유럽·호주·하와이·일본·인도 등이 가담했고, 또 창기 구원운동도 일어났다. 중국에도 사람을 보내 동참을 권했으나 중국측에서는 이를 받아들이지 않았는데, 이를 아시아는 침침한 밤의 상태에 있었다고 말하고 있다.

끝으로 네번째 단계에서 다루는 내용은 다음과 같다. 동유럽에서 싸움이 홀연히 일어나자 교풍회에서 피난민 구제사업 등을 행하고 만국 임군에게 교풍회의 주의 주장을 펴도록 청원서를 바쳤는데, 청원서에는 각국 700여 여성이 더불어 서명했다. 그녀는 58세로 뉴욕에서 운명했으며, 온 세계의 애도 속에 성대한 사회장을 치렀다고 한다.

프랜시스의 한 전기[41]에 따르면, 그녀는 1839년에 뉴욕의 처치빌(Churchville)에서 태어나 엄격한 아버지 그리고 학력과 교양이 풍부한 어머니 아래에서 행복한 가정생활을 누렸으며, 1859년에는 노스웨스턴 여자대학(Northwestern Female College)을 졸업했다. 1871년에서 1874년까지 3년 동안은 일리노이의 에번스턴(Evanston)에 있는 여자대학의 학장으로 봉직했는데, 그녀의 주된 목적은 미국 여성을 '과거의 노예 상태'로부터 벗어나게 하여 '미래의 자유 상태'로 전환시키는 것이었다. 그녀는 매우 부진하던 금주운동(Temperance Movement)을 추진하기 위해 대학을 사직한 뒤 이 운동에 참여했으며, 1834년에는 여성기독교금주연맹(Women's Christian Temperance Union)의 서기가 되었다. 그녀는 이때 처음으로 자신의 생애에서 완전한 행복을 느

---

41) Thomas, "Francis E. Willard", *Living Biographies of Famous Women*, Doubleday & Company, Inc., Garden City, 1959, 179~191쪽.

껐다고 한다. 1836년에는 여성 선거권 획득을 위해 일했으며 1879
년에는 여성기독교금주연맹의 회장으로 선출되었고 1883년에는 금
주운동을 세계적으로 확대하는 지도자가 되었다. 1890년에는 미국
의 국립여성사회위원회(National Council of Women's Societies in America)
회장에 선출되었다. 동유럽에서 전쟁이 일어났을 때는 제2의 나이
팅게일로 활약하면서, 더 순수하고 더 건강하고 더 행복한 가정을
만들기 위한 사회개혁을 하는 데 전세계의 어머니들이 참여하도록
조직했다. 그리고 이 개혁운동을 더욱 확장하기 위하여 수 개 국어
로 쓴 청원서를 온 세계의 정부 지도자들에게 보냈는데, 이 청원서
는 무려 50개국 언어로 번역되었다. 그녀는 영국을 여행한 뒤로 급
격히 건강이 쇠해져 1898년에 수많은 사람의 애도 속에서 운명했
다고 한다.

다음으로, 미국에서 우마처럼 취급되는 흑인노예의 잔혹한 삶을
삼촌지설(三寸之舌)과 칠촌지필(七寸之筆)로서 그들의 해방을 주장
해 수만 명에 이르는 흑인노예의 구세주가 된 스토 부인의 생애에
관한 서술을 살펴보겠다. 그녀는 25세에 그의 언니가 운영하는 학
교를 졸업하고 대학에 들어가 인자학(仁慈學)을 연구하면서 흑인노
예를 고생으로부터 반드시 구해야 한다고 생각하게 된다. 그러나
100여 년의 이 관습을 혼자 해내지 못할 것 같아 이 일을 해낼 인
재를 찾던 중 교사 캘빈(Calvin Elis Stowe)이 밤낮으로 세상의 구원에
대해 강도(講道)하는 것을 보고 이 사람이 바로 자신의 동지라고
생각하고 그와 결혼한다. 혼인한 저녁에 지아비에게 글을 지어, 흑
인노예를 구원하고자 하나 자신은 학력이 부족하여 그대의 도움을
받고자 결혼한 것이라고 했다. 남편은 이를 가상히 여겨 가산을 팔
고 홀로 깊은 산중에 거하면서 저술에 전념했으며, 마침내 인간은
평등하므로 인류를 우마와 같이 할 이치가 없다는 내용의 책인
《오월화(五月花, May Flower)》를 간행했다. 이 책은 미국인들로 하여
금 흑인노예를 부리는 것이 인리에 합하지 않음을 홀연히 깨닫게

했다. 또한 모든 대학가에서 숭배되는 불후의 명작이 되어 9개국
언어로 번역되었으며 100만여 부가 발행되고 구미 대극장에서 연
극 무대에 올랐다. 그로부터 1년이 못 되어 흑인노예를 부리는 것
은 금지되었는데, 《여자독본》에서는 이 모두가 스토 부인의 공이
라고 서술하고 있다.[42]

스토 부인은 19세기에 미국의 가장 유명한 작가였다. 그녀는
《톰 아저씨의 오두막》을 저술하여 당시 사람들에게 강렬한 충격을
주었으며 동시에 노예의 불우한 처지와 현상에 대한 관심을 환기
시켜 노예해방의 선구자가 되었다.

스토 부인의 전기[43]에 따르면, 그녀는 1811년 6월 14일에 코네티
컷(Connecticut)주의 열렬한 칼뱅파 전도자였던 아버지 라이먼 비처
와 어머니 록사나 사이에서 태어났다. 그러므로 '비처(Beecher)'는 결
혼 전의 성이며 이름은 해리엇(Harriet)이다. 1832년 10월에 온 가족
이 오하이오주 신시내티로 이사했는데, 아버지는 레인신학교 교장
이었으며 언니 캐서린 비처(Catherin Beecher)는 서부여자전문학교(西
部女子專門學校)를 개교했고 스토 부인은 여기서 교편을 잡고 있었
다. 그녀는 1836년 1월 6일에 아버지가 교장으로 있는 레인신학교
교수 캘빈 엘리스 스토와 결혼했다. 이후 일곱 자녀를 두었으며,
잡지에 글을 기고해 어려운 생활에 보태었다. 결혼 뒤 남부를 방문
할 기회를 갖게 되었을 때 노예제도 실태에 관심을 기울이게 되었
고, 레인신학교가 극단적인 노예제도 폐지론을 주장하는 분위기였
으므로 처음에는 그녀도 이를 지지하는 정도였다. 1849년에 처음으
로 《오월화》라는 제목의 소책자를 출판해 남편으로 하여금 자신이
문학의 길로 정진할 것임을 납득시켰다.

1850년에 남편의 직장 이동으로 동부로 이사한 뒤 스토 부인은

---

42) 《女子讀本》하, 121~128쪽.
43) Stowe, Harriet (Elizabeth) Beecher, *The New Encyclopaedia Britannica*, 1989 ed.,
   2-295~296.

《톰 아저씨의 오두막》을 집필했다. 처음에는 수도 워싱턴의 노예해방 주장 신문인 《내셔널 이어러(National Era)》에 1851～1852년에 걸쳐 연재하던 것이었는데, 1852년에 2권의 책으로 출간했다. 판매부수는 첫 주에 1만 부, 첫 한 해 동안 30만 부, 5년 만에 미국에서만 50만 부가 팔렸다. 이 책은 영국 등 유럽에서도 압도적인 인기를 얻었다. 1862년에 스토 부인을 만난 링컨 대통령은 남북전쟁이 일어난 것은 부인의 작품 때문이라며 감탄했다고 한다. 만년에 스토 부인은 남편과 함께 플로리다에 정착해 대부분을 거기서 보냈는데, 발표하는 작품마다 성공을 거두어 그 수입으로 생활을 했다. 그녀는 1896년 7월 1일 코네티컷에서 생을 마쳤다.

《여자독본》에 소개된 스토 부인에 대한 이해와 인식은 기본적으로는 노예해방의 구세주라는 데 있다. 즉, 인간의 절대 평등을 주장하고 이를 실현하는 데 가장 큰 공헌을 한 위대한 여성임을 충분히 소개한 것이다. 그러나 그녀의 구체적 생애에 관해서는 몇 부분에서 착오를 보이고 있다.

첫째, 언니가 세운 학교를 25세에 졸업했다고 했는데, 실은 그 학교에서 교편을 잡고 있었다. 둘째, 남편이 저술했다고 한 《오월화》는 바로 스토 부인의 저술이다. 그리고 이 책을 흑인해방에 관심을 불러일으킨 바로 그 책으로 소개하고 있지만 이는 아마도 《톰 아저씨의 오두막》과 혼동한 것이 아닌가 생각된다. 그러나 이러한 약간의 착오가 있다 하더라도, 저자는 스토 부인의 생애를 통해 우선 인간의 절대 평등권 실현을 위한 여성의 공헌을 높이 평가하고 있으며, 둘째로 그녀의 위대한 사상과 이념이 공상에 의한 것이 아니라 연구하고 노력하는 학문적 자세에서 이루어진 것임을 밝히고 있고, 셋째로 이 목적을 위해 동지애적인 결혼을 스스로 선택하고 있음을 강조하고 있다.

《여자독본》에서 제일 마지막으로 다루고 있는 나이팅게일은 장지연이 이 책을 저술할 당시 생존해 있던 인물이다. 그녀는 영국인

간호원으로, 1854년 크림 전쟁에서 부상병들에게 헌신적인 간호를 한 것으로 그 이름이 널리 알려져 있다. 1919년, 3·1 독립운동 이후 상해임시정부를 지원하기 위해 조직·활동했던 국내의 비밀 구국 여성단체 가운데 하나인 결백단(潔白團)[44]은 바로 크림 전쟁에서 활약한 간호인단을 흠모하여 그들의 활동을 본받으려 했던 것이다. 이를 볼 때, 나이팅게일은 항일구국 여성운동에도 적지 않은 영향을 끼친 여성임을 알 수 있다.

나이팅게일의 본래의 업적은 근대 간호법을 창시해 공중위생지식을 계몽하는 데 진력한 것이다. 약육강식과 적자생존의 세계 질서 속에서 독립을 쟁취해야 하는 우리 나라의 상황으로 볼 때, 인류애적이고 박애적인 그녀의 삶은 국권회복을 위한 여성들의 구체적 참여와 행동을 보다 분명하게 제시해줄 수 있었다는 데서 적잖이 중요한 의미를 갖는다.

그러므로 《여자독본》은 그녀의 출생과 생애 그리고 위대한 그녀의 삶을 체계적으로 서술하고 있다. 1820년 5월 12일, 그녀는 이탈리아 피렌체의 부유한 가정에서 태어났으나,[45] 상류사회의 호화로운 사교생활이나 결혼의 유혹을 뿌리치고 또 가족의 반대에도 불구하고 가족으로부터 독립해 인류와 신에 봉사하겠다는 굳은 의지를 갖게 되었다.

그녀는 1846년에 공중보건과 병원에 관한 전문가인 한 친구로부터 독일 카이저베르트(Kaiserwerth)에 있는 개신교 전도사학원 연감을 받고 여기서 간호원 수업을 했으며, 1853년에는 궁핍하고 병약한 부인을 위해 설립된 영국의 자선병원 원장이 되었다. 그녀는 이 병원에서 과학적인 병원 조직 및 운영을 위한 새로운 방법을 도입해 성공을 거두었다.[46] 《여자독본》에서는 나이팅게일의 이러한 성

---

44) 朴容玉, 《韓國近代女性運動史硏究》, 190쪽.
45) 나이팅게일이 이탈리아에서 태어난 때문에 저자는 그녀를 이탈리아 사람으로 잘못 알았던 것으로 생각된다.

336

공적인 간호원생활을 다음과 같이 서술했다.

　일즉 법국과 덕국 연방(聯邦)에 놀새 저자 가운데 병원과 빈원(貧員)과 고아원에 사람이 많음을 보고 주제(賙濟)할 일을 생각하되 이러한 일은 금전을 주어서 몸책임을 다한다 이를 것이 아니라 반드시 몸소 그 일을 하여 실제에 구원해야 유익함이 있다 하고 드디어 일이만(日耳曼)의 간호부학교에 몸을 던져 이년만에 졸업했더라. 그때 런던 간호부학교의 경비가 군졸하야 능히 보지 못하는지라 남정이 가산의 반을 더러 도와주고 몸이 교사가 되어 학교를 확장함은 다 남정 한 사람의 힘이니라.[47]

　크림 전쟁 중인 1854년 10월, 나이팅게일은 수녀를 중심으로 한 38인의 간호단을 조직해 터키 스쿠타리(Scutari)에 있는 야전병원으로 갔다. 그러나 부상병이 급증함에도 구호체제가 불비하고 비능률적이었다. 부상병의 구호물자들은 떨어지고 야전병원의 환경은 지극히 비위생적이고 열악해 희생되는 부상병 수가 많았다. 그녀는 《런던타임즈》를 통해 거두어진 국민성금 3만 파운드로 보급을 원활히 하고 위생과 청결을 확보하는 데 힘썼으며, 밤낮으로 부상병을 간호하여 환자 사망률을 3분의 2로 낮추었다. 그래서 병사들은 그녀를 '등불과 함께 하는 여인(The Lady with the Lamp)'이라고 지칭했다.[48]

　《여자독본》은 그녀의 이와 같은 활동을 다음과 같이 기술하고 있다.

　남정이 간호에 종사하여 약을 먹이며 상한 곳을 씻으며 또 옷을 꿰어매며 침구를 씻으며 혹 병자의 집 편지도 대신하여 써서 주니

---

46) Nightingale, Florence, The New Encyclopaedia Britannica, 1989 ed., 8-705.
47) 《女子讀本》 하, 129~130쪽.
48) The New Encyclopaedia Britannica, 8-705.

병사들이 감격하여 친하기를 사랑하는 어머니 같이 녁이더라. 처음에
는 상한 자 백인 중에 륙십인이 죽더니 후에는 죽는 수가 감하여 백
에 하나가 죽을 따름이러라.[49]

　나이팅게일은 1856년 여름 스쿠타리를 떠나 영국으로 돌아왔으
며 국민의 큰 환영을 받았다. 그녀는 전쟁 때의 경험을 기초로 〈영
국 육군의 보건·능률·병원 관리에 관한 소견〉(1857)을 써서 5년 뒤
육군성의 행정기관을 개혁하게 했으며, 또 〈병원에 관한 노트〉(1859)
에서는 민간의 병원 경영에 관한 적절한 방책을 상세히 서술했다.[50]
나이팅게일을 이해하는 데서 병원 경영 혁신에 대한 공헌은 크림
전쟁에서의 간호 활동보다 더 큰 것이다. 《여자독본》에서는 나이
팅게일의 활동 가운데 이러한 측면은 언급하지 않았다.

　그녀의 간호활동을 마무리하는 가장 큰 업적으로 1860년 런던의
세인트 토마스 병원에 나이팅게일 간호학교를 창설한 일을 들 수
있다. 《여자독본》에서는 '그녀가 정부에서 받은 수금 25만 파운드
와 터키 정부에서 받은 20만 파운드 상당의 완천(腕釧)을 자본으로
하여 간호부 학교를 런던에 건축했다'[51]고 하는 것으로서 그녀의
전기를 끝맺고 있다.

4. 닫는 글

　이상에서 장지연의 《여자독본》을 통해 그가 서구 근대여성을 어
떻게 이해하고 인식했으며 그들의 삶을 우리 속에 어떻게 수용하
려 했는가를 살펴보았다. 이상의 내용을 정리하면 다음과 같다.

---

49) 《女子讀本》하, 134~135쪽.
50) 주 47 참조.
51) 《女子讀本》하, 136~137쪽.

첫째, 《여자독본》은 1905~1910년 애국계몽운동기에 간행된 여러 편의 여성용 교육 교재들 가운데 하나이지만, 그 내용에서는 국망의 위기를 극복할 수 있는 국민된 의무와 권리를 인식하게 함으로써 여성들로 하여금 위국헌신적 국가관과 민족관을 갖도록 하려는 의도로 일관하고 있다.

둘째, 《여자독본》을 저술한 장지연 자신이 근대적이고 진취적인 여성교육관 내지 여성관을 가지고 자신의 일상생활에서 이를 실천하고 있었으므로, 그는 실제로 실천 가능한 여성교육의 방향을 제시해준 것이다.

셋째, 《여자독본》의 체재와 내용에서 볼 때 전통적인 여성교육서인 《여성(女誡)》이나 《내훈(內訓)》류의 가치관을 여전히 요구하고 있는 당시의 다른 교재와는 달리 자유연애결혼에 대한 칭송 등 탈유교적인 근대적 여성관을 제시하려는 노력을 역력히 보이고 있다.

넷째, 열 명의 서구 근대여성에 대한 자료 선정 근거는 다분히 중국측에 의거했을 것이며, 아울러 인명이나 지명 등의 외래어 표기가 중국 발음의 한문 표기를 다시 한글 표음으로 한 것이어서 원래의 음과는 매우 다르게 되었다. 또한 명칭 및 내용에서 다소 차이가 보이기도 한다.

다섯째, 《여자독본》에서 다루어진 열 명의 서구 여성들은 크게 혁명에 참여해 자신의 소신을 굽힘 없이 죽음까지도 떳떳하게 받아들인 인물과 위기에 처한 나라를 위해 스스로 헌신하고 희생한 인물 그리고 인간애가 넘치는 인도주의적이고 박애주의적인 인물로 분류할 수 있다.

얌전하고 순종적이며 또 학문이나 의리나 사상과는 거리가 멀었던 한국 여성들을 진취적이고 근대적인 여성으로 변화시키기 위해서는 무엇보다 먼저 이 같은 사상을 불러일으킬 내용을 담은 여성용 교재가 있어야 한다. 《여자독본》은 바로 이 같은 시대적 요구에 부응해 저술·간행된 책이라는 점에서 높이 평가되어야 한다.

박은식의 《한국통사(韓國通史)》 제52장 〈한인지교육소지(韓人之敎育掃地)〉에 따르면, 일제에 의해 수훼(收燬)된 38종의 서적이 있는데 《여자독본》도 그중 하나로 기록되어 있다. 이를 보더라도 《여자독본》이 한국 여성의 애국애족정신을 발양시키는 교재였음을 분명하게 알 수 있다.

제9장 한말 여성운동의 특성과 여성의 사회 진출

1. 여는 글

근대사회로의 전환에서 나타나는 중요한 사회적 지표의 하나가 여성운동과 여성의 사회 진출이다. 일반적으로 농업사회에서는 남녀간의 역할이 확연하게 구분된다. 유교권 사회, 특히 우리 나라의 경우 가정 내의 일상사는 주로 여성 전담이고 가정 밖의 일——크게는 정치로부터 일상적인 각종 생업 종사에 이르기까지——은 전적으로 남자의 직역이었다. 그러나 근대사회로 전환되면서 정치·경제·사회·문화의 제 분야에 큰 변화가 나타나게 되며, 아울러 여성 삶의 영역을 점차 사회로 확대시키기 위한 여권운동과 여성의 사회 진출을 동반하게 된다. 여성운동이나 여성의 초기 사회 진출은 그 사회가 처한 역사적·사회적 여건에 따라 나라와 사회마다 다소 다른 양태로 나타난다. 그러나 남자와 동등하게 인간적 권리를 획득하기 위한 여성운동을 통해 여성도 사회 진출을 해야 한다는 생각은 거의 같았다. 서구 사회에서 여성의 사회 진출은 산업혁명으로 인한 공장의 기계 산업이 양적으로 팽창·발달하던 18세기 중엽부터 산업현장 및 정치권과 교육의 영역 등에서 다양하게 일어났으며, 마침내 여권을 획득하기 위한 거대한 정치적·사회적 운동으로 발전해갔다.

한국사회의 근대화 과정은 18세기부터 태동해 발전했으나, 보다 적극적 근대화는 제국주의적 침략에 대응해야 했던 19세기 중반 이후부터였으며, 여성의 개화운동은 그보다 훨씬 뒤인 19세기 말부터였다. 한국 여성운동과 초기 사회 진출을 가능하게 한 역사적·사회적 배경으로는 우선 동학사상이나 개화사상 같은 근대적 사상이 생성·발전한 것을 들 수 있다. 둘째는 서양의 개신교 여선교사들의 활발한 사회 활동 및 여성의 평등한 사회 활동에 대한 독립협회의 강력한 주장 등으로 인해 근대적 여권론이 사회에서 새롭게 인식되었다는 점이다. 셋째는 서울 북촌과 같은 전통적 지도층 사회 여성들 사이에 여권을 획득해야 한다는 자각심이 일어났기 때문이다. 1898년 9월에 발표된 우리 나라 역사상 최초의 여권 선언서인 〈여권통문(女權通文)〉에서는 여성의 사회 진출을 강력히 주장하고 있다. 그러나 여성의 사회 진출이 우리 민족사회를 발전시키는 데 참으로 필요하다는 폭넓은 사회적 인식을 갖게 된 것은 일제의 한국 침략이 적극화되었던 1905년 이후였다. 여성을 민력 육성 차원으로 인식하게 되면서 여성교육운동이 확대되고 여성들이 비교적 다양한 분야로 사회 진출을 하게 되었다.

이 장에서는 한말의 초기 여성운동 전개의 특성과 아울러 역사적·사회적 제한점들을 살피고, 또한 이 시기 여성들이 주로 어느 분야로 사회 진출을 했는지 검토하는 데 주안을 두었다. 이에 내용 및 연구 방향을 크게 세 부분으로 나누었는데, 첫째는 1898년 우리 나라 최초로 여권운동을 벌인 찬양회의 〈여권통문〉 내용을 분석하고 이 운동이 성공할 수 없었던 역사적·사회적 제한점들을 검토하고자 한다. 둘째는 1905~1910년에 여성교육운동이 비교적 활발하게 전개되었으나 순수여성운동으로서의 한계성을 지녀야 했음에도

1907년의 국채보상운동에 대한 자발적인 여성참여를 통해 한국 여성운동이 어떻게 발전했는가를 살피고자 한다. 마지막으로, 급격한 사회 변화와 지속적 여성운동을 통해 여성이 사회로 진출할 수 있는 새로운 직업들이 창출되었는데, 그 직업들로의 진출이 어떠했는가를 검토하고자 한다.

2. 1898년; 최초의 여권운동과 그 특성

(1) 〈여권통문〉과 여성사회진출론

내외 정세의 변화 속에서 우리 사회가 급변하던 19세기 후반, 규문 밖의 세상 일은 오직 남자의 영역이라고만 교육받고 생각했던 한국 여성들의 의식에 변화가 일어났다. 1898년에는 서울 북촌 양반부인들이 우리 나라 최초로 여권획득을 선언하고 근대적 여권운동을 전개하게 되었다. 그 운동의 역사적·사회적 배경으로는 나라 안팎의 요인이 동시에 작용했다고 생각된다. 1882년 미국과 수교를 맺은 뒤 우리 나라에 오는 서방국가의 외교관과 상인들 대부분은 부인을 동반해 함께 활동했으며, 또한 비숍 부인(Mrs. Isabella Bird Bishop)[1]과 같은 여성 여행자나 서양 여자 선교사 등을 서울과 지방

---

1) 비숍 부인은 1831년 11월 15일 영국의 중류 가정에서 태어났으며, 1909년 10월 10일 사망했다. 그는 영국 왕립아시아협회(Royal asiatic Society)의 회원으로서 1894년부터 1897년 사이에 만주·중국·시베리아 등을 포함해 4차에 걸쳐 한국을 방문·여행했다. 이를 기초로 해서 1898년 1월에는 《한국과 그 이웃들(Korea and Her Neighbours)》을 저술·출간했는데, 그 다음날로 2,000부가 매진되고 중판도 열흘이 안 되어 매진되었다고 한다. 4판까지는 영국에서 출간되고 5판은 미국에서 출간되었다. 이 책은 서방국가들이 한국을 새롭게 이해하는 데 많은 기여를 했다. 한국을 방문했을 때 비숍 부인의 나이는 60대 중반이었다.

에서 자주 만날 수 있었다. 특히 우리 나라의 초기 여성교육 및 여성의료사업을 위해 입국하여 활동한 외국인들은 거의 모두 개신교 여자 선교사들이었다. 이미 실학운동시대 이래 우리 사회를 주도했던 지식인층 가문에서는 남성과 차별된 여성의 삶에 대한 비판의식이 일어났으며 19세기 중엽 이후 창도된 동학에서도 평등한 인간권리를 주장하고 있었기 때문에, 서구 여성들의 각종 사회 활동은 비상한 관심 아래 관찰되었던 것이다.

개화 선각자들이 중심이 된 《독립신문》 간행과 독립협회운동은 여성의식을 깨우치는 데 보다 큰 기여를 했다. 1896년 4월 7일에 창간된 《독립신문》은 창간 논설 이후 여러 차례에 걸쳐 여성의 평등한 인간권리론을 주장했다.[2] 《독립신문》은 민력과 국력 양성 차원에서 여성교육과 여성의 사회 진출을 주장했던 것이다. 《독립신문》이 제시하는 남녀동권 성립 시의 국가적 유익론을 살펴보면, 우선 지혜 있는 부인들도 국사를 의논하는 데 참여할 수 있어 정치를 진보시킬 수 있고, 둘째로 부부간에 가사를 서로 의논하여 가도를 흥왕하게 할 수 있고, 셋째로 열 살 이하의 자녀교육은 어머니 담당이므로 학문으로 자녀를 가르치는 자녀의 좋은 스승이 될 수 있다는 것이다.[3] 이와 같이 국익과 직결된 평등적 여성교육론은 사회 변환과 국가 발전을 주장하는 양반사회 지도층 여성계를 크게 각성시켰다. 그 결과 1898년 9월 1일, 서울 북촌 양반부인 300~400명이 뜻을 일으켜 우리 나라 최초의 여권선언문인 〈여권통문〉을 발표했던 것이다.[4]

〈여권통문〉의 내용을 보면, 먼저 여성은 병신이 아닌 온전한 인간이어야 함을 주장하고 있다. 온전한 인간이란 곧 남자와 평등한

---

2) 《독립신문》, 1896년 5월 12일 및 동 9월 5일자 논설.
3) 《독립신문》, 1896년 5월 26일 논설 〈여학교론〉.
4) 《독립신문》, 1898년 9월 9일, 〈녀학교〉;《皇城新聞》, 1898년 9월 8일, 〈논설 ; 五百年有〉.

권리를 갖는 인간임을 주장하는 것이다. 여기서는 문명 개화정치를
지향하는 새 시대를 맞아 온갖 구법과 구습이 개혁되고 있는데, 오
직 여성들만은 옛법을 그대로 지키고 있으니 한국 여성은 마치 귀
가 먹고 눈이 어두운 병신과 같다고 표현하고 있다. 그리고 여성은
먼저 의식의 병신으로부터 해방되어야 한다는 주장이 담겨 있다.
둘째는 남자와 똑같은 온전한 신체를 가진 평등한 인간인 여성이
어째서 평생 동안 깊은 규중에 갇혀 남자의 절제를 받아야만 했는
가 라고 함으로써 여성차별 극복에 대한 강한 문제 제기를 하고
있다. 〈여권통문〉에서는 그것에 대한 역사적 해답을 지극히 원색적
인 언어로 표현했다. 즉, 여성들은 사나이 벌어다 주는 것에만 의
지하여 사는 경제 무능력적인 병신이기 때문이라는 것이다. 그러나
원색적 표현의 언어는 여자도 남자들과 마찬가지로 경제적 능력을
가져야만 평등한 인간 권리를 누릴 수 있음을 주장한 것이며, 동시
에 여성의 사회 진출에 대한 절대적 필요성을 제시한 것이다. 셋째
는 여성의식을 깨우치고 사회 진출 능력을 갖게 하기 위해서 무엇
보다 중요한 것은 여성들이 남자와 동등한 교육을 받아야 한다는
것이다. 즉, 여성의 교육받을 권리를 주장한 것이다. 그래서 이 글
을 통해 '거내이불언외(居內而不言外)하며 유주식시의(惟酒食是議)'라
는 전통적 여성의 역할관으로부터 당당하게 벗어나 사회의 한 구
성원으로 활동하기 위해 여학교 설립을 스스로 해내겠다고 선언하
고 있는 것이다.[5]

여성도 직업을 가질 권리와 교육을 받을 권리가 있다는 점을 양
반사회 여성들이 역사상 처음으로 이처럼 당당하게 선언하자 당시
온 사회는 놀라지 않을 수 없었다. 당시 《제국신문》(1898. 9. 13)은
'우리 나라 부인네들이 이런 말을 하며 이런 사업 창설할 생각이
날 줄을 어찌 뜻했으리오. 진실로 희한한 배로다'라고 찬탄을 머금

---

5) 朴容玉,《韓國近代女性運動史研究》, 한국정신문화연구원, 1984, 57~64쪽.

은 찬평을 했다. 《황성신문》(1898. 9. 8)도 '하도 놀랍고 신기하여 우리 논설을 제각하고 이를 기재한다'라고 하고 〈여권통문〉 전문을 게재했으며, 《독립신문》(1898. 9. 13)은 여성교육을 위해서는 막대한 자금이 필요하니 정부 기구에 불필요하게 쓰이는 20만여 원과 급하지 않은 군사 증액비 100만여 원을 모두 여성교육비에 쓰라고 주장했다.

(2) 찬양회운동의 역사적 제한성

한국 초기 여성운동에서 여성의 교육받을 권리의 획득은 여성운동의 중심 과제이며 기반이었다. 여성교육의 기본 도구는 여학교이다. 이에 〈여권통문〉 선포에 참여했던 부인들은 우리 나라 최초의 여성단체인 찬양회를 조직하고 회원으로부터 모은 회비를 가지고 우리 나라 최초의 민립여학교인 순성(順成)여학교를 설립했다. 순성여학교는 관립여학교가 설립될 때까지 존속하는 과도기적 성격의 여학교로 출발한 것이었다. 그리고 찬양회는 순성여학교 후원단체이면서 동시에 학교교육을 받을 기회를 갖지 못하는 대다수 부인에 대한 교육사업도 겸해서 하고 있었다.

찬양회의 임원진은 회장(이양성당[李養成堂]), 부회장(김양현당[金養賢堂]), 총무원(이창길당[李昌吉堂], 태양진당), 사무원(고정길당[高貞吉堂])으로 구성되어 있다. 이들은 〈여권통문〉을 준비할 당시 핵심 인물들이었음이 분명하다. 당시의 신문을 검토해볼 때 〈여권통문〉 작성과 발표에 남자들이 참여해 지도한 흔적이 전혀 나타나지 않는다. 이런 점으로 볼 때 〈여권통문〉은 순전히 여성들의 머리와 손으로 이루어진 것이다. 그렇다면 우리 나라 초유의 여권운동을 발의하고 준비한 주동 인물은 누구일까? 그것은 아마도 찬양회의 임원진일 것임이 틀림없다. 찬양회의 중점사업은 위에서 말한 것처럼 여성교육이며, 그것도 관립여학교를 설립하는 것이었다. 이 목적을 성취하기 위한 과도기적 단계로서 순전히 북촌 양반부인들의 손으로 순성여학교를 먼저 설립한 것이다. 순성여학교의 초대 교장으로는 찬양회의 부회장인 김양현당이 임명되었고 사무원인 고정길당과 몇 명의 외국 부인들이 교원으로 임명되었다. 김양현당과 고정길당이 우리 나라 여성이 설립한 최초의 여학교교육을 담당했다는 것은 이들이 〈여권통문〉 발의 작성의 주역이었을 가능성이 높음을 시사하는 것이다. 회장과 총무원은 북촌 부인계의 영향력 있는 부인으로 추대하고, 이들이 북촌 부인계를 규합하고 여론을 조성하는 등의 일을 한 것은 김양현당과 고정길당이라고 생각된다. 순성여학교는 비록 선교사들이 설립한 여학교들보다 10여 년 늦게 출발했지만, 사회적으로는 이 학교야말로 최초의 한국 여성교육기관이라는 반향이 일었다.

그런데 김양현당과 고정길당은 모두 북촌 부인이 아닌 북래자(北來者)였다. 김양현당은 원래 서경(평양)에서 생장했고 고정길당은 함경도 태생으로 그의 아버지를 따라 러시아 연해주에 이주해 귀화했다가 서울에 온 여성이다. 김양현당은 자녀 없이 과부가 된 뒤 서울로 와서 북촌 양반부인들과 교유했고 자산도 꽤 가지고 있었던 것으로 생각된다. 북촌 부인이 아닌 그가 찬양회의 부회장과 여학교 교장직을 맡은 것으로 볼 때 그는 근대 학문의 소양을 갖춘 개화의식이 높은 여성이었음에 틀림없다. 순성여학교가 개교한 1899년은 독립협회 중심의 개화세력이 보수적 정치세력으로부터 심한 탄압을 받던 때였으므로 찬양회 활동도 위축되어 학교 운영을 위한 재정적 지원이 어렵게 되었다. 또한 고종황제가 약속했던 관립여학교 설립도 의정부 회의에서 각하하는 바람에 설립 가망이 무산되었다. 이처럼 첩첩이 막힌 어려움 속에서 김양현당은 사재를 털어 학교 운영자 겸 교사의 역할을 담당했다. 1903년 3월, 그는 자신이 죽은 뒤 어린 여학생의 교육을 누가 담당할 것인가를 염려하는 선각적 교육자로서의 유언을 남기며 숨을 거두었다.[6] 김양현당은 우리 나라 여성교육을 위해 몸과 마음과 재산을 올곧게 바친 한국 초기 여성교육의 선구자였다.

귀화 한국계 러시아인인 고정길당이 내한한 것은 친러세력이 컸던 1895년쯤일 것으로 생각된다. 그는 러시아어와 청어에 능통하고 세계정세와 근대지식에 밝아 그를 가리켜 '무비개화학문한 여중호걸'이라고 지칭했다. 그런데 그는 학교가 경영난에 허덕이던 때인 1899년 후반에는 이미 학교를 떠나 서울 무교동에 양요리점을 차려 돈을 벌고 있었으며, 1900년에는 다시 충청도 일대에서 희랍정교회 전도사라는 이름으로 활동하면서 사회적 물의를 일으키기도 했다.[7] 그는 김양현당과는 달리 자신의 영리와 영달을 위해 기회주의적 삶을 살았던 이가 아니었나 싶다.

한국 최초의 순수 여권운동은 보수세력의 발호와 몰이해 속에서 순탄하게 성장할 수 없다가, 1905년 이후 일제 침략으로 인한 국망의 위기에 처해서야 여성교육의 중요성이 새로이 인식되어 여성교육단체와 여학교들이 숱하게 설립되었다. 그러나 그 뒤로 여성운동은 1898년 찬양회의 여성운동에서 볼 수 있었던 것과 같은 여권획득이라는 순수 여권운동으로서 추진될 수 없었다. 이 시기의 모든 사회운동은 항일구국적 차원에서 행해지거나 아니면 친일단체 혹은 아류적 친일단체로서 활동해야 했기 때문이다. 아울러 이러한 민족사적 상황과 처지는 한국근대 여성운동 전개에 상당한 제한이 되지 않을 수 없었다.

---

6) 찬양회와 순성여학교 및 관립여학교 설립운동에 관한 내용은, 朴容玉, 같은 책, 57~73쪽에 의거했음.
7) 같은 책, 70쪽.

3. 1905~1910년의 여성운동 전개 특성

(1) 여성교육운동의 확대와 그 한계

1905년 이후 일제의 한국 침략이 가속화되자 국운을 회복해 완전한 자주독립국가를 세우려는 저항적 민족운동이 다양하게 추진되었다. 그 운동의 주류는 의병항쟁과 애국계몽운동이다. 후자는 민력배양의 국권확립 민족운동으로 교육운동과 식산운동을 주된 과제로 내세웠다. 교육운동의 한 특색은 민력의 절반이 되는 여성교육의 중요성을 인식해 여성교육을 확대하기 위한 수다한 여성교육단체들이 설립·활동되었고 도시와 촌촌마다에 여학교가 설립되었다는 것이다.

1886~1910년에 설립된 사립여학교 설립자 실태를 보면 174교 가운데 21개교만 여성 설립자이며,[8] 1905~1910년 여성교육단체들 가운데 규모가 큰 것은 주로 남자에 의해 조직되고 활동되었다. 즉, 남성에 의해 여성교육운동이 추진·확대되었던 것이다. 이는 여성의 사회 진출에 대한 사회적 요구를 반증한다는 긍정적 면도 지니고 있지만, 반면 순수 여권획득운동이 제한되고, 변화하는 남성중심사회에 알맞는 여성운동만이 추진되는 제한성을 보인 것도 사실이다.

신문이나 잡지 등 인쇄물을 통해 밝힐 수 있는 이 시기의 여성단체수는 서울과 지방을 합쳐 30개 전후가 된다. 그중 서울에서 조직되어 활동한 단체들은 규모나 내용 면에서 비교적 충실했다. 서울의 경우 여자교육회·진명부인회·양정여자교육회·대한여자흥학회·한일부인회·자선부인회·동양애국부인회·자혜부인회 등이 있었는데, 한일부인회 이하는 친일 여성단체들이다. 이 시기 여성단체의 조직

---

8) 같은 책, 210~218쪽.

350

과 활동에 참여한 부녀들은 평민 부녀라 할 평범한 여성들보다는 왕실과 고위 관인 또는 친일적 인사 등의 상층 사회 부인들이었던 것도 이 시기 여성운동의 중요한 특징이었다.

규모와 활동이 컸던 여성단체로는 여자교육회[9]를 들 수 있는데, 이 단체는 독립협회 등 사회개혁운동에 참여했던 이른바 선각적 남자들이 중심이 되어 부녀들의 계몽과 개발의 뜻으로 조직·활동되었다. 설립자는 진학주(秦學胄)·진학신(秦學新)·정교(鄭喬)·이순하(李舜夏)·고희준(高羲駿)·이영규(李瑛奎) 등으로, 1906년 5월 초에 '학문과 여공(女工)과 부덕 순철(淳哲)을 교육해 현모양처의 자질을 양성 완비한다'는 목적으로 발기했다. 그리고 이 회가 후원할 여학교로 양규의숙(養閨義塾)을 설립해 같은 해 6월 10일 개교했다. 출발 당시 귀부인 30~40명이 회원으로 입회했고, 그 수는 점차 증가해 그해 10월 초에는 300여 명으로 늘어났다. 당시 사회는 '학문 없는 여자를 학식 있는 교사나 점잖은 남자가 지도해야 아름다운 결과를 얻는다'고 통념하고 있었다. 그러므로 양규의숙의 숙장(塾長)과 숙감(塾監)은 저명한 남자로 임명하고 교사 두 명만 여자로 임명했다. 그리고 10수 명의 사회적 지명도가 있는 남자들로 남자 찬무소(贊務所)를 구성해 여자교육회를 지도할 상층기구로 삼고, 상류사회 여성들의 단체 참여를 촉구했다. 여기서 임명한 임원을 보면 다음과 같다.

회장 : 유안(留案), 대판(代辦)회장 : 김운곡(金雲谷), 총무 : 김송제(金松齊), 부총무 : 이일정당(李一貞堂).

평의원 : 이하영(李夏榮) 부인·민겸호(閔謙鎬) 부인·권중현(權重顯) 부인·이완용(李完用) 부인·심상훈(沈相熏) 부인·민병필(閔丙弼) 부인·권중필(權重弼) 부인·민영기(閔泳綺) 부인·이재극(李載克) 부인·박희병(朴羲秉) 부인·유성준(兪星濬) 부인·오대환(吳臺煥) 부인·진학신(秦

---

9) 여자교육회에 관한 것은 朴容玉, 같은 책, 80~106쪽 참조.

學新) 부인·진학주(秦學胄) 부인·최영년(崔永年) 부인·김익영(金益泳) 부인·유상범(兪相範) 부인·고희준(高羲駿) 부인·윤효정(尹孝定) 부인· 유길준(兪吉濬) 부인·최병헌(崔炳憲) 부인·현영운(玄暎運) 부인·이종 화(李鐘華) 부인·김상운(金祥雲) 부인·진탁은(秦卓隱)·이학선(李鶴仙)· 김금한(金錦漢).

사법원 : 김호산(金湖山)·김송암(金松岩)·김미산(金美山)·조남파(趙 南波)·한일심(韓一心), 회계원 : 박청운(朴清雲)·김일은(金逸隱), 서기 원 : 김해추(金海秋)·신공자(申公子).

사무원 : 잉임, 여공과장 : 이윤용(李允用) 부인, 위생과장 : 이근상 (李根湘) 부인, 직조소이사 : 양성운(梁成雲)·박청운(朴清雲), 양잠소 이사 : 백원혁 부인·김정우(金鼎禹) 부인, 위생소이사 : 지석영(池錫永) 부인·김익남(金益南) 부인, 염색소이사 : 최석상(崔錫祥) 부인·현국 부 인, 폭백소이사 : 조진태(趙鎭泰) 부인·최규익(崔奎翊) 부인, 재봉소이 사 : 이근배(李根培) 부인·신공자(申公子), 동서사무장 : 김극암(金克 巖), 서서사무장 : 홍긍섭(洪肯燮) 부인, 남서사무장 : 신봉자(申峯子), 북서사무장 : 유안(留案), 중서사무장 : 장묘련(張妙蓮).[10]

이상의 임원진이 실제로 얼마나 활동했는지 자세히 알 수는 없으나, 이들은 대부분이 고관 및 유지의 부인들이었다. 이들 가운데 실제 활동한 이는 김운곡·김송제·김호산·김송암 등 취지서 발표 당시의 발기인들과 이준의 부인이자 개화 선각자인 이일정당 등이다. 여자교육회는 운영권을 놓고 여러 가지 갈등도 많았으나, 일반 부녀 대중과 고루한 사회를 개발시키기 위한 연설회와 토론회를 지속적으로 행함으로써 여성의 사회참여의식을 높인 점은 주목할 만하다. 1906년 7월부터 1907년 7월까지 행한 총 25회의 연설 및 토론회의 의제는 여성 및 유아교육, 의관제(衣冠制) 개량, 내외법 폐지, 부인 산업, 공업 개발 등이었는데, 주제 강연자는 주로 남자 들이었으나 토론은 좌우파로 나누어 여자들이 담당했다. 토론 담당

10) 《萬歲報》, 1906년 11월 2일, 〈여교홍왕〉.

여자들은 김송제·김운곡·이정일당·조남파·한일심·진홍자·신공자·박
번자·김석자·신리자·신소당·신영자·김일은·김필원·장석령 부인·유
두자 등이었다. 그리고 전시효과적 의미까지를 포함한 평의원들은
실제 활약은 하지 않았다고 하더라도 그들이 토론회나 강연회 및
통상회에는 늘 참석했을 것으로 생각되며, 그 참여 자체가 여성의
사회 진출 의지를 북돋고 또 여성 활약의 사회적 분위기를 조성하
는 데 적지 않은 기여를 했을 것으로 생각된다.

다음은 1907년 4월에 신소당(申簫堂)·최화사(崔花士) 등에 의해
설립된 진명부인회(進明婦人會)[11]의 여성활동 상황을 살펴보고자 한
다. 1906년 12월 초부터 여자교육회가 경비 부족으로 양규의숙을
유지할 수 없게 되자 신소당이 양규의숙을 유지하고 진흥시킬 단
체로 진명부인회를 발기·조직하고, 1907년 4월 23일 제1회 총회를
열어 임원을 발표했다. 총재는 유안으로 두고, 부총재 최화사, 회장
신소당, 부회장 이석경(李石卿), 총무 박영자(朴英子), 회계원 이종
석(李鍾石), 재무원 이기홍(李起泓) 부인, 서기 김석자(金石子)·김일
당(金一堂), 평의장 박영인(朴泳仁) 및 평의원 권직상(權直相) 부인
등 16명과 찬성장 이미경(李美卿), 부찬성장 민현자(閔賢子) 등을 임
명했는데, 평의원은 여자교육회의 경우와 마찬가지로 사회 저명인
사와 고관의 부인들이었다.

진명부인회를 실질적으로 조직 운영한 회장 신소당은 민족교육
운동과 여성운동을 적극적으로 추진했던 대표적인 사회단체운동가
이자 민족교육 운영자이다. 그는 판서를 지낸 고 김규홍(金奎弘)의
부인으로 이미 대안동 자택에 소학교인 사립광동학교(私立光東學校)
를 설립하고(1906년경)[12] 교장직을 맡았으며, 교감에는 이일정을, 또
학감에는 박영자를 임명했다.[13] 이일정과 박영자는 당시 부인운동

11) 進明婦人會에 관해서는 朴容玉, 앞의 책, 106~109쪽 참조.
12) 《帝國新聞》, 1907년 3월 16일, 〈光東學校〉.
13) 《大韓每日申報》, 1907년 5월 5일, 〈光校生광〉;《萬歲報》, 1907년 5월 8일, 〈婦

계에 진출해 다양한 활동을 했던 선각적 여성들이다. 이 학교는 빈
한한 아이들(40여 명)만 모집해 학비를 전적으로 신소당이 자담했
다. 그는 관진방회(觀鎭坊會)에 또 하나의 새 학교를 설립했는데,
이 때문에 재정적 어려움이 닥쳐 광동학교 설립 3년 만인 1908년
말에 안동김씨종약소(安東金氏宗約所)에 운영을 인계했다.[14] 1907년,
국채보상운동이 전국으로 확대되고 있을 때 그는 서울 대안동에
대안동국채보상부인회를 조직해 여성계의 국채보상운동 총본부로
서의 기능을 스스로 맡아 행했다.

　여성의 교육 및 여성의 사회 진출이 필요하다고 주장되는 사회
적 분위기는 엄황후(嚴皇后)로 하여금 여성교육을 위한 적극적 의
지를 가지고 여성교육운동을 펴가게 했다. 황실에서의 여성교육운
동은 이것이 처음이라고 해도 무방하다. 엄황후는 황실 여성들과
현관(顯官) 부인들을 규합해 대한여자흥학회(大韓女子興學會)와 자혜
부인회(慈惠婦人會)를 설립했다. 전자는 1908년에 설립된 한성관립
고등여학교를 후원하고 흥왕하게 하기 위한 것이었고 후자는 경성
고아원을 찬성하기 위한 자선 단체였다.

　관립여학교 설립에 즈음하여 엄황후는 여성교육 휘지(徽旨)[15]를
발표했는데, 그 내용은 여성교육을 집안의 행복을 증진해 국가의
비보가 되어야 한다는 현모양처론적 교육에 중점을 두고 있었다.
이는 여성이 독립된 인간으로서 사회로 진출해 적극적인 삶을 영
위하기보다는 교양을 갖추고 개화하는 사회에 맞추어 가정을 경영
할 훌륭한 내조자가 되도록 교육하는 데 주안점을 둔 것이었다. 대
한여자흥학회[16] 발기는 학부 주선으로 종친부에서 개최되었고 황실
및 고관 귀족 부인 50여 명과 현구 정부대신들이 참여했으며, 임원

　人設校).

14) 《大韓每日申報》, 1908년 11월 24일, 〈光東引繼의 希望〉.

15) 《舊韓國官報》, 1908년 5월 26일.

16) 대한여자흥학회에 관한 내용은 朴容玉, 앞의 책, 110~113쪽 참조.

으로는 총재 완흥군(完興君) 이재면(李載冕) 부인, 부총재 이완용 부인, 회장 해풍부원군(海豊府院君) 윤택영(尹澤榮) 부인, 부회장 이 재극 부인, 총무 조보국영하(趙輔國寧夏) 부인과 시종경(侍從卿) 민 병석(閔丙奭) 부인, 사무원 학무국장 윤치오(尹致旿) 부인과 편집국 장 어윤적(魚允迪) 부인, 고문 구현 정부대신, 남자 사무원 윤치오 와 어윤적이 임명되었다. 이들은 모두 황실과 현구 대신의 부인들 이다.

이 단체의 실제 활동자는 윤치오 부부와 어윤적 부부[17]였다. 자 혜부인회도 총재에 이완용 부인, 평의장에 이정숙(李貞淑, 조동윤 대 부인), 총무장에 이옥경(李鈺卿, 이지용 부인)이 있었지만, 실질적으 로 활동한 이는 이옥경이었다. 이옥경은 매국 5적의 부인으로 친일 활동에 앞장섰던 인물인데, 또 다른 고관부인들과는 달리 일찍 개 명해 남편을 따라 일본에 갈 때도 활발한 독자적 활동을 했으며 국내에서도 양장에 구두를 신고 다녔다. 그는 재정이 어려운 여자 교육회의 총재를 비롯해 여성단체활동을 활발히 했지만, 친일적 행 동으로 말미암아 일반 사회에서는 호평을 받지 못했다.

여성단체운동에 황족과 정부대신 및 그들의 부인들을 많이 참여 시킨 중요한 이유는 먼저 단체의 사회적 인지도를 높이려는 것이 었다. 둘째는 황족 등 상층 사회의 부인들로 하여금 사회적 모범을 보이게 함으로써 여성의 '탈규문(脫閨門)'을 유도해 여성의 사회 진 출의식을 보편화시키려는 것이었다. 셋째는 여성 사회 진출의 보편 화를 통해 여성인력 활용을 용이하게 하려는 데 있었다. 일제의 한 국식민지여성정책의 중심은 여성인력 확보였다. 그들은 이 같은 목 적 달성을 위해 이미 1906년에 이옥경으로 하여금 대한부인회[18]를

---

17) 尹致旿의 부인은 尹高羅이며, 魚允迪은 漢城官立女子高等學校의 초대 교장 으로 임명되었다.

18) 朴容玉, 〈韓日婦人會의 組織背景과 活動〉, 《韓國學論叢》, 霞城李瑄根博士古 稀記念論文集刊行委員會, 1974, 63~73쪽 참조.

조직하게 하고 여자실업교육 장려라는 이름으로 정부예산을 책정했으며, 양잠강습소를 설립하고 양잠교육을 강화·확대해갔다. 당시 국제시장에서 견사의 값이 높아 잠업은 가장 이익이 높은 산업이었다. 그러나 일본은 기후가 습하고 기온이 높아 양잠사업에 매우 부적합했다. 그에 비해 한국의 경우는 양잠산업에 적합한 기후를 가졌고 저임금으로 활용할 우수한 인력도 갖추어져 있었다. 이옥경으로 하여금 여성실업교육 장려라는 명목으로 양잠교육을 확대하게 한 것은 곧 식민지여성정책의 수행에 앞장서도록 한 것이다. 그러므로 이옥경은 여성의 사회 활동이 용이하지 못한 사회여건 하에서 친일적 목적 수행이라는 반민족적 여성운동을 수행했다는 부정적 평가를 면할 수 없다. 그러나 그의 활동을 통해 여성 사회 진출의 한 모형이 제시되었다는 점에서는 긍정적 의미를 찾을 수 있겠다.

(2) 구국적 남녀평등의식의 확대

일본이 1876년 무력을 앞세워 국제 정세에 어두운 우리로 하여금 강제적 문호개방을 하게 한 이후 국가 존립에 대한 위기론이 유자층을 중심으로 강력히 제기되었다. 반면 개화의식을 가진 청년유자 가운데는 나라가 강성해지기 위해서는 적극적인 개화정책이 추진되어야 한다고 주장하며 1882년 갑신정변과 같은 비상적 수단에 의한 정치적 변혁까지 꾀한 이들도 있었다. 그러나 개화추진파의 생각과는 달리 일본의 조선에 대한 정치적·경제적 침략은 연년이 확대되었다. 그들은 1895년에 국모를 시해하기까지 했으며 1905년에는 우리의 자주적 통치력을 극도로 제한하는 을사조약을 강제로 체결해 우리를 국권상실의 급박한 위기에 몰아넣었다. 이에 일제 침략세력을 저지하고 꺾으려는 항일민족운동이 막을 수 없는 큰 힘으로 성장하게 되었다. 국력을 키우기 위해서는 민력을 키워야 한다는 주장이 높아지면서 여성교육과 여성의 사회 진출이 속히 이루어져야 한다는 새로운 사회사상이 전 사회로 확대되었다. 이러한 정치적·사회적 분위기 속에서 1907년 2월에는 대구에서 서상돈(徐相敦)에 의해 일본으로부터 빚진 국채 1,300만 원을 국민의 힘으로 상환하여 완전 자주독립국을 이루자는 국채보상운동론이 제기되어 순식간에 전국적인 호응을 받게 되었다.

국채보상운동은 탈신분적이며 탈지방적이며 탈성별적인 특성을 지니는 거대한 자주적 민족주의 운동이었다. 특히 여성의 적극적 참여는 이 운동을 전국으로 확대시킨 원동력이 되었고, 규문 안에서만 생활하도록 삶의 영역과 인간적 권리를 극도로 제한받았던 여성들로 하여금 평등한 인간으로서 살 권리를 인식하게 한 중요한 계기가 되었다. 국채보상운동에 대한 여성계의 첫 반응은 대구 남일동에서 일어났다. 정운갑 모 서씨·서병규 처 정씨·정운화 처 김씨·서학균 처 정씨·서석균 처 최씨·서덕균 처 이씨·김수원 처 배씨 등 일곱 명이 국채보상취지서에 남자의 참여 방법만 제시하고 여자의 참여 방법을 제시하지 않고 있음을 지적하면서, 여자는 국민의 일분자가 아니냐고 항의하고 부녀들은 각자가 소지한 패물을 가지고 열심히 참여하자고 주장하는 격문(〈경고아부인동포라〉)을 발표했다. 그리고 자신들이 가지고 있던 각자의 패물 총 13냥 8돈 중을 의연했던 것이다.[19]

전통사회 여성이 자신의 의지로 참여할 수 있는 삶의 영역은 주로 규문 안의 안살림에 한정되어 있었다. 국채보상과 같은 일은 실은 정치적 영역의 것이므로 종래의 사회적 규범으로 볼 때 부녀의 참여 방법을 구태여 언급할 필요가 있는 것은 아니었다. 그런데 대구 남일동 부인들의 생각과 주장은 아주 달랐다. 그들은 부녀들도 남자들과 동등한 권리를 갖는 국민이므로 떳떳이 독립적으로 국채

19) 《大韓每日申報》, 1907년 3월 8일, 〈경고아부인동포라〉.

보상운동에 참여해야 한다고 주장했다. 이들의 주장에는 구국을 위한 활동에는 남녀의 차별 없이 평등하게 참여해야 한다는 신념이 있었다. 당시 이러한 정신은 여성사회 전반에 널리 확대되어 있었다. 평양의 가난한 선비 임기형(林基馨)이 자신의 가족 한 명 당 1원씩을 도합해 모두 일곱 명에 해당하는 7원을 의연하고 집에 돌아와서 이 사실을 부인에게 말했다. 이 말을 들은 부인은 정색을 하고 남편을 책망하면서 '국가적 관념과 천부의 자유는 사람마다 다 가지고 있는 것이다. 이 의무는 나도 마땅히 이행해야 한다'고 말하고 시집 올 때 가져온 은장도 한 개를 즉각 연출했다.[20]

국채보상을 위한 여성들의 참여 열의는 어떠한 역사적 국난에서도 찾아볼 수 없을 만큼 뜨겁고 활발했다. 여성들의 참여 유형은 위의 임기형의 부인처럼 개개인이 독자적으로 참여하는 경우와 국채보상 부인단체를 정식으로 조직해 하나의 여성운동으로서 참여하는 경우가 있었으며, 또한 일가 문족 또는 마을 단위나 동일 직업인들(가령, 기생·주희·선생·학생 등)이 집단적으로 의연에 참여하는 경우 등이 있었다. 이 가운데 단체를 조직해 선언문을 반포하고 구체적인 참여 방법을 제시하며 장정까지 마련해 여성의 참여를 독려하는 구국적 여성단체운동은 국채보상운동에서 처음으로 나타나는 일이었다. 여자의 참여 방법으로 제시된 유형은 크게 네 가지로 분류할 수 있다. 첫째로 패물 폐지형, 둘째로 감선(減膳)·감찬(減饌)·감반(減飯)형, 셋째로 현금 의연형, 넷째로 위의 네 가지의 혼합형이다.

국채보상 여성단체로는 대구 남일동(南一洞)의 패물폐지부인회(佩物廢止婦人會)를 비롯해 대안동국채보상부인회(大安洞國債報償婦人會)·부인감찬회(夫人減餐會)·국채보상여자의성회(國債報償女子義成會)(이상 서울 지역), 국미적성회(掬米積誠會, 인천), 국채보상의무소(김포군

---

20) 《大韓每日申報》, 1907년 3월 8일, 〈銀刀出捐〉.

검단면), 국채보상부인회(안성 장터, 진천군, 창원항의 세 곳), 부인의
성회(남양군), 감선의연부인회(減膳義捐婦人會, 부산 좌천리), 단연동맹
부인회(斷煙同盟婦人會, 부산), 삼화항패물폐지부인회(三和港佩物廢止婦
人會, 현 진남포), 부인급수보상회(夫人汲水報償會, 청북 강계), 국채보
상감반회(國債報償減飯會, 영홍군) 등이 있었다.[21] 여성들이 단체를 조
직해 국채보상운동에 참여했다는 것은 정치참여의식을 갖게 되었
다는 의미를 지니며, 또한 여자도 남자와 평등하게 사회참여를 할
수 있다는 것과 더 나가 하겠다는 의지를 나타낸 것이라 하겠다.

여성참여 및 활동에 나타난 특징[22]으로는 먼저 지역별 특성을 들
수 있다. 국채보상 여성단체는 주로 정치·경제·문화·상공업의 중심
도시와 항구도시에서 조직되었다. 둘째로 주도층 신분에 나타난 특
성을 들 수가 있겠다. 이 운동은 신분이나 지방 등을 초월해 거족
적으로 참여가 이루어졌다는 데서 큰 의의를 갖는다. 그러나 이 운
동을 활성화시킬 주도층 내지 지도층에 대한 검토는 있어야 한다.
단체의 조직 및 발기자의 주도층이라는 면에서 볼 때, 양반 및 유
지부인들은 절대다수를 차지하고 있다. 또한 혼전 여성보다는 가정
경영권을 가지고 있는 주부가 대부분이며 상층사회 부인들의 참여
가 높았다. 또 경제력을 가진 기생 신분의 애국적 참여도 두드러진
다. 가장 활발한 국채보상 여성단체인 인천의 국미적성회의 경우처
럼 기독교 부인들의 사회적 지도력이 점차 높아지고 있다는 점도
주목된다. 세번째 특징으로는 참여 열의에 비해 평균 의연 금액이
그리 높은 액수가 되지 못했다는 점이다. 당시의 4대 신문에 게재
된 의연 여성 2,821명을 대상으로 의연 금액을 분석한 결과, 50전
이하가 절대다수를 차지하고 있었다. 100원 이상을 낸 사람은 단지
다섯 명뿐이었다. 그 이유는 다음의 인용문을 통해 간접적으로 알

---

21) 朴容玉, 〈國債報償運動의 發端背景과 女性參與〉,《한국민족운동사연구》8,
　　1993년 2월, 147~182쪽 참조.
22) 朴容玉, 같은 글, 182~188쪽 참조.

수 있다.

   …… 조그마한 금액이 계속 들어왔는데 그러나 정부의 큰 벼슬아
치나 서울의 사대부층이나 돈있는 큰 장사치들은 한사람도 호응하여
기부하는 이가 없어 미치괭이처럼 절규하고 눈물로 호소했으나 급급
하여 미치지 못했던 것같다. 천한 신분으로 고용살이하며 빌어먹는
계층들이 도리어 많았다. 이때에 많은 금액을 낸 사람은 해주 사는
이대림(李戴林)이 2만 원, 김선준(金善駿)이 1만 원이었다.[23]

   고관들이나 돈 많은 남정네가 거액의 의연을 하면 아울러 부인
들의 의연액수도 높아질 수 있는 것이다. 그렇지 못했다는 것은 국
채보상운동이 갖는 하나의 한계성이라고 볼 수 있다.
   네번째 특징으로 들 수 있는 것은 남녀동등의식의 성장과 발전
이다. 이 특성은 한국근대 여성운동사상에서 볼 때 특히 중요한 의
미를 지닌다. 한국 여성의 근대화론을 제일 먼저 주장한 것은 개화
주장자들이었다. 즉, 남자들이 국력을 강화하기 위해서는 민력 양
성이 먼저 되어야 하며, 민력 양성을 위해서는 민의 절반이 되는
여성을 개발시켜야 한다는 논리에 따라 여성개화운동을 촉구했던
것이다. 그러므로 우리 나라 최초의 여권운동 단체로서 1898년에
조직·활동된 찬양회의 경우조차도 여성단체를 지도하고 자문해줄
남자찬성원제(男子贊成員制)를 두었던 것이다. 그러나 국채보상 여
성단체들은 여성 독자의 힘으로 단체를 조직해 남자들을 능가하는
활동을 했던 것이다.
   여성들이 독자적 힘을 가지고 국채보상운동에 참여할 수 있게
된 그 힘과 의지는 어디에서 온 것인가? 그것은 먼저 국망의 위기
에 처한 현실을 더 이상 구시대의 낡은 윤리로는 구제할 수 없다

---

23) 독립운동사편찬위, 《독립운동사자료집》 14, 독립운동사편찬위, 1978, 284~
   285쪽.

는 것이다. 새로운 생각과 새로운 가치관으로 변환하지 않고서는 나라를 구할 수 없다는 것이다. 둘째로 그 새로운 가치관이란 곧 남녀평등권의 실행인 것이다. 1907년 4월 장의근 장모 공씨와 김덕유 조모 엄씨가 발기해 조직한 국채보상탈환회의 취지문에서는 말미에 다음과 같이 밝히고 있다.

이렇듯이 국채를 갚고 보면 국권만 회복할 뿐만 아니라 우리 여자의 힘을 세상에 전파하여 남녀동권을 찾을 것이니······.[24]

발기인인 공씨와 엄씨는 장년을 지난 노년의 부인들이다. 일반적으로 노년의 부인들은 자신이 지내온 삶의 방식이나 가치관을 고집스럽게 지키려 한다. 그런데 그러한 노년의 부인들이 남녀동권 획득을 국채보상운동의 최후의 목적으로 제시하고 있음은 크게 주목하지 않을 수 없다. 적어도 국권회복이라는 민족사적 명제 앞에서는 남녀의 차별이 있을 수 없게 된 것이다. 이 같은 남녀평등관은 일제 침략 하에서의 항일여성운동으로 이어져 여성들이 의열활동에까지 참여했으며, 남녀평등의식도 사회 저변으로 다양하게 확대되어갔다.

4. 여성직업의 창출과 그 진출

(1) 교육종사자로의 진출

여성이 평등한 인간권리를 가지고 사회와 국가를 위해 활동할 수 있는 자질을 갖추기 위해서는 무엇보다도 먼저 여성교육이 확

---

24) 《大韓每日申報》, 1907년 4월 23일, 〈탈환회취지서〉.

대되어야 한다. 1905년 이후 여성교육이 확대되면서 먼저 교육을 받은 여성들이 더 많은 여성들에게 배움의 기회를 주기 위해 스스로 교육 종사자가 되어야 한다는 선구적 소명감을 갖게 되었다. 1905년 이후 여학생들 가운데는 자신의 배움이 나라와 민족을 위해서 그리고 여성 개명을 위해서 반드시 값지게 쓰여야 한다는 선각자적 신념과 의식을 가지고 있는 이가 많았다. 1906년 9월 29일자 《황성신문》에는 인천 영화학교 여자생도 몇 사람이 평생 출가하지 않고 문명 학업에 종사하겠다고 서언(誓言)을 하고 훌륭한 여교사가 되기 위해 일본 간다[神田]로 유학을 간다는 기사가 실렸다. 사회 여건상 결혼한 여성은 자유롭게 사회 활동을 하기가 어려운 시대였으므로 학업을 마친 뒤에도 독신으로서 사회적 활동을 하겠다는 굳은 의지를 나타낸 것이다. 여성교육론의 확대와 여학교의 증가에 따라 교사 자격을 갖춘 여교사가 필요했다. 그러므로 유학을 다녀온 여성 또는 국내 선교사들로부터 교육을 받은 개신교 학교 출신 여성들은 자연스럽게 교사로서 환영을 받았으며 많은 활동을 하게 되었다.

우리 나라의 첫 여학교는 이화학당으로, 1886년 서울에서 개신교 여자 선교사에 의해 문을 열었다. 이 뒤로 계속해서 정신(1887), 일신(1895, 부산진), 영화(1896, 인천), 정진(1896, 평양), 배화(1897, 서울), 여자맹아학교(1898, 평양), 정의(1899, 평양), 공옥(1900, 서울), 기전(1902, 전주), 멜볼덴(1902, 군산), 숭의(1903, 평양), 정명(1903, 목포), 광신(1903, 강계), 루씨(1903, 원산), 삼일(1903, 수원), 호수돈(1904, 개성), 진성(1904, 원산) 등의 개신교계 여학교가 설립되어 여성교육이 확대되었다. 그리고 여기서 교육받은 다수의 여학생들이 우매한 여성을 가르치기 위한 교사직 또는 전도부인 등으로 진출했다. 우리 나라에서 첫 여교사로 활동한 이는 이화학당의 이경숙(李慶淑)과 연동(蓮洞)학당(정신여학교의 전신)의 신마리아였다. 1888년에 이화학당 학생 수가 18명으로 늘어나자 서양 선교사만으로는 학생을 가르치고 생활지도를 할 수 없게 되어 1889년 4월부터는 이경숙을 한글과 한문 및 학생생활 지도교사로 채용했다. 그는 1851년에 충청남도 홍주의 가난한 선비집 딸로 태어나 15세에 결혼했으나 얼마 지나지 않아 소년과부가 되었으며, 그 뒤로 여승이 되었다가 환속(還俗)했다. 이경숙은 39세 때 선교사에게 한국말을 가르치는 남편 친구의 소개로 이화학당장 스크랜튼 여선교사를 만나게 되었다. 그 뒤 학당 교사 겸 학당장 비서 일을 하게 되면서 그의 인생은 큰 변화를 맞게 되었으며, 아울러 한국 여성개화의 선각자로서 중요한 인물이 되었다. 그는 교사가 된 지 반년 만에 세례를 받았으며, 교사 재직 6년 뒤에는 이화학당 교사직을 떠나 스크랜튼 여사와 함께 전도사업에 전력했다.[25]

또한 연동학당의 첫 여교사인 신마리아는 우리 나라 최초의 여의사인 박에스터의 둘째언니로 신정우(申正祐)와 일찍이 결혼해 두 남매를 키우던 주부였다. 그녀의 본래 성은 광산 김씨(光山 金氏)인데, 서양인의 풍습에 따라 남편 성을 쓴 것이다. 그녀는 동생 에스터가 이화학당에서 신학문을 배우는 것에 자극을 받아 1893년 장로교에서 운영하는 정동학당(연동학당 전신)에 들어가 3년간 공부했으며, 그 뒤 1896년부터 연동으로 새로 이사한 연동학당에서 교사로 봉직했다. 그는 학감과 사감직을 역임했고 학생들에게 침공·수학·성경을 가르치는 교사직도 겸했다.[26] 그녀는 가정과 직업을 겸했으며, 그 뒤 활발히 교육활동을 한 최초의 여성이라는 점에서 더욱 의의를 갖는다. 그녀의 딸 신의경(辛義卿)도 정신여학교를 졸업하고 교사로 봉직했는데, 그러던 중 3·1 운동이 일어나 자신의 교사 김마리아가 회장으로 있던 대한민국애국부인회의 임원으로 활약하다가 체포되어 1년간의 투옥생활을 했다. 특히 정신여학교는 3·1 운동 이후 항일민족운동의 본거지 기능을 했던 점 등으로 볼 때,

---

25) 《梨花九十年史》, 梨花女子高等學校, 1975, 55~56쪽.
26) 《貞信七十五年史》, 貞信女子高等學校, 1962, 91~94쪽.

정신여학교의 초기 여성교육의 정신과 방향이 민족과 국가를 구하는 헌신적인 여성을 길러내는 데 있었음을 알 수 있다.

우리 나라 초기 여성교육에 초석을 쌓은 이화학당과 연동학당에서 가르친 과목은 한글·한문·수학 그리고 수예와 성경 정도였으나, 학생들은 선교사를 통해 서구의 새 문화를 접할 수 있었기 때문에 학당 출신 학생들의 의식은 매우 개명했다. 그리고 여자 선교사들과 초기 교사 신마리아 등 교사의 활동은 학생들의 모델이 되어 학생들로 하여금 선각자적 의지를 가지고 사회로 진출하게 하는 자극제가 되었다. 이화학당의 경우 학제가 정제된 1904년 이전까지 배출한 학생 수가 약 100명에 달했는데, 이름이 남아 있는 졸업생은 20명에 불과했다고 한다. 1908년, 정식으로 제1회 졸업생을 배출한 뒤로는 교육계로의 진출이 더욱 활발해졌다. 1회에는 5명, 2회에는 10명, 그리고 3회에는 9명의 졸업생이 배출되었는데, 이들 가운데는 각 지방에 이화학교의 지교(支校)를 설립해 여학생들을 교육하는 이도 있었고, 새로 설립된 각 여학교의 교사로 봉직하는 이도 있었다.[27] 여자교육회가 설립한 양규의숙의 두 명의 여교사 가운데 한 명도 이화학당 출신 셀레였고, 해주 정내여학교 교사 홍은애[28]와 부산 초량사립여학교 교사 황혜수[29]는 모두 연동학당 출신이었다.

개신교 여학교 출신인 박에스터[30]·하란사(河蘭史)·황여메례·최활란(崔活蘭) 등은 이 시기에 한국 여성과 사회를 발전시키는 데 크게 기여한 대표적인 여성들이다. 하란사는 1875년 평양에서 태어났으며, 그의 남편은 인천 감리로 재산이 있는 하상기(河相驥)였다.[31]

<hr>

27) 《梨花九十年史》, 73쪽.
28) 《皇城新聞》, 1908년 12월 23일, 〈正內將進〉.
29) 《大韓每日申報》, 1909년 5월 13일, 〈女師被選〉.
30) 박에스터는 여의사로 활약했으므로 의료계로의 진출에서 다룰 것이다.
31) 하란사는 하상기의 소실이었다고 하며, 그의 본성은 白氏인 것 같다. 《大韓每日申報》, 1906년 9월 29일, 〈婦人擔敎〉에 따르면 興化학교 교사 白象圭가

이화학당은 기혼자 입학을 불허하는 교육 방침을 세웠음에도 그녀
가 교육을 받겠다는 너무도 강한 의지를 보였기 때문에 1896년에
입학을 허가하고 그녀를 받아들였다. 그는 이화학교에서 4년 동안
수학한 뒤 1900년 3월부터 1년 동안 일본 유학을 하고 돌아왔다.
그리고 그 이듬해(1902년)에는 자비로 다시 미국 유학을 떠나 오하
이오 웨슬리언(Weslyan)대학에 입학해 영문학을 전공하고 1906년에
졸업함으로써 우리 나라 최초의 외국 유학 문학사가 되었다. 귀국
한 뒤 그는 이화학교의 교사로 봉직하는 한편 스크랜튼과 함께 달
성이궁(達城離宮)에 기거하면서 상동교회 건설에 협력했다. 여기서
여자영어반을 개설해 뒷날 여성교육에 기여한 손메레·신알버트·양
우러러 등을 길러내었다. 이화에서는 영어와 성경을 가르치고 기숙
사 사감 및 총교사로서 일했다. 또한 교내 서클인 이문회(以文會)를
지도하고, 미국 여선교사 앨벗슨(Millie M. Albertson)과 함께 이화학교
옆에 부인성서학원을 창설해 전도사업을 했다. 특히 영어에 능숙했
기 때문에 황실 통역을 맡기도 했다. 아울러 그는 민족독립의식이
강해 국내외 독립운동가들과도 긴밀한 연락을 취하며 활약했다. 제
1차 세계대전 종료 뒤에는 의친왕을 대신해 파리강화회의에 참석
하기 위해서 1919년 1월 북경에 당도했으나 불의의 식중독으로 사
망했다.[32)]

황여메례는 1872년 2월 21일, 마산에서 김씨가의 외딸로 태어났
고, 황씨가에 출가했으나 곧 남편을 사별했다. 그 뒤 1886년에 달
성이궁에 기거하는 스크랜튼의 양녀가 되어 이화학당에서 영어·수
학·성경 등을 공부했다. 그는 영어에 능통하고 신학문의 식견도 높
았기 때문에 교회와 학교 등에서 다양한 활동을 했다. 1901년에 정
동제일교회 내의 회원 63명에 대한 보호회를 발족해 지도하는 것

義親王을 수행하여 일본에 가므로 그가 回還할 때까지는 하상기 부인 백씨
가 교수 책임을 졌다고 했다.
32)《梨花九十年史》, 75~76쪽.

을 비롯해서 1903년에는 이화학당 내의 '리빙 소사이어티'를 지도
했고, 1905년부터는 스크랜튼을 도와 상동교회에서 성경공부반을
지도했으며, 1910년에는 엡윗여자청년회를 조직해 기독교 여자 청
년운동을 추진했다. 또한 그는 보구여관에서 선교사를 도와 의료
및 전도활동을 수행했다.[33] 1903년 3월, 교육 시찰차 일본에 다녀온
뒤에는 여성교육에 관심이 더욱 높아져 시병원(施病院)에 방 하나
를 얻고 여학생 20명을 모아 직접 가르쳤다. 그 학생 가운데는 엄
황후의 사촌오빠 엄준원(嚴俊源)의 딸이 있었다. 그는 엄준원을 통
해 여성교육에 뜻이 높았던 엄황후를 만나게 되었고, 엄황후로부터
창성궁을 학교 건물로 하사받아 1906년 5월에 엄준원을 교장으로
하고 황여메례를 총교사로 하는 진명여학교를 열게 되었다.[34] 또한
평양에서는 전 관찰사 등의 유지들이 1906년 3월에 평양애국여학
교를 설립해[35] 30여 명의 학생을 가르쳤는데, 기부금에 의한 학교
운영이 어려워지자 여성교육열이 높은 엄황후가 황여메례를 보내
어 평양 진명여학교로서 재출발하게 했으며,[36] 이에 400원을 하사
했다.[37] 평양의 진명여학교는 평양의 대성학교와 더불어 민족교육
을 행했던 서북지방의 대표적 여학교가 되었다. 엄황후의 지원과
황여메례의 적극적인 활동으로 평양에서의 여성교육은 점차로 확
장되었다. 평양 명륜당 안에 설립한 여자교육연구회에서 여성교육
연설회를 개최했을 때, 황여메례는 김현런 부인 및 안창호·김희경
등과 청중을 감동시키는 연설을 했다.[38] 1909년 1월에는 수원 삼일
여학교에서 영어를 가르쳐 고명한 교사로 칭송을 받았다.[39]

33) 《梨花九十年史》, 76~77쪽.
34) 《帝國新聞》, 1907년 5월 13일, 〈女校盛況〉;《韓國女性史》2, 梨花女子大學
　　校 韓國女性史編纂委員會, 1972, 82쪽.
35) 《帝國新聞》, 1906년 11월 29일, 〈平壤女校〉.
36) 《帝國新聞》, 1907년 6월 12일, 〈女校擴張〉.
37) 《大韓每日申報》, 1907년 7월 10일, 〈內賜校費〉.
38) 《帝國新聞》, 1907년 7월 17일, 〈女校擴張〉.
39) 《大韓每日申報》, 1909년 1월 10일, 〈女師高明〉.

1888년 9월 23일에 인천에서 태어난 최활란은 8세에 이화학당에 입학한 뒤 20년을 이화에서 배우고 가르쳤다. 또한 새로 부임하는 선교사들에게 한국말을 가르치는 일도 했다. 그는 이화 중등과 학생일 때 일본 나가사키[長崎]의 가쓰이[活水]여학교에 유학해 1907년에 귀국했는데, 귀국 뒤로는 교사 겸 총교사로 모교에서 봉직을 했으며, 1915년에는 이화의 대학과를 졸업했다. 26세에 최병헌 목사의 아들 최재학(崔在鶴)과 결혼한 뒤에도 YWCA, 태화여자관, 경성여자기독교절제회 등의 기독교 사회단체에서 계속 활동했다.[40]

나라의 운명이 위기에 처한 1905년 이후에는 국력 배양을 위해 여성교육을 시행·확충해야 한다는 사회여론이 높아지면서 경외 각지에 사립여학교의 설립이 급격히 증가했다. 이미 학문이 있거나 뜻이 있는 여성들 가운데는 여성교육의 시급성을 깨닫고 사재를 털어 여학교를 설립·운영하는 이도 적지 않았다. 그러나 이렇게 설립해놓고도 얼마 되지 않아 운영난으로 문을 닫는 경우가 많았다.

그중 개성에 정화(貞和)여학교를 설립해 운영한 김정혜(金貞蕙, 본성은 양[梁], 1868~1932년)는 대표적인 여성교육사업가였다. 그는 여성교육이 필요하다는 적극적인 의지 그리고 자신의 재력과 성심성의의 정성을 가지고 학교를 경영한 우리 나라 초기 여성교육의 선각자이다. 그의 조부는 개성 북부에 살던 고현감 양성진(故縣監 梁成鎭)이며 부친은 해주에서 무역으로 거금을 번 양재천(梁在川)으로, 1868년 10월 12일에 개성에서 그의 둘째딸로 태어났다. 그는 어려서부터 활발하고 인내심이 강했으며, 남에게 한 걸음도 지지 않으려는 진보적인 성격의 소유자였다. 그의 시가도 경기도에서 손꼽히는 거부로서, 시조부는 고부사 김정실(故府使 金鼎實)이다. 그는 11세에 14세의 김영종(金永鍾)과 결혼했으나 3년 만인 14세에 청상과부가 되었으며, 이듬해에는 시아버지가 사망해 시조모와 시모를

---

40) 《梨花九十年史》, 77~78쪽.

모시고 수절생활을 하고 있었는데, 22세에는 이들마저 사망하고말
았다. 그의 가재는 풍부했으나 자신의 기구한 인생과 세상에 허망
함을 느끼고 이를 극복하기 위해 처음에는 자기와 비슷한 소년과
부들과 어울려 사계절 들놀이나 잔치 구경이나 굿 구경 등으로 세
월을 보냈다. 그러던 중 한번은 개성의 북부교회 구경을 갔다가 그
의 인생에 크나큰 변화를 맞게 되었다. 그는 그곳에서 선교사의 설
교를 듣고 감복해 집에 돌아와서는 터주·금줄·재앙신 등 그때까지
섬기던 온갖 미신적인 것들을 마당에 모두 모아 태워버렸다. 그리
고 지금까지의 자신의 생활을 청산하고 교인이 되었다.[41] 그로부터
2년 뒤에는 세례까지 받는 독실한 신앙인이 되었으며, 서양식으로
자신의 성 대신 남편의 성을 쓰게 되었다. 당시 우리 사회를 발전
시킬 민족적 대과제로서 신교육과 신문화운동이 풍미하고 있음을
관찰한 그는 특히 여성교육의 필요성을 절감하게 되었다. 그는 여
성교육사업에 큰 뜻을 두게 된 것이다. 그리하여 선교사가 운영하
던 송계(松桂)학원을 인수해 운영하면서, 교사 양성을 위한 사범과
를 두고 4~5명의 교사를 배출했다.[42]

그는 뜻한 바 있어 이 학원을 6개월 만에 선교사에게 다시 양도
하고, 1910년 여름부터 해나뭇골 자기 집 안방에 여학교를 새로 설
립했다. 이것이 오늘날까지 존속하여 발전한 정화여자상업학교의
전신이다. 처음에는 청상과부 등 6~7명을 모집해 교육을 시작한
것이 5개월 만에 100여 명으로 늘어나고 7개월째 들어서는 학생
수가 130여 명에 이르렀다. 증가일로의 학생을 수용하기 위해 아래
채와 헛간까지 교실로 만들어 썼다. 그의 가산이 비교적 풍성해 처
음에는 교육비 일체를 자담했으나 학생의 수가 급증하면서 점차
학교 운영이 어려워졌다. 그러나 한편 그의 뜻이 사회에 알려지자
사회 유지인들이 지원을 아끼지 않았다. 당시 개성군수 박우현(朴

---

41) 《新女性》, 1932년 11월호, 32~37쪽.
42) 《皇城新聞》, 1910년 7월 16일.

宇鉉)은 교사 마련을 위해 활터[君子亭]를 빌려주고 학교 이름을
'정화(貞和)'라고 지어주었으며 경제적 지원도 했다. 이 학교에 대
한 사회적 지원 양상은, 1910년 7월 8일에 정화여학교에서 서울 진
명여학교 교사 황여메례를 초청해 '여자교육의 급무'라는 내용의
연설회를 개최했을 때 여실히 나타났다. 당시 연설회는 인산인해의
청중들로 대성황을 이루었고, 그곳에 참석한 다수의 귀부인들은 김
정혜의 열의에 감복한 나머지 200여 원에 이르는 금액을 즉석에서
출연했다고 한다.[43]

1910년 이전에 설립된 사립학교들이 사립학교령의 규제 때문에
거의 폐교되고 재정 지원이 가능한 기독교계 학교와 왕실의 후원
을 받는 학교 정도만 존속할 수 있었던 민족사적 비운 속에서도
개성의 정화여학교는 의연히 존재하고 성장해나갔다. 1915년, 일제
가 식민통치의 공적을 과시하고 민심을 회유하기 위해 개최한 공
진회에서도 김정혜의 교육열을 높이 치하하는 포상을 하기까지 했
다.[44] 1920년 이후에는 여성교육열이 새롭게 높아지면서 정화여학
교도 급격한 발전을 하게 되었다. 우선 김정혜는 연수입 200석에
이르는 자신의 토지 6만 4,000평을 학교를 위해 기부했으며, 개성
의 유명한 재산가 김원배(金元培)도 연 700원씩을 기부하겠다는 약
속을 했다. 아울러 평양 과부 김진홍의 4만 원 기부 그리고 같은
평양 과부인 이현준 및 개성 과부 한인원의 기부를 받아 재단법인
을 설립하고 학교도 새로 지었다.[45] 김정혜는 실로 국운이 쓰러지
던 우울한 시대에 민족의 미래를 보고 자신의 모든 재산과 생애를
바친 초기 한국 여성교육의 대선구자인 것이다.

---

43) 《皇城新聞》, 1910년 7월 8일, 〈眞正女史〉, 동 7월 12일, 〈貞和演說〉, 동 7월
　　16일, 〈婦人界의 模範的事業(論)〉 ; 《大韓每日申報》, 1910년 7월 16일, 〈貞校
　　將進〉.
44) 《每日申報》, 1915년 10월 24일.
45) 《新家庭》, 1933년 1월호, 100~102쪽.

이 시기 사립학교에서는 민족의식을 고취하는 교육이 행해지고
있었기 때문에 이러한 교육의 확대는 일제의 한국식민지화정책에
큰 걸림돌이었다. 그러므로 바른 교육의 표본이라는 미명 아래 사
립학교령을 반포해 민족주의 교육을 탄압·방해하고 한편으로는 식
민지교육정책을 수립·강화했다. 여성교육도 마찬가지였다. 일제는
1908년 식민지 여성교육의 표본을 보이기 위해 우리 정부로 하여
금 관립한성고등여학교[46]를 설립하게 하고, 최고의 학벌을 가진 교
사진을 구성하기 위해 일본 등 외국에서 유학하고 돌아온 최고의
지식층 여성을 교사로 임명했다. 개화 선각자 윤효정(尹孝定)의 딸
윤정원(尹貞媛)이 당시 관립여학교의 교사로 임명되었는데, 그는 13
살에 일본 유학을 가서 최고등과를 졸업하고 유럽을 수 년간 유력
(遊歷)하고 귀국한 뒤 고등여학교 교수로 피임되었으며,[47] 윤황후의
논어 강관(講官)으로 내정받았던 신진여성이다.[48] 또 일진회장 홍긍
섭(洪肯燮)의 며느리인 홍정자(洪貞子)도 고등여학교 교사로 임명되
었는데,[49] 그는 일진회장을 지낸 윤시병의 딸로 10년간의 일본 유
학을 통해 간호학과 음악 등을 배우고 1906년에 돌아온 재원이
다.[50] 또한 윤치오의 부인 윤고라(尹高羅)도 고등여학교 영어교사로
임명되었다.[51] 그는, 주미공사관의 참사관을 지냈고 1903년에 미국
콜로우드대학을 졸업한 김윤정(金潤晶)의 딸로서, 1907년에 일본여
자학원에 입학했지만 학업 중 학교의 화재로 인해 중도에 귀국했
다.[52] 귀국한 뒤로는 양원(養源)여학교 영어교사직[53]과 동교 유지회

46) 朴容玉, 〈舊韓末의 女性敎育−官立漢城高等女學校設立을 중심으로〉, 《史學
    研究》 21, 1969, 361∼378쪽 참조.
47) 《大韓每日申報》, 1909년 3월 23일, 〈高等女師〉.
48) 《皇城新聞》, 1909년 5월 15일, 〈尹貞媛講官內定〉.
49) 《皇城新聞》, 1908년 9월 1일, 〈女師任命〉.
50) 같은 글.
51) 《皇城新聞》, 1908년 4월 24일, 〈夫人敎師〉.
52) 《大韓每日申報》, 1908년 9월 2일, 〈계속유학〉.
53) 《皇城新聞》, 1908년 10월 8일, 〈語師善敎〉.

의 회장직[54]을 수행하면서 유지 부인들과 협력해 양심(養心)여학교를 설립[55]하는 등 활발한 여성교육활동을 했다. 한편으로는 동양애국부인회 등의 친일성 부인단체에서도 활약했으며,[56] 또 일본인 및 서양인들이 어울린 사교계에서도 두각을 보였다. 이처럼 당시 사회의 여성교육열로 인해 외국으로 유학을 떠나는 여성의 수는 점차 증가했다.

특히 일제는 한국에 대한 중요한 식민지정책 수행의 일환으로서 한국의 여성인력을 자국의 경제 발전을 위해 활용하려고 했다. 그들은 한국 여성에 대한 교육에 큰 기대를 가졌는데, 특히 양질의 견사를 대량으로 생산하기 위한 양잠업 및 제사와 염색 등의 기술 향상에 중점을 두어 이와 관련한 여성교육의 확대를 중시했다. 이를 위해 친일계 여성들로 하여금 대한부인회를 조직하게 하고 거액(당시 3,000원)의 정부예산으로 전국적 양잠교육을 행하게 했다. 그 대표적 인물이 친일 매국노인 이지용(李址鎔)의 처 이옥경(李鈺卿)이었다. 그러나 이상과 같은 여러 가지 역사적·사회적 상황들은 자연히 여성교육자의 길을 새롭게 창출하고 여성의 교육계 진출의 길을 점차 넓히게 되었다. 그리고 사회에 진출하는 여성의 수도 증가하게 되었다.

(2) 종교지도자로의 진출

종교 분야에서는 우선 개신교계로의 여성 진출이 두드러지며, 다음으로는 천도교로의 여성 진출을 들 수 있겠다. 정부의 탄압을 받던 동학은 1905년 이후 천도교로 재정립되어 교단 확립을 하게 되는데, 천도교 포교를 위해 새로운 여성 전문직으로서 수많은 부인

---

54) 《大韓每日申報》, 1908년 10월 1일, 〈維持盛會〉.
55) 《皇城新聞》, 1908년 11월 3일, 〈養心女校發起〉.
56) 《皇城新聞》, 1908년 11월 3일, 〈愛國婦人會總會〉.

전교사를 둠에 따라 이 방향에 대한 여성의 활약도 돋보였다. 여기
서는 먼저 개신교계의 여성활동을 살펴보도록 하겠다. 교육 및 의
료 분야에서 보인 개신교계 외국 선교사들의 봉사 활동과 전도는
여성 사회에서 긍정적인 호응을 받았다. 그럼으로써 새로운 종교인
기독교에 대한 여성들의 호기심은 곧 신앙으로 바뀌었고, 선교 확
대를 목적으로 하는 선교사들은 부인성경학교 등을 세워 전도부인
을 양성해 이들로 하여금 한국 가정에 기독교를 전파하게 했다.[57]
선교사들의 교육 및 의료 활동은 바로 개신교를 한국사회에 선교
하는 데 목적이 있었으므로, 이들은 양성된 전도부인을 통해서 한
국의 가정을 방문해 제일 먼저 안주인을 기독교인화하게 했다. 전
도부인들은 전도 구역 내에 교회와 여학교를 개설하고 여아와 부인
들을 가르쳤다. 일제 하에서 이들 전도부인들은 항일민족의식을 고
취하는 민족 독립의 전령과 같은 존재로서 전도사의 역할을 했다.

1910년 이전에 개신교계에서 활동한 대표적인 인물로는 서북지
방의 전삼덕·김살로메·김도라·홍유례(洪裕禮) 등과 인천의 최헬렌
등을 들 수 있다. 전삼덕(1844~1932년)은 서북지방에서 제일 먼저
교인이 되어 세례를 받고 가장 많은 활동을 한 감리교계의 선교
역꾼이다. 뿐만 아니라 그는 교육자이자 사회사업가이며 여성해방
운동가이기도 하다. 전삼덕은 1843년에 강서군 벽위섬에서 양반집
딸로 태어났으며, 공조참의와 우부승지 등의 벼슬을 한 강서의 김
선주(金善柱)와 17세에 결혼했다. 그러나 첩을 두고 서울을 왕래하
는 남편과의 가정생활에 만족할 수 없었다. 그는 뒷날 그러한 자신
의 삶에 대해 '그때 나의 심경은 정말 여자로 태어난 것이 저주스
러웠으며 무척 고독하고 외로웠다'고 술회했는데, 이를 볼 때 전통
적 여성의 삶을 순응하며 받아들일 수 없었던 상당히 진취적인 성
품과 의식을 가진 이였다고 하겠다.

---

57) 蔡富仁, 앞의 책, 9~10쪽.

1893년, 그는 평양에 있는 남산현교회(南山峴敎會)가 남녀의 차별 없이 누구나 교인으로 받아들인다는 새 소식을 듣고 가보고 싶은 강한 충동을 느꼈다. 그는 이 충동을 참을 수 없어 자신의 몸종을 데리고 몸소 80리 거리의 이 교회를 찾아가 새로운 복음을 접하게 되었다. 이 뒤로 그는 이 먼길을 걸어 매주 예배를 보러 다녔고, 1895년에는 세례를 받아 정식 교인이 되었다. 1898년에는 두 며느리와 동리 부인 한 명을 전도해 세례를 받게 했으며, 이 해 12월에는 노블(Dr. Noble) 목사와 김재찬 목사의 주선으로 강서읍에 처음으로 감리교회를 세웠다. 처음에는 전삼덕의 가족들이 교인의 중심을 이루었다. 그는 어둠에 묻혀 사는 여성들을 깨우치기 위해서는 여성에게도 교육을 시켜야 한다고 여겼다. 그래서 큰며느리 김닐린[58] 과 함께 평양의 여자성경학교를 다녔으며 여기서 졸업증을 받았다. 그는 졸업 후 선교사의 종용으로 학교를 설립해 며느리와 함께 여성교육을 시작했다. 초기 여성교육은 이처럼 종교지도자가 소명감을 가지고 더불어 행하는 경우가 많았다. 전삼덕은 며느리 닐린과 함께 고향 학동에 숭덕(崇德)보통학교를 설립해 여성들에게 새로운 지식을 가르쳤다. 그는 5일간은 학교에서 일하고 토요일은 오로지 교회 일과 지역 전도에만 힘을 쏟았다. 그는 1932년에 89세로 세상을 떠나기까지 오로지 여성교육과 종교사업에 생애를 바쳤다.[59]

인천지방에 본격적인 기독교 선교사업이 이루어진 것은 송도의 과부 전도부인 백헬렌에 의해서였다. 그는 남편이 죽자 두 아이를 데리고 살길을 찾아 무조건 서울로 왔다. 그는 일자리를 구하기 위

58) 한국기독교백주년기념사업협의회 여성분과위원회편, 《여성-韓國基督教女性百年史》, 대한기독교출판사, 1985, 270~272쪽. 김닐닌은 김폴린(保麟)의 어머니이다. 김폴린은 3·1 운동 당시 이화학교 대학 예과 2학년으로 만세시위에 참여했으며, 1920년 여름방학에는 김활란이 이끈 7인전도대에 참가했다. 이후 YWCA 창립에도 참가했고, 감리교 교회 교육 개혁에도 앞장을 섰던 교회 지도자였다.
59) 張炳旭, 《韓國監理教女性史》, 성광문화사, 1979, 185~194쪽.

해 거리를 쏘다니다가 지금의 상동교회에서 스크랜튼이 여성들에게 성경을 가르치는 성경반의 광경을 보고 여기에 참여했으며, 이것이 계기가 되어 깊은 신앙을 갖게 되었다. 하루도 빠지지 않고 열심히 성경반에 다니던 중 그는 스크랜튼에게 전도부인으로 발탁되었으며, 이후 3년간 스코트랜튼과 피얼스 밑에서 전도교육을 받았다. 교육이 끝난 1893년부터 그는 세계여성선교회의 이름으로 여자선교사업이 아직 행해지지 못하고 있던 제물포로 파송되었다. 그는 두 아이를 거느린 어머니로서의 삶과 전도 사업이라는 양면의 임무, 즉 직장과 가정을 함께 이끌어가야 하는 이중적 짐을 지고 있었다. 그는 이 두 가지 삶의 임무를 행상을 통해 아주 훌륭하게 해내었다. 심규(深閨)에 처해 생활하는 안방부인들을 만나기 위해서는 행상처럼 좋은 방법이 없었다. 당시 부인들은 남편으로부터 소박을 받고 시어머니로부터 시달림을 받는 경우가 많았다. 그는 그들에게 물건을 팔면서 동시에 그들의 힘들고 상처받은 삶을 들어주고 사랑의 마음으로 어루만지며, 마음의 안위와 영혼의 구제를 위해 기독교인이 되어야 함을 힘써 전도했다. 행상과 전도를 겸한 지 3~4년이 되어서는 제물포에서 백 전도부인을 모르는 사람이 없을 정도가 되었다. 1897년에는 인천지방에 새 선교사 존스(Dr. Jones) 내외가 부임해왔다. 그는 백 전도부인이 힘써 닦아놓은 전도의 터전 위에 교회(지금의 내리교회)를 시작하고 존스 부인은 여선교회를 조직해 본격적인 여성 선교 활동을 했다. 그리고 영화여학교를 설립했다(《빛의 50년》, 34, 35-9). 제물포의 개신교 교세는 날로 확장되어 1901년에는 부천을 거쳐 강화에까지 확대되었다.[60]

중앙여고를 설립하고 한평생을 여성교육과 여성운동을 위해 몸바친 황신덕의 친정어머니 홍유례도 전도부인으로 활동했다. 그는 1898년 11월 6일 황신덕을 출산할 때 태반이 턱밑까지 치밀어 죽

---

60) 張炳旭, 같은 책, 194~198쪽 ; 蔡富仁, 앞의 책, 34쪽.

을 수밖에 없는 지경에 빠졌다. 그래서 평양에 부인병원을 경영하고 있던 홀 의사(Dr. Hall) 부인을 불렀다. 홀 부인은 능숙한 솜씨로 탯줄을 끄집어내어 극심한 난산으로부터 그를 구해주었다. 홀 부인에게 감사의 표시를 하려고 하자 그녀는 극구 사양하고 예수를 믿을 것만을 부탁하고 돌아갔다. 홍부인은 그 뒤 평양 남산현교회를 다니게 되었고 신앙이 크게 자라 마침내 홀 부인의 병원에서 환자를 돌보며 성경을 가르치는 전도부인이 되었다.[61] 즉, 홍유례는 신기한 서양 의술로 인해 예수를 믿게 되고 또한 기독교 여성 지도자로서 전도부인이 된 것이다.

이 시기의 전도부인으로는, 여성교육자와는 달리 가정의 부인들이 종사한 경우가 많았다. 이는 아마도 전도부인으로서의 교육 기간이 짧고 시간 활용이 교사직에 비해 융통성이 있었기 때문이라고 생각된다.

천도교의 부흥과 발전을 위한 지도급 여신도들의 활약도 적지 않았다. 천도교의 근본 정신은 만인 평등의 개벽 사회를 이 땅위에 건설하는 것이었다. 그래서 동학 포교 시절 초기부터 남녀의 평등을 주장해 한국근대사에서는 최초로 남녀평등과 여성해방을 주장했고 근대화로의 기치를 올린 바 있다. 그러나 포교 시절 초기에는 여성의 사회 참여에 대한 이상적인 모델이 없었기 때문에 여성의 사회 진출 같은 것은 논의될 수가 없었다. 특히 1894년의 농민혁명 운동으로 인해 정부의 극심한 탄압을 받아 동학의 교세는 크게 꺾였다. 여러 부문에 걸쳐 여자 선교사를 비롯한 외국 여성들의 사회 활동이 많았고 또한 여학교 출신 여성들의 적극적인 사회 활동도 다양해지던 1905년 이후, 동학은 근대적 종교로서의 교단 정립을 해나가게 되었다. 천도교로서 새로 출발한 동학은 부인 포교를 위한 부인전교사(婦人傳敎師, 또는 부인봉교사[婦人奉敎師])제를 두었다.

---

61) 張炳旭, 같은 책, 527~528쪽.

이는 기독교의 전도부인 제도를 통한 교세의 확대를 보고 도입한 것이 아닌가 생각된다. 모든 종교가 그러하듯 종교의 발전은 부인들이 얼마나 열심히 그 종교에 참여하는가에 달려 있다. 그러므로 부인신도를 널리 확보하고 올바른 신앙생활을 하도록 지도하기 위해서는 여성 종교지도자가 반드시 필요한 것이다. 천도교의 교세를 확대하는 데 적지 않은 기여를 했던 천도교의 부인전교사제는 아마도 1906년부터 주로 행해진 것으로 생각된다.

1906년 9월, 천도교 부인전교사 이구(李九)가 100여 명의 부인들에게 천도교리를 전파해 새 교인으로 입교시켰다. 그리고 매 시일(侍日)마다 입교한 부인들을 데리고 중앙총부 성화회에 참석했다는 기록이 있다.[62] 전도(전교)와 신앙 및 신앙인으로서의 올바른 삶을 살도록 지도하는 것은 천도교 부인전교사의 중요한 임무였다. 이는 새 입교자들에 대한 신앙생활의 지도와 신앙의 성장을 통해 천도교를 보다 발전시키기 위한 활약이기도 했다. 또 이 해 12월에는 전라북도 금구군 송내리에 사는 교인 박연동(朴淵童)의 처 이씨와 박수환(朴守桓)의 어머니 김씨가 동리 부인 100여 명을 천도교에 입교시켰다.[63] 부인들이 가정경영권과 자녀양육권을 전적으로 갖고 있는 한국의 가족제도에서 한 가정의 주부를 교인으로 만든다는 것은 곧 그 가족 전부를 교인화하는 것이나 다름없는 일이었다. 그러므로 적극적인 포교를 위해서는 각 가정을 방문해 포교를 할 부인봉교사가 필요했을 것이다. 이에 천도교에서는 1910년 4월에 부인봉교사 40명을 선정하고 각 지방에 파송해 부인 포교에 힘쓰게 하기로 결정했다.[64] 이들 부인봉교사의 종교활동은 일제 하에서 천도교를 중심으로 하는 여성운동을 활발하게 추진시킨 바탕이 되었을 것으로 생각한다.

---

62) 《萬歲報》, 1906년 9월 16일, 〈婦人誠心布教〉.
63) 《萬歲報》, 1906년 12월 28일, 〈婦人說教〉.
64) 《大韓每日申報》, 1910년 4월 14일, 〈婦女布教〉.

(3) 의료인으로의 진출

우리 나라에는 이미 조선왕조의 태종대부터 여의(女醫)제도가 있었다. 여의는 주로 궁중을 중심으로 의료활동을 했고, 여의가 되기 위해서는 일정 기간의 교육을 받아야 했다. 그러나 이 시대에는 여성의 사회 활동을 극도로 제한하고 있었기 때문에 여의로서 활동하는 신분층은 대개 관기나 궁녀 등이었으며, 이들에 대한 사회 통념은 천업 이상의 것이 아니었다. 일반 민간인들은 과학적인 의료 혜택을 거의 받지 못했으며 병이 나더라도 굿이나 독경 같은 미신적인 것에 의지하거나 전통적인 민간 치료법에 따르는 수밖에 없었다. 또한 그 처방들이 황당한 경우가 많고 비위생적이어서 건강에 위해를 주고 생명을 위협하는 경우가 잦았다. 서양 선교사로 들어온 의사 앨런이 1884년 갑신정변에서 심하게 상해받은 이들을 훌륭한 솜씨로 치료해서 단시일에 쾌차시킨 것을 본 왕실과 조정에서는 서구의학에 대한 새로운 관심을 갖고 이를 적극적으로 수용하게 되었다.

개화기 한국 여성에게 교육 다음으로 중요한 것은 역시 근대 의료를 수용해 부녀들에게 시혜하는 것이었다. 한국 선교의 원활한 길을 찾고 있던 미국 장로교 선교부에서는 1886년에 최초의 의료 여선교사인 엘러스(Ellers)를 한국에 파송했고, 그 이듬해에는 미국 감리교여선교회에서도 하워드(Howard)를 파송해 우리 나라 최초의 부인병원인 보구여관(Caring for and Saving Woman's Hospital)을 창설했다. 근대의학에 대한 한국인의 긍정적 인식으로 인해 치료를 받으려는 부인 환자들이 늘어나자 손이 모자란 선교사들은 한국 여성에게 직접 의료교육을 시켜 진료에 임하도록 해야겠다고 느꼈다. 1891년 10월에 보구여관에 파송되어 온 의료 여선교사 셔우드(Rosetta Sherwood) 양은 부임 후 의료강습반을 열어 한국인 4명과 일본인 1명에게 의학강습을 했다. 여기서 공부한 박에스터는 1896년에 미국으로 유학했으며, 1900년에 볼티모어 여자의과대학을 졸업함으로써 우리 나라 최초의 여의사가 되었다.

박에스터는 1877년 3월 16일 서울 정동에서 김홍택(金弘澤)의 셋째딸 김점동(金点童)으로 태어났다. 선교사 아펜젤러의 집에서 일하고 있던 그의 아버지는 스크랜튼 여사가 여아를 맡아 교육한다는 소문을 듣고 8세인 딸을 이화학당의 초기 학생으로 입학시켰다. 그는 총명하고 영어를 잘해 보구여관에서 셔우드 의사의 통역과 의료 보조로 일하다가 의료교육까지 받게 되었는데, 이것이 우리 나라 근대 의료 교육으로서는 처음이었다. 그녀는 15세에 세례를 받고 에스터라는 세례명을 받아 새로운 인생을 살게 되었다. 그는 그 이듬해(1893년) 5월 24일에 신실한 24세의 청년 박유산과 결혼했으며,[65] 결혼 뒤에도 병원에서 계속 일을 했다. 그의 남편은, 셔우드 의사의 약혼자로서 평양에서 의료선교를 하는 홀 박사(William Jamems Hall, 1860~1894년)를 도와 일하던 청년으로, 홀 박사가 중개를 해주어 결혼이 성립된 것이었다. 홀 박사는 결혼 후 부인과 에스터 부부를 데리고 진료와 선교를 위해 평양에 다녀왔는데, 그때 장티푸스에 걸려 1894년 11월 27일에 죽고말았다. 남편 홀 박사가 죽자 비탄에 잠긴 셔우드는 한 살된 아들을 데리고 뉴욕주 리버티의 친정으로 돌아갈 준비를 하고 있었다. 그때 박에스터는 그에게 자기도 함께 데려가주기를 간청해 마침내 미국 유학의 길이 열리게 되었다. 1894년 12월에 홀 부인을 따라 남편과 미국으로 간 에스터는 1895년 2월에 리버티의 공립보통학교에 입학해 열심히 공부했으며, 9월에는 생활비를 벌기 위해 뉴욕시의 유아병원에서 1년 이상을 일했다. 1896년 10월 1일에는 현재의 존스홉킨스대학의 전신인 볼티모어 여자의과대학에 입학했고 1900년에 졸업했다.[66] 에스터가 공부하는 동안 남편은 돈을 벌어 아내의 뒷바라지를 했다. 그의 남

---

65) 셔우드 홀(著), 金東悅(譯),《닥터 홀의 조선회상》, 東亞日報社, 1984, 100쪽.
66) 같은 책, 96~99, 100~118, 135, 144~146, 158쪽 ;《梨花九十年史》, 73~75쪽.

편은 당시로서는 좀처럼 찾아볼 수 없는 신실하고 또 이해심과 관용이 많은 남편이었다. 아내 뒷바라지를 하던 박유산은 불행하게도 그녀가 졸업하기 21일 전에 폐결핵으로 사망하고말았다.

우리 나라 최초의 미국 유학 여의학석사인 에스터는 졸업한 뒤 미국에서 좋은 일자리에 안착할 수도 있었다. 그러나 곧 귀국을 해서 여성들에게 예수를 전하며 의료사업을 펴기로 결심했다. 에스터에게 유학의 길을 열어주었던 선교사 홀 부인(Mrs. Hall)은 이미 에스터의 귀국에 앞서 남편 사업을 잇기 위해 다시 한국으로 와 평양에서 의료 선교사업과 더불어 우리 나라 최초의 맹아학교를 설립·운영하고 있었다. 그래서 에스터는 귀국한 뒤 홀 부인의 사업을 돕기 위해 서울과 평양을 오가면서 의료활동을 했고 또 황해도 지역의 순회전도사로서의 활약도 했다. 에스터와 홀 부인은 서로 떨어질 수 없는 깊은 인연의 여성들이었다. 결혼도 거의 비슷한 시기에 했고, 또한 다 같은 청춘 과부로서 의료 전도사업을 하는 동지적 관계였다. 홀 부인의 아들 셔우드 홀은 자신의 회상기에서 '나는 에스터를 무척 좋아했다. 그녀는 마치 한 가족이나 다름없이 우리와 함께 살았다. 그녀는 감미롭고도 선율적인 목청을 갖고 있었다. 저녁에는 내내 소설이나 시를 낭송해주곤 했다'[67]고 쓰고 있는데, 이로 볼 때 에스터와 홀 부인 가족과의 관계 등을 잘 알 수 있다. 그는 매일같이 분주한 생활을 해나가는 통에 정작 의사이면서도 자신의 건강을 돌볼 겨를이 없어 마침내 1910년 4월 14일 남편처럼 폐결핵으로 사망했다. 우리로서는 참으로 아까운 의료계의 여선구자를 상실한 것이다.

의료 선교를 통한 한국 내에서의 여성 의료인 배출에서는 간호사가 의사보다 더 많이 필요했고 그 교육도 보다 용이했다. 1902년에 에드먼즈(Margaret Edmunds) 양이 우리 나라 최초의 간호선교사로

---

67) 셔우드 홀, 같은 책, 144쪽.

내한했는데, 그는 같은 해 12월에 간호원양성소를 설립해 간호교육을 시작했다. 그러나 첫 학생은 오른손의 엄지손가락과 또 다른 한 손가락이 없었으며 질투심이 많은 남편에게 코를 물어뜯겨 코마저 한쪽이 없는 여성이었다. 두번째 학생은 병원의 환자였던 심한 절름발이였다. 또 조혼의 관습 때문에 괜찮은 젊은 여성을 간호원으로 확보하는 일이 매우 어려웠던데다가 간호직을 천시하는 분위기 때문에 간호원 확보는 더욱 어려웠다고 한다.[68] 이 같은 정황에서 간호원 대관식이 처음 행해진 것은 1906년 1월 25일이었고, 1908년에 두 명의 졸업생(김마태와 이그레이스)을 정식으로 배출했다. 1906년에는 세브란스병원에 간호원양성소가 설립되었으며, 박에스터의 여동생 김벳세가[69] 이곳의 제1회 졸업생이 되었다. 김벳세는 언니 에스터와 함께 홀 부인을 도와 병원에서 일을 했다.[70]

박에스터가 당당한 의사가 될 수 있었던 것은 그의 강한 사회 진출의식과 더불어 서양 의료선교사 활동이라는 여의사 모델이 있었기 때문이며, 아울러 선교회라는 문을 통해 외국 유학을 할 수 있었기 때문이다. 그러나 당시 우리 나라는 여성들이 비록 의사가 되어 사회에 진출하기를 원한다고 해도 그 뜻을 받아 가르칠 교육적 여건이 거의 갖추어지지 못하고 있었다. 1899년 5월 19일자 《제국신문》의 〈녀인성심〉에 따르면, 북촌 교동에 사는 총명하고 혜철한 한 여성이 학문을 하지 못함을 한탄하다가 의학교 설립 소식을 듣고는 의학을 공부하면 사회에 나가 봉사할 수 있다고 생각하고 의학교장 지석영(池錫永)을 찾아가 입학하기를 청했으나, 그는 남녀 동학의 장정(章程)이 없어 입학시킬 수가 없다고 거절을 했다고 한다. 여의사가 되기를 원하는 여성이 있는 한 여의사를 양성하기 위한 의료교육제도는 어떤 형태로든 존재해야 했던 것이 당시

68) 蔡富仁, *50 Years of Light*, 美監理教會婦人宣教部, 昭和 13 ; 1938, 6~7쪽.
69) 《韓國女性史》 2, 55쪽.
70) 셔우드 홀, 앞의 책, 145쪽.

의 현실이었다.

1905년 이후에 여성교육론이 비등하고 여성교육이 확대되는 과정에서 여성 의료교육의 기회가 등장하게 되었다. 1906년 5월에 이춘세(李春世)·이광하(李匡夏) 등이 동제(同濟)의학교를 설립하고 5명의 선생(그가운데 1명은 강필주 부인 김씨)으로 남녀 양 학과를 두었으며, 교과로 의학·국한문·산술·물리학·외국어학을 과하는 의학교육을 시작했다.[71] 여학생이 몇 명이나 입학해 사회로 배출되었는지는 알 수 없지만, 최초의 여의사 교육 기관이 한국인의 손으로 존재했다는 데 큰 의미가 있다. 또 의료 활동에서 간호원은 절대적으로 필요한 것이다. 때문에 광제원(廣濟院)에서는 1906년 8월에 간호학교를 설치해 '간호에 종사하면 문명에 진보하고 자기 의식지도(衣食之道)에 유익하다'[72]며 학생을 모집했다. 이는 여성의 사회적 기여와 더불어 여성 스스로가 경제적 능력을 가질 수 있음을 의미한 것이다.

근대 의료 보급에 따라 여성에게만 과해지는 특수의료분야의 여성 의료진 양성이 필요했다. 첫째로 전국에 종두를 실시하게 되면서 아직도 내외법이 심한 시대라 부녀자들이 남자에게는 종두를 하려고 하지 않으므로 여자 종두사들이 절대 필요했다. 둘째로 출산을 도와줄 산파도 절대적으로 필요했다. 이에 1907년 대한의원(大韓醫院) 관제가 정비될 때 산파 및 간호부양성소가 설립되어 정식으로 간호부를 교육·배출했다.[73] 새로운 의술에 대한 여성들의 관심도 높아 1909년 6월에 대한의원에서 여성종두사를 모집할 때는 서울 관내에서만 4~50명이 지원했다.[74] 여성의료업에 대한 사회적 인식 전환으로 사립 조산파(助産婆) 양성소들도 설립되어 산

---

71) 《皇城新聞》, 1906년 5월 31일, 〈同校趣旨〉.
72) 《皇城新聞》, 1906년 8월 2일, 〈廣濟院振興〉.
73) 《皇城新聞》, 1908년 6월 28일, 〈看護婦見習〉 ; 《大韓每日申報》, 1908년 7월 30일, 〈看護婦募集〉.
74) 《皇城新聞》, 1909년 6월 1일, 〈看護資格〉 및 6월 6일, 〈婦人醫學志願〉.

파를 배출했다. 1909년 7월의 위생국 조사에 따르면, 산파 33명과 간호부 33명이라고 나와 있다.[75] 수적으로는 많은 것이 아니지만, 이는 의료계로의 여성 진출이 확대되고 있음을 보여주는 것이며, 이러한 사회적 분위기는 1910년대의 외국 유학 여학생 가운데 의학교 입학자가 늘어나게 하는 계기가 되었다.

(4) 상공업계로의 진출

개항 이후 일본인과 서구인들에 의해 새로운 자본주의적 기계화 상품들이 대량으로 유입되었으며, 또한 국가적 개화문물정책과 외국, 특히 일본의 기계제 산업체가 국내에 설립·운영됨으로써 여성 노동력을 필요로 하는 공장들과 외국 물품을 취급하는 상점들이 세워졌다. 산업계의 급격한 변화는 전통적 산업 질서를 붕괴시킨 반면 여성들에게는 새로운 사업과 산업에 종사하게 하는 기회가 되었다. 이는 여성의 새로운 직업활동의 한 양상을 보여주는 것이며, 여성의 사회적 지위의 변화를 의미하는 것이기도 하다.

전통시대에도 집안이 가난하고 신분이 낮은 부녀들은 생계를 위해 나물장사나 떡장사나 술장사 같은 것을 했기 때문에 경제활동을 전혀 안한 것은 아니었다. 또 가정에서 부업으로 할 수 있는 옷감 물들이기·바느질·베짜기·가축 기르기 등을 통해서 가족 생계를 도맡아 행하고, 때로는 장사의 재주가 뛰어나 큰돈을 모은 여인도 있었다. 예를 들면, 정조 때 제주도의 큰 흉년에 자신의 재산을 풀어 굶어 죽어가는 섬사람들을 구제한 의인 김만덕(金萬德)은 특수작물의 재배와 육지무역과 사슴농장 등으로 거부가 된 여성이었다. 또한 상주(尙州)의 손꼽히는 부자가 된 김생(金生)의 아내 이야기 등을 통해 볼 때도 부녀의 치부 활동이 특히 사회변동이 심했던

---

75) 《皇城新聞》, 1909년 7월 23일, 〈衛生狀態調查〉.

조선왕조 후기에는 꽤 있었음을 알 수 있다.

일본과 서구 상인들이 빈번히 출입하는 19세기 말엽에는 직업의식에 변화가 나타나지 않을 수 없었다. 특히 여성의 상업 진출이 새로운 형태로 등장하기 시작한다. 먼저 남성 전용의 전통 상업에도 여성이 진출했다는 점을 들 수 있겠는데, 가령 종래에 남자의 전업이었던 보부상계에 여자가 처음으로 동참하게 된 것은 이전 사회에서는 생각할 수도 없는 일이었다. 1899년 8월 29일자 《독립신문》을 보면, 부상(負商)을 남편으로 둔 서울 기생들이 '서방 직분을 좇아 부상에 입참하여 남녀가 함께 등짐장사를 하니 대한 상업이 더욱 흥왕할 것'이라고 보도하고 있다. 남녀가 평등으로 상업에 종사하게 된 것을 격려하는 신문 기사인 것이다.

둘째는 여성들이 외국 교역 물품을 취급하는 특수한 부녀 전용 상점을 경영한 것으로, 당시 사회에서 이는 세계인으로서의 안목을 가진 여성의 활동으로 인식되었다. 1899년 1월 9일자 《대한매일신보》에 따르면, 서울 다방골에 사는 조문천의 첩이 외국의 각항 물건을 무역해 장사한다고 보도하고 있으며, 양장 여인 경옥당이 안동에서 서울 정동의 한창호의 집으로 이사해 역시 외국의 각색 물건과 동서양의 각종 좋은 술을 판다고 전하고 있다.[76] 이 당시 여성들이 박래품(舶來品) 상점을 운영한다는 것은 여성을 서구문물에 간접으로 접촉하게 함으로써 고루한 생각을 벗어나게 하는 수단이기도 했다.

그러므로 상업적 이익만이 아닌 여성개화라는 측면에서 선각적 여성이 부인상회(점)를 운영하는 경우도 있었다. 서울 안현에서 부인상점을 경영했던 이일정(李一貞)이 그 좋은 예이다.[77] 그는, 당시 평리원(平理院) 검사이며 뒷날 헤이그 밀사로 파견되었다가 순절한 이준(李儁)의 아내로, 이미 진명부인회 등의 애국계몽적 여성단체

---

76) 《大韓每日申報》, 1899년 2월 15일, 〈韓女爲業〉.
77) 《帝國新聞》, 1907년 1월 16일, 〈婦人義捐〉.

에서 활약했고, 일진회에서 일본에 파견한 유학생 21명이 학비난에 허덕일 때도 의연금(지화 21환)을 내고 이들에 대한 지원운동을 벌였으며,[78] 제국신문사가 경영난에 허덕일 때도 신문 애독을 권고하는 운동을 벌였던 인물이다.[79] 이일정은 남자의 기개를 가진 진취적 성품의 여성이었다. 1931년에 《신여성》의 기자가 서울 봉익동에 있는 이일정의 집을 방문해 면담한 방문기를 보면, 이일정은 부인상회에 관해 다음과 같이 술회하고 있다.

그때 내가 회계로 있었는데, 그때 부인들의 사상은 아주 고귀하고 뜻있었지. 한 닢만 모아도 이것을 모아 나라의 빚을 갚자 두 닢만 보아도 그랬고 다리 하나 추려도 이것을 나라빚 갚기로 하고는 입을 것 먹을 것 못 입고는 전부 우리 집에 갖다 쌓았는데, 지금으로 말하면 아마 크나큰 창고에 한 짐은 될 것이야요. 그래 모인 것을 팔아서 바치고 바치고 했지요.…… 천만에 그 회가 생긴 지 오륙 년 후에 숙명과 진명이 생겼으니까 그리고 그때 부인들은 회를 모아도 처내장 옷 쓰고 모았지만 단결은 아주 굳었지요. 비록 단상에 올라서서 말을 못하나 회에 대한 관념은 굳었지요. 그리고 물건을 사도 꼭 단결하고 조선상점에서 샀지요.[80]

이는 이일정이 30여 년 전의 일들을 회고해 말한 것이어서 시사나 내용 등에 약간의 오차가 있으나, 그가 운영하던 부인상회는 단순한 상점이 아니라 부녀들의 경제적 활동을 통해 나라를 구하려던 일종의 구국적 여성경제운동의 일환이었음을 충분히 알수 있다. 당시 사회에서는 부녀들이 외국의 각종 물건을 구비한 개화 물품 상점을 경영하는 것은 대단히 진취적인 것으로 보았다. 즉, 부녀들이 외국문물에 대한 견식이 있어야만 박래 물품 상점 운영이 가능

---

78) 《大韓每日申報》, 1907년 2월 19일, 〈夫人寄函〉.
79) 《帝國新聞》, 1907년 9월 11일, 〈新聞廣覽(寄)〉.
80) 《新女性》, 1931년 10월호, 〈海牙密使李儁氏夫人 李一貞女史 訪問記〉, 37쪽.

한 것이므로, 당시로서는 아주 새로운 직종의 사업으로 여겨 이들을 개명 여성으로 평판하고 있었던 것이다.

외국 상인들의 빈번한 왕래와 대외 교역업자 등의 증가는 자연히 호화로운 음식점이나 유흥업소를 증가시켰다. 러시아 귀화 한국 여성으로 1898년에 찬양회 조직에 참여하고 순성여학교 교사를 한 때 지냈던 고정길당은 서울에 양요리점을 차리고 장사를 했다.[81] 당시에는 외국인이나 신흥 부자들을 비롯한 일부의 새로운 유형의 소비자인 '유전객(有錢客)'을 상대로 하는 양요리 청루(靑樓)를 거금을 가지고 경영하는 자가 꽤 있었다. 이와 유사한 새로운 사업으로 차를 파는 다방도 생겨났다. 녹음이 우거진 남산 화단대(和壇臺) 근처에는 일인이 경영하는 찻집이 여럿 있었는데, 그 가운데 한 찻집에서 한국 여인이 차를 팔았다고 했다.[82] 이것은 오늘날의 다방 종업원에 해당하는 것이라고 생각되는데 여성들이 이처럼 새로운 직종으로 나가 생업을 했던 것이다.

당시의 상품 경로를 보면, 서구 자본제 기계 상품들이 교역을 통해 국내에 반입되는 경우와, 회사나 공장을 국내에 설립해 생산·판매하는 경우가 있었는데, 가령 직물회사와 공장·가스회사·연초회사·제사공장·인쇄소·조폐공사 등을 들 수 있겠다. 이들 공장과 회사에는 여공이 필요했으며, 가빈(家貧)한 여성들은 생계 보조를 위해 여공으로 취업했던 것이다. 특히 여성 노동력을 값싸게 활용할 수 있는 이점을 노려 일본 직물회사들이 일찍부터 한국으로 진출했다. 일본측은 여공의 효율적 활용을 위해 직조학교를 설립하고 일본인 교사로 하여금 학생교육을 행하게 했던 것이다.[83] 직물 수요가 광범위한 데 비해 큰 자본을 갖고 있지 않더라도 운영할 수 있는 것이 직물회사이므로, 지배층 및 재야지식인들까지 직물업을 부국강

---

81) 《皇城新聞》, 1899년 9월 18일, 〈女設料理〉.
82) 《萬歲報》, 1906년 7월 24일, 〈日娶韓女賣茶〉.
83) 《帝國新聞》, 1900년 3월 10일, 〈織造敎育〉 및 3월 27일, 〈織造學校〉.

병의 길로 여겨 한말에 몇몇 직물회사가 설립되었다. 아울러 여공으로 진출할 수 있는 길도 그 만큼 확대되었다. 예를 들면, 민병석(閔丙奭, 사장)·이근호(李根澔, 부사장)·이봉호(李鳳鎬, 총무원)가 1900년 3월에 설립한 서울 남서 예동의 직조단포(織造緞布)주식회사는 각양 주단과 포목직조기계를 구입해 남녀 학생을 모집하고 일정 기간의 교육을 거친 뒤 졸업과 동시에 월급을 지급하는 정관을 만들어 공원을 모집했다.[84] 서울 남죽동(南竹洞)직조소의 경우는 금릉(錦綾) 목포(木布)의 직조와 더불어 각종 표백과 염색을 전무자업(專務資業)했는데, 이에 종사할 학생 요원(14~20세)을 선발해 3년 동안 교육시켰다. 견습생에게는 점심을 제공하고 재학생이 직물했을 때는 척수에 따라 공비를 지급했으며 중도 퇴학자는 식료금(食料金)을 변상하게 했다. 전문 직조인을 양성해 우수제품을 생산하고 이를 통해 전문 인력을 확보하려고 했던 것으로 생각된다.[85]

당시 직조업은 비교적 타산이 높은 직종이어서 각 직조회사마다 유리한 조건을 내세워 공원을 모집하고 있었다. 서울 동령동(東嶺洞) 한성제재(漢城製裁)회사의 남녀 직공 모집 광고에 따르면, 숙련공은 기계 2좌를 운전해 하루에 150~160척씩을 직조할 수 있고 초습자도 7~8일을 배우면 1좌에 50~60척을 직조할 수 있으므로 매일 7~8량의 공전을 받을 수 있다고 했으며, 여공 숙소는 따로 마련했다고 한다. 남녀 임금의 차이는 두지 않았던 것으로 생각된다.[86]

일본인이 경영하던 동아연초회사, 용산인쇄국, 일한가스회사도 여공원과 여기원 및 여사무원을 모집했는데, 가스회사는 14~18세의 고등학교 졸업 정도인으로 자격을 제한하고 있었다. 이는 사무원으로서의 전문직종이기 때문이었다. 이에 비해 인쇄국과 연초회사의 경우는 15~25세의 연령대에서 인력을 모집했으며, 동아연초

---

84)《皇城新聞》, 1900년 3월 19일,〈織造會社〉.
85)《皇城新聞》, 1900년 7월 14일,〈織造所의 擴張〉.
86)《皇城新聞》, 1901년 5월 13일,〈男女織工募集〉.

회사의 경우에는 한국인 여공이 무려 260여 명(일본인 직공 64명, 한국인 남자직공 ○백30명)이었다. 이만한 수라면 능히 공인 자신의 이익을 옹호할 세력 규합을 할 수 있으며, 실제로 1909년 한국 여공이 일본 여성에게 구타당한 사건이 발생하자 일제히 퇴사하는 일이 있었다.[87] 1910년 3월에는 부인의 월급이 겨우 3환밖에 되지 않자 임금에 불만을 품고 많은 부인들이 퇴사를 했다.[88]

1910년대에 오면 생계 보조적 수단과 여성들의 경제적 독립 희망 등으로 인해 여성 취업의지가 크게 확대되었다. 1910년 4월에 서울 신문외(新門外) 작잠(作蠶)회사에서 고용 여인 30명 모집에 무려 200여 명의 지원자가 몰렸던 것[89]은 당시 사회의 경제적 여건과 여성의 사회 진출에 대한 의지의 한 단면을 보여주는 것이라고 하겠다.

5. 닫는 글

이상에서 대한제국기라고 할 1910년 이전의 한국 여성운동의 특성과 그 운동 전개에서의 역사적 한계성에 관해 살펴보았다. 그리고 그러한 여성운동을 통해 사회 전반적으로 여성 인식에 변화가 나타나고 여성 자신들도 평등한 인간적 삶을 위해 다양한 사회 진출 활동을 하게 되었음을 밝혔다. 그 결과 우리는 우리 나라 초기 여권운동과 여성의 사회 진출에 대한 다음 몇 가지의 새로운 인식을 할 수 있게 되었다.

첫째, 전통적인 삶의 방식을 벗어나 여성들이 당당하게 사회에 진출하기 위해서는 무엇보다도 먼저 사회의 변화가 일어나야 한다.

---

87) 《大韓每日申報》, 1909년 12월 12일, 〈烟社風波〉.
88) 《皇城新聞》, 1910년 3월 20일, 〈婦人退雇〉.
89) 《大韓每日申報》, 1910년 4월 26일, 〈雇女募集〉.

우리 나라의 경우 18세기 이래 이미 사회변동의 내재적 역량이 크게 성장하고 있었기 때문에 외래적 문화를 수용함에 적극적인 면을 보였다. 외국 여선교사들의 여성교육활동이 학교 설립 초에는 환영받지 못한 채 부진했으나, 한국 여성들은 외국 여성들의 적극적인 삶의 태도를 곧 자신을 변화시킬 필요한 모형으로서 받아들였다.

둘째, 1898년 9월 1일, 우리 나라 최초의 여권운동이 서울 북촌 양반부인들을 중심으로 일어났다는 점이다. 이들은 〈여권통문〉을 반포함으로써 종래의 차별된 여성의 삶을 청산하겠다는 변혁적 의지를 보이고 찬양회의 조직과 사립 순성여학교의 설립 운영과 관립여학교 설립운동을 적극적으로 전개했다. 〈여권통문〉에는 종래의 한국 여성의 삶이란 규문에 갇혀 남자의 절제만을 받는 병신이었으므로 온전한 인간이 되기 위해서는 남자와 똑같이 교육을 받고 그 굴레를 스스로 벗어나 활달한 사회 진출을 통해 여성해방을 해야 한다고 나와 있다. 이것은 참으로 진보된 우리 나라 초유의 여성운동이었다. 그러나 개혁정치를 주장하던 독립협회 세력이 꺾이고 보수적 정치세력이 강하게 대두되자 평등한 여성의 사회 진출을 목표로 하던 여성운동은 다시 유보되지 않을 수 없었다.

셋째, 국망의 위기에 처한 1905년 이후 민력과 국력 양성의 측면에서 여성교육이 절실한 국가적 과제로 대두되면서 다시 여성운동과 여성의 사회 진출을 통해 국력을 배양해야 한다는 논의가 사회 일반에 확대되지 않을 수 없게 되었다. 국권회복의 중요한 수단으로서 여성교육운동이 필요하게 된 것이다. 그러므로 이 시기의 여성운동은 주로 여성교육운동으로서 전개되었고, 사회적·국가적 요구에 의한 여성운동이었던 만큼 선각적 남성들이 여성교육단체와 여학교를 설립해 운영하는 경향이 높았다. 그 대표적인 것이 여자교육회이며, 이 뒤로 여성들에 의해 설립·활동된 여성단체들도 여자교육회적 모델을 크게 벗어나지 못하는 경향이 있었다. 아울러 여성운동의 측면에서 볼 때는 찬양회운동보다 후퇴한 감이 있었다. 특히 일제 침략이 가속화되면서 여성운동을 일제식민지 여성정책을 수행하기 위한 방향으로 활용하는 경향을 뚜렷이 보였다.

넷째, 일제 침략이라는 국망의 위기로부터 국권을 회복하기 위해서는 온 국민의 힘을 모아야만 했다. 이 같은 절박한 역사적 상황에 처해 부녀들의 국가의식과 민족의식이 크게 높아져 구국적 남녀평등의식이 성장하게 되었다. 1907년 국채보상운동이 일어나자 부녀들은 이 운동에 가족구성원으로서가 아닌 국가구성원으로서 참여하게 되었다. 가장의 생각이나 명령에 의해 참여하는 것이 아니라 부녀들이 자발적이며 독자적으로, 그리고 여성 자신의 소유물을 가지고 당당하게 그리고 적극적으로 참여했던 것이다. 여성의 손으로 국채를 갚아나간다면 서양과 같은 남녀평등권을 획득할 수 있으리라는 믿음을 가지고 참여했던 것이다. 국채보상여성운동은 한국근대 여성운동이 역사의 중심부에서 성장·발전할 수 있는 중요한 계기를 주었던 것이다.

다섯째, 급격한 사회변동과 여성운동의 발전은 여성을 필요로 하는 새로운 직업을 창출하고 여성들의 사회 진출을 가능하게 했다. 여성의 사회 진출이 가장 많은 분야는 교육 분야였다. 다음으로 서양 의술에 대한 관심과 수용은 이 분야에 대한 여성 진출의 길을 열어주었다. 의사란 특수한 교육과 훈련을 요하는 직업이므로 여성 진출이 용이하지 않았으며, 전문직 여의사로는 박에스터가 모범적이고 선구적인 삶을 살았을 뿐이었다. 국내 의학교가 설립되자 의학을 공부하고자 갈망했던 여의사 지망자가 있었음에도 제도적 여건이 마련되지 않아 뜻을 펴지는 못했다. 이것은 여성의 활동을 제한하는 사회적으로 불합리한 여건이 선구적 여성의 사회 진출의 길을 가로막은 것이라고 하겠다. 이에 반해 의사의 보조 역할자인 간호원직과 해산을 돌보는 조산파직으로의 진출은 증가했다.

개신교의 전도부인, 천도교의 봉교사와 같은 새로운 여성 종교지

도자로의 진출도 중요한 여성 사회 진출 분야가 되었다. 이 분야로
진출한 여성들은 자신들의 종교적 신념과 더불어 애국애족적 의지
도 강해 우매한 여성들에게 종교적 귀의를 안내하고 지도하면서
동시에 애국애족의식을 키워주었다. 뒷날 3·1 운동에서 이들 전도
사들의 활약이 절대적으로 컸던 것은 이들의 종교적 신념이 곧 신
으로부터 완전 자주독립을 부여받을 수 있게 된다는 신념과 일치
했던 때문이라고 하겠다.

근대사회로의 변환은 근대적 상공업의 발전을 가져왔다. 부녀들
이 상업 분야로 진출하게 된 기반은 여성의 경제권 확립 의지와
더불어 개화의식의 발전에 있었다. 또한 직물공장이나 연초제조공
장 등의 기계 산업체 설립이 늘어나면서 여성 노동력의 공장 진출
이 증가되었다. 1910년 이전에 이미 우리 나라에는 여공의 수가 한
공장에 기백 명을 헤아릴 만큼 많이 진출해 있었다. 이 밖에, 그
수는 많지 않지만, 사회변동에 따른 새로운 직종의 증가로 인한 여
성의 사회 진출이 다양해졌다.

한말의 여성운동과 여성의 사회 진출은 수적으로 볼 때 많다고
는 할 수 없으나, 이를 토대로 민족수난의 일제통치 하에서도 오히
려 다양한 여성운동을 발전시킬 수 있었고 또한 여성의 적극적 사
회 진출의식을 확대시킨 역량의 기초를 마련해주었다는 데 역사적
의의가 있다고 하겠다.

제4부 여성들의 국권회복운동

국채보상운동과 여성의 활약
〈대한독립여자선언서〉 연구
3·1 운동에서 여성의 역할
1920~1930년대 항일여성 의열·무장투쟁

제10장 국채보상운동과 여성의 활약

1. 여는 글

1907년 1월 24일자 《대한매일신보(大韓每日申報)》 잡보란에는 〈일화일식(日貨日食)〉이라는 제목으로, '일본에서 차관한 돈을 각 부부원청(府部院廳)에 고빙한 일본 관헌의 상여금과 월봉으로 몰입(沒入)하고 여액(餘額)이 불과 기허(幾許)라 하니 명수차관(名雖借款)이나 기실(其實)은 일인(日人)이 일화(日貨)를 자용(自用)함과 무이(無異)하다고 항설(巷說)이 비등(沸騰)하더라'라는 기사가 실려 있다. 이 기사는 일본의 억지 차관의 내용이 어떠한 것인가를 단적으로 말해주는 것이라고 하겠다. 즉, 일본으로부터의 의미없는 강제 차관 액수가 1907년에 이미 당시 우리 나라의 일년 예산과 맞먹는 1,300만 원에 이르렀는데, 이러한 차관은 일본이 한국을 경제적으로 완전 예속화하려는 데 목적을 둔 것이었다. 그러나 너무도 엄청난 거액이므로 항간 비판이 비등했을 뿐 그 해결 방도를 찾지는 못하고 있었다. 이러한 때에 단연 3개월로 무거운 국채를 상환하자는 제안과 주장은 전국민의 큰 호응을 받을 수 있었다. 1월 29일,

대구에서 서상돈(徐相敦)에 의해 발의된 국채보상운동은 약 3주에 걸친 준비기를 거쳐 2월 21일부터 거국적인 적극적 활동으로 전개되었다. 국채보상운동은 그 성격으로 볼 때 자주경제를 위한 일화배척운동이므로 결코 순탄할 수 없었고 아울러 기대한 대로 목적을 달성한다는 것이 쉬운 일은 아니었다. 그러나 이 운동을 통해 항일적인 자주국권의식이 강화되었다는 점과 그 뒤의 일제 침략에 끊임없이 저항하는 의지를 키웠다는 점에서 이는 적지 않은 의의를 갖는다.

한편 한국근대사에서 겪어야 하는 신분차별과 남녀의 극심한 성차별을 타파하고 극복하는 중요한 역사적 과정을 거치게 했다는 점에서도 중요한 의미를 갖는다. 국가 정치의 대사를 위해 여성이 남성과 동등한 국민의 권리와 의무를 가졌다는 주장을 하면서 여성이 독자적으로 참여하고 여성 조직을 가지고 활동했던 일은 일찍이 없었다. 그러므로 국채보상운동은 한국 근대 여성운동사에서 볼 때 여권의식을 발전시킨 중요한 역사적 전환점이 되기도 한다.

이 장에서는 운동 초기의 여성계의 참여와 활동상을 살펴보고, 이어서 여성들의 의연금 출연에서 나타나는 유형별 양상과 그 실상을 검토할 것이며, 마지막으로 여성의 참여와 활동에 나타나는 여러 특성을 검토해 그 역사적 의미를 밝히고자 한다.

2. 운동 초기의 참여와 활동

국채보상운동의 전체 전개 과정은 초기 단계와 전개 및 확대 과정 단계 그리고 쇠퇴 과정 단계로 크게 나뉜다. 초기 단계는 1907년 1월 29일에 있었던 서상돈의 발의로부터 2월 말에서 3월 초에 걸쳐 서울 도하 신문들이 국채보상운동을 지원·격려하는 신문 캠페인을 벌이고 국민 개개인의 자발적 참여와 이 운동의 조직화가 서울과 지방에서 이루어지던 때를 말한다.

1907년 1월 29일, 대구의 애국계몽단체인 광문사(廣文社)는 그 사업을 청일과 연계한 국제적 기구로 확대하기 위해 명칭을 대동광문회(大東廣文會)로 바꾸었다. 그리고 새로운 사업 출발을 시도하기 위해 200여 회원이 모인 가운데 특별회를 개최했다.[1] 특별회가 종료될 때 그 회의 부회장이며 대구 경제계의 대표자 격인 서상돈은 국채 1,300만 원을 갚지 못하면 장차 국토를 일본에 빼앗길 수밖에 없다고 하면서, 현재의 국고로는 갚을 수 없는 이 국채를 2,000만 동포가 석 달 동안 담배를 끊고 그 돈을 모아 갚자고 제의해 참석자들의 절대적인 찬동을 받았다. 이것이 국채보상운동의 첫 출발이었으며, 3주 남짓 지난 2월 21일에는 대구 북후정(北後亭)에서 대대적인 국채보상 국민대회를 개최하고, 《대한매일신보》(2. 21)의 잡보란에 〈국채일천삼백만원보상취지 대구광문사장김광제 서상돈씨등 공함(國債一千三百萬圓報償趣旨 大邱廣文社長金光濟 徐相敦氏等 公函)〉이라는 제목의 취지서 전문을 광고로 게재했다. 그 뒤로 서울의 각 신문들이 논설 등을 통해 이 운동의 취지와 국민의 참여를 독려하는 기사를 연일 취급하자 아주 짧은 시간에 참여의 불길이 전국으로 확대되어갔다. 또한 이 운동은 의연금품을 모아야 하기 때문에 그 일을 차착 없이 수행하기 위해서는 지역별 기구와 이를·총괄할 중앙의 믿을 만한 조직이 있어야 했다. 이에 2월 22일에는 서울의 애국계몽운동가들(김성희·유문상·김필상 등)이 국채보상기성회를 결성하고,[2] 그 달 29일에는 59명의 상인들(서병염·윤홍섭·박규순 등)이 국채보상중앙의무사를 결성해 수금소를 황성신문사로 지정했다.[3] 국채보상운동이 조직적으로 진행됨에 따라 이는 점차

---

1) 《大韓自強會月報》, 第9號, 59~60쪽 ; 《大韓每日申報》, 1907년 2월 23일, 雜報 〈連絡廣學〉.
2) 《皇城新聞》, 1907년 2월 23일자, 雜報 〈國債報償期成會趣旨書〉 참조.
3) 《皇城新聞》, 1907년 2월 27일, 雜報 〈義務社又起〉.

활발한 거국적 운동으로 확대·전개되었다.

그런데 초기 운동 단계는 엄밀한 의미에서 준비 단계와 초기 단계로 나누어 검토해야 한다. 왜냐하면, 1월 29일 발의 찬동으로부터 실제적인 초기 활동 출발일로 볼 수 있는 2월 21일까지 3주 동안의 활동이 밝혀지지 않고 있기 때문인데, 이 중요한 사업을 앞에 놓고 그대로 소일했으리라고는 생각되지 않는다. 틀림없이 이 3주 간은 분주한 준비 기간이었을 것이다. 다행히 이에 대한 해답을 《황성신문》(3. 21) 잡보의 〈양객동함(兩客同函)〉에서 찾을 수 있다. 이 글은 원산 사람 박승엽과 이창하가 기고한 것으로, 2월 21일 이전 3주 동안의 준비 활동 상황을 잘 알려주는 귀중한 자료이다. 이 글에 따르면, 이들은 그 해 1월 20일(음력 12월 7일)에 대구에 도착해 유지들을 만나 시국 강론 등을 하다가 1월 29일(음력 12월 16일)에 광문사 특별회에 초청을 받아 참석했는데, 이 자리에는 도내 인사 200여 명이 참석했고 회의가 끝나면서 서상돈의 국채보상건의서 낭독이 있자 참석자들이 모두 정신을 바짝 차리고 있었으며 즉시 그 건의를 각도에 알려 권하기로 했다는 것이다. 그리고 이들이 2월 3일(음력 12월 21일) 부산 상회사(商會社)에 당도하니 이미 광문사에서 보낸 취지문이 광포되어 부산 인사들 사이에서 단연동맹이 실시되고 있었다고 한다. 이것은 아마도 광문사 특별회에 참석했던 인사에 의해 재빨리 전달된 것으로 생각된다. 이들이 2월 18일(음력 1월 6일)에 일본 동경에 도착했을 때도 대구의 취지문이 벌써 당도해 100여 명의 유학생들이 단연동맹을 발기해 활동 중이었다고 한다. 즉, 대구에서는 국채보상운동의 확대를 위해 취지문을 국내외에 발송하면서 거국적 운동으로 활성화될 수 있도록 면밀한 준비를 하고 있었으며, 이러한 정황으로 볼 때 대한매일신보사에도 2월 21일보다 훨씬 이전에 취지서가 당도했을 것으로 생각된다.

그리고 이 준비 단계에서는 주로 구국적 의지가 강한 사회 지도층 남자들과 도시 상인들을 중심으로 활동이 이루어졌을 뿐 부녀

들이 참여할 여지는 아직 없었던 것으로 생각된다. 이 운동의 출발
은 취지문에서 2,000만 민족 전체가 참여하는 것으로 되어 있다.
그러나 제시된 참여 방법에서는 3개월 동안의 단연을 중심 축으로
하고 있기 때문에 결과적으로 1,000만 남성이 중심이 되어 1,000만
여성의 몫까지 책임지게 하는 남성중심적 운동이었다. 그러므로 준
비 단계의 활동 상황이 밖으로 알려지지 않은 단계에서의 여성참
여란 기대하기 어려운 것이었다.

　그러나 이 중차대한 구국의 사업이 세상에 알려지자 부녀들의
자발적 참여가 예상 외로 활발했다. 의연자에 관한 첫 기사는 1907
년 2월 23일자 《대한매일신보》에서 볼 수 있다. 인항신상회사(仁港
紳商會社)의 박원순과 정재홍 등이 단연동맹을 조직해 활동한 사실
과 서울 이현(梨峴)에서 포목전을 경영하는 박승직이 70여 원의 큰
돈을 모집해 광문사에 기부했다는 내용이 그것이다. 이는 이 운동
에 대한 상인의 호응도를 대변해주는 것으로, 상인들에게는 일본으
로부터의 경제적 독립이 누구보다도 절실한 상황이었다. 당시 국내
상업계는 마구잡이로 밀려드는 일본 상인으로 인한 상권 침해 때
문에 우리 상인의 이익이 급락하는 것은 물론 도산으로 자살자가
속출하는 등 사태가 심각했다.[4] 그런 만큼 상인들의 호응은 클 수
밖에 없다. 두번째 기사(《대한매일신보》 2월 24일자)는 남문 안 포
목전의 12세 된 아들이 세뱃돈 2원(구화)을 냈다는 것과 상사동 이
소사가 '부녀 편견으로 국가사상에 단단무타(斷斷無他)하여' 수식은
차(首飾銀釵)를 팔아 구화 4원(신화 2환)을 의연했다는 내용이다. 이
소사는 신문에 게재된 첫 여성 의연자이며, 그의 의연 방법은 여성
에게 더없이 소중한 패물을 파는 것이었고 의연액수도 취지서에
제시된 60전보다 세 배가 넘는 것이었다. 국채보상 소식이 퍼져나
가면서 신분과 처지를 초월해 여자도 국민의 일분자이므로 국민된

4) 趙璣濬, 〈韓國民族資本形成史〉, 고대민족문화연구소 편, 《韓國現代文化史大
系 Ⅳ : 경제정치사》, 고려대학교출판부, 432～433쪽.

의무를 다해야 한다는 확고한 국민평등의식에 따라 각계각층 여성들의 의연이 줄을 이었다. 그리고 여성의 참여활동은 국채보상운동을 전국으로 확산시키는 강력한 불씨가 되었다.

부녀들의 첫 국채보상운동 조직체는 대구 국민대회 이틀 뒤인 2월 23일에 대구 남일동 부인 7명이 중심이 되어 이루어졌다. 그런데 이 중요한 사실이 《대한매일신보》 3월 8일자에 비로소 게재되었다. 이때는 이미 국채보상운동이 전국 규모로 확산된 상태였고 부녀들의 참여도 활발했다. 그러므로 초기에 속하는 3월 8일 이전에 여성들이 참여해 활동한 상황을 살펴볼 필요가 있겠는데, 당시 신문들(《대한매일신보》, 《제국신문》, 《황성신문》, 《만세보》)을 통해 기사화된 여성들의 의연 방법과 태도 및 정신 등을 정리하면 다음과 같다.

  2. 24(대매). 서울 상사동 이소사, 수식은차 팔아 신화 2환을 의연.
  2. 25(제국). 약방기생 39인이 '비록 여자 중 천인이나 국가 의무를 저버릴 수 없다' 하고 신화 24환을 합동으로 의연(대매 2. 28).
  2. 26(대매). 대안동의 어느 관인 집에 기식하면서 일하는 가난한 강소사가 고금(雇金)으로 받은 4원을 의연. 주전원경(主殿院卿) 양성환의 영양으로 아산 백산에 거하는 이씨댁에 출가했다가 일찍이 과부가 되어 홀로 두 아들을 키우는 양부인이 '본인도 비록 일개 규중 여자나 또한 대한 국민의 한 분자이라 의무 소재에 감동하는 눈물이 스스로 떨어지나 힘이 정성에 미치지 못하여 겨우 구화 12원(신화 6환)을 기부한다'는 편지와 함께 의연(제국 2. 27).
  2. 27(대매). 북촌 인력거꾼 이씨가 그의 어머니에게 국채보상 출연할 기십 전을 요구하자 그 어머니가 '이 같은 일에 어찌 기십 전인가' 하고 4원을 출급.
  2. 27(제국). 국민대회를 한 2월 21일 대구시장에서 짚신장사·콩나물장사·술장사·떡장사 등을 하는 노파들이 50~60전씩 또는 1~2원씩 다투어 출연(대매 3. 1).

2. 28(대매). 한정렬 씨 부인이 회복(蛔腹) 때문에 30년간 피우던 담배를 끊고 침공전(針工錢) 모아둔 개 국백동화 2원을 출연.

3. 1(대매). 묘동에서 침공으로 생활하는 혈혈단신의 30세 과부 김소사가 은반지를 저당하여 신화 2원을 출연.

3. 1(황성). 김일당(金一堂, 이낙용[李洛用]의 부실[副室])과 김석자(金石子, 최영년[崔永年]의 부실) 등이 매일 조석반(朝夕飯)을 반 그릇으로 감한 석 달 분의 값 신화 2원 70전씩을 출연.

3. 2(만세). 아울러 부인감찬회를 특설, 〈부인감찬회경고문(婦人減餐會敬告文)〉을 발표하고 의금(義金)을 별모(別募)(대매 3. 3).

3. 3~5(대매). 나어린 여학생들과 가난한 여아들의 의연.

3. 6(대매). 북촌 양반부인들이 대안동국채보상부인회를 결성하고 활동.

3. 8(대매). 2월 23일, 대구 동상 남일동의 부인 7명이 패물폐지부인회를 조직하고 〈경고아부인동포라〉라는 취지문을 게재.

이상을 검토해보면, 의연에 참가한 사람들의 신분과 연령이 다양했을 뿐만 아니라 과부와 빈한한 사람들의 애국적 의지가 더 강했음을 알 수 있다. 그리고 의연 방법을 보면, 여인들은 흡연을 하지 않으므로 바느질이나 고용살이나 장사 등에 종사하는 부인들은 애써 번 돈을, 또 반찬과 밥을 줄인 금액을 의연하는 사례들을 접할 수 있다. 아울러 여인들이 가정의 비상시가 아니면 내놓지 않는 패물을 국가의 긴급사를 위해 자진해서 내놓았다는 것은 부인들의 적극적인 참여 정신을 보여주는 것이라 하겠다. 그리고 그들의 참여 태도와 정신에는 여자도 국가 구성원이므로 국민된 의무로 참여한다는 확고한 국민평등정신이 깃들어 있다. 이를 볼 때 남자에게 종속되지 않는 여성의 사회적 독립성이 이미 크게 성장되고 있었음을 알 수 있다.

3. 여성참여의 조직화 활동

국채보상을 위한 여성참여가 활발해지면서 여성계도 재빨리 조직을 통한 활동을 시작했다. 국채보상을 위해 이러한 활동을 하는 이유는 더 많은 의연금을 조직적으로 모아 소기의 목적을 달성하려는 데 있다. 국채보상운동이 이전의 다른 사회운동과 크게 다른 점은 남자들로부터 독립해 여성들의 독자적 운동으로 발전시켜간 점이라 하겠다. 또한 남자들이 결성한 국채보상 단체들은 주로 현금을 모으는 형태였으나, 여자의 경우에는 의연금품을 모으는 방법이 더 다양했다. 그것은 여성들의 경제적 처지가 남자들과 달랐기 때문이며, 또한 국채보상운동은 절제·절약의 정신과 태도를 절대적으로 요구하고 있기 때문에 여성들의 참여를 더 용이하게 이끌어 낼 수 있었던 것으로 생각된다. 그러므로 여성참여단체를 그 참여방법에서 분류해 살펴보고자 한다. 이를 분류하면 대략 다음과 같은 네 가지 유형이 나온다. 첫째는 현금 의연형 조직이고, 둘째는 패물 의연형 조직이며, 셋째는 절미감찬 의연형 조직이고, 넷째는 기타 방법의 의연 조직이다. 여기서는 당시 간행된 서울의 4대 신문(《대한매일신보》, 《황성신문》, 《제국신문》, 《만세보》)을 중심으로 해서 이들 전개 상황 가운데 중요한 것들만 검토해보고자 한다.

(1) 현금 의연형 단체

초기 활동의 개별 의연 참여에서도 나타나듯이, 바느질을 하거나 안살림을 해주거나 장터에서 갖가지 장사를 하는 등 이런저런 일로 현금을 만지는 여성들은 대개 현금 의연을 한다. 현금 의연형 국채보상 여성단체로는 대안동(大安洞)국채보상부인회를 비롯해 안성(安城)장터부인회, 부산(釜山)단연동맹부인회, 창원(昌原)국채보상

부인회 등이 있으며, 이 단체들은 서울 및 지방 상업도시에서 조직·
활동한 특성을 갖는다. 이 가운데 대안동국채보상부인회의 규모와
활동 내용이 가장 컸기 때문에 여기서는 이를 중심으로 살펴보도
록 하겠다.

대안동국채보상부인회는 서울 북촌의 양반가 부인들이 대안동
고판서(故判書) 김규홍(金奎弘)의 집을 중심으로 해서 1907년 3월
초에 발기·조직했다. 발기인은 김규홍의 부인 신소당(申蕭堂) 등 11
인이며, 신소당이 핵심 인물로서 이 부인회를 이끌어나갔다. 신소
당은 일찍이 민족교육을 위해 사재를 털어 광동학교(光東學校)를
설립하고 교장직을 맡았으며 후진 교육에 헌신한 선각적인 여류교
육자였다. 또 1906년에는 진명부인회를 조직해 여성계몽 교육에 힘
썼던 여성애국계몽운동가이기도 하다. 신씨는 대안동부인회의 회장
직을 맡고 진주와 강화 등 지방의 국채보상부인회를 지부로 삼아
국채보상운동을 지방으로 확산시키려고 노력했다.

이 부인회는 매우 적극적으로 다음과 같은 활동을 벌여나갔다.
첫째, 이들은 주로 현금을 중심으로 국채보상운동을 전개했다. 1907
년 3월에 창립한 뒤 그 해 11월까지 일곱 번에 걸쳐 299명으로부
터 현금 141원 10전, 은 4냥쭝을 모아 《대한매일신보》로 송달하는
성과를 거두었는데, 이는 당시의 상황으로 보면 대단한 것이었다.
이들 내역을 살펴보면 〈표 1〉과 같다.

둘째, 회원 자격을 양반부인에 한하지 않고 누구나 의연금을 내
기만 하면 성책(成冊)에 올려 동지 회원으로 하는 신분적 개방을
분명하게 했다. 의연금을 모으는 방법과 자세에서 나타나듯, 이들
은 종래의 양반부인의 행태를 벗어버리고 양반 회원들이 직접 가
가호호를 방문해 독려했으며 또 즉시 의연금을 내지 못하는 사람
에게는 약속 예정액을 기록하도록 하는 어려운 활동들을 했다.[5] 이

---

5) 《大韓每日申報》, 1907년 3월 23일, 〈협잡가통〉에 따르면, 義金收俸豫定額을
강제로 기록하게 함으로써 비난성이 있기도 했다.

영수회수	의연인원	의연액수		자료출처	날짜
1	80	24원		《대한매일신보》	1907. 5. 30
2	68	22원 20전		〃	5. 31
3	31	10원 10전		〃	5. 31
4	55	12원 20전		〃	6. 1
5	31	7원		〃	6. 14
6	5	40원 40전	은 4냥쭝	〃	8. 11
7	30	25원 20전		〃	11. 28
총계	300	141원 10전	은 4냥쭝		

〈표 1〉 의연금 수취액의 내역

와 같은 활동상은 양반부인들의 전통적 자세와 가치관의 변화를 뜻하는 것이다. 그들은 직접 활동함으로써 성과를 거두려는 실천적 정신에서 이 운동을 전개했기 때문에 양반 및 진신(縉紳) 계층의 부녀로부터 경향간의 기층사회 부녀들에 이르는 광범위한 지지와 호응을 받았다.

셋째, 이 부인회는 그 조직과 활동에서 특히 지방 조직의 호응을 크게 받아 명실공히 전국 여성계를 대표하는 조직으로서 지위를 굳히게 되었다. 강화도의 길상면 초지동에 사는 전 의관 민준식의 부인 장씨는 신화 12원을 의연금으로 대안동부인회에 보내면서 대안동부인총회라고 지칭했다. 또 이 부인회에서는 장씨의 성심을 칭송하고 강화도에 부인회를 설치할 것을 촉구하는 공함을 보냈다.[6] 여기서 장씨는 대안동부인회를 여성이 참여하는 국채보상운동의 총수 조직체로 보았고, 또 이 부인회에서는 장씨를 통해 강화도에 지회를 조직하고 활동하도록 촉구한 것이라고 해석할 수 있다.

이러한 활동을 보건대, 우리는 이 부인회가 여성계를 대표하는 총합대표기구의 역할을 노렸던 것으로 볼 수 있다. 이 부인회의 지

---

6)《大韓每日申報》, 1907년 3월 17일, 雜報〈婦人支會〉.

방 지부 설치의 목표는 효율적인 조직적 활동 및 신용 있는 의연
금 모금을 위한 공신력을 높이는 데 있었던 것이다. 당시 이 회에
대한 사회적 평가를 보면, 《대한매일신보》에서 논평한 것처럼, '남
자를 양두(讓頭)치 않는[7] 적극적 활동의 여성단체로 인정받으며,
여성계에서의 공신력도 높아 진주애국부인회도 이 회의 지회로서
활동하는 등 여러 개의 지회도 두게 되었다. 뿐만 아니라 일제 탄
압으로 국채보상운동이 쇠퇴해가는 1907년 11월까지도 의연금 모
으기 활동을 지속적으로 수행했다.

(2) 패물 의연형 단체

한국인의 삶의 풍속에서 패물은 특별한 의미를 갖는다. 흔히 백
일이나 돌을 맞는 여아에게는 은지환을 기념으로 마련해준다. 또
결혼을 할 때는 은가락지, 은비녀, 머리에 쓰는 각종 은장식품, 은
장도 또는 은수저 같은 것을 예물로 마련해준다. 이러한 패물은 장
식용이라기보다는 가정의 비상용으로 쓰기 위해 깊이 감추어지는
경우가 많다. 즉, 패물이란 생명의 위험이 올 만한 어떤 비상시를
위한 중요한 예비물인 것이다. 이러한 의미를 지니는 여인의 패물
을 나라의 위급함을 알고 내놓는다는 것은 국가를 나와 내 가정보
다 더 소중하게 여긴 데서 가능할 수 있었던 것이다. 그런 점에서
볼 때 패물 의연이란 여인의 생명을 내놓는 것이나 마찬가지의 의
미를 지니는 것이라고 할 수 있다.

패물 의연형 단체로는 대구남일동패물폐지부인회, 평남삼화항패
물폐지부인회, 안악군국채보상탈환회, 남양군부인의성회 등이 있다.
이들 가운데 대구남일동패물폐지부인회는 대구 국민대회 이틀 뒤
인 2월 23일에 조직되어 활동했으나 신문에 기사화된 것은 국채보

---

7)《大韓每日申報》, 1907년 3월 6일, 雜報〈不讓男頭〉.

상운동이 한참 열기를 띠기 시작한 3월 8일에 와서였다. 그러나 이
것이 여성계의 첫번째 단체요 또한 첫번째의 패물의연 단체였다는
것은 중요한 의미를 갖는다. 아울러 평남삼화항패물폐지부인회는
장문의 취지서를 통해 부녀의 힘으로 국채를 갚고 애국계몽운동의
양대 목표인 식산진흥과 교육홍왕을 이루겠다는 자신감 넘치는 원
대한 목표를 세우는 등 그 정신과 방법 면에서 특기할 만한 것이
있다. 그러므로 여기서는 이 두 단체의 조직과 활동을 중심으로 살
펴보도록 하겠다.

대구 국민대회 개최 이틀 뒤인 2월 23일(음력 1월 11일)에 대구
남일동의 지체 있는 부인들은 대회에서 낭독된 국채보상 취지서의
내용이 남성중심적 참여 방법만을 제시하고 있다며 남성 위주의
편파성을 항의적으로 지적하면서, 여성들은 소지한 패물 폐지로 참
여할 것을 호소하는 〈경고아부인동포라〉라는 제목의 격문을 작성
해 신문에 게재했다. 이는 여성이 조직을 통해 국채보상운동에 참
여한 첫번째의 것으로, 짧은 격문 속에서 여성의 근대의식이 빛나
고 있음을 엿볼 수 있어 주목하지 않을 수 없다. 그들은 격문을 통
해 패물 의연으로 운동에 참여할 것을 다음과 같이 논하고 있다.

　우리가 함기 녀자 몸으로 규문에 처하와 삼종지의에 간섭할 사 무
기 없사오나 나라 위하난 마음과 백성된 도리에나 엇지 남녀가 다르
리요. 듣사오니 국채를 갚으랴고 이천만 동포들이 석 달간 연초를 아
니 먹고 대전을 구취한다 하오니 족히 사람으로 흥감케 할지요. 전정
에 아름다움이라. 그러하오나 부인은 물론헌다니 대저 여자는 나라
백성이 아니며 화육중 일물이 아니오. 본인 등은 여자의 소처로 일신
소존이 다만 패물 등속이라. 태산이 흙덩이를 사양치 아니하고 하해
가 가는 물을 가리지 아니하기를 적음으로 큰 것을 도우나니 유지하
신 부인동포들은 다소를 불구하고 혈심 의연하와 국채를 청장하심이
천만 행심.[8]

발기인은 정운갑 어머니 서씨, 서병규 부인 정씨, 정운화 부인 김씨, 서학균 부인 정씨, 서석균 부인 최씨, 서덕균 부인 이씨, 그리고 김수원 부인 배씨 이렇게 7명이며, 이들은 자신의 소유인 은지환, 은장도, 은가지, 은연화 등 총 8돈쭝의 패물을 의연했다. 이 취지문에서는 여자도 남자와 똑같은 나라 백성이며 화육중 일물(化育中 一物)이므로 여자가 귀중히 여기는 패물로 나라의 위급함을 구하겠다는 뜻을 분명하게 밝히고 있다.

다음으로 삼화항패물폐지부인회에 관해 간략히 논하도록 하겠다. 삼화항패물폐지부인회는 평안남도 삼화항(현 진남포)에서 1907년 3월 14일에 김경지 부인 김씨, 정익홍 부인 김씨, 백우형 부인 이씨, 임봉취 어머니 고씨, 김봉관 어머니 차씨, 안석조 부인 김씨, 김인욱 어머니 조씨 등이 발기·조직했다. 이 부인회는 발기 당일부터 150량의 의연금품이 각출되는 큰 호응 속에서 출발했다. 1907년 5월 6일자 《대한매일신보》의 의연금 수입 광고에 따르면, 발기인 등 8인의 의연 대금은 20원 50전이었다. 이는 이들이 주장한 1인당 3원에는 못미치지만, 그들의 노력이 매우 컸음을 가히 짐작할 수 있다.

이 부인회의 취지서는 쓰러져가는 전 민족의 운명을 1,000만 여성의 손으로 건져 구하겠다는 확고한 의지를 보이고 있으며, 자주적인 독립국가를 이루는 것은 국민의 의무임을 강력히 논하고 있다. 그들은 취지서를 통해 '부모가 빚이 있으면 자손이 감당할 바요 국가에 빚이 있으면 국민이 담당할 의무라 국가가 완전치 못하면 백성이 어찌 안보하리요'라고 피력하고 있으며, 또 빈한한 국가가 생산 능력 없이 외국의 빚을 쓰게 되면 종국에는 경제적 노예로 떨어지고 마는 것이므로 국민의 힘으로 어서 갚아야 함을 다음과 같이 경고하고 있다.

---

8) 《大韓每日申報》, 1907년 3월 8일, 雜報〈경고아부인동포라〉.

어찌하여 우리 나라는 이같이 빈약하여 태산 같은 빚을 지고 운동이 마류했으니 슬프고 또한 슬프온지라. 아마 우리 인민의 발달이 적은 연고인듯, 대개 일개인이 남의 돈을 져서도 빚진 종이 되어 탕진가산에 패가망신하옵거든 하물며 전국이 남의 돈을 태다히 지고 이식 밤낮 늘어가면 장차 어찌 하오며 필경 무삼 지경이 없으리오. 세상에 제일로 무서운 것은 남의 돈밖에 또 있삽나이까. 시기를 잃지 마옵고 어서 바삐 갚게 하여 갱생할 날을 얻게 하옵시다.…… 대저 우리 여자가 다만 의식지공만 알고 우로지택을 일분도 알지 못하면 어찌 일천만 동포에 의무가 된다 하리까. 이천만중 일천만 여자가 될 터이온데 사람마다 전재는 풍족치 못하나 소용하시는 바 상원 이상 값이 되는 은금 패물 등속은 있을 터이온즉 각출 의연했으면 삼천만원 가량이라 금전으로 교환했으면 삼천만원가량이라 금전을 교환하여 천만원으로 국채를 보상한 후 천만원으로 은행을 설립하고 천만원으로 하교를 설립하여 국부민강하고 보면 어찌 쾌치 않사오며 전국에 이익이 됨이 소소한 패물로 비하리오. 지금 최소 천만원 돈으로만 모집하구 보면 전황이 될 듯하오니 은금지물로도 연조하난 것이 좋을 듯하외다.[9]

이처럼 국가 장래의 발전 계획까지를 포함해 국채보상운동을 전개한 단체는 없었다. 이들은 애국계몽운동 선상에서 국채보상운동을 확대·전개시켜야 한다는 확고한 신념을 가지고 활동했으며, 이 운동의 최대 목표를 '세계상 제일 상등국민'이 되는 데 두었던 것이다. 그리고 이 운동의 효과를 높이기 위해 패물 착용자에게 벌금을 과하는 규칙까지 마련했다.

(3) 절미 감찬 의연형 단체

절미(節米) 감찬(減餐)형 단체로는 국미적성회(掬米積誠會), 부인

---

9) 《大韓每日申報》, 1907년 4월 28일·30일, 5월 11일, 〈패물폐지부인회취지서〉.

감찬회, 부산항좌천리감선의연부인회 등이 있다. 이 가운데 부인감찬회는 친일적 입장에서 이미 여성교육운동 등을 추진했던 일진회 계의 부실들이 중심이 되어 2월 28일에 조직된 것이다. 절미 감찬은 근검 절약을 신조로 하는 유교적 사회에서는 비교적 실행하기 용이하고 또한 확실한 효과를 거둘 수 있는 방법이다. 국채보상에 참여하는 많은 단체가 조직되어 활약하고 있으나 그 실적에 대한 것은 신문 광고란에 게재된 의연자 명단과 액수 이상으로 밝혀진 것은 없다고 해도 과언이 아니다. 그런데 인천에서 기독교 부인들이 중심이 되어 조직한 국미적성회의 경우는 활동 방법, 추진 내용, 실제적 효과 등이 확실하게 나타나는 가장 대표적이고 모범적이며 발전적인 여성단체였다.

이 단체는 1907년 3월 10일 전후에 발기했을 것[10]으로 생각되며, 발기인은 박우리바, 여누이사, 정헤스터, 장마리아, 김쓸비여, 송전심이다. 개회 예식은 엄씨 누이 사택에서 정식으로 이루어졌고, 개최 당시의 회원 수는 80여 명이었다. 이들 가운데 20명을 권고위원으로 결정했고, 위원 두 사람이 한 동리씩 맡아 여성참여를 권고하는 활동을 했다. 이들 권고위원에 의해 매주일마다 의연 곡물이 모였고 회원 수는 활동 수 일 만에 500여 명으로 증가했다. 음력 2월 한 달 동안에 모은 의연미와 의연금품이 무려 18섬 8되 8홉에 달했으며, 254원 36전에 이르는 동화(銅貨)와 1냥중짜리 은비녀 2개가 모였다.[11]

이들의 의연미는 아침저녁으로 매 식구당 한 술씩 떠서 모은 것이었다. 적성회라는 명칭은 쌀 한 술씩 모을 때마다 국채 갚기를

---

10) 《皇城新聞》, 1907년 3월 14일, 〈夫人의 愛國誠〉에 따르면 인천 예수교부인들이 부인은 본래 끽연하지 않으므로 매삭 20전씩 출연함이 불미하므로 매일 식구 수대로 한 숟가락씩 떠놓은 쌀을 愛國米로 한 달간 계산하여 모으는데, 회원이 이미 500여 명이며 매일 회원수가 증가한다고 했다. 이 기사에 따르면, 동 회는 3월 10일 이전에 조직·활동된 것으로 생각된다.

11) 《帝國新聞》, 1907년 3월 14일, 〈夫人의 愛國誠〉.

생각하며 국권회복하기를 축수하고 정성을 쌓자는 뜻으로 이루어진 것이라고 한다. 적성회의 취지서에서는 외채를 진 국민이 태평하게 앉아 있을 수 없으며 또 남녀 권리에 차등이 있을 수 없다는 평등적 국민 권리와 의무 수행을 위해 이 운동을 전개함을 밝히고 있다. 이 단체의 취지서를 보면 다음과 같다.

대저 지금 우리 나라 형편을 생각하면 결단코 편히 자고 앉아 먹고 마실 때가 아니라. 일개인으로 말해도 남에게 빚을 지고 그 전주를 보면 압기(壓氣)가 되어 스스로 자유권리를 잃어버리고 필경 그 집은 점점 쇠퇴하여 보전치 못하나니 나라일도 또한 일반이라. 외채가 있고야 어찌 보전하기를 바라리요. 나라를 사랑하는 자 매양 눈물을 흘리고 한탄하기를 마지아니하더니 하나님이 도우사 근자에 사방에서 유지하신 선배들이 의조금을 모집하여 단연회를 설시하고 일심으로 국채 갚기를 결심하는 자가 상약(相約)한 바 없이 각처에 불일 듯하니 어찌 우연타 하리요. 그러나 우리 나라 여자로 말하면 규중에 있어 바깥일은 말도 하지 않는 것이 당연한 도리로 알았더니 지금 세계 각국을 볼진대 남녀의 분별은 있으나 권리는 남자와 조금도 등분 없는 것을 본즉 이것이 떳떳한 이치라. 여자도 우리 대황제 폐하의 적자는 일반이온대 어찌 녹녹히 옛법을 지키고 안연히 부동하오리까. 비록 일푼일지라도 보조할 터이온데 우리 여자가 다른 권리는 없으되 집마다 양식 다루는 주권은 우리 여자에게 있는 고로 몇 사람이 작정하고 매일 먹는 양식 중 식구 수효 대로 때때에 한술씩 모아 국채 갚기로 이 회를 설시하고 이름을 적성회라 하니······ 우리는 밥 한술씩 덜먹고 십시일반으로 모으는 쌀로 국채 갚아 노예를 면하고 자유를 찾아 영원히 독립하여 세계상 상등국이 되기 바라나이다······[12]

당시 《황성신문》은 적성회의 번성하는 활동을 보고 '차회(此會)

---

12) 《帝國新聞》, 1907년 4월 1일, 〈인천항적성회취지서〉.

가 승어단연회(勝於斷烟會)"[13]라고 평했다. 이것은 남자들이 발기·조
직한 국채보상단연회보다 더 많은 활약을 하고 있음을 높이 평가
한 것이다.

(4) 기타 의연 단체

청북강계부인급수보상회(淸北江界夫人汲水報償會)는 위에서 서술한
것들과는 조금 다른 성격을 가지고 있다. 여성들의 국채보상운동
참여 방법은 패물 폐지, 감반, 감식 등이 주류를 이루었다. 이것은
유교사회의 검소와 절용사상이 바탕이 된 것이라 하겠다. 이러한
활동과는 달리 그들은 두 동이 쓸 물을 한 동이만 쓴다고 하는 급
수비의 절용이 아니라 부인들이 직접 물을 길어 씀으로서 급수군
에게 지불했던 급수비를 국채보상금으로 연출하자는 매우 색다른
주장을 했다. 이것은 소극적이기는 하나 노동을 통한 수입으로 국
채보상에 참여한 것이다. 원래 급수군이란 가장 천한 노동의 직업
이다. 이 노동을 부인들이 스스로 담당한다는 것은 자신의 육신과
정신 등의 모든 것을 바쳐 국권을 회복하는 운동을 하겠다는 의지
를 보인 것이다.

전통적으로 급수비(汲水婢)는 가장 천시되어왔다. 정약용의 《목
민심서》 권4, 〈이전육조(吏典六條)〉의 어중조(馭衆條)에 따르면, 관
비 가운데 기생과 급수군이 있는데, 가장 불쌍한 것은 추한 용모의
급수비라고 한다. 아울러 급수비는 겨울에도 무명옷을 입고 머리는
쑥대같이 하고 다니는데, 밤에는 물을 긷고 새벽에는 밥을 짓느라
쉴 새 없이 분주하므로 수령은 마땅히 이 불쌍한 급수비에게 은혜
와 사랑을 베풀어야 함을 말하고 있다. 이를 통해 급수업이 얼마나
고되고 천한 직업인가를 능히 짐작할 수 있다. 이 같은 직종의 일

---

13) 《皇城新聞》, 1907년 3월 24일, 雜報 〈婦人의 愛國誠〉.

을 국채보상을 위해 부인들이 일시적이나마 담당하겠다는 것은 이 부인회의 발기 취지에서 밝히고 있는 '국민된 의무를 다같이 수행해야 한다'는 의미와 더불어 직업의 귀천관을 불식시켜 근대적 인민평등의식을 성장시키겠다는 의미를 담고 있는 것이기도 하다. 급수보상부인회는 현직 관인의 부실과 일반 부인 12인이 발기·조직했는데, 그들의 발기 취지를 보면 다음과 같다.

…… 각처 유지 신사가 동지찬성회를 설하고…… 의무금을 찬조하여 국민된 의무를 열심 보국하니 국민된 의무는 남녀가 일반이라. 가장이 열심하여 단연보상(斷烟報償)하는데 가인(家人)이 그 열심을 이받이 아니하면 도시 국민된 의무를 실(失)할 뿐만 아니라 열행(烈行)에 연(捐)함이라.[14]

즉, 국채보상을 위해 급수 노동을 하는 것은 국민된 당연한 의무라는 것이다.

4. 여성참여활동에 나타난 특성

앞에서 국채보상운동에 대한 여성들의 참여와 활동을 살펴보았는데, 이를 통해 여성활동에 나타나는 몇가지 특성을 언급할 수 있겠다. 첫째는 지역 및 신분상의 특성이고 둘째는 의연 방법 및 의연 금액상의 특성이다. 그리고 셋째는 남녀동권의 국민국가의식이 활동 저변에 널리 확대된 점과 이 의식이 급속히 성장한 점을 들 수 있겠다. 그러면 이러한 특성에 대해 좀더 자세히 살펴보도록 하겠다.

---

14)《皇城新聞》, 1907년 3월 30일,〈淸北江界婦人汲水報償勸告文〉.

(1) 지역 및 신분상의 특성

과거에도 국난에 처할 때면 여성들이 집단적으로 행동했던 사례를 볼 수 있다. 가령 전투를 돕기 위해 행주치마에 돌을 나르고 전투에 임하는 군인들에게 밥을 해서 날라주던 일 등을 들 수 있겠다. 그러나 이는 남성을 도와 주는 보조적인 것이었다. 여성들 자신이 권리와 의무를 내세우면서 국가의 위기를 구하기 위해 독자적으로 참여하고 활동한 것은 국채보상운동이 처음이다. 여성들은 지역별로 그리고 의연방법별로 여성단체를 조직해 활발한 활동을 하면서 전통적인 성역할에 따른 차별적인 모순을 극복하려고 했다. 그리고 이러한 의지가 여성활동을 더 활발하게 했다고 할 수 있다. 먼저 지역상의 특징을 살피기 위해 단체와 준단체들의 지역적 분포 상황을 고찰해보면 다음과 같다.

지역	서울	경기	충청	전라	경상	황해	평안	함경	기타	합계
단체	3	4	1	3	10	1	3	3		28
준단체	5	1	3	2	3		3		2	19
합계	8	5	4	5	13	1	6	3	2	47

※ 자료 : 당시 간행된 서울의 4대 신문 기사를 중심으로 작성.
〈표 2〉 여성 국채보상운동 참여 단체의 지역별 분포

〈표 2〉에 따르면, 단체의 조직과 활동에서 경상도가 단연 우세해서 전체의 36퍼센트를 차지한다. 다음으로 지역적으로 밀접하고 가까운 서울과 경기 지역이 약 26퍼센트를 차지한다. 그 다음이 전라·평안·함경도로 약 11퍼센트씩이다. 그러나 강원도의 경우만은 단체 및 준단체를 찾아볼 수 없는데, 이는 개화문명의 접촉 정도와 깊은 상관관계를 가지기 때문에 나타난 결과라고 생각한다.

이 같은 사실은 여성참여단체가 조직된 해당 지방을 보아도 능

히 짐작할 수 있다. 즉, 정치·경제·문화·상공업의 중심도시와 항구
도시에서 주로 국채보상 여성단체가 조직된 것이다. 서울·대구·평
양은 당시는 물론 지금도 정치와 문화의 중심도시이며, 인천·부산·
삼화·창원·남양·제주 등지는 외래 문물이 출입하는 항구도시이다.
아울러 진주는 애국 기생의 전통이 있는 지방 도시이다. 안성·선천·
안악 등지는 상공업 중심의 지방 도시이면서 뒷날 항일민족운동의
중심지가 된 곳이다. 즉, 외래 문물에 자주 접할 수 있는 지역과
일제의 경제적 침략을 피부로 느끼는 상공업도시 등에서는 일제
침략에 대한 저항 의식과 개화·진보에 대한 자주적인 발전 의식이
강했음을 알 수 있다.[15]

관기류 (官妓類)	주희(酒姬) 퇴기(退妓)	학생	기독교 부인	승려	지방 부인	해외 부인	합계
4	2	2	2	1	7	1	19

※ 자료 : 위와 같음.

〈표3〉 여성 국채보상운동 참여 준단체의 참여층 분석

〈표 3〉은 준단체의 참여층을 분석한 것이다. 직업상 고락을 항
상 함께 하는 기생 및 주희가 6건으로 전체의 약 32퍼센트를 차지
한다. 진주의 부용처럼 퇴기의 경우에는 조직과 활동에 참여할 시
간적 여유를 가질 수 있으나, 현직에 있을 경우는 애국성심은 있되
조직과 활동에 참여할 시간의 여유를 가질 수 없었을 것이다. 전체
의 37퍼센트에 해당하는 지방 부인들의 경우는 단체 활동이 미숙

---

15) 이와 같은 사실은 당시의 신문 《경남일보》, 1910년 1월 19일자 논설 〈동포
에게 경고함〉에서 다음과 같이 논하고 있는 것을 보아도 그 해답의 일부를
구할 수가 있다. '대개 창원 김해 등지는 해륙교통의 便이 有하여 외국문화
의 수입이 빈번함으로써 신풍조의 접촉에 인민의 사상이 능히 此에 도달했
고, 산청은 峽郡 嚴邑이라 錮閉보수의 想이 未關하므로 如彼齒분함에 至하니
지리상 관계가 如是 긴요할 뿐더러 亦 其人品에 係한 바라.'

한 탓에 조직을 통한 지속적 활동이 어려웠을 것이라고 생각된다. 다만, 남자들의 활동에 지속적으로 참여하는 데 그치지 않고 독립적으로 참여를 했다는 것만으로도 큰 의미를 부여할 수 있다고 하겠다.

양반, 유지부인	부실	기생	개화여성	기독교 부인	일반부인 (농·상인)	합계
14	4	2	1	4	3	28

※ 자료 : 위와 같음.

〈표 4〉 주도층 부녀들의 신분적 특성 분류

그러면 국채보상운동에서 지도력을 발휘한 여성 참여자들의 신분상의 특징을 살펴보도록 하겠다. 〈표 4〉는 28개 단체를 대상으로 주도층 부녀들의 신분을 분류한 것이다. 각 지방의 유지부인은 그 지방의 지도층 신분이라는 점에서 '양반 및 유지부인'으로 묶었다. 또 부실은 정처가 아닌 첩에 해당하는 여성이되 아울러 양인 신분에 해당한다. 애국계몽운동의 일환으로 여성교육운동을 하는 여성은 개화여성으로 분류했다. 기독교를 신앙하는 여성군의 활동이 여러 면에서 두각을 나타내고 있었는데, 이들은 일제 강점기에 우리 사회를 이끄는 주도 세력으로 부상했기 때문에 기독교 부인을 별항으로 했다.

양반 및 유지부인에 의해 발기된 단체는 전체의 59퍼센트인 14개 단체이며, 개화여성이나 기독교 부인도 전체의 약 18퍼센트로 이에 버금갈 정도로 부상하고 있다. 이는 미래 사회 지도층의 변화 가능성을 시사해주는 중요한 의미를 갖는다. 그에 비해 부실과 기생은 전체의 21퍼센트를 차지하고는 있으나, 준단체에서 기생 및 주희가 전체 준단체의 32퍼센트를 차지한 데 비하면 자못 비율이 낮다. 이는 일회적 참여의 애국열은 높으나 역시 사회적 지도력은 높지 못한 신분층임을 나타내는 것이라 하겠다. 이상에서 볼 때 개화 사조가 사회 저변으로 확대되고는 있었으나 아직은 양반층 부녀들이 사회의 지도층으로서의 지위를 탄탄히 견지하고 있음을 알게 한다. 이 같은 현상은 《대한매일신보》, 《황성신문》, 《제국신문》, 《만세보》 등의 4개 신문에 게재된 국채보상의연자 명단을 보면 알 수 있는데, 이들 가운데 여성 의연자 2,821명을 뽑아 분석한 결과 양반 및 유지부인층이 전체의 63퍼센트였으며 부실이 6.6퍼센트, 기생 및 주희 등이 21.8퍼센트였다. 그리고 여학교 학생이 5.1퍼센트를 차지하고 있었다.

(2) 의연 방법 및 의연 금액상의 특성

국채보상운동 발의 초에 1인당 의연 금액은 60전이 최소 단위로 제시되었다. 국채보상운동 초기의 개별 참여 여성들은 보통 신화 2원 이상을 출연했다. 또한 단체를 조직한 여성 지도층들도 60전 출연을 극히 미흡하게 생각해 삼화항패물폐지부인회에서는 여성 1인당 3원 의연을 제시했으며, 또 안악군국채보상탈환회에서는 2원을 제시했다.

그러나 《대한매일신보》, 《황성신문》, 《제국신문》, 《만세보》 등의 4대 신문을 대상으로 조사한 2,821명 가운데는 50전 이하가 절대다수를 차지하고 있다. 즉, 30전 이하가 전체의 45.8퍼센트이고, 31전 이상 50전 이하가 10.8퍼센트이며, 51~80전이 18.6퍼센트, 81~90전이 1.7퍼센트, 1~2원이 18.4퍼센트, 3~10원이 2.7퍼센트, 10~20원이 1.5퍼센트였다. 100원 이상을 낸 사람은 5명으로 전체의 0.3퍼센트가 못 되었다. 참고로 여성단체별 1인당 단연액을 보면 〈표 5〉와 같다.

이상의 의연액을 검토하면 평균 담연액이 1원 23전이다. 그러나 진주 기생의 높은 담연액을 제외하면 1인당 평균 출연액은 약 54

여성단체	1인당 담연액
대안동국채보상부인회	47전
국미적성회	약 42전
안성장터동국채보상부인회	약 38전
남양군부인의성회	약 49전
음성군패물폐지부인회	76전
제주함덕리국채보상기성회	약 70전
부산좌천리감선의연부인회	약 29전
부산단연동맹부인회	약 1원 30전
영도국채보상부인회	약 16전
진주애국부인회	1차 : 약 70원 90전 2차 : 약 2원 15전
창원국채보상부인회	2차 : 약 50전 3차 : 약 49전
안악군국채보상부인회	약 1원 50전

※ 자료 : 위와 같음.

〈표 5〉 여성단체별 1인당 담연액

전이다. 그러면 여성의 평균 의연액이 50전 미만일 수밖에 없었던 이유는 무엇일까? 그것은 우선 당시의 경제적 여건이 전체적으로 궁핍했기 때문이며, 둘째는 기생·주희·상인·침공업 등의 종사자를 제외한 일반 가정 여성들은 일정한 수입을 갖지 못했기 때문이다. 셋째는 가부장적 가족제도에 의한 장유별·남녀별 차별이 의연액수에도 그대로 반영되고 있었기 때문이다. 참여는 남자와 같이하되 출연 액수 면에서는 차별화하는 것을 당연시하고 있었던 것이다. 서울 북서 회동(北署 會洞) 최치영가의 경우 부, 처, 자(4명), 여, 손 (5명) 등 13인이 각자의 명의로 의연했는데, 가장과 아들 4인은 각각 60전씩을 그리고 장손자는 30전을 의연했다. 그러나 아내와 딸 그리고 4명의 증손자들은 모두 10전씩 차별적으로 출연하고 있다. 이 같은 차별적 참여는 결과적으로 여성의 단연액이 저조할 수밖

416

에 없는 중요한 원인이 되는 것이다.

고급관리나 돈 있는 사람들이 국채보상운동에 냉담했기 때문에 자연히 그 부인들도 참여하지 않았던 것이 네번째 이유가 된다. 다음의 신문 기사는 이러한 당시 정황을 잘 보여준다.

…… 조그마한 금액들이 계속 들어왔는데 그러나 정부의 큰 벼슬아치나 서울의 사대부층이나 돈 있는 큰 장사치들은 한 사람도 호응하여 기부하는 이가 없어 미치광이처럼 절규하고 눈물로 호소했으나 급급하여 미치지 못했던 것 같다. 천한 신분으로 고용살이 하며 빌어먹는 계층들이 도리어 많았다. 이때에 많은 금액을 낸 사람은 해주 사는 이재림(李載林)이 2만원, 김선준(金善駿)이 1만원이었다.[16]

돈을 낼 만한 사람들은 국채보상운동에 냉담하고 주로 어려운 사람들만이 참여하고 있다는 것이다. 여자의 경우도 마찬가지이다. 돈 많은 부자 남편이 의연을 하면 그 아내와 가족들이 더불어 의연하게 되는 것이다. 대다수 거부들의 불참은 국채보상운동을 저조하게 했고, 여성측 의연액수는 적을 수밖에 없었다.

(3) 남녀동권의 국민국가의식의 성장

국채보상운동은 국민의 경제력을 결집하여 국권을 수호하겠다는 민족적 각성에 기초한 거대한 민족운동이다. 여성이 이 운동에 자발적으로 참여한 것은 여성의 각성 때문이었다. 그러므로 국채보상운동에 대한 여성의 참여는 한국근대 여성운동사에서 볼 때 획기적인 의미를 갖는다.

첫째, 국권수호라고 하는 국가의 중대사에 여성 자신이 자발적으

---

16) 독립운동사편찬회, 《독립운동사자료집》 14, 독립운동사편찬회, 1978, 284~285쪽.

로 참여함으로써 남자만이 독점했던 정치적 상황에 여성도 참여하게 되었다는 점이다.

둘째, 남자 찬성원의 지도 아래 진전되던 애국계몽운동기의 여성교육운동에서 탈피해 여성이 독자적 의지로 구국 운동에 참여할 수 있게 되었다는 점이다. 30여 개에 가까운 국채보상 여성단체는 한결같이 여성 스스로의 의지로 조직되고 활동이 이루어진 것이다.

셋째, 국가에 대한 남녀동권의 의무론이 바탕이 되어 여성의 적극적 참여가 이루어진 것은 실로 중요한 특성이라고 하겠다. 국채보상운동 참여 여성들은 국민된 의무에는 결코 남녀의 차별이 있을 수 없다는 확고한 의식을 가지고 활동하고 있었다. 이것은 국가의 위기를 극복하기 위해서는 그 어느 때보다도 여성의 자각된 힘이 필요한 때문이었다. 삼화항패물폐지부인회의 취지에서 밝히고 있는 것처럼, 남녀동권을 획득하기 위해서는 먼저 국권수호 같은 민족적 과제 해결에 여성들이 주권의식을 가지고 자발적으로 참여해야 하며, 그럼으로써만 권리 획득이 가능하다는 것이다.

우리는 여기에서 여성들이 지향하는 국권회복의식은 종국에는 남녀동등권을 획득하기 위한 것이라고 볼 수 있다. 아울러 국채보상운동에 대한 여성의 참여와 활동에는 전통적인 남존여비사상이나 남성우위의 윤리관과 생활관습에 대한 도전이라는 면이 분명하게 나타나고 있었다. 여성참여를 적극 권장했던 이준(李儁)은 다음과 같은 연설을 통해 여성의 참여가 국채를 갚고 남녀평등도 획득하는 중요한 일임을 설파하고 있다.

…… 대한부인회도 부녀의 구국운동이요 이 국채보상부인회도 부녀구국운동으로서 그 성격은 같다 하겠으나 하나는 관념적이고 이상적이며 하나는 실천적이요 효과적인 까닭입니다.…… 우리 나라를 위하는 일을 우리 남자들만이 한다면 이는 1천만 밖에 아니됩니다.…… 부녀는 거내하여 문호를 나지 아니한다는 그러한 구투의 부녀생활방

식은 앞으로는 전연 이론이 서지 못하는 생활방식일까 합니다. 하나
님이 보내신 귀존한 남녀가 즉 다시 말씀하면 하나님께서 꼭같이 사
랑하는 자녀가 된 우리 남녀의 권리가 무엇이 다를 것이 있습니까.
남녀는 평등입니다. 남녀는 영원히 평등입니다.…… 숙녀 여러분 우
리 나라의 역사는 결코 남존여비인 것같이 된 것은 결국 부녀되시는
당신네들이 무력 불찰의 결과…… 오늘 이 국채보상부인회를 조직하
신 것은 의례의 일이오.…… 국권 찾는 운동이라면 남녀를 물론하고
목숨을 바쳐 피로 주검으로 싸워가면서 기어코 실천실행해야 되겠습
니다.…… 우리의 국채를 우리가 갚고 남녀평등으로 복영이 있고 은
혜가 깊은 국민의 생활을 할 수 있도록 우리 남녀가 꼭 같이 분투하
기를 바랍니다.[17]

국채보상운동을 통해 남성들의 여성에 대한 관념도 적지 않은
변화를 가져왔다. 여성의 자발적인 애국적 참여정신이나 태도에 관
해 남자들이 경이의 마음을 가지고 극구 찬양하며 지원하기를 아
끼지 않았다. 뿐만 아니라 여성의 활동을 통해 오히려 나약해졌던
남성들의 국권수호의지가 고양된다고 인식하기도 했다. 국채보상운
동에 나타난 남녀동권의식은 아직은 구국적 차원에 한한다는 제한
점이 있으나, 남녀차별로 인한 국가적 손실에 대한 의식을 남자 사
회에 광범위하게 인식하도록 했다는 점에서는 중요한 여성사적 의
미를 지닌다고 하겠다.[18]

5. 닫는 글

이상에서 국채보상운동에 여성들이 어떤 의식을 가지고 주로 어

---

17) 柳子厚,《李儁先生傳》, 東邦文化社, 1974, 208~211쪽.
18) 朴容玉,〈國債報償運動에의 女性參與〉,《史叢》12·13 合輯(1968), 641~642쪽.

떤 방법으로 참여해 활동했는가를 살펴보았으며, 그 활동에 나타나는 특성들과 그것의 역사적 의미를 검토했다. 이를 요약하면 다음과 같다.

첫째, 국채보상운동은 초기에 남성 중심으로 출발했기 때문에 준비기에는 여성들이 참여의 기회를 갖지 못했다. 그러나 이 운동이 세상에 알려지자 여성들은 초기 단계부터 국민된 평등한 의무를 다하겠다는 확고한 의지를 가지고 취지서에 제시된 의연액수를 크게 상회하는 출연을 했다. 참여 초기에는 신분과 직업을 초월해 개별적으로 출연을 했다. 그러나 운동의 열기가 고조되는 3월에 들어서면서 서울과 각 지역에서 여성계를 대표하는 여성단체들이 독자적으로 설립되고 활동에 들어갔다.

둘째, 남자들에 비해 여성계의 의연금 출연 방법은 더 다양했다. 출연금 유형은 크게 네 가지로 분류할 수 있겠는데, 다양한 유형별 활동은 여성들의 참여를 더욱 활발하게 했다. 그 유형을 보면, 현금 출연형, 패물 출연형, 감반 감찬 출연형이 주축을 이루었고, 그밖에는 천시되었던 물긷기 노동으로 벌어들인 수입을 현금으로 출연했던 특수 유형이 있었다.

셋째, 여성참여활동에 나타나는 지역적·신분적 특성으로는 먼저 정치·경제·문화 및 상공업의 중심도시와 항구도시에서 여성참여단체가 더 많이 조직되고 활동했음을 들 수 있다. 직접 돈을 버는 천업 종사자들도 개별 참여자로서 순수한 마음으로 현금을 출연했다. 그리고 대안동 부인회의 경우처럼 아직은 국채보상운동의 여성 지도층은 양반부인들이었다. 그러나 인천의 국미적성회의 경우처럼 기독교 부인들이 높은 성과의 활동을 했다는 것은 여성계의 주도적 지도층이 양반층으로부터 기독교 부인층으로 이행되는 과도적 현상을 보인 것이라 하겠다.

넷째, 전국 여성들의 평균 출연액이 50전 미만의 소액이었다는 특성을 보인다. 소액 출연의 이유는 국가 경제력이 전체적으로 미약했기 때문이며, 그 밖의 이유로는 남녀간 출연 액수에 차등을 두는 가부장적 의식의 잔존을 들 수 있다. 아울러 부유한 사람들이 이 운동에 극히 비협조적이어서 그 부인들마저 참여하지 않은 것도 소액 출연의 하나의 이유가 된다.

다섯째, 국채보상운동에 대한 여성의 참여의식은 한결같이 국민된 의무가 남자와 동등하다는 것이었다. 그리고 위급한 국가와 민족 문제 해결에 여성이 자발적으로 참여함으로써 마침내는 서구사회와 같은 남녀평등권을 찾겠다는 강한 의지가 나타나고 있음을 볼 수 있다. 이는 역사적인 국난극복운동에 참여해 인간으로서의 여성 능력을 과시함으로써 전통적인 그릇된 남녀차별관을 타파·극복하려는 것이며, 아울러 국채보상운동에 대한 여성들의 참여활동은 한국의 남녀동등권 획득의 중요한 역사적 과정으로서 의미를 갖는 것이었다.

제11장 〈대한독립여자선언서〉 연구
-〈대한독립선언서〉와의 관련성 검토-

1. 여는 글

3·1 운동을 전후해 반포된 독립선언서, 요망서, 청원서, 격문류는 아마도 100여 종이 족히 될 것으로 생각된다. 여자들에 의하여 선포된 것만도 1919년 2월에 김인종 등 8명의 여성계 대표가 연서한 〈대한독립여자선언서〉를 비롯해서 〈여학생정파리화회서(女學生呈巴里和會書)〉, 미주 하와이 한인부회장 최순회 명의의 〈열강국부인회와 윌슨대통령부인에게의 청원서〉, 정순선 등 6인 발기의 〈구국부인회발기문〉, 대한부인회의 〈공개문서〉, 1921년 워싱턴 회의에 보낸 대한전국여학생대표의 〈여학생대표탄원〉, 1920년 미국의원단 내한 때 상해 애국부인회 명의로 작성된 탄원서한 등이 있다. 이처럼 다양한 여성계의 독립선언서나 탄원서 등이 있었다는 것은 우리 여성의 항일구국독립운동 의지를 반영하는 것이다.

그 가운데 〈대한독립여자선언서〉는 〈3·1 독립선언서〉 반포 이전인 1919년 2월에 발표되었다는 점에서 적지 않은 주목을 끈다. 이

선언서는 일제의 사찰문서 속에서 일역본이 이미 발견된 바 있지
만, 정확히 언제 어디서 어떻게 작성·반포되었는가에 대한 자세한
검토와 연구가 이루어지지 않았다. 그런데 1985년 도산 안창호의
유족들이 그의 독립운동 관련 문서들을 한국독립기념관에 기증할
때 묵서(墨書)판〈대한독립여자선언서〉가 포함되어 있었다. 필자로
서는 처음으로 그 선언서가 모습을 드러낸 것이라는 생각에 적잖
이 반가웠다. 그래서 필자는 이를 바탕으로 1985년 5월 25일 한국
독립운동사연구회 제3회 월례에서〈여자독립선언서에 나타난 독립
사상〉이라는 주제로 발표를 한 바 있었다.

그러나 보완되어야 할 자료의 수집이 너무 어려워 논문으로 발
표하지는 못한 채 10년이 넘도록 필자의 가장 큰.연구 숙제 가운
데 하나로 남아 있었다. 그런데 최근에 미주 지역의 한인여성독립
운동 관련 자료를 찾던 중 이 선언서의 발표 시기를 알려주는 귀
중한 자료를 접하게 되었으며, 미주의 대한여자애국단에서는 독립
운동을 위한 모든 행사에서〈3·1 독립선언서〉와 더불어〈대한독립
여자선언서〉를 동시에 낭독되었음을 발견하게 되었다.[1] 즉, 미주의
한인 여성계에서는〈대한독립여자선언서〉가〈3·1 독립선언서〉와
같은 비중으로 존중되고 여성의 항일구국정신을 함양하는 큰 도구
로 활용되고 있었던 것이다. 그렇다면 이 선언서야말로 한국광복운
동사에서 생명력이 넘치는 귀중한 자료라고 하지 않을 수 없다. 그
래서 오랫동안 숙제로 남겨놓았던 이 선언서에 관한 연구를 새로
이 시도하기 위해 광복운동 자료들을 다시 섭렵했으며, 그 결과 실
마리를 풀 수 있는 몇가지 근거를 찾아낼 수 있었다.

이 선언서가 안고 있는 가장 큰 과제는 우선 발표 시기와 장소
이며, 둘째는 선언서 작성자와 8인의 서명자의 인적 사항이다. 한
국 여성 독립운동사 연구에서 가장 어려운 점은 활동 여성들의 구

---

1) 朴容玉,〈美洲韓人女性團體의 光復運動支援硏究－大韓女子愛國團을 중심으
로〉,《震檀學報》第78, 292쪽.

체적인 이름이 기록되어 있지 않다는 점과 기록으로 남았다고 하더라도 그 이름을 가진 여성이 도대체 누구인지 제대로 밝힐 수 없다는 점이다. 이는 여성들이 오랫동안 역사의 주변에 있었다는 점과 그들의 행위가 늘 역사의 주역인 남자의 보조여야 한다는 전통적인 남녀차별관이 불식되지 못한 상황에 기인하는 것이다. 동시에 여성들의 활동 또한 필요한 때에 한두 번 행해지고마는 경우가 허다했기 때문이기도 하다.

이 선언서의 발표 시기와 장소 및 그 내용 등을 분석·검토하면서 〈대한독립선언서〉와 적지 않은 관련을 갖고 있었다고 확신할 만한 새로운 점도 발견하게 되었다. 그러므로 이 장에서는 첫째 〈대한독립여자선언서〉의 작성 시기와 장소를 밝히면서 〈대한독립선언서〉와 비교·검토하고 선언서 작성자와 8인의 서명자가 누구인가를 살펴보고자 한다. 둘째로 선언서의 내용과 거기에 나타난 여성의 독립사상을 살핀 다음 두 선언서의 내용들을 비교·검토함으로써 그 관련성을 밝히고자 한다. 그리고 마지막으로 〈대한독립여자선언서〉가 갖는 역사적 의미를 고찰하도록 하겠다.

2. 작성 시기와 장소 및 서명자 검토

(1) 작성 시기와 장소 : 〈대한독립선언서〉와의 비교 검토

묵서 〈대한독립여자선언서〉는 본문 33행에 총 1,291자로 된 순한글 선언서이다. 선언서 말미에는 '기원사천이백오십이년이월 일'로 발표일이 기록되어 있다. 이 기록대로라면 〈3·1 독립선언서〉 발표 이전에 발표된 것이다. 그리고 그것이 사실이라면 이 선언서가 갖는 의미는 실로 크다고 하지 않을 수 없다. 지금껏 발견된 독립

선언서들 가운데 3·1 운동 이전에 발표된 것으로는 동경의 한국
유학생들에 의한 〈2·8 독립선언서〉가 있으며, 발표 시기를 놓고 아
직도 학계의 논란이 있는 김교헌 등 39인이 서명한 단기 4252년 2
월 일의 〈대한독립여자선언서〉 및 박치화 등 12명이 서명한 단기
4252년 2월 17일의 〈대한독립여자선언서〉 등이 있다.

그 동안 김교헌 등 39인 서명의 〈대한독립여자선언서〉는 발표
시기에 대한 과학적인 검토 없이 1918년 무오년에 발표된 것이라
고 해서 〈무오독립선언서〉로 통칭되었다. 아울러 항일독립운동사상
최초의 독립선언서로 부각되어왔으며 〈2·8 독립선언서〉와 〈3·1 독
립선언서〉 작성에 영향을 준 선도적 역할을 한 것으로 주장되어왔
다.[2] 그러나 이 발표 시기에 대해 소설가 송우혜가 새로이 문제를
제기했다. 그는 조소앙의 〈자전〉과 〈대동단결선언〉, 《지산외유일기
(志山外遊日記)》와 지산 정원택(鄭元澤)을 방문·면담한 김용국(金用
國)의 기록 등을 근거로 이 선언서rk 1919년 양력 2월 27일에 중국
길림(吉林)에서 조직된 대한독립의군부(大韓獨立義軍府)가 주체가 되
고 조소앙이 작성한 것으로, 양력 3월 2일에 그 동생 조용주(趙鏞
周)가 협력해 완성된 것이라고 보았다. 또한 그날부터 석판인쇄한
완성본 선언서를 서북간도·노령·북경·상해 및 국내와 일본으로 발
송한 것이 양력 3월 18일이라고 보았다. 즉, 선언서의 단기 4252년
'2월 일'의 '2월'이란 곧 양력의 '3월'을 의미하므로 이는 3·1 운동
이 일어난 뒤의 것이라는 주장이다.[3]

---

2) 이에 관련된 논문으로 다음과 같은 것이 있다. 趙恒來, 〈戊午獨立宣言書의
   發表經緯와 그 意義에 관한 檢討〉, 《尹炳奭敎授華甲紀念韓國近代史論叢》, 知
   識産業社, 1990, 547~572쪽 ; 趙恒來, 〈大韓獨立宣言書發表時期의 經緯〉, 《韓
   民族獨立運動史論叢》, 朴永錫敎授華甲紀念論叢刊行會, 1992, 514~536쪽 ; 박
   영석, 〈대한독립선언서〉, 《한민족독립운동사 3 : 3·1 운동》, 국사편찬위원회,
   1988, 111~150쪽.
3) 송우혜, 〈"대한독립선언서"(세칭 "무오독립선언서")의 실체—발표시기의 규
   명과 내용분석〉, 《역사비평》, 역사문제연구소, 1988년 여름호, 144~177쪽.

당시에는 지산처럼 일기 등을 쓸 때 옛 관습대로 음력을 쓰는 경우가 많았다. 그러나 대외문서와 같은 경우는 양력을 훨씬 더 많이 썼다. 예컨대 중국 관내와 만주 및 유럽 동포들이 도산 안창호에게 보낸 서신류에 나타난 일력을 보면 몇몇 예외를 제하고는 모두 양력을 쓰고 있다.[4] 또한 3·1 운동 발발 이후이기는 하지만 국내의 승려계나 유림계 등의 각 선언서에서도 모두 양력을 쓰고 있다. 민족의 사활이 걸린 선언서 같은 중요 문서는 세계 만방을 향해 한민족의 독립을 선언하는 것이다. 그러므로 단기 연호를 사용한 것은 한민족의 독립을 선언하는 것이다. 그러므로 단기 연호를 사용한 것은 한민족이 결코 타민족과는 구분됨을 나타낸 당연한 것이지만, 일력(日曆)은 만국이 공통으로 사용하는 양력을 썼다. 이같은 관점에서 볼 때 〈대한독립선언서〉의 '2월'은 역시 양력으로 보아야 할 것이다. 《지산외유일기》[5]에 따르면, 대한독립의군부가 조직된 것이 양력 2월 27일이며 선언서 관계의 역할 분담은 그 이튿날인 2월 28일에 행해진 것으로 기록되어 있다. 적어도 '2월 28일'을 이 선언서의 작성·반포일로 여긴 것이다. 아울러 이 선언서는 3·1 운동 이전에 작성·반포된 것으로 보아야 마땅하다.

〈대한독립선언서〉의 작성·반포일에 관한 것을 이렇게 장황히 언급하는 것은 〈대한독립여자선언서〉의 작성·반포일과 상당한 관련을 갖기 때문이다. 즉, 이 선언서의 반포일이 '기원사천이백오십이년이월 일'로 기록되어 있기 때문이다. 이 '2월'을 양력으로 보면

---

4) 독립기념관 편, 韓國獨立運動史資料叢書 第4輯, 《島山 安昌鎬資料集 (1)：在露同胞와의 書信類》, 한국독립운동사연구소, 1990 및 同 資料叢書 第5輯, 《島山 安昌鎬資料集 (2)：在中國關內 滿洲, 유럽同胞와의 書信類》, 한국독립운동사연구소, 1991.

5) 이 일기는 독립운동가 志山 鄭元澤의 平寫本 일기를 현대문으로 번역해 《抗日獨立運動家의 日記》(김영호 역, 서문문고 195, 서문당, 1975)의 한 부분으로 편집·출판한 것인데, 번역과 편집 과정에서 초고의 내용이 많이 변질되었다는 설이 있다.

이것은 3·1 운동 이전에 반포된 것이며, 그럴 경우 독립운동에서 이것이 갖는 의미는 대단히 큰 것이다. 그렇다면 이 선언서가 3·1 운동 이전에 작성·반포된 것임을 분명히 증명할 수 있어야 한다. 이를 증명하기 위해 먼저 선언서 내용을 통하여 그 시제(時制)를 검토해보고자 한다. 선언서 내용에서는 3·1 운동과 가장 가까운 시제로서 언급되고 있는 다음과 같은 구절을 발견할 수 있다.

　　고금에 없난 구주 대전란의 결국에 민본적 주의로 만국이 평화 주장하는 금일을 당하여 감사하신 남자사회에서 처처에 독립을 선언하고 독립만세 한소리에 엄동설한의 반도강산이 양춘화풍을 만나 만물이 소생할 시기가 이르렀으니……(8행 36자～11행 10자, 이하 인용문은 현대문으로 고쳤음).

이 내용에는 제1차 세계대전이 종결된 뒤 민족자결론에 입각해 우리의 남자 사회에서는 이미 독립을 처처에서 선언하고 있으므로 온 민족이 한소리로 독립만세를 부를 시기가 눈앞에 다가오고 있다는 논지가 담겨 있다. 즉, 3·1 독립만세시위운동이 일어나기 직전의 독립운동 상황을 논하고 있는 것이다. 이를 이해하기 위해서 먼저 제1차 세계대전 종전 직후로부터 3·1 운동이 발발되기 전까지의 국내외의 독립운동 준비 상황을 살펴볼 필요가 있다.

세계 대세를 더 쉽게 접할 수 있는 국외 한인 사회에서는 종전 직후부터 재빨리 한국의 독립 문제를 파리강화회의에 제기하기 위해 대표자 선정과 파견을 위한 비밀회의를 처처에서 행하고 아울러 독립선언서의 제작과 공식 발표 등에 관한 회의를 거듭하고 있었다. 이러한 일련의 준비 활동 과정은 일제측 사찰문서[6]에 의거해 살펴보도록 하겠다. 1918년 11월 중순에 재미한인(在美韓人) 대표들

---

6) 北野民夫 發行, 姜德相(編), 《現代史資料 ; 朝鮮(二)》, 東京 : 書房, 1967, 82～84쪽.

이 샌프란시스코에 모여 안창호와 이승만을 파리 파견 대표로 선
정하고 이 내용을 재러 한인사회에 알려 그곳에서도 대표를 선정
해 파견하도록 종용했다. 이를 접한 재러 한인사회 대표들이 곧 니
콜리스크에 모여 이동휘(李東輝)와 백순(白純)을 대표로 선정하고
불어에 능한 간도 명동(明東)예수교학교의 전 교사였던 박상환(朴
尙煥)을 수행하게 했다. 그리고 이 결정에 대해 재 니콜리스크 남
공선(南公善) 외 수 명이 연서하여 간도 국자가(局子街)의 박경철
(朴敬喆)과 이성근(李聖根)에게 연락하면서 동시에 특파 비용 모집
까지 종용했다. 그 결과 1월 25일에 국자가 소영자(小營子) 지방에
서 약 20명의 대표가 모여 대표자 선정을 의논하고 다시 2월 8일
의 재집회에서 김약연(金若淵, 명동예수교학교장)·정재면(鄭載冕, 용정
촌 예수교 전도사)·이중집(李仲執, 국자가 지나학소 학무원)을 대표로
노령에 급파하기로 결정했다.[7] 간도 지방 대표 결정과 동시에 혼춘
(琿春) 지방에서도 노령 파견 대표로 양하구(梁河龜, 혼춘 황구〔荒溝〕
거주)와 박태환(朴兌桓, 혼춘 예수교전도사)을 결정했다. 간도와 혼춘
지방 대표의 노령 특파는 노령 대표자의 종용에 의한 것으로, 이들
대표가 모여 독립선언서의 작성과 공식 발표 등의 중요 문제를 논
의할 것이었다. 그리고 노령 특파원 가운데 1인을 선정해 노령 대
표인 이동휘 및 백순과 함께 상해로 가서 국내 대표자로 선정된
이용(李鏞)과 합류해 프랑스로 떠나가기로 되어 있었다. 그리고 독
립선언서는 각지의 대표가 니콜리스크에 모여 프랑스로 떠날 때
각 지방에 산포하고 각국 공사와 외국 영사들에게 공식 통달하기

7) 《獨立新聞》, 대한민국 2년 1월 10일, 2면. 〈北墾島 그 過去와 現在(二)〉 기
사는 이 부분 활동에 관해 보충 설명을 하고 있다. 즉, '구주 전란 종전후 파
리강화설을 見聞했고 그 위에 동경유학생 동포의 第一幕으로 개시될 독립운
동설은 간북인사들의 心惱를 大刺激했는데, 마침 1919년 1월에 예수교대전도
회총회를 局子街에서 개최하게 되어 기회를 이용하여 신도 중 동지를 규합
하여 활동 계획을 세워 추진했다'고 나와 있는데, 이 기사에 따르면 동경의 2·8
독립선언이 간북 인사들을 더욱 고무시켰던 것으로 생각된다.

로 되어 있었다.

이 밖에 용정의 예수여학교 교사인 강봉우(姜鳳羽)는 2월 15일 함흥으로 출발, 그곳 영생학교와 연락을 취해 독립운동 자금 모집과 독립선언서 발표 뒤의 운동 방법을 논의할 임무를 띠고 있었다.[8] 또한 2월 18일과 20일에는 국자가 하장리(下場里)에 거하는 박동원(朴東轅, 연길도윤공서외교과원[延吉道尹公署外交科員])의 집에서 한족자결운동자 33인이 모여 다음 사항을 결정했다.

　　(1) 간도 내 각 교회 및 단체는 서로 단결하고 협력 일치하여 한국 독립운동에 진력할 것.

　　(2) 재러 한민족이 발포할 한국독립선언서를 공표함과 동시에 재간도 각 단체는 일제히 시위운동을 개시할 것.

　　(3) 한족독립선언서가 발표되면 재간도 각단체의 유력자는 간도 용정촌에 모여 독립선언을 위한 기세를 드높일 것.[9]

그리고 2월 18일 밤에 박동원의 집에서 미국·북경·천진·상해·서울·평양 및 노령의 애국지사를 규합하는 광복단(光復團)이라는 새로운 독립운동 단체를 조직했다.[10] 이 같은 독립운동의 중심은 노령 니콜리스크였기 때문에 각지의 대표들이 노령으로 집합하고 있었다. 노령에서 열린 한국독립선언회의에 참석하기 위해서 간도 학생대표가 2월 16일 니콜리스크로 출발했고 2월 24일에는 용정의 예수교 신자 박국정(朴國正)도 니콜리스크로 출발했다.[11]

이처럼 각계 대표가 니콜리스크로 집합하고 있을 때 분명 여성

8) 北野民交 發行, 姜德相(編), 앞의 책, 84쪽.
9) 같은 책, 84~85쪽.
10) 같은 책, 85쪽.
11) 같은 책, 86쪽.

계 대표도 직접 또는 간접 방법으로 참여했을 것으로 생각된다. 노
령은 간도에 비해 일제의 세력이 덜 미치는 곳이었고 또한 미주
한인 대표들과도 국망을 전후해 긴밀한 연락을 하고 있었으므로
한국의 독립선언 준비를 하기에는 비교적 안전한 곳이었다. 즉, 일
본 유학생들의 〈2·8 독립선언서〉와 〈3·1 독립선언서〉와는 별도로
노령 니콜리스크에서 이미 국외 독립운동자를 중심으로 〈한국독립
선언서〉가 따로 준비되고 있었던 것이다. 이 독립선언서가 구체화
되어 실제로 작성·반포되었는지는 확실하지 않으나, 일제의 사찰정
보 기록에 따르면 39명 서명의 〈대한독립선언서〉가 노령으로부터
간도로 송부되어 국내와 일본 동경 방면으로 송부되고 있다고 나
오는데, 보고서의 다음과 같은 내용은 노령에서 준비되고 있던 독
립선언서와 상당한 관련을 갖는다고 추측된다.

　　미령(美領) 로지령(露支領) 재류선인(在留鮮人)을 통하여 가장 유
　력한 부령선인(不逞鮮人) 재(在)하와이 이승만(李承晚) 이하 39명의
　서명으로써 발한 대한독립선언서가 최근 노령으로부터 간도로 송부
　되어와 목하 각 소에 배부중 우 선언서는 조선 내지 급 동경 방면에
　도 송부된 형적이 있어 수배중.[12]

　위의 보고서에서 나타난 〈대한독립선언서〉는 중국 길림에서 조
소앙에 의해 작성되었다는 바로 그 선언서를 지칭한 것으로, 첫 발
송지는 노령이다. 그리고 《지산외유일기》의 1919년 2월 10일 (양 3
월 11일) 기록에 '선언서 4,000부를 석판으로 인쇄하여 서북간도와
노령·구미·북경·상해 및 국내 일본으로 발송했다'고 기록하고 있어
위 보고서와 일기의 배부처가 비교적 일치함을 발견할 수 있다. 그
러나 일기의 내용이 너무 소략해서 그 관련성을 밝히기가 용이하
지는 않다. 다만 먼저 당시 길림에서 4,000매에 달하는 선언서를

12) 같은 책.

석판인쇄[13]할 수 있었을까에 대해 생각해보지 않을 수 없다. 1919 년 10월 7일자 《독립신문》에 연재된 〈길림에서〉라는 독립신문 특 파원 나라생(羅羅生)의 보고 기사에 따르면, 길림의 한인 사회 정형 은 한인 총 호수 10호, 인구 100명(그 가운데 여자가 30명), 국사(國 事) 회집자 30명, 학생 8명(사범학생 남녀 각 1인과 기타 소학생)이라 고 한다. 그리고 그들의 직업은 여관업 3명, 요리업 1명, 농업 6명 이라고 한다. 이 보도에 따르면, 원거주자에 비해 독립운동가가 적 지 않았음을 알 수 있다. 길림 한인사회의 이러한 정황은 3·1 운동 전후의 정황과 크게 다르지 않았을 것으로 생각된다.

　3·1 운동 이전에 길림에는 중요한 항일독립운동 지도자들이 적 지 않았으며, 그들은 노령 및 상해 등으로 긴밀한 연락을 취하면서 1919년 1월 하순부터 독립선언과 항쟁을 위한 준비를 했던 것이다. 조소앙, 여준(呂準), 김좌진(金佐鎭), 김원봉(金元鳳), 박찬익(朴贊翊), 황상규(黃尙圭), 박관해(朴觀海), 정운해(鄭雲海), 송재일(宋在日), 손 일민(孫一民), 성락신(成樂信), 김문삼(金文三), 정원택(鄭元澤) 등은 2만 원에 가까운 독립운동 자금을 마련하고 같은 해 2월 27일에 대한독립의군부를 조직하고 본격적인 독립운동에 착수했다.[14] 조직 이튿날 의군부는 긴급회의를 열고 마필과 무기 구입 문제를 비롯 해 독립선언서를 가까운 여러 곳과 구미에 보내고 상해와 서북간 도 그리고 노령에 신속히 연락을 취하는 문제 등과 관련해 행동에 들어갔다. 그때 마필과 무기는 노령으로부터 김좌진이 구입해 오기

---

13) 석판인쇄술이란 평판인쇄술의 가장 초기의 형태로, 석회석 위에서 물과 기 름이 혼합되지 않는 원리를 이용한 것이다. 평평한 돌의 표면 위에 비누와 지방을 섞은 재료를 가지고 글자나 그림 따위를 제판한 다음 물로 판면을 축여서 돌의 표면을 친수성으로 한 다음 지방성 잉크 같은 것을 부어 지방 묵의 판무늬에만 잉크를 묻혀 인쇄한 하는 것이어서 비교적 공정이 간단하 고 설비가 적게 든다. 그러나 1매씩 인쇄할 때마다 물과 잉크를 번갈아 판면 에 부어야 하므로 시간이 많이 걸린다.
14) 장지연 외(著), 김영호(譯), 《항일독립운동가의 일기》, 서문당, 1975, 290～ 303쪽.

로 하고, 선언서는 조소앙이 기초하고 인쇄 및 발송은 정원택이 담당하기로 분담했다.[15] 길림에서의 독립선언 준비는 이처럼 노령과 밀접한 관련을 갖는다. 그런데 《지산외유일기》에 따르면, 선언서의 기초가 완성된 것이 양력 3월 2일이고 9일 만인 3월 11일에 석판인쇄해 발송했다고 기록하고 있어 마치 길림에서 석판인쇄해 발송한 느낌을 준다. 그러나 길림의 정황으로 볼 때 4,000매에 이르는 석판인쇄와 국외 각처로의 발송은 그리 용이하지 않았을 것으로 생각된다. 《지산외유일기》에 따르면, 선언서 발송 다음날 '노령에서 마필과 무기 약간을 사왔다'고 기록되어 있다. 그러니까 이틀 사이에 중차대한 일을 연이어 행한 것으로 되어있다.

흔히 일기는 행위 주체자가 자신일 경우 구태여 '내가'라는 주어를 쓰지 않는다. 만일 일기 기록 형태의 상례에 따른다면, 2월 10일과 11일의 행위자는 지산인 것이다. 그럴 경우 지산 혼자 10일에 길림에서 선언서를 발송하고 11일에는 노령에서 무기를 사왔다는 것이다. 혼자서 이 두 가지 일을 연일 수행하기에는 너무 벅차다. 그러므로 이 부분에 대해서는 특별한 해석이 필요하다고 생각한다. 즉, 이 두 가지 일이 모두 지산이 소속되어 있는 의군부가 주체가 되는 것이므로 일을 분담한 행위 주체자들을 따로따로 구분해 쓰지 않았던 것으로 생각된다. 그리고 선언서 인쇄 책임을 분담한 지산이 무기 구입을 하러 가는 김좌진 일행과 함께 노령으로 갔을 것이고 거기서 수 일 동안에 걸쳐 석판인쇄를 하여 각처에 발송하고 무기를 사왔다고 해석해야 할 것으로 생각된다. 그런 과정을 거칠 경우 일제의 사찰보고서 내용과 어느 정도 일치되는 셈이며 그 발송처도 확실해진다.

일제의 사찰보고서 역시 〈대한독립여자선언서〉가 4월 8일 노령으로부터 국자가로 송부되어 간도 각지와 국내 및 동경 등에 송부

---

15) 같은 책, 301~302쪽.

432

되고 있다고 다음과 같이 보고하고 있다.

미국급로지재류배일(美國及露支在留排日) 선부인(鮮婦人)은 서로
호응하여 시국에 대한 부인회를 조직하고 그 중립자(重立者) 8명을 연
서함으로써 대한독립여자선언서라는 인쇄물을 각지에 배포하고 부인
의 독립시위운동 참가를 선동하고 있으며 4월 8일 노령으로부터 1,000
여 매를 국자가에 송부해왔다. 목하 간도 각지에 배포중(14일 입수
함) 본선언서는 선내지(鮮內地) 및 동경등(東京等)에 송부한 형적이
있음.[16]

〈대한독립여자선언서〉의 발송지가 〈대한독립선언서〉와 마찬가지
로 노령으로부터 간도라는 점은 결코 우연의 일치라고 볼 수는 없
다고 하겠다. 이 두 선언서들은 상당히 밀접한 관련을 갖는다고 상
정할 수가 있는데,《독립신문》특파원 나라생이 길림을 방문해 쓴
다음의 보도 기사는 그 관련성을 분명하게 밝혀주는 중요한 자료
이다.

9월 ○일 길림 도착, 당지에 존한 단체는 3월 중순 ○○ ○○○
제씨(諸氏) 발기로 독립선언을 위하여 성립된 만주독립단이 有한데
지금은 구체적 단체는 소멸하고 대(代)에 군정사(軍政司)가 성립되
었으며 부인회도 조직되어 부인선언서까지 발표되었으나 지금은 역
시 무형에 귀(歸)하였다 하나이다.[17]

위 자료에 보이는 독립선언을 위해 성립된 만주독립단이란 곧
1919년 2월 27일 여준의 집에 모여 조직된 대한독립의군부를 의미
하는 것이고, 군정사란 그 후신인 군정서를 의미하는 것이다. 그리
고 '부인선언서'는 바로 〈대한독립여자선언서〉를 지칭하는 것이 틀

---

16) 北野民夫 發行, 姜德相(編), 앞의 책, 130쪽.
17) 《獨立》, 대한민국 원년 10월 7일, 3면.

림 없다고 하겠다. 기사의 문맥상으로는 여자독립운동을 위한 부인
회가 먼저 조직되고 그 부인회에서 부인선언서를 발표한 것이다.
이 기사는 〈대한독립여자선언서〉의 실체를 밝히는 데 적지 않게
중요한 자료를 제공해준다. 두 선언서는 모두 길림에서 작성되고
노령에서 인쇄되어 각지에 송포된 것으로 두 선언서는 서로 밀접
한 관련을 갖는 것이다.

이 같은 관련성은 일제측의 사찰보고서에서도 찾아볼 수 있다.
사찰보고서에 따르면, 〈대한독립여자선언서〉는 〈대한독립선언서〉
가 발견되어 입수된 날보다 하루가 빠른 1919년 4월 18일(소밀제
391호 국외제37보)에 입수되었다.[18] 또한 독립운동 관련 사찰보고서
등을 정리해 출간한 《현대사자료 : 조선(現代史資料 : 朝鮮) 2》의 관련
자료 편자 주에 따르면, 두 선언서에 대해 각기 다음과 같이 언급
하고 있다.

　원본은 조선문, 묵서.…… 총독부간도파견원으로부터 송부된 것이
다. 동문의 것이 재포조일본총령사(在浦潮日本總領事) 국지의랑(菊池
義郎)으로부터 총독부에 송부되었다고 하는 사실이 탁식국(拓殖局)
문서에 보이고 있다.[19]

　원문은 조선문, 묵서. 동문은 총독부혼춘파유원(總督府琿春派遣員)
으로부터 송부되었다. 근등검일(近藤劍一) 편 만세소요사건에도 재
간도 말송경찰(末松警察)로부터 송부되어 대략 동문의 것이 수록되
어 있는 것으로 판단하면, 만주·시베리아를 중심으로 선언된 것인 듯
하다.[20]

위의 두 인용문에 따르면, 두 선언서는 모두 묵서 석판인쇄이며

---

18) 北野民夫, 앞의 책, 130, 133~134쪽.
19) 같은 책, 51쪽.
20) 같은 책, 49쪽.

입수인은 간도 및 혼춘의 총독부 파견원이다. 그리고 일제 사찰측에 한 장이 아닌 여러 장이 입수되었으며, 〈대한독립선언서〉는 '재상해일본총영사(在上海日本總領事)로부터 총독부로 송부'되었다는 기록도 있어 그 배부처가 노령으로부터 간도 일대와 상해 그리고 미주지역까지 확대·산포되었음을 알게 한다. 또한 선언서 배포일은 일제 사찰보고서에서 언급하고 있는 4월 8일 전후로 보는 것이 타당하다고 생각된다. 앞에서 이미 언급한 것처럼 간도 각지역의 민족 대표자들이 노령 니콜리스크에 모여 독립선언서 제작과 그 선포일의 결정에 관해 논의했을 때 '독립선언서 공표와 동시에 각지에서 시위운동을 개시할 것을 계획'했던[21]것이나, 일본에서 2·8 독립선언이 있었고 국내에서 3·1 독립선언이 이루어져 노령과 간도를 중심으로 준비되었던 선언서들의 공표가 계획대로 이루어지지 않아 송부일이 지연된 것으로 생각할 수 있다. 그런 관점에서 볼 때 제작일은 공표일보다 얼마든지 앞설 수 있는 것이다. 아울러 두 선언서의 제작일 '2월'은 역시 음력이 아닌 양력이며, 3·1 운동 이전에 작성된 것이 분명하다.

특히 〈대한독립여자선언서〉의 내용을 면밀히 검토해보면 이 선언서가 3·1 운동 이전에 작성된 것임을 더욱 분명하게 알 수 있다 3·1 운동 이후 국제사회를 향해 선포된 각종 독립선언서와 청원서들, 그 가운데서도 여자 명의로 작성된 것의 내용을 보면 애국여성들에 대한 일제의 야만적이고도 무자비한 나체 고문상의 여러 형태를 호소력 있게 다룬 것이 일반적이다. 만세를 부르는 나이 어린 여학생들에 대한 일경의 악행은 세계인을 분노시키기에 충분했으며, 독립을 염원하는 한국인에 대한 동정심을 유발하게 하는 호재였다. 선교사들이 미국의회에 제출한 3·1 운동 보고서에서도 여자학대에 대한 일제의 만행을 낱낱이 기록해 보고함으로써 사람들로

---

21) 같은 책, 84~85쪽.

부터 설득력을 얻을 수 있었다. 그런데 〈대한여자독립선언서〉의 내용 가운데는 한국 여성들이 당했던 그 참상에 관한 것이 전혀 언급되어 있지 않다. 이로 미루어볼 때 이 선언서는 3·1 운동 이전에 작성된 것이 분명하다.

다음으로 이 선언서가 3·1 운동 이전의 것임을 더 극명하게 말해주는 것은 미주 캘리포니아의 한인 사회를 대표하는 《신한민보》의 1919년 5월 8일자 서두에 실린 〈대한여자독립선언서〉에 대한 다음의 주해이다.

　　이는 거룩한 3월 1일 대한독립선언 이전에 미리 우리 대한 민족 부인동포의 대정신 대자각을 성명하는 선언이오 이 선언서를 대표한 여덟분 선생은 우리 나라 내지에서 완전히 우리 부인 동포를 대표하실 정의 숙현이시니 동일동시에 우리 해외 부녀동포의 정신을 선언한 대표자시니라.

《신한민보》는 발간 초부터 노령 사회에서 널리 읽히고 있었으며, 신민회 관련 민족지도자들이 노령으로 많이 망명하고 있었던 관계로 노령과 미주의 민족지도자 사이에는 서신 연락 등 긴밀한 관계가 이루어지고 있었다. 그러므로 노령 지역에서 이 선언서를 미주 한인사회에 발송할 때는 아마도 그것의 작성 및 배포의 경위와 내용을 밝혔던 것으로 생각된다. 이 《신한민보》의 기사야말로 〈대한여자독립선언서〉가 3·1 운동 이전에 작성된 것임을 너무도 분명하게 밝혀주고 있다.

이상의 검토에서 〈대한여자독립선언서〉는 3·1 운동 이전에 길림에서 〈대한독립선언서〉와 상당한 관계 속에서 작성되었고 노령에서 인쇄되어 4월 8일을 전후해 국내외 각지로 송부되었음을 알 수 있다.

(2) 선언서 작성자와 서명자 검토

〈대한여자독립선언서〉에서 풀리지 않는 과제는 우선 선언서 작성자가 누구인가 하는 것이며, 둘째는 서명자 8인의 인적 사항이다. 〈대한여자독립선언서〉, 〈2·8 독립선언서〉, 〈3·1 독립선언서〉 등에는 모두 다수의 서명자들이 있지만 그 작성 책임자는 대체로 서명자 가운데 한 사람이거나 또는 서명하지 않는 이가 전적으로 담당했다. 그 가운데 〈대한독립선언서〉는 전자에 속한다. 〈대한독립여자선언서〉의 경우도 서명자 8인 가운데 한두 사람이 작성했을 것으로 생각되지만 그가 누구인지는 현재로서 밝힐 도리가 없다. 다만 분명한 것은 작성자가 세계정세에 밝고 동서고금의 사서류(史書類)를 많이 읽었던 것 같으며 또한 임진왜란 관련 서적류도 널리 읽었을 것이라고 생각된다. 그리고 내용을 볼 때 그는 자주독립국가를 세우는 데는 여성도 무장하고 싸워야 한다는 투철한 항일독립 의식이 또한 강했음을 알 수 있다.

선언서 작성자에 대한 이 같은 인적 사항에 관한 가설은 선언서 내용의 3분의 1을 차지하고 있는 서양의 애국부인 두 사람과 임진왜란 당시 왜장을 죽이고 나라를 붙든 충절한 의기 두 사람에 대한 제시를 통해서 검증될 수 있다.

먼저 선언서에 제시된 스파르타의 부인 사라와 이탈리아 건국에 기여한 마리아에 대한 선언서 작성자의 인식을 살펴보겠다. 우리 사회에 서구의 위대한 여성에 관한 사적이 소개된 것은 1905~1910년의 애국계몽운동기였다. 국망의 위기를 극복하기 위해 온 국민에게 애국애족정신을 진작시키는 민족운동을 전개하는 과정에서 국외, 특히 물리적 힘에서 동양을 크게 앞지르고 있는 서양의 애국여성의 위대한 삶을 소개해 본받도록 촉구했다. 그 시기에 가장 널리 읽힌 인물은 프랑스의 잔 다르크와 프랑스혁명기의 롤랑 부인이었다. 이들은 《애국부인전》(장지연, 대한광학서포, 1970)과 《나란부

인전》(양철초, 《음영실전집(飮永室全集)》)을 통해 우리 사회에 아주
친숙하게 알려진 인물들이다. 또한 앞의 8장에서도 살펴본 것처럼,
장지연은 여성의 국가의식을 높이기 위해 1908년에 새로운 형태의
여성교육용 교재인 《여자독본》을 상하 2권으로 저술·간행했는데,
그 하권에서 서구의 위대한 여성 10명의 사적을 소개하고 있다.[22]
10명이나 되는 서구 여성의 사적을 한 책 안에 다룬 것은 아마도
이것이 처음일 것이다. 이 책은 여학교는 물론 일반 가정에서도 널
리 읽혔다. 그런데 그 10명 가운데 스파르타의 부인 사라는 들어
있지 않고 이탈리아 건국에 이바지한 메리야(마리타)의 생애는 비
교적 상세히 서술되었다.

    선언서 작성자는 우리에게 소개된 서구 여성들 가운데 왜 스파
르타의 부인 사라와 이탈리아 건국에 절대적으로 기여한 메리야를
제시했는지 잠시 생각해볼 필요가 있겠다. 스타르타 부인의 사적이
우리 나라에 처음 소개된 것은 아마도 1907년에 박은식(朴殷植)이
쓴 〈문약지폐(文弱之弊)는 필상기국(必喪其國)〉[23]이라는 글에서였을
것으로 생각된다. 박은식은 이 글에서 스파르타식 부인의 이름은
쓰지 않은 채 다섯 아들을 전사시킨 스파르타 부인이 아들의 전사
는 슬퍼하지 않고 오직 스파르타의 전승 소식을 듣고 기뻐했음을
소개하면서 여성의 애국을 진작시켰다. 박은식의 이러한 지식은 그
리스 역사 또는 스파르타 역사를 직접 읽어서 얻어진 것이라기보
다는 중국 청말의 촉곽필(蜀郭必)이 쓴 《부녀장열담(婦女壯烈譚)》[24]

22) 朴容玉, 〈1905~10 西歐近代女性像의 理解와 認識 : 張志淵의 《女子讀本》을
   중심으로〉, 《人文科學硏究》 12, 성신여대인문과학연구소, 1992, 197~231쪽
   참조.
23) 《西友》 第10號, 隆熙 元年 : 1907, 5쪽.
24) 李又寧·張玉法(編), 《近代中國女權運動史料 : 1842~1911》 上(臺北傳記文學
   社, 1975), 339쪽에는 '斯巴達有日老婦 五子皆赴戰 偶偶其鄕之兵還者 卒然問
   曰 戰況如何 還兵曰 卿五子俱戰死 婦怒 叱之曰 癡韓 我豈欲聞我子之生死耶
   還兵曰 然耶 然諸事 皆好 婦欣然曰 不幸者 悲哀也 我國戰勝 我輩之大幸福也'
   이라고 기술되어 있다.

등을 통해 취하게 된 것이라고 생각된다.《부녀장열담》에서는 스파르타 부인의 아들을 다섯이라고 했으며 박은식도 다섯이라고 했다. 또한 그 부인의 이름은 두 글에서 모두 제시되지 않고 있다. 그런데 선언서에서는 아들의 수를 여덟이라고 했고 그 부인의 이름을 '사라'로 기술했다. 그러니까 선언서 작성자는 박은식이나 촉곽필(蜀郭必)의 글이 아닌 다른 자료를 통해 스파르타 부인의 사적을 알게 된 것이다. 그가 읽은 자료가 무엇인지는 알 수 없으나 서양 역사서 가운데는 전사한 아들이 여덟[25]이라고 서술된 것이 있어 주목된다. 선언서 작성자가 우리에게 소개된 서양의 여러 위대한 여성 가운데 스파르타 부인을 제시한 것은 구국을 위해서는 모정까지도 초월해야 함을 강조하려는 의도에서였을 것이라고 생각된다.

다음으로 이탈리아 건국에 기여한 애국여성 메리야는《태서신사》(건양 2 : 1897)를 비롯한《의태이독립사(意太利獨立史)》,《의태이건국삼걸전(意太利建國三傑傳)》및《여자독본》에 비교적 상세히 서술되어 있다. 이들 사서에서는 메리야를 '마리타(馬理他)'나 '마니타(馬尼他)' 등으로 기술하고 있다. 메리야(Anna Maria Ribeiro da Silva : Anita)는 이탈리아 건국의 호걸 가리발디(Garibaldi Guiseppe, 1807~1882년)의 부인이다. 가리발디가 남미로 망명했을 때 그는 리오그란데와 우루과이의 독립전쟁에 참여해 공을 세웠는데, 그때 서로 만나 부부가 되어 10년 동안 함께 전투에 참여했으며, 이탈리아 해방전쟁이 일어나자 귀국하여 혁혁한 전공을 세워 이탈리아 건국에 절대적인 기여를 했다. 메리야는 이탈리아에서 26세의 나이로 전투 중 사망했다.《여자독본》과《이태리건국삼걸전》은 그녀의 죽음에 대한 상황을 다소 다르게 서술하고 있는데,《이태리건국삼걸전》[26]에 따르면 가리발디의 군세가 최악의 상태일 때 그녀는 임신 8개월의 병약한 몸으로 적병의 추격을 받게 되었다. 그녀는 가리발디

25) 김경묵·우종익(編著),《이야기 세계사》, 청아출판사, 1993, 84쪽.
26)《伊太利建國三傑傳》, 40~41쪽.

의 어깨에 의지하고 겨우 걸어서 수풀 속으로 도망쳐 사산을 했으며, 한 시간 가량 기절했다가 잠시 깨어나 가리발디의 손을 잡고 '위국 자애(爲國 自愛)하오'라는 유언을 남기고 숨을 거두었다고 한다. 선언서에는 그녀가 숨을 거두기 직전의 상황에 대해, '감은 눈을 다시 뜨고 제군제군아 국가 국가'라는 비장한 유언을 남기자 그 유언에 삼군의 격렬한 피가 일시에 끓어 죽기로 맹세하여 싸웠으며 이탈리아가 그날로 독립이 되었다고 쓰고 있다. 〈대한독립여자선언서〉와 《여자독본》, 《이태리건국삼걸전》의 메리야에 관한 서술에는 다소 차이가 있다. 선언서에서는 그녀가 청루(靑樓) 출신이라고 하고 있다. 그러나 《여자독본》에 따르면, 그녀는 어려서 아버지로부터 병법을 배운 용감한 소녀라고 한다. 다음으로 유언 내용의 차이이다. 선언서 작성자는 흔히 우리 사회에서 읽혔던 책이 아닌 또 다른 자료에 근거해 메리야를 소개한 것으로 생각된다. 선언서 작성자가 메리야를 본받아야 할 여성으로 제시한 것은, 그녀가 타국의 압제를 받고 있는 이탈리아를 해방시키기 위해 전투에 참여했으며 죽음 앞에서도 조국을 생각했기 때문이었다고 생각된다.

다음으로 위기에 처한 나라를 위해 자신을 희생한 우리 나라의 가장 위대한 여성으로 진주의 논개와 평양의 화월을 들어 다음과 같이 논했다.

우리 나라 임진란 때에 진주에 논개씨와 평양의 화월씨는 또한 화류계 출신으로 용력이 무쌍한 적장 청정과 소섭을 죽여 국가를 다시 붙든 공이 두 분 선생의 힘이라 해도 과언이 아니니……

임진왜란은 일본인의 침략적 근성을 여실히 보여주는 전란으로, 일제 침략을 받고 신음하고 있는 한국인에게 논개와 화월의 위용스러운 죽음은 한국인들로 하여금 애국심을 불러일으키기에 너무도 적합한 인물이다. 다만 여기서는 선언서 작성자의 지적인 폭,

즉 독서의 폭이 만만치 않았음을 보여주고 있어 이에 대한 검토를
해보고자 한다. 논개의 위국적 사적이 처음 채집·기록된 것은 유인
몽(柳寅夢)의 《어우야담(於于野談)》에서이다. 그 뒤 진주에서 그의
사적비가 세워지고 의기사(義妓祠)가 건립된 뒤 해마다 추모제가
행해지면서 논개는 우리 역사 속의 확실한 애국여성이 되었다. 임
진왜란을 다룬 연대 미상의 《임진록》에는 등장인물 가운데 논개와
화월의 두 여성이 두드러진 활약을 보인다. 《임진록》은 수많은 이
본(異本)이 있고 그 이본마다 등장인물의 이름과 활약 내용 등이
바뀌어 있다. 《임진록》에서는 논개가 유인해 진주 남강에 투신함
으로써 죽인 왜장을 모곡촌육조(毛谷村六助)라고 하고 있다. 그런데
이본인 《흑용일기(黑龍日記)》에는 그 왜장을 청정(淸正)으로 기록하
고 있다.

　화월은 평양의 명기로 왜군이 임진년 8월 평양을 점거했을 때 김
응서(金應瑞) 장군을 도와 왜장을 살해한 공으로 추앙을 받는다.[27]
그녀의 사적은 《평양지(平壤志)》, 《평양속지(平壤續誌)》 등의 읍지
와 《임진록》 및 그 이본들에 나타난다. 《여자독본》에서는 화월을
계월향(桂月香)이라고 쓰고 있다. 《평양속지》에서는 성이 계이고
이름은 월선(月仙)이며 아명은 화월(華月, 花月)이라고 쓰고 있다.
21개 이본 가운데 《흑룡일기》 등 두서너 개의 이본만이 계월향이
라고 쓰고 있으며, 화월이라고 한 이본은 세 권이다. 그리고 그녀
의 공으로 죽인 왜장은 소서행장(小西行長)의 부장인 소섭(蘇攝, 調
攝)이라고 한다.[28] 이상에서 볼 때 선언서 작성자는 《임진록》을 비
롯한 그 이본들을 적지 않게 읽었던 것으로 생각된다.

---

27) 왜적이 평양 점거 후 화월은 小西行長의 부장 素攝의 사랑을 받아 벗어날
　　길이 없게 되자 김응서를 오빠라고 속여 진중으로 데려와 잠자는 소섭의 목
　　을 자르게 했다. 그때 화월이 김응서를 따라가려 하자 김이 발각될까 두려워
　　화월을 죽이고 성을 뛰어넘었다고 한다.
28) 蘇在英, 《壬丙兩亂과 文學意識》, 한국연구원, 1980, 168~174쪽.

다음으로 8명의 서명자인 김인종(金仁宗)·김숙경(金淑卿)·김옥경
(金玉卿)·고순경(高順卿)·김숙원(金淑媛)·최영자(崔英子)·박봉희(朴鳳
姬)·이정숙(李貞淑)의 인적 사항을 살펴보도록 하겠다. 이들 8명의
이름은 선언서 발표 이후 광복기까지 독립운동 관련 자료에는 더
이상 발견되지 않고 있어 그 인적 사항을 밝힌다는 것이 결코 쉬
운 일이 아니다. 묵서 〈대한독립여자선언서〉는 순 한글로 되어 있
고, 서명자 이름도 한글로 표기되어 있다. 그런데 선언서 원문을
일역(日譯)한 일제 사찰측 자료에는 이들 이름이 한자로 표기되어
있다. 일제의 정보 사찰측에서 임의로 한자 표기를 한 것인지 아니
면 정보 입수 당시 8인이 누구인가를 정확히 알고 쓴 것인지는 지
금으로서는 가려내기 어렵다. 만일 일제측에서 임의로 한자 표기를
했다면 이들 이름의 한자는 얼마든지 달라질 수 있다. 자료의 한계
성 때문에 여기서는 일역본에 나타난 한자의 이름을 통해 몇 가지
사실을 검토하고자 할 뿐이다.

 김인종을 제외한 7명의 이름은 가장 보편적인 여성의 이름이다.
여자 이름에 흔히 쓰이는 '숙(淑)' 자를 가진 사람이 3명이며 이름
끝 자에 '경(卿)' 자를 가진 사람도 3명이다. 한국 여성은 전통적으
로 공식적인 자기 이름을 갖지 못했다. 여성 자신을 공식적으로 표
할 때는 '누구누구의 처 아무개씨(○○○ 妻 ○氏)'(과부일 때는 '과녀
아무개씨(寡女 ○氏)')라고 흔히 사용하며, 양반가 부인들 가운데 저
술 활동이나 예술 활동 등을 할 경우에는 당(堂 혹은 閣)호를 썼고,
기생들도 당호와 비슷한 자기 이름을 가졌다. 신분이 낮을 경우에
는 '씨' 대신 소사(召史) 등을 쓰기도 했다. 여성들이 독자적인 자
신의 이름을 갖게 된 것은 개화기에 여성들의 사회 활동이 나타나
고 여성교육이 행해지면서부터였다. 천도교 또는 기독교 등 새로운
종교가 사회 전반으로 널리 확대되면서 남녀평등권 실현의 일환으
로 여성도 이름을 갖게 되었다. 특히 일제 강점기 이후 새로운 호
적법에 따라 호적에 여자 이름을 기재하게 되면서 어쩔 수 없이

이름을 쓰게 된 경우도 있었다. 천도교에서는 이름을 갖지 못한 부인들에게 남편의 이름 가운데 한 글자를 따고 그 글자 밑에 '화(嬅)' 자를 붙여 작명하게 했다. 그러므로 천도교계의 부녀 이름들 가운데는 '○화'가 많았다. 또한 호적 등의 서류를 보면 '성녀(姓女)'라는 이름이 적지 않게 눈에 띈다. 만일 이름이 '김성녀(金姓女)'라면 이것은 김씨 성의 여자라는 뜻으로 지은 것이다. 이에 비해 기독교계에서는 여성의 정숙성이나 아름다움을 나타내는 '숙(淑)', '정(貞)', '희(姬)' 등과 같은 글자를 이름에 많이 사용하기 시작했으며, 또한 여자 이름 끝자에 '경(卿)'을 많이 사용했다.

3·1 운동 이후 서울을 중심으로 애국부인회 활동을 했던 핵심 인물들 가운데 '경' 자 이름을 가진 이가 여럿 있었다. 즉, 신의경(辛義卿)·유인경(兪仁卿)·유보경(柳寶卿)·이은경(李恩卿)·이혜경(李惠卿) 등이 그 예이다. 이 밖에 일제강점 아래에서 조직·활동한 기독교계 여성단체 지도자들의 이름 가운데도 '경' 자가 꽤 나타난다. 이처럼 여성과 이름이라는 면에서 분석할 때는 이들 8인이 기독교인일 가능성이 있다. 이 가능성은 선언서에서 '상제'라고 표현한 앞부분과는 달리 뒷부분에서 '하나님'이라고 표현하고 있는 데서도 찾아볼 수 있다. '하나님'이란 유일신이라는 기독교측의 표현인 것이다. 당시 항일독립운동계에서는 여성독립운동지도자의 자격 요건으로 학교교육을 받은 기독교인일 것을 요구했다. 상해임시정부 요원이 국내 항일여성단체로 대조선애국부인회를 조직하고 회원을 규합할 때도 그랬으며,[29] 또한 대한국민회의 규칙 제3장 향촌회 1조에는 '회원은 해향내(該鄕內)에 거주하는 대한인 남녀 20세 이상인 자로 품행 방정한 자로써 한다. 단 여자는 중등교육 또는 5년 이상의 교습이 있을 것을 요한다'[30]라고 규정하고 있다. 교육받은

---

29) 대한청년외교단원 임창준과 이병철이 대조선독립애국부인회를 조직하게 할 때 '여자고등보통학교 졸업생으로 예수교 신념이 독실한 부녀'를 규합했다. 《獨立新聞》, 대한민국 2년 1월 1일, 2면.

여성에 대한 요구는 민족의식이나 국가의식뿐만 아니라 사회적 지도력 또는 대세에 대한 올바른 판단력 등이 절대 필요했기 때문이었으리라고 생각된다. 또한 5년 이상의 종교생활자의 경우는 학교교육에 상당하는 지적 수준과 지도력을 가졌을 것이며, 그 위에 그들의 종교적 신념을 민족의식과 국가의식으로 능히 전환시킬 수 있다고 믿었기 때문일 것이다.

8인의 서명자 가운데 유일하게 '김숙경'은 혼춘 지역의 항일 지도자인 황병길(黃炳吉, 1885~1920년)의 처 김숙경과 같은 이름이어서 혹 동일 인물로 유추할 수도 있는 몇 가지 여건을 지니고 있으므로 그녀가 동일인인가에 관해 검토할 필요가 있다. 황병길은 혼춘에서 경원(慶源)과 노령을 넘나들면서 항일 투쟁을 했으며 또한 멀리 미주의 안창호와도 서신 연락을 하는 등 국내외 한족세력을 하나로 규합해 성공적인 조국광복운동을 추진하려 했던 인물이다.[31] 그러므로, 비록 니콜리스크에서의 대한독립선언문 제작 집회에 대표자로서 참석하지는 않았으나, 이에 대한 중요성과 필요성을 충분히 알고 이를 후원했을 것으로 생각된다. 그리고 황병길은 3·1 운동 당시의 나이가 35세였으므로 김숙경도 30대의 활기찬 여성이었을 것으로 생각된다. 아울러 김숙경은 1919년 9월 29일 혼춘대한애국부인회를 조직하고 부회장의 중임을 맡았으며 단지동맹을 맺어 여성들의 항일독립의지를 다졌다.[32] 또한 김숙경은 1920년 10월 16일 일제가 연통립자(煙筒砬子) 서골을 토벌했을 때 체포되어 온갖 협박과 악행을 당했음에도 이를 용감히 뿌리쳤는데,[33] 이러한 면면을 볼 때 그가 능히 간도 지방의 여성 대표자로서의 서명자가 될

---

30) 한국출판문화원편, 〈3·1 운동〉, 《극비한국독립운동사료총서》 6, 1989, 1337쪽.
31) 金動和, 《中國朝鮮族獨立運動史》, 느티나무, 1991, 71~79쪽 ; 국가보훈처, 《독립유공자공훈록》 4, 1987.
32) 《獨立新聞》, 대한민국 원년 10월 25일, 1면 ; 金正明(編), 《朝鮮獨立運動》 2, 221쪽.
33) 金東和, 앞의 책, 78쪽.

444

수도 있었다고 생각된다. 최근 한 논문에서는 이러한 점을 유추해 황병길 처 김숙경이 바로 선언서의 그 인물이라고 밝힌 바 있다.[34]

그러나 이 김숙경이 선언서의 서명자 김숙경과 동일 인물이라는 데 적극적으로 수긍할 수 없는 몇 가지 점이 있어 이를 다시 검토 하고자 한다.

혼춘에서의 3·1 만세 독립선언운동은 1919년 3월 20일에 대대적 으로 거행되었다. 혼춘의 동문에서 서문에 이르는 가두에서 약 2,000여 명이 모여 만세시위를 했는데, 일제측의 사찰기록에 따르 면 그 주동자가 황병길이며 여기에 참가한 부인의 수 6명을 다음 과 같이 보고하고 있지만 황병길의 처 김숙경은 보이지 않는다.

琿春西門外	金炳謙長男妻	(氏名 不明)
同	金明浩妻	(氏名 不明)
同	韓斗채妻	(氏名 不詳)
同東門內	鄭用河妻	(氏名 不詳) 外 2名[35]

일제측의 사찰 기록에 따르면, 황병길은 혼춘의 중요 시찰 인물 로서 그의 일거수일투족이 상세히 감시받고 있었다. 만일 그의 부 인 김숙경이 〈대한독립여자선언서〉의 대한여성계의 대표 서명자라 면 적어도 시위운동에서 여성들을 다수 참여시키기 위해 상당한 역할을 했어야만 한다. 그럴 경우 그의 활동은 일제의 사찰 범위에 서 벗어날 수 없었을 것이다. 둘째는 황병길이 가난한 농가의 아들 로 태어나 서당도 가지 못해 나이 든 뒤 소작살이 여가에 한문과

---

34) 金素眞, 〈1919年露領 및 間島의 獨立宣言書硏究〉(《淑明韓國史論》 2, 淑明女 大 韓國史學科, 1996, 366~373쪽)에서 琿春大韓愛國婦人會의 부회장 金淑卿 을 선언서 서명자와 동일인으로 보고 琿春 大韓國民議會의 활동과 밀접한 관련이 있다고 보았으며, 또한 〈대한독립여자선언서〉도 혼춘에서 작성된 것 으로 설명한다.
35) 北野民夫 發行, 姜德相(編), 앞의 책, 109쪽.

언문(한글)을 독학했다는 것이다. 그럴 경우 김숙경도 학교교육을 받지 못했으리라는 것이 일반적인 생각이다. 그렇다면 이렇듯 유려한 문체의 독립선언서 작성에 한국 여성계 대표로서 참가할 수 있었을 것인지 의문이 든다. 게다가 그녀는 가정을 돌볼 수 없는 남편을 대신해 시아버지를 모시고 다섯 아이를 양육하며 살림을 꾸려가야 하는 가난한 가정부인이었다.[36] 셋째로 길림과 혼춘은 지금도 자동차로 13~14시간이나 걸리는 먼 거리임을 지적할 수 있겠다.[37] 〈대한독립선언서〉 서명자 39인은 오랜 시간 서로 연락했고 또 국내외 한민족에게 널리 알려진 지도자들이므로 같은 시간 같은 자리에 앉아 선언서를 작성·서명하지 않아도 능히 민족 대표자로서의 가치와 성격을 지닌다. 그러나 여자의 경우는 다르다. 남자들이 추진해왔던 그런 방식의 항일 운동이 추진되지 못하고 있었으므로 각 지역 항일여성운동계의 대표성을 갖는 여성 8인은 동일 지역 또는 거리가 가까워서 쉽게 접촉할 수 있는 범위 안에 거주하는 여성들이었을 것으로 생각된다. 그리고 그럴 경우 선언서의 '김숙경'이 황병길의 부인이라면 〈대한독립여자선언서〉의 서명자들은 혼춘에서 왕래가 용이한 북간도나 서간도의 부인들이어야 한다.

그런데 당시 만주 지역 항일운동계는 여성에 대해 아직도 상당히 보수적인 관념을 지니고 있었던 것으로 보인다. 서간도 유하현 삼원보(柳河縣三源堡)는 유명한 항일독립운동 기지로서 문무를 겸비한 교육을 수행하던 곳이다. 그곳에서 간행된 대표적인 민족 교양잡지인 《신흥학우보》(단기 4250년, 1917년 1월 13일 발행)의 〈부인계에 맛당히 배홀 것〉이라는 글을 읽어보면 이 내용이 《내훈》이나 《여사전》 또는 《열녀전》과 무엇이 다른가 하는 의문을 갖게 된다.

---

36) 金東和, 앞의 책, 77쪽.
37) 朴永錫, 〈中國東北地域抗日獨立運動戰績地踏査記〉, 《仙耕史學》 5, 1991, 18~19쪽. 연결에서 길림까지는 700리(354킬로미터)로 오늘날 자동차로도 13시간이 걸린다고 한다.

446

이 글에서는 부부의 정의와 관련해 다음과 같이 논하고 있다.

조대가(옛 어진 부인) 여계(부녀경계한 글)에 갈오대 남편 공경함이 다름 아니라 오램을 이름이오 남편 순종함이 다름아니라 너그러움을 이름이니 오래란 자는 공손하고 나림을 숭상함이라 부부의 좋아함은 몸이 맞도록 떠나지 아니하여 방실에서 주선하매 인하여 만설함이 생겨나니 만설함이 생기면 언어가 과도하고 언어가 과도하면 방자함이 있고 방자함이 있으면 남편 업신여길 마음이 나나니……[38]

이 글은 전통시대의 부부 관계에서 한 걸음도 앞서 나가지 못하고 있다. 적어도 이 시기에 부부관을 논한다면 아내도 남편과 동등한 인간이며 국가에 대한 동일한 권리와 의무를 가진 국민이므로 서로 인격을 존중하고 항일 광복의 민족 독립운동을 함께 나누도록 해야 한다고 써야 한다. 그런데 장차 새 나라를 건설할 높은 기상을 가지고 조국 광복운동을 추진하고 있는 이 희망찬 독립운동기지의 지도자의 여성관이 이처럼 진부하다면 다른 지역은 더 말할 나위가 없는 것이다. 결과적으로 이 같은 분위기가 감도는 곳에서 숭고하고 높은 기상을 가진 항일민족운동을 위한 대한 여성계의 대표를 기대하기는 어려웠을 것으로 생각된다. 이상의 여러 정황으로 볼 때 〈대한독립여자선언서〉의 서명자 8인은 세계정세에 밝고 지적 수준이 있으면서도 지도력이 높고 항일 전투까지 감당할 수 있는 여성이어야 한다. 이런 점에서 볼 때 황병길 부인 김숙경이 〈대한독립여자선언서〉의 바로 그 인물이기는 어렵지 않을까 생각된다. 《지산외유일기》 1919년 음력 2월 20일(양력 3월 21일)의 내용을 보면, 길림 박의병(朴義秉) 부인 정여사가 자신의 동지 5~6인을 모아 낭자군(娘子軍)을 조직하겠다고 하자 의군부 총재 여준이 허락했다는 기록이 있다.[39] 낭자란 미혼여성을 의미하는 것이다.

---

38) 《한국독립운동사연구》 제5집, 독립기념관 독립운동사연구소, 1991, 459쪽.

총기 발랄하고 의기 높은 애국여성들로 여군단을 조직하겠다고 한 것은 혹 그녀들이 〈대한여자독립선언서〉를 작성하고 그 정신에 따라 항일독립군으로서의 역할까지 수행하겠다고 한 것은 아닌가 하는 생각이 든다.

다음으로 서명자의 연령을 검토하면 그 연령대는 노령의 노인동맹단의 가입 연령대인 46세 이하라고 생각된다. 노인동맹단의 2,005명 서명자 가운데 여성 서명자는 146명인데, 그 가운데 독자적으로 자신의 이름을 가진 사람은 불과 몇 명뿐이다. 40대 중반 이상의 장노년 부인들은 역시 전통적이고도 보수적인 생활관습을 파기하지 못하고 있었기 때문이다. 〈대한독립여자선언서〉에서는 '겁나의 구습을 파괴하고 용감한 정신을 분발하라'고 외치고 있다. 8명의 서명자가 세련된 자신의 이름을 가지고 있다는 것 자체가 겁나의 구습을 이미 파괴한 것이며, 어쩌면 이들은 교육을 받은 20~30대의 젊은 여성이들이었을 가능성이 높은 것이다.

3. 〈대한독립선언서〉와의 관련성

(1) 〈대한독립여자선언서〉 내용과 여성독립사상

〈대한독립여자선언서〉는 대한의 여자만을 향해 선포한 선언서가 아니다. 선언서의 서두에서 '슬프고 억울하다 우리 대한 동포시여'라고 밝히고 있듯이 그 대상은 국내외의 대한 동포 전체이며 이들을 향해 여성의 입장에서 선포한 것이다. 다만 역사의 주인공이라는 의식이 부족한 1,000만 여성을 더 일깨워 남자와 동등하게 독립을 위해 혈투혈전해야 함을 강조하고 있기 때문에 여성만을 향한

---

39) 장지연 외(著), 김영호(譯), 앞의 책, 304쪽.

선언서로 이해되기가 쉽다. 전문 35행에 총 1,393자(서명자 이름 25 자 미포함)로 구성되어 있는 선언서 내용은 다음과 같이 요약할 수 있다.

(1) 대한 동포는 5,000년 문명 역사와 2,000만 신성 민족이기 때문에 3,000리 강토를 지킬 만한 독립 자존의 능력이 있다고 선포하고 있다. 그리고 국망의 현실을 당하게 된 것은 침략적 야심으로 가득찬 일본이 세계의 공법공리를 무시한 채 매국적인 역적들과 협동해 형식에 불과한 합방을 강제 성립시켰기 때문이라고 했다(2 행~4행 43자까지).

이 부분에는 대한 민족의 문화적·역사적 우월의식과 선민의식이 강하게 나타나 있다.

(2) 10년의 일제 무단통치 아래에서 천고에 없는 수욕과 고통을 당해 마치 민족 멸망의 함정에 갇힌 비참한 지경이었으나, 오히려 2,000만 동포는 마음속에 침략 세력을 물리칠 비수를 품었고, 또한 지공무사하신 상제도 이 억울함을 통촉하게 되었으며, 그 위에 세계적 추세도 민본적주의(민족자결론을 의미함)로써 세계평화를 주장하는 때이므로 이 같은 호기회를 당해 독립을 선언하고 한 목소리로 독립만세를 외칠 때가 왔다는 것이다. 그리고 남자 사회에서는 이미 처처에서 독립을 선언하고 있으니 동등한 국민된 여성도 성력을 다하면 민족 독립의 뜻을 반드시 이룰 수 있다는 것이다(4행 44자~15행 22자).

이는 침략자를 물리칠 온 민족의 마음 자세로 보나 또는 천리 천심과 세계적 추세로 보나 바야흐로 독립할 때가 왔으므로 이때를 당해 여자도 독립 성취의 일익을 담당해야 함을 내외의 동포를 향하여 강하게 선포하고 있다. 또한 여성의 성력은 용기와 고매한 지식을 가진 영웅호걸을 능가할 수도 있다고 함으로써 독립을 위한 여성의 역할을 고무하고 있다.

(3) 위기에 처한 국가를 구제하고 독립을 지킨 여성의 역할은

이미 저 고대 이래 동서양에 모두 있었던 분명한 역사적 사실임을 논거하면서 독립을 위한 여성의 역할과 활동이 오늘 처음으로 요구되는 것이 아님을 논거했다. 이 선언서에서는 대한 여성들이 본받아야 할 가장 모범적인 역사적 여성으로 스파르타의 사라, 이탈리아 건국 시의 메리야, 그리고 임진왜란 때의 의기인 진주의 논개와 평양의 계월향 네 사람을 들면서 이들의 위국적 위업을 논거했다(15행 23자~26행 2자).

이 부분은 선언서 내용의 3분의 1에 해당하는 약 11행으로 가장 많은 분량을 차지하는데, 아마도 그 이유는 나라를 위한 여성의 임무를 강조하고 여성에 대한 고정된 관념과 인식을 바꾸려는 데 주안점이 있었기 때문일 것이다. 선언서는 제일 먼저 스파르타의 사라 부인의 애국적 위용에 관해 다음과 같이 논하고 있다.

서양 사파달이라 하는 나라에 사라라 하는 부인은 농가의 출생으로 아들 여덟을 낳아 국가에 바쳤더니 전장에 나아가 승전은 했으나 불행히 여덟 아들이 다 전망한지라 부인은 그 참혹한 소식을 듣고 조금도 슬퍼하지 아니하고 춤추며 노래하여 갈아대 사파달 사파달아 내 너를 위하여 여덟 아들을 낳았다.

이 부분이 들어간 것은 여성들에게 철저한 상무적(尙武的) 정신을 진작시키는 데 그 목적이 있다. 스파르타에서는 여자들의 철저한 상무적 의식과 생활 때문에 여성들은 평등한 사회적 대우를 누렸으며, 부인은 국가가 필요로 하는 강건한 아이를 낳아야 했다. 만일 남편이 섬약해 강건한 아이를 낳을 자신이 없는 경우에는 강건한 체력의 남자에게 아내를 부탁해 튼튼한 아이를 낳게 할 만큼 스파르타인들은 오직 나라의 존재만을 위해 살았던 것이다. 그러므로 사라 부인이 아들의 전사를 근심하지 않고 스파르타의 전승만을 기뻐한 것처럼 그런 정신을 우리 여성들도 가질 때임을 강조한 것이다.

이탈리아 건국의 애국여성 메리야에 대해서도 다음과 같이 비교적 상세하게 서술하고 있다.

의태리의 메리야라 하는 부인은 청루 출신으로 의태리가 타국의 절제 하에 있음을 분개히 여겨 재정방침을 연구하며 청년사상을 고취하여 백절불회하는 지기와 신출귀몰하는 수단으로 마침내 독립전쟁을 개시했으나 불행하여 열혈한 뜻을 다 이루지 못하고 이 세상을 영별할 때에 감은 눈을 다시 뜨고 '제군 제군아 국가 국가'라는 비장한 유언에 삼군의 격렬한 피가 일시에 끓어 죽기로써 맹세하여 의태리의 독립이 그날로 되었으며……

죽음의 순간까지도 오직 이탈리아의 승전과 건국만을 생각했던 메리야의 위대한 일생을 강조함으로써 대한 여성 동포들도 최후의 죽음까지 각오하면서 항일독립에 투신할 것을 외친 것이다.

일본의 침략적 근성을 가장 설득력 있게 설명할 수 있는 임진왜란에서의 부인들의 행동을 보면, 전투군에게 행주치마로 전석(戰石)을 날라주며 왜적을 물리친 행주대첩의 전공과 부인들이 왜적의 오욕을 당하지 않기 위해 자결로 저항한 경우 등이 있었다. 그러나 죽음을 택한 양반가 부인들 가운데 진주의 논개나 평양의 계월화처럼 왜장을 죽이고 스스로 죽음을 택한 의인은 거의 없었다. 그래서 선언서에서는 진주의 논개와 평양의 화월이 보여준 애국적 행동을 모든 여성들이 본받아 적을 무찌르는 용사가 되어야 한다고 강조하고 있다.

(4) 끝 부분에서는 독립을 위한 여성의 자세와 정신을 논하고 있는데(26행 3자~34행 끝), 정신적으로는 첫째 구습을 타파하고 둘째 용감한 정신을 분발해야 함을 다음과 같이 주장하고 있다.

의리의 전신갑주를 입고 신력의 방패와 열성의 비수를 잡고 유진
무퇴하는 신을 신고 일심으로 일어나면 지극히 자비하신 하나님이
하감하시고 우리 나라 충혼 열백이 명명 중에 도우시고 세계 만국의
공론이 없지 아니할 것이니 우리는 아무 주저할 것 없으며 두려할
것도 없도다.…… 동포여 동포여 때는 두 번 이르지 아니하고 일은
지내면 못하나니 속히 분발할지어다 동포 동포시여 대한독립만만세.

그리고 독립의 조건이 갖추어진 지금 철저한 전투적 정신 자세
로 무장하기만 하면 살아서 독립 깃발 아래 신국민이 되고 죽어서
는 지하의 선생들에게 부끄러움이 없다고 했다. 독립을 위한 철저
한 전투적 자세만 갖추어지면 우선 하나님과 충혼열백이 우리를
반드시 도울 것이며, 둘째로 만국공론도 우리를 결코 외면할 수 없
는 도움자가 된다는 것이다. 하나님과 충혼열백의 도움은 인류사의
절대적 정의를 의미한 것이며 만국 공론은 민족자결론이라는 세계
여론의 추세를 활용해야 한다는 것으로, 이는 특히 우리의 확고한
충열 자세가 필요한 것임을 강조한 것이다. 즉, 우주의 절대 진리
인 하늘의 도리로 볼 때 한국의 독립은 너무나 당연하다는 것이다.
다만 만국의 공론을 우리의 염원인 절대 독립에 어떻게 활용해 성
취시키는가가 제일 큰 과제라고 철저하게 인식하고 있는 것이다.

(2) 두 선언서의 내용 비교를 통한 관련성 검토

이상으로 〈대한독립여자선언서〉의 내용을 구체적으로 검토했다.
그런데 그 내용의 구성이나 표현이나 어휘 그리고 독립 시기 도래에
대한 자신감 넘치는 인식과 복국 독립에 대한 사명감 등에서 〈대
한독립선언서〉와 비견되는 바가 적지 않다. 그러므로 여기서는 두
선언서의 내용을 비교·검토함으로써 두 선언서가 갖는 공통된 성
격 및 그 관련성을 새로운 시각에서 제시하고자 한다.

첫째, 선언서 선포의 대상이다. 〈대한독립여자선언서〉에서는 '우리 대한 동포시여'라고 하여 국내외의 남녀노소의 모든 동포를 '대한동포'라는 포괄적 언어로 표현하고 있다. 이에 반해 〈대한독립선언서〉는 대한동포의 대상을 '아대한동족남매(我大韓同族男妹)와 기아편구형제동포(暨我遍球兄弟同胞)'라고 함으로써 국내의 동족과 국외의 동포 전체라고 하는 더 구체적인 표현을 사용하고 있다.

둘째, 민족 자존의 확신감에 대해서도 두 선언서 사이에는 함축된 표현과 구체적 표현이라고 하는 차이만 있을 뿐 그 인식에서는 조금도 다를 바가 없다. 〈여자독립선언서〉는 민족자존 능력에 대해 '반만년 문명역사'와 '이천만 신성민족'과 '삼천리 강토'의 세 가지 조건으로 설명하고 있다. 〈대한독립선언서〉는 이에 대해 '반만년사의 내치외교는 한왕한제(韓王韓帝)의 고유권이오', '기골문언(氣骨文言)이 구아(歐亞)에 발수(拔粹)한 아민족(我民族)은 능히 자국을 옹호하며 만방을 화협하여 세계에 공진(共進)할 천민(天民)이라', '백만방리(百萬方里)의 고산여수(高山麗水)는 한남한녀(韓男韓女)의 공유산이오'라고 설명하고 있다. 이런 까닭에 '한(韓) 일부의 권이라도 이족에 양(讓)할 의(義)가 무하고 한(韓) 일척의 토(土)라도 이족이 점할 권이 무하며 한(韓) 일개의 민(民)이라도 이족의 우섭(于涉)할 조건이 무하며 아한(我韓)은 완전한 한인(韓人)의 한(韓)이다'라고 한민족 자존의 구체적 이유와 상황을 주장하고 있다.

셋째, 일제의 강제 합방에 대한 위법성을 지적하고 이를 강력히 규탄한 두 선언서 사이의 내용에 대한 비교·검토이다. 이에 대해 〈대한독립여자선언서〉는 일본이 '침략적 야심으로 세계의 공법공리를 무시함'과 '조국의 흥망성쇄를 불고하는 역적을 협동한 때문'이라고 지적했다. 전자와 비견되는 〈독립선언서〉의 표현으로 '일본의 합방수단은 사기기강박(詐欺期强迫)과 불법무도(不法無道)와 무력폭행(武力暴行)이 극비(極備)했으니 차(此)는 국제법규의 악마이며'라는 것이 있고, 후자에 대한 주장은 '피(彼)가 기전(嗜戰)의 악습은 왈자

보(曰自保) 왈자위(曰自衛)에 구(口)를 자(藉)하더니 종내(終乃) 반천
역인(反天逆人)인 보호합병을 영(逞)하고'와 비견될 수 있다. 이처럼
두 선언서 사이에 표현 방법의 차이는 있으나 그 인식에서는 같다
고 보아야 한다.

넷째, 일제의 혹독한 10년 무얼(武孽) 통치가 빚은 한민족의 비
참한 현실에 대한 역사적 고발과 그 극복에 대한 인식이다. 이에
대해 〈대한독립여자선언서〉는 '제반 음독한 정치 하에 우리 이천만
형제자매가 노예와 희생이 되어 천고에 씻지 못할 수욕을 받고 모
진 목숨이 죽지 못하여 스스로 멸망할 함정에 갇혀서 하루가 일년
같은 지리한 세월이 십여 년을 지났으니 그동안 무한한 고통은 다
말할 것 없이 우리 동포의 마음속에 품을 비수로써 징거할 바로다'
라고 했다. 노예 생활의 수욕 10여 년의 고통을 다 말할 수 없으
나, 일제를 물리칠 비수는 한시도 마음에서 떠나지 않았다는 것이
다. 〈대한독립선언서〉는 일제의 무단 통치 10여 년의 고통에 대해
더 구체적으로 고발하고 있다. 즉, 일제는 한민족에 대한 '종교 핍
박', '학인(學人) 제한', '인권 박탈', '경제 농락', '군경의 무단', '이민
의 암계(暗計)', '교육의 제한' 등 온갖 방법으로 한민족 마멸책을
썼다고 했다. 그리고 일제의 10년 무얼의 작란이 이제 극에 달했으
며, 이는 세계 문화를 저장(沮障)한 인류의 적이라고 단언했다. 〈대
한독립선언서〉는 일제의 한민족 마멸정책에 대한 고발을 특히 중
시하여 길지 않은 선언서 안에서 다소 다른 표현으로 두 번을 거
듭 논하고 있는데, 이는 한민족이 당하고 있는 고통의 극심함을 국
내외에 강하게 고발하려 한 것이라고 해석할 수 있다.

다섯째, 일제의 10년 무얼의 고통을 끝낼 때가 바야흐로 우리 앞
에 도래했음을 확신하는 데서도 두 선언서는 비견되는 점이 적지
않다. 이에 대해 〈대한독립여자선언서〉는 '지공무사하신 상제의 통
촉하심'과 종전(終戰)의 결과로서 만국에 제시된 '민본적주의'를 독
립 도래의 호기운으로 확신했다. 특히 독립 도래의 호기운을 맞아

처처에서 남자들이 독립을 선언하고 독립만세를 부를 준비를 하고
있는데, 이 같은 독립 기운의 상황을 자연의 순리에 비유해 '엄동
설한의 반도강산이 양춘화풍을 만나 만물이 소생할 시기가 이르렀
으니'라고 표현하고 있다. 일제 무단통치 10년을 엄동설한에 비유
했고 '민본적주의로 만국이 평화를 주창하는 금일'을 만물이 소생
하는 한민족독립의 시기로 보았던 것이다. 이 부분은 〈여자독립선
언서〉 제작·반포의 배경을 설명하고 있다는 점에서도 상당히 중요
한 의미를 지닌다. 처처에서 독립을 선언하는 그 '남자 사회'의 한
대상이 바로 〈대한독립선언서〉를 작성·반포한 그 남자 사회일 수
있기 때문이다. 〈대한독립여자선언서〉는 민족자결론을 '민본적주의'
로 표현했는데, 이는 아직 '민족자결론'이라는 단어에 익숙하게 접
하지 못했기 때문에 민족 본연의 자존적 독립주의를 주장하는 뜻
으로 쓴 것이라고 생각된다. 〈대한독립여자선언서〉에서 논하고 있
는 '상제의 통촉'이라는 천리 천의의 이치와 '만물이 소생할 시기'
라는 독립 도래의 시기에 대한 〈대한독립선언서〉의 논지는 다음과
같이 구체적으로 언급되고 있다는 점만 다를 뿐 그 내용은 근본적
으로 〈여자독립선언서〉의 것과 같은 것이라고 보아도 무방하다고
생각된다.

　십년무얼의 작란이 차에 극함으로 천(天)이 피(彼)의 예덕(穢德)
을 염(厭)하사 아(我)에 호기를 사(賜)하실새 천을 순하며 인을 응하
여 대한독립을 선포하는 동시에 피(彼)의 합방하던 죄악을 선포징판
하노니,

　천의인도(天意人道)와 정의법리에 조(照)하여 만국입증으로 합방
무효를 선파하며 피(彼)의 죄악을 응징하며 아(我)의 권리를 회복하
노라.

　민서(民庶)의 마적(魔賊)이던 전제와 강권은 여염(餘焰)이 기진

(己盡)하고 인류에 부여(賦與)한 평등과 평화는 백일(白日)이 당공(當公)하여 공의의 심판과 자유의 보편은 실로 광겁(曠劫)의 액(厄)을 일세(一洗)코자 하는 천의의 실현함이오 약국의 잔존을 구제하는 대지의 복음이라 대(大)하도다 시(時)의 의(義)여 차시(此時)를 조우한 오인(吾人)이……

여섯째, 독립의 본령으로 나가는 기본 태도는 인간 사이의 절대적 평등에서 출발되어야 함을 주장하고 있다. 〈여자독립선언서〉는 독립이 실현될 이 급박한 때를 당해 무엇보다 먼저 '겁나[40]의 구습을 파괴하고' 다음으로 '용감한 정신을 분발해야 한다'고 했다. 겁나의 구습 타파란 안으로는 빈부의 격차와 신분적 불평등과 남녀노소간의 고질적 차별 등을 완전히 타파해 일체의 평등을 이루어야 한다는 것으로, 이는 구습적 제도와 사고에 얽매여 있는 인둔적(因遁的) 사회에 대한 혁명적인 일대 개혁을 주장한 것이다. 또한 밖으로는 강국이 약국을 침략·지배하는 국제적 불의를 불식해 국가간·민족간의 평등과 평화를 이룩해야 함을 아울러 절규하고 있는 것이다. 이에 대해 〈대한독립선언서〉는 민족평등을 전세계에 널리 시행함은 우리 '독립의 제일의(第一義)'이고, 천하의 공도(公道)를 균행하는 것은 우리 '독립의 본령(本領)'이며 공의로운 대동평화를 선전함이 '복국(復國)의 사명'이라고 전제하면서 국내외 구습 타파의 본령과 의의를 다음과 같이 제시하고 있다.

동권동부(同權同富)로 일절 동포에 시(施)하여 남녀빈부를 제(濟)하며 등현등수(等賢等壽)로 지우노유(智愚老幼)에 균(均)하여 사해인류를 도(度)할지니 차(此)는 아입국(我立國)의 기치요. 진(進)하여

---

40) '겁나'는 한문으로 '劫那'일 것으로 생각된다. 劫은 길고 긴 때이며 那는 시간을 뜻한다. 一劫은 萬萬倍의 뜻으로 무한히 길고 오랜 동안이란 뜻을 갖는다. 그러므로 '겁나의 구습'이란 고질화된 오래고 오랜 옛부터의 구습이란 뜻이다.

국제불의(國際不義)를 감독하고 우주의 진선미를 체현(體現)할지니 차(此)는 아한민족(我韓民族)이 응시부활(應時復活)의 구의의(究意義)니라.

이것은 동포의 평등과 사해 인류의 평화 평등이 성취되어야 함을 주장한 것이다. 아울러 이를 성취하기 위해서는 무엇보다 먼저 유진무퇴하는 용기가 있어야 한다는 것이다. 이에 대해 〈여자독립선언서〉는 다음과 같이 말하고 있다.

　의리의 전신갑주를 입고 신력의 방패와 열성의 비수를 잡고 유진무퇴하는 신을 신고 일심으로 일어나면 지극히 자비하신 하나님이 하감하시고 우리 나라 충혼열백이 명명중에 도우시고 세계만국의 공론이 없지 아니할 것이니 우리는 아모 자조할 것 없으며 두려할 것도 없도다.

이 문장에서 나타나 있는 '전신갑주'와 '방패'와 '비수' 그리고 유진무퇴하는 '신'이란 모두가 격전에서 필요한 전쟁의 도구들인 것이다. 즉, 여자들도 남자와 한가지로 전쟁을 수행해야 하는 정신력과 실제적인 태도를 갖지 않으면 안 된다는 것이다. 만일 이러한 정신력을 갖추기만 하면 하나님과 우리의 충혼열백과 세계만국의 공론에 따라 독립을 성취할 수 있다는 것이다. 그런데 이 부분에 대한 〈대한독립선언서〉의 내용을 비교·검토하면 다음과 같이 기본 내용의 골격이 너무도 유사함을 발견하게 된다.

　단군대황조께서 상제에 좌우(左右)하사 우리의 기운(機運)을 명하시며 세계와 시대가 우리의 복리를 조(助)하는도다. 정의는 무적의 검이니 차(此)로써 역천(逆天)의 마(魔)와 도국(盜國)의 적(賊)을 일수도결(一手屠決)하라…… 기(起)하라 독립군아 제(齊)하라 독립군아 천지로 강한 일사(一死)는 인(人)의 가도(可逃)치 못할 바인즉 견돈

(犬豚)에 등(等)한 일생을 수(誰)가 구도(苟圖)하리오 살신성인하면
이천만동포가 동체(同)로 부활하리니 일신을 하석(何惜)이며 경가부
국(傾家復國)하면 삼천리강토가 자가(自家)의 소유이니 일가(一家)를
희생하라 자아동심동덕(咨我同心同德)인 이천만 형제자매야 국민본
령을 자각한 독립인 줄을 기억할지며 동양평화를 보장하고 인류평등
을 실시키 위한 자립인 줄을 명심할지며 황천(黃天)의 명명(明命)을
기봉(祇奉)하여 일절 사망(邪網)에서 해탈하는 건국인 줄을 확신하
여 육탄혈전(肉彈血戰)으로 독립을 완성할지어다.

즉, '기하라 독립군아…… 육탄혈전으로 독립을 완성하라'고 한
것은 '갑주와 방패와 비수 그리고 신을 신고 일어나라'고 한 내용
과 일치한다. 또한 '단군대황조께서 상제에 좌우하사…… 세계와
시대가 우리를 조하는도다…… 황천의 명명을 기봉하여……' 등은
'하나님이 하감하시고 충혼열백이 명명중에 돕고 세계만국 공론이
있게 된다'는 〈여자독립선언서〉 내용과 거의 일치한다.

이렇게 두 선언서 내용을 비교·검토한 결과, 세세하고 장황한 설
명에서의 표현은 서로 다르지만, 두 선언서가 안고 있는 기본 골격
과 내용은 거의 같음을 알 수 있었다. 다만 〈대한독립여자선언서〉
는 국내외의 동포 가운데서도 특히 여자 동포를 분발시켜야 할 중
대한 책임과 의무를 지니고 있으므로 국가를 위해 충성과 희생을
바친 국내외 여성들의 사적을 들어 설명함으로써 여성참여의 역사
적 당위성을 더 강조한 것이 두 선언서 사이의 큰 차이점이라고
할 수 있다. 이 점을 제외하면 두 선언서의 내용은 기본적으로 동
일한 것이라고 보아도 무방할 것이며, 아울러 이 두 선언서는 그
작성에서부터 배포에 이르기까지 적지 않은 밀접한 관련을 가졌다
고 볼 수 있다.

4. 닫는 글 : 역사적 의의

이상에서 〈대한독립여자선언서〉가 언제 어디서 누구에 의해 작성되었으며 그 내용에 나타난 여성들의 자주독립사상이 무엇이었는가를 면밀히 검토했다. 그리고 이 〈대한독립여자선언서〉가 〈대한독립선언서〉와 밀접한 관련을 가지고 있음을 상세히 검토했다. 그 결과 다음과 같은 몇 가지 중요한 사실을 밝힐 수 있었다.

첫째, 작성 시기는 3·1 운동이 일어나기 이전인 양력 2월이고 인쇄는 아마도 노령에서 석판으로 행해졌을 것이며, 이를 간도·중국·일본·미주 및 국내에 반포한 시기는 4월이었다. 선언서를 작성하게 된 배경은 제1차 세계대전이 종식된 뒤 민족자결론이 세계 인구에 회자됨을 알고 국내외 한민족이 10년 동안 준비해오던 그 독립의 때가 바야흐로 도래했음을 간파한 데 있다. 이 귀중한 때에 국내외 여성도 남자들과 함께 독립만세의 대열을 이루어야 한다는 의식에서 자발적으로 여성의 소리를 가지고 독립을 선언한 것이다.

둘째,《독립신문》특파원의 길림 상황 보고서에서 밝힌 바에 따르면, 선언서 작성지는 길림이 분명하다. 다만 그 인쇄처를 분명하게 밝히지 못했는데, 일제 사찰측 기록에 따르면 〈대한독립선언서〉와 〈대한독립여자선언서〉가 모두 노령으로부터 송포되어 여러 곳으로 배포되었다고 했으며, 그들이 입수한 날짜도 불과 하루 상관이었다. 이러한 정황으로 볼 때 두 선언서는 길림에서 작성되어 노령에서 인쇄·송포되었다고 보아야 마땅할 것이다.

셋째, 선언서 작성자의 인적 사항은 정확히 알 수 없지만, 선언서의 유려한 문체와 함축된 표현 속에 중요한 내용과 정신과 사실들을 간결하고 정확하게 표현·기술하고 있는 것으로 볼 때 지적 수준이 지극히 높은 여성들이었을 것으로 생각된다. 작성자는 변환하는 세계 대세를 너무도 분명하게 파악하고 있었으며 또한 동서고금의 역사서를 널리 섭렵한 높은 지적 수준을 지니고 있었다. 그리고 8인 서명자의 인적 사항은 밝히지 못했으나 그들이 세련된 이름을 가지고 있었던 점으로 볼 때, 특히 '상제'를 선언서 뒤에서 '하나님'이라고 표현하고 있는 점 등으로 볼 때 교육을 받은 기독교인일 가능성이 높다.

넷째, 〈대한독립여자선언서〉와 〈대한독립선언서〉의 내용을 비교·검토해보면, 〈대한독립여자선언서〉가 담고 있는 가장 중요한 부분들이 간략하게 함축된 표현이라는 점에서 〈대한독립선언서〉의 다소 구체적인 표현과 차이를 보일 뿐, 기본적으로 담고 있는 내용에서는 거의 동일함을 발견할 수 있다. 이것은 두 선언서가 서로 밀접한 관련을 가지고 있었음을 의미하는 것이기도 하며 동시에 여성 사회나 남성 사회나 독립의 이념과 정신이 같았음을 분명하게 보여주는 것이기도 하다. 또한 여자선언서가 남자선언서의 영향을 받았을 것이라는 점도 시사해준다.

다섯째, 〈대한독립여자선언서〉에 나타난 자주독립사상은 독립운동에서 여성들 자신도 독립된 주체자가 되겠다는 의지를 분명하게 표현하고 있다. 이는 남자를 보조하는 역사 주변적인 예전의 위치를 이제 극복하겠다는 의지인 것이다. 그러므로 여자도 떳떳한 대한 국민으로서 강건한 독립정신을 가지고 독립전투까지도 반드시 참여하겠다는 굳은 신념을 가져야 한다고 주장했다. 국채보상운동을 비롯한 3·1 운동 전후의 각종 여성단체의 조직 성명서 등에서는 새 국가를 세웠을 때 여권을 확보하기 위해 여성도 독립운동을 해야 한다고 주장하고 있다. 그러나 〈대한독립여자선언서〉에서는 독립운동을 함으로써 여권을 획득하겠다는 의미는 추호도 찾을 수 없다. 이미 동등한 권리와 의무를 지는 국민이라는 의식만이 강하게 빛나고 있을 뿐이다.

마지막으로 〈대한독립여자선언서〉가 지닌 역사적 의의는 3·1 독립선언서에 버금가는 힘과 생명력을 갖는 선언서였다는 점이다. 각지에서 작성된 여러 선언서를 다수 접했던 국내와 만주·중국 등에서는 이 선언서를 크게 주목하지 않았기 때문에 그 지역 독립운동 선상에서는 큰 영향력을 갖지 못했던 것 같다. 그러나 미주의 여성 독립운동 단체, 특히 대한여자애국단 등에서는 이 선언서가 3·1 독립선언서와 더불어 여성들의 독립의지를 진작시키고 독립운동 행위의 방향을 비추어주는 등대와 같은 역할을 했던 것이다. 그들은 모든 행사 때 반드시 이 선언서를 낭독함으로써 여기에 담긴 정신을 되새기며 여성항일독립운동의 이념으로 삼았던 것이다. 그러한 관점에서 볼 때 이 선언서는 3·1 운동에 앞서 만들어진 선언서라는 점과 더불어 일제 강점 36년 동안 미주 한인 여성들의 가슴속에서 끊임없이 약동하는 생명력을 지닌 선언서였다는 중요한 의의를 지닌다.

제12장 3·1 운동에서 여성의 역할

1. 여는 글

항일민족운동의 분수령이라고 할 3·1 운동은 신분과 지역과 남녀의 차별을 뛰어넘어 당시 2,000만 민족이 일치단결해 일으킨 민족독립운동이었다. 이 운동을 통해 국망의 비통함을 가져온 낡은 시대를 청산하고 온 민족이 평등한 권리를 누리고 평등한 의무를 수행하는 이상적인 민주공화정부의 수립을 원했으며, 3·1 운동이 국내외에서 격렬했던 4월 10일에 중국 상해(上海)에 대한민국임시정부를 세웠다. 우리 역사상 최초의 이 민주공화정부는 실로 3·1 운동의 산물이며 결과였다.

3·1 운동은 여러 가지 면에서 중요한 역사적 의미를 갖는다. 거족적이며 거국적인 민족운동이면서도 준비 과정에서 철저하게 비밀이 지켜졌다는 점, 시위운동의 전국적 전파력이 급속하고 강했다는 점, 전통사회에서 사교시(邪敎視)되어 핍박받던 종교의 지도자들과 신교육을 받은 지식인들이 새로운 민족지도자로 부상했다는 점 등과 더불어 역사의 뒤안길에서 존재조차 보이지 않게 살아야 했

던 여성들이 곳곳에서 용기 있고 위대한 민족지도자로서 활약했다는 점 등의 특색을 지닌다. 여성들도 역사의 주체가 될 수 있었던 3·1 운동은 여성의 삶이 근대로 지향할 수 있도록 새 터전으로 나갈 가능성을 준 것이다.

여성들은 3·1 운동의 준비 단계에서부터 자발적이고 적극적인 참여를 했으며, 3·1 운동의 전국적 확대 과정에서는 국내외에서 일어난 모든 시위 운동에 참여해 만세를 불렀다. 또한 개성·부산·해주·천안·아오내 등지에서는 여성이 주동적 역할을 함으로써 '역사 주역으로서의 여성'이라는 사회적 인식의 변화를 가져오게 했고, 여성항일운동은 민족독립운동에 단순히 참여한 것이 아니라 단단한 조직을 통한 더 적극적인 운동으로 추진·발전했다.

이 장에서는 3·1 운동에서의 여성의 값진 역할과 그로 인한 여성의 역사적 위상을 밝히고자 한다. 첫째, 3·1 운동에 대한 준비 과정에서 여성들의 활동을 검토하고, 둘째, 여성들이 주역이 되어 3·1 만세시위를 이끌어내고 확대시킨 구체적 사실로서 개성과 부산의 경우를 들어 여성들의 구국적 애국열과 그 의지가 항일민족운동을 추진·발전시키면서 얼마나 큰 역할을 했는가를 살펴볼 것이다. 3·1 운동 당시 남자들도 주저해 감히 시위 거사를 재빨리 수행하지 못하던 지역이 다수 있었는데, 이러한 지역에서 여성들이 앞장서 계획을 수행한 곳이 적지 않았다. 이는 여성들의 국민국가 의식의 성장을 의미하며 항일민족운동 상의 여성의 지도력에 대한 민족사회의 강력한 요구로 해석해야 한다. 그리고 마지막으로 여성 항일운동의 원동력은 절대적 구국독립의지와 더불어 남녀평등권이 행사될 수 있는 민주적 자주독립국 건설을 이룩하겠다는 민주정신에서 발로된 것임을 분명하게 밝힐 것이다.

2. 여성계의 3·1 운동 준비

(1) 〈대한독립여자선언서〉의 반포

일제에 국권이 침탈되고 있던 1905년 이래 다양한 방법으로 항일민족운동을 강렬히 추진하던 국내외의 한민족이 1919년 3월 1일 마침내 일치단결된 힘으로 항일독립 3·1 운동을 일으켰다. 3·1 운동의 궁극적인 목표는 자주국권을 회복하고 민족의 절대 자유를 실현할 새로운 민주 국가를 건설하는 데 있었다. 그리고 이 운동은 우리 역사상 처음으로 신분과 지역과 남녀의 성과 직업 등을 완전히 극복한 일치단결된 민족운동이었다는 점에서 민족사적인 중요한 의의를 갖는다. 일제 침략을 받은 이후 국내외의 한민족은 완전한 자주독립을 찾을 수 있는 기회를 끊임없이 포착하면서 민족적 역량을 키우고 있었다. 그 기회를 1919년 3월 1일로 잡았던 것은 우선 내적으로 이미 민주공화정 국가를 건설할 만한 역량이 축적된 때문이며, 둘째로 국제정세의 급격한 변화를 들 수 있다. 1918년 11월에 제1차 세계대전이 끝나면서 미국 윌슨 대통령의 민족자결주의론 제시에 입각해 제국주의적인 식민통치 국제질서에 적지 않은 변화가 일고 있었고, 국내외의 한민족은 서로 연락한 일이 없었음에도 이 변화를 독립의 기회로 포착하기 위한 주밀한 준비를 동시에 행하고 있었다. 셋째는 1919년 1월 광무황제의 갑작스러운 의문의 붕어(崩御)이다. 이 사실은 나라 잃은 한민족의 애통한 마음을 일시에 격앙시켜 거대한 3·1 항일민족운동의 물결을 이루게 했던 것이다.

3·1 운동의 전초적 활동은 행동이 더 자유로운 만주나 중국이나 일본 등 국외에서 먼저 일어났으며, 그 방법은 대한의 자주독립을 세계만방에 선언하는 것이었다. 3·1 운동 이전에 만주 지역에서는

〈대한독립선언서〉와 〈대한독립여자선언서〉가 선언되었으며, 일본에서는 유학생들이 중심이 되어 〈2·8 독립선언서〉를 발표했다. 이들 독립선언서의 반포는 3·1 운동을 일으키는 데 적지 않은 영향을 미쳤다. 그러는 가운데 대한의 여자들이 독자적으로 독립선언서를 작성하고 반포했다. 이 사실은 한국민족운동사에서 실로 주목되는 점이다. 독립운동은 국가사이므로 전통적 관념으로 볼 때 남자의 사업이다. 이 사업에 대한의 여자들이 주체적이고 독립된 의지를 가지고 행동했다는 것은 주목하지 않을 수 없다. 이는 남녀가 평등한 국민의식을 가지고 독립운동을 해야 한다는 확고한 의지의 표현인 것이다. 또한 3·1 운동 이전에 여성들이 이처럼 항일독립운동에 자발적으로 앞장섰다는 점에서 그 행위와 역할은 높이 평가되어야 한다.

앞 장에서 살펴보았지만, 〈대한독립여자선언서〉는 본문 33행 총 1,291자로 된 순 한글 선언서이다. 선언서 말미에는 '기원사천이백오십이년이월 일'이라고 쓰여 있고, 김인종·김숙경·김옥경·고순향·김숙원·최영자·박봉희·이정숙 등 8인의 여성이 서명했다. 선언서 선포 대상은 대한의 여자만을 향한 것이 아니라 여성의 안목과 입장에서 국내외 대한 동포 전체를 향한 것이다. 이 선언서는 반포시기를 분명하게 명시하고 있는데, 이것이 음력인가 양력인가에 따라 그것이 갖는 의미에 차이가 생기지만 여러 정황으로 볼 때 '이월 일'을 양력으로 보아야 함을 앞 장에서 이미 검토했다. 이 선언서의 서명자 8인의 인적 사항을 정확히 밝힐 수 없는 안타까움은 있으나, 이들의 성명과 선언서 내용에 담긴 세계정세에 대한 분명한 인식, 세계사관, 한민족이 독립해야만 하는 논리, 그리고 여성들이 철저한 상무정신을 가지고 남자들과 마찬가지로 독립투쟁의 대열에 나서야 한다고 주장하고 있는 점, 그 위에 유려한 문체 등을 분석할 때 이들은 분명 근대교육을 받은 기독교계의 젊은 여성들일 것이다.

선언서의 작성지와 인쇄 반포지를 검토할 때 작성지는 만주의 길림이고 인쇄지는 노령으로, 이곳에서 4월에 국내외 동포 사회에 송부한 것으로 판단된다. 또한 이 선언서는 김교헌 등 39인이 서명한 〈대한독립선언서〉와 내용 면에서 상당히 비슷한 정신적 맥락을 지니고 있음을 검출할 수 있기 때문에 서로 연결되는 선언서라고 생각된다.

이상이 사실로 〈대한독립여자선언서〉는 3·1 운동 이전에 독립운동의 중요한 기지의 하나였던 만주의 길림에서 독립의지가 강한 여성들에 의해 작성·반포되었음을 알 수 있다. 그러면 이 선언서에 나타난 여성독립사상이 무엇인가를 구체적으로 검토할 필요가 있겠다. 선언서 내용은 크게 네 부분으로 나누어볼 수 있다. 그 첫째 부분(선언서 1~4행 43자까지)은 대한민족의 문화적·역사적 우월의식과 선민의식을 강하게 나타내고 있다. 둘째 부분(4행 44자~15행 22자까지)에서는 일제 침략자를 물리칠 모든 대한민족의 마음자세로 보거나 또는 천리·천심과 세계적 추세로 보거나 바야흐로 독립할 때가 왔으므로 이때를 당해 여자도 독립 성취를 담당해야 함을 내외 동포에게 선포하고 있다. 또한 여성의 역량은 용기와 고매한 지식을 가진 영웅호걸을 능가할 수도 있다고 함으로써 독립을 위한 여성의 평등한 역할을 고무하고 있다. 셋째 부분(15행 23자~26행 2자까지)에서는 선언서 내용의 3분의 1에 해당하는 약 11행의 분량으로 스파르타의 상무적인 애국적 여성 사라와 근대 이탈리아 건국의 영웅적 여성인 메리야와 더불어 임진왜란에서 자신의 몸을 던져 나라의 위기를 구하는 데 일익을 담당했던 의기(義妓) 논개와 계월향의 위업을 논거하고 있다. 이는 유교사회의 고정관념인 남성 추종적 여성관을 바꾸어 여성도 남자와 마찬가지로 상무적 정신을 가지고 독립을 위해 투쟁해야 함을 강조한 것이라고 생각된다. 넷째 부분(26행 3자~끝까지)에서는 대한 여성이 지녀야 할 자주독립 정신과 자세에 관해 논하고 있는데, 정신적으로는 먼저 구습을 타파하고 다음으로는 용감한 정신을 분발해야 한다고 주장하고 있다. 이는 새 시대 새 나라의 여성이 가져야 할 정신 자세를 말하는 것으로, 남성과는 차별적인 전통시대의 순종적이고 유순한 여성이 아니라 남자와 똑같은 국민 구성원이어야 함을 강조한 것이다. 그러므로 대한의 독립 조건이 갖추어진 지금, 여성들이 철저한 전투적 정신 자세로 무장하기만 하면 살아서 독립 깃발 아래 신국민이 될 수 있고 죽어서는 지하의 애국적 선생들에게 부끄러움이 없다고 자신 있게 천명하는 것이다. 독립을 위한 철저한 전투적 자세만 갖추어지면 하나님과 충혼열백이 우리를 반드시 도울 것이며 또한 만국의 공론도 우리를 결코 외면할 수 없는 도움자가 된다고 했다. 여기서 '하나님과 충혼열백의 도움'은 인류사의 절대적 정의를 의미하는 것이다. 또한 '만국 공론'이란 민족자결론이라고 하는 세계 여론의 추세를 활용해야 한다는 의미이다. 즉, 우리가 새 시대의 여성·새 시대의 국민으로서 확고한 충열 독립 자세를 확립하기만 하면 하늘의 도리로 보나 만국의 공론으로 보나 독립은 성취될 수 있다는 것이다.

〈대한독립여자선언서〉가 국내 3·1 운동에 직접적 영향을 미쳤는지 확실하게 검토할 수는 없지만, 3·1 운동을 통해 항일독립운동이 국내외로 확대되는 과정에서 이 선언서는 국외 여성독립운동에 적지 않은 영향을 미쳤다. 이 선언서가 3·1 운동 이전에 작성되었음을 밝힌 미주의 대표적인 항일 부녀단체인 대한여자애국단에서는 1945년 광복을 맞이하기까지 모든 행사에서 〈3·1 독립선언서〉와 더불어 〈대한독립여자선언서〉를 낭독함으로써 여성들의 독립정신을 진작시켰던 것이다.[1]

---

1) 朴容玉, 〈미주 한인여성단체의 광복운동 지원 연구 : 대한여자애국단을 중심으로〉, 《한국여성항일운동사연구》, 지식산업사, 1996, 87~144쪽 참조.

(2) 여성계의 2·8 독립선언 참여

일본 동경(東京)에서 애국유학생들이 준비하고 선언한 〈2·8 독립선언서〉는 3·1 운동을 일으키는 데 직접적인 영향을 주었다. 동경의 한국 유학생들은 조선유학생학우회를 중심으로 국내에서보다는 비교적 자유롭게 민족과 국가의 장래 등에 관해 의견을 개진하고 열띤 토론을 벌일 수 있었다. 이들은 그들의 의사를 개진하는 기관지 《학지광(學之光)》을 통해 유학생들의 항일독립사상과 민족의식을 고취하는 글을 게재하여 발매금지처분을 당하면서까지 나라 잃은 젊은이의 끓는 피를 토로했다. 또한 이들은 전후의 발빠른 국제 정세의 변화를 예의 주시하면서 조국 독립운동의 큰 전기를 마련하려고 노력했다. 그러던 중 1918년 12월 15일자 《저팬애드버타이저(The Japan Advertiser)》(영국인이 일본 고베[神戶]에서 발행한 영자 신문)에 〈한국인들의 독립 주장〉이 게재되고 18일에는 〈약소민족들, 발언권 인정을 요구〉가 게재되었으며, 이들 두 기사를 읽은 학생들은 크게 고무되었다.[2] 이들은 지금의 세계정세야말로 독립운동을 일으킬 최적기라 여기고 12월 29일 학우회 송년회와 30일 동경의 조선기독교청년회관에서 개최된 웅변대회에서 조국의 독립 문제를 의제로 열띤 토론을 벌였다. 이어 1919년 1월 6일에도 기독교청년회관에 유학생들이 모여 독립사상을 고취하는 웅변대회를 열어 조국 독립을 쟁취해야 한다는 뜨거운 연설로 회중을 열광시켰다.[3] 이 웅변대회에는 여자친목회 회장 김마리아를 비롯해 황에스터·노덕신(盧德信)·유영준(劉英俊)·박정자(朴貞子)·최청숙(崔淸淑) 등 6명의 여학생이 참석하고 30원의 운동비를 자진해 내놓았음이 1919년 3월 18일 경성지방법원 검사국에서 행해진 김마리아의 제2회 심문조서에 밝혀져 있다.[4] 그런데 당시 이들 여학생들의 애국의지는 남학생

2) 국사편찬위원회편, 《韓國獨立運動史》 2, 1966, 124, 127쪽.
3) 같은 책, 128쪽.

들에게 쉽사리 받아들여지지 않고 있었다. 남학생들이 여학생들과
는 접선하려는 기맥이 보이지 않자 황에스터는 분연히 자리를 박
차고 일어나 다음과 같은 열변을 토했다.

여러분! 국가의 대사를 남자들만이 하겠다는 겁니까? 수레바퀴는
혼자서 달리지 못합니다.

그러자 이에 감동한 남학생들이 여학생들과도 연락을 취했다고
한다.[5] 이때부터 여학생들은 남학생들과 긴밀한 연락을 취하면서 2
·8 독립운동 추진의 역할을 담당했으나, 역시 선언서 작성이나 서
명과 같은 주역의 자리에는 끼지 못했다.

유학생들은 최팔용(崔八鏞)·백관수(白寬洙)·송계백(宋繼白) 등 학
생대표 10명을 독립운동 실행위원으로 선임했으며, 남자유학생들의
친목단체인 학흥회를 중심으로 '조선청년독립단'을 조직하고 독립
선언서를 기초했다. 기초위원으로는 백관수·김도연·이광수를 선출
했으나, 실제 문안 작성은 상해에서 동경으로 온 이광수가 전담했
다. 선언서 초안이 완성되자 한 부를 국내로 반입시켰다. 그리고 2
월 7일에는 일문으로 된 〈민족대회소집 청원서〉 1,000부를 인쇄했
으며, 국문·일문·영문으로 된 〈독립선언서 附 결의문〉 가운데 국문
과 일문 600부를 2월 7일 밤에 김희술(金熙述)의 집에서 등사판으
로 밀고 영문은 타자를 쳐 2월 8일 아침에 우편으로 일본의 각계
요로와 조선총독부 및 일본에 주재하고 있는 각국 공영사에 보냈
다. 그리고 오후 2시에 400여 유학생들이 동경 기독교청년회관에
모여 윤창석(尹昌錫) 사회로 〈2·8 독립선언서〉를 낭독하고 만세를
환호한 뒤 시위행진에 막 들어가려고 할 때 일경이 밀어닥쳐 대회

4) 국사편찬위원회, 《한민족독립운동사 14 : 삼일운동 4》, 1991, 26쪽.
5) 朴花城, 《松山 黃愛德先生의 思想과 生活 : 새벽에 외치다》, 휘문출판사,
1965, 78쪽.

장을 포위하고 학생들을 마구 체포해 회장은 아수라장이 되었다. 선언서 서명자들과 그 밖의 20여 학생들은 체포·투옥되었고 재판에 회부된 뒤 실형을 선고받아 옥고를 치루었다. 이 '2·8 독립선언' 당시 김마리아 등 여학생들도 참여해 만세 환호를 했고 김마리아도 그날 동경 경시청에 구인되었다. 그런데 그가 3월 18일 경성지방법원 검사국에서 심문받은 조서[6]에 따르면, 구인 이유는 여학생들이 지원한 독립운동비 30원(운동비 제공자는 유영준이라고 진술)에 대한 윤창석(선언서 서명인)의 진술 확인 때문이었다고 했으며 구금 사실은 시인하지 않고 있다. 그러나 김마리아는 이미 여자친목회의 회장으로서 2·8 독립선언에 깊은 관련을 가진 인물로 지목되어 있었던 것이다. 동경유학생들은 2월 12일에도 100여 명이 히비야[日比谷] 공원에 모여 독립 쟁취를 다시 주장하다 강제 해산되었으며 13명이 체포·투옥되었는데,[7] 이때 여학생들이 얼마나 참여했는지는 정확하지 않으며 김마리아와 황에스터도 참여했는지의 여부는 밝혀져 있지 않다.

그러나 2·8 독립선언 이후 김마리아와 황에스터는 독립운동을 위해 국내로 잠입해[8] 활동해야 할 중대한 임무를 띠고 이에 대한 준비에 무척 바빴던 것으로 보인다. 3월 18일부로 작성된 김마리아에 대한 다음 내용의 심문조서 문답을 보면 그가 2월 17일에 동경을 출발하기 직전 국내 독립운동과 동경 독립운동을 긴밀히 연락하는 등의 중요 임무를 위해 분주히 준비했음을 알 수 있다.

문 : 그대가 동경을 출발하여 경성(京城)으로 돌아올 때 동경의 조선인들에게 동경의 독립운동 상황을 조선에 돌아가거든 전해달라는

---

6) 국사편찬위원회편, 《한민족독립운동사 자료집 14 : 삼일운동 4》, 26쪽.
7) 《한국독립운동사》 2, 131쪽.
8) 《한국독립운동사》 2, 132쪽. 2월 8일에서 5월 15일 까지에 귀국자수는 491 명인데, 그중 학생이 359명이지만 여학생 수는 확실하지 않다.

부탁을 받았다는데, 어떠한가.

답 : 그런 것은 아니었다. 조선독립운동의 상황을 동경으로 알려달라는 부탁이었다. 그것은 황에스터에게서 2월 15일에 부탁을 받았다. 그때 그는 남학생들을 만나서 상의해달라고 부탁했으나, 내가 남학생들과 만날 기회가 없다고 했더니 그가 남학생과 만나고 왔는데 그렇게 나에게 부탁해달라고 했다고 17일에 내 숙소로 찾아와서 말했던 것이다.

　… 중략 …

문 : 17일 아침 그대가 동경을 출발할 때 황에스터는 그대를 방문하여 무엇인가 부탁을 했을 터인데, 어떠한가.

답 : 그때는 아무런 부탁도 없었다. 다만 앞에서 말한 대로 조선의 상황을 알려달라고 부탁했을 뿐이다.

문 : 조선의 상황이란 어떤 것을 알리는 것인가.

답 : 구체적으로는 듣지 못했으나, 다만 조선에서의 독립에 관한 운동상황, 즉 조선인 상의 감상을 알려주면 되지 않을까 생각하고 있었는데 남학생들도 이미 귀국해 있고 해서 그쪽에서 통지하고 있다면 내가 통지할 필요는 없다고 생각하여 그대로 내버려두고 있었다.[9]

위의 심문조서의 진술에 따르면, 남학생들측에서 황에스터와 김마리아를 중요한 동지로 인정했으며 깊은 연관을 갖고 함께 행동하고 있었음을 알 수 있다. 이 조서에는 전혀 나타나 있지 않으나 김마리아는 이미 한국의 여성 대표로서 독자적인 독립운동을 준비하고 있었다. 일본 요꼬하마[橫濱] 여자신학교에 유학하고 있는 정신여학교의 후배 차경신(車敬信)을 자신의 동반 동지로 하여 함께 귀국했던 것이다. 그때 귀국 여비와 국내에서의 운동비를 마련해야 했으나 생활에 여유 자금이 없는 그는 동경여자친목회의 회장이었

---

9) 《한국독립운동사자료집 14 : 삼일운동 4》, 26～27쪽.

으므로 그 기관지인 《여자계》 간행비를 가지고 있어 우선 차입해 썼던 것이다. 여자친목회에서 2·8 독립운동 준비비로 100엔을 자진해 기증했는데,[10] 아마 이 돈도 여자친목회의 회비였을 것으로 생각된다. 김마리아가 중국 망명을 거쳐 1923년에 다시 미국으로 망명했을 때 미국에 있는 정애경 여사가 《신한민보》(1923년 7월 26일)에 김마리아의 독립운동 역사를 약술하면서 다음과 같이 언급한 것은 이러한 정황을 잘 말해준다.

   1919년 2월 8일에 동경유학생이 대한독립을 선언한 후에 3·1 운동을 준비하려고 《여자계》(여자친목회의 기관지) 잡지에 쓰려던 재정을 임시로 대용하여 운동비로 썼었다. 남의 평론과 신용상 관계 여하를 불고하고 그렇게 하지 않으면 안 된 고로 임시 처변의 방지를 썼었다.

김마리아는 조국의 독립에 대한의 여성들이 자진해 적극적으로 참여하지 않으면 여성들이 평등한 국민 권리를 차지할 수 없다는 여성선구적 지도의식을 가지고 독립운동을 했던 것이므로, 남학생에 대해 보조적 역할을 수행하는 데 만족할 수 없었던 것이다.

(3) 김마리아의 국내 활동과 여성계의 3·1 운동 준비

일본과 상해의 여성계 지도자들은 여성들도 조국 독립을 위해 적극적이고 자발적으로 참여해야 한다는 강한 의식을 가지고 선구자적 활동을 했다. 김마리아는 차경신과 더불어 일경의 눈을 피하기 위해 일본인 복장을 하고 오비 속에 선언서를 감춘 채 자기 조국임에도 밀입국을 했던 것이다. 2월 17일에 동경을 출발해 같은 날 부산에 당도했으며 차경신과는 대구까지 동행했다. 그리고 여기

10) 국사편찬위원회편, 《한국독립운동사》 1, 128~129쪽.

서부터 각기 연고지를 중심으로 활동하기로 했다. 차경신은 선천 출신이므로 서북지방을 맡아 활동하기로 했으며, 김마리아는 서울을 중심으로 항일독립여성단체를 조직해 활약하려는 원대한 포부를 가지고 있었다. 또한 그는 연고지 사람들에게 독립의 때가 왔음을 최대한 알리기 위해 광주·춘천·황해도 등을 돌며 활동했다.

그가 정신여학교 졸업 뒤 교사로 봉임했던 광주에는 언니와 형부 남궁 혁(南宮 爀) 그리고 옛 동료들이 있었기 때문에 김마리아는 먼저 그곳으로 갔다. 김마리아가 서울에 도착한 것이 2월 21일이므로 광주에 적어도 3일간은 머물렀을 것으로 생각된다. 그의 심문조서에 따르면, 형부 남궁 혁에게는 동경 독립운동의 사정을 말한 것으로 보이며 언니로부터는 유학생 신분이므로 정치적 운동에 관계하지 않는 것이 좋겠다는 주의를 받았다고 한다. 이런 진술로 볼 때 광주 여성계에 대한 활동은 크게 성공하지는 못했던 것 같다.

서울에 올라온 뒤로는 정신여학교에 머물면서 민족지도자들을 만나 독립의 때가 왔음을 알리며 함께 담화를 나누었다. 그러는 가운데 국내에서도 조국독립을 위해 면밀하게 준비하고 있음을 알고 김마리아는 감개무량함을 느꼈다.[11] 자신의 고향이며 생장지인 황해도에는 적지 않은 지인들이 있으므로 이들에게 독립의 때가 왔음을 알리고 동시에 운동자금을 마련하고자 김마리아는 황해도로 향했다. 신천에서 의형인 방합신(方合信)을 만나고 재령 등에서 운

---

11) 김마리아는 서울에서 김성수·송진우·박희도·이종일 등 교육계와 종교계 지도자들을 만나 일본 내 독립운동 동태와 세계정세의 변화를 이야기하고 지금이 거족적 독립운동을 할 때임을 말했다. 이종일은 그의 비망록에서 '김마리아가 천도교 본부 및 보성사를 찾아와 동경 한국인 남녀학생들의 국국열의 근황을 설명하고, 김마리아는 본국에서도 거국적인 운동을 행할 것을 힘써 권했다. 나는 김마리아에게 우리들도 이미 계획 실천 중이며 또 지난 1914년 이래 민중이 함께 일어나 일제의 질곡을 벗어나려고 암암리에 모색하여왔다고 하니 김마리아는 천도교의 원대한 이념을 격려하며 기뻐했다'고 기록하고 있다.

동자금을 마련하는 가운데 3·1 운동이 일어나자 다시 서울로 왔으
며, 이화학교측 인사들과 손을 잡고 항일구국 여성단체를 조직해
남자들과 긴밀한 연관을 가지고 적극적인 독립운동을 행하고자 했
다. 김마리아는 3월 18일자 심문에서 이 사안에 관한 검사의 질문
에 대해 다음과 같이 부정하고 있으나, 나혜석 등 관련인의 검사
심문의 문답 내용을 검토하면 이는 거의 확실한 사업 추진이었음
을 알 수 있다.

문 : 그리고 나혜석의 진술에 따르면, 3월 2일에 그대의 권유로 이
화학당에 갔던 바, 그곳에는 황에스터·박인덕·손정순·안병숙·김하루
논 기타 수 명이 모여 있었는데, 그때 그대가 첫번째로 어제는 조선
의 독립운동이 시작되어 남학생들은 크게 운동하고 있으므로 그대로
있을 수 없으므로 학생들도 운동하지 않으면 안 된다고 했으며, 황에
스터가 곧 찬성했다는데, 어떠한가.

답 : 결코 그러한 일은 없었다.

문 : 그때 첫째로 부인단체를 만들어 독립운동을 하고, 둘째로는
여자단과 남자단 상에 연락을 취할 것, 셋째로는 남자단체에서 활동
할 수 없을 때는 여자단체가 그것을 대신하여 운동할 것을 결의했다
는데, 어떠한가.

답 : 그런 말은 있었으나, 미결 사항이었으므로 앞서 진술하지 않
았다.

문 : 그때 그대는 나(羅)의 비용에 관한 질문에 대하여 비용은 해
주에 가면 될 것이라고 말했다는데, 어떠한가.

답 : 그러한 일은 없었다.

문 : 그리고 그때 그대는 이 단체는 영구히 존속시켜야 할 것이므
로 회장 회계를 뽑아야 한다고 했다는데, 어떠한가.

답 : 그것은 황에스터가 말했으나 다만 협의만 했을 뿐 결의는 하
지 않았던 것이다.

문 : 그때 기금에 대하여는 각자 관계자로부터 출금케 하기 위하여
나혜석은 개성과 평양 방면으로 갔었다는데, 어떠한가.

답 : 그러한 것은 모른다.[12]

위의 심문 문답에서 김마리아는 일부만 수긍하고 거의 대부분은 부인하고 있다. 그는 이 사안이 너무도 심각한 것이므로 부인하지 않을 수 없었던 것이라고 생각된다. 그러나 이 문답을 통해 김마리아를 중심으로 한국의 대표성을 갖는 지식여성들을 결집하여 최초의 항일여성단체 조직을 준비했다는 놀라운 사실을 알 수 있고, 이 운동을 통해 여성의 항일독립운동에 대한 위상을 새롭게 인식할 수 있다. 항일여성단체 설립 논의는 3월 4일에도 계속되었다. 그런데 3월 5일에 서울의 남녀 학생들이 동맹휴교를 하고 남대문역에 집결해 일제히 만세시위를 하기로 결정되어 있었기 때문에 이 일은 일단 미루어졌다. 그러나 일본 경찰의 손이 이들에게 미쳐 3월 6일 김마리아의 체포를 비롯해 황에스터·박인덕 등 관련인들이 차례로 체포·구금되는 바람에 여성들이 조직을 가지고 조국독립운동을 추진하려던 원대한 계획은 일시 중단되었다.

3. 여성이 주동한 3·1 만세운동

3·1 운동을 한민족사에서 일찍이 볼 수 없었던 거대한 민족운동으로 발전시킨 데는 남녀가 평등한 국민의무를 담당해야 한다는 민주적 평등의식의 성장에 힘입은 바가 크다고 할 수 있다. 1895년 을미의병 당시 윤희순(尹熙順)이 시아버지 유홍석(柳弘錫)을 붙잡고 자신도 의병을 하러 함께 나가겠다고 했을 때, 유홍석은 며느리에게 너는 가사에 힘쓰고 조상을 잘 받들고 자녀를 충성된 사람으로 기르라는 전통적인 제가 임무를 당부하며 떠났다. 그러나 윤희순은

---

12) 《한국독립운동사자료집 14 : 삼일운동 4》, 27~28쪽.

전통적인 주부 역할만을 안연히 앉아서 할 때가 아님을 절감해 의
병들에게 군량미를 마련해주고 '안사람 의병가'·'방어장' 등의 가사
조 격문을 손수 지어 부인과 청년들의 애국심을 격발시켰다. 또한
을사의병과 정미의병 당시는 여자의병대를 만들어 군자금을 마련
하고 고된 훈련도 마다 하지 않았다. 윤희순의 시아버지를 비롯한
의병 선도자들은 유교적인 남녀 역할관을 국망의 위기 앞에서까지
고수하고 있었지만, 유가(儒家)의 부녀들 가운데는 그들보다 한발
앞서 평등한 국민 의무를 스스로 담당했던 것이다. 이러한 여성의
식은 1907년 국채보상운동에서는 더 발전된 남녀평등의식으로 성
장했다.

　서울과 평양 등을 기점으로 삽시간에 지방으로 전파되어 거국적
이고도 거족적으로 일어난 3·1 운동에서는 모든 지역의 만세시위
에 반드시 남녀가 함께 참여하는 것이 당연했다. 뿐만 아니라 여러
지역에서는 계획 단계부터 남녀가 함께 참여해 성공적인 만세시위
를 했다. 3·1 운동의 생명줄인 선언서의 전달과 인쇄, 태극기의 제
작 등에서 여성들의 역할은 빼놓을 수 없는 중요한 부분이었다. 3·
1 운동에서 여성의 역할 가운데 특히 주목되는 것은 역사의 주체
라 여겼던 남자들조차 감히 엄두를 내지 못한 채 만세시위운동을
계획·추진하지 못하고 있을 때 여자들이 주동체가 되어 이를 계획·
추진했던 곳이 적지 않았다는 점이다. 용기가 없어 아무도 만세시
위를 이끌어내지 못한 개성에서 일대 만세시위를 이끌어낸 전도사
어윤희, 3,000여 명의 천안 아오내 만세시위를 계획·준비해 피를
흘리는 격렬한 만세시위를 일으킨 유관순, 대규모의 만세시위를 주
도한 해주의 기생들, 대구와 부산에서 일대 만세시위를 선도한 여
교사와 여학생들을 비롯해 전국 각지에서 애국적이고도 평등한 국
민의식을 가지고 여성들이 보여준 3·1 운동은 근대 여성사에서는
물론 한국 근대 민족주의운동사에서도 새롭게 조명되고 가치가 부
여되어야 할 역사적 의미를 지닌다. 여기서는 여러 지역의 3·1 운

동과 차별되는 개성과 부산의 경우를 들어 여성들이 3·1 운동에서 어떻게 주체적 의식을 가지고 활동했으며 어떻게 용감한 한국인상을 보였는가를 검토할 것이다. 그럼으로써 3·1 운동에서의 중차대했던 여성 역할의 역사적 위상과 그 역사적 의미를 명확하게 정리하고자 한다.

(1) 어윤희에 의한 개성 만세시위

1919년 2월 27일 오후 6시부터 10시 사이에 보성사에서 인쇄된 2만 1,000매의 독립선언서가 28일 아침부터 지방의 대·중 도시로 비밀리에 체송되었다. 독립선언서는 대한의 독립을 선언하는 것이므로, 3·1 운동에서 혈맥이나 심장과 같은 기능을 하는 것이었다. 그러므로 선언서의 체송은 막중하면서도 지극히 위험한 일이었으며, 아울러 용기 있고 믿을 만한 사람에게 인도되었다.

개성은 서울에서 가까운 도시이면서 배일사상이 강해 1910년대의 무단통치 하에서도 호수돈(好壽敦)여자고등보통학교와 한영서원(韓英書院)이 중심이 되어 애국창가운동을 전개한 바 있으며, 개성 상인들의 일화배척운동 등을 통한 배일운동이 지속된 곳이었다. 33인의 1인인 오화영(吳華英)은 일찍이 애국창가운동에 참여했다가 구금된 경험이 있는 목사이다. 그는 개성에 100매의 독립선언서를 남감리교 목사 강조원(姜助遠)에게 전달되도록 교인 이경중(李敬重) 앞으로 보냈으나 체송 책임자가 이경중의 집을 찾지 못해 오화영의 동생 오은영(吳殷英)에게 전달했고 오은영은 다시 목사 강조원의 집을 찾아 전달했다.[13] 그런데 강조원은 독립선언서를 처리하는데 극히 소극적이고 책임 회피적이었다. 그는 선언서를 받는 즉시 오화영과 친분이 두터운 송도(松都)고보 교사 이만규(李萬珪)를 불

---

13) 국사편찬위원회편, 《한민족독립운동사자료집15 : 삼일운동 5》, 1991, 60~61쪽.

렀다. 이만규도 선언서 1매만 가져가고 나머지는 그대로 강조원에게 맡겼다. 이에 강조원은 3월 1일 아침에 이를 호수돈여고 직원 신공량(申公良)에게 넘겨주고 배포하게 했다. 강조원과 이만규 등의 심문조서[14]에 따르면, 개성에서는 김지환(金智煥)·강조원·신공량·이강래(李康來)·노재명(盧在明)·오진세(吳鎭世)·최중순(崔重淳)·박용하(朴容夏) 등이 2월 20일경부터 개성북부예배당에 모여 서울에서 추진되고 있는 독립운동과 관련해 담론을 했으며, 오화영은 25일에 개성에 와서 파리강화회의에 보낼 독립청원서 서명 등에 대해 논의하고 3월 1일에 일제히 독립선언서를 배포하고 시위를 해야한다고 당부했다. 그러나 강조원 등은 독립의 취지는 찬성하나 지속적 운동의 책무는 맡을 수 없다는 자세를 보였다. 이처럼 3·1 독립운동에 대한 적극적인 의지를 결집하지 못하고 있는 사이 독립선언서가 체송되는 2월 28일이 되었다. 오화영도 개성 동지들의 소극성을 이미 간파해 선언서 80매와 함께 다음 내용의 편지를 강조원에게 보냈다.

　지난번에 말을 하여둔 바와 같이 독립선언서를 보내겠으나 개성에서는 너무도 열심히 일하는 사람이 없으므로 선언서도 조금만 보내겠으니 적절히 배부하여 달라. 그리고 또 서언서의 배분뿐만 아니라 지난 번 말을 하여둔 동지의 서명 날인을 될 수 있는 대로 많이 받아 달라.[15]

선언서가 도착한 2월 28일 밤, 강조원·신공량·오진세·최중순·박용하·손금성(孫金聲)·최남규(崔南奎) 등이 개성 남부예배당에 회동했다. 그러나 어이없게도 아무도 선언서 배분에 나설 뜻을 보이지 않았다. 그러자 강조원이 '그렇다면 배부를 보류하는 수밖에 없다'

---

14) 같은 책, 60~66쪽.
15) 〈李萬珪 심문조서〉, 같은 책, 64쪽.

478

고 말하고 자신은 목사이므로 이 일에 간여하지 않는 것이 좋겠다
면서 신공량에게 선언서를 맡아 보관해달라고 했다. 그런데 신공량
도 거절하고 강조원의 집에 두는 것이 안전하다고 떠밀었다. 강조
원은 자기 집에 둘 수도 없다면서 차라리 북부예배당에 감추어두
자는 쪽으로 의견을 모았다. 이런 탓에 3월 1일 서울을 비롯한 지
방의 중요 각 도시에서 만세성이 하늘을 흔들고 있을 때 개성에
도착한 선언서는 3월 2일까지 예배당 지하의 어두운 석탄광 속에
파묻혀 있었다.[16] 이상에서 볼 때 개성은 3월 1일 반드시 독립을
선언하고 만세시위를 해야만 하는 여러 정황을 안고 있었음에도
구국독립의 강한 의지를 가지고 선두에 나설 지도력 있는 위인이
부재한 탓에 만세시위가 무작정 연기되고만 것이었다.

　3·1 운동에 관한 정보가 개성 만큼 빨리 전달된 곳도 그리 흔하
지 않다. 그럼에도 책임 회피적이고 의지가 나약한 개성 남자들로
인해 개성은 부끄러운 도시로 남을 상황에 처했던 것이다. 그러한
안타까운 정황 속에서 절대 독립의지를 가진 개성의 여성들이 자
발적으로 나서 적극적으로 애국적 행동을 발동했다. 그 결과 3월 3
일 아침부터 대한독립만세의 환호성이 개성 하늘을 흔들 수 있었
던 것이다.

　개성에 독립선언서가 당도해 있으나 배포할 사람이 없어 배포하
지 못하고 있음을 처음 안 개성 여성계 인물은 개성호수돈여자고
등보통학교 유치원 교사 권애라(權愛羅)였다. 그는 호수돈여학교 교
정에서 같은 학교의 서기인 신공량을 만나자 '서울에서 독립선언서
가 와 있는 것을 모르느냐'고 문의했고 신공량은 '부인은 관계하지
않는 것이 좋다'고 주의를 주고는 선언서 숨겨둔 곳을 말해주었다.
이에 권애라는 북부예배당 전도사인 어윤희에게 의논했고, 그는
'그처럼 선언서를 배부할 사람이 없으면 자기는 독립선언에 찬성하

16) 〈이만규 신문조서〉, 같은 책, 64쪽.

고 이를 배부하는 역할을 맡겠다'고 나섰다. 이에 권애라와 어윤희
가 함께 예배당에 갔으나 선언서를 찾을 수 없어 신공량에게 제발
선언서를 달라고 끈질기게 말했고, 3월 1일 오후 2시경 예배당 지
하실에서 비로소 선언서를 꺼내 받을 수 있었다.[17] 어윤희는 독립
선언서를 당당하게 팔에 걸고 개성 북본정(北本町)에서 남대문까지
그 사이의 통행인에게 배부했다고 한다.

  어윤희는 1877년 음력 6월 30일에 충청북도 충주군 서태면 덕근
리에서 어현중(魚玄仲)의 무남독녀로 태어났다. 9살까지 아버지에
게 한학을 배웠고 12살에는 어머니를 여의었으며, 16살에 결혼했으
나 남편이 결혼 3일 만에 동학 의병으로 나가 싸우다 전사하는 바
람에 청상과부가 되었다. 17살에는 아버지마저 세상을 떠나자 혈혈
단신의 외로운 여인이 되었다. 그는 새로운 삶을 개척하기로 마음
을 먹고 고향을 떠나 해주를 거쳐 개성에 안주했고, 32살이던 1910
년에 개성 북부교회의 교인이 되어 새로운 인생을 시작했다. 그는
교회생활을 통해 배움에 대한 강한 열망을 갖게 되어 34살의 나이
로 개성 미리흠여학교 기예과에 입학해 신학문을 접하게 되었다.
그리고 나라의 독립을 위해 몸을 아끼지 않겠다는 굳은 신념을 갖
게 되었다. 학교를 졸업한 뒤에는 외딴섬에 살고 있는 무지한 사람
들을 깨우쳐야 한다는 사명감과 신념을 가지고 주로 그런 곳을 찾
아 전도활동을 하면서 더불어 애국사상을 일깨웠다. 그의 이와 같
은 숭고한 삶은 개성인들의 흠앙을 받기에 족한 것이었다.[18]

  권애라는 독립선언서 배포의 중차대한 일을 어윤희라면 충분히
해낼 수 있다고 믿어 그에게 의논한 것이었으며, 그 결과 어윤희로
말미암아 3월 3일 오후 2시부터 개성의 만세시위운동이 비로소 개
시될 수 있었던 것이다. 어윤희는 3월 1일 독립선언서를 받은 뒤
대낮에 보따리 장사를 가장하고 이를 집집마다 돌리고 다녔다. 그

---

17) 같은 책, 65쪽.
18) 3·1 선도자찬하회편, 《久遠의 횃불》, 중앙여자중고등학교, 1971, 109~112쪽.

러자 기숙사 2층에서 그 대담한 행동을 바라보던 교사와 상급생들이 용기를 얻었고 사감 신관빈과 장님 전도부인 심명철도 따라나서 선언서를 집집마다 돌릴 수 있었다. 어윤희는 3월 2일에 예배를 마치고 귀가하자마자 체포되어 헌병대로 끌려갔으며, 심문을 받은 뒤에는 서울로 이송되어 2년의 징역형을 언도받고 서대문 감옥 8호 감방에서 옥중생활을 했다.[19] 3·1 운동을 사찰한 일제의 비밀기록에서는 개성의 3·1 만세시위를 다음과 같이 보고하고 있다.

> 개성 예수교 부속 호수돈여학교 생도 35명은 3일 오후 2시경부터 삼삼오오 대를 이루어 찬미가며 독립가를 부르며 만세를 고창하면서 시위운동을 개시함으로써 경찰서에 연행되어 설유를 받았다. 그러는 중 약 1천명의 군중이 몰려오므로 문전에서 막고 설유를 했지만도 용이히 응하지 않아 교장을 출두케 하여 설유케 한 바 생도들은 오늘의 거사는 깊이 각오한 바 있어 학교에 대하여는 이미 어제 퇴학계를 제출함으로써 학교와는 하등의 관계가 없는 고로 교섭에 응치 않아 서장과 군수의 간곡한 설유에 의하여 점차 학교로 귀환케 함.[20]

개성에서는 이를 필두로 오후 5시 30분경부터 15~16세 소년들의 만세시위가 있었고 해가 진 뒤에는 일단의 만세 군중이 12시까지 시위를 하고 파출소에 투석을 했다. 또 그 이튿날 4일 아침에는 한영서원의 전체 학생이 교정에 모여 만세를 외치며 독립가를 부르고 나팔을 불면서 시위운동을 개시했다. 이들 학생 150명은 오후 2시경이 되자 약 600명의 군중과 합세해 태극기를 흔들면서 만세시위운동을 했다.[21] 개성의 격렬한 만세시위는 주로 동지(同地)에 있는 철도원호대(鐵道援護隊)가 출동해 진압했다고 한다.[22] 시위 학

---

19) 같은 책, 113쪽.
20) 金正明(編), 《朝鮮獨立運動》 1, 東京 : 原書房, 32쪽.
21) 같은 책, 320쪽.
22) 국학자료원편, 《3·1 운동편》(1) ; 北野民夫 發行, 《現代史資料 朝鮮》, 東京 :

생 4명과 기타 8명이 검거되고 3시 30분이 되자 강제 해산되었다. 5일에도 오후 9시경부터 9시 40분경까지 폭력 시위가 있었으며, 주동 시위자 6명이 검거되고 순사보 1명이 부상을 당했다.[23] 개성의 민족지도자 어윤희의 용기에 찬 애국심이 없었다면 개성은 한국 근대민족운동사에서 참으로 부끄러운 도시가 되었을지도 모른다.

(2) 경남 만세시위의 효시를 이룬 일신여학교

부산의 만세시위는 3월 11일 밤 9시에 부산 일신(日新)여학교가 주동이 되어 비로소 개시되었다. 일신여학교의 용감한 만세의거는 경상남도 3·1 운동의 효시가 되었고, 이후 이 지역민들의 항일의식을 고양시키는 역할을 했다는 점에서 중요한 의미를 갖는다.

부산은 3·1 운동에 즈음해 일본·상해 등지에서 독립을 준비하던 민족 지도자들이 가만히 드나들었던 곳이므로 2·8 독립선언이나 국외의 민족 독립운동계의 움직임을 일찍이 접할 수 있는 도시였다. 그럼에도 3·1 운동에는 초두에 참여하지 못하고 있었다. 일신여학교의 만세의거가 일어나기까지 부산의 정황을 보면, 3월 2~3일경에 〈독립선언서〉가 부산과 마산에 배송되었고 또한 경성학생단(京城學生團)의 이름으로 서울의 학생대표가 내려와 부산상업학교와 동래고등보통학교 학생대표들에게 〈독립선언서〉를 전달하고 독립운동을 할 것을 종용했다.[24] 3월 7일에도 서울의 연희전문 학생이 내려와 동래고보 학생대표에게 〈독립선언서〉를 전달하고 만세의거를 권유했다.[25] 3월 10일경에는 동래고보를 졸업하고 경성고

미스즈, 1967, 92쪽.
23) 金正明(編), 앞의 책, 328쪽.
24) 독립운동사편찬위원회, 《독립운동사》 제3권 : 3·1 운동사(하), 독립유공자사업기금운영위원회, 1972, 179쪽.
25) 金正明(編), 앞의 책, 321, 324쪽.

등공업학교를 다니는 곽상훈(郭尙勳)이 〈독립선언서〉를 가지고 와서 독립의거를 거행할 것을 권유했다.[26] 이처럼 여러 차례 〈독립선언서〉가 전달되는 가운데 학생대표들은 3월 13일(장날)로 날을 정하고 3월 11~13일 사이에 의거 준비를 서둘렀다.

서울의 학생대표들이 이처럼 여러 차례 부산에 연락하면서 만세의거를 종용·권유했으나, 일신여학교에는 정식 연락이 없었다. 그런데 3월 11일 아침, 일찍이 학교 교정 소제를 하러 나갔던 4년생 김응수(金應守)가 교정에 전단이 많이 있는 것을 보고 얼른 그것을 주워다가 기숙사 주경애(朱敬愛) 선생에게 전했다. 당시 동래고보는 13일에 있을 시위 준비로 분주한 상태였지만 부산상업학교는 경찰의 주시로 인해 독립의거 준비가 중단된 상태였다. 그러나 일신여학교는 만세의거를 위해 부산상업학교와 비밀리에 연락을 하고 있었기 때문에 오히려 반드시 일을 성사시키고자 밤 사이에 전단을 교정에 던져 넣은 것이 아닌가 추측된다. 아무튼 일신여학교에서는 평소 강한 민족정신으로 학생들에게 많은 영향을 주었던 교사 주경애와 박시연(朴時淵)이 주축이 되어 고등과 학생 11명(김응수·송명진·김순이·김난출·박정수·김반수·심의순·김봉애·김복선·김신복·이명시)을 규합해 전단이 발견되기 이전부터 만세시위를 준비하고 있었다. 즉, 3월 10일에 11명 학생에게 벽장 속에 숨어 밤새 태극기를 만들게 한 것이다. 이와 관련해 일제 사찰기록은 다음과 같이 보고하고 있다.

부산진 소재 야소경영(耶蘇經營) 일진(신)여학교(日進[新]女學校) 선인여교사(鮮人女敎師) 임말이(林末伊) 외 생도 1명을 취조한 바 동교 교장인 캐나다인 여선교사 데이비스 및 조선인 여교사 주경애가 주가 되어 교원 일동에 대하여 '각지에서 독립운동을 개시하고 있으므로 우리 학교에서도 거행하자'고 협의하고 이를 생도에게 전하여 3

---

26) 독립운동사편찬위원회, 앞의 책, 183쪽.

월 10일 동교 고등과 생도 11명이 기숙사에서 구한국기 50개를 제작
이를 동교 기숙사 감독 맨지스에게 주었다고 하여 동인을 취조한 바
깃대 31본을 생도에게 제공했다는 자백을 받았다. 가택수색 결과 기
숙사 쪽에 있는 미곡 속에서 구한국기를 발견하고 또 기를 제작하는
데 쓰는 붓 등 여러 가지를 발견하여 압수했다.[27]

일신여학교에서는 애국의지가 굳은 교사는 물론 선교사와 학생
들도 일치해 만세거사를 준비했음을 알 수 있다. 이들은 마침내 3
월 11일 오후 9시에 준비한 태극기를 손에 들고 독립만세를 부르
며 기숙사 문을 뛰쳐나와 좌천동(佐川洞) 거리를 누비면서 만세시
위를 했다. 이때 거리의 대중들이 이에 힘입어 시위에 호응했고 시
위 군중은 삽시간에 수백 명이 되어 이는 2시간 동안 이어졌다. 그
러나 일군경의 대거 출동으로 시위는 더 이상 계속될 수 없었고,
학생들과 2명의 교사가 체포되었다. 이들은 심한 구타와 고문 속에
서 문초를 당했다. 문초 뒤 교사 주경애와 박시연은 징역 1년 6개
월을, 11명의 학생은 6개월을 언도받고 부산형무소에서 수감 생활
을 했다.[28]

일신여학교 여교사와 여학생들의 치밀하게 계획된 용감한 만세
시위의거는 경상남도 3·1 운동의 효시가 되었다는 점에서 3·1 운
동사에 중요한 의미를 지닌다. 그들은 옥중에서 모시실을 무릎에
비벼 뽑는 강제노동으로 무릎이 벗겨져 피가 나는 고통을 당했고
또 여인으로서는 감당하기 어려운 나체 검사를 받는 치욕을 겪었
으나 모두 이를 꿋꿋하게 이겨냈다. 용감하고 정의로운 이들 여성
들에 대한 일제의 핍박에는 일신여학교 학생들에게 겁을 줌으로써
더 이상의 독립 추구 행위를 하지 못하게 하려는 의도가 들어 있

---

27) 金正明(編), 앞의 책, 367쪽.
28) 독립운동사편찬위원회, 앞의 책, 181쪽. 3·1여성동지회 〈3·1 운동참가자 관
　　계자료〉로 제출한 김응수의 경험기록.

었으나, 오히려 학생들은 더욱 용기가 충전하여 4월 8일에는 부산 진 거리에서 3월 11일보다 더 큰 규모의 만세시위를 전개했다. 즉, 부산진공립보통학교 학생 김애련(金愛連)·김호봉(金浩鳳)·이갑이(李 甲伊) 등이 주동이 되고 일신여학교 학생 50여 명과 주민 수백 명 이 한 힘이 되어 좌천동 신작로에서 일대 만세시위를 벌였던 것이 다. 이날 의거를 주도한 5명이 검거되기는 했으나, 만세시위는 꺾 이지 않고 9일 10일로 계속되었다.[29] 부산 여성들의 이 같은 독립 구국 의지의 분출 결정과 그에 따른 행위는 여성이 주체적으로 그 사회를 이끌어가는 선도적 역할을 했음을 일깨워준다. 아울러 이러 한 일련의 행동은 여성들이 당당하게 평등한 국민의 의무를 수행 하고 또 역사적 주체가 될 수 있는 역량을 지녔음을 보여주는 것 이기도 하다.

4. 여성 3·1 운동의 역사적 의미

(1) 유교적 여성관의 극복

힘을 가진 정복자들에 의한 지배와 통치가 국가와 민족 멸망의 위기를 가져온다는 것은 너무나 자명한 일이다. 이를 극복하기 위 해 힘에 겨운 전란을 만날 경우 생명을 걸고 나라를 지키는 충의 의 행위들이 나타난다. 7년에 걸친 긴 전쟁을 겪었던 16세기 말엽 의 임진왜란에서 전국적으로 수많은 충의민이 역사의 한 장을 빛 낸 바 있다. 그 충의민 가운데 남자들은 무기를 들고 왜군을 격파 하다 전사하는 경우가 많았고 여성들은 논개나 계월향 등 특수층 여성을 제외하고는 왜군에게 몸을 더럽히지 않으려고 깊숙이 숨거

---

29) 독립운동사편찬위원회, 같의 책, 195쪽.

나 자결로서 저항했다. 순결을 위해 몸을 사른 여성들을 우리는 열녀라고 하여 그 행위와 정신을 기렸다. 그러나 오늘날의 인간 가치로 볼 때 열녀란 지극히 남성중심적이요 지배적인 가치관이다. 이수광(李睟光)의 《지봉유설(芝峰類說)》에 기록된 한 양반부인의 열녀적 발상의 죽음[30]은 오늘날 인간 가치의 관점에서 볼 때 실소를 금치 못하게 한다. 조선왕조의 유교적 열녀관은 죽음을 두려워하지 않는 강한 여성 의지를 키웠다는 점에서는 긍정적인 면이 없지 않으나, 남성 중심의 지배 질서를 지키기 위해 여성들에게 죽음을 강요한 것은 여성 인권에 대한 남성들의 철저한 유린이요 횡포라고 평가할 수 있다.

그런데 이와 같은 여성 차별적이고 억압적인 유교적 여성관을 벗어나 적극적 여성의식을 갖게 된 것은 바로 3·1 운동을 통해서이다. 이런 면에서 볼 때 3·1 운동은 한국 여성의 절대 해방을 스스로 가꾸어낸 중요한 역사적 의미를 지닌다. 3·1 운동의 주역 여성으로 일제 경찰이나 헌병에 체포되어 문초와 고문을 받는 과정에서 여성의 수치심과 자존심이 짓밟히는 성희롱과 성폭행의 경험을 갖지 않은 사람이 없다.

3월 29일 장날을 기해 3·1 만세시위를 한 황해도 안악군 동창포(東倉浦)에서는 만세를 부른 애국지사 50여 명이 검속되었다. 여기에는 앞장서서 만세를 부른 애국여성들도 포함되었다. 일본 헌병과 경찰은 유독 여성들에게는 나체로 심문과 고문을 받게 하는 만행을 저질렀다. 당시 이 광경을 목도한 서양 선교사들의 보고서에 의해 이 사실이 온 세상에 알려지게 되었다. 한 아이를 둔 31세의 과부가 만세를 부르다 일본 경찰에 검거되었다. 경찰은 멍이 들도록

---

30) 왜병에게 쫓기는 한 양반부인을 뱃사공이 위험하다고 생각해 손을 붙잡아 배에 태워 목숨을 구했는데, 배에 올라타고 안도하는 순간 외간 남자에게 자신의 손을 잡혀서 배에 탄 것은 이미 몸을 더럽힌 것이라 생각하고 스스로 강에 몸을 던져 죽었다는 이야기이다.

486

그녀의 얼굴을 때렸고 그녀의 속옷을 벗기려 했다. 거기에는 잡혀
온 남자들도 함께 있었다. 그녀가 속옷을 꼭 붙잡고 놓지 않자 경
찰은 나무삿대를 맨살과 옷 사이에 넣고 강제로 옷을 벗기고는 그
삿대로 그의 맨살을 마구 후려갈겼다. 한참을 때린 뒤 경찰들은 차
와 과자를 먹으면서 그녀를 희롱하다가 1시간 남짓 지나 옷을 입
게 하고 옆방으로 옮기도록 했다. 또 다른 경우로, 교양 있는 한
여교사가 끔찍하고 비열한 나체 고문을 당했다. 이 여교사는 4살된
아이가 있으며 또 임신 2~3개월 중이었지만 아이를 업은 채 만세
를 외쳤다. 그녀는 일경에 체포된 제자 표학순의 어머니를 위로차
방문하던 중 체포되었고, 경찰은 업은 아이를 내려놓고 강제로 연
행했으며 경찰서 문앞에 다다른 순간 발길로 여교사를 맹렬하게
걷어차 반쯤 실신 상태로 경찰서 안에 거꾸러지게 했다. 경찰의 무
수한 구둣발 세례를 받은 여교사는 체포된 남자들이 보는 앞에서
강제로 옷이 벗겨졌다. 왜경들은 그녀의 가슴을 구둣발로 차면서
'네가 아이들에게 반일감정을 불어넣었지' 하면서 때려죽이겠다고
악을 썼다. 나체의 여교사는 조금이라도 치부를 가리려고 몸을 구
부렸지만 그럴 때마다 왜경들은 똑바로 서 있으라며 더 많은 매를
쳤다. 취조실 남자들의 시선이라도 피해보려고 돌아서서 손으로 치
부를 가리면 그들은 남자들을 향해 똑바로 서라면서 여교사의 팔
을 뒤로 비틀어가며 계속 때렸고, 그녀는 고통과 수치심으로 의식
을 잃기 시작했다고 한다.[31]

위의 사례들은 서양 선교사들이 3·1 운동 당시 목격한 바를 기
록해 보고한 미국 상원의원 회의 제66차 의사록 가운데 기재되어
있는 사실들이다. 일제는 정절을 생명처럼 여기는 한국 여성의 정
신을 짓밟음으로써 한국인의 정신을 짓밟을 수 있다고 확신해 이
같은 천인공로할 만행을 서슴없이 저질렀던 것이다. 그러나 한국

---

31) 朴容玉, 《한국여성독립운동》, 한국독립운동사연구소, 1989, 76~79쪽.

여성은 이러한 모욕을 당하면 당할수록 용기백배의 애국열이 솟구칠 뿐, 수치스럽다거나 혹은 정절을 잃었다거나 하는 이유로 스스로 목숨을 끊어야 한다고는 생각하지 않았다.

일본경찰은 또한 여학생을 나체로 심문·취조할 때 거울을 세워놓고 고양이처럼 기어보라는 등의 몹쓸 희롱을 했다. 그 여학생은 수치를 참았다. 그리고 출옥한 뒤 나라를 위한 일이므로 얼마든지 참을 수 있었다고 했다. 이들 여성들은 이제 조선왕조 사회가 모든 여성들에게 열녀와 정절이라는 이름으로 철저히 남성에게 추종하도록 했던 낡은 시대의 여성가치관을 훌훌 털어버리고 희망의 새 시대를 향해가는 근대여성 지도자로서의 자질을 가꾸어간 것이라고 평가할 수 있다. 이처럼 여성들이 나라를 위한 평등한 국민된 의무를 수행할 자격을 갖추어간 것은 바로 3·1 운동을 통해서이며, 이러한 의식의 전환은 근대적 가치관을 지닌 종교와 교육의 힘에 의한 것이었다고 평가할 수 있다.

(2) 국민의식을 가진 여성상의 정립

3·1 운동을 통해 국내외의 한국인들에게는 민주공화정 의식이 크게 팽배했다. 그 결과 4월에는 중국 상해에 대한민국임시정부가 수립되었고, 이는 일제의 핍박을 받는 한국인들에게 새로운 희망을 주었다. 우리 역사상 최초의 민주공화정부에서 발표한 임시헌장에는 남녀노소 모든 국민이 평등함을 명문으로 밝혔다. 평등한 국민의식을 가지고 3·1 운동에 참여했던 여성들에게는 환희의 복음이었다. 그들은 새로 건국될 민주공화국을 위해 여성도 남자와 동등하게 일어나 참여해야 한다는 확고한 의지를 가지고 여성을 조직화하는 운동을 전개했다.

3월 중순 이후 여러 지역에서 비밀리에 애국부인회가 조직되고 활동에 들어갔다. 이러한 조직 활동은 크게 두 가지로 분류할 수 있는데, 하나는 여성들이 자발적으로 여성을 규합해 애국여성단체를 만들고 독립운동을 한 경우이며 또 하나는 독립운동에는 반드시 여성의 참여가 있어야 한다는 생각을 가진 남자들의 권유와 지도에 따라 여성단체를 조직하고 활동한 경우이다. 전자의 대표적인 예로 서울에 본부를 두고 전국적 규모로 항일애국활동을 했던 대한민국애국부인회와 평양을 중심으로 주로 북한 전역에 걸쳐 활동했던 애국부인회를 들 수 있다. 그리고 후자의 예로는 평안남도 순천을 중심으로 대한국민회와 연계해 활동한 대한국민회부인향촌회와 평안남도 강서에서 반석대한청년단(磐石大韓靑年團)의 권유와 지도로 조직·활동한 반석대한애국여자청년단 등을 들 수 있다.

대한민국애국부인회는 3월에 체포되었다가 8월에 가석방된 김마리아를 중심으로 활동이 미약했던 종전의 애국여성단체를 통합하고 재정비해 새롭게 출발한 단체이다. 종래의 애국부인회는 주로 군자금을 모아 임시정부에 송부하는 일을 했다. 그러나 새로 출발한 대한민국애국부인회[32]는 김마리아를 중심으로 임원과 회원이 정신여학교 교사와 출신자들을 주축으로 이루어진 강력한 조직체가 되었다. 이들은 일본과의 독립전쟁으로 절대 독립을 이루어야 한다는 의식을 가지고 조직을 정비했다. 그러므로 결사장과 적십자장이라는 새로운 기구를 두고 그 책임자를 두 명씩 임명했다. 3·1 운동 이후 조국광복과 민족의 영원한 자유를 위해 일본과 독립전쟁을 수행하는 것은 당시 민족지도자들의 최대의 독립방략이요 이념이었다. 대한민국애국부인회는 바로 이 방략과 이념을 평등한 국민의 의무로써 참여·수행하겠다는 의지를 가지고 활동했던 것이다. 그러므로 그들은 선언문에서도 독립운동의 평등한 참여를 당위적인 것으로 내세웠으며, 본부와 지부 규칙에서는 '국헌 확장'과 '국민된 의무'로 여성이 항일운동에 참여함을 밝혔다. 이는 남녀평등의 국

---

32) 朴容玉, 《한국근대여성운동사연구》, 한국정신문화연구원, 1983, 174~181쪽 참조.

민국가의식이 기초가 된 것이며 민주시민정신을 독립운동을 통해 구현하려는 것이었다.

평양에 본부를 둔 대한애국부인회[33]는 1919년 6월 무렵 기독교 감리교부인회와 장로교부인회가 서로 연락한 일이 없음에도 각각 같은 목적의 애국부인회 조직 운동을 하고 있음을 알고 8월에 서로 통합한 것으로, 이로써 대규모의 조직을 갖추게 되었다. 활동 초에 한영신은 장로교측 부인들을 교회에서 궐기하게끔 규합하면서 부인도 남자와 마찬가지로 조선독립을 위해 노력해야 함을 다음과 같이 강조했다.

> 금일의 시세는 남자에게만 독립운동을 맡기고 부인이라 해서 공수방관(拱手傍觀)함은 동포 의무에 어긋날 뿐만 아니라 남자에 대해서도 수치이다. 그런고로 우리 부인은 애국부인회를 조직하여 조선독립을 위하여 노력해야 한다.[34]

이는 여자도 동포의 한 구성원이므로 남자와 평등한 국민 의무를 수행해야 한다는 의지의 표현인 것이다.

임시정부 선언문에서는 '…… 민국 원년 3월 1일 아대한(我大韓) 민족이 독립선언함으로부터 남과 여와 노와 소와 모든 계급과 모든 종파를 물론하고 일치코 단결하여……'[35]라는 국민평등론을 제시했다. 이러한 자유와 평등의 정신은 1919년 9월 11일에 발표된 대한민국임시헌법 제1장 2조와 4조에 각각 '대한민국의 주권은 대한민국 전체에 있다', '대한민국의 인민은 일체 평등하다'[36]라고 천명되었다. 민주주의 이념은 3·1 운동을 통해 성숙해졌고 자유와 평등이 조화된 평등 논리는 임시정부 헌법 이념의 주축을 이루었다.

---

33) 같은 책, 181~187쪽.
34) 金正明(編), 앞의 책, 463쪽 ; 《東亞日報》, 1921년 2월 27일자.
35) 국사편찬위원회편, 《한국독립운동사 : 자료 임정편》 2, 1971, 2쪽.
36) 같은 책, 11~12쪽.

그리고 이 이념이 곧 민주주의 정신으로 대한민국임시정부는 평등한 권리와 의무를 갖는 국민의 정부였다. 아울러 임시정부를 지지하고 후원하는 여성항일운동은 평등한 여성 권리를 획득하려는 운동이었다.

5. 닫는 글

이상에서 3·1 운동을 통한 여성의 역할과 그 역사적 의의를 검토했다. 조선왕조 500년 동안 '여성은 낮추어져야 한다'는 유교적 가치관으로 인해 여성의 사회적 기능이나 역사적 역할은 남자의 그것과는 철저하게 차별되었다. 여성은 무조건 남자를 위해 희생을 해야 했으며, 열녀라는 명분으로 그 희생은 더욱 조장되었다. 물론 여성의 열녀 행위가 조선왕조 유교사회를 지탱하는 중요한 역할을 했음은 부인할 수 없으나, 여성의 개체 인격의 존재라는 면에서는 반드시 타파되어야 하는 낡은 시대의 가치인 것이다. 19세기 말에서 20세기 초를 거치며 외세, 특히 일제의 침략 강도가 높아지는 과정에서, 여성의 인격이 유교적 가치관의 범주에 머물러 있어서는 결코 국망의 위기를 극복할 수 없다는 의식의 전환이 일기 시작했다. 이 같은 의식의 전환 과정에서 여성도 남성과 평등하게 구국항일운동에 동참해야 한다는 생각이 확대되었고 여성들의 활동이 늘어나게 되었다.

3·1 운동을 준비하는 단계에서 역사적으로 그 가치를 인정할 만한 여성들의 활동이 있었음은 실로 주목할 일이다. 만주 길림에서 한국 여성 지도자 8인의 이름으로 대한의 독립을 선언한 〈대한독립여자선언서〉가 3·1 운동 이전에 작성·반포되고 그 선언서가 미주 한인 여성독립운동의 정신적 기반이 되었다는 것은 실로 높이 평가하지 않을 수 없다.

1919년의 3·1 운동은 여성들로 하여금 평등한 국민이라는 확고한 의지를 갖게 했고, 여성들의 역할은 3·1 운동 준비 단계부터 적극성을 보였다. 남자들만이 중심이 되어 추진되었던 1919년 2·8 독립선언에 동경여자유학생들은 자진해 운동자금을 내고 만세시위에 참여했다. 그러나 그들의 참여에는 역시 한계성이 있었다. 그것이 아무리 적극적이었더라도 남성 중심 운동의 보조적 활동에 지나지 않았던 것이다.

김마리아와 황에스터 같은 여성계 지도자들은 남성들과 연계하되 여성들도 독자적으로 항일독립운동을 준비하고 이끌어야 한다는 강한 의지를 가지고 비밀리에 귀국해 활동을 했다. 그들은 거국적인 항일민족운동에 만일 여성들이 적극적으로 참여를 하지 않는다면 새 독립국가가 건설된 뒤에도 역시 남성에 추종하는 삶을 면할 수 없다는 생각으로 여성들의 궐기를 격려했고, 또한 국내 민족지도자들을 찾아 독립의 때가 왔음을 알리는 전령이 되었다. 그리고 항일여성 독립운동을 구원의 운동으로 하기 위한 준비로서 지도적 지식 여성들을 규합해 항일여성단체를 조직하는 일에 착수했다. 이 일은 이화학당에 모여 그 준비에 들어갔으나, 3월 6일에 김마리아 등 여성계 대표들이 체포됨으로써 성공하지는 못했다. 그러나 그들과 같은 정신을 가진 여성들의 수는 놀라울 만큼 많아서 크고 작은 항일여성단체들이 3·1 운동이 일어나고 있는 가운데 조직되고 활동에 들어갔다.

이들의 활동은 3·1 운동에 나타났던 용기 있고 위대한 여성들의 절대 독립의지의 토대 위에서 가능한 것이었다고 생각한다. 만세시위를 하는 대중의 절반은 으레 여자였으며, 두려움 때문에 남자들도 만세시위를 이끌어내지 못했던 개성 등의 지역에서는 여성들이 선두적 역할을 했다. 물론 남자의 지도적 수에는 아직 미치지 못했으나, 이것이 갖는 의미는 실로 큰 것이었다. 3·1 운동을 통해 바야흐로 유교적 여성가치관과 결별할 수 있게 되는 역사적 계기가 이루어졌던 것이다. 이것이 한국 여성근대사에서 3·1 운동이 갖는 높은 의미인 것이다.

김마리아와 황에스터 등의 여성계 지도자들이 8월에 가석방되면서 항일여성운동계는 일대 발전을 이루었다. 그들은 규모를 확대하고 평등한 민주국민이라는 확고한 신념으로 대한민국애국부인회운동을 확대·발전시켜갔으며 그들의 활동은 국내외에서 호응을 받았다. 그들은 절대 독립을 위해 여성들이 남성과 똑같은 평등한 국민 자격으로 참여해야 한다는 것을 항일여성운동의 이념으로 삼았다.

1919년 4월에 설립된 대한민국임시정부는 여성들에게 평등 국민 실현이라는 굳건한 믿음을 주었다. 여성들도 '국헌을 확장'하고 '국민 된 의무'를 수행하는 평등한 민주공화정의 국민이라는 자부심을 주었던 것이다. 그러므로 그들은 죽음을 불사하고 활동할 수 있었다.

여성의 용기와 자발적인 참여는 3·1 운동을 더욱 불붙게 했으며, 우리 사회도 민족적인 여성 지도자를 요구하고 수용하게 되었다. 3·1 운동을 통한 여성들의 적극적인 참여와 활동은 온 민족이 절대 평등한 민주국민국가를 건설한다는 역사적 비전에 대한 자신을 통해 가능했던 것이라고 생각된다.

제13장 1920~1930년대
항일여성 의열·무장투쟁

1. 여는 글

일제의 강점에 저항했던 항일여성 독립운동은 1905년 이래 다양
하게 추진되었다. 때로는 구국적 여성교육운동으로 또 때로는 민족
경제 진흥운동으로 추진되기도 했다. 특히 1907년의 국채보상운동
에 대한 여성의 적극적 참여와 1919년 3·1 만세시위운동에 참여한
활약은 한국여성사에 새로운 지평을 열었다. 또한 1920~1930년대
의 항일여성운동은 3·1 운동 이전에 추진된 모든 여성운동을 총체
화하고 그 여성운동의 기반 위에서 항일여성 무장투쟁을 감행하게
했다. 그러나 한국근현대사 연구 가운데 항일여성 무장투쟁에 관한
연구가 별로 이루어지지 못하고 있었다. 그 이유로는, 먼저 항일무
장·의열투쟁을 감행한 여성의 수가 남자에 비해 극히 적었으므로
그에 관한 자료가 충분하지 못한 점을 들 수 있다. 둘째로 연구의
제약 요인들로 인해 그렇다 할 성과를 거둘 수 없기도 했다. 1920
년대 민족주의 운동계의 항일여성 무장투쟁은 주로 소수 여성에

의해 의열투쟁 형태로 감행된 데 반해 1930년대는 만주 지역에 거주하는 조선족 여성들의 비교적 다수가 중국공산당에 가입, 중공당 조직을 통해 치열한 항일전투에 가담했다. 그런데 후자에 대해서는 그 동안 여러 가지 사정으로 인해 국내에서 거의 연구가 이루어지지 못했다.[1]

이 장은 항일여성 무장투쟁의 양상과 규모 및 그 성격 등을 검토함으로써 이 분야에 대한 새로운 관심을 불러일으키고 한국 독립운동사에서 여성의 역사적 위상을 재검토하려는 데 목적이 있다. 그러므로 여기서는 먼저 항일여성 독립운동사의 이해를 돕기 위한 작업으로서 1920~1930년대의 항일여성 독립운동의 조류를 논하고 이어서 민족주의계와 사회주의계 항일여성투쟁을 각각 살펴봄으로써 항일여성 무장·의열투쟁의 양상과 역사적 의의를 논하고자 한다.

2. 1920~1930년대 항일여성 독립운동의 조류

1920년대 이후 항일여성 독립운동의 가장 큰 특징은 항일 무장투쟁에 대한 다양한 참여라고 할 수 있다. 항일여성 무장투쟁의 전통은 이미 한말 의병운동에서 찾을 수 있다. 전통적으로 전쟁 수행은 주로 남자의 일이며 몫이었다. 유교적 가치관을 중시했던 조선조의 경우 부녀들은 수절을 바로 충군애국의 최고 가치로 여겼기 때문에 임진왜란이나 병자호란과 같은 대전란에서 몸을 지키기 위해 자결도 서슴지 않았다. 그러나 이 같은 유교적 순절 가치는 일제 침략으로 인한 국망의 절박성을 맞게 된 한말에 이르자 적극적 투쟁 참가의 양상으로 바뀌게 되었다. 가령 부인의병단을 조직해

---

1) 이에 관한 국내 연구로는 朴容玉, 〈1930年代 滿洲地域抗日女戰士研究－30女戰士의 傳記들을 중심으로〉(《教育研究》 29, 誠信女大 教育問題研究所, 1995)가 있다.

활약한 것을 들 수 있겠다.[2] 하지만 한말 의병투쟁에는 근대적 국
가로의 지향성이 강하지 못했기 때문에 여성의 의병투쟁 참여 범
위는 제한될 수밖에 없었다.

그러나 1920년대 이후 항일투쟁의 지향점은 만인이 평등한 의무
와 권리를 누릴 수 있는 평등사회를 원칙으로 하는 민주국가의 수
립이었다. 1919년 4월, 민족적 염원과 신념을 응집해 수립한 상해
의 대한민국 임시정부는 우리의 새로운 독립국이 민주공화정임을
분명하게 보여준 것이었다. 이 때문에 임시정부에 대한 국내외의
민족적 지원이 열렬했다. 여성계에서는 교사·학생·간호원 및 기독
교인 등의 지식 여성층을 중심으로 비밀단체를 조직해 각계각층의
여성으로 하여금 참여하게 했다. 그 결과 서울 중심의 대한민국애
국부인회와 평양 중심의 대한애국부인회가 거국적 규모로 조직되
고 활동에 들어갔다.[3] 이 조직들은 항일 무장투쟁을 담당할 체제를
갖추었으며, 그 때문에 결사부와 적십자부의 기능이 가장 강조되었
다. 이 밖에도 부인관찰단·대한독립부인청년단·결백단 등의 항일여
성단체들이 조직되었다. 이들 국내의 여성들은 그 활약이 고조되던
1920년을 전후해 거개가 일제의 사찰로 검거되고 중심 관계자들은
피검·투옥되는 심한 탄압을 겪었다. 이후 항일여성운동은 임정 요
원으로서의 활동으로 이루어지기도 했고, 또한 일제를 두렵게 하는
중요한 식민지 통치 건물에 대한 폭탄 투척 같은 의열활동과 부호
를 위협해 군자금을 강제 징수하고 임시정부에 전달하는 등의 독
립군으로서의 활약으로 이루어지기도 했다.

1920년대 한민족의 현실적 생활은 일제의 극심한 경제적 수탈로
인해 기아선상을 헤매는 비참함을 면하지 못하고 있었다. 도시에서
는 저임금과 과노동으로 노동자는 인간의 최저생활도 유지하기 어

---

2) 朴容玉, 《韓國近代女性運動史硏究》, 第6章〈女子義兵團의 組織과 活動〉, 148∼
　　156쪽 ; 朴漢高(編著), 《畏堂先生三世錄》, 江原日報社, 1983, 253∼304쪽 참조.
3) 朴容玉, 같은 책, 171∼188쪽.

려웠으며, 농촌에서는 고율의 소작료로 인해 역시 굶주림을 벗어날 수 없었다. 국내외 한민족의 희망이던 임시정부도 이들에게 일제의 경제적 식민지 착취로부터의 해방이라는 밝은 미래를 선명하고 구체적으로 제시하지는 못하고 있었다. 피식민지 사회의 이 같은 비참한 상황은 세계의 공통된 현상이었다. 그러므로 제국주의적 침탈에서 벗어나 경제적 평등을 누릴 수 있음을 제시하는 사회주의적 내지 공산주의적 인민해방론은 피식민지 민족에게 새로운 자극이 되지 않을 수 없었다. 새 이념에 입각한 투쟁자들은 드디어 반제국·반봉건을 외치면서 그 세력을 확장해갔다. 이러한 사상이 국내에 유입·전파된 것은 1920년대 초부터이며, 일본의 일부 유학생과 상해의 일부 민족지도자를 중심으로 그 세력을 확대하게 되었다.

사회주의사상 내지 공산주의사상은 항일여성민족운동계에도 적지 않은 영향을 미쳤다. 1924년 5월, 우리 나라 최초로 사회주의적 여성해방론을 주장하는 여성단체인 조선여성동우회가 출범되었다. 여성동우회는 선언문에서 보편적인 사회주의적 여성해방사상으로서 '가정, 임금, 성의 노예론'과 '교육의 거절 및 모성의 파괴론'을 제시하고 한국적 특수성으로서 '동양풍 도덕의 질곡'으로부터의 해방을 제시했다. 그러나 출범의 거보를 내딛으려 했던 여성동우회는 전혀 대중적 지지를 받지 못한 탓에 초라한 발회식을 했을 뿐이었다.[4] 이렇게 초라하게 출발한 사회주의계 여성단체는 이후 분열과 이합집산을 거듭하다가, 국내외에서 민족유일당운동이 추진되는 가운데 1926년 12월 25일 중앙여자청년동맹으로 재통합되어 근우회(槿友會)의 본부와 경성지부(京城支部)에서 한때 헤게모니를 장악했다. 그러나 70개에 가까운 지회에서 그들이 펼친 활약은 미진했다. 그 이유는 이들이 코민테른의 지시에 따르면서 자신의 세력을 부식·

4) 朴容玉, 〈1920年代 韓國女性團體運動〉, 《韓國近代女性硏究》, 淑大亞細亞女性硏究所, 1987, 252~257쪽; 趙京美, 〈1920年代 社會主義 女性團體에 관한 硏究〉, 《韓國學硏究》 2, 淑大韓國學硏究所, 1992, 67~73쪽.

확장하는 데만 노력했을 뿐 대일항전(對日抗戰)이나 투쟁 면에서는
미약했기 때문이다. 사회주의계 여성들의 적극적 항일 무장투쟁은
동만특위(東滿特委)의 지도로 행해진 1931년의 추수(秋收)투쟁과
1932년의 춘황(春荒)투쟁 이후부터 시작되었다고 하겠으며, 1932~
1933년에 걸쳐 만주 지역에 거주하는 다수의 조선족 여성들이 중
국공산당에 가입함으로써 공산주의적 여성항일혁명으로서의 자리
를 굳히게 되었다.

3. 민족주의계 항일여성 의열·무장투쟁

항일독립전쟁의 준비와 수행에서 가장 어려운 점은 자금의 조달
이었다. 우리가 통상 독립자금을 군자금이라고 일컫는 것은 독립운
동이 곧 독립전쟁이었기 때문이다. 군자금의 조달은 국내 항일 비
밀 단체원들의 회비와 특별자금 마련을 통하는 경우와 비상수단을
통하는 경우가 있었다. 후자의 경우는 주로 국내 부호들을 무력으
로 위협하는 어렵고도 위험한 과정을 겪어야 했다. 이는 직접적인
무력투쟁은 아니지만 무력을 동원하고 있는 점과 그 행위의 목적
이 독립전쟁에 있는 점으로 볼 때 무장투쟁의 범주에 속하는 것으
로 보아야 할 것이다. 이렇게 군자금을 모으는 데는 왜경의 눈을
피하기 위해 흔히 여성이 동원되었다.

평양 감리교 부인전도사 유택보(兪宅寶, 당시 32세)는 임시정부요
원[尹宗楨]과 함께 1919년 9월에 평양을 떠나 황해도·경기도 각지
를 거쳐 충청남도에서 군자금을 모으기 위한 특수활동을 했다. 그
녀는 온양과 공주의 부호를 위협해 군자금을 받아내려고 했으나
모두 실패했다. 이에 왜경에게 체포되기 직전 서울로 도망해 또다
시 계획을 꾸미던 중 또 다른 임시정부 재무원들[韓泰國·徐炳哲]과
연락이 닿게 되었다. 유택보는 이들의 부탁을 받고 다시 충청남도

서산군으로 가서 부호 박준용(朴準用)을 협박해 1,000원을 제공하겠
다는 약속을 받고 그 가운데 200원을 먼저 받았다. 이어서 서산군
안면도(安眠島)에서 4~5명의 인사로부터 260원의 군자금을 모으고
동지를 규합했으며, 안면도에 결사단(決死團)을 조직함으로써 항일
독립운동과 군자금을 모으는 원천을 구축했다.[5]

동경 앵정여숙(櫻井女塾) 학생으로 임정 후원 비밀단체인 구국단
(救國團)에 가입해 열렬한 항일운동을 행한 박정식(朴貞植)은 상해
임정 요원으로서 군자금 모집의 중차대한 임무를 띠고 국내에 잠
입했다. 그는 항일독립사상이 투철한 전 군수 정연호(鄭演琥)와 연
락하고 군자금을 모집해 임정에 보냈으며, 군자금 모집을 더 적극
적으로 하기 위해서 오백동(吳伯東)의 결의단에 가입했다. 그러나
1920년 3월에 이곳에서 활동하던 중 체포되었다.[6]

항일독립전쟁에는 군자금과 더불어 군용 약품도 절대적으로 필
요했다. 그러나 이를 조달할 길이 용이하지 않았다. 다음은 간도
애국부인회에 광복군용 약을 보내줄 것을 애소하는 서한을 요약한
것이다.

우리 광복사업에 대한 해내외 부인들의 열혈이 남자 이상임은 우
리 형제자매는 물론 멀리 구미에서도 공인된 바이다. 또한 간도에서
의 귀회의 모험적 활동의 결과 열혈을 쏟는 금전(군자금을 말함)을
수집한 일은 본회에서 이미 알고 있는 바이다. 그 수집된 군자금은
모 방면에서 가장 유효하게 쓰이고 있다고 듣고 있어 감읍하는 바이
다. 그러나 목하 간도 여러 면에서 준비 중인 의약이 전혀 결핍하여
우리 독립군이 심한 고통을 당하고 있다.…… 귀회에서는 그 적립금
전부를 의약에 투입하여 아군의 고통을 구한다면 실로 막대한 대사
업이 될 것이다.[7]

---

5) 金正明(編), 《朝鮮獨立運動》 2, 東京 : 原書房, 昭和42 : 1967, 65~66쪽.
6) 같은 책 1, 分冊, 563~564쪽.
7) 같은 책 3, 326쪽.

위의 서한을 보면 독립군 군자금을 현금이나 의약품 같은 전쟁 필수품의 형태로 투입해줄 것을 국내외 여성들에게 갈망하고 있었 다는 것과 아울러 여성의 지원이 얼마나 컸는가를 알 수 있다. 이 름이 밝혀지지 않은 수많은 여성들의 군자금 지원과 군자금을 모 으기 위한 생명의 위험을 무릅쓴 활동은 그 자체가 바로 독립전쟁 에 대한 여성참여의 한 양상인 것이다.

다음은 여성들의 의열투쟁에의 직접적인 참가를 살펴보도록 하 겠다. 의열투쟁은 투철한 신념을 가진 남자라도 수행하기 어려운 활동이다. 통상적으로 연약한 여성으로만 인식되었던 여성들이 이 러한 의열활동에까지 참여했음은 주목하지 않을 수가 없다. 의열투 쟁의 방법으로는 폭탄 투척·암살·저격 등이 있는데, 소기의 목적을 달성하기 위해서는 실로 목숨을 두려워하지 않는 담력을 지녀야 한다. 여성의 의열투쟁에는 특수조직 속에서 남자들과 함께 수행하 는 경우와 여성 단독으로 수행하는 경우가 있으며, 또 이들을 위해 통신연락과 침식 등의 편의를 제공함으로써 참가하는 경우가 있다.

평양 진명여학교 교장을 지냈고, 뒷날 근우회 전국회장을 역임한 조신성(趙信聖)은 투철한 항일정신을 가지고 의열투쟁을 수행한 대 표적인 여성이다.[8] 민족주의 여성교육자였던 그는 3·1 만세시위 등 항일독립투쟁에 직접 가담하기 위해 1918년에 교장직을 스스로 물 러났으며, 이후에는 적극적인 항일 의열투쟁에 참여하게 되었다. 1920년 11월 무렵 그는 중국과 접경 지역인 평안도의 영원(寧遠)· 덕천(德川)·맹산(孟山) 지방에서 다수의 청년을 규합해 중국 관전현 (寬甸縣)에서 조직·활약하던 대한독립청년단연합회와 연계하여 다 이나마이트·도화선·뇌관(雷管) 각 13개와 권총·인쇄기 및 활자 1만 2,000개 등을 사들여 산세가 험한 맹산(孟山) 선유봉(仙遊峰) 호랑 이굴에 감추어놓고 의열 독립투쟁을 전개했다.

---

8) 朴容玉, 〈趙信聖의 民族運動과 義烈活動〉,《吳世昌敎授 華甲紀念論叢》, 1995 참조.

그는 사형선고문을 인쇄해 일본 관헌과 반민족적 친일파들에게 때로는 우편물로 보내기도 하고 때로는 직접 찾아가 건네기도 했다. 이것은 심리적 압박을 주기 위한 일종의 협박 방법으로 사형선고문을 받은 사람은 생명의 위협을 느끼고 두려워하며 군자금을 내놓기도 했다.

조신성은 1920년 11월, 대한독립단 평안남도 총무〔金瑋奎〕등 2명을 데리고 맹산군(孟山郡) 지덕면(智德面)의 안국정(安國鼎)의 집에 가서 면장〔方任〕등 3명을 불러놓고 '조선은 반드시 독립할 것이니 독립의 목적이 달할 때까지 독립운동을 하라'고 권유했으며, 다시 영원을 향해가는 도중에 왜경 3명으로부터 불심검문을 받게 되었다. 그때 그녀는 무장한 경관을 껴안고 길에서 뒹굴어 두 청년을 무사히 도망가게 했으며, 칼을 뽑아내려는 경찰의 손을 치고 자신이 먼저 그 칼을 빼내어 논바닥에 내동댕이쳤다. 그는 또 독립청년단 청년을 시켜 우체부를 습격하게 하여 일금 5,000원을 빼앗아 군자금으로 임시정부에 보냈으며, 일본인과 반민족적 친일인을 총살하기도 하고 뭇매를 치기도 했다. 또한 독립운동의 적수인 한국인 순사를 설득해 의열투쟁에 참여하게 했다. 즉, 나신택(羅信澤)이라는 한인 순사가 '여자가 무슨 독립운동을 하느냐'면서 빈정대자 크게 노해 '나는 여자로서 독립운동에 힘을 쏟고 있는데, 그대는 남자로서 일본순사 노릇만 하느냐'고 나무랐다. 그의 말에 감동을 받은 나신택 순사는 예준기·나병삼·이운서 등과 영원경찰서를 습격해 무기를 빼앗고 한인 순사 박의창(朴義昌)을 총살했으며, 나병삼으로 하여금 공금 600원을 받아 임시정부에 군자금으로 송금하도록 하는 의거를 행했다.[9]

다음으로 안경신(安敬信)의 의열투쟁을 살펴보자. 안경신은 평양중심의 대한애국부인회 강서지부의 재무원으로 활동하다가 동지들

---

9)《獨立新聞》, 1921년 1월 15일, 3월 26일, 12월 6일 ;《東亞日報》, 1921년 10월 21일자 ; 朴容玉, 같은 글 참조.

이 모두 왜경에 체포되자 상해로 망명해 그곳에서 독립운동을 했다.[10] 그는 서로군정서(西路軍政署) 요원 황병무(黃炳武)와 애국동지 장덕진(張德震) 등 5명이 평양경찰서 폭파를 함께 거행할 것을 권유하자 쾌히 응했다. 안경신은 그들과 더불어 폭탄 및 권총을 준비하고 1920년 5월에 상해를 출발해 안주로 왔다. 그런데 안주 지방에서 일경에 체포될 급박한 위기에 놓이자 안경신은 자신의 권총을 뽑아 일본인 경부(宮藤)를 사살했다. 그 해 8월 1일에는 동행한 동지들과 대동군(大同郡) 박치은(朴致恩)의 집으로 피신하고 거사일을 8월 3일로 잡았다. 안경신과 그 일행은 동그란 폭발탄 한 개씩을 들고 야시(夜市)가 열린 평양시내로 들어갔으며, 밤 11시 무렵에 평안남도 도청 제3부 신축건물인 평남경찰부에 이를 투탄했다. 굉음이 평양의 밤거리를 뒤흔들었다. 그때 안경신도 화승에 불을 붙였으나 불이 붙지 않았고 평안남도 부청에도 투탄했으나 역시 촉촉히 내린 비를 맞아 불발되었다. 그는 곧 몸을 피하고는 동지들의 집을 옮겨가면서 거사 계획을 다시 세우고 있었는데, 그러던 중 1921년 3월 20일에 그의 행동이 발각되어 체포되었다. 그는 평양지방법원 검사국에서 사형을 언도받았다.[11] 이에 상해 임정의 경무국장인 김구와 장덕진(張德震)이 다음과 같은 투서를 보내 공소판결에서 징역 10년으로 감형되었다.

평남도부 폭탄사건은 임정의 특병으로 광복군사령장의 지휘 하에 결사대장 장덕진이 동지 수 명과 투탄 폭파케 한 것이지 안경신은 관계가 없으니 방면하라.

이상에서 논한 항일여성 의열·무장투쟁인들은 모두가 근대교육

---

10) 李炫熙,〈安敬信의 義烈鬪爭〉,《韓國學研究》2, 淑大韓國學研究所, 235~268쪽 참조.
11)《東亞日報》, 1921년 6월 13일자.

502

을 받고 기독교 신앙을 가진 여성들이었다. 그러나 이제 소개하려는 남자현(南慈賢)은 이들과는 달리 경상도 유림가의 여성이었다. 그는 전통적인 유교 교육을 받았으며, 그의 남편은 을미의병에 참여했다가 일본군에 의해 전사했다. 그녀는 남편의 원수를 갚기 위해 일본군에 대한 강한 적개심을 품은 채 3대독자를 기르고 있었다. 그는 3·1 만세시위가 온 강산을 뒤흔들고 있던 1919년 3월 9일 아침에 간단히 짐을 챙기고 만주로 망명해 서로군정서 여자대원으로 활약했다. 그는 만주 일대에서 여성의 독립의식을 키우기 위해 여자교육회 10여 개를 조직하고 독립군자금을 모집하는 데 진력했다. 또 독립운동가끼리의 알력을 조정하고 김동삼(金東三)·안창호(安昌浩) 등의 옥바라지를 하면서 독립운동에 열정을 기울였다. 일제의 대륙침략이 강화되던 1932년 9월, 국제연맹조사단이 하얼빈에 도착했을 때 그는 왼쪽 무명지의 두 마디를 잘라 흐르는 피로 〈한국독립원(韓國獨立願)〉이라는 혈서를 쓰고 자신의 잘린 손가락을 거기에 싸서 조사단에 보냈다.

　남편의 원수를 갚는 것이 그에게는 곧 나라의 원수를 갚는 것이었다. 그는 마침내 남편의 원수를 갚아 나라에 충성하고자 단독으로 행동을 실행했다. 즉, 1933년 일본대사 무토 노부요시(武藤信義)를 격살하고자 폭탄과 권총을 구한 뒤 몸에는 남편의 옷을 감고 중국 걸인 노파로 변장하고는 단신으로 신경(新京, 지금의 장춘[長春])에 잠입하려고 했다. 그러나 불행히도 그는 하얼빈 교외에서 왜경에게 체포되고말았다. 그때 그의 나이는 이미 60이 넘었다. 그는 왜경으로부터 여섯 달에 걸친 혹형을 받았다. 그 해 8월부터 단식으로 항쟁을 하던 그는 '독립은 정신으로 이루어지느니라'라는 유언을 남기고 마침내 장렬히 순국했다.[12]

---

12) 《獨立血史》 제2권, 124~127쪽 ; 朴永錫, 〈南慈縣의 民族獨立運動〉, 《韓國學研究》 2, 淑大韓國學研究所, 217~223쪽 참조.

4. 사회주의계 항일여성 무장투쟁

연변(延邊)인민출판사에서 간행된 《항일여투사들》[13]에는 항일 무장투쟁을 한 20명의 조선족 여성들의 빛나는 행적들이 소개되어 있는데, 집필자는 각 투사들의 항일열전 말미에 명시되어 있으나 자료의 제시가 전혀 되어 있지 않아 자료 활용의 신빙성 등에서 아쉬운 점이 있다. 그러나 사회주의계 내지 공산주의계 여성들의 항일 무장투쟁의 정신과 양상을 알아보기에는 충분하다고 생각되어 이 자료를 중심으로 그들의 무장투쟁을 살펴보고자 한다.

공산주의계 한국인의 항일 무장투쟁은 1930년 이후 주로 만주에서 행해졌다. 먼저 이해를 돕기 위해 만주 공산주의계의 항일 무장투쟁 격화 및 진전 경위를 간략히 설명하고자 한다. 1930년의 간도 5·30 폭동과 8·1 폭동에서는 무장대가 형성되었는데, 이는 다시 노농유격대와 적위대로 발전했으며 그 주력은 조선족들이었다. 당시 한인 공산주의자들은 국내외에서 내부의 파벌과 파쟁이 심했다. 1928년에는 코민테른의 일국일당(一國一黨) 원칙의 지시에 따라[14] 만주에 있는 조선족 공산주의자들 가운데 다수인이 중국공산당에 가입하게 되었다. 1933년 1월에는 조선공산당의 만주조직이 중국공산당 만주성위원회(滿洲省委員會)에 흡수되면서 만주성위의 군사조직으로 동북인민혁명군이 성립되었는데, 그 사령관은 중국인이었으나 그 제1군은 조선족이 중심이 된 반석중심현위(盤石中心縣委)와 조선족 이홍광(李紅光)이 조직한 공산게릴라였다. 1935년 11월, 동북인민혁명군은 코민테른에서 채택된 '인민전선·전술'과 이에 따른 중공당의 '8·1 지시'에 의거해 다른 계열의 항일무장세력과 연합하여 동북항일연군(東北抗日聯軍)으로 개편되었다. 그런데 인민혁명군의 강령이나 항일연군의 조직 조례에는 '항일반만(抗日反滿), 동북(東北)

---

13) 연변조선족 자치주부녀연합회(編著), 1984.
14) 村田陽一(編譯), 《コミンンテルンン資料集》 第2卷, 東京 : 大月書店, 1982, 75쪽.

의 실지회복(失地恢復), 중화조국의 옹호'가 기본 목표로 제시되어 있을 뿐, 한국독립이나 한민족 해방에 대해서는 언급된 것이 없다.

1930년경까지 조선족 공산주의자들은 민족주의적 항일독립운동의 성격을 다분히 지니고 있었다. 1928년 12월, 코민테른 중앙집행위원회 정치서기국에서 조선공산당 재조직에 관한 지령을 한 일이 있는데, '당 구성 요소가 소부르주아를 기초한 민족주의적 운동으로부터 발달했고 공산당의 독립성이 결여되어 조선 혁명은 부르주아 민족주의 혁명'이라는 것이 그 요지로서, 노동자를 기초로 한 당의 재조직을 명령했다.[15] 이는 1930년경까지의 사회주의 내지 공산주의 운동이 엄밀한 의미에서 볼 때, 민족주의 좌파운동의 성격을 지니고 있었음을 의미하는 것이다.

만주 지역 조선족 공산주의자들이 주로 무장투쟁을 했던 인민혁명군과 항일연군은 중국 중심의 항일반만을 주목적으로 조직된 만큼 엄격하게는 한국인을 위한 항일무장 독립운동으로 간주하기에 적지 않은 무리가 있다.

공산주의계 항일여성 무장투쟁도 1930년의 5·30 폭동과 8·1 폭동에서 구체화되었으며, 1930년 이후 중국공산당 가입으로 적극화되었다. 《연변인민의 항일투쟁(자료집)》[16]에 따르면, 연길시(延吉市)의 항일열사 517명 가운데 한족(漢族)은 5명뿐이며, 여성 열사는 73명이나 되었다. 도문시(圖門市)의 경우에도 열사 188명 가운데 한족은 4명이고 여성은 20명이었으며, 용정(龍井)현은 열사 817명에 한족은 8명이며 여성은 108명이었다. 그리고 이들의 희생은 1932~1933년에 집중되었다. 연변 인민의 항일투쟁이 비록 중국 중심의 항일반만을 목적으로 전개되었다고 하더라도 이처럼 열사의 거개가 조선족이라는 점은 결국 조선족으로서의 항일투쟁의 의지가 컸기 때문이었다고 해석할 수 있다. 그들은, 이 전쟁에서 승리하게

15) 《朝鮮の治安狀況》, 昭和 5年版, 12~13쪽.
16) 중공연변주위 당사사업위원회(編著), 연변인민출판사.

되면 기름진 고향의 논밭을 왜놈의 손으로부터 다시 빼앗아 쌀밥을 먹으며 행복하게 살 수 있을 것이라고 굳게 믿고 있었다. 즉, 식민지경제 수탈과 봉건적 모순으로부터 해방을 염원했던 것이다. 다음의 인용문은 조선족 여전사들의 그러한 항일 무장투쟁 의지와 목표를 잘 말해준다.

> 명화, 우리 고향에는 기름진 논밭이 아주 많아. 이제 왜놈들을 쫓아내고 지주가 없어지는 날에는 인민들이 다 이밥을 먹으며 행복을 누리게 되겠지. 그때가 되면 우리들은 정말 이 처창즈 생활을 옛말로 외우게 될 거야……[17]

다음으로는 동북만주 지역의 여성 항일열사가 전체 항일열사의 15퍼센트를 차지하고 있었다는 데 특별히 주목을 할 필요가 있겠다. 여기서는 여성열사들이 어떤 동기에 의해 그 험난한 항일전에 참가하게 되었는지, 항일전의 와중에 그네들의 생활은 어떠했는지, 또한 어떤 정신으로 장렬한 희생을 감수했는지 등을 살펴봄으로써 한국근대사에서 그들의 위상을 바로 세우고자 하며 아울러 여성사적 의의 등을 검토하고자 한다.

먼저 《항일여투사들》에 등장하는 20명의 인적 사항을 살펴보면, 3~4명을 제외한 나머지 인물들은 학교교육조차 받지 못한 빈농 출신이었다. 둘째로 그들의 참여 동기는 혁명의식을 갖게 된 오빠나 삼촌 같은 가까운 친인척의 사상적 영향 또는 학교나 야학에서 받게 된 교사로부터의 사상교육의 영향 등에 의한 것이었다. 셋째로 그들에게 혁명성을 불어넣은 강령과 같은 투쟁 목표는 반제·반봉건이었으며, 이를 통해 남녀평등과 여성해방의 쟁취 논리도 강력하게 제시되었다. 아울러 여성의식을 계발시키는 여성교양 운동이 필수적인 것이었다. 넷째로 주로 동만특위 지도로 행해진 1931년

17) 《항일여투사들》, 101~102쪽.

가을의 추수투쟁과 1932년 봄의 춘황투쟁에 참여한 것이 혁명 활동에 투신하게 된 중요한 계기가 되었다. 그리고 다섯째로 1932~1933년에 걸쳐 중국 공산당에 가입함으로써 공산주의적 항일혁명의 자리를 굳히게 된다. 여섯째로 부부가 같은 공산혁명군으로서 서로 격려하고 이해하며 무장투쟁을 행하고 있다. 또 이들 가운데는 남편이나 부모·형제·자매 혹은 자녀를 일제나 일제의 앞잡이 또는 지주 등에 의해 잃은 경우가 많아 일제와 봉건제에 대한 적개심이 강했다. 일곱째로 여성투사가 담당한 혁명적 임무을 보면, 부녀회와 아동단 사업의 책임자로서의 활약을 비롯해 전투 참여 중에는 작식대(作食隊)에 소속되어 식량과 식사를 준비했으며, 재봉대에 소속되어 유격대원들의 피복을 세탁하고 헤진 옷을 꿰매는 일과 군복을 제작해 조달하는 일 등에도 종사했다. 이들에게 재봉틀은 중요한 무기였으므로, 일본군의 습격으로 진지를 옮길 때면 무거운 재봉틀을 이고 뛰어야 하는 어려움을 겪었다. 또 유격대원에 대한 위문·망보기·통신연락·비행선전 파견·전단의 살포 등이 모두 여성의 담당이었다. 남녀평등을 주장하는 공산주의계 항일전투에서 식사·피복 제작·세탁·바느질 같은 작업이 역시 여성에게 맡겨진 점은, 전통적으로 하찮게 여겨졌던 여성의 직역[작식·재봉 등]을 값진 항일전의 일역으로 간주해 여성의 사회적·국가적 역할을 한층 높였다는 데서 긍정적 발전으로 간주해야 할 것이다. 아울러 항일여성열사 가운데 오로지 무장투쟁에만 종사한 인물은 많지 않은 셈이다.

항일연군의 여장군인 허성숙 열사의 경우를 통해 공산주의계 여성들의 항일 무장투쟁의 양상을 살펴볼 수 있다. 허성숙은 1915년 안도현 차조구의 가난한 농가에서 태어났다. 중공 동만특위의 지도로 행해진 1930년의 반봉건, 반제 투쟁이 치열하던 때에 그의 나이는 15세였다. 그는 지하공작 아저씨의 교육으로 혁명의식을 갖게 되었다. 처음에는 통신을 익혔고 16살에는 소년선봉대에 가입했으며 망보기·통신연락·전단 살포에도 참가했다. 그는 아버지의 완강한 반대에 부딪히자 가출을 하게 되었으며, 곧 공청단(共青團)응구구위의 작식대원에 배치되었다. 1933년 공청단에 가입한 그녀는 그해 가을에 연길현 유격대의 여전사가 되어 남자들과 같이 여러 차례 실제 전투에 참가했다.

그는 전투와 고된 행군 끝에 밀림 속에서 숙영할 때면 부상병을 간호하고 전우들의 헤진 옷을 기위주었다. 또 작식대원을 도와 물을 긷고 쌀을 일며 불을 지펴주기도 했다. 그는 전투 중에는 남자와 동등하게 싸웠으며 전투가 끝난 뒤에는 또 여성성 역할을 계속했다. 이렇게 과중한 임무로 과로를 이기지 못한 그녀는 1934년 겨울에 결국 병이 들어 왕우구 쓰팡대[四方台] 근거지에서 치료를 받게 되었는데, 그 와중에도 청년단구위의 여성사업을 맡게 되었다. 병을 이긴 1935년 봄, 부대로 다시 돌아와 전우이자 상급자인 박광규 연장(聯長)과 결혼을 하고, 그 이듬해 중국공산당에 가입한다. 그러나 남편은 1937년 반석전투에서 전사하고말았다. 남편이 전사한 뒤 사람들은 그녀를 위로하고자 작식대에 배치해 동료 여전사들과 벗하며 시름을 잊게 하고자 했다. 그러나 그는 이를 뿌리치고 항일연군 제1로군 제4사 1퇀 1련의 첫 여성기관총 반원이 되어, 림강·묘령전투와 안도전투에서 전과를 올렸다. 특히 1937년 6월에 벌어진 간삼동전투에서는 무비의 용감성을 발휘했다. 즉, 6월 30일 새벽, 조원과 함흥에 주둔했던 74연대의 2,000여 일본군이 짙은 안개를 이용해 항일연군을 삼면으로 포위하고 공격했다. 사격 명령이 떨어지자마자 허성숙은 선참으로 기관총을 안고 '희생된 전우와 부모 형제의 원수를 갚자!' 하고 외치며 사격을 가했다. 수적 열세에 있던 전사들도 이에 고무되어 사기가 충천되었고 연속되는 명중탄으로 저녁 무렵에는 대승리로 전투를 마무리했다. 1,500명을 사살하고 대포와 기관총 등 다량의 무기도 노획한 대승전이었다. 이 전투 이후 그녀는 제4사에서 '여장군 허성숙'으로 불리게 되었다.

또 1939년 3월의 화전현 목기하전투와 돈화현 다푸차이하전투에서는 다른 여전사들과 함께 장사꾼으로 변장하고 적 정세를 상세히 정찰해 두 차례의 기습전으로 전투를 승리로 이끄는 공을 세웠다. 또 1939년 4월의 시베차이전투에서는 단신으로 적의 기관총 진지에 뛰어들어 몇 명의 적을 쓰러뜨리고 나머지는 투항하게 하는 놀라운 전적도 올렸다. 1939년 8월, 위중민 사령원이 인솔하는 제3방면군이 안도현 류수촌을 점령하고 마을 부근 산에서 휴식을 취하며 정돈하고 있을 때, 지휘부에서는 적의 추격을 감시하도록 허성숙을 다른 한 명의 전사와 함께 마을 동대문 포대에서 경계보초를 서게 했다. 그때 100여 명의 일본 특설부대가 7대의 트럭을 몰고 추격해오는 바람에 부대의 안전이 위협을 받게 되었다. 허성숙은 함께 간 전사를 부대로 급히 보내고 시간을 벌기 위해 혼자서 적을 향해 사격을 가했다. 그는 이 전투에서 다리와 복부에 관통상을 입고 심한 피를 흘리며 24세의 꽃다운 나이로 숨을 거두었다. 그의 투철한 투쟁의지로 부대는 안전하게 이동할 수 있었다.[18] 항일 전투에 몸을 바친 여투사들은 허성숙 열사처럼 한결같이 20대의 청춘들이었다.

---

18) 같은 책, 201~216쪽. 허성숙의 열사전은 《불멸의 투사》 및 《빨찌산의 녀대원들》 등에 모두 실려 있다. 그러나 그의 장렬한 희생장면 묘사는 각기 다르다. 《항일여투사들》에서는 7대의 敵특설부대 중 첫번째 트럭을 향해 사격하다가 다리와 복부에 적탄을 맞고 쓰러진 것을 그 이튿날 한 韓醫師가 자기집에 데려다 눕히자 죽었다고 했다. 《불멸의 투사》에서는 다리 부상으로 적에게 체포·압송된 그녀가 自衛團長의 딸임을 알고 전향시키려 했으나 끝내 불복하여 총살했다고 했다. 《빨찌산의 녀대원들》에서는 중상으로 체포 되느니 차라리 끝까지 싸우다 죽겠다고 생각, 250여 발 보총탄알을 모두 쏘았고 마지막으로 수류탄을 적에게 던져 큰 희생을 주고 자신은 더 이상 움직이지 않았다고 기술했다. 허성숙의 죽음에 대한 異說은, 동류 戰士들 중에서 그녀의 마지막을 목격한 사람은 아무도 없었으나, 그의 평소의 용감성으로 볼 때 능히 그럴 수 있다는 상상이 적지 않게 곁들여져 서술된 때문이라 생각된다.

5. 닫는 글

이상에서 1920~1930년대 한국 여성의 항일 의열투쟁과 무장투쟁의 양상들을 살펴보았다. 1920년대는 주로 민족주의계 항일여성들을 중심으로 의열투쟁이 계속되었는데, 이들의 대부분은 기독교와 인연이 있는 장년층의 지식여성이었다. 이들의 투쟁 정신과 목표는 동등한 국민의 권리와 의무를 부여하고 모두가 이를 행사하는 민주주의 독립국가의 건설에 있었으며, 이들은 이를 위해 여자도 남자와 똑같이 투쟁해야 한다는 신념을 가지고 활동했다. 이에 반해 공산주의계 항일여성 무장투쟁은 주로 1930년대 이후 항일반만투쟁 속에서 활발하게 이루어졌다. 항일여성투사들은 같은 부대 안에서 남자전사들과 함께 숙식을 하며 주로 작식대·재봉대 등에서 취사와 군복 제작·세탁 등을 담당했으나, 허성숙처럼 기관총 사수로서 무장투쟁에 참가해 큰 전과를 올리고 젊음을 불사른 예도 적지 않다. 이들은 악덕 지주와 자본가의 착취 없이 경제적 번영을 함께 누리고 여성도 인간다운 권리와 의무를 행사할 수 있는 새로운 사회의 모델로서 사회주의 내지 공산주의를 선택했던 것이다. 그들은 일제의 쇠사슬과 봉건적 질곡을 벗어나는 첩경이 오직 거기에 있다고 믿었다. 이러한 의식과 신념은 주로 꿈 많은 20대의 젊은 여성들의 가슴을 뜨겁게 했으며, 아울러 그로 인해 이들의 희생이 가장 컸던 것이다.

여성들의 의열투쟁과 무장투쟁은 전통적 여성 역할 인식에 큰 변화를 가져왔고 아울러 역사 동참인으로서 또 동등한 권리와 의무를 누리는 한 민족으로서의 여성의 역사적·사회적 위치를 주장할 수 있는 굳건한 터전을 마련해주었다는 데서 중요한 역사적 의의를 갖는다.

제5부 광복 후 여성운동과 여성의 삶

광복 후 여성운동과 여성단체
6·25 전란이 가족제도에 미친 영향

제14장 광복 후 여성운동과 여성단체

1. 여는 글 : 해방 직후 여성계 동향

1945년 8월 15일, 방송을 통해 일제의 항복 소식을 들은 2,000만 한민족은 너무도 기쁨에 벅차 눈물을 흘리며 거리로 뛰쳐나와 만세를 부르고 또 불렀다. 광복을 맞는 여성계의 기쁨은 남달랐다. 징병과 학병으로 남편과 아들을 빼앗기고 정신대(挺身隊)라는 이름으로 딸들의 순결이 여지없이 짓밟혔으며, 전쟁 수요품 공출로 최저의 삶의 길조차 봉쇄되었던 그 끔찍한 시간들을 제치고 해방의 광영을 맞이한 것이다.

광복은 일제의 탄압으로 어둠 속에 움츠렸던 한국 여성 운동계에 새로운 환희의 생명을 소생시켜주었다. 멍에와 고통의 일제치하에서도 최선을 다해 여러 양태의 여성운동을 추진했던 지도적 여성들은 광복의 기쁨 속에서 재빨리 비전 있는 여성운동을 전개하기 시작했다. 하나는 근우회 운동계의 여성들 30여 명이 모여 8월 16일 오후 1시에 서울 견지동 여자중앙상과학교에서 건국부녀(인)동맹 결성준비위원회를 개최했는데, 이들은 여성의 정치적·사회적

평등권 획득을 위한 여성운동을 목표로 삼고 있었다. 또 이달 17일
에는 미주 독립운동과 관련을 갖고 국내에서 여성교육운동을 했던
임영신 등이 정치적 여성운동을 통해 여권을 획득하려는 목적으로
조선여자민국당(朝鮮女子民國黨)의 발기인대회를 개최했다. 해방과
더불어 즉각적인 여성운동을 전개할 수 있었던 것은 여성 지도자
들의 지도자의식이 상당한 수준으로 성장되어 있었기 때문이다.

그러나 광복 직후의 정세는 극심한 혼돈의 연속이었다. 1920년대
이래 국내외 항일민족운동계를 휩쓸었던 좌우의 이념적 갈등이 전
후의 세계정세와 맞물려 더욱 격렬한 갈등과 반목을 빚고 마침내
는 조국의 분단과 민족의 분열이라는 역사적 비극을 초래했다. 광
복 직후의 여성운동계도 마찬가지였다. 이들은 좌우파로 반목하더
니 마침내 그 해 9~12월에 걸쳐 민주민족진영 여성들이 건국부녀
동맹을 탈퇴해 대한독립촉성애국부인회를 따로 조직했으며 부녀동
맹은 순수 좌파운동 단체로서의 조선부녀총동맹으로 다시 발족해
조직을 재정비했던 것이다. 그 뒤로 여성운동은 정치적 흐름들과
연계되어 본연적 여성운동보다는 좌우파의 정치적 지원운동에 치
중되었다.

1945년 9월 이후 미 군정 아래 놓인 남한 사회는 민주 우파세력
이 정치적으로 우세해 좌파운동은 설 자리를 상실하지 않을 수 없
었다. 미 군정은 통치기간 동안 여성단체를 통한 여성계의 의견들
을 수렴해 공창폐지와 여성의 선거권 및 피선거권 부여 등의 여성
관련 주요 법률을 제정하고, 1946년 9월 14일에는 여성전담 행정기
구인 부녀국을 보건후생부 안에 설치했다. 부녀국은 전국을 순회하
면서 지방 부녀계를 조직했다. 또한 변화하는 사회에서 필요로 하
는 전문직 여성단체들도 다수 조직되어 비교적 다양한 여성운동을
전개하기 시작했다. 특히 우파계 여성운동은 정치적·행정적 비호를
받으면서 그 지도급 여성들이 제도권 정치에 참여하게 되었으며,
이들은 한국 여성 운동계의 중심부에서 활약했다. 그러나 부녀총동

맹으로 대표되는 좌파 여성운동은 심한 정치적 탄압으로 점차 그 조직 기반이 약화되었으며, 그 중요 인물들(유영준·정칠성 등)이 1948년에 월북하면서 조직은 거의 와해되고말았다.

2. 건국부녀동맹의 조직과 해소

해방되자마자 여성운동이 시작되었다는 것은 중요한 역사적 의미를 지닌다. 첫 여성운동은, 8월 16일 오후 1시에 결성준비위원회를 개최하고 황신덕·박순천·허하백·박승호·노천명을 전형위원으로 선출한 건국부녀동맹[1]으로부터 시작되었다. 이들은 전형위원 등 30여 명이 모여 해방된 땅에서 첫 여성단체의 조직과 활동을 의논하고, 그 이튿날인 17일 10시에 종로 YMCA 강당에서 140여 여성이 모여 발기총회와 결성식을 거행했다. 동 위원장에 유영준(劉英俊),[2] 부위원장에 박순천(朴順天), 집행위원에 황신덕(黃信德)·허하백(許河伯)·조원숙(趙元淑)·서석전(徐石田)·이옥경(李玉卿)·황애덕(黃愛德)·박봉애(朴奉愛)·전영애(全永愛)·정양자(鄭良子)·신진순(申辰淳)·남소지(南小枝)·임영신(任永信)·유각경(兪珏卿)·이규영(李揆英)·박승호(朴承浩)·김선(金善)을 임명했다.[3] 이들 임원진은 1920년대 근우회를 비롯한 좌우파 여성운동 단체의 참여자들과 농촌계몽운동 및 여성교육운동 내지 일선 교사로 활약했던 지도적 여성들로서, 일제 말기 민족말살정책기에 어쩔 수 없이 친일을 한 이도 있다. 그러나 최초의 여성단체인 건국부녀동맹은 초이념적이고도 초정치적인 것

---

1) 《每日申報》, 1945년 8월 17일.
2) 최은희, 《조국을 찾기까지》 中, 탐구당, 1973, 107쪽. 박순천에 따르면, 건국부녀동맹 결성 시에는 李鈺卿이 위원장에 선출되었는데 곧 사표를 제출하여 유영준이 위원장에 취임했다고 한다.
3) 《每日申報》, 1945년 9월 15일.

으로 출발했다. 이들은 오직 해방된 조국에서 여성 문제와 독립국가 건설에 대한 여성의 기여를 위해 한마음으로 모였던 것이다.

이들의 활동 목표와 방향은 건국부녀동맹의 선언서와 강령[4]에 분명하게 제시되었다. 선언서 서두에서는 일제식민지의 굴레에서 벗어나 전민족의 해방과 자유의 길로 함께 돌진하되 여성은 완전한 해방을 위해 한 번 더 돌진하자고 하고 있으며, 이어서 그 돌진해야 할 내용과 방향을 밝히고 있다. 일제는 여성대중에게 봉건주의적 유제(遺制)를 극도로 이용해 경제적·정치적 수탈과 전횡을 일삼았는데, 선언서에서 지적하고 있는 구체적 내용을 보면, 일제는 가정에 대한 경제권 상실, 정조의 일방적 여행(勵行) 및 공사창제와 인신매매 공인, 문맹의 방임, 정치적 봉쇄와 사회적 우대의 저시(低視), 남녀의 임금 차별 등 봉건적 악습을 그대로 답습했고, 전시체제 아래에서는 군수산업이나 정신대의 징용·징발 등의 명목으로 여성대중의 심신을 군국주의의 참혹한 탕(湯) 중에 던져버리려고 했다. 여기서는 또한 여성 문제의 해결 없이는 조선이 당면한 전국적 문제 또한 해결되지 않을 것이므로, 여성은 전국민 해방을 목표로 한 전면적 투쟁에 적극적으로 참여해 여성해방의 대업을 완성하자고 하고 있다. 즉, 일제 아래서 군국적 자본주의와 봉건적 유제의 이중적 질곡 밑에서 여지없이 여성의 인간권리가 짓밟혔으므로 전국민 해방을 목표로 한 여성해방을 이룩하겠다는 의지를 밝힌 것이다. 이는 해방 이전 반세기 남짓한 동안의 여성해방 문제를 총체화한 해방 직후의 첫 여성운동이었던 것이다. 그리고 이들은 여성해방운동을 단순히 여성 문제에만 국한하지 않고 완전한 독립국가 건설에 이바지하는 방식으로 수행하겠다는 것을 기본 3개 강령에서 밝혔으며, 다음 8개의 항과 같은 구체적 행동강령을 발표했다.

---

4) 《每日申報》, 1945년 9월 15일, 傳單.

(1) 남녀평등의 선거 및 피선거권을 주창한다.

(2) 언론 출판 집회 결사의 자유를 찾자.

(3) 여성의 자주적 경제생활권을 찾자.

(4) 남녀임금차별을 철폐하자.

(5) 공사창제 및 인신매매를 철폐하자.

(6) 임산부에 대한 사회적 보호시설을 실시하자.

(7) 여성대중의 문맹과 미신을 타파하자.

(8) 우리는 창조적인 여성이 되자.

이상 행동강령의 내용은 여성해방의 총체적인 문제들을 구체적으로 제시한 것인데, 제1항은 여성의 정치권 행사에 대한 권리를 주장한 것으로 여성해방 문제 해결의 가장 기본이 되는 것이었다. 그리고 3~7항은 근우회를 비롯한 일제 아래에서의 여성해방운동에서 이미 강력하게 제의·실천했던 것이었으나 전혀 실현되지 못했던 문제였으며, 해방정국에서도 역시 주창·수행해야 할 대과제였던 것이다.

건국부녀동맹은 결성 초 해방조국에서의 진정한 완전여성해방이라는 거대한 목적 때문에 이념을 초월해 참으로 의욕적인 활동을 했다. 맹원(盟員)들은 조직적인 운동 전개를 의논하고 세미나 형식의 각종 강좌를 열어 민주주의에 대한 계몽과 강연회를 개최하면서 항일 광복운동의 기본 이념이었던 민주사회의 굳건한 터전을 마련하는 데 노력했다. 그러나 해방 직후의 정국은 이상적 여성해방운동을 수행하기에는 너무도 참담한 이념적 갈등으로 인해 글자 그대로 혼돈 그 자체였다. 남한에서는 북한에 비해 공산주의의 입지가 강할 수 없었기 때문에 좌파운동은 각 조직 안에서 헤게모니를 장악하고 그 세력을 확대함으로써 한반도의 적화 정부수립을 시도했다. 그러나 1945년 9월 미 군정 실시 이후 남한에서는 민주 우파세력의 정치적 기반이 강해지고, 공산주의 세력에 대해서는 심

한 정치적 탄압이 가해졌다. 이러한 정치적 분위기는 여성운동계에
도 직접적인 영향을 미쳤다.

건국부녀동맹에서는 9월 초순부터 매일 밤 여성 대상의 정치계
몽강좌를 열었는데, 좌파계에서는 이 기회를 이용해 좌익사상의 강
사를 초빙하는 등 맹렬한 활동을 했다. 특히 위원장 유영준은 일제
시대에 이미 좌익적 사상을 다소 지니고 있었으나 표면적 활동은
하지 않았는데, 해방정국에서는 상당히 적극적인 좌익활동을 하게
되었던 것이다. 이제 건국부녀동맹은 좌파 여성활동의 터로 바뀌고
있었다. 그러나 이념적 반목과 갈등이 심해지면서 우파계의 회원들
이 탈퇴하기 시작했다. 유옥경·박원경(朴源炅)·이효덕(李孝德)·김혜
경(金惠炅) 등이 건국부녀동맹을 탈퇴한 뒤 1945년 9월 12일에 한
국애국부인회를 조직했으며,[5] 그 해 12월 8일에는 황신덕·박순천·
박봉애 등이 《동아일보》에 건국부녀동맹 탈퇴 성명을 발표하고,
황신덕·박순천·임영신·황기성·박승호·송금선·이숙종 등 20여 명이
1946년 1월 9일 서대문 여자기독교청년회관에서 독립촉성중앙부인
단(회)(獨立促成中央婦人團〔會〕)을 결성했다.[6]

건국부녀동맹은 12월 22~23일에 걸쳐 안국동 풍문여학교 강당
에서 좌파여성운동자들 중심의 전국부녀대표자대회 준비위원회에
서 조선부녀동맹(朝鮮婦女同盟) 결성대회를 개최하고,[7] 좌익여성활
동을 강화했다. 정치적 이념의 갈등은 이처럼 여성운동을 갈라서게
했다.

또한 이 시기에 초이념적인 전문직 여성단체들도 조직되어 여성
운동계는 다양한 면모를 보이게 되었다. 자연과학계의 여성을 총망

5) 최은희, 《조국을 찾기까지》 中, 탐구당, 1973, 292쪽. 이들의 강령은 다음과
   같다. (1) 지능을 계발하고 자아 향상을 기함, (2) 민족 공영과 사회 건설을
   기함, (3) 여권을 확장하여 남녀 공립을 기함.
6) 《서울신문》, 1946년 1월 13일.
7) 《서울신문》, 1945년 12월 18일.

라해 생활문화의 향상과 위생 보급 및 대중 계몽 등을 목적으로 결성된 조선과학여성회,[8] 이에 준하는 여성단체로 보건부인회,[9] 한국소녀단연합회,[10] 직업여성회,[11] 태평부녀계몽협회[12] 등이 있었으며, 불교·천도교·기독교계의 종교여성단체들도 활동을 했다.

3. 대한독립촉성애국부인단의 조직과 활동

1946년 1월 3일에 모스크바 삼상회의에서는 우리 나라가 자주독립의 능력이 없다며 신탁통치를 결정했다. 이 신탁통치안은 일제의 침략 지배통치를 방불케 하는 성격의 것이었음에도 좌익계는 이를 찬성하고 나섰다. 그러나 자주독립론을 주장하는 민주 우파진영에서는 이를 용납할 수 없었기 때문에 신탁통치 반대 데모의 함성이 연일 거리를 메웠다. 여성운동계도 마찬가지였다. 1월 9일 김미리아·유각경·황기선·임영신 등의 발기로 창립대회를 개최한 독립촉성중앙부인단(獨立促成中央婦人團)[13]은 12일에 개최되는 신탁통치반대 국민대회 참가를 결정했고,[14] 이어 17일에는 YMCA 강당에서 반탁시위 강연회를 개최했으며, 18일에는 살을 에는 듯한 추위 속에서 오전 8시 30분부터 정오가 넘도록 태극기와 '탁치절대반대(託治絶對反對)'가 쓰여진 깃발을 들고 황신덕·황애덕·박순천·박승호·김활란·박봉애 등을 비롯한 단원들이 서울의 심장부인 덕수궁 앞에서 중앙청까지 데모 행진을 했다.[15] 시위를 끝내고 이들은 안국동

---

8) 《서울신문》, 1946년 3월 12일.
9) 《京鄕新聞》, 1947년 5월 28일.
10) 《東亞日報》, 1946년 3월 31일.
11) 《東亞日報》, 1948년 7월 10일.
12) 《東亞日報》, 1946년 4월 16일.
13) 《서울신문》, 1946년 1월 13일.
14) 《東亞日報》, 1946년 1월 12일.

풍문여학교에 들러 몸을 녹이며 대책을 논의했다. 이 자리에서는 비조직적 시위만 하고 있을 때가 아니라 조직적이고 강력한 체계를 정비해 신탁통치안에 대처해야 한다는 중의를 모으게 되었다. 그래서 완전 자주독립 쟁취를 위한 독립촉성애국부인단을 조직하고 초대회장에 황기성, 부회장에 박순천을 임명했으며, 전국 순회 강연 등을 열고 좌익단체와 결사적인 투쟁을 했다.

이어 미 군정 아래 임시정부가 수립되자 1946년 4월 5일에 독립촉성애국부녀단은 여성운동의 확대를 위해 대한애국부인회와 통합하여 대한독립촉성부인회(大韓獨立促成婦人會)를 조직했으며, 지방 조직을 두고 조직적인 신탁통치 반대운동을 전개했다. 또한 3월 20일부터 열린 제1차 미소공동위원회에 박순천이 38선 철폐를 강력히 요구하는 장문의 탄원서를 보냈다.[16]

독립촉성애국부인회는 1946년 6월 18~20일에 걸쳐 종로 기독교 회관에서 전국부녀단체대표대회를 개최했다. 이 대회는 해방 이후 개최된 최대 규모의 여성대회였다. 이로써 이 단체는 민주 우파 여성계를 대표하는 최대 규모의 조직으로서 자리를 굳혔다. 그리고 분립된 좌우 여성단체를 재통합해 민족통일정부 수립의 중요한 일익을 담당하려는 의지까지 보였다. 대회 첫날에 참여한 전국의 지방 부인 대표는 무려 730명이나 되었고 방청인도 수백 명에 이르렀다. 또한 중요 내빈으로 이승만 박사와 김구 주석을 비롯해 신익희·방응모·이종영·이범석·백낙준 등이 참석하여 축사와 강연을 했고, 군정청 하지 중장의 축사까지 대독되는 대성황을 이루었다. 대회 첫날에 이승만은 '불원 여러분들의 애국심을 달성시키고자 국민통일통감부를 설치하여 각계각층을 총망라한 일대 국민통일전선을 전개하려고 한다'고 외쳤다.[17] 이는 독립촉성애국부인회를 국민통일

15) 《朝鮮日報》, 1946년 1월 19일 ; 중앙여자고등학교, 《우리 황신덕 선생》, 1971, 중앙여자고등학교 동창회, 116~117쪽.
16) 《東亞日報》, 1946년 3월 20일.

전선을 전개하는 중요한 여성조직체로 인정하는 것이다. 실제로 당시의 많은 여성 지도자들 가운데는 좌우익이 반목·투쟁하지말고 하나의 통일민족으로서 완전 자주독립을 하루 속히 성취할 것을 주장하고 있었다. 대회 이튿날에는 근우회운동 당시 상무를 지냈던 경상남도 대표 한신광(韓新光)이 '여성 좌우 단체가 급속히 합작한다면 자연히 남성들도 따라오게 될 것이니 중앙 좌우 여성단체가 합치도록 노력해주기 바란다. 그리고 부녀동맹이 좌익단체라 하지만 그들에게서 취하고 배울 것은 배워야 한다'[18]는 요지의 연설이 수용되었다. 즉, 좌익단체와의 통합을 먼저 여성계에서 실천해야 한다는 것이다. 또 김구 주석은 양찬일탕(兩餐一湯)의 간소한 식생활을 실천할 것과 경제부흥을 위해 여성들이 작업복을 입고 일터로 나갈 것을 제안하고 격려했다. 대회 사흘째에는 독립촉성, 조직의 확대강화, 경제 진흥, 신생활운동과 계몽사업, 기관지 발행, 직업소개소 설치, 탁아소 설치, 전재동포 구제사업, 연중행사 작성, 회원표창 작성 등 여성 전반의 사회 문제에 관한 의안을 결의하고, 좌익여성단체와의 합작을 권고할 대표를 파견하기로 결정했다.[19] 그리고 8개 항의 제안 메시지와 3개 항의 결의를 발표했다. 메시지에는 신탁통치 반대와 38선의 급속 철폐 그리고 민주주의 원칙에 입각해 우리 정부는 우리 손으로 수립할 것이라는 등의 내용이 담겨 있다. 아울러 이 정부를 세계에서 승인하도록 미·소·영·중·불 등 5대 연합국은 솔선해서 조인해주기를 열망한다는 절대 자주독립 노선을 주장하고 있다.[20] 결의 제1항에도 '좌우와 남북이 통일된 자유정부 수립에 우리 여성은 피로써 맹세하고 적극 협력하려 한다'[21]고 했다. 이상으로 볼 때 3일에 걸친 이 애국부인단 전국부인

---

17) 《朝鮮日報》 및 《서울신문》, 1946년 6월 19일.
18) 《서울신문》, 1946년 6월 20일.
19) 《朝鮮日報》, 1946년 6월 21일.
20) 《朝鮮日報》, 1946년 6월 21일.
21) 《東亞日報》, 1946년 6월 23일.

대표대회를 통해 통일자유정부 수립에 여성들이 솔선하겠다는 다짐을 한 것 등, 정치적 여성운동으로서의 성격이 강하게 나타남을 알 수 있다. 그리고 지방의 각종 부인회들이 이 대회를 통해 애국부인회를 중심으로 통합되고 있었다. 당시 신문에서도 이 대회와 관련해, 남자들이 해결하지 못하고 있는 우리 사회의 정치적·사회적 과제를 '조선의 주부'로서 큰 직책을 느끼고 많은 일을 하여 하루바삐 '독립의 순산'을 보도록 해야 할 것이라고 기대하고 있었던 것이다[22]

이후 독립촉성애국부인회 활동은 단순한 여성운동 단체로서의 위치에 머물지 않고, 여러 정치적 집회에 당당하게 그리고 적극적으로 참여했다. 1947년 5월 2일에 개최된 제2회 전국부녀대표자대회 때도 9개 도에서 1,500여 명의 여성 대표가 참여했고, 내빈으로는 이청천·엄항섭·이승만·백남훈·이범석 등의 중요 정치 인사들이 참석해 여성의 독립 전취 정신을 고취하고 여성들의 분기를 촉진하는 간곡한 축사들을 했다.[23]

이 부인회는 음으로 양으로 여성의 정치적 진출을 도모함으로써 통일정부 수립운동에 적극적으로 참여하고 부인계에 대한 계몽활동을 늦추지 않았다. 그러나 좌우익 합작의 길은 날로 멀어지고 치열한 사상적 대립과 갈등 속에서 남한 단독정부의 수립이 준비되고 있었다. 1948년 5월 10일 총선에서는 전국 국회의원 총 입후보자 수가 938명이었는데, 그 가운데 여성후보자는 독립촉성부인회 13명을 비롯해 모두 19명이었다.[24] 그러나 선거 결과 여성은 한 명도 당선되지 못했다. 총선이 끝나고 한 달 남짓 뒤인 1948년 6월 15일에는 독립촉성애국부인회 제3회 전국대회가 종교예배당에서 개최되었다. 이 자리에 전국지방대표는 불과 300여 명만이 참석했

다. 의장 박승호는 '우리 1,000만 여성의 노력과 분투 결과로 5·10
총선거는 완료되었으나 정부수립과 국제적 승인 등의 난관이 허다
하니 더욱 노력해야 하겠다'는 훈사를 했다. 그러나 경과보고를 한
박순천은 '이번 우리 여성이 19명이나 입후보했으나 한 사람도 당
선되지 못한 것은 유감이다. 다음에는 이번과 같은 홀아비 국회를
만들지 않도록 우리 여성은 총궐기해야 하겠다'[25]는 의미심장한 열
변으로 대회를 끝마쳤다.

　독립촉성애국부인회는 1948년 8월 15일, 정부수립 전에 조직개편
을 단행했다. 한국애국부인회(韓國愛國婦人會)[26]와 통합해 대한애국
부인회(大韓愛國婦人會)로 새 출발을 한 것이다. 대한애국부인회라
는 명칭은 대한독립촉성부인단의 '대한'과 한국애국부인회의 '애국
부인회'를 각각 따서 붙인 것이며, 초대 회장에는 박승호가 추대되
었다. 이 부인회는 회원들의 정치의식 교육에 주력했다. 현재의 한
국부인회(韓國婦人會)는 이 대한부인회의 후신이다.

　좌우익의 분열로 치열한 사상적 대립과 갈등이 계속되는 가운데
남한 단독정부 수립이 준비되었으며, 그 준비 과정으로 입법의원을
두게 되었다. 의원들 가운데는 대한애국부인회에서 활약하던 황신
덕을 비롯해 박현숙(朴賢淑)·신의경(辛義卿) 등이 여성 관선의원으
로 선출되었다. 이들 여성의원들은 남성의원들의 격렬한 정론(政
論) 속에서 여성의 인권을 옹호하기 위한 적지 않은 노력을 기울
였다. 김말봉 등 수백 명이 연서로 제출한 공창폐지법 제정 등이

---

25) 《東亞日報》 및 《朝鮮日報》, 1948년 6월 16일.
26) 《每日申報》, 1945년 9월 13일. 한국애국부인회는 1945년 9월 10일, 승동예배
　　당에서 51명 기독교계의 지도급 부인이 모여 유각경을 위원장으로 추대하여
　　결성되었다. 구성을 보면, 위원장 유각경, 부위원장 양한나, 총무부장 박원경,
　　재정부장 이계영, 문화부장 박마리아, 지방부장 이효덕, 선전부장 최이권, 평
　　의원 김밀사·신알버트·양매륜·홍애덕·이민천이며, 강령은 (1) 지능계발로 자
　　아 향상, (2) 민족공영의 사회건설, (3) 여권확충으로 남녀 공립을 기함, 이
　　렇게 3개항이다.

524

그 좋은 예이다. 그리하여 1948년 7월 17일에 공포된 대한민국헌법
에서는 남녀평등의 원칙을 선언하고 여성에게 선거권과 피선거권
을 부여하게 되었다.

4. 조선여자국민당의 결성과 활동

조선여자민국당(朝鮮女子民國黨)은 임영신·이은혜 등을 주축으로
1945년 8월 17일에 발기인대회를 열고 다음 날 18일에 창당식을
거행했다.[27] 이 당의 결성 취지는 여성의 자질을 향상하고 정치적·
경제적·사회적 지위를 확고히 지키며 민족국가 건설에 초석이 되
려는 것이라고 했다. 그리고 장차 수립될 조선정부를 지지하며 여
성으로서 국가발전에 힘을 바치겠다는 것과 사업으로서 양노원·맹
아원을 경영하고 문화·종교·농촌 위생 등의 계몽운동 및 사회시설
을 여성의 손으로 수립하려 한다는 취지를 아울러 밝혔다. 조직기
구와 임원을 보면, 위원장 임영신, 부위원장 김선 및 이은혜, 총무
박현숙, 부총무 황현숙, 서기 남궁진, 회계 안례아(安禮娥), 부회계
이흥술(李興述), 정치부장 이양전(李良傳), 경제부장 이경진(李卿珍),
교육부장 박은혜, 사회부장 이아주(李娥主), 종교부장 최순철(崔順
哲), 문화부장 서영채(徐英彩), 농촌부장 최봉선(崔鳳善), 위생부장
길정희(吉貞姬), 선전부장 박현숙, 고문 이승만 부인[28] 등이다.

이들은 창당 즉시 남한 일대를 순력하면서 정치강연을 통해 국
민의 단결과 민주정부 수립을 위한 여성의 임무를 계몽했으며, 9월
부터 11월까지 3개월에 걸쳐 각 군과 읍에까지 지방 조직을 만들
어 30만 당원을 확보했다. 창당 1주년을 맞아서는 당원의 수가 70
만으로 증가했으며, 지방 당원들의 애국심과 정열은 실로 뜨거웠

27) 《每日申報》, 1945년 9월 19일.
28) 《每日申報》, 1945년 9월 14일.

다. 1946년 1월 31일, 여자국민당 군산지부에서는 1,000여 명 당원
으로부터 신국가 건설에 조력하겠다는 뜻으로 3만 원을 모아 그곳
의 대표인 박광춘과 최정식이 임시정부 김구 주석과 이승만 박사
를 방문해 전달했다.[29] 고문으로 이승만 박사 부인을 추대하고 정
부수립 헌금을 상납한 것 등으로 볼 때 이 당은 이승만 정치노선
을 철저히 따르는 여성 정당이었다.

그렇기 때문에 이 당은 미소공동위원회의 탁치론에 절대 반대했
다. 이른바 4당 공동 코뮤니케가 발표되자 민족통일을 구실로 한
신탁통치의 미문화에 격분해 조선국민당을 비롯한 6개 청년대표가
하지 장군을 방문해 반탁 결의를 재표명했다.[30] 이 당은 정치적 활
동을 확대하기 위해 1946년 5월 31일, 서울 인사동 중앙교회에서
제1회 여자국민당대의원회 겸 전국여성대회를 개최했다. 각 지방에
서 대의원 87명이 참석했고 이승만을 비롯해 각계 인사들과 방청
인 등 약 250여 명도 자리를 함께 했다. 당은 이틀에 걸쳐 대회를
개최하고 임원을 선출했다. 대회에서 채택한 결의문은 '이승만 박
사·김구 주석·김규식 박사를 영수로 모시고 그분들의 지도에 따라
속히 완전 자주독립을 목적하는 대사명을 달할 것'[31]을 제1조로 하
고 있다. 그리고 이 대회에서 1,500만 여성을 망라한 기관으로 전
국여성단체총연맹(全國女性團體總連盟) 설치를 결의하고 그 본부를
돈암장 안에 두었으며 이 박사 부인을 고문으로 했다. 이 연맹은
국내의 모든 여성단체를 그 산하에 두고 여성대표기관으로서 건국
대업에 이바지한다는 기치를 세웠다. 이후 여성계를 대표하게 된
이 연맹은 주로 유엔총회 등 국제사회에 조선독립을 요청하는 메
시지를 보내는 등[32]의 독립을 위한 국제활동을 전개했으며, 또 안

29) 《東亞日報》, 1946년 2월 2일.
30) 《東亞日報》, 1946년 1월 13일.
31) 《朝鮮日報》, 1946년 6월 2일.
32) 《東亞日報》, 1946년 12월 11일

526

으로는 남녀평등보장 입법 등의 중요한 여권 차원의 요구를 입법의원에 제출해 입법화하려는 운동도 했다.[33] 이처럼 여성운동계를 결속해 여성의 소리를 힘있는 한 목소리로 뭉쳐 수행할 수 있도록 한 것은 조선여자국민당운동의 적지 않은 의의를 보여준 것이라 하겠다.

5. 좌익여성운동 : 조선부녀총동맹

해방 직후 결성된 건국부녀동맹은 좌우파의 여성들이 이념을 초월해 조직한 것이었다. 그러나 정치적 조직력과 투지적 운동력이 강한 좌파 여성들은 건국부녀동맹을 발판으로 그들의 세력을 지방으로 확대했다. 좌파적 색채가 강했던 부산의 일간신문인 《민주중보(民主衆報)》는 1945년 10월 15일에 부산에서 개최된 건국부녀 경남동맹 결성준비위원회 상황을 상세히 보도하고 있다. 그 기사 가운데 주목을 끄는 것은, 건국부녀 경남동맹 결성을 위해 서울에서 파견된 대표가 서울의 건국부녀동맹 결성의 경과보고를 한 데 이어 부녀동맹의 활동 내용과 목적이 우선 조선인민공화국을 지지하는 것이고 둘째로 남녀평등권 수립을 실현하는 데 힘쓰는 것이라고 설명하고 있는 점이다.[34] 조선인민공화국은 9월 중순 이후부터는 거의 분명한 공산주의 운동 단체로서 활동하고 있었다. 우파 여성들이 9월부터 부녀동맹을 탈퇴하기 시작해 12월 8일에는 이 동맹 결성의 중요 인물들인 황신덕·박순천·박승호 등이 대거 탈퇴

---

33) 《입법속기록》 제16호, 1947년 1월 20일.
34) 《民主衆報》, 1945년 10월 16일과 10월 25일. 경남동맹은 2차에 걸친 준비위원회를 가지는 과정에서 부산의 기존 두 부녀 단체를 포섭해 10월 25일에 200여 부인이 출석한 가운데 결성대회를 개최했고, 경남도인민위원회에서 특별 내빈으로 참석해 축사를 했다.

하는 바람에 여기에는 좌파 여성만이 남게 되었다. 이는 1927년에 민족유일당운동으로 조직되었던 신간회와 근우회의 운동을 반복하는 듯한 양상이었다.

우익 여성들이 모두 탈퇴한 건국부녀동맹은 조직을 재정비해야만 했다. 그래서 그들은 곧바로 전국부녀대표자대회 준비위원회를 결성하고 12월 22~24일 3일 동안 풍문고녀 강당에서 전국부녀총동맹 결성식을 거행했다. 이 대회에는 남북한 194개 단체(부녀동맹 참가 단체 48개, 각 지방 단체 68개, 기타 단체 78개) 및 대의원 500여 명과 내빈 방청자 수천 명이 참집했다. 그리고 중앙인민위원회, 김구 주석 비서 서울시인민위원회, 조선공산당, 인민당, 전농(全農), 청총(靑總), 문학가동맹, 혁명자구원회, 조선국군준비대 등은 열렬한 축사를 보냈다. 대회에서 부녀총동맹이 나갈 노선을 인민공화국 절대 지지로 결의함으로써 그들의 정치노선을 분명하게 밝혔다.[35] 또 대회 이틀째 및 사흘째에는 전혁(全赫)의 옥중 메시지와 허헌이 보낸 축사 등이 대독됨으로써 이들의 동맹 열기는 더욱 고조되었다. 대회 사흘째에는 이승만 박사의 정치노선을 파쇼적 행동으로 규정하고, 일제시대 이래 사회주의운동을 해오던 정칠성(丁七星)은 진보적 민주주의를 위해 공산당과 손을 잡아야 한다고 외쳐 만장일치의 가결을 보았다.[36]

그 뒤로 부녀총동맹은 모스크바 삼상회의의 결의를 적극 지지하는 성명서를 발표하고, 이를 제국주의적 위임통치인양 민중을 선동·기만 하는 것은 민중을 파쇼적 구렁으로 몰아넣는 책동이라고 비판했다. 또한 임시정부를 절대 배격하고 인민공화국 중앙인민위원회를 사수할 것을 결의한다[37]고 밝혔다.

이후 부녀총동맹은 남북한 좌익 여성단체를 모두 묶은 중앙 기

---

35) 《서울신문》, 1945년 12월 18일, 23일, 25일.
36) 《서울신문》, 1945년 4월 25일.
37) 《중앙신문》, 1946년 1월 7일.

구로서 정치운동과 여성운동을 수행했다. 1945년 11월 18일, 평양에서 결성된 북조선민주여성동맹도 그 휘하에 결집한 형태를 취하고 있었다. 그러나 1947년 2월 11일에 제2회 전국대회를 개최하고 그 명칭을 남조선민주여성동맹으로 바꾼 데서도 알 수 있듯이, 이후의 활동은 주로 남한의 좌익정치운동으로 수렴된 입장에서 남녀평등권운동 등의 여성운동을 추진하는 데 집중되었다. 그들의 좌익노선은 대한민국 정부수립을 준비하는 남한의 정치상황에서는 더 이상 용납될 수 없었던 것이다. 아울러 이들에 대한 정치적 탄압까지 가해져 조직은 점차 와해되고, 위원장 유영준과 부위원장 정칠성은 1948년에 월북하게 되었다. 그런데 이들은 남로당과의 관련 때문에 유영준은 1953년에 정칠성은 1958년에 각각 숙청되었다[38]고 한다.

---

38) 宋連玉, 〈朝鮮婦女總同盟〉, 《朝鮮民族運動史研究》 2, 1985, 靑丘文庫, 94쪽.

제15장 6·25 전란이 가족제도에 미친 영향

1. 여는 글

인간은 가정에서 태어나 가정에서 한평생을 마친다. 고대의 스파르타나 공산주의 사회에서는 가정 이외의 장소에서 인간을 양육하기도 했지만, 인류의 대부분은 가정에서 부모의 사랑을 받고 성장한다. 가족의 형태는 사회에 따라 매우 다르지만, 인간의 역사가 시작되면서 어떤 형태로든 사람이 모여 살지 않으면 안 되었기 때문에 가족의 형태는 역사시대 이전부터 이미 존재해왔다. 어떤 원시사회의 경우에는 국가도 법률도 경찰도 없었으나 가족만은 존재했다. 가정은 사회적으로는 사회를 구성하는 기초적인 집단이며 개인적으로는 생활의 안식처인 것이다.

사회적으로 확립된 모든 제도, 예컨대 교육제도나 경제제도 등은 어떤 중요한 일을 수행하기 위해 필요한 절차와 규범을 잘 조직한 하나의 체계이다. 가족도 이와 마찬가지로 어떤 일을 수행하기 위해 그 사회에서 승인된 규범과 절차에 따라 이루어진 인간의 집단이다. 가족은 사람이 존속하고 사회가 계속해서 발전해나가기 위해 필요한 몇 가지 기본적인 기능들, 즉 인간 자신의 재생산, 자녀의 양육, 병자와 노약자의 간호, 교육, 정서적 안정, 애정의 충족, 경제적 기능을 수행한다. 아무리 학교가 발달하더라도 사람이 한평생 지니고 살아갈 기본적인 태도나 가치관은 가정에서 길러진다. 심리학자들은 인간 지능의 대부분이 3세 이전의 어린 시절에 결정된다고 주장하고 있다.[1] 가정이 이러한 기능을 충실하게 수행하는 경우 개인적으로는 행복한 생활을 추구할 수 있고 사회적으로는 안정적인 발전을 성취할 수 있을 것이다. 그러나 가정의 기능이 제대로 수행되지 못하는 경우에 개인과 사회는 모두 불행한 상황에 직면하게 될 것이다.

가정은 이러한 중요한 기능을 수행하지만, 오늘날 우리의 가정은 많은 문제점을 가지고 있는 것으로 지적받고 있다. 사회의 윤리적 기초가 되는 가족윤리가 약화되어 가정은 극단적인 이기주의와 물질주의로 흘러 가정교육의 방향이 흔들리고 있으며, 전통적인 가족의 규범과 현대적인 가정의 규범 사이에서 심한 갈등을 경험하고 있다. 전통적인 가족제도에서 부모와 자녀의 관계나 부부 관계는 급격하게 변화되고 있으며, 새로운 상황에 적합한 가족제도가 아직 자리를 잡지 못하여 혼란을 면치 못하고 있다.[2] 또 이런 가운데 부모 또는 그 가운데 어느 한쪽이 결손되어 있거나 경제적 이유 혹은 신체적 건강 등의 이유로 부모가 주어진 역할을 수행하지 못하는 문제 가족의 수도 증가하는 추세에 있다. 가족관계의 갈등은 가정의 해체와 청소년 문제의 중요한 원인으로 지적되고 있어 새로운 사회 문제의 하나로 등장하고 있다.

이러한 우리 가족의 문제들은 많은 사회과학자들에 의해 1960년

1) Burton White, *The First Three Years of Life*, Englewood Cliffs, NJ : Prentice-Hall, 1975.
2) 高柄翊, 〈現代社會와 家族〉, 《現代社會와 家族》, 第4回 峨山社會福祉事業財團 심포지엄 報告書, 1985. 7. 5.

대 이후 급격하게 진행된 산업화의 과정에서 나타난 부산물로 지적되고 있다.[3] 급격한 산업화는 농촌사회를 붕괴시키고 도시화를 촉진시켰다. 주로 아버지에 의존하던 경제적 기능이 가족 모두에게 분산되고 개인주의가 범람하는 가운데 전통적인 가족제도는 변화되지 않을 수 없었다고 한다. 특히 산업화에 따라서 혈연을 기초로 성립되었던 대가족제도의 가부장권이 무너지고 부부 중심의 핵가족제도가 발달해온 것으로 분석되고 있다. 이와 함께 부모와 자녀, 부부 사이의 인간관계나 권위의 분배관계 등이 민주적인 방향으로 변화되고 있다는 것도 지적되고 있다. 이처럼 우리 나라 가족제도의 변화는 대부분 산업화 또는 도시화라고 하는 사회변동의 측면에서 고찰되고 있다.

이러한 연구에서도 알 수 있듯이, 우리 나라의 가족제도는 산업화라고 하는 사회변동의 영향을 크게 받은 것은 사실이다. 그러나 그에 못지않게 6·25 전란이라고 하는 남북한 사이의 전쟁이 가족제도의 변화에 크게 작용했다는 점을 무시할 수는 없을 것이다. 6·25 전란은 우리 가족들의 삶의 터전을 뿌리째 흔들어놓았으며 남녀의 역할에 커다란 변화를 초래했다. 모든 전쟁이 인간의 안정적인 생활에 큰 변화를 가져오듯이 6·25 전란 역시 예외는 아니었다. 전쟁으로 인한 가정의 파괴와 수많은 피난민의 홍수는 전쟁이 가족제도에 주는 영향을 말해주고도 남음이 있다. 따라서 이 장에서는 6·25 전란이 한국의 가족제도에 끼친 영향을, 첫째, 가족의 이산, 둘째, 여성의 경제적 책임과 갈등, 셋째, 지리적 대이동과 가족 전통의 단절, 넷째, 전통적 가족제도의 변화 등 네 가지 측면에서 살펴보고자 한다.

---

3) 같은 글 참조.

2. 가족의 이산

6·25 전란이 가족에 끼친 가장 큰 영향은 가족의 이산이었다. 함께 모여 살아야 할 가족을 사방에 흩어지게 하고 손상시킨 것이다. 앞에서도 언급한 것처럼, 가족은 남녀가 애정을 바탕으로 하여 부부를 이루고 그 사이에서 출생한 자녀들과 함께 인구의 집단을 구성하는 것이다. 이들 인구의 집단은 공간적으로 접근해 일정한 장소에 거주하면서 인간이 생존하고 사회가 발전하는 데 필요한 기본적 욕구를 충족하는 중요한 역할을 수행해가는 것이다. 각 가족의 구성원은 각자가 수행해야 할 역할을 담당하고 있다. 부모는 자녀들이 생존할 수 있도록 보호하고 인생에서 필요한 교육을 하며 가족은 애정을 교환한다. 따라서 가족구성원 가운데 어느 한 사람이라도 결손되는 경우 가족은 가족으로서의 기능을 수행하는 데 커다란 장애를 받게 된다. 특히 오늘날과 같은 자유주의 사회에서는 가족이 수행해야 할 이러한 기능을 가족 이외의 곳에서 수행할 수가 거의 없기 때문에 가족의 이산은 인간의 생존 그 자체를 위협하게 되는 것이다.

전쟁이 사회적으로 준 영향은 무수히 많지만 가족의 이산 만큼 치명적인 타격도 별로 없을 것이다. 건물이 파괴되고 가옥이 불타며 도로가 유실되는 등 경제적인 면에서의 손실이 전쟁 동안 크게 일어난다. 한때는 행정조직이 마비되고 사회의 여러 기관들이 제 구실을 하지 못하게 된다. 여행도 할 수 없고 먹을 것도 부족하게 된다. 그러나 이 모든 것들은 전쟁이 끝나는 경우 회복될 수 있는 것들이다. 파괴된 건물은 더 좋은 현대식 건물로 대체될 수 있고 부족했던 물자는 다시 풍요하게 생산될 수 있다. 그러므로 '파괴가 건설'이라는 말조차 있다.

그러나 이와는 달리 가족에 가해진 손상은 회복될 길이 전혀 없다. 전쟁의 와중에 숨진 남편과 아내 그리고 부모와 자식을 전쟁이 끝났다고 해서 찾을 수 있겠는가? 또 사망하지 않고 서로 흩어져 살던 가족을 세월이 흐른 뒤 만나게 되는 경우, 비록 상봉은 했다고 하더라도 그 동안의 고통과 상처를 보상받을 수는 없는 것이다. 어렸을 때 헤어졌다가 어른이 된 뒤 세파에 시달린 모습으로 서로 상봉하는 이산가족의 모습을 우리는 최근까지도 방송을 통해 보고 있다. 그러나 이를 보면서 우리는 과거로 되돌아가기에는 세월이 너무나 많이 흘렀음을 탄식할 따름이다. 이러한 점에서 전쟁이 가족에 준 상처는 가장 심각한 것이라고 하지 않을 수 없다.

(1) 이산가족의 규모

6·25 전란으로 인한 이산가족의 규모가 얼마나 되는가에 관해 그 정확한 수를 파악하기는 쉽지 않다. 해방 30년을 돌이켜본 자료에 따르면, 1952년 3월 15일 피난민 일제 등록에 의한 총수는 1,046만 4,491명으로 기록되었으며, 이 가운데 여자가 552만 2,634명으로 되어 있다.[4] 이는 6·25 전란으로 인해 북쪽에서 남쪽으로 월남한 피난민 100만 명과 6·25 이전의 월남인 약 350만 명, 그리고 전쟁과 함께 수도 서울을 버리고 남쪽 부산으로 수도가 옮겨짐에 따라 침략군에게 점령당한 남한의 각지에서 점령되지 않은 쪽으로 거주지를 옮긴 남한 지역 안의 피난민을 합한 수치이다.[5] 1,000만이 넘는 피난민의 수는 실로 엄청난 것이다. 전쟁으로 인한 미망인의 수는 1952년 3월, 29만 3,676명으로 추산되었다.[6]

피난민의 수와는 별도로 6·25 전란으로 인해 발생한 인명피해도 엄청났다. 1950년 6월 25일, 북한군이 38선을 넘어 침략했고 1951년 1월 4일에는 1·4 후퇴로 다시 서울이 북한군에게 점령당했으나,

---

4) 東亞日報社, 〈解放 30年〉, 《東亞年鑑》 특집, 1975, 38~49쪽.
5) 한국방송공사, 《맞다 맞아》, 한국방송공사, 1984, 135~136쪽.
6) 東亞日報社, 《東亞年鑑》, 1975, 40쪽.

3월 14일에 재차 서울을 탈환했고 4월 30일에는 38선을 넘어 북진
했다. 그 뒤 1953년 7월 27일에 휴전이 성립될 때까지 전쟁은 계속
되었다. 1950년 6월 25일의 전쟁 시작에서부터 1953년 7월 27일의
휴전 성립까지 발생한 인명피해는 다음과 같이 집계되고 있다.

내용	숫자(명)
국군 전사	141,011
국군 전상자	717,083
유엔군 전사자	36,772
민간인 사망자	244,763
민간인 부상자	229,625
행방불명자	363,212
전쟁고아	59,000
북한군 전사자	294,931
중공군 전사자	184,128
합계	2,270,525

※ 자료 : 한국방송공사, 〈이산가족을 찾습니다〉(1984), 17~18쪽.

〈표1〉 6·25 전란의 인명피해

(2) 이산가족의 형태

위에서 대략이나마 이산가족의 규모를 추산해보았다. 이러한 피
난민 가운데 대부분은 가족이 함께 이동한 것이었으나, 그 가운데
상당수는 피난 도중에 가족과 헤어지고 찾지 못한 상황이었다. 피
난 중에 아들과는 끝까지 함께 붙어 있었으나 딸은 중간에 놓쳐버
린 경우도 많았고 온 가족이 피난하는 경우에도 일가친척들과는
떨어져야 했으니, 넓은 의미의 가족이산에는 이러한 것들이 모두
포함되어 있다.

한국방송공사는 이산가족찾기 운동의 한 모습을 이렇게 서술하
고 있다.

50~60년대에 유행했던 남의 집 식모살이, 곧 '수양딸'에서는 남아 선호사상의 한 모습도 본다. 굶어 죽는 한이 있어도 아들은 내놓지 않겠다는 아들 우선주의가 그것이다. 식모살이를 하여 아기를 봐주며 제 한 입을 때우기 위해 고용살이를 하던 이들 수양딸들은 전쟁의 와중 속에서 그나마 헤어져 있던 부모들과 영영 생이별을 해야 했다.…… 철조망이 쳐진 고아원에서 주린 배를 움켜쥐고 엄마·아빠를 그리워했던 숱한 전쟁 고아들, 부모의 이름도 나이도 모른 채, 자기의 이름도 나이도 모른 채 외톨이로 살아야 했던 아이들…….[7]

피난민보다 더 직접적으로 손상을 받은 것은 전쟁으로 인한 가족 구성원들의 결손이다. 인명 손상의 규모에서 살펴보았듯이, 전쟁으로 인한 군인 사망자, 민간인 사망자, 그리고 행방불명자, 전쟁고아 등이 많았다. 국군 전사자가 약 14만 명, 민간인 사망자 약 24만 명, 행방불명자 36만 명, 전쟁고아 5만 9,000명 등은 가족 구성원들이 결손됨으로써 남겨진 전쟁의 상처를 그대로 말해주는 것이다.

그리고 인명피해 가운데는 북한군의 점령지역에서 의용군 등으로 끌려가 행방불명된 경우도 있었고, 북한 당국에 의해 납북된 사람들도 수를 헤아리기 어려웠다. 민간인 사망자 가운데는 피학살자가 12만 8,936명, 납북자가 8만 4,532명, 강제 모집된 의용군이 20만 명이나 되었다.[8] 한국방송공사에 접수된 이산 분포를 보면, 6·25 전란의 와중에 헤어진 사람들이 66.7퍼센트를 차지해 가장 많았다. 또 찾고자 하는 가족으로는 형제와 자매가 50.1퍼센트로 가장 많았고 부모는 19.4퍼센트였다. 연령별로 보면 50대가 20.8퍼센트, 60대가 12.8퍼센트, 40대가 10.5퍼센트, 30대는 4.7퍼센트였다.[9] 이러한 자료들은 6·25 전란과 이산가족의 관계를 잘 말해주고 있다.

---

7) 한국방송공사, 《맞다 맞아》, 28~29쪽.
8) 한국방송공사, 《離散家族을 찾습니다》, 14쪽.
9) 한국방송공사, 《맞다 맞아》, 233~234쪽.

(3) 이산가족과 가족기능

앞에서 잠시 살펴본 것처럼, 6·25 전란이 우리 나라의 가족에 준 상처는 크고 깊은 것이었다. 전쟁이 주는 다른 상처와는 달리 실로 회복되기 어려운 상처를 우리의 가정에 남겨준 것이었다. 그러면 이러한 가족의 이산이 가족기능에 어떠한 결과를 초래했는지 살펴 보도록 하겠다.

첫째, 부모와 자녀 등 가족구성원들에게 이별을 강요함으로써 마음속에 회복될 수 없는 깊은 상처를 남겼고, 어린이들이 사랑과 인간의 정을 모르고 자라나게 했다. 또한 이들은 정신적으로 안정된 분위기를 가질 수 없었다. 가정은 인류가 태어나면서부터 소속되는 마음의 안식처요, 가족관계에서 맺어지는 혈육의 정은 이 세상의 어떠한 것보다도 귀중하다. 가족의 이산은 이처럼 인간의 사랑과 정을 사람들로부터 빼앗음으로써 인정을 메마르게 했다.

둘째, 애정의 교환장소인 가정의 중요한 기능을 저해했다. 심리학자들의 연구에 따르면, 사랑을 느끼지 못하고 자라난 아이들은 체중이 감소하고 때로는 생명을 잃기까지 한다고 한다. 한 실험에 따르면, 나무막대로 모조 어미원숭이를 만들어놓고 새끼원숭이에게 전기 충격을 가했더니, 새끼원숭이는 전기충격을 받고 모조 어미를 붙들었다고 한다. 모조 어미는 새끼원숭이에게 우유와 과자를 주는 등 사랑을 교환하는 것을 제외하고서는 진짜 어미와 다른 것이 없었다. 그러나 모조 어미와 함께 자라난 이 새끼원숭이는 자라난 뒤에 아주 공격적이거나 반대로 위축된 행동을 보임으로써 정상적인 생활을 하지 못했다. 이는 사랑의 결핍이 생물의 성장에 얼마나 중요한가를 보여주는 살예이다.[10] 가족의 이산으로 가정이 애정의 교

---

10) Leonard Broom and Philip Selznick, *Sociology*, 5th ed., New York : Harper and Row Publishers, 1973, 93쪽.

환장소로서의 구실을 하지 못하게 될 때 그것이 어린이들에게 주는 영향을 충분히 상상할 수 있는 것이다.

셋째, 자녀 양육, 교육, 보호 등 가족의 기본적인 기능의 파괴이다. 전란의 와중에 가족의 구성원이 없어짐으로써 자녀 양육이나 교육, 보호 등의 기능도 제대로 수행될 수 없었다. 가족의 이산이라고 하는 조직의 파괴는 기능을 영원히 손상시킨 것이다. 부모가 없는 고아들은 의탁할 곳이 없어 길거리에서 헤매거나 고아원을 전전해야 했다. 기본적으로 갖추어야 할 인생과 사회에 대한 태도나 가치관을 교육할 수 없었고 생존에 필요한 보호조차도 받을 수 없었다.

전쟁이 끝난 뒤인 1950년대에 윤리와 도덕이 극도로 문란해지고 혼란스럽게 된 데는 이러한 가족의 보호기능이 제대로 수행되지 못한 것에도 커다란 원인이 있었을 것이다. 어린 시절의 양육과정에서 사회의 고마움과 소속감 및 일체감을 느껴보지 못한 사람들은 공동체의식보다는 자기 자신만이 어떻게 살 수 있을가를 먼저 생각하게 되는 극도의 이기주의적 경향에 빠지지 않을 수 없었을 것이다. 가족의 이산은 곧 건전한 사회풍토의 형성을 저해하는 요인이 된 것이다.

3. 여성의 경제적 책임과 갈등

6·25 전란이 한국 가족에 끼친 영향은 여성의 경제적 책임이 확대되었다는 점에서도 충분히 인식할 수 있다. 이미 앞에서 살펴본 것처럼, 전쟁으로 발생한 피난민의 수가 1,000만에 이르렀고 100만 명에 가까운 인명피해가 있었다. 1952년 3월 현재, 전국 미망인의 수는 29만 명을 초과하는 것으로 집계되었다. 이러한 상황에서 여성의 경제적 기능은 확대될 수밖에 없었는데, 그러한 새로운 현상

은 가정에서 전통적인 여성의 역할 사이에서 많은 갈등을 불러일
으켰다.

(1) 피난생활과 여성의 경제적 책임

인간의 생존에서 경제적 측면은 중요한 부분이다. 생명을 유지하
기 위해서는 무엇보다도 먼저 의식주를 해결하지 않으면 안 되기
때문이다. 전통사회에서 경제의 기초는 토지에 있었고 사회구성의
단위는 가족이었다. 가족을 단위로 하여 농사를 지으면서 일정한
장소에 정착해 살아가는 농업사회가 곧 가정의 모습인 것이다. 농
업사회에서도 여성이 노동력의 상당한 부분을 공급하기는 하지만
경제적 기능을 담당하는 것은 주로 남자들이었다. 남자들이 신체적
으로 여성들보다 힘이 강하다는 데도 그 원인이 있지만, 농업사회
의 가족제도가 남자의 가부장권을 중심으로 성립된 데도 중요한
원인이 있었다. 농업사회에서 여성의 경제적 기능은 보조적인 것이
었다고 할 수 있을 것이다.

농촌의 생활은 토지를 떠나 생각하기가 어렵다. 농촌은 토지와
결부된 사회이고 토지를 통해 그들의 생활이 가능하기 때문에 토
지에 대한 애착심이 농촌인들에게는 강하다. 토지에 대한 애착이
가족을 낳고 또 이웃에 대한 애착으로 발전하게 된다. 물론 전쟁
때 피난길에 오른 모든 사람들이 농촌에 살았던 사람들이라고 하
는 것은 아니다. 한국의 전통적인 가족에서 여성의 위치가 오랫동
안 전통적인 농업사회를 통해 성립되었다는 것을 지적하고자 하는
것이다.

그러나 사람들이 전쟁의 와중에 피난길에 오르면서 상황은 급격
하게 달라졌다. 극소수를 제외한 대부분의 피난민들은 일정한 직장
에서 안정적인 수입을 얻을 수 없다. 토지를 중심으로 하는 정착된
생활은 완전히 붕괴되고 극소수의 공무원을 제외하고는 기업체나

회사의 직원들도 일자리를 잃게 된다. 이러한 상황에서 당장 생계를 유지하기 위해서는 상업에 종사하거나 구멍가게·목판장사 등으로 연명하지 않을 수 없게 된다. 물론 그 수입이 생계를 유지하기에 충분한 것은 아니지만, 그것은 피난민들의 생활수단이 되는 것이다. 피난시절에 형성된 부산의 유명한 '국제시장'이나 라디오 드라마인 〈또순이〉 같은 것이 그러한 상황을 잘 말해준다.

피난 시절에 생계를 유지할 수 있는 또 다른 방법으로는 과거에 축적한 재산을 이용하거나 일가친척 등 다른 사람들로부터 돈을 빌어서 쓰는 것이 있다. 전쟁 같은 비상시에 사용하기 위해서 휴대할 수 있는 재산은 금은·보석과 같은 귀금속류가 대부분이다. 그런데 여기서 중요한 것은, 이러한 방법으로 생활비를 마련하는 데 한국의 남성들은 매우 무능하다는 점이다. 한국의 가정에서 그러한 것은 전통적으로 여성의 역할인 것이다. 구멍가게를 차려 상업을 한다든지 귀금속류를 모으고 판다든지 긴급한 비상금을 마련한다든지 하는 것은 모두 여성이 주로 맡던 임무였다. 정규 직장에 근무하던 남성이 실직했을 때 직장에서 받는 수입 이외의 방법으로 생계비를 마련한다는 것은 그러한 일에 익숙하지 않은 남성들에게는 매우 어려운 일이다.

또 피난 중에 손쉽게 수입을 얻을 수 있는 것으로 음식판매업을 들 수 있다. 사람이 많이 모인 곳에서 먹는 장사는 잘 되게 마련이고, 음식장사를 시작하면 어떻게 해서라도 입에 풀칠은 할 수 있다. 그런데 이 음식판매업 역시 여성에게 중요한 역할이 기대되는 사업이다. 이러한 상황에서 여성들은 경제적 기능에서 남성들을 보조하는 위치로부터 그들을 이끌고가는 위치로 변하게 되었다.

(2) 역할 갈등

이처럼 가정에서 여성의 경제적 책임이 확대되자 전통적인 여성의 역할이나 지위와 새롭게 요청되는 역할이나 지위 사이에 갈등이 생기게 되었다. 여성은 취업하지 않고 가정에서 자녀를 양육하는 데 그쳐야 한다는 전통적인 관념은 쉽게 바뀌기 어려운 것이었다. 따라서 취업한 여성은 직장에서 남성들과 같이 일을 하는 한편 자녀 양육이나 가사에 관련된 일들을 이중으로 수행하지 않을 수 없었다. 피난 중에는 이처럼 여성의 경제적 기능이 확대되는 반면에 남성의 경제적 기능은 축소되는 상황이었다. 확대되는 여성의 기능과 축소되는 남성의 기능 사이에서 가족구성원간에는 갈등이 생기기도 쉬운 것이다.

1960년대에 볼 수 있었던 여성의 사회 진출은 피난 시절에 형성된 여성 진출과 무관한 것 같지 않다. 1954년에는 광주에서 계(契) 소동이 있었는데, 이 사건으로는 17명이 자살하고 국회에서 조사단을 파견하는 일까지 있었다. 여성의 직업전선이 확대되어 의약업과 상업에서 여성의 진출이 현저했고 여성 취업인구도 현저하게 증가했다. 《동아연감(東亞年鑑)》은 해방 30년 특집에서 다음과 같이 서술하고 있다.

전쟁을 통해 강인해진 여성들은 58년경부터 서서히 사회를 안으로부터 변혁시켜가는 양상이 나타난다. 동란 후로 여성의 직업전선 진출은 의약업·상업 방면 진출이 현저했다. 50년 내무부 인구조사에 따르면 여성은 전 인구에 대하여 38퍼센트의 취업율을 보였으니 전 여성의 3분의 1의 다수가 취업하고 있는 계산이었다. 여성의 해방은 사친회(PTA)·동창회·영어회화강습·계·댄스교습 등의 형태로 주부들도 일상생활의 구속에서 벗어나 자유스런 활동의 기회가 주어졌다. 이런 부인을 '자유부인'이라고 불렀다. 동란 중의 어려웠던 경제생활이 전쟁미망인 뿐만 아니라 가정주부들까지도 직업전선으로 끌어냄으로써 여성들의 경제적 지위의 향상과 함께 퇴폐적 풍조가 어울려서 허영

과 향락으로 흐르게 했다. 사친회가 조직되자 가정주부들은 이것을
하나의 사교구락부(社交俱樂部)처럼 이용하면서 사친회는 본 뜻과는
다른 방향으로 나갔다.

   그것은 마치 교사의 생활비 조달을 도급맡은 것처럼 되었고 나아
가선 자모간의 계를 추진함으로써 사치와 향락의 경쟁장화했다. 이
계바람은 부녀들의 신용대부적인 고리대를 배경으로 나타나 한때는
시중 금융을 좌우할 만큼 거대한 힘으로 발전했다가 정부의 인플레
억제로 사양길에 접어든다. 광주의 계 소동은 그 대표적인 예이다.
특히 여성들의 무계획적인 허영, 사치스런 금리생활은 계의 파탄과
함께 수습할 길이 없어 각종 형사소송을 일으켰고 이혼과 자살 등의
비극적인 사태를 많이 낳았다.[11]

4. 지리적 이동과 가족 전통의 단절화

   위에서 서술한 것처럼, 6·25 전란은 민족의 대이동을 강요했다.[12]
역사적으로 볼 때 우리 나라에서 인구의 대이동은 먼저 일제 하에
있었고 또 제2차 세계대전이 끝난 뒤 해외의 많은 동포들이 고국
의 해방 및 독립과 더불어 일본·만주·중국 등의 지역에서 귀국할
때 있었다. 이에 비해 6·25 전란 때의 인구 이동은 전쟁이라고 하
는 군사적 요인에 의해 제기된 강요된 이동의 흐름이었다. 전쟁이
진행되는 과정에서 남과 북으로 여러 차례 전선이 이동되면서 인
구의 이동도 심하게 되었다. 6·25 이전부터 북쪽의 많은 사람들이
남쪽으로 자유를 찾아 남하했고, 전쟁과 함께 이러한 이동은 더욱
증가했다. 그 수가 500만으로 추산됨은 앞에서 이미 언급했는데,
이러한 남북한의 이동 외에 국내의 피난민 이동이 또한 있었다. 이
들을 합해 1,000만으로 추산된다는 것도 앞에서 서술했다. 이러한

11) 東亞日報社, 《東亞年鑑》, 1975, 41쪽.
12) 尹鍾周, 〈民族大移動으로 본 6·25〉, 《月刊中央》, 1973년 6월호, 115~121쪽.

인구의 대이동은 가족이 새로운 생활근거지에 정착하는 가운데 가족 전통의 단절이라고 하는 문제를 초래했다.

(1) 새로운 생활근거지로의 정착

1,000만에 가까운 민족의 대이동은 새로운 생활근거지에 가족이 정착해야 하는 시련을 가져왔다. 인류가 유목민족으로서 여기저기 떠돌아다니며 생활했던 수백만 년의 시기를 지나 농업사회로 정착하기 시작한 것은 지금부터 약 1만 년 전의 일이다. 농업사회로 정착하면서 사유재산제도가 생기고 가족제도가 발전했으며 고대국가가 출현하게 되었다. 가족은 토지를 중심으로 일정한 지역에 정착하면서 자녀의 출산과 경제적 기능, 교육과 노약자의 간호 같은 기본적인 기능을 수행할 수 있었다. 이렇게 정착된 생활을 하는 가운데 남녀의 역할도 틀을 잡기 시작했고, 일가친척 사이의 인간관계도 형성되었다. 말하자면 가족의 형성 과정은 일정한 토지를 기반으로 한 정착을 떠나서는 상상하기 어려운 것이다.

6·25 전란에 의한 인구의 대이동은 일정한 토지를 바탕으로 성립되어온 가족에게 생활근거지를 박탈함과 동시에 새로운 생활근거지에 정착할 것을 강요한 것이다. 가족이 뿔뿔이 헤어져 인간의 정이 단절되고만 이산가족의 아픔이나 여성의 경제적 책임이라고 하는 문제와는 별도로, 새로운 생활근거지에 정착하는 일은 가족이나 사회의 전통을 재조직하는 문제까지 발생시켰다.

먼저 가장 중요한 것은 새로운 직장에 정착하는 일이었다. 전란이 끝나고 사회가 안정됨에 따라 지리적으로 이동해온 많은 사람들은 새로운 곳에서 직장생활을 했다. 새로운 직장을 구하는 경우 자신이 한평생 준비해온 과거의 훈련이나 지식·기술 등이 충분히 반영되기 어렵기 때문에 직장에 적응하기 힘든 경우가 많게 된다. 과거의 배경이 충분히 존중되지 못한 채 새로운 직장에 적응하고

그 직장에서 요구하는 지식이나 기술을 획득하기 위해서는 많은
시간이 소요될 수밖에 없었는데, 이는 곧 사회적 낭비를 의미하는
것이기도 했다.

지리적 이동에서 오는 또 다른 큰 문제는 교육이다. 가장 흔한
문제가 학교를 옮겨다녀야 했던 문제다. 학생들이 학교를 옮겨다니
는 과정에서 새로운 지역의 생활에 익숙해져야 함은 물론 새로운
교사와 친구들에도 적응해야 했다. 안정적인 가정생활의 뒷받침이
없는 상황에서 학교를 옮겨 새로 시작하는 경우 낯선 환경에 대한
부적응의 문제를 극복해야 했던 것이다. 특히 도시의 어린이들이
농촌지역으로 이동하거나 농촌의 자녀들이 도시로 이동해 학교에
다니는 경우 급격하게 변화된 새로운 환경에서 오는 문화적 충격
은 매우 컸다.

또 지리적 이동은 새로운 인간관계의 형성이라고 하는 문제를
가지고온다. 옆집에 있는 사람도 잘 모르고 지내는 도시의 생활은
흔히 비인간적이라고 지적된다. 도시에서는 서로 잘 모르고 지내기
때문에 개인은 원자적으로 분화되어 있으며 대화가 없는 고독한
생활이 계속된다. 이에 비해 농촌의 생활은 근대문명에서 뒤떨어져
있기는 하지만 사람들이 순박하고 인정이 있으며 사람들 사이에는
깊은 인간관계가 형성된다. 6·25 전란으로 인한 지리적 대이동은
농촌에서나 도시에서나 과거의 인간관계를 단절시키고 많은 사람
들에게 새로운 인간관계를 형성하게 했다. 새로운 인간관계를 맺고
안정적인 생활을 하려면 오랜 시간이 필요함에도, 전란의 와중에
사람들은 새로운 생활근거지에서 적응을 해나갈 수밖에 없는 상황
이었다.

(2) 가족전통의 단절화

지리적 이동에서 오는 생활근거지의 박탈과 함께 전쟁이라고 하

는 긴박한 상황은 가족의 윤리나 전통에 새로운 변화를 재촉했다. 장래를 예측할 수 있는 안정된 상황에서는 과거의 전통을 존중하고 앞으로의 계획에 따라 생활할 수 있다. 그러나 상황이 급격하게 변화할 때는 과거의 전통에 따른 행동이 맞지 않게 되고 미래를 계획한 대로 예측할 수 없게 된다. 새롭게 대응할 수밖에 없는 것이다. 이러한 상황에서 나타나는 윤리의 문제를 한 작가는 다음과 같이 서술하고 있다.

　　인간은 원래 약하고 고독한 존재이다. 거기에다 전쟁은 평상시의 질서와 가치 기준과 기성 모랄을 뒤엎어놓고만다. 체면과 예의와 교양이 만들어준 옷을 발가벗을 수밖에 없는 것이 전시의 극한 상황이기 때문이다. 삶과 죽음의 부단한 대결 속에서 원색적인 감정과 본능만이 노출되는 것은 하나도 이상한 이야기가 아닐지도 모른다. 눈앞에 귀중한 생명이 초개같이 쓰러져가고 삶의 터전이 송두리째 무너져버리는 잔혹한 싸움 앞에서 이때까지 곱게 지녀온 세계와 정신의 지주는 무의미하게 느껴지는 것 같다. 정신의 지주를 잃은 인간들은 공허하고 무한한 자유의 가능 속에서 고독할 수밖에 없다. 고독한 인간은 아무 속에서나 또 하나의 고독한 인간을 갈구하고 특히 젊은 남녀를 쉽게 결합시킨다. 더구나 언제 죽을지 모른다는 막다른 생각은 세기말적인 퇴폐주의를 풍미하게 하여 자포자기하는 심리를 유발시킨 것 같다. 될 대로 되어라 그리하여 '케 세라 세라'의 사고방식이 한때 이 나라 젊은이들의 풍조가 된 것도 전후의 영향이었다.…… 전쟁은 건전한 모랄과 생에 대한 의욕과 모든 질서를 빼앗아갔다. 황무지에는 오직 공허만이 입을 열고 있고 이 빈 공간에는 방종과 퇴폐와 나쁜 에고의 혼잡이 들어섰다.[13]

그러나 인구의 지리적 대이동은 이러한 기회주의적인 풍조만을 재촉한 것은 아니다. 미국의 서부개척운동에서 볼 수 있는 것처럼,

---

13) 孫章純, 〈離合集散〉, 《女性東亞》, 1973년 6월호, 126쪽.

지리적 대이동은 과거의 전통을 붕괴시키고 개인의 능력과 업적에 따른 업적주의적 경향을 촉진시킨다. 유럽에서 신대륙을 찾아 미국으로 이민한 사람들에게 그들의 조상이 누구였으며 어떠한 사회계층에 속해 있었는지 하는 것은 별다른 의미가 없었다. 그들에게 중요한 것은 과거의 조상이나 문벌보다도 당장 생명이 위협받는 급박한 상황에서 자기 자신의 능력을 최대한 발휘해 눈앞에 닥친 문제를 해결하는 것이었다.

안정적인 사회에서는 사회계층이나 가족의 전통이 개인의 장래에 큰 영향을 미친다. 이러한 영향력은 상황이 급격하게 변동하거나 지리적인 이동이 심한 경우에는 감소되지 않을 수 없다. 조선시대부터 내려온 신분제도와 사회계층 또는 여기에 기초한 가족적 전통은 일제시기와 해방을 거치는 동안 크게 변했고, 6·25 전란에 의해 더욱 와해되었다고 볼 수 있다. 문벌과 신분 대신 새로운 시대의 요구와 맞물려 개인적인 능력을 중요시하는 가정 분위기의 형성을 재촉받았다. 그러나 이처럼 과거의 전통으로부터 해방되어 새로운 방향을 모색하던 가족은 산업화라고 하는 사회적 물결에 휩쓸려 권력이나 금전을 중시하는 출세주의 또는 금전만능주의의 풍조와 맞닥뜨리게 되었으며, 이로 인해 가정이 오염되는 것 또한 촉진될 수밖에 없었다고도 볼 수 있을 것이다.

5. 전통적 가족제도의 변화

이상에서 지금까지 6·25 전란이 가족에 끼친 영향을 세 가지 측면에서 살펴보았다. 6·25 전란은 많은 가족을 흩어지게 함으로써 마음의 상처를 갖게 했으며, 여성에게 증가된 경제적 책임의 부담을 안겨 주었다. 인구의 대이동은 신분이나 문벌의 위력을 감소시켜 가족의 전통을 단절시켰다. 6·25 전란이 가족에 끼친 이러한 영향은 결국 우리의 전통적인 가족제도에 커다란 변화가 초래되었음을 의미하는 것이다. 이제 6·25 전란을 가족제도의 변화라고 하는 측면에서 살펴보고자 한다.

첫째, 기본적 가족윤리의 변화를 들 수 있다. 한국사회의 전통적인 가족제도의 윤리와 바탕은 유교적인 것으로 볼 수 있다. 유교적인 가족윤리는 부부, 부모와 자녀, 형제 사이에서 지켜야 할 기본적인 규범을 제공했다. 이러한 유교적 가족윤리는 부모를 섬기는데 언제나 공손한 마음으로 대해야 한다는 '사친(事親)'을 기본으로 하고 있다. 자녀들은 부모를 성실하게 모시는 효의 규범에 따라야 한다. 부모는 자녀에 대해 절대적인 지위를 가지고 있으며 부모의 의견은 언제나 존중되어야 한다. 부부 사이에는 남자를 중심으로 하는 가부장제도가 확립되었으며 여성의 활동은 가정 안에 제한되는 것이 원칙이다. 이와 함께 혼인에서의 조혼, 적자와 서자의 차별, 가족생활 및 사회생활 전체에서 남녀의 차별 등이 유교적인 가족제도에서 흔히 볼 수 있는 것이었다.[14]

그러나 이러한 전통적인 가족제도의 윤리는 6·25 전란을 통해 크게 변화되기 시작했다. 가족의 뿌리가 박탈되고 일가친척과 단절된 상황에서는 가족구성원들의 위계적 지위에서 오는 권위보다 개인의 독립성과 존재 가치가 중요시되는 경향이 생겼다. 부모의 자녀에 대한 영향력은 감소하고 자녀들이 부모를 받드는 효도의 전통도 과거보다 퇴색해갔다. 이러한 가족의 내부적 변화와 함께 서양의 외래 풍조가 외국 군대의 참전과 함께 물밀 듯이 들어와 전통적 가족제도의 변화는 더욱 촉진되었다. 가족구성원의 독립적인 존재 가치가 강조되고 서양의 평등의식과 자유주의적인 풍조와 개인주의적인 경향 앞에서 한국의 전통적인 유교적 가족윤리는 커다란 도전을 받고 변화해갔다. 그러나 결과적으로 어떤 가족윤리가

---

14) 李海英, 〈特輯 近代化百年 : 家族〉, 《東亞年鑑》, 1970, 134~135쪽.

새롭게 탄생했는가는 간단히 대답하기 어려운, 앞으로의 연구과제
이다.

둘째, 가족의 규모와 구조면에서 핵가족의 탄생이 촉진되었음을
들 수 있다. 전란으로 인해 가족 자체가 뿔뿔이 헤어져 대가족이
소규모의 가족으로 분화되었고, 뿐만 아니라 전란에서 시달리는 생
활의 고통 자체가 많은 자녀를 원하지 않게 한 하나의 요인이 되
었다고 볼 수 있을 것이다. 원래 대가족제도는 일정한 지역에 오랫
동안 거주하면서 여러 세대가 토지를 중심으로 생활할 때에 형성
된다. 그러나 전쟁에 의한 강제적인 이동은 생활근거지를 박탈한
다. 이것은 가족의 규모를 축소시키는 것이다. 게다가 개인주의적
풍조는 대가족제도를 붕괴시키고 핵가족제도를 촉진하는 가치관을
형성하는 것이다.

핵가족제도의 출현은 가족의 구조적인 면에서 전통적인 가족제
도의 근본적인 붕괴를 의미하는 것이다. 부모와 성장한 자녀들이
서로 떨어져 있기 때문에 가족제도에서 가장 중요시하는 효도를
철저하게 실천하기 어렵게 된다. 핵가족으로 형성된 각 가정은 독
자적으로 경제적 기능을 수행하기 때문에 대가족제도의 통제로부
터 벗어나게 된다. 이와 함께 전통적으로 내려온 조상의 보호를 덜
받게 되기 때문에 그 통제력도 약화되지 않을 수 없다. 물론 부모
와 성장한 자녀 세대가 따로 거주하는 핵가족의 출현이 유럽이나
미국에서 볼 수 있는 것처럼 부모와 자녀 사이의 단절을 초래하는
것이라고 속단할 수는 없다. 그러나 가족의 형태 면에서는 부모와
자녀의 두 세대로 구성되는 핵가족은 전통적인 가족제도의 커다란
변화라고 하지 않을 수 없다. 이러한 추세는 1960년 이후 가속화된
산업화와 도시화에 의해 더 현저하게 나타났다.[15]

셋째, 부모와 자녀 그리고 부부 사이의 인간관계와 권위의 변화

---

15) 이동원, 〈도시 가족에 관한 연구(Ⅱ)〉, 《논총》, 제42집, 별책, 이화여자대학
　　교 한국문화연구원, 1983.

를 들 수 있다. 부모와 자녀 사이에서의 권위주의적 관계는 자녀중심적인 인간관계로 변해갔다. 가족의 이산 및 지리적 대이동은 부모의 권위에 커다란 변화를 초래했다. 이는 효도라고 하는 유교적 가족윤리가 양극화되고 서양의 개인주의적인 문화가 소개되면서 오는 당연한 결과이기도 한 것이다. 또한 핵가족의 출현으로 인해 조부모가 함께 살지 않고 부모가 직장에 나가는 경우 자녀에 대한 부모의 통제력이 감소되는 데서 오는 자연적인 결과이기도 하다. 이와 함께 가족구성원 각자의 독립적인 인격이 존중되어야 한다는 서양의 민주주의사상은 부모와 자녀의 관계에 대해서도 커다란 변화를 초래하기에 이르렀다.[16]

가족구성원의 인간관계는 부부의 상호관계에도 큰 변화를 가져왔다. 남자 중심의 권위주의적 부부 관계는 더 평등한 것으로 변화되어갔다. 앞에서 언급한 것처럼, 여성의 경제적 활동이 증대됨에 따라 가장의 권위가 약화되고 그 만큼 가정 안에서 부인의 지위가 강화되었다. 동양적 윤리에 어긋나는 것이라고 배척되던 연애결혼이 증가하고 중매결혼이 퇴조하게 되었으며, 가옥의 매매·자녀교육·자녀의 취업 등에서 어머니의 발언권이 점점 증가했다. 이러한 것 역시 전통적인 가족제도에 커다란 변화가 오는 신호였다.

끝으로, 여성의 사회적 지위의 변화를 들 수 있다. 가정에서 부부의 상호관계와 부모와 자녀 사이의 관계에서 나타난 변화는 여성이 사회 일반에서 차지하고 있는 지위를 변화시켰다. 가정과 사회에서 모두 여성의 역할이 증대되자 과거에 볼 수 있었던 여성에 대한 굴욕적인 차별은 크게 변화되었다. 남성 중심의 가족제도가 변화되기 시작하자 교육과 취업에서도 여성의 참여가 증가했다. 남녀를 엄격하게 구분하는 윤리가 전란 중에 해이해지자 여성들의 재혼이 더 자유롭게 되었다. 여성의 교육기회가 향상되고 여성의

---

16) 한남제, 《한국 도시가족 연구》, 일지사, 1984.

취업이 증가한 것은 전통적인 여성의 사회적 지위에 커다란 변화
가 온 것을 의미하는 것이었다.

6·25의 전란은 가족의 윤리뿐만 아니라 가족의 규모를 축소시키
고 핵가족의 탄생을 촉진했다. 또 부부와 부모 자녀 사이의 권위적
관계에 커다란 변화를 가져왔다. 여성의 사회적 지위를 변화시킴으
로써 결과적으로 오랫동안 지속되어온 한국의 전통적인 가족제도
의 변화를 재촉하는 계기가 되었던 것이다.

6. 닫는 글

지금까지 가족이 인간의 사회에서 차지하는 중요성과 기본적인
역할을 살펴보고, 6·25 전란이 우리 나라 가족에 끼친 영향을 고찰
해보았다. 가족은 출산·자녀의 양육·노약자의 간호·애정의 교환 등
인간의 생존에 필요한 가장 기본적인 욕구를 충족시켜주는 중요한
역할을 수행한다. 가정은 사람이 한평생 지니고 살아가게 될 인생
과 사회에 대한 기본적인 태도와 가치관을 어린 시절에 교육하고
형성하는 곳이기도 하다. 특히 동양사회에서의 가족은 사회구성의
기초적인 단위이고 윤리의 기본을 구성하는 것이었다. 인간은 가족
을 중심으로 생활하기 때문에 가족은 생활의 근거지요, 사람의 도
리는 가족과 관련되어 있는 것이었다. 부모에게 효도하고 온 가족
이 행복한 생활을 하는 것은 가족구성원으로서의 소망일 뿐만 아
니라 인간의 근본 도리를 따른다는 의미도 있었던 것이다.

이처럼 중요한 가족의 제도와 기능은 6·25 전란으로 커다란 변
화를 겪게 되었다. 1,000만의 피난민생활은 가족의 이산이라고 하
는 가장 아픈 상처를 지금까지도 남겨놓고 있으며, 전란 중에는 여
성이 생계를 꾸려가는 가정이 많아 여성의 경제적 책임이 증가했
다. 여성의 취업이 의·약업과 상업 방면에서 현저하게 증가해 여성

의 사회적 지위와 활동무대가 과거에 비해 크게 확대되었다. 이러한 여성의 사회적·가정적 역할의 변화는 전통적인 여성의 역할 사이에서 갈등과 사회적 혼란을 야기하는 원인이 되기도 했다. 여성들에 의한 광주의 계 소동과 같은 것이 그러한 사정을 잘 말해준다. 또 6·25 전란은 지리적으로 이동한 많은 사람들에게 새로운 생활근거지에 정착하도록 강요함으로써 가족적 전통과 사회계층 등에 급격한 변화를 초래했다. 이러한 가족의 구조 및 기능의 변화는 결국 핵가족 형태의 출현, 전통적 가족윤리의 변화, 부부 및 부모와 자녀 사이의 인간관계 및 권위관계를 변화시켜 전통적 가족제도의 혁신을 재촉하는 계기가 되었다.

여기서 우리는 전통적 가족제도의 단절이라고 하는 엄청난 현상을 경험하게 되는 것이다. 사회가 변하면 가족의 기능이나 그 구성원의 역할 또한 변하게 마련이다. 그러나 이러한 변화는 점진적으로 이루어져야 한다. 변화가 급격하면 사람들이 적응하기가 힘들고, 그것은 전통의 단절이라는 현상으로 나타나게 된다. 이산가족, 지리적 대이동, 가정에서의 남녀의 역할의 급격한 변화 등은 전통적인 가족제도의 단절을 가져오기에 충분한 것이었다. 가족의 구성원은 가족의 오랜 전통을 떠나 새로운 상황에서 각자의 삶을 개척하지 않으면 안 되었다.

물론 상상에 가까운 가설이기는 하지만, 만약 우리가 6·25 전란이라는 것을 겪지 않은 채 우리 사회의 발전과 함께 우리의 가족제도가 점진적으로 변화했다면 오늘날 우리 나라의 가정이 겪고 있는 문제는 지금보다 훨씬 덜 심각할 것으로 생각된다. 부모와 자녀 사이의 갈등·가족윤리의 해체·퇴폐적인 남녀 관계 등은 전통적 가족제도의 단절과 깊은 관계가 있을 것이다. 이러한 관점에서 보면, 6·25 전란은 우리 민족의 역사에서 가장 불행한 사건이었으며 우리 사회의 여러 모습을 파괴한 것이었다. 특히 이는 가족제도의 기본적인 기능을 붕괴시켰다.

　현대 한국사회는 성숙한 산업사회를 향해 더욱 발전해갈 것이며 산업사회에 적합한 가족의 기능도 더욱 절실하게 요청될 것이다. 가족이 이러한 기능을 충실하게 수행할 수 있도록 하는 데는 전통과 현대 사이의 가족제도의 단절이라는 현상이 극복되어야 할 과제로서 대두된다. 현대적인 민주주의 사회에 적합하도록 가족구성원의 개인적인 인격과 독립성이 존중되어야 한다. 부부 사이에서 민주적 평등의 원리가 존중되어야 할 뿐만 아니라 부모와 자녀, 남아와 여아 등의 가족관계에서도 평등은 존중되어야 한다. 이러한 현대적 가족윤리는 자녀들의 부모에 대한 효도와 존경심, 지켜야 할 남녀의 성윤리, 노인에 대한 존경, 자녀들에 대한 부모의 자애로운 사랑 등 우리 나라의 전통적인 가족제도의 정신과 조화를 이루어야 할 것이다.

　사회적·국가적 차원에서도 6·25 전란이 가족에 남긴 상처를 회복시키기 위한 노력이 계속되어야 할 것이다. 이산가족의 재결합을 위한 노력은 국내에서뿐만 아니라 국제적인 차원에서도 모색되어야 할 것이며, 고향을 떠난 피난민들이 새로운 주거지에서 안정된 생활을 할 수 있도록 해야 할 것이다. 그 상처는 몇 세대에 걸쳐 지속되는 것이다. 주택의 부족과 관련해 빈번한 지리적 이동과 이사는 가정생활의 안정과 정착을 저해하는 요인이 될 수 있다. 국가의 주택정책은 이 점을 특별히 고려해 빈번한 이사를 하지 않아도 살 수 있도록 하는 데 역점을 두어야 할 것이다. 사회복지 차원에서 실시되는 결손가정에 대한 여러 가지 복지정책은 가족제도의 단절이라는 현상을 극복한다는 관점에서도 고려되어야 할 것이다.

인명 찾아보기

사항 찾아보기

562

한국 여성 항일운동사 연구

박영옥

　한국 여성사 연구의 선구자인 저자는, 여성 유일당인 근우회를 중심으로 항일여성운동을 집중 분석하면서 각종 민족운동을 살피고, 아울러 그 동안 자료의 한계 때문에 활발한 연구가 진행되지 못했던 미주 단체의 독립운동, 1930년대 만주지역 여성전사들의 활동도 조명하였다. 학문적으로나 여성운동 차원에서 후학들의 연구나 후대의 운동가들에게 좋은 길잡이가 될 것이다.

한국여성학연구서설

강숙자

　우리나라에서 1977년 여성학이 출범한 지 20여 년이 흐른 오늘, 저자는 이 책을 통하여 '수입여성학'에서 '한국여성학'으로 자리매김하는 한 전환점을 마련하고, 급진주의 여성학자들에게 전면적인 비판을 벌여 논쟁을 불러일으키고 있다. 이 책은 전공자들은 물론 여성 일반과 남성들에게도 새로운 문제의식을 제공한다는 점에서 일독을 권할 만하다.

동학과 신서학

김상일

　19세기는 '계급' 갈등, 20세기는 '이념' 갈등, 그리고 21세기는 '종교' 갈등의 세기가 될 것이라고 한다. 이 말은 앞으로 우리도 고유한 종교 없이는 나라 행세도 할 수 없고 살아남을 수도 없다는 것을 의미한다. 그렇다면 우리의 고유한 종교는 무엇인가? '동학'이야말로 고유한 우리 민족종교라고 할 수 있지 않을까? 그동안 동양적이면서도 한국적인 사유를 통해 서구문명의 한계를 극복하는 대안을 제시하려 애써 온 김상일(한신대) 교수가 펴낸 《동학과 신서학》은 서구의 학문전통에 대안적 사상으로 '동학'을 제시하고 있다.

수운과 화이트헤드

김상일

　마르틴과 슈만이 '세계화의 덫'이라고 말하는 것처럼, 세계화를 할 수도 안 할 수도 없는 처지에서, 세계화를 하면서 우리 고유성을 지켜나가는 길만이 '세계화의 덫'의 덫에서 빠져나오는 지혜라고 보면 이러한 지혜를 저자는 구한말 나타난 수운 최제우의 동학사상에서 찾고 있다. 그리고 이러한 동학사상은 〈강령주문〉과 〈본주문〉 21자 속에 축약돼 있으며, 동학농민혁명의 위력도 이 주문 21자 속에서 나왔다고 본 저자는 책의 부제로서 '동학 주문 21자에 대한 과정철학적 풀이'라고 달고 있다.